普通高等教育"九五"国家级重点教材

HISTORY
OF INTERNATIONAL RELATIONS

国际关系史

现代卷

方连庆 王炳元 刘金质 ◎ 主编

北京大学出版社
PEKING UNIVERSITY PRESS

图书在版编目(CIP)数据

国际关系史.现代卷/方连庆,王炳元,刘金质主编.—北京:北京大学出版社,2001.10

ISBN 978-7-301-05239-6

Ⅰ.国… Ⅱ.①方…②王…③刘… Ⅲ.国际关系史—现代—高等学校—教材 Ⅳ.D819

中国版本图书馆 CIP 数据核字(2001)第 064260 号

书　　　名	国际关系史(现代卷) GUOJI GUANXI SHI(XIANDAI JUAN)
著作责任者	方连庆　王炳元　刘金质　主编
责任编辑	金娟萍
标准书号	ISBN 978-7-301-05239-6
出版发行	北京大学出版社
地　　　址	北京市海淀区成府路 205 号　100871
网　　　址	http://www.pup.cn
新浪微博	@北京大学出版社　　@未名社科-北大图书
微信公众号	北京大学出版社　　北大出版社社科图书
电子邮箱	编辑部 ss@pup.cn　　总编室 zpup@pup.cn
电　　　话	邮购部 010-62752015　　发行部 010-62750672 编辑部 010-62753121
印刷者	北京虎彩文化传播有限公司
经销者	新华书店
	730 毫米×980 毫米　16 开本　30 印张　523 千字 2001 年 10 月第 1 版　2024 年 11 月第 15 次印刷
定　　　价	79.00 元

未经许可,不得以任何方式复制或抄袭本书之部分或全部内容。
版权所有,侵权必究
举报电话:010-62752024　电子邮箱: fd@pup.cn
图书如有印装质量问题,请与出版部联系,电话:010-62756370

内 容 简 介

本书是普通高等教育"九五"国家级重点教材《国际关系史》三卷本的其中一卷,即现代卷。书中系统地阐明了 1917—1945 年间国际关系格局的演变和特点,国际政治舞台上各种力量的消长、分化和重新组合,剖析了主要国家的外交政策和重大国际事件,反映了这一特定时期国际关系复杂、多变的内在规律。全书结构严谨,条理清晰,内容丰富,史料翔实,刻意求新,是一部有特色的高等学校教材。

本书主要供高等学校国际政治、国际关系、外交学、国际法和世界史等专业教学使用,也可作为党校、干部院校、军事院校及外事工作人员和关心国际问题的广大青年、干部学习用书。

编著者说明

为了进一步贯彻《中国教育改革与发展纲要》精神,面向21世纪,深化教学内容和课程体系改革,提高教学质量,原国家教委于1996年决定进行普通高等教育"九五"国家级重点教材立项选题工作,以便确定编写一批覆盖面较大、对实现教育培养目标有重大影响的教材。

国际关系史是社会科学领域中一门重要的基础学科,也是高等学校中国际政治、国际关系、外交学、国际法和世界史等专业的重要基础课程。它是以国与国之间的政治和外交关系、整个国际社会的矛盾和斗争以及国际关系发展的基本规律为研究对象,同时也注意研究国际经济、军事、文化和宗教关系。

为了给高等学校的相关专业提供一部比较完整、系统的国际关系史教材,我们申报了《国际关系史》三卷本,即近代卷、现代卷和战后卷。该项申请经专家评审和原国家教委批准,确定立项为普通高等教育"九五"国家级重点教材。

现在奉献给读者的《国际关系史(现代卷)》,是在方连庆主编的《现代国际关系史(1917—1945)》一书的基础上修订而成,该书是国家"六五"计划重点研究项目。这次修订是按照原国家教委提出的"国家级重点教材都应建设成'九五'普通高等教育的精品教材"这一高标准要求努力去做的。全书以马克思主义的唯物史观为指导,对从俄国十月社会主义革命胜利到第二次世界大战结束这一历史时期国际关系格局的演变和特点,国际政治舞台上各种力量的消长、分化和重新组合,主要国家的外交政策、历史人物和重大国际事件,进行实事求是的科学分析,力图清晰、准确地展现这一时期国际风云复杂多变的历史画卷。我们对近些年来学术界有关现代国际关系史领域讨论的新问题、发表的新成果,进行了认真的分析、比较和研究,并提出了一些看法,以就教于各位专家和读者。在修订过程中,我们对书中引用的史料,重新进行了稽考、缕析和鉴别,力争做到翔实有据。为方便学习,本书在体例上主要按编年系统撰写,共分三编十二章,并在书后附录了大事年表。

"读史可知兴亡,对镜可正衣冠。"站在新世纪的门槛上,学习和回顾自近代以来几百年国际关系发展的历史进程,活生生的外交斗争实践能给我们许多教益和启迪,风云变幻的外交演变能使人们更好地把握历史发展的内在逻辑和规律,预测世界未来的发展趋势。

本书由北京大学国际关系学院方连庆、王炳元、刘金质主编。参加编写的有(以姓氏笔画为序)方连庆、王玖芳、刘甡朝、李石生、陈森。各章撰稿人的分工(以内容先后为序)是:方连庆撰写编著者说明,序言,第二章,第三章第一节,第四章,第十二章第二、四、五节,以及大事年表;李石生撰写第一章;刘甡朝撰写第三章第二、三、四节,第七章,第十章,第十一章,第十二章第一、三、六节;方连庆、王玖芳撰写第五章、第六章;陈森撰写第八章、第九章。全书最后由方连庆、王炳元、刘金质统一修改定稿。

本书蒙北京大学出版社鼎力支持和帮助,谨表示深切的谢意。

由于理论水平限制和对现代国际关系史的研究不够,书中难免会有疏漏和缺点,希冀读者不吝赐教,以俟来日匡正。

编著者
2000年6月于北京大学

序　言

　　第一次世界大战和俄国十月社会主义革命的胜利,改变了整个世界历史的方向。它标志着近代国际关系史的结束和现代国际关系史的开始。

　　现代国际关系史是近代国际关系史的延续,但又具有不同于近代的新特点。从世界基本矛盾的角度观察,第一次出现了社会主义国家同资本主义国家两种不同意识形态和社会制度的矛盾;帝国主义国家同殖民地半殖民地国家的矛盾发展了,帝国主义的殖民体系发生了危机,资本主义国家的无产阶级革命斗争在战后初期曾呈现出崭新的面貌;帝国主义国家之间的矛盾也更加错综复杂。正是上述这些矛盾的存在、运动和变化,构成了现代国际关系史的基本内容。

　　第一次世界大战后,英、法、美、日、意等帝国主义国家,为宰割战败国、瓜分殖民地,先后召开了巴黎和会和华盛顿会议,成立了第一个全球性的国际组织——国际联盟,建立了凡尔赛—华盛顿体系。以这个体系为基础所构成的国际"均势",是战后初期帝国主义国家实力对比关系的反映,但这不可能消除它们之间的矛盾。实质上,凡尔赛—华盛顿体系是帝国主义国家上一轮争夺的总结和下一轮争夺的开始。

　　帝国主义国家之间的矛盾在战后初期表现比较突出的是英美矛盾,但论综合国力,美国这时并不具备称霸世界的条件,它对世界事务的影响仍是有限的。作为资本主义心脏地区的欧洲,虽在一战中遭到削弱,但依然是国际政治的中心。在这里,英法逐鹿霸权,德国伺机再起,各种国际矛盾平行交叉,错综复杂,潜伏着巨大的危险。

　　20世纪20年代中后期,国际关系在经历了战后初期的激烈动荡之后,出现了相对稳定的局面。其主要原因如下:一方面是帝国主义在对苏俄进行武装干涉失败之后,不得不在事实上和法律上承认苏联,第一次形成了两种不同社会制度国家和平共处的局面;另一方面是帝国主义国家调整了它们内部的关系,经济也出现了某种繁荣,资本主义进入了相对稳定时期。但这种稳定是暂时的、相对的。

　　1929—1933年资本主义世界空前严重的经济危机,宛如强烈的催化剂,迅速加剧了资本主义世界的各种基本矛盾。为摆脱危机、寻找出路,日本在远东的一角点燃了侵略战争的火焰,德国在欧洲建立了法西斯独裁统治,从而在亚洲和欧洲形成了两个战争策源地。意大利同德日沆瀣一气,结成轴心国侵略集团,严重威胁世界和平和人类安全。

面对法西斯势力的挑战,中国、阿比西尼亚(今埃塞俄比亚)、西班牙等受到侵略国家的人民奋起反抗,同法西斯侵略者进行了英勇的斗争。苏联向西方国家倡议,建立共同遏制法西斯扩张的欧洲集体安全体系,但英、法等国却推行姑息、退让的绥靖政策,结果助长了侵略者的气焰,增大了战争的危险,终于导致了第二次世界大战的爆发。

第二次世界大战与第一次世界大战迥然不同。它是一场伟大的反法西斯战争,是全世界反法西斯力量同德、意、日法西斯力量之间一场决定人类历史命运的生死大搏斗。在反法西斯联盟的旗帜下,不同社会制度和意识形态的国家相互支持、团结对敌,经过长期的浴血奋战,打败了德、意、日法西斯,赢得了第二次世界大战的辉煌胜利。当年穷凶极恶的法西斯元凶希特勒、东条英机和墨索里尼,都受到了应得的历史惩罚。

反法西斯的第二次世界大战的胜利,改变了世界的面貌,推动了人类历史发展的进程,成为继十月革命之后人类历史上又一个伟大的转折点。从此,现代国际关系史又进入了一个新的时期。

历史是现实的一面镜子。当前,许多现实的国际问题,都有它们的历史渊源。现代国际关系史与第二次世界大战后的国际关系密切相关。在我国继续坚定不移地奉行对外开放政策,国际关系瞬息万变的形势下,学习这一时期的国际关系史,有助于我们在错综复杂的国际矛盾中审时度势,作出正确的判断和决策,为实现我国21世纪的发展战略和奋斗目标,为世界和平与人类的进步事业作出更大的贡献。

目　　录

第一编　从十月革命胜利到世界经济大危机爆发前的国际关系（1917—1929）

第一章　十月革命后国际关系的新发展，苏维埃俄国新型的对外政策 …… 003
第一节　苏维埃俄国反对帝国主义兼并弱小民族，争取和平的外交政策 …… 003
　　十月革命胜利对国际关系的影响 …… 003
　　苏维埃俄国建国初期的对外政策 …… 005
　　《布列斯特—立托夫斯克条约》 …… 008
　　两次对华宣言和早期的中苏关系 …… 012
第二节　帝国主义武装干涉时期苏维埃俄国的军事和外交斗争 …… 016
　　外国武装干涉的开始 …… 016
　　协约国三次武装进攻的失败 …… 019
　　不许干涉俄国运动 …… 022
第三节　苏联国际地位的提高和对外关系的发展 …… 024
　　列宁和平共处政策的提出 …… 024
　　苏英贸易协定 …… 026
　　热那亚会议和《拉巴洛条约》 …… 028
　　苏联对外关系新局面的形成 …… 034

第二章　重新分割世界的帝国主义凡尔赛—华盛顿体系 …… 037
第一节　巴黎和会和凡尔赛体系 …… 037
　　帝国主义各国的争霸计划 …… 037
　　巴黎和会上的矛盾和斗争 …… 040
　　《凡尔赛条约》的签订 …… 045
　　国际联盟的成立 …… 049

　　　　凡尔赛体系的形成及其矛盾 …………………………………………… 051
　第二节　华盛顿会议和凡尔赛—华盛顿体系的形成 ………………………… 054
　　　　华盛顿会议的召开 ……………………………………………………… 054
　　　　《耶普岛条约》 …………………………………………………………… 057
　　　　《四国条约》 ……………………………………………………………… 059
　　　　《五国海军条约》 ………………………………………………………… 062
　　　　《九国公约》 ……………………………………………………………… 066
　第三节　凡尔赛—华盛顿体系的矛盾和帝国主义争霸斗争的
　　　　　新阶段 …………………………………………………………………… 071
　　　　凡尔赛—华盛顿体系建立后国际关系的新格局 ……………………… 071
　　　　德国对《凡尔赛条约》的抗拒 ………………………………………… 074
　　　　华盛顿体系的不稳定性 ………………………………………………… 078

第三章　第一次世界大战和十月革命后民族解放运动的高涨 …………… 081
　第一节　中国人民反帝革命斗争的新阶段 …………………………………… 081
　　　　巴黎和会和五四运动 …………………………………………………… 081
　　　　华盛顿会议和第一次国共合作的形成 ………………………………… 084
　　　　北伐战争与中外关系 …………………………………………………… 086
　第二节　朝鲜、印度、印尼民族解放运动的高涨 …………………………… 088
　　　　朝鲜反对日本帝国主义的"三一"起义 ……………………………… 088
　　　　印度的反英斗争高潮 …………………………………………………… 091
　　　　印尼民族大起义 ………………………………………………………… 094
　第三节　土耳其民族革命战争的胜利 ………………………………………… 097
　　　　协约国瓜分土耳其和凯末尔革命的兴起 ……………………………… 097
　　　　安卡拉政府军事和外交斗争的胜利 …………………………………… 101
　　　　《色佛尔条约》的废除和《洛桑条约》的签订 ……………………… 104
　第四节　非洲和拉丁美洲民族解放运动的发展 ……………………………… 107
　　　　埃及人民反英斗争的胜利 ……………………………………………… 107
　　　　摩洛哥里夫人民反对西班牙和法国的武装斗争 ……………………… 110
　　　　尼加拉瓜人民的反美民族解放战争 …………………………………… 113

第四章　道威斯计划和洛迦诺会议 116
第一节　道威斯计划和帝国主义在赔款问题上的斗争 116
赔款危机 116
鲁尔冲突 118
道威斯计划 120
杨格计划 122
第二节　洛迦诺会议 125
安全保证问题 125
洛迦诺会议和《洛迦诺公约》 128
德国加入国联和欧洲国际关系格局的新变化 131
第三节　在裁军和"非战"烟幕下战争因素的增长 134
"修约派"的挑战 134
国际裁军运动 138
《非战公约》 141

第二编　从世界经济大危机开始到二战爆发前夕的国际关系（1929—1939）

第五章　1929—1933年世界经济危机对国际关系的影响，新的世界战争策源地的形成 147
第一节　1929—1933年世界经济危机 147
经济危机的特点与影响 147
赔款与战债问题的结束 149
帝国主义国家之间的经济战 152
世界经济会议的失败 155
第二节　国际裁军会议 158
伦敦海军会议 158
日内瓦裁军会议 160
第三节　日本侵占中国东北，亚洲战争策源地的形成 163
"九一八"事变和中国人民的抗日斗争 163
英国、法国纵容日本侵略和美国的"不承认主义" 166
"一·二八"淞沪事变和上海军民的英勇抗战 170

　　　　李顿调查团报告书和日本退出国联 …………………………………… 172
　第四节　德国法西斯专政的建立,欧洲战争策源地的形成 ………… 175
　　　　经济危机和希特勒上台 ………………………………………………… 175
　　　　法西斯独裁统治在德国的确立与巩固 ………………………………… 177
　　　　希特勒的扩张计划和外交策略 ………………………………………… 180
　第五节　苏联为建立反法西斯侵略统一战线而斗争 ………………… 182
　　　　苏联与美国等一系列国家建交 ………………………………………… 182
　　　　集体安全计划的提出和苏联加入国联 ………………………………… 184
　　　　东方公约问题和苏法、苏捷互助条约 ………………………………… 187

第六章　德意法西斯侵略战争的开始和英法美的"不干涉"政策 ……… 190
　第一节　德国重整军备和占领莱茵非军事区 ………………………… 190
　　　　德国公开重新武装 ……………………………………………………… 190
　　　　"斯特莱沙阵线" ………………………………………………………… 192
　　　　《英德海军协定》 ………………………………………………………… 194
　　　　德军占领莱茵非军事区 ………………………………………………… 195
　第二节　意大利侵略阿比西尼亚 ……………………………………… 199
　　　　意大利法西斯的侵阿战争 ……………………………………………… 199
　　　　英国、法国的纵容政策和美国的"中立法" …………………………… 202
　　　　《蒙特勒公约》 …………………………………………………………… 205
　第三节　德意武装干涉西班牙 ………………………………………… 206
　　　　西班牙内战和德意法西斯的武装干涉 ………………………………… 206
　　　　英法的"不干涉"政策 …………………………………………………… 209
　　　　马德里保卫战 …………………………………………………………… 213

第七章　日本发动全面侵华战争,东方反法西斯战争的开始 …………… 216
　第一节　日本侵略华北,中国抗日运动的高涨 ……………………… 216
　　　　《塘沽协定》和《天羽声明》 …………………………………………… 216
　　　　《何梅协定》和广田"三原则" ………………………………………… 218
　　　　日英美在华利益冲突的表面化 ………………………………………… 221
　　　　中国人民抗日运动的高涨 ……………………………………………… 225

第二节　卢沟桥事变，日本发动全面侵华战争 …………… 226
卢沟桥事变 ……………………………………………………… 226
中国抗日民族统一战线的形成 ………………………………… 229
英美对日侵华的两面政策 ……………………………………… 232
国联的态度和布鲁塞尔会议 …………………………………… 235

第三节　日本侵华策略的转变和"东方慕尼黑"阴谋的破产 …… 237
日本侵华策略的转变和汪精卫集团投敌叛国 ………………… 237
日本限制和排挤英美在华利益 ………………………………… 241
"东方慕尼黑"阴谋的破产 ……………………………………… 244

第八章　德意日三国侵略集团的形成和大战前夕的欧洲国际关系 …… 247

第一节　德意日三国轴心的形成 ………………………… 247
德意柏林协定 …………………………………………………… 247
《德日反共产国际协定》 ………………………………………… 250
柏林—罗马—东京轴心的形成 ………………………………… 252

第二节　德国吞并奥地利，帝国主义的慕尼黑阴谋 ………… 253
德国吞并奥地利 ………………………………………………… 253
苏台德区问题和"五月危机" …………………………………… 256
伯希特斯加登和戈德斯堡会谈 ………………………………… 259
慕尼黑会议 ……………………………………………………… 264
《英德宣言》和《法德宣言》 ……………………………………… 266
德国侵占捷克斯洛伐克全境 …………………………………… 268

第三节　德意军事同盟的建立和英法反德意阵线的形成 …… 271
德意同英法在匈牙利、巴尔干和土耳其的激烈争夺 …………… 271
德意军事同盟条约的签订 ……………………………………… 275
英法反德意阵线的形成 ………………………………………… 277
德国加紧准备剪除英法的侧翼波兰 …………………………… 280

第四节　英法苏谈判和苏德互不侵犯条约的签订 …………… 283
英法苏谈判 ……………………………………………………… 283
英德秘密谈判 …………………………………………………… 287
《苏德互不侵犯条约》 …………………………………………… 290
波兰危机 ………………………………………………………… 295

第三编　第二次世界大战期间的国际关系
（1939—1945）

第九章　德国进攻波兰，第二次世界大战全面爆发 …… 301
第一节　德国侵占波兰和西线战争 …… 301
德国侵占波兰 …… 301
奇怪的战争 …… 303
德国侵占丹麦和挪威 …… 305
德国进攻荷、比、卢和张伯伦下台 …… 308
法国的沦亡 …… 310
第二节　德国的攻英战役、法西斯入侵巴尔干与东非和北非 …… 313
德国的攻英战役 …… 313
德意侵占巴尔干 …… 316
法西斯入侵东非和北非 …… 318
第三节　苏联的中立政策和"东方战线"的建立 …… 319
苏联的中立政策 …… 319
"东方战线"的建立 …… 321
苏德柏林谈判 …… 324
《苏日中立条约》 …… 325
第四节　美国从中立向反希特勒方向的演变 …… 327
《中立法》的修改 …… 327
威尔斯出访欧洲 …… 330
防备战火蔓延美洲 …… 333
对英国的武器供应和租借法案 …… 339

第十章　苏德战争爆发，第二次世界大战扩大到社会主义国家 …… 343
第一节　德国进攻苏联和苏联卫国战争的开始 …… 343
德国进攻苏联 …… 343
《大西洋宪章》 …… 346
苏美英莫斯科三国会议 …… 350

莫斯科保卫战的胜利 ·················· 351
　第二节　太平洋战争爆发,第二次世界大战全面展开 ·················· 353
　　　《德意日三国同盟条约》 ·················· 353
　　　日本的南进和日美矛盾的加剧 ·················· 354
　　　日美谈判 ·················· 359
　　　日本偷袭珍珠港 ·················· 365
　第三节　国际反法西斯统一战线的形成 ·················· 367
　　　《联合国家宣言》 ·················· 367
　　　苏英同盟条约和苏美协定 ·················· 369
　　　第二战场问题的提出 ·················· 371
　　　各国人民的反法西斯斗争 ·················· 373

第十一章　第二次世界大战的根本转折 ·················· 377
　第一节　伟大的斯大林格勒战役 ·················· 377
　　　1942年春夏苏德战场的形势 ·················· 377
　　　斯大林格勒保卫战 ·················· 379
　　　斯大林格勒战役胜利的意义 ·················· 383
　第二节　北非战役的胜利和卡萨布兰卡会议 ·················· 385
　　　北非战役的胜利 ·················· 385
　　　卡萨布兰卡会议 ·················· 389
　　　"三叉戟"会议 ·················· 393
　第三节　亚洲太平洋战场的变化 ·················· 395
　　　中途岛海战和瓜岛战役 ·················· 395
　　　中美英联合抗日的新形势 ·················· 398
　　　盟军在缅北的反攻 ·················· 402

第十二章　德意日法西斯的崩溃,第二次世界大战的胜利 ·················· 404
　第一节　意大利投降,法西斯同盟开始瓦解 ·················· 404
　　　美英军队登陆西西里岛和墨索里尼垮台 ·················· 404
　　　第一次魁北克会议 ·················· 406
　　　意大利投降 ·················· 408

第二节　开罗会议和德黑兰会议 …… 409
　　莫斯科外长会议 …… 409
　　开罗会议 …… 411
　　德黑兰会议 …… 413

第三节　盟军对德日法西斯的胜利反攻 …… 416
　　苏军全面反攻和东欧各国人民反法西斯斗争的胜利 …… 416
　　欧洲第二战场的开辟和法国的解放 …… 419
　　美军在太平洋的反攻 …… 422

第四节　雅尔塔会议和联合国的成立 …… 424
　　敦巴顿橡树园会议 …… 424
　　第二次魁北克会议 …… 426
　　雅尔塔会议 …… 428
　　旧金山会议和联合国的成立 …… 434

第五节　德国无条件投降和波茨坦会议 …… 437
　　德国无条件投降，欧洲战争结束 …… 437
　　波茨坦会议 …… 438

第六节　日本无条件投降，第二次世界大战胜利结束 …… 443
　　盟军在太平洋上的最后攻势 …… 443
　　苏联出兵对日作战 …… 444
　　中国和亚洲各国人民对日寇的总反攻 …… 448
　　日本无条件投降 …… 449
　　第二次世界大战胜利的意义 …… 452

附　录　大事年表 …… 455

第一编

从十月革命胜利到世界经济大危机爆发前的国际关系
（1917—1929）

第一章 十月革命后国际关系的新发展，苏维埃俄国新型的对外政策

第一节 苏维埃俄国反对帝国主义兼并弱小民族，争取和平的外交政策

十月革命胜利对国际关系的影响

帝国主义为重新瓜分殖民地和势力范围而进行的第一次世界大战，加剧了资本主义所固有的各种矛盾，为国际关系的历史性大转折准备了客观物质条件。1917年11月7日(俄历10月25日)，布尔什维克党和列宁领导俄国无产阶级和广大劳动群众举行武装起义，推翻了资产阶级的统治，建立了世界上第一个无产阶级专政的社会主义国家。

俄国十月革命的胜利开创了人类历史的新纪元，揭开了国际关系新的一页。斯大林指出："十月革命不仅是'一国范围内的'革命，而首先是国际性的、世界性的革命，因为它是全世界人类历史中从旧到新的根本转变。"① 过去的革命，结局通常都是由一个剥削集团代替另一个剥削集团执掌政权，而十月革命却使俄国受压迫受剥削的无产阶级变成为统治阶级。从此，在占地球六分之一的土地上，一个无产阶级掌握政权的国家，以崭新的面貌出现在国际政治舞台上，为国际关系注入了新因素。

十月革命的胜利冲破了帝国主义阵线，打破了资本主义独霸的一统天下。十月革命前，国际社会是帝国主义占统治地位的世界资本主义体系，沙皇俄国是帝国主义最大的后备军和东欧的看门狗。它在经济上很落后，但它依靠军事暴力实行残酷的民族压迫，推行对外扩张政策，掠夺了大量的土地，成为帝国主义人力与物力的来源。十月革命的胜利使帝国主义失去了它在东方最大的后备军与广大的市场，这就加深了世界资本主义体系的经济与政治危机。更主要

---

① 《斯大林全集》第10卷，人民出版社1954年版，第144页。

的是，苏维埃国家的诞生与巩固，国际社会不再是一个统一的世界资本主义体系，而出现了一个与它对立的社会主义国家。社会主义制度与资本主义制度的矛盾成为新时代国际关系中的基本矛盾之一。这一矛盾的存在与发展加深了帝国主义的各种矛盾，并使它激化。从而根本改变了国际关系的格局。

十月革命的胜利鼓舞了世界各国的无产者。正是在第一次世界大战和十月革命的影响下，欧洲资本主义国家的工人运动有了很大的发展，不少国家出现了革命形势。1918年11月，德国爆发了十一月革命，建立了工农苏维埃与巴伐利亚苏维埃共和国。1919年3月，匈牙利工人起义，建立了匈牙利苏维埃共和国。尽管由于帝国主义的武装干涉和社会民主党右派的叛卖活动，这些革命最终被镇压了。但是，战后各主要资本主义国家工人运动的高涨与各国共产党的建立，特别是1919年3月共产国际的成立，这对世界无产阶级革命运动的发展以及对国际关系的发展都有着重大的影响。

十月革命的胜利不仅动摇了帝国主义统治的中心，而且还打击了帝国主义的后方，震撼了帝国主义在殖民地半殖民地的统治，它唤醒了东方，把东方各民族人民卷入了国际政治生活。在第一次世界大战时期，由于帝国主义对军用物资需求的激增，促进了殖民地和半殖民地民族经济的发展，同时帝国主义强迫殖民地和半殖民地人民参加或支援战争，这就促使殖民地和半殖民地被压迫人民反帝斗争的觉醒。特别是十月革命的胜利，苏维埃国家实现了民族平等与民族自决原则，极大地鼓舞了殖民地和半殖民地人民的民族解放斗争。

在十月革命的影响下，1919年中国爆发了反帝反封建的"五四运动"，中国革命进入了新民主主义革命的历史时期；1919年3月朝鲜人民举行了反对日本帝国主义的"三一起义"；1918—1922年印度掀起了反英的民族解放运动；1919—1923年土耳其爆发了反帝反封建的资产阶级革命。此外，阿富汗、伊朗、北非和拉美都爆发了反帝斗争。战后民族解放运动的高涨，"成了世界政治的积极因素，成了用革命摧毁帝国主义的积极因素"[①]。

社会主义国家的出现与日益强大，各国无产阶级革命运动的发展与民族解放运动的高涨，不断地改变着国际政治力量对比，越来越成为影响国际关系发展的重要因素。它极大地削弱了帝国主义的力量，从而使帝国主义在国际事务中再也不能为所欲为了。

---

① 《列宁选集》第4卷，人民出版社1995年版，第538页。

苏维埃俄国建国初期的对外政策

苏维埃俄国建国初期所面临的国内外形势是严峻的。当时,第一次世界大战还在进行,它仍处在与德奥集团交战的状态。帝国主义两大集团对苏维埃政权都极为仇视,但由于它们双方正在进行殊死的搏斗,都没有时间,也抽不出力量来进行干涉。它们都力图通过尚未结束的战争来钳制和扼杀新生的苏维埃政权。同时,三年的帝国主义战争使俄国国民经济遭到严重的破坏。战争夺去了俄国数百万人的生命,大量劳动力被征入伍,大片土地荒芜,粮食奇缺,工厂倒闭,千百万苦于战争的工农劳动人民和士兵都渴望和平与面包。因此,列宁指出:"和平问题是现时紧要而棘手的问题。"[1]只有退出帝国主义战争,取得和平的国际环境,才能争取本国人民和世界各国人民的支持,以便恢复和发展经济,加强国防,巩固新生的苏维埃政权。这就是苏维埃国家初期对外政策所面临的最重要的任务。为了实现这一任务,苏维埃政府颁布了一批重要的对外政策文件,旗帜鲜明地宣布了社会主义国家对外关系的新原则。

1917年11月8日,全俄工兵苏维埃第二次大会通过了列宁起草的《和平法令》。这是苏维埃政权颁布的第一个纲领性的对外政策文件,它以国家法的形式宣布了苏维埃国家对外政策的基本原则。

《和平法令》严厉地谴责了帝国主义战争,并揭露帝国主义各国进行战争的真正目的。它指出:"各富强民族为了如何瓜分它们所侵占的弱小民族而继续进行战争,是反人类的滔天罪行"[2]。苏维埃政府向一切交战国的人民及其政府建议:立即就公正的民主和平进行谈判,以便缔结和约,实现不割地、不赔款的和平。这是苏维埃国家在国际关系中第一次宣布实行和平的对外政策。

《和平法令》阐明了苏维埃国家反对帝国主义对弱小民族实行侵略和兼并的根本立场,并给兼并行为下了一个科学的定义:"凡是把一个没有明确而自愿地表示同意和希望归并的弱民族或小民族并入一个大国或强国,就是兼并或侵占别国领土,不管这种强制归并是发生在什么时候,不管这个被强制归并或强制留在该国疆界内的民族的发达或落后程度如何,也不管这个民族是居住在欧洲还是居住在远隔重洋的国家,都是一样。"[3]

这个定义有力地揭穿了帝国主义者为侵略和压迫弱小民族的政策提出的

---

[1] 《列宁全集》第33卷,人民出版社1985年版,第9页。
[2] 同上书,第10页。
[3] 同上。

种种辩解，直到今天仍然具有重要的意义。《和平法令》还明确主张，受侵略的弱小民族必须"在完全撤退兼并国军队或任何较强民族的军队的条件下，不受丝毫强制地用自由表决方法来解决这个民族的国家生存问题"①。这里提出了一个非常重要的原则问题，就是要撤军，因为只有在撤退兼并国军队的条件下，弱小民族的自决权才能得到保证。

《和平法令》公开宣布苏维埃政府废除资产阶级的秘密外交。这里主要是就资产阶级外交政策的本质而言，不是仅仅着眼于谈判的方式。苏维埃政府声明指出："秘密外交是少数有产者手中的一个必不可少的工具。"②一切剥削阶级为了实现他们对外掠夺的目的，总是把外交大权掌握在少数统治集团的核心人物手中。他们把人民群众排斥在外交事务之外，并用"国家安全"与"和平"的谎言来欺骗人民。正如列宁所指出的："最重要的问题，如战争、和平、外交等，都是由一小撮资本家来决定的，他们不仅欺骗群众，甚至常常欺骗议会。"③帝国主义大国为了在国际上进行相互勾结与掠夺，它们"把秘密外交制度弄到高度发展的地步"④。因此，"废除秘密外交是实行人民的真正民主的对外政策的首要条件"⑤。

《和平法令》既向各国政府呼吁，也向各国人民呼吁，特别向主要交战国家的先进工人阶级呼吁，希望他们以无比坚决果敢的行为，帮助苏维埃政权把和平事业以及使被剥削劳动群众解放的事业进行到底。

《和平法令》提出了与资产阶级外交相对立的国际关系新准则，指出了反对帝国主义战争与争取民主和平的正确道路。因此，帝国主义者非常害怕《和平法令》。美国国务卿蓝辛把《和平法令》称作"对各国现存社会制度的直接威胁"⑥。他们把苏维埃政府的和平外交政策视为洪水猛兽。但是《和平法令》对各国人民产生了巨大的影响，它增强了各国人民为争取和平而斗争的决心，得到了各国人民的热烈拥护和支持。

1917年12月3日，苏维埃政府发表了《告俄国和东方全体伊斯兰教劳动人民书》。这是苏维埃国家对外政策的另一个重要文件，它提出了社会主义国家对东方被压迫民族政策的基本原则：即反对民族压迫，坚持民族自决权与民族

---

① 《国际公法参考文件选辑》，世界知识出版社1958年版，第13页。
② 《国际关系史资料选编》上册，第二分册，武汉大学出版社1983年版，第396页。
③ 《列宁全集》第38卷，人民出版社1986年版，第314页。
④ 《国际关系史资料选编》上册，第二分册，武汉大学出版社1983年版，第396页。
⑤ 同上。
⑥ 《美国对外关系文件集（1914—1920年，蓝辛文件）》第2卷，华盛顿1960年版，第344页。

平等,支持被压迫民族反对帝国主义的解放斗争。文件强调指出:一切被压迫民族应当是自己国家的主人,有权利按照自己的样式来建设自己的生活,有权利自由决定自己的命运。苏维埃政府郑重宣布放弃沙皇政府对东方各民族的帝国主义政策,并愿在平等、友好和互助的基础上建立与东方各族人民的相互关系。

1918年1月25日,全俄苏维埃第三次代表大会通过了列宁起草的《被剥削劳动人民权利宣言》。宣言重申,苏维埃政府对外政策的目的是"争取在各国人民之间缔结以自由的民族自决为基础的、没有兼并并没有赔款的民主的和约"①。它宣布"同资产阶级文明世界的野蛮政策完全断绝关系",并指出,"这种政策把不多几个特殊民族的剥削者的幸福建筑在对亚洲和一切殖民地以及小国亿万劳动人民的奴役之上"②。

上述文件所阐明的苏维埃政府对外政策的原则和思想,与帝国主义所奉行的掠夺、压迫政策形成了鲜明对比,体现了社会主义国家外交政策的革命特色,在国际关系史上谱写了史无前例的新篇章。

苏维埃政府不仅在宣言和文件中,而且在外交实践中为创建新型的国际关系树立了典范。

1917年11月9日,苏俄成立了外交人民委员部。它清除了不愿与苏维埃政府合作的官吏,挑选了一批老党员、革命工人和士兵参加这一机构。列宁亲自领导了第一批苏维埃外交人员的挑选和培训工作。新成立的外交人民委员部,执行列宁制定的和平外交政策,在成立的第一天就发表了"公布秘密外交文件的声明"。接着,仅仅在一个多月的时间内,就公布了一百多件秘密外交文件。这些文件被中立国的报刊转载,也出现在交战国的报刊上。它在世界各国引起了强烈的反响。密约的公布有力地揭露了帝国主义外交的掠夺本质,促进了欧洲各国人民反战情绪的增长,加强了世界各国劳动人民对苏维埃国家和平外交政策的理解。

1917年12月31日,苏维埃政府通过了关于承认芬兰独立的决议。1918年8月29日,又颁布专门法令,宣布废除沙皇俄国所参与的瓜分波兰的一切条约和协定,并承认了波兰的民族独立。1918年12月25日,全俄中央执行委员会作出决议,承认爱沙尼亚、立陶宛和拉脱维亚的独立。

1921年2月至3月,苏维埃政府先后同波斯、阿富汗和土耳其分别签订了

---

① 《列宁全集》第33卷,人民出版社1985年版,第227页。
② 同上。

友好条约。苏维埃政府郑重声明:坚决放弃历届沙皇政府对东方各民族推行的压迫政策;废除侵害这些国家人民权利的一切不平等条约和协定;放弃沙俄在这些国家用强力获得的一切特权,并免除它们欠俄国的债务;归还沙俄所侵占的波斯和阿富汗的边境地区。这些条约表明,苏维埃国家坚决摒弃了沙皇俄国的武力兼并政策,它鼓舞了东方被压迫民族和人民的反帝斗争,加强了苏维埃国家与东方被压迫民族和人民的相互联系和相互支持。

为了摆脱外国帝国主义对俄国的经济奴役,苏维埃政府还颁布了一系列经济法令。1917年12月宣布关于银行国有化法令;1918年1月28日又颁布了关于废除国债的法令,宣布废除沙皇政府和临时政府所借的一切外债;1918年4月22日又宣布对外贸易国有化法令。根据这些法令没收了外国帝国主义在俄国经营的企业、矿山和占有的一切财产。它使俄国的经济命脉掌握在苏维埃政府和人民手中,从而维护了苏维埃国家的独立和主权,使它免受外国帝国主义的盘剥。苏维埃政权在国内各个领域进行最深刻的革命改造的同时,立即着手为退出帝国主义战争和缔结和约而斗争。

《布列斯特—立托夫斯克条约》

退出帝国主义战争,争取和平是十月革命胜利后苏维埃国家对外政策的首要任务。为尽快结束战争,1917年11月21日,苏维埃俄国外交人民委员部照会各协约国大使,建议宣布前线停战,立即开始和平谈判。但是,协约国各国政府不理睬苏维埃政府的建议,他们力图使苏维埃国家仍陷于战争之中,以便利用德国的军事力量来扼杀苏维埃国家,同时利用苏维埃俄国牵制和削弱德国的力量。在这种情况下,苏维埃政府于11月26日向德军司令部建议进行停战谈判。

德奥集团对苏维埃政府的和平建议恰恰是求之不得。由于遭到英法的海上封锁,国内经济困难,粮食和战略原料匮乏,人民反战情绪高涨,日子很不好过。为了避免东西两线作战,德国于11月27日答复苏维埃俄国,表示愿意进行和谈。

苏维埃政府为了争取普遍的全面和平,在收到德国答复的当天,再次照会协约国各国政府,希望他们派出外交代表参加和谈。但是,协约国各国政府又一次拒绝了和谈的建议,并采取敌对的态度。美国驻俄大使弗朗西斯在给美国总统威尔逊的报告中说:"阻止俄国退出战争的唯一希望,要看能否破坏目前苏维埃政府正在同中欧帝国举行的单独谈判。因此,我们应当不惜力量来破坏这种谈判。"①

鉴于此种情况,苏维埃俄国为了争取和平,不得不同德奥集团进行单独谈判。苏维埃政府在给各交战国的政府和人民的呼吁书中指出:"我们希望缔结全面和约。但协约国的资产阶级迫使我们缔结单独和约,那么责任应当完全由他们承担。"②

1917年12月3日,苏维埃俄国与德奥集团代表在德军占领下的布列斯特—立托夫斯克开始进行停战谈判。苏维埃代表团团长越飞建议以《和平法令》提出的原则为基础,签订为期6个月的停战协定,并要求德军在谈判期间不得把东线的军队向西线调动。德国代表霍夫曼(东线参谋长)在声明中拒绝了苏俄的建议和要求。12月6日,双方无条件地签订了为期10天的停战协定。同一天,苏维埃政府再次建议协约国参加全面和谈,但是这次呼吁仍然没有得到回答。12月15日,苏德双方又签订了为期28天的停战协定。停战期间,苏维埃政府发表声明,如果协约国不参加和谈,那么,它就不得不单独同德奥集团进行和平谈判了。

和平谈判的第一阶段是在1917年12月22日开始的。在谈判中,苏维埃俄国代表团团长越飞指出,和谈的主要问题和基本原则应该是:"不割地不赔款",他还提出了与此相适应的六点建议作为谈判的基础:1.不得强行兼并在战争期间所占领的土地,占领军应在最短期间内撤出;2.完全恢复在这次战争期间丧失政治独立的民族的政治独立;3.保证战前未享有政治独立的各个民族,有可能通过全民投票自由地决定归属某国或建立独立的国家;4.在多民族聚集地区,少数民族的文化和政治权利应得到专门法律的保障;5.交战国的任何一方均不承担向对方支付所谓战费的义务;6.殖民地问题应根据第一至第四条规定的原则处理。此外,不准较强民族对弱小民族的自由加以任何间接的压制。③

苏维埃政府提出的和平纲领表达了各国广大人民群众的愿望,德奥集团代表不敢公开拒绝。12月25日,德国代表团团长库尔曼在声明中表示:同盟各国代表认为"俄国宣言的主要各点可以作为和平谈判的基础"④。但是他在声明中提出了附带条件:只有在一切参战大国都同意的情况下,德国才能接受。

---

① 《美国对外关系文件集(1918年,俄国部分)》第1卷,华盛顿1931年版,第424页。
② 《苏联对外政策文件集》第1卷,莫斯科1957年版,第30页。
③ 同上书,第60页。
④ 《布列斯特—立托夫斯克和平谈判》第1卷,莫斯科1920年版,第5—6页。

这样,实际上就使声明变成了空话。第二天,德国代表霍夫曼说,德国对不割地和平的理解,与苏维埃代表团不同。德国不能撤出它所占领的波兰、立陶宛和库尔兰。[①] 他声称这些地区的居民已根据民族自决权原则表示自愿脱离俄国而合并于德国。这充分暴露了德国军事集团的掠夺阴谋。12月28日,根据苏维埃代表团的建议,和会决定休会10天。休会期间,苏维埃俄国再次邀请协约国参加和平谈判,但仍然没有得到答复。

1918年1月9日,和平谈判进入第二阶段。这个阶段的中心议题是撤军和民族自决问题。新任苏维埃俄国代表团团长托洛茨基在谈判中表示,俄国将从奥匈帝国、土耳其和波斯的占领地区撤出自己的军队,同时要求德国及其盟国也从波兰、立陶宛和库尔兰以及俄国其他地区撤出军队。苏维埃俄国将根据民族自决权原则允许这些地区的居民在没有任何外来压力下,通过全民投票来解决它们的政治命运。但是德国拒绝撤兵,它还通过与乌克兰中央拉达[②]签订"协定",借用民族自决权作为幌子,来掩盖德国对乌克兰和其他地区的兼并。由于意见分歧,谈判无进展。德国最高统帅部认为拖延会瓦解德国军队的士气,因此希望加速谈判的进程。1月18日,霍夫曼拿出一张预谋的地图,根据这张地图所画的分界线,德国要占领整个波兰、立陶宛以及白俄罗斯、乌克兰和爱沙尼亚、拉脱维亚的部分地区;波罗的海沿岸各港口也将置于德国的控制之下。德国代表团要求苏维埃俄国承认这条线作为和平条件,并诡称这不是兼并,而是"出于军事上的考虑"。在此情况下,苏维埃代表团建议休会10天。

在休会期间,布尔什维克党和苏维埃政府内部就是否签订割地和约问题发生了激烈的争论。以布哈林为首的"左派共产主义者"集团,反对任何妥协,主张用革命战争来推动德国无产阶级革命。以托洛茨基为首的"不战不和"派,主张宣布结束战争状态,复员军队,但不缔结和约。列宁正确地主张接受德国的要求,签订和约。他在1918年1月20日写的《关于立刻缔结单独的割地和约问题的提纲》中,科学地分析了苏维埃国家国内外的复杂和困难的形势,以坚忍不拔的精神向党的干部说明接受苛刻的议和条件以争得喘息时机的必要性。他指出,在国内政局不稳,经济困难,前线旧军队处于瓦解状态,新军队还没有建立起来的情况下,完全忽略"现阶段的阶级力量和物质因素的客观对比",去

---

① 库尔兰,现拉脱维亚北部。
② "拉达"原意是群众大会。1917—1919年乌克兰反动资产阶级建立的"乌克兰共和国"的最高权力机关称为中央拉达。

进行战争"将是一种冒险行动"。① 列宁揭露"左派共产主义者"鼓吹"革命战争"的口号"很漂亮,很诱人,很醉人,但是毫无根据,——这就是革命空谈的本质"②。这种革命空谈将使苏维埃国家陷入帝国主义布置的圈套,并将断送革命。列宁指出:"我们缔结单独和约,就能在目前可能的最大程度上摆脱两个彼此敌对的帝国主义集团,利用它们相互之间的敌视和战争(这将阻碍它们勾结起来反对我们),在一定时期内可以腾出手来继续推进和巩固社会主义革命。"③

1918年1月24日,党中央委员会以绝对多数票通过了列宁的建议:尽力拖延和平谈判,如对方提出最后通牒就签订和约。但是,身为代表团团长的托洛茨基,竟违背党中央和苏维埃政府的指示,他在2月10日同德奥集团的和谈中公开发表声明:"俄国拒绝在割地条约上签字;同时单方面宣布结束同德国、奥匈帝国、土耳其和保加利亚的战争状态;并命令全线俄军完全复员。"④托洛茨基的这个"不战不和"的声明给苏维埃共和国带来了严重的后果。

德军统帅部正要寻找借口来破坏谈判并恢复军事行动,便乘机撕毁了停战协定,于2月18日发动了对苏维埃俄国的全线进攻,迅速占领了大片苏维埃国土。苏维埃政府根据列宁的提议于2月19日向德国发出电报,表示愿意根据德国在和谈中提出的条件签订和约。德国政府很快收到了电报,但德军仍继续进攻。2月21日,苏维埃政府宣布"社会主义祖国在危急中",成千上万的工人和复员的士兵响应号召,组成了武装部队,奋起抵抗德军的进攻。2月23日,年轻的红军在普斯科夫和纳尔瓦阻止了德军的进攻。这一天就成了红军的诞生日。但这时,局势仍很危险。

同日,苏维埃政府接到德国的复电,它提出的条件比原先的更为苛刻。除坚持原先提出的条件外,还要求俄军撤出里夫兰和爱斯兰⑤,并且撤出乌克兰和芬兰,同时要求俄国军队,包括新组建的部队,立刻复员。2月24日,全苏中央执行委员会通过了列宁的建议,决定接受德国提出的要求,并派代表团前往布列斯特—立托夫斯克。

3月1日,和会复会。苏维埃代表团声明:签订和约是"在前所未闻的强制

---

① 《列宁全集》第33卷,人民出版社1985年版,第252页。
② 同上书,第353页。
③ 同上书,第254页。
④ 特鲁哈诺夫斯基:《国际关系和苏联对外政策史》第1卷,苏联国际关系研究所出版社1961年版,第49页。
⑤ 里夫兰即爱沙尼亚南部和拉脱维亚北部。爱斯兰即爱沙尼亚大部。

气氛中进行的",因此苏维埃代表团拒绝讨论和平条件。3月3日,苏维埃代表团与德奥集团代表团签署了《布列斯特—立托夫斯克条约》。条约的主要内容是:俄国放弃波兰、立陶宛、库尔兰、里夫兰和爱沙尼亚;在高加索地区,俄军撤出卡尔斯、阿尔达汉和巴统;俄国承认乌克兰、芬兰为独立国家;俄军撤出芬兰和阿兰群岛;俄国军队完全复员。

《布列斯特—立托夫斯克条约》是一个非常苛刻的掠夺性的条约,它使苏维埃国家丧失了大片土地。但是条约的签订却使苏维埃国家摆脱了战争,赢得了必要的和平环境来巩固苏维埃政权,以便恢复经济,加强国防。因此,列宁在总结苏维埃国家最初的斗争经验时指出:我们的最重要的经验就是在敌强我弱的情况下,必须实行退却,"应该善于利用帝国主义者之间的矛盾和对立"①。这种退却不是投降,而是一种革命的妥协。它是为了积聚力量以便进行严肃认真的战斗。1918年11月13日,即在德国战败投降之后,全俄中央执行委员会立即宣布废除这一掠夺性条约。

两次对华宣言和早期的中苏关系

十月革命胜利后,苏维埃政府很重视对华关系。它曾两次发表对华宣言,摒弃了沙皇俄国的侵华政策,确定了新的对华政策的基本原则,揭开了中俄关系史上崭新的一页。

旧中国曾经是国际帝国主义侵略和掠夺的对象,而沙皇俄国是侵略中国最早的国家之一,也是掠夺中国领土最多的帝国主义国家。从17世纪中叶至20世纪初,沙皇俄国通过签订不平等条约先后割去了150多万平方公里的中国领土,还攫取了许多特权。马克思、恩格斯、列宁都曾严厉地谴责沙皇俄国对中国的侵略政策。

苏维埃政权诞生后不久,就向当时中国北洋政府驻俄公使表示愿意同中国政府谈判关于取消不平等条约,放弃在华特权,并在新的基础上建立两国关系的问题。由于当时北洋政府屈从于帝国主义的压力,没有作出积极的响应,因而苏维埃政府的愿望没有实现。

为了使中国人民了解苏维埃俄国的对华政策和推动新的中苏关系的建立,1919年7月25日苏维埃政府发表了《俄罗斯苏维埃联邦社会主义共和国政府对中国人民和中国南北政府的宣言》,即第一次对华宣言。宣言重申工农政府

---

① 《列宁全集》第40卷,人民出版社1986年版,第59页。

尊重民族平等和民族自决,反对民族压迫的外交政策;宣布放弃"沙皇政府从中国攫取的满洲和其他地区";废弃一切特权;"拒绝接受因 1900 年义和团起义所负的赔款";把沙皇政府从中国人民那里掠夺的一切交还中国人民。苏维埃政府建议就这些问题和其他一切问题进行谈判并达成协议,永远结束前俄国政府与日本及协约国共同对中国采取的一切侵略行为。宣言还建议两国立即建立正式外交关系。①

第一次对华宣言传到中国,受到中国人民的热烈欢迎。全国 31 个社会团体纷纷发出诚恳的感谢复文,并强烈要求与苏俄建立友好的关系。在国内舆论的压力下,北洋政府于 1920 年 9 月 5 月派出以张斯麟将军为首的军事代表团到莫斯科进行"实地调查"。该团受到列宁的亲自接见。列宁希望两国在反帝的共同目标下联合起来。②

为了加快两国关系的建立,1920 年 9 月 27 日苏维埃政府发表了第二次对华宣言,即《俄罗斯苏维埃联邦社会主义共和国对中国政府的宣言》。宣言重申并发展了第一次对华宣言的原则,它明确宣布:"以前俄国政府历次同中国订立的一切条约全部无效,放弃以前夺取中国的一切领土和中国境内的俄国租界";俄国公民在中国居住不得享有治外法权,一概服从中国境内的一切法律和规定;中国不给俄国反革命的个人、团体或组织以任何支持,不准他们在中国境内活动;"两国政府采取一切必要措施,迅速建立正常的贸易和经济关系",互派外交和领事代表,尽快缔结友好条约。③

苏维埃政府的两次对华宣言阐明了苏维埃国家对华政策的基本原则。这是苏维埃政府愿与沙皇俄国的侵华政策实行决裂的具体表现,它赢得了中国人民的热情赞扬和广泛的支持。北洋政府也不得不重新考虑对苏政策,并于 1920 年 12 月任命了驻莫斯科总领事,表示愿与苏俄直接谈判。

1922 年 8 月,苏维埃政府派越飞为全权代表来华谈判建交问题。越飞到达北京后开展了一系列外交活动,并与当时北京政府的外交部长顾维钧举行过多次会谈,但由于双方在中东铁路与外蒙古问题上存在分歧,未能达成协议。

中东铁路是根据 1896 年沙俄政府与清政府签订的《中俄密约》,由沙俄与中国合办在东北地区建筑的一条铁路,原称东清铁路或东省铁路。由满洲里经哈尔滨到绥芬河是干线,由哈尔滨经长春至大连是支线,称南满铁路。日俄战

---

① 《国际关系史资料选编》上册,第二分册,武汉大学出版社 1983 年版,第 423—424 页。
② 参见苏联《消息报》1920 年 11 月 9 日。
③ 《国际关系史资料选编》上册,第二分册,武汉大学出版社 1983 年版,第 426 页。

争后,沙俄将南满铁路的长春至大连段转让给了日本。1920年起东清铁路始称中国东方铁路,简称中东铁路。中东铁路建造后,沙俄不仅控制了中东铁路的经营权,而且占领了铁路沿线的土地,攫取了哈尔滨和海拉尔等城市的行政权及铁路沿线的驻军权。于是,外蒙古及东北三省就逐渐成为俄国的势力范围。十月革命后,中东铁路一度为沙俄在东北的残余势力所盘踞。1920年,中东铁路工人罢工,要求原俄国铁路局长辞职,北京政府下令接管中东铁路。这样,中东铁路沿线的军警权、司法权、地亩权均由中国收回。苏俄代表越飞在谈判中强调中东铁路由俄国出资建造,为了苏俄国家的安全,要求中俄共管。北京政府拒绝共管的建议,要求无偿归还该路一切权益,谈判未能达成协议。

外蒙古在历史上是中国领土的一部分。沙皇俄国从18世纪以来,通过收买王公贵族,扶植亲俄势力等阴险手法,对外蒙古进行侵略和渗透。中国辛亥革命时,沙俄乘机唆使外蒙古的封建主宣布"独立",并与外蒙古签订了一系列掠夺性的条约。1913年11月5日,沙俄与袁世凯政府签署了《中俄声明》,声明宣称:"俄国承认中国在外蒙古之宗主权","外蒙古土地为中国领土之一部分";"中国承认外蒙古之自治权"。① 于是,外蒙古在"自治"的幌子下,变成了沙俄的殖民地。十月革命后,苏俄政府于1919年8月发表了《告蒙古人民书》,宣布承认"蒙古是一个自由的国家"②,任何外国人都无权干涉蒙古内政。1921年3月1日,蒙古人民党成立,并通过武装起义建立了临时人民政权。4月10日,临时政府为了反对在外蒙的俄国白卫军,请求苏俄政府提供军事援助。7月6日,苏军进入库伦(今乌兰巴托)。11月5日,苏维埃政府承认蒙古人民政府为"唯一合法政府"。在中俄谈判中,北京政府要求苏俄放弃承认蒙古独立并从蒙古撤兵,苏俄非但不同意,并且责备北京政府袒护白党,致使谈判无法继续下去。

为了使中苏建交谈判尽快达成协议,苏联政府决定派副外交人民委员加拉罕为全权代表前往中国。1923年9月2日,加拉罕到达北京。9月4日,他对报界发表一篇声明,重申1919年和1920年的"两个对华宣言的原则和精神仍是我们对华关系的指导基础"③。并指出,苏联政府在同各国人民的关系中,本着完全尊重他国主权及完全放弃侵略所得之土地与财产的基础上,建立与各国人民的友谊。加拉罕的声明也被称为第三次对华宣言,它受到北京各界人民的热

---

① 《中国近代对外关系史资料选辑》上卷,第二分册,上海人民出版社1977年版,第345—346页。
② 维戈兹基等编:《外交史》第3卷(上),生活·读书·新知三联书店1979年版,第311页。
③ 《国际关系史资料选编》上册,第二分册,武汉大学出版社1983年版,第428页。

烈欢迎,为加拉罕与北京政府的谈判提供了有利的条件。

但是,由于帝国主义从中作梗和北洋军阀的反苏情绪,谈判进展缓慢。加拉罕与中俄交涉督办王正廷经过几个月的反复磋商,才于1924年3月14日拟定了《解决中俄悬案大纲协定》及《暂行管理中东铁路协定》等草案。这时,帝国主义为阻挠中苏建交,继续对北京政府施加压力。北洋政府外交部对协定中若干条款也表示不满,并决定不予批准。这件事引起了北京教育会等九个团体及四十余校学生代表的抗议,其他城市人民团体也通电反对。在全国舆论的责难下,北洋政府深恐情况有变,特别惧怕苏联政府和广东革命政府建立外交关系,于是匆忙再次与苏联代表协商,并正式达成协议。

1924年5月31日,加拉罕与顾维钧分别代表苏中两国政府签订了《中俄解决悬案大纲协定》,又称《中苏协定》。其主要内容是:1."将中国政府与前俄帝国政府所订立的一切公约、条约、协定、议定书及合同等项概行废止,另本着平等、相互公平之原则及两次对华宣言之精神重订条约、协约、协定"。2.苏联政府声明:前俄帝国政府与第三者所订立的一切条约、协定等,有妨碍中国主权及利益者,概为无效。3."苏联政府承认外蒙为完全中华民国之一部分,及尊重在该领土内中国之主权"。4.两缔约国在本协定签订一个月内举行会议,商定一切悬案之详细解决办法,并"将彼此疆界重行划定。在疆界未划定前,仍先维持现有疆界"。5.两国政府声明,中东铁路纯系商业性质,除该路本身营业事务直辖于该路外,所有关系中国国家及地方主权之各项事务概由中国官府办理。苏联允诺中国以中国资本赎回中东铁路及该铁路所属一切财产。6.苏联政府放弃在中国的一切租界及特权,放弃庚子赔款,取消治外法权及领事裁判权。《中苏协定》还包括《中俄暂行管理中东铁路协定》及七个声明书和两件公函。①

《中苏协定》是中国近代以来外交史上第一个平等友好的条约,它使苏俄两次对华宣言的原则具体化,法律条文化。虽然中东铁路问题与外蒙问题仍没解决,但协定是进一步彻底解决旧的中俄关系中的悬案与建立新的中苏关系的重要文件。这个协定确定了两国之间的正常关系,受到中国人民的热烈欢迎,并推动了中国全国范围的废除不平等条约的反帝爱国运动的开展。

自《中苏协定》签订起,中苏建立了外交关系,并按规定,中国政府将前俄使领馆舍移交苏联政府。1924年6月13日,苏联政府建议把两国外交代表升格

---

① 《国际关系史资料选编》上册,第二分册,武汉大学出版社1983年版,第429—431页。

为大使级。中国政府表示欢迎,从而苏联成为第一个向中国派遣大使的国家。加拉罕是第一任苏联驻中国大使。

第二节　帝国主义武装干涉时期苏维埃俄国的军事和外交斗争

外国武装干涉的开始

布列斯特和约的签订,粉碎了帝国主义想借德国之手摧毁苏维埃国家的阴谋,苏维埃国家终于退出了战争,获得了和平喘息的时机。协约国帝国主义害怕苏维埃政权的巩固会加强欧洲各国要求和平与革命的趋势,因而在欧洲战线的炮火尚未停息时,就迫不及待地亲自出马来发动武装干涉。这样,在1918年春就形成了协约国帝国主义和俄国反革命势力联合起来推翻苏维埃政权的局面,外国武装干涉和国内战争开始了。

1918年3月1日,托洛茨基未经列宁同意,就以外交人民委员部的名义电告摩尔曼斯克苏维埃中的托洛茨基分子:"如果发生来自德国的危险","你们应当接受协约国各使团的任何援助"。① 于是,摩尔曼斯克苏维埃在3月2日与英国、法国的代表达成了"关于英、法、俄保卫摩尔曼斯克边区的共同行动协定"。这个协定实际上是向英国、法国提供了武装干涉的基地,而英国、法国武装干涉者通过与苏维埃中的托洛茨基分子勾结,打着应苏维埃"请求"和"援助"俄国对德斗争的旗号,来掩盖其武装干涉的行径。

1918年3月9日,第一批英国武装干涉者在摩尔曼斯克登陆,接着法国军队接踵而来。4月5日,日本借口两名日本人被暗杀,以保护日侨为名派兵在海参崴登陆,英美军队也相继而来。尽管苏维埃政府多次发出照会,抗议对俄国的武装干涉,但毫无结果。5月24日,由战俘组成的捷克斯洛伐克军团约5万人在协约国策划下,在俄国西伯利亚地区进行叛乱,占领了西伯利亚和伏尔加河的广大地区,同当地反革命势力相勾结,颠覆那里的苏维埃政权,成立了反动政府。7月2日,协约国最高军事会议作出扩大干涉俄国的决议,武装干涉者开始向俄国内地推进,外国武装干涉扩大了。

8月初,北方武装干涉军占领了阿尔汉格尔斯克,成立了反革命的北方政府。同时,英军在反革命分子配合下侵入南高加索,占领了巴库。德国也趁机

---

① 维戈兹基等编:《外交史》第3卷(上),生活·读书·新知三联书店1979年版,第174页。

派兵占领了克里米亚和波罗的海沿岸。

随着帝国主义武装干涉的扩大，俄国的反革命势力也嚣张起来。他们纷纷进行武装叛乱，成立了形形色色的反革命白卫政府。外国武装干涉军与国内反革命势力勾结起来，从四面八方发动进攻，占据了四分之三的国土。年轻的苏维埃共和国处于敌人包围中，形势危急。

针对国内外反革命势力的猖獗，9月2日，全俄中央执行委员会宣布全国为军营，提出"一切为了前线，一切为了战胜敌人！"的战斗口号，成立了革命军事委员会，号召工农参加红军，保卫苏维埃国家。由于布尔什维克党的领导和工农群众的英勇战斗，敌人的猛烈进攻被阻止了。1919年秋，东方方面军收复了喀山、辛比尔斯克和萨马拉等城市。8月和10月，斯大林和伏罗希洛夫指挥的南方方面军在察里津保卫战中打退了敌人的两次进攻，这对稳住整个国内战争的局势有着重大的意义。在被德军占领的乌克兰、白俄罗斯和波罗的海沿岸地区的工农群众，在布尔什维克党的领导下也起来斗争，并建立了苏维埃政权，缓和了苏维埃国家的紧张局势。

1918年11月德国战败投降后，协约国帝国主义腾出手来，准备调集大量兵力进攻苏维埃俄国。列宁说："我们的处境也从来没有像现在这样危险。从前帝国主义者忙于互相厮杀。现在，其中一个集团被英、法、美集团搞掉了。现在英、法、美集团把消灭世界布尔什维主义、摧毁它的主要根据地俄罗斯苏维埃共和国当成他们的主要任务。"①

战争的乌云开始密布苏维埃国家的上空。11月12日，协约国盟军总司令部参谋部制订了进攻苏俄的计划，决定要加强在北方、在彼得格勒方面和其他地区已经开始的军事行动，并假道罗马尼亚和黑海对乌克兰进行武装干涉。此外，还决定德军停止从它在俄国的各占领区撤退，以便利用德军共同反对苏维埃俄国。

11月14日，英国战时内阁决定，大力援助俄国国内的白卫反革命匪帮。11月15日，英法分舰队开进黑海。11月底，英国分舰队开进塔林，为白卫分子运送军火。此外，还向俄国北方地区、高加索、中亚细亚和远东派遣了增援部队。

在这种严峻的形势下，苏维埃政府一方面号召人民奋起抵抗侵略者，一方面为继续努力争取和平而斗争。苏维埃政府不止一次地向协约国建议签订和约，并且声明愿为此目的做出重大的让步，甚至同意在一定条件下承认外债，只

---

① 《列宁全集》第35卷，人民出版社1986年版，第159页。

要协约国不威胁苏维埃国家的生存和发展。但是,协约国对和谈建议置之不理,它们不顾一切地想要推翻苏维埃政权。

为了捍卫十月革命的成果,苏维埃俄国红军进行了英勇的战斗,重创了高尔察克的白卫军,打退了外国武装干涉者的初次侵犯,并开始转入反攻。在这种情况下,协约国内部对如何解决俄国问题产生了微妙的分歧。

1919年1月12日,协约国在巴黎和会预备会上讨论了解决俄国问题的办法。当时任协约国军总司令的法国福煦将军主张继续进行武装干涉,并建议主要由美国提供军队。他说,美军很少参战,"至今士气极为旺盛"①。然而,英美两国领导人逐渐地认识到,武装干涉政策不会带来预期的结果。他们一直在寻求着在当时的形势下更为有效地消灭苏维埃俄国的办法。英国首相劳合·乔治说,要想"用武力镇压布尔什维克主义是非常不明智的"②,他主张先进行和谈,美国总统威尔逊支持英国的建议。

1919年1月22日,美国总统威尔逊代表协约国发出呼吁书,建议俄国各"政治集团",在2月中旬派代表到马尔马拉海的王子岛与协约国代表进行会谈,讨论在俄国"恢复和平问题"。

苏维埃政府虽没有得到参加会议的正式邀请,但为了通过谈判和平解决问题,于2月4日发出照会,表示愿意参加,条件是协约国不再支援俄国反革命势力和不再进行武装干涉。照会还表示,在不损害苏维埃俄国的经济制度和社会制度的条件下,苏维埃俄国愿向外国资本家提供企业租让权,并打算承认旧政府对外的债务。但外国军队必须立即撤出苏维埃领土。苏维埃俄国的答复提供了和平解决问题的现实基础。但协约国对苏维埃俄国建议中明确坚持社会主义的一些根本原则感到不满,它们觉察到,想通过谈判压苏维埃俄国在原则上让步的可能性不大,而且在这时,俄国国内的各反革命白卫"政府"都在准备发动新的进攻,它们拒绝参加和谈,于是协约国建议召开的王子岛会议就流产了。

这时候,俄国国内战场出现了对协约国不利的形势。红军全线的胜利进军和白卫军的节节溃败,打乱了帝国主义的计划,于是,1919年2月18日,威尔逊和劳合·乔治决定派出席巴黎和会的美国代表团团员布利特前往莫斯科进行外交试探,想通过直接接触,了解苏维埃俄国同意进行谈判的条件。布利特在莫斯科访问了外交人民委员部,会见了列宁,并与契切林和李维诺夫在3月8日

---

① 古里加·格罗尼穆斯:《美国反苏武装干涉的破产》,莫斯科1952年版,第123页。
② 维戈兹基等编:《外交史》第3卷(上),生活·读书·新知三联书店1979年版,第237—238页。

至 14 日举行了会谈。双方经过协商达成协议，签订了关于和平与停战的协定草案。其主要内容是：各战场停止军事行动，不以暴力推翻所有事实上在各地存在的政府，但这些地区的居民有选择合乎自己愿望的政府的权利；一切外国军队撤出俄国，立即停止对白卫军的任何支援；撤销对苏俄的经济封锁，恢复相互贸易关系；有关俄国对协约国的债务另行研究。

布利特带着协定草案回到巴黎。这时情况突然发生变化。威尔逊拒绝接见他。劳合·乔治声明，他与布利特的莫斯科之行没有联系。布利特后来揭露说："这是对舆论最恶劣的欺骗。"[1]英美两国领导人态度之所以发生如此巨大变化，是因为这个时候高尔察克已在西伯利亚开始发动进攻，而且认为这次进攻会取得胜利，于是，他们就撕毁了已经达成的协定。1919 年 9 月，布利特在美国参议院外交委员会上，就这件事作证说："高尔察克向前推进了一百英里，巴黎所有报纸立即宣布高尔察克在两个星期内将进入莫斯科。因此巴黎每个人（也包括美国代表团的成员）对于俄国的议和开始变得十分冷淡，因为他们认为高尔察克将进抵莫斯科扫除苏维埃政府。"[2]

协约国三次武装进攻的失败

协约国帝国主义妄图通过和谈扼杀苏维埃政权的阴谋失败后，便凶相毕露，在 1919—1920 年的短短两年中，发动了三次大规模的武装进攻。

1919 年 3 月，协约国对苏维埃俄国发动了第一次武装进攻。这次进攻的特点是，帝国主义直接出兵，配合俄国各派反革命势力，从四面八方发动全面攻势，妄图一举消灭苏维埃俄国。根据协约国的作战计划，这次进攻共有六条战线：高尔察克在西伯利亚；邓尼金在北高加索；尤登尼奇在波罗的海沿岸；英国在外高加索；法国在克里米亚；英美在摩尔曼斯克等地区同时出动。苏维埃俄国再一次陷入敌人的包围中。

这次进攻东线是重点。协约国把希望寄托在盘踞在西伯利亚的原沙皇政府海军上将高尔察克身上，他的部队直接受协约国的指挥和操纵，并完全依靠协约国的军火供应。1919 年，英、法、美、日等国向高尔察克提供了 70 万支步枪和 3650 挺机枪，还有许多大炮，几亿发子弹和炮弹，他拥有一支 30 万人的军队，被称为"俄国最高执政"。

为了粉碎敌人的猖狂进攻，列宁和布尔什维克党发出了"一切为了东线！"

---

[1] 布利特：《布利特赴俄使命》，纽约 1919 年版，第 93 页。
[2] 迈克尔·塞耶斯：《反苏大阴谋》，纽约 1946 年版，第 26 页。

的号召,全国人民积极响应,迅速组成了百万大军开赴前线,同国内外敌人浴血奋战。4月底,伏龙芝指挥的东方战线南路兵团发动反攻,在工农游击队的配合下,于6月9日解放了乌法。同时,斯大林作为国防委员会全权代表到达彼得格勒,组织红军击溃了尤登尼奇的进攻,保卫了彼得格勒。8月解放了乌拉尔,击溃了高尔察克匪军。协约国第一次联合进攻被粉碎了。

1919年秋,协约国又组织了第二次联合进攻。这次进攻是以南方邓尼金的军队为主力。由于第一次进攻的失败,特别是布尔什维克党的宣传工作,英、美、法干涉军的士兵受到影响,不愿再为资本家作战。协约国不得不把自己的军队撤出,而用提供武装和装备的办法支援同俄国接壤的一些小国与俄国的白卫军来发动进攻,这就是丘吉尔吹嘘的"十四国进军"。

1919年6月底,邓尼金的军队占领了察里津,并在顿河地区分三路向北发动进攻。列宁发出了"大家都去同邓尼金作斗争!"的号召,党中央作出了征收党员周活动的决定,有20多万人入党,数万名党员奔赴前线。7月初,邓尼金军队占领了顿巴斯和乌克兰广大地区,接着,又连续攻占了库尔斯克、沃罗涅什、奥寥尔,到10月中旬,推进到图拉城下,离莫斯科只有200多公里。这时,尤登尼奇又发动进攻,重抵彼得格勒城下。此外,波兰、芬兰、爱沙尼亚、立陶宛和南高加索等小国的军队也参加了进攻。为了扭转战局,党中央派斯大林到南方战线去组织粉碎邓尼金的工作。10月下旬,南线红军转入反攻。11月下旬,布琼尼和伏罗希洛夫的第一骑兵军收复顿巴斯,击退了邓尼金的进攻。西线红军也于10月21日转入反攻,打垮了尤登尼奇对彼得格勒的第二次进攻。11月14日,东线红军攻克高尔察克的"首都"鄂木斯克。年底,高尔察克被俘,后被枪决。1920年初,红军解放了乌克兰和高加索,同时彻底击溃了邓尼金的部队。

苏维埃俄国为粉碎协约国的第二次进攻,除进行军事斗争外,还做了大量外交工作,以便分化敌人,把受协约国利用的一些小国争取过来。为此,苏维埃政府利用波罗的海沿岸小国同协约国帝国主义和沙俄白卫将军的矛盾,向他们提出和平建议,承认他们的民族独立,并在"有争议的领土问题上作了让步"①。在红军的节节胜利和苏维埃政府坚持和平外交政策的影响下,这些小国表示愿意同苏维埃俄国讲和。1920年2月2日,爱沙尼亚通过谈判首先与苏维埃俄国签订了和约并建立了外交关系。苏维埃政府承认了爱沙尼亚的独立,免除了它欠沙俄的债务,并给予贸易优惠。爱沙尼亚则放弃反苏政策并开放几个港口供

---

① 《列宁全集》第38卷,人民出版社1986年版,第79页。

苏俄的货物通过。列宁称同爱沙尼亚的条约是在帝国主义筑起的一堵封锁俄国的墙上打开了"一扇通欧洲的窗户"。接着苏维埃俄国又分别同立陶宛、拉脱维亚和芬兰签订了和约。于是，波罗的海沿岸国家先后退出了对苏维埃俄国的武装干涉。苏维埃俄国打破了军事上被包围的状态，协约国对苏维埃俄国的第二次进攻彻底失败了。

1920年4月，协约国又发动了第三次进攻。这次进攻协约国是通过援助波兰地主资产阶级集团和邓尼金的残部弗兰格尔白卫军来发动的。为了组织这次进攻，协约国帮助波兰武装了74万军队，并派高级将领到波兰直接指挥作战。4月25日，波兰在英、法、美的支持下，对苏维埃俄国发动了猖狂进攻，4月底侵入乌克兰，5月初攻占了乌克兰首府基辅。6月，逃窜到克里米亚半岛的弗兰格尔的部队也发起进攻，进入乌克兰南部。

苏维埃俄国红军于6月初发动反攻，6月12日解放基辅，把入侵者赶出了乌克兰和白俄罗斯，并乘胜向西推进，协约国大为震惊。7月12日，英国外交大臣寇松向苏维埃俄国提出最后通牒，要求红军停止进攻，在承认所谓"寇松线"①的基础上同波兰签订停战协定。否则，英国及其盟国将全力援助波兰。这时，红军由于战线过长，军需品供应困难，无力展开新的进攻，以致在华沙城下受挫。8月，波兰军队在协约国的支持下，重新发起进攻，红军被迫退却。1920年10月12日，波兰和苏维埃俄国在里加签订了《关于停战协定及和约初步条件的条约》。根据该条约规定，双方承认乌克兰和白俄罗斯的独立，西乌克兰和西白俄罗斯划归波兰；双方彼此尊重国家主权，保证不支持任何针对另一方的敌对行为。1921年3月18日，苏波正式签订了《里加和约》，划定了两国的边界线。

苏波停战协定签订后，苏维埃俄国就集中力量去粉碎弗兰格尔的军队。1920年10月底，红军在克里米亚半岛与大陆连接的别列科普地峡北部打了一场围歼战，歼灭10万敌人。11月，红军挺进克里米亚半岛，消灭了这股反革命势力。协约国发动的第三次武装进攻又遭到可耻的失败。

在苏维埃俄国的远东地区，斗争还继续了一个时期。红军在粉碎了高尔察克之后，布尔什维克党和苏维埃政府为了避免与日本干涉军直接发生武装冲突，集中力量打败波兰的进攻，于1920年4月，决定在贝加尔湖以东地区建立

---

① 寇松线是1920年7月英国外交大臣寇松建议的苏波边界线。它是1919年巴黎和会波兰事务专门委员会确定的波兰东部临时边界线，即沿格罗德诺—布列斯特—普热米什尔，直到喀尔巴阡山。史称寇松线。

一个缓冲国,即远东共和国。远东共和国成立后,一直与日本进行谈判、周旋,起到了避免苏维埃俄国与日本直接发生军事冲突的缓冲作用。在形式上,它是一个资产阶级民主共和国,有自己的宪法、议会和行政机构,实际上,是受布尔什维克党领导的。苏维埃俄国在取得第三次反武装干涉的胜利之后,为消灭残余白卫军和把最后一批外国武装干涉者赶出国土而继续斗争。1922年10月,红军解放了海参崴。10月25日,日本被迫全部撤走干涉军。远东地区获得了彻底解放。11月15日,全俄中央执行委员会决定,远东共和国并入俄罗斯苏维埃共和国。

苏维埃俄国粉碎外国武装干涉的伟大胜利,有着巨大的国际意义。

苏维埃俄国诞生后不久,就遭到帝国主义的武装干涉,当时它是唯一的无产阶级专政的国家,没有经过训练的正规军队,没有良好的武器与装备,经济困难,物资与粮食奇缺。当时客观的物质因素是无法与帝国主义列强相比的。帝国主义者曾断言,苏维埃政权一定会覆灭,但年轻的苏维埃国家竟战胜了拥有强大的财力、物力和军事力量的国际帝国主义的联合进攻,这在世界上被认为是一个"奇迹"。

列宁非常重视并总结了这一重大的历史经验,他指出:"两年来我们的国内战争……完全证实了历史早已作出的结论:即战争的性质及其胜利主要取决于参战国的国内制度"①。从表面上看它们的军事力量和物质力量是庞大的,但它们的内部是软弱无力的,新生的社会主义力量是可以战胜资本主义的。

苏维埃俄国反对外国武装干涉的胜利,鼓舞着弱小的被压迫民族和人民起来反对帝国主义国家的侵略和干涉,为争取民族独立,争取和平与社会主义而斗争。

不许干涉俄国运动

苏维埃俄国在反对外国武装干涉的斗争中,为了取得国际援助,直接向欧洲和全世界劳动群众发出呼吁,仅在1919年和1920年的头几个月,就曾先后七次向协约国劳动人民发出呼吁书,号召他们制止本国政府继续干涉俄国事务。这些呼吁书在国际上引起了强烈的反响。

在英、美、法等参加武装干涉的国家中,无产阶级和广大劳动人民在"不许干涉俄国"的口号下,进行了各种形式的斗争。1919年,资本主义国家的劳动人

---

① 《列宁全集》第37卷,人民出版社1986年版,第315页。

民支持苏维埃俄国的运动特别高涨。在法国,全国上下纷纷举行反战集会,工人坚决反对装运用来进攻苏维埃俄国的武器弹药,致使数以万计的枪炮没有能够起运。1919年4月,驻敖德萨的法国水兵和开进黑海的法国舰队爆发起义,军舰上升起了红旗。起义者拒绝向俄国革命工人开炮,要求停止反苏维埃俄国的战争,立即回国。起义迫使法国统帅部不得不从黑海和南俄调回自己的干涉军。

英国成立了不许干涉苏维埃俄国"行动委员会"。尽管英国工党右翼领袖极力从中阻挠,但在工人群众的强大压力下,1919年6月召开的工党索思波特大会仍然通过了要求立即停止对苏维埃俄国干涉的决议,决议指出:"本届大会抗议协约国对俄国所进行的不断干涉,无论这种干涉方式是施加武力,供应军火,给予财政援助,还是实行商务封锁"①。1920年春天,英法帝国主义唆使波兰政府对苏维埃俄国进行武装干涉。5月10日,波兰军队攻占基辅,英国资产阶级兴高采烈,他们叫嚷:"红军惨重地失败了。"可就在同一天,伦敦码头工人拒绝给运送军火至波兰的"水手乔治"号装货,5月15日,军火不得不卸回到码头边上。这一行动极大地鼓舞了正在进行斗争的英国工人群众。

1920年8月3日,当红军反击波兰白军逼近华沙的时候,英国外交大臣寇松向苏维埃政府发出最后通牒,要求红军停止进攻,并以武装干涉相威胁。这激起了英国工人阶级的极大的愤慨。在工人群众的大力推动下,职工大会议会委员会、工党执行委员会和工党议会党团于1920年8月9日通过决议,向英国政府发出警告:有组织的工人将运用他们的全部产业力量来挫败协约国指使波兰进行的反苏战争。列宁对英国工人阶级的这一行动给予了高度的评价,称它为"英国整个政局中的一个大转折"②。

美国工人在反对武装干涉苏维埃俄国的斗争中,出现了一些群众组织。1919年夏,美国成立了"苏俄之友联盟"、"技术援助苏俄协会"、"支持从俄国召回美国士兵协会"等。10月,美国西雅图码头工人扣留了为高尔察克运送军火的船只。美国工人的斗争使俄国反革命白卫军的军火供应受到严重影响。1919年10月22日,高尔察克派驻华盛顿的代表向他的主子汇报情况说:"我主要担心的是:近来由于此间罢工风潮和工人骚动的高涨,谁也不能绝对有把握地说,订货将会按时完成,尽管财政上要受到各种损失。不久前,同其他国家一样,发生多起港口工人拒绝装运弹药或船员拒绝出海的事件。所以类似运动

---

① 《世界通史资料选辑(现代部分)》第一分册,商务印书馆1980年,第365页。
② 《列宁全集》第39卷,人民出版社1986年版,第319页。

有可能波及到军火工厂。"①

许多国家的无产阶级和劳动群众还直接参加了保卫苏维埃政权的斗争。据统计,自1917年至1921年,参加反对外国武装干涉的外国人数达10万之多,其中匈牙利人8万,中国人5万。② 在红军部队中有许多中国营、中国团、中国红色大队、中苏混合游击队等,他们分布在苏维埃俄国欧洲或远东地区,与苏维埃人民并肩作战。特别是在高加索建立的中国独立营,在保卫苏维埃政权的战斗中立下了赫赫战功,被称为"列宁派来的中国赤卫师"。红军北高加索军区司令员伏罗希洛夫曾热烈赞扬中国战士的英雄主义,称他们"是真正的国际主义战士的典范"。在西伯利亚,参加红军的中国劳工达1万人,他们吃苦耐劳,严守纪律,英勇战斗,得到普遍的赞扬。不少中国战士和指挥员献出了自己宝贵的生命。一些中国战士和指挥员被授予红旗勋章。

还有许多参加第一次世界大战的战俘,其中有德、奥、匈、捷、保、波、罗、南斯拉夫等国人也纷纷参加红军,组成国际营、国际纵队,直接投入了保卫苏维埃政权的斗争。在远东,还有朝鲜游击队等组织。他们英勇战斗,真正体现了无产阶级国际主义的革命精神,创造了许多可歌可泣的英雄事迹。列宁曾高度肯定并赞扬这些国际主义战士,他说,你们非常光荣,能够拿着武器来捍卫神圣的思想,……来真正实现各民族的国际主义的团结。列宁认为,这是胜利的保证,是任何帝国主义者的力量都抵挡不住的。

各国人民反对武装干涉俄国的运动,给帝国主义列强的干涉造成了严重的困难,给苏维埃俄国以非常可贵的支援。正如列宁所说:"只要国际资产阶级对我们动起手来,他们的手就会被本国工人抓住"③。这是年轻的苏维埃俄国能战胜比它强大得多的帝国主义的武装干涉的重要原因之一。

第三节　苏联国际地位的提高和对外关系的发展

列宁和平共处政策的提出

粉碎外国武装干涉后,苏维埃国家进入了一个新的时期,即由战争过渡到

---

① 维戈兹基等编:《外交史》第3卷(上),生活·读书·新知三联书店1979年版,第257页。
② 参见《1917—1922年外国劳动者和苏维埃俄国人民的战斗友谊》,莫斯科1957年版,第133页。
③ 《列宁全集》第39卷,人民出版社1986年版,第322页。

和平的时期。这一时期国际关系的特点是,在国际帝国主义与苏维埃俄国之间出现了一种极不稳定的均势。它表现在:一方面,尽管国际帝国主义非常敌视苏维埃俄国,时刻想侵犯和扼杀它,但由于武装干涉的失败,以及帝国主义的矛盾日益加深,帝国主义国家统治阶级在对苏的政策上发生了分歧,这使帝国主义无力再向苏维埃俄国发动新的进攻,因而苏维埃俄国在国际上赢得了与资本主义列强并存的和平条件;另一方面,世界各国的革命运动虽在向前发展,但它并不像人们所期望的那样直线地前进。这就使得苏维埃国家与资本主义国家之间出现了可能和平共处的局面。

根据国际形势的新特点,1919年12月5日,在全俄苏维埃第七次代表大会上,通过了列宁起草的《关于国际政策问题的决议》,它第一次明确地提出了苏维埃俄国"希望同各国人民和平共处"的政策。[1]

关于不同社会制度的国家和平共处政策的理论,是根据列宁创立的新的社会主义革命论,即"社会主义不能在所有国家内同时获得胜利。它将首先在一个或几个国家内获得胜利;而其余的国家在一段时间内将仍然是资产阶级的或资产阶级以前的国家"[2]。这就预计到全世界向社会主义过渡将经历一个很长的历史时期。在国际关系中将出现社会主义国家与资本主义等不同制度国家并存的局面。

根据马克思主义革命理论,每个国家的革命是由该国社会内部生产关系与生产力的矛盾和阶级斗争的客观规律决定的,它主要依靠本国的革命力量。这就是马克思、恩格斯强调的"工人阶级的解放应该由工人阶级自己去争取"[3]。列宁也强调革命是不能输出的。因此,从社会主义国家本身来说,它必须实行和平政策,为社会主义建设争取有利的国际环境。

当然,帝国主义会力图扑灭社会主义国家,但是,根据布列斯特和约与战胜外国武装干涉的经验,列宁强调,只要敢于斗争并善于利用帝国主义的各种矛盾,争取帝国主义国家无产阶级与劳动人民的支持,社会主义国家是能够把革命事业坚持下去的。

十月革命胜利后,苏维埃国家坚定地奉行和平的外交政策,一再向各交战国政府提出和平建议,但是帝国主义不愿接受,并发动了武装干涉。事实证明,实行和平共处的障碍不是苏维埃俄国,而是帝国主义。在粉碎帝国主义的武装

---

[1] 《苏联对外政策文件》第2卷,莫斯科1957年版,第298页。
[2] 《列宁全集》第28卷,人民出版社1990年版,第88页。
[3] 《马克思恩格斯全集》第16卷,人民出版社1964年版,第15页。

干涉后,列宁分析了新的国际形势,总结了斗争的经验,他指出:"这是常有的事,你打痛了敌人,他就来讲和的。"①

列宁在接见外国记者的谈话中,进一步阐述了和平共处政策的经济基础与政治基础。列宁表示在社会主义国家和资本主义国家共存的时期,苏维埃国家"愿意在合理的条件下给予承租权,作为俄国从技术比较先进的国家取得技术帮助的一种手段"②。苏维埃俄国愿意和一切国家发生事务上的往来并进行贸易,发展经济关系。列宁指出:"有一种力量胜过任何一个跟我们敌对的政府或阶级的愿望、意志和决定,这种力量就是世界共同的经济关系。正是这种关系迫使它们走上同我们往来的道路。"③这就是不同制度的国家可能和平共处的经济基础。列宁在谈到和平共处的政治基础时指出,必须相互尊重国家主权平等和保证绝对不干涉别国内政的原则。

列宁提出的和平共处政策,是掌握政权的无产阶级在处理不同社会制度国家关系方面的政策,它只是社会主义国家对外政策的一个原则,而不是社会主义国家对外政策的全部内容。而且对不同的国家必须区别对待,如首先可能与中小国家发展友好关系,对帝国主义大国也可能先发展贸易和经济关系,然后再发展政治关系。列宁的和平共处政策在苏维埃国家的外交实践中,对国际关系的发展产生了积极的影响。

苏英贸易协定

苏维埃俄国在用极大的代价争得国内国际的和平环境之后,开始转入和平建设的历史新时期。这个时期的中心任务是消除战争带来的创伤,恢复和发展经济。为此,苏维埃政府采取各种措施,全力争取同资本主义国家改善关系,恢复和发展经济贸易联系,并为建立正常的外交关系铺平道路。

苏维埃俄国是一个资源大国,拥有十分丰富的原料,同时它也是一个巨大的销售市场,这对缺乏原料和市场的一些欧洲资本主义大国是有吸引力的。

英国是与苏维埃俄国建立贸易关系的第一个资本主义大国。一战后,英国经济一直在困难中挣扎,失业人数不断增长,从德国获得的赔偿,大都用于失业救济。1920—1921年的资本主义世界经济危机对英国的打击特别沉重,工业生产下降46%,对外贸易下降1/2,致使以出口工业为主要支柱的整个经济面临着

---

① 《列宁全集》第37卷,人民出版社1986年版,第307页。
② 同上书,第188页。
③ 《列宁全集》第42卷,人民出版社1987年版,第332页。

严重的困难。这时,英国急需寻求广阔的市场。从历史上看,英俄有着传统的贸易关系。一战前,英国所需木材的50%、小麦的20%,都来自俄国,在英国的石油进口中,俄国的供应名列榜首。英国与俄国的贸易量几乎等于与印度的贸易量,可见,英俄贸易在英国的对外贸易中占有重要地位。

在战后国际经济贸易竞争日益尖锐的形势下,重新打开俄国市场,对英国缓和经济困难显得尤为重要。英国著名的经济学家凯恩斯及英国报刊都明确表示,要恢复世界经济,就必须利用俄国的原料,必须吸引俄国参加恢复世界经济的工作。英国许多工商业家也希望尽快恢复英俄之间的贸易关系。

苏英恢复贸易关系的谈判于1920年4月在伦敦举行。在谈判中,苏维埃俄国代表克拉辛要求完全取消封锁,相互建立商务代表处,停止支持波兰进行反苏战争。英国代表则要求苏维埃政府放弃"支持东方各国敌视英国的态度",并承认沙皇政府的债务。

6月底,当红军向波兰军队反攻的时候,英国政府中断了谈判,借此向苏维埃俄国施加压力。10月,苏波停战协定签订后,苏英谈判恢复,并于1921年3月16日在伦敦签订了贸易协定。协定的主要内容是:两国恢复贸易关系,互设商务代表处,商务代表享有外交特权;两国人民可以自由地返回各自的祖国;双方保证放弃任何反对另一方的敌对行动和宣传。英国政府承诺,对属于苏维埃俄国的黄金、财产和商品,决不采取任何扣留的行为。苏维埃俄国政府则声明,对曾向俄国提供商品或劳务的私人,准备给予相应的补偿,但是,这些问题要在缔结一般性和约时才能解决。

苏英贸易协定的签订,意味着英国政府事实上已经承认了苏维埃俄国。英国首相劳合·乔治在3月23日正式宣布,英苏贸易协定是对苏维埃俄国事实上的承认,他说:"因为我们需要俄国,而俄国也需要我们。"

苏俄与英国建立贸易关系,为与其他国家建立贸易关系开辟了道路,如同列宁所说,贸易协定打开了欧洲的窗户。这种情况立刻影响到资本主义国家之间的关系,影响到它们之间的竞争的加剧,影响到其他资本主义国家对苏维埃俄国的态度。

苏英贸易协定的签订使德国感到非常不安。德国工业集团提心吊胆,生怕被挤出俄国市场。这时,销售市场和原料产地问题对德国来说特别迫切,因为根据凡尔赛条约,德国被剥夺了所有殖民地,它原有的市场大都被英、美、法、日等国占领了。在这种情况下,苏维埃俄国这个广阔的市场,对德国来说就具有更重要的意义。

1921年5月6日，苏德两国通过谈判签订了关于恢复贸易关系的临时协定，还签署了关于交换战俘和被扣人员的补充协定。根据协定，苏维埃俄国商务代办处是俄国驻德国唯一合法的代表机关，即实质上为外交代表机构，这说明德国在法律上承认苏维埃俄国迈出了一大步。

接着，1921年末和1922年初，苏维埃俄国同资本主义各国签订了一系列的新协定。1921年12月26日，苏维埃俄国同意大利签订了贸易协定。1922年上半年，苏维埃俄国又同挪威、奥地利、瑞典、捷克斯洛伐克签订了临时贸易协定。

当时，苏维埃政府也愿意同美国和法国建立贸易关系，并不止一次地采取了积极的步骤，列宁在回答美国记者的问题时说："请美国资本家不要触犯我们。我们是不会触犯他们的。我们甚至准备用黄金向他们购买用于运输和生产用的机器、工具及其他东西。而且不仅用黄金买，还要用原料买。"他还明确表示，在两国建立正常的商务和外交关系中，"我们这方面没有什么障碍"。① 但是，美国政府继续阻挠苏美关系的改善，坚持要以在苏维埃俄国恢复私有制、发还美国在俄国的企业、财产为谈判条件。法国也反对同苏维埃俄国恢复贸易关系，它坚持要苏维埃俄国偿还一切债务。

尽管少数资本主义大国仍不愿同苏维埃俄国缔结经济协定，但以苏英贸易协定为契机，苏维埃俄国的对外贸易关系有了较快的发展，仅在苏维埃俄国同资本主义国家进行贸易的头一年，即1921年，就有14个国家同苏维埃俄国恢复了贸易关系，它标志着帝国主义对苏维埃俄国经济封锁的失败。

热那亚会议和《拉巴洛条约》

苏英贸易协定签订后，一些资本主义国家先后同苏维埃俄国建立了贸易关系，但却不愿在外交上正式承认它。苏维埃政府为了进一步推进同资本主义国家关系的正常化，于1921年10月28日向英、法、意、日、美五国政府发出照会，照会明确宣布：俄罗斯联邦政策的根本目的之一就是"同各国进行经济合作"，外国资本家如能帮助开发俄国的自然资源，恢复其经济，苏维埃政府愿意为他们提供足够的利润；在各大国承认苏维埃俄国、缔结全面和约并向它提供贷款的条件下，苏维埃政府愿意承认1914年以前沙皇政府所借的外债；建议召开国际会议讨论苏维埃俄国和其他国家的相互要求，以便缔结和约。

苏维埃政府的照会引起了资本主义国家政府与国际舆论的兴趣与关注，英

---

① 《列宁全集》第38卷，人民出版社1986年版，第158页。

国和意大利马上表示赞同召开国际会议,还向苏维埃政府索取建议的补充材料。它们认为扩大同苏维埃俄国的经济联系可以消除经济危机中的困难。德国也很积极,法国却不那么热心,但它怕失去俄国市场,所以在英国的推动下,法国才表示愿意参加即将召开的协约国最高委员会会议,讨论召开欧洲经济会议的问题。

1922 年 1 月 6 日,协约国为了协调彼此的行动,在法国戛纳召开了最高委员会会议,出席会议的有英国的劳合·乔治、法国的白里安、意大利的波诺米、比利时的特尼斯和日本的石井,美国仅派观察员参加了会议,德国代表也应邀出席。

戛纳会议通过了准备在意大利热那亚召开"欧洲国家经济会议"的决议,并邀请苏维埃俄国和德国参加。戛纳决议提出:任何国家均不得将本国的所有制、国家经济生活和管理制度强加给别国;保证外国资本和利润不受侵犯;凡希望得到外国贷款的政府,应承担该国历届政府的债务,并要归还或赔偿被接管的外国财产;保证财政货币流通,以利贸易往来;放弃颠覆别国的宣传;各国保证不对邻国发动进攻。英法声称,苏维埃俄国只有全部接受上述条件,才能得到协约国的正式承认。

1 月 7 日,意大利政府受协约国最高会议委托,通过苏维埃俄国驻罗马贸易代表团将一项决议通知莫斯科,决议写道:"意大利政府经与不列颠政府磋商,认为列宁先生如能亲自出席这次会议,将大大有助于解决振兴欧洲经济的问题。"①

尽管戛纳决议带有附加条件,但苏维埃俄国第一次被邀请参加国际会议,表明西方国家已被迫接受不同社会制度国家的和平共处和两种所有制同时存在的事实。因此,苏维埃俄国政府决定接受邀请,并于 1 月 8 日发出表示愿意参加会议的复照,复文说:"即使人民委员会主席列宁因工作繁忙,特别是因国内发生饥荒而不能离开俄国,但代表团的人选和它的职权范围,都将使代表团具有列宁亲自参加的那种威望。"②

列宁十分重视热那亚会议,他领导了出席会议的全部准备工作,亲自为苏维埃俄国代表团制定了参加会议的方针和策略。他指出,为对抗资本主义阵线,各苏维埃共和国应该联合起来。2 月 22 日,在莫斯科召开了俄罗斯、亚美尼亚、白俄罗斯、布哈拉、格鲁吉亚、远东共和国、乌克兰和花剌子模各苏维埃共和

---

① 《苏联对外政策文件集》第 5 卷,莫斯科 1961 年版,第 48 页。
② 同上书,第 47 页。

国全权代表会议。八个共和国代表签署了一项议定书,责成俄罗斯苏维埃共和国在热那亚会议上维护它们的利益,有权代表它们缔结或签订会议上可能达成的一切协议。

苏维埃俄国代表团在热那亚会议上的一个重要任务是打破资本主义阵线。为此,列宁要求代表团充分利用与会者中间的各种矛盾,特别是战胜国与战败国、协约国中的大国与小国、好战派与资产阶级和平主义者的矛盾。在会上,既要抵制帝国主义的无理要求,又要充分注意到各国人民对普遍和平的强烈愿望。因此,列宁建议,要在会议上阐明最广泛的热爱和平的纲领,支持和平主义者。

苏维埃俄国代表团到热那亚去的目的是:扩大贸易,为最广泛最顺利地发展贸易创造有利条件。列宁指出:"我们不是以共产党人的身份,而是以商人的身份去热那亚的。"[①]我们与资本主义国家有通商做生意的绝对必要。我们要在会议里,研究哪些交易买卖具有最公平、最有利的条件。我们希望做有利于我们的生意,资产阶级希望做有利于他们的生意,"至于斗争将怎样展开,这就要看我们外交家的艺术了"[②]。列宁在最冷静最谨慎地估计热那亚会议所具有的各种可能性后说,如果在会上达不到目的,"那就在会外达到这一点"。列宁为代表团制定的方针和策略充分体现了苏维埃外交政策的原则性和灵活性。

3月底,苏维埃俄国代表团在赴热那亚途中来到里加,同拉脱维亚、波兰和爱沙尼亚在里加举行了会谈,商定了在热那亚会议上有关东欧问题采取一致行动,这就打击了法国妄图拉拢波罗的海沿岸国家建立反苏联盟的计划。4月初,苏维埃俄国代表团抵达柏林,又同德国总理维尔特和外长拉特瑙就两国关系问题进行了会谈,双方相互保证在热那亚会议上保持密切的接触。

1922年4月10日,欧洲经济会议在热那亚圣乔治宫开幕。出席会议的有34个国家(包括英国自治领在内),与会的代表和专家共计2000人。英国首相劳合·乔治、法国外长巴都、意大利首相法克塔、德国总理维尔特参加了会议。美国派观察员出席会议。苏维埃俄国代表团团长是列宁,但列宁没有参加会议,代表团由副团长、外交人民委员契切林率领。这是苏维埃俄国第一次参加国际会议。

会议一开始,在各国代表的一般发言中,就明显暴露出尖锐矛盾。会议主席意大利首相法克塔在致开幕词时说:与会国家中,没有敌人,也没有朋友,没

---

① 《列宁全集》第43卷,人民出版社1987年版,第70页。
② 同上。

有战胜国,也没有战败国;但他同时强调,这次会议是根据戛纳决议召开,凡来参加会议的国家,就表明已接受了戛纳决议条件。劳合·乔治在发言中说,与会各国一律平等,但这个平等是以各国接受同等条件,即戛纳条件为原则的。这是给会议定基调,明显是对苏维埃俄国代表团施加压力。苏维埃俄国代表团只准备把戛纳决议条件作为谈判的基础。事实上,协约国邀请苏维埃俄国参加会议时,并未明确要求正式承认戛纳条件,而苏维埃俄国在复照中也没有作出这样的承诺。

法国外长巴都在发言中除支持意、英代表关于戛纳决议的立场外,还明确表示,法国不允许对任何一项凡尔赛协定进行讨论,并声称:"热那亚会议不是、不可能是、将来也不会是讨论和修正现存条约的上诉机构。"① 这是对德国代表团准备在会上提出修改凡尔赛条约要求的警告。德国总理维尔特在会上陈述了德国的严重困难,表示希望获得国际的援助。

苏维埃俄国代表团副团长契切林的发言成了会议的注意中心。契切林声明:"俄国代表团来这里,不是为了宣传自己的理论观点",而是"为了和平,为了共同恢复被长期战争和战后的政治破坏了的欧洲经济"。② 他说:不同社会制度的国家有可能并存,它们之间的经济合作,对于普遍的经济复兴是绝对必要的。而作为拥有丰富自然资源的欧洲最大的一个国家,俄国经济的复兴是世界经济普遍恢复必不可少的条件。他表示苏维埃俄国政府准备提供森林、煤炭和矿产开采的租借权,来扩大欧洲工业的原料、粮食和燃料基地。他还指出,要恢复世界经济,必须采取措施来消除战争威胁和巩固世界和平。他提出了苏维埃俄国代表团的和平纲领和进行普遍裁军的建议。

契切林的发言突破了协约国列强给会议规定的框框,巴都立即起来反对讨论裁军问题。他说,如果俄国代表团坚持要求讨论这个问题,法国代表团"不仅是抵制,而且是明确、断然、彻底、坚决地拒绝"③。劳合·乔治称契切林的建议是"危险的爆炸物",他说,"不要使船只超重"④,要求苏维埃俄国代表团不要坚持把裁军问题列入议程。

从4月11日起,会议按专题分成四个委员会,即政治、经济、财政和运输委员会,分别讨论具体问题。其中政治委员会争论最为激烈。

---

① 《热那亚会议资料》,莫斯科1922年版,第72页。
② 《苏联对外政策文件集》第5卷,莫斯科1961年版,第191—193页。
③ 《热那亚会议资料》,莫斯科1922年版,第83页。
④ 《国际关系和苏联对外政策史》第1卷,莫斯科1961年版,第233页。

在该委员会上,协约国对苏维埃政府提出了苛刻的要求:承认并偿还沙皇政府和临时政府的一切债务(总数约180亿卢布);归还收归国有的一切外国企业和财产;对苏维埃政府及过去历届政府或地方当局因其行动或疏忽所造成的一切损失,承担责任;取消对外贸易垄断制;给旅居各苏维埃共和国的外侨以类似在殖民地半殖民地国家所享有的治外法权。这实际上是要在经济上奴役苏维埃俄国,恢复它们昔日在俄国国民经济中的地位。

苏维埃俄国代表团坚决拒绝了帝国主义的无理要求,指出,沙皇政府和临时政府为进行帝国主义大战和内战而借的战债,一律不还;至于战前债务可通过谈判解决。苏维埃俄国代表团在债务问题上还针锋相对地提出反要求:协约国要赔偿武装干涉给苏维埃俄国造成的损失。此项损失总计约390亿卢布。苏维埃俄国代表团还断然驳斥了侵犯苏维埃国家主权的一些其他要求,揭露了它们的掠夺性质。

4月15日,英国、法国向苏维埃俄国代表团提出最后通牒式的要求:如苏维埃政府不承认债务,会议只好就此结束。

苏维埃俄国代表团在同协约国的谈判陷入僵局后,便利用德国与协约国的矛盾,抓住德国代表团在会上受到压制和冷遇的时机,主动建议重开苏德谈判,以取得在会外突破的成果。德国在会上修改《凡尔赛条约》的有关条款和减少赔款的希望化为泡影,不愿失去与苏维埃俄国达成协议的机会。

4月16日,苏维埃俄国代表团与德国代表团在热那亚近郊拉巴洛举行会谈,并在当天由契切林和德国外长拉特瑙签订了《德国和俄罗斯苏维埃联邦社会主义共和国协定》,即《拉巴洛条约》。条约规定:两国相互放弃战费及战争损失的赔偿;德国放弃它在俄国被收归国有的私有财产而提出的要求,但苏维埃俄国也不得满足第三方同类性质的要求;立即恢复两国之间的外交和领事关系;两国在最惠国原则的基础上发展经济和贸易关系。

《拉巴洛条约》打破了帝国主义国家的反苏统一战线,使它们企图以损害苏维埃俄国来复兴欧洲的计划破产了。它创立了以和平共处原则为基础的新型的相互关系,为苏德两国密切经济往来和正常外交关系的发展提供了保证。这是《凡尔赛条约》后德国同一个大国签订的第一个平等条约,它使德国摆脱了外交的孤立状态。列宁在评价《拉巴洛条约》时曾指出,当全世界还没有摆脱私有制及其产生的经济紊乱和战争而走向更高级的所有制的时候,只有拉巴洛条约体现了两种所有制的真正平等,尽管这是暂时的情形。

《拉巴洛条约》的签订引起协约国的震惊。4月18日,英、法、意等国向德国发出照会,指责它违反戛纳决议,"背着别国外交家同俄国秘密签订条约",不准德国再参加热那亚会议政治委员会,并令其交出条约正式文本备查。在协约国压力下,德国请求苏维埃俄国给予支持,并于4月21日对照会作了答复,指出《拉巴洛条约》毫不影响其他国家对苏维埃俄国的关系。4月23日,协约国再次照会德国,声称:"俄德条约中,凡与现存条约相抵触之条款,均可视为无效。"①

5月2日,协约国向苏维埃俄国代表团递交了一份新的备忘录,内容是:苏维埃政府要承认除战时债务以外的全部债务;拒绝苏维埃俄国在债务上的反要求;对收归国有的外国资本家的企业和财产应归还给原企业主或给予补偿。5月11日,苏维埃俄国代表团在答复中指出:苏维埃政府在法律上没有义务偿还已被推翻的以前历届政府的债务,并拒绝把由于革命而收归国有的企业和财产发还原业主或赔偿他们的损失,但如果协约国作出相当的对俄国人民有利的让步,苏维埃俄国政府也愿意作出重大让步。

由于帝国主义国家坚持在经济上奴役苏维埃俄国的计划,历时40天的会议没有签订一项协议。1922年5月19日,热那亚会议闭幕,决定在海牙继续举行专家会议。

海牙会议于1922年6月15日开始至7月20日结束。这次会议被认为是热那亚会议的继续,参加会议的国家也大致相同,但引人注目的是没有德国参加。出席海牙会议的各国代表团,主要是由工商界代表和专家组成。会议的任务是寻求解决苏维埃俄国与协约国之间的债务和财产等问题的具体解决方法。由于双方立场难以接近,这次会议也没有打开僵局而取得任何结果。

热那亚会议与海牙会议虽没有解决任何问题,但它的召开有着重大的政治意义。苏维埃政府代表团第一次被西方国家邀请正式出席大规模的国际会议,这一事件本身就意味着对苏维埃政府事实上的承认。苏维埃政府代表团在国际会议上初试锋芒,就取得了外交的重大胜利。它宣传了苏维埃国家对外政策的重大原则,对国际关系产生了巨大的影响。苏维埃外交巧妙地利用帝国主义国家之间的矛盾,成功地签订了《拉巴洛条约》,获得了第一个西方大国的承认,摆脱了建国以来的严重孤立困境,为苏维埃国家同资本主义各国建立政治和商务经济关系创造了良好条件。

---

① 《热那亚会议资料》,莫斯科1922年版,第313页。

苏联对外关系新局面的形成

为了发展经济,加强国防,巩固苏维埃政权,必须把俄国境内的各个独立的苏维埃共和国联合成一个统一的整体。1922年10月,俄共(布)中央全会通过了列宁的建议:把各苏维埃共和国自愿平等地联合成一个新国家。

1922年12月30日,苏维埃社会主义共和国联盟第一次苏维埃代表大会在莫斯科开幕。大会通过了苏联成立宣言和联盟公约,宣布俄罗斯联邦、乌克兰、白俄罗斯和南高加索联邦四个加盟共和国第一批加入苏联。大会选出了苏联中央执行委员会。1924年1月,苏联第二次苏维埃代表大会批准了苏联宪法,把苏维埃共和国联盟的形式固定了下来。苏联的成立标志着苏维埃国家的进一步巩固,加强了苏联在国际关系中的地位。

苏联成立后,经济逐步得到恢复和发展,国内政局稳定,并同许多国家发展了经济贸易关系,国际地位不断提高。列宁指出:"经济关系和随之而来的外交关系正在建立起来,应该建立起来,而且一定会建立起来。凡是反对这样做的国家,都有落在别国后面的危险,也许在某些相当重要的问题上会有陷于不利地位的危险。"①

1924年,苏联同资本主义国家的关系发生了深刻的变化。这一年,在国际上出现了同苏联建交的高潮,被称为"承认苏联之年"。

1924年,第一个同苏联建立外交关系的是英国。英国本来是同苏维埃俄国建立贸易关系最早的资本主义大国,但在热那亚会议之后,由于《拉巴洛条约》的签订,在帝国主义国家中德国率先在外交上承认苏维埃俄国并与之建立了密切的经济联系,两国贸易额大幅度增长。这种情况引起了英国严重不安。英国为了加强同苏联的经济贸易关系,必须调整对苏政策,实现两国之间外交关系的正常化。1924年1月,麦克唐纳工党政府在"承认苏联"等竞选口号下上台。他表示:"在外交上拒绝承认某一民族的结果,就是拒绝与某一民族通商。这是一个代价太高的疯狂政策。"②麦克唐纳公开声明,必须彻底改变英国的对苏政策。但他上台之后,在同苏联实现关系正常化的过程中,却又主张有条件地承认苏联,表示要恪守英国对外政策的"继承性"。他说:"我们不是一届新政府,我们将是一届遵循我国外交活动中那些传统的历史原则的工党政府。"③

---

① 《列宁全集》第43卷,人民出版社1987年版,第295页。
② 鲍尔姆金:《世界外交史》第四分册,五十年代出版社1953年版,第273页。
③ 1924年1月9日《泰晤士报》。

1924年2月1日,英国政府宣布在法律上承认苏联,但同时提出重要的保留条件。它承认苏联政府"是接受这一政府管辖的、前俄罗斯帝国领土上的合法政府"①。意思是说,如果有任何一个地区不承认苏联政府的权力,英国也不承认苏联对原俄国的这块地区的管辖权。同时英国政府还指出:"承认俄国苏维埃政府,就使两国在俄国革命前签订的所有条约自动生效,已失去法律效力者不在此例。"②这是企图强迫苏维埃国家接受已被它宣布废除的、沙皇政府签订的掠夺性条约。

苏联政府为尽快实现同英国外交关系正常化,采取了既维护苏联的根本利益,又避免同英国进行无休止争论的灵活策略,对英国的保留条件提出了自己的解释。苏联政府在2月8日的复照中,对英国在法律上承认苏联政府表示满意,照会强调,"苏联的政权已在原俄罗斯帝国全部领土上普遍建立,经苏联政府同意分离出去并成立独立国家的地区除外"③。这一解释维护了苏联的主权。复照还指出,它愿意以友好的方式讨论和解决由于承认而直接或间接引起的全部问题,"建议就已经废止的或因战后事态的发展而失去法律效力的旧条约达成一项协议"④,这就巧妙地否认了两国间过去的所有条约"自动生效"的说法。

苏英关于英国在法律上承认苏联和解决悬案的换文,标志着两国外交关系的建立,为进一步发展和扩大苏英之间的经济交流开辟了良好前景。

1924年4月14日,在伦敦举行了苏英会谈。在谈判中,苏联代表表示:如果英国政府保证提供长期贷款,苏联准备偿还一些战前的债务,并对财产被收归国有的英国企业主提供租让权,以资补偿。但英国代表团却要求苏联无条件承认前俄国历届政府的一切债务,并赔偿英国资本家由于被收归国有的企业和财产而造成的损失。在谈判陷入僵局的情况下,英国工党政府受到本国工人阶级的强烈谴责,英国工商界人士也都要求顺利地完成谈判。这样,英国代表团不得不作出让步,在8月8日与苏联签订了两个条约,即一般性条约和贸易条约。这两个条约的主要内容是:英国政府保证给苏联贷款,苏联同意部分地满足英国债权人对战前债务的要求;英国承认苏联对外贸易垄断制;双方在贸易上相互给予最惠国待遇。但是,由于英国国内敌视苏联势力的反对和美国从中破坏,上述两个条约均未获批准,因此从未生效。

---

① 维戈兹基等编:《外交史》第3卷(上),生活·读书·新知三联书店1979年版,第536页。
② 同上。
③ 同上。
④ 同上书,第537页。

但是,苏英建交揭开了"承认苏联之年"的序幕。1924年2月至3月,意大利、挪威、希腊、奥地利和瑞典等也相继同苏联建立了外交关系。6月,丹麦与苏联建交。7月15日,法国向苏联发出照会,拟在短期内同苏恢复正常外交关系。但由于国内反苏势力及美国的阻挠,直到10月28日法国才同苏联建交。1925年1月,日本也与苏联建立了外交关系。这时,已有22个资本主义国家同苏联建立了外交关系,在资本主义大国中,只有美国仍然对苏联采取不承认政策。

苏联同资本主义国家建立正常的外交关系,表明帝国主义国家在军事上、经济上扼杀苏联和在外交上孤立苏联的政策彻底破产。这是苏联执行列宁和平外交政策的伟大胜利,它标志着苏联进入了同资本主义国家和平共处的新时期。

第二章　重新分割世界的帝国主义凡尔赛—华盛顿体系

第一节　巴黎和会和凡尔赛体系

帝国主义各国的争霸计划

第一次世界大战结束后,帝国主义国家间的争霸斗争出现了新局面。沙皇俄国在1917年被革命人民推翻;德国战败;奥匈帝国瓦解。战胜国美、英、法、意、日之间展开了一轮新的争夺。它们为了宰割战败国,掠夺弱小民族,都拟订了自己的霸权计划,妄图在战后重新分割世界的斗争中,谋取世界性或区域性的霸权。

美国是第一次世界大战的暴发户。它参战较晚,损失最小,收获很大。大战期间,欧洲各交战国对军事物资的大量需求以及它们在世界市场上竞争力量的减弱,给美国工农业生产的发展和商品输出提供了大好时机。1914—1918年间,美国的工业生产激剧增加。生铁产量从2333万吨增加到3900万吨,增长70%;钢产量从2351万吨增加到4446万吨,增长近90%。同时,美国对外贸易的出口总值增加了两倍,进口增加80%,战争时期的出超额累计达116亿美元。从1914年到1919年,美国资本输出高达132亿美元,借给协约国的战债约100亿美元。全世界有20个国家欠美国的债务。美国从债务国(1914年以前美国的债务为55亿美元)跃为资本主义世界的头号债权国。美国的国民财富从1912年的1870亿美元增加到1920年的5000亿美元,几乎超过了整个欧洲。到战争结束时,美国把世界黄金储备的40%(近45亿美元)掌握到自己手里,从而取代英国成为资本主义世界的金融中心。战后,美国依靠强大的经济力量,使原先的欧洲强有力的竞争者也不得不在经济上依赖于它。战时,美国的军事力量也发展很快,战前美国军队仅有30万人,到战争结束时增加到450万;舰队和海军力量也大大增强。这为美国谋取世界霸权打下了军事实力基础。

帝国主义瓜分世界是"按资本"、"按实力"进行的。美国正是凭借自己的实力妄图称霸世界。这时,美国的霸权计划有三个组成部分:加强和巩固在拉丁美洲的地位;夺取战后欧洲的领导权;谋取远东和太平洋地区的优势。1918年1月8日,美国总统威尔逊在国会参众两院联席会议上,发表了所谓建立"世界和平的纲领"演说,史称"十四点"。在"十四点"里,威尔逊以虚伪的和平辞令提出了解决战后问题的全面方案,实质上是美国称霸世界的纲领。

"十四点"的主要内容是:1.主张公开缔结和平条约,反对"秘密的国际谅解"。此点的目的显然是为了反对英、法、意、日等国在大战期间缔结的预先分配殖民地的秘密条约,因为这些条约一旦兑现,美国的扩张计划就会落空。2.主张无论平时或战时,"必须保持公海航行的绝对自由"。这是为了反对英国对海上航线的垄断,以保护美国在战争中迅速发展起来的海上运输和对外贸易,进而攫取海上垄断权,取代英国充当新的海上霸王。3.主张"消除一切经济壁垒,建立平等的贸易条件",这是为了利用美国的经济优势,打入英、法、日等帝国主义的传统势力范围,排挤竞争对手,夺取新的商品市场和投资场所。4.主张对殖民地问题要"作出自由的、坦率的和绝对公正的调整"。此点的目的显然是为了对老牌殖民地国家的地盘进行渗透,重新瓜分英、法、日等国已经到手的前德国殖民地。5.主张在解决有关俄国的问题时,世界上其他国家须保证"最自由的合作",使俄国"进入自由国家的社会"。① 这是妄图在俄国实现资本主义复辟。6.主张"必须成立一个具有特定盟约的普遍性的国际联盟"。这一点的用意是要建立一个美国称霸世界的御用工具。美国认为,建立国际联盟是它战后"全部外交结构的基础",是"头等要素的问题"②。威尔逊在给他的亲密顾问豪斯的信中说:"国际联盟和'航海自由'是和平纲领的基础。"③

"十四点"出笼后,美国资产阶级报刊把它吹捧为世界和平的"福音书",而威尔逊则成了这福音书中的"救世主"。但透过其自由、民主、和平、正义的伪装,不难看出美国战后的侵略扩张野心。

英国在大战中实力遭到削弱。战争耗费了英国国民财富的1/3,军费开支约达100亿英镑。战争中,在德国的袭击下,英国有70%的船只被击沉,从而丧失了盘踞250年的海运垄断地位。1913—1918年,英国的出口贸易减少了一半,进口贸易基本停滞。战前,美国欠英国债务30亿美元;战后,英国反欠美国

---

① 《世界通史资料选辑(现代部分)》第一分册,商务印书馆1980年版,第3—6页。
② 同上书,第11页。
③ 库尼娜:《1917—1920年间美国争夺世界霸权计划的失败》,世界知识出版社1957年版,第260页。

47亿美元。英国不仅成了美国的债务国,而且把世界金融统治中心的地位让给了美国。百年来称霸全球的"大英帝国"无可挽回地开始了它的衰落过程。但是,英国在大战中也有收益。德国的战败,使英国摆脱了国际市场上的一个激烈竞争对手。同时,在大战期间,它趁机夺取了德国的许多海外殖民地和奥斯曼帝国的大片属地。英国的殖民地比战前更扩大了,而且这时它仍拥有世界上最强大的海军。因此,一战后英国所追求的战略目标仍然是世界霸权,但重点在欧洲。从世界范围看,它的主要竞争对手是美国;从欧洲来看,它的主要竞争对手是法国。所以,它竭力抵制美国称霸世界的企图,坚决反对美国的"航海自由"、"贸易自由"原则,以维护海上强国和最大的殖民帝国地位;在欧洲,它实行扶德抑法政策,玩弄均衡策略,保持德法对抗,以确立自己在欧洲的领导地位。

法国在大战期间一直是欧洲的主要战场,经济遭到了极其严重的破坏。战时全国所受的物质损失高达2000亿法郎。工农业生产严重衰退:1919年工业生产仅达到战前水平的57%,农业生产也只达到战前水平的66%。1914—1918年,法国的对外贸易入超总额共计600亿法郎以上。财政状况日趋恶化,不得不再三向国外借款。战争结束时,法国满目疮痍,负债累累,欠美国38亿美元,欠英国6.5亿英镑。但是,在战争中,法国的世仇和劲敌德国被打败了,它成了欧洲最强大的陆军国和世界上第二大殖民帝国。一战后,法国最重要的外交目标是重建欧洲大陆霸权。实现这个目标的关键环节是最大限度地削弱德国。为此,法国主张把德意志帝国整个打碎,向它索取巨额赔款,并在军事上严格加以限制,使它今后再无复兴的希望。

意大利原来实力就弱,参战后又连吃败仗,损失不小。战争结束时,它共负债44亿美元,其中欠美国19亿美元,欠英国25亿美元。这些损失,意大利希望在宰割战败国中得到弥补。为此,它要求兑现1915年4月26日《伦敦协定》中许给它的领土,其中最主要的是亚得里亚海东岸的一些地区和原属土耳其的一些领土。一旦实现了这些愿望,它就可以独占亚得里亚海,建立在东地中海的霸权。

日本在战争中是仅次于美国的第二个暴发户。战争期间,日本经济急剧膨胀。1914—1919年,工业生产总值增加了近四倍,农业生产总值增加了近两倍。在此期间,日本的贸易增加三倍以上,并从战前长期入超的国家一跃变成一个大量出超的国家。结果,日本从战前欠有17亿日元的债务国,到1919年成为借出5亿日元的债权国。同时,它乘西方帝国主义忙于欧战无暇东顾之机,尽力在亚洲和太平洋地区扩张。它占领了原德国在太平洋上的加罗林群岛、马绍尔群岛和马里亚纳群岛,并夺得了德国在中国山东的权益。战后,日本的战略构想是力图保持大战期间夺得的赃物,进而称霸远东和太平洋地区。

由于帝国主义大国各有自己不同的争霸计划,并都想在战后分赃中获得最大的份额,这就不可避免地在解决战后的问题上发生矛盾和冲突。于是,"巴黎和会"就成了它们相互争斗、互相撕咬的场所。

巴黎和会上的矛盾和斗争

1919年1月18日,巴黎和会在凡尔赛宫召开。出席会议的有27个战胜国的代表。其中有和会的组织者美国、英国、法国、意大利和日本;有曾经站在协约国方面作战的中国、比利时、巴西、希腊、危地马拉、海地、汉志(今沙特阿拉伯的一部分)、洪都拉斯、古巴、利比里亚、巴拿马、尼加拉瓜、波兰、葡萄牙、罗马尼亚、塞尔维亚—克罗地亚—斯洛文尼亚王国、暹罗(今泰国)、捷克斯洛伐克;还有同德国及其盟国断绝外交关系的厄瓜多尔、秘鲁、玻利维亚和乌拉圭。

出席会议的各国地位是不平等的,共分四个等级。第一个等级是"享有整体利益的"美、英、法、意、日五国,它们各自拥有5名全权代表,有权出席一切会议。第二个等级是"享有局部利益的"大多数国家,它们只能拥有2—3名全权代表(中国仅有2名),而且只能参加讨论与它们有关问题的会议。第三个等级是与德国及其盟国断绝外交关系的国家,它们只能拥有1名全权代表,并且在讨论的问题涉及这些国家时才能出席。第四个等级是中立国和即将成立的国家,它们必须在美、英、法、意、日五国之一的邀请下才能出席有关问题的会议。

巴黎和会上有三种类型的会议:1.拥有决定一切重大问题权力的"最高会议",它的最初机构是"十人会议",由美、英、法、意、日五国的首席代表和第二代表组成。1919年3月15日后,又组织了更便于秘密磋商的"四人会议",由美国总统威尔逊、英国首相劳合·乔治、法国总理克里孟梭、意大利首相奥兰多组成。日本首席代表西园寺因不是现任政府首脑,被排斥在外。"四人会议"是这次分赃会议的中心机构,但由于意大利在战争中的作用较小,实力又弱,所以奥兰多在会议上只是一个配角。实际上,真正操纵和会的是威尔逊、劳合·乔治和克里孟梭"三巨头"。和会上的一切重大问题的协议都是他们在幕后事先达成的。2.审议各种专门问题的"特别委员会",它的任务是预备草案,提供最高会议参考,如战争责任委员会、赔款委员会、国际联盟委员会等。3.由与会各国所有代表参加的"全体会议",它的任务是履行表决程序,通过最高会议决定的议案,实际上只是走走形式而已。

巴黎和会表面上的任务是战胜国对战败国制订和约，建立战后世界和平。实际上，帝国主义召开和会的目的，是要按照战后新的实力对比瓜分战争赃物，策划绞杀新生的苏维埃政权，扑灭正在蓬勃高涨的世界革命运动，以便尽快建立起战后帝国主义奴役世界的"新秩序"。帝国主义列强都带着瓜分世界的阴谋计划前来参加会议。会上，美、英、法、意、日等国演出了一场既争夺又勾结的丑剧。会议上讨论的主要问题如下：

第一，建立国际联盟问题。

和会开始的第一天，帝国主义列强之间就围绕国际联盟问题展开了激烈斗争。美国主张应该首先讨论建立国际联盟的问题，它的目的是想先建立国联，并争得盟主的地位，然后通过国联来操纵对战败国的殖民地及其领土的分割，以便从中捞到更多的好处。但是，英法都主张先讨论瓜分殖民地与领土问题，因为在战争期间，德国、奥匈和土耳其的许多殖民地和领土，事实上都已为英、法、日等国占领了。这些国家都想让会议及早讨论和确认它们夺得的领土"合法化"。争论的结果，最后达成妥协，决定将国联问题交给以威尔逊为主席的专门委员会进行研究，负责拟订国联盟约草案。

在会议转入讨论处置德国殖民地和土耳其领土问题时，威尔逊提出了建立国际联盟委任统治制度的思想。他主张，国联通过委任统治制度，有权把战败国的殖民地和领土委托给一国或数国代管。在这些委任统治地，实行"门户开放"的原则，国联会员国在关税和获得原料来源方面应该"机会均等"。英法担心美国借委任统治的形式重新分配它们早已夺取的领土，所以，起初不同意建立委任统治制度。在美国的坚持下，英法改变策略，要求首先分配委任统治权，以此作为接受委任统治制度的前提。于是，双方达成妥协。美国妄图通过建立委任统治制度扩张领土的计划虽然没有实现，但英法也对美国作了一定的让步，同意在委任统治地内实行"门户开放"原则。

在如何看待国际联盟的性质和任务的问题上，美、英、法之间也存在尖锐的分歧。威尔逊说："国际联盟本身就是一个同盟，它不需要其他的同盟。"[①]这里所谓其他的同盟主要是指英日同盟和英法协约，威尔逊想拆散旧有的同盟，用国际联盟取而代之，从而为美国建立世界霸权廓清道路。法国主张在国际联盟下建立一支国际军队，企图使这支军队受世界陆军强国法国的控制，以便使国联成为一个矛头针对德国的同盟和夺取欧洲霸权的工具，这一设想因遭到英美

---

① 库达科夫：《现代国际关系史》，世界知识出版社1958年版，第96页。

的反对而失败。英国仅仅希望把国联作为一个国际咨询机构,一个旧式的"欧洲协商"的延伸。它认为国联的作用,只限于对国际上所发生的问题实行大国"仲裁",英国妄图在"仲裁"中居主导地位以操纵国际事务,借此保持其在欧洲和世界的霸权利益。总之,帝国主义各国对建立国联各有自己不同的目的和政策,这是在讨论建立国联时彼此争吵不休的根本原因。

最后,由国际联盟委员会拟定的国际联盟盟约草案,经过无数次的争执、讨论和修改,终于在1919年4月28日的全体会议上获得通过。

第二,德国的疆界和赔款问题。

德国疆界的划分是和会争论最激烈的问题。关于德国的西部疆界,法国除了要收回阿尔萨斯和洛林,还要取得德国产煤丰富的萨尔区。它以保障安全为理由,要求德法边界向东推移到莱茵河,而且在莱茵河以东建立一个自治的莱茵共和国,这个共和国不能拥有武装,不准同德国合并。克里孟梭饶有风趣地说,"他是如此喜欢德国,所以他希望有两个德国。"① 关于德国的东部疆界,法国竭力要求建立一个包括波兹南和但泽等地区的大波兰。如果法国这些要求得到满足,它在欧洲大陆的经济和战略地位就会得到大大加强。因为萨尔是当时世界上最大的产煤区之一,如果同盛产铁矿的洛林结合起来,可以构成强大的煤铁工业基地,从而为法国称霸欧洲大陆打下雄厚的物质基础。

法国宰割德国的计划是与英国的欧洲均势政策相冲突的,美国也不愿意过分削弱德国。因此,法国的要求遭到英美的联合反对。1919年3月25日,劳合·乔治给克里孟梭和威尔逊发了一份备忘录,即《草拟和约条款最后文本前对和平会议的几点意见》,史称《枫丹白露文件》。在备忘录里,劳合·乔治对法国的要求提出了批评,他同意将阿尔萨斯和洛林归还法国,但是不同意"将沿莱茵河之省份与德国之其余部分分离开来"②,他强调指出,"我强烈反对把更多的德国人从德国统治下交由某个其他国家统治"③。萨尔区不能交给法国,但法国可以在萨尔取得10年煤矿开采权。关于德国的东部疆界,劳合·乔治认为,建立大波兰的设想"肯定迟早要在东欧导致一场新的战争"④。

在3月27日"四巨头"的谈话中,威尔逊对克里孟梭说:"我相信,在原则上,您同意劳合·乔治关于对德国要表示温和的意见。我们不想摧毁德国,而

---

① 基辛格:《白宫岁月》第一册,世界知识出版社1980年版,第132页。
② 劳合·乔治:《和约真相》第1卷,伦敦1938年版,第413页。
③ 同上书,第405页。
④ 同上书,第406页。

且我们也做不到。我们最大的过错莫过于给德国在将来某个时候寻求报复提供方便的理由。过分的要求肯定要播下仇恨的种子。"①在英美的联合压力下,法国不得不放弃对莱茵区的要求,但坚持一定要得到萨尔。克里孟梭声称,如果得不到萨尔,法国决不在任何协定上签字。威尔逊愤怒地表示要退出会议,命令"华盛顿号"轮船准备载他回国。会议一再陷入僵局。这时,法国半官方的《时报》发表文章,表示对一向为德国人居住的土地,法国政府从未抱有企图吞并的野心,暗示准备在萨尔问题上作出让步。

赔款问题争论的焦点是赔款总额及其分配。法国要求德国支付巨额赔款,目的是要复兴法国经济并让德国在半个世纪内不能恢复元气。它提出了天文数字的赔款额高达6000亿—8000亿金马克,仅东北各省的复兴费用一项,就要求赔偿30亿英镑(约600亿金马克)。由澳大利亚总理休斯担任主席的委员会提出的赔款总额是240亿英镑(约4800亿金马克)。英国把这个数字称为"疯狂与玄妙的空想"。劳合·乔治认为,赔款额不应超出战败国的赔偿能力,而且"支付赔款的期限应该随着造成战争的一代人的消失而结束"。根据这些原则,英国财政专家凯恩斯以政府名义在和会上提议赔款总数为20亿英镑(约400亿金马克)。美国认为,如果压给德国的赔款负担过于沉重,可能导致德国经济的崩溃,赔款义务也不能正常履行,美国在欧洲的大量战债就难以收回。美国专家戴维斯估计,德国的赔款能力不能超越250亿美元。由于意见分歧,最后决定,暂不确定赔款总额,这个问题交给赔款委员会去研究解决。

在赔款的分配问题上,英法等国各不相让。劳合·乔治提出的分配比例是:法国50%,英国30%,其他国家20%。但法国坚持要58%,英国25%。劳合·乔治指出,英国在战争中支出的战费同法国一样多,因此,英法的分配比例过于悬殊是不适当的。经过激烈争论,克里孟梭宣布了法国的最后意见:法国56%,英国25%。威尔逊的调解方案是:法国56%,英国28%。结果,没有达成协议。

第三,阜姆问题。

奥兰多在"四人会议"上一直等待着审议意大利的各项要求,但是根本没有受到重视。4月中旬,奥兰多不得不提醒英、法、美注意意大利的存在。他不但坚持要兑现1915年4月的《伦敦协定》,并进一步要求从未许诺给它的处于亚

---

① 安东尼·亚当斯韦特:《失去的和平:1918—1939年欧洲国际关系》,伦敦1980年版,第24页。

得里亚海枢纽地位的阜姆港（今里耶卡）。英法都不愿意意大利加强其在南欧和地中海的地位,美国为了扩大在巴尔干的影响,也不支持意大利的要求。奥兰多表示,如果得不到阜姆港,他无法返回意大利。威尔逊反驳说,"我对于意大利人的认识比你更深"①。4月23日,威尔逊发表了一篇公开宣言,他说,意大利人民应该表示"他们那伟大的和慷慨的高尚品性,为正义而牺牲利益"②。次日,奥兰多退出和会返国,以此进行威胁。结果不但未达到目的,而且英、法、美三国首脑乘奥兰多退席的机会,决定允许希腊占领土耳其西部的最大港口城市斯麦纳（今伊兹密尔）。按秘密协定的规定,这个城市原是许给意大利的。奥兰多担心,在自己缺席的情况下签订的和约,可能对意大利更加不利。5月10日,他主动悄悄返回和会。

第四,山东问题。

出席巴黎和会的中国代表团,在国内广大人民群众的压力下,提出了废除帝国主义列强在华特权的合理要求。这些要求包括:废除帝国主义列强在中国的势力范围;撤退外国军警;封闭外国在中国的邮政电报机构;取消各国在中国的领事裁判权;归还租界;承认中国的关税自主等。

这些要求的实现,意味着取消帝国主义列强在华的一切特权和利益,因此,根本没有受到重视。但中国要求归还山东的问题却引起了激烈争论。日本代表牧野"根据"1917年3月间日本同英、法、俄、意签订的分赃密约和1915年1月日本向中国提出的"二十一条"要求,主张把德国在中国山东的胶州湾租借地、铁路和德国人在山东的一切权益应全部让给日本。他无耻地说,这是日本对德国作战付出"代价"取得的,是公平合理的。中国代表据理予以驳斥,指出:1.1898年3月,德国强迫中国签订的关于租借胶州湾的条约,因中国对德宣战而自动失效。中国既是战胜国,完全有权收回德国在山东的一切权益。2.日本占领青岛和胶济铁路是军事的强制行为,在法律及事实上均未正式取得租借权或占有权。3.中日之间有关山东的条约,是日本以最后通牒胁迫而成,已不再有效。

美国害怕日本在中国的势力更加强大,威胁自己的利益,因此,支持中国的要求,反对将山东交给日本。英国、法国等国为了阻止美国在远东势力的扩张,同时和日本又有战时密约,便采取支持日本的立场。4月24日,即奥兰多退出和会的当天,日本利用这一对它有利的时机,要求尽快解决山东问题,否则,日

---

① 鲍爵姆金:《世界外交史》第四分册,五十年代出版社1953年版,第42页。
② 比尔:《最近十年的欧洲(1918—1928)》,上海太平洋书店,第36—37页。

本将不在和约上签字,也不参加国际联盟。威尔逊考虑到意大利的退出已给和会造成裂痕,如日本再援例退出,和会就会遇到更大困难,创建国际联盟的计划也可能失败。在劳合·乔治的劝说下,威尔逊终于让步,同意把山东交给日本。

第五,"俄罗斯问题"。

美国总统威尔逊在赴法参加巴黎和会的途中,明确主张进攻布尔什维克主义是和会的任务。他说,布尔什维克主义"是对于现世界之秩序的一种抗议。我们在和会中应该为一种新秩序而奋斗"①。在和会召开期间,劳合·乔治忧心忡忡地说,东欧的全部将有"卷入布尔什维克革命的大漩涡"的危险,因此,"如谓和平会议对于俄国毫不加以干涉,而能单独对德媾和,这实在是徒劳无益的设想"②。这样,所谓"俄罗斯问题"就成了和会讨论的重要问题。

早在1919年1月12日,即和会召开的前夕,英、法、美等国就对这一问题进行了讨论。它们都主张颠覆俄国苏维埃政权,但究竟采取何种形式进行干涉却意见不一。克里孟梭和丘吉尔主张进行公开的武装干涉,协约国军总司令福煦将军建议组织以美国军队为主的200万远征军去扑灭俄国革命。威尔逊和劳合·乔治担心武装干涉并不一定能达到目的,反而会引起本国无产阶级的抗议和斗争,主张采用隐蔽的方式,通过和平谈判迫使苏维埃俄国就范。因此,威尔逊拒绝提供军队,劳合·乔治劝丘吉尔不要为法国人火中取栗。尽管如此,它们在反苏勾结上还是尽量协调一致。和会决定,一方面对苏维埃俄国实行经济封锁,建立拉脱维亚、爱沙尼亚、立陶宛和芬兰等国组成的"防疫地带",以阻止俄国革命的影响;另一方面在"和谈"的烟幕下,组织对苏维埃俄国新的军事进攻。巴黎和会批准了反苏武装干涉的新计划,确立和划分了各国在俄国行动的范围。这样,和会实际上成了指挥反苏战争的司令部。

在巴黎和会上,帝国主义列强你争我夺,矛盾重重,威尔逊私下给他的亲密顾问说:"我们在一切问题上都是各走各的路。"③

《凡尔赛条约》的签订

帝国主义列强经过三个月的争吵和激烈的讨价还价,终于达成妥协,结束了对德和约的制订工作。1919年4月30日,以外交部长乌尔里希·兰曹为首的德国代表团被召到巴黎。5月7日,各战胜国代表齐集于凡尔赛宫的镜厅中

---

① 杜德:《世界政治》,上海生活书店1937年版,第54页。
② 劳合·乔治:《和约真相》第1卷,伦敦1938年版,第412页。
③ 库达科夫:《现代国际关系史》,世界知识出版社1958年版,第97页。

（这是德皇威廉一世和俾斯麦强迫法国签订了1871年割地赔款的预备和约的地方），德国代表团被最后允许进入会场。克里孟梭以战胜国的口吻说："清算的时间到了。你们向我们要求和平。我们同意把和平交给你们。我们现在就把这项和平的文书交给你们。"①

协约国已事先通知德国代表，不允许当场进行任何口头辩解，限15天内书面陈述意见。但德国外长乌尔里希·兰曹在会上还是作了答复，他说："有人要求我们承认是战争唯一祸首。如果我本人这样承认，那就是撒谎。"②

德国代表团研究了和约的条款之后，认为条件过于苛刻，要求修改。当德国人民得知了和约草案内容时，5月12日，在柏林举行了抗议示威游行。5月29日，德国代表团向和会提出了长达400多页的修正意见书，实际上几乎推翻了和约草案的主要条款。协约国在6月16日对德国的答复中，只同意对和约草案作非实质性的个别改动，基本坚持原来的要求，并宣布，如5天之内不予答复，将以武力实施上述条款。6月20日，协约国命令福煦将军准备率领军队向德国进发。德国在强大的军事威胁下，统治集团内部经过激烈争论，6月23日决定，无保留地接受和约。6月28日，在凡尔赛宫举行了和约的正式签字仪式，德国代表新任外长赫尔曼·米勒与战胜国代表分别在和约上签了字，这就是《协约及参战各国对德和约》，通称《凡尔赛条约》。

《凡尔赛条约》共有440条条文，其中包含两大部分：一是《国际联盟盟约》，二是对德和约。从条文数量看，对德和约占绝大部分，它的主要内容如下：

第一，确定战后德国的新疆界。

关于德国的西部疆界，和约规定：德国应按1870年的德法边界把阿尔萨斯和洛林归还法国。萨尔煤矿的开采权让给法国，萨尔区则由国际联盟管理15年，期满后，举行全民投票以决定该区的隶属。莱茵河左岸由国际联盟占领15年，以监督德国履行和约条款。划分了三个占领区：第一占领区是科隆地区，由英军驻守，满5年后撤兵。第二占领区是科布伦茨地区，由美军驻守（美军于1923年1月撤走，由法军接防），满10年后撤兵。第三占领区是美因茨地区，由法军驻守，满15年后撤兵。莱茵河左岸以及莱茵河右岸的50公里以内，德国无权设防。在上述地区内，"无论永久或暂时，均不准存留或集合军队，以及举行任何演习"③。德国把莫列斯纳划给比利时，欧本和马尔美迪按和约规定

---

① 鲍爵姆金：《世界外交史》第四分册，五十年代出版社1953年版，第44页。
② 维戈兹基等编：《外交史》第3卷（上），生活·读书·新知三联书店1979年版，第221页。
③ 《国际条约集（1917—1923）》，世界知识出版社1961年版，第88页。

经公民投票后,结果也划给了比利时。什列斯维希北部同样采取公民投票的办法划给了丹麦。

关于德国的东部疆界,和约规定:德国承认捷克斯洛伐克和波兰的独立。普鲁士的西里西亚省南部划归新成立的捷克斯洛伐克。普鲁士的波兹南省全部、西普鲁士省的大部分、东普鲁士省和西里西亚省的一部分划归波兰。这样,重新确定后的德国本土,被经过西普鲁士的所谓波兰走廊分隔为二。但泽(今格但斯克)被宣布为"国际自由市",置于国联保护之下。和约还规定,德国放弃自己对默麦尔的权利,而让"主要强国"来决定该地区的政治命运。1923年,默麦尔被移交给立陶宛。

根据和约,德国的疆界经上述变动之后,它的领土减少了1/8,人口减少了1/10。

第二,瓜分德国的殖民地。

协约国"考虑到德国对前德意志帝国所属殖民地进行统治的历史,考虑到如果德国在世界上许多地方拥有潜艇基地,必将构成对各国自由和安全的威胁,……任何一块德国殖民地决不交还德国"[①]。因此,和约规定,德国将自己所有的殖民地以国联委任统治的形式让给战胜国。德属非洲殖民地多哥和喀麦隆由英法两国瓜分;西南非洲划归英国自治领南非联邦;东非洲的坦噶尼喀(今坦桑尼亚的大部分)划归英国;卢旺达和布隆迪划归比利时。德属太平洋岛屿也被瓜分。赤道以北的马绍尔群岛、加罗林群岛、马里亚纳群岛归日本;赤道以南的新几内亚归英国自治领澳大利亚,萨摩亚划归新西兰。

按照和约,战胜国从德国手中夺走的殖民地的总面积,在非洲有270.7万平方公里,人口1152万多人;在太平洋上有24.5万平方公里,人口64.1万人。和约还规定,德国放弃在中国、泰国、利比里亚、摩洛哥和埃及的特权,同意把原在中国山东的权益转让给日本,埃及受英国保护,摩洛哥受法国保护。

第三,限制德国的军备。

和约规定,废除德国的普遍义务兵役制,而代之以志愿兵役制。德国的陆军总数不得超过10万人,其中军官不得超过4000人,参谋本部以及类似的机构必须解散。海军不准拥有主力舰和潜水艇。德国军舰的最高定额为6艘铁甲舰,6艘轻型巡洋舰,12艘驱逐舰,12艘鱼雷艇。海军总数定为1.5万人。德国领水以外的一切德国军舰交给战胜国。禁止德国拥有陆上和海上的军用飞

---

① 查尔斯·西摩:《豪斯上校秘录》第4卷,波士顿1928年版,第319页。

机。不准生产或输入装甲车、坦克等重型武器。

和约还规定,德国必须拆毁紧靠海岸地带以外的一切海防工事,以及西部边境的防御工事,但为了反对苏维埃俄国,允许德国保留其东部边境的军事工事。和约的秘密条款还责成德国在苏维埃俄国领土上的军队继续留驻,直到协约国政府认为该地区情形适于德国撤退的时候。可见,协约国想利用德国作为反苏的鹰犬。

第四,关于德国的赔偿问题和其他经济条款。

和约宣布德国及其盟国应负挑起第一次世界大战的责任,因此,协约及参战各国所受的一切损失应由"德国及其盟国负担责任"①。赔款总额由一个特设的赔偿委员会确定,并在1921年5月1日以前向德国政府提出。偿付的期限和计划由该委员会确定,自1921年算起,不得超过30年。但1921年5月1日之前,德国必须以黄金、商品、船只和有价证券向协约国先交付200亿金马克的赔偿。

和约还规定:德国关税不得高于他国。战胜国对德输出或从德国输入货物不受限制。易北河、维尔塔伐河、奥得河、多瑙河等被宣布为国际河流。外国军舰和商船可以自由出入基尔运河。而且规定,德境占领军的全部费用都由德国负担。

《凡尔赛条约》对德国是非常苛刻的,它是骇人听闻的掠夺性和约。列宁把它斥之为"高利贷者的和约,刽子手的和约,屠夫的和约"②。巴黎和会的参加者,南非自治领代表斯穆茨在和约签字前夕,鼓动英国代表著名经济学家凯恩斯抨击凡尔赛条约,他在信中说,"和约将代表腐朽的事物,总有一天我们会对它感到羞辱"③。凯恩斯在他1919年撰写的《和约的经济后果》一书中认为,凡尔赛条约如果付诸实施,就会进一步破坏欧洲已被战争弄得摇摇欲坠和支离破碎的、脆弱的经济结构。他说,凡尔赛条约"是一个残忍的胜利者在文明史上所干出的最凶暴的行为之一"④。列宁说,凯恩斯的结论"比任何一个共产党人革命家的结论更有说服力,更引人注目,更发人深思"⑤。

---

① 《国际条约集(1917—1923)》,世界知识出版社1961年版,第158页。
② 列宁:《论国际政治与国际法》,世界知识出版社1959年版,第673页。
③ 安东尼·亚当斯韦特:《失去的和平:1918—1939年欧洲国际关系》,伦敦1980年版,第34页。
④ 《世界通史资料选辑(现代部分)》第一分册,商务印书馆1980年版,第39页。
⑤ 《列宁选集》第4卷,人民出版社1995年版,第260页。

国际联盟的成立

国际联盟是第一次出现的世界性国际组织,它是巴黎和会的产物。1919年4月28日,在巴黎和会上通过了《国际联盟盟约》,它被列为6月28日通过的《凡尔赛条约》的第一部分。1920年1月10日,《凡尔赛条约》正式生效,国际联盟同时宣布成立。

根据盟约规定,美、英、法、意、日等32个国家是国联创始会员国(中国虽没有在对德和约上签字,但在对奥和约上签了字,所以也是国联创始会员国),同时邀请阿根廷、智利、哥伦比亚等13个国家加入。以后再加入者,需经国联大会2/3的多数票通过。战败国德国和社会主义的苏维埃俄国最初都被排斥在国联之外;美国虽为创始会员国,因它没有批准《凡尔赛条约》,所以,实际上也不在国联之内。

国际联盟的主要机构有四个:1.行政院。行政院由九国的代表组成,其中,美、英、法、意、日五国为常任理事国(美国的常任理事位置一直空着),其他四国则由大会选举产生。第一届非常任理事国是比利时、巴西、西班牙和希腊。中国在国联第三届大会上当选为非常任理事国。2.大会。每年定期在9月的第一个星期一,在联盟的所在地日内瓦召开。每个会员国可派代表3人,但只有1票表决权。一般情况下,大会及行政院的决议,只有经过出席的会员国一致通过才能生效。3.秘书处。秘书处由一秘书长领导,是国联的常设事务机关。4.常设国际法院。

《国际联盟盟约》是国联的根本法。盟约序言宣称,国联成立的目的是"促进国际合作,保证国际的和平与安全"①。实际上国联成立的真正作用在于:维持凡尔赛条约所造成的国际"新秩序",保护战胜国帝国主义的既得利益;敌视和遏制苏维埃俄国势力的发展,如同劳合·乔治所说,国联是"防止布尔什维克主义的唯一办法"②;适应战后资产阶级和平主义思潮的需要,欺骗世界舆论。

国联盟约声称:尊重"各会员国领土之完整及现有政治上之独立"③;依仲裁、司法程序或和解手段和平解决争端;对于违反盟约擅开战端的国家,要施加经济、政治和军事制裁。但是,盟约并没有规定侵略的定义和制裁的具体办法,

---

① 《国际公法参考文件选辑》,世界知识出版社1958年版,第418页。
② 杜德:《世界政治》,上海生活书店1937年版,第187页。
③ 《国际公法参考文件选辑》,世界知识出版社1958年版,第420页。

而且还要全体一致通过决议才能采取制裁的行动。这样,所谓制裁侵略不过是一句空话。

国联盟约关于裁军的规定也是非常含混的。它要求各会员国"必须将本国军备减至最少之限度,以足以保卫国家之安全及共同实行国际义务为限"[①]。而且要求各会员国就其国内关于军备之规模、陆海空军之计划及可供战争用之工业情形,"互换最诚实及完备的通知之义务"[②]。但行政院依据盟约拟定的裁军计划,并没有法律效力,各有关国家政府有权对此种建议不予理会。

国联盟约规定了委任统治制度,决定把德奥集团的殖民地"委托给先进国家进行保护"。委任统治地分为三类:第一类是以前属于土耳其帝国的一些属地,这些地区的发展已达到很快就能成为"独立国"的程度,但仍需有"先进国"给以行政指导和帮助,"至其能自立时为止";第二类是德国在中非洲的前殖民地,"依其发展之程度,受任统治国必须负地方行政之责",但必须保证其他国家"在交换上、商业上之机会均等";第三类是德国过去在西南非的殖民地及南太平洋上的岛屿属地,这些地区应"受制于受任国法律之下,作为其领土之一部分"。委任统治国不论接受何种形式的委任统治,"应将其所负责的领地情况每年向国际联盟作一次报告"[③]。

国联盟约声称,建立委任统治制度是为了履行帮助殖民地发展的"神圣任务",实际上它是战胜国帝国主义瓜分殖民地的掩盖物,是殖民统治的新形式。列宁深刻指出:"我们非常了解,所谓分配殖民地的统治权,就是分配掠夺和抢劫权,就是分配地球上一小撮人对大多数人的剥削权。"[④]

总之,国际联盟从它成立的时候起就存在致命的弱点。它是建立在帝国主义列强对立与冲突的基础上。对国联成立有重大影响的美、英、法三个大国各有打算。英国要把国联作为自己外交政策的附属物,法国要使它成为推行凡尔赛条约的有用工具,美国原本是倡议最力的国家,但后来却置身于国联之外。美国总统哈定说,参加国联将使美国"立于被动地位。一旦世界有变,不能自由决断",这"既损美国独立之精神,又与美国百年来外交方针相抵触"[⑤]。由于美国没参加,国联的领导权一开始就操纵在英法手里。列宁在揭露国际联盟的性

---

① 《国际公法参考文件选辑》,世界知识出版社1958年版,第420页。
② 同上。
③ 查尔斯·西摩:《豪斯上校秘录》第4卷,波士顿1928年版,第320页。
④ 《列宁全集》第37卷,人民出版社1986年版,第322页。
⑤ 戴鑫修:《最近世界外交史》下册,京城印书局1926年版,第14页。

质时说，它"是纸上的联盟"①，并说，"国际联盟并不存在，资本主义列强的联盟只是一种假象，实际上是一伙你抢我夺的强盗"。② 但是，国联作为第一个全球性国际组织，以维护国际和平与安全为宗旨，提出了集体安全原则和普遍裁军的任务，是有一定积极意义的，并为以后联合国的建立提供了某种借鉴。

凡尔赛体系的形成及其矛盾

《凡尔赛条约》签订后，战胜国又同德国的盟国奥地利、匈牙利、保加利亚和土耳其签订了和约。

1919年9月10日，在巴黎附近的圣日耳曼宫，协约国与奥地利签订了《圣日耳曼条约》。条约规定：禁止德奥合并；匈牙利与奥地利完全分立，成为独立的国家；奥地利承认波兰、捷克斯洛伐克、塞尔维亚—克罗地亚—斯洛文尼亚王国（1929年改称南斯拉夫王国）的独立；奥地利把加里西亚割让给波兰；把波希米亚、摩拉维亚和西里西亚的一部分割让给捷克斯洛伐克；把布科维那割让给罗马尼亚；把波斯尼亚—黑塞哥维那、达尔马提亚沿岸等地割让给塞尔维亚—克罗地亚—斯洛文尼亚王国；把南蒂罗尔、特兰提诺、的里雅斯特、伊斯的利亚、达尔马提亚海外的若干岛屿等割让给意大利。阜姆被宣布为自由港。结果，奥地利丧失了大部分领土，失去了主要的市场和原料基地。

条约的军事条款规定：奥地利废除强迫征兵制；陆军不准超过3万人；不准拥有空军；交出所有军舰和潜艇。条约还规定：奥地利要担负军事赔款，商船和渔船要作为赔偿费交给战胜国。赔款数延至1922年确定，但一定要在30年内付清。

1919年11月27日，在巴黎近郊的纳依，协约国与保加利亚签订了《纳依条约》。条约规定：保加利亚把南多布罗加地区划给罗马尼亚；把马其顿的一部分和蒂莫克河下游地区划给塞尔维亚—克罗地亚—斯洛文尼亚王国；西色雷斯暂由战胜国代管（1920年决定划给希腊，从而保加利亚失去了在爱琴海上的出海口）。根据条约，保加利亚应取消义务兵役制，代之以志愿兵役制；军队不得超过2万人，取消海军。保加利亚还担负了沉重的赔款义务，它必须在37年内支付22.5亿金法郎的赔款，这相当于战前保加利亚国民财富的1/4。此外，保加利亚承诺在条约生效后的6个月内，交给塞尔维亚—克罗地亚—斯洛文尼亚

---

① 《列宁全集》第39卷，人民出版社1986年版，第134页。
② 同上书，第349—350页。

王国、罗马尼亚和希腊7万多头牲畜;5年之内,每年供应塞尔维亚—克罗地亚—斯洛文尼亚王国5万吨煤。

协约国同匈牙利的和约是在1919年匈牙利革命失败之后,于1920年6月4日在凡尔赛的特里亚农宫同反革命的匈牙利政府签订的,即《特里亚农条约》。条约规定:匈牙利承认原奥匈帝国范围内的捷克斯洛伐克的独立,承认克罗地亚—斯洛文尼亚同塞尔维亚的合并;德兰西瓦尼亚和巴纳特东部归罗马尼亚;巴纳特西部归塞尔维亚—克罗地亚—斯洛文尼亚王国。多瑙河置于战胜国的控制之下。结果,匈牙利领土比战前丧失了2/3以上,而人口减少了60%以上。根据条约,取消了匈牙利的强迫征兵制,仅允许其保留陆军3.5万人和多瑙河上的巡逻艇3艘,并且担负赔款22亿金法郎。

1920年8月10日,在巴黎附近的色佛尔,协约国同土耳其苏丹政府签订了《色佛尔条约》。条约规定:土耳其承认汉志和亚美尼亚独立;在国联委任统治的形式下,伊拉克和巴勒斯坦成为英国的殖民地;叙利亚和黎巴嫩成为法国的殖民地;土耳其在欧洲的领土被意大利和希腊等国瓜分,只是有条件地保留了君士坦丁堡;土耳其亚洲本土的伊兹密尔割给希腊;摩苏尔石油产区让给英国;安纳托利亚西部和西南部的广大地区则划为法国和意大利的势力范围。结果,土耳其丧失了4/5的领土。被瓜分后的土耳其只剩下安卡拉至黑海之间的贫穷落后的高原地区。

根据条约,土耳其的财政、铁路、工业和资源均置于战胜国的监督之下。帝国主义各国在土耳其继续保持领事裁判权。黑海海峡地区由国际共管,无论平时和战时,所有国家的商船和军舰都可自由通航。土耳其只准拥有5万名军队和13艘军舰。

战胜国同德国签订的《凡尔赛条约》以及同德国盟国签订的上述一系列条约,构成了帝国主义的凡尔赛体系。这个体系在战后长期影响着欧洲国际关系的发展,但它充满着激烈的矛盾和冲突。列宁说:"靠凡尔赛和约来维系的整个国际体系、国际秩序是建立在火山上的。"①

凡尔赛体系包含下列众多的矛盾:

首先是战胜国帝国主义同苏维埃俄国以及殖民地半殖民地国家的矛盾,这类矛盾本质上是阶级和民族矛盾。凡尔赛体系的根本目的是要力图稳定通过殖民地再瓜分而建立起来的国际"新秩序",以便对抗俄国十月革命后兴起的革

---

① 《列宁全集》第39卷,人民出版社1986年版,第352页。

命潮流。帝国主义想利用新的国际体系联合绞杀社会主义苏维埃俄国,镇压各国的无产阶级革命和民族解放运动。这就不能不遭到包括苏维埃俄国人民在内的世界各国人民的反对。中国人民反帝的"五四运动",是对《凡尔赛条约》的第一次有力冲击。土耳其人民的反帝武装斗争粉碎了《色佛尔条约》。苏维埃俄国人民反对帝国主义武装干涉斗争的胜利,同样是对凡尔赛体系的沉重打击。

其次是战胜国帝国主义同战败国德国的矛盾,这种矛盾是帝国主义国家之间的矛盾在一定阶段上的特殊表现形式。帝国主义战胜国掠夺了德国,德国垄断资产阶级决不会甘心,他们一旦东山再起,必然要冲破凡尔赛条约的束缚,挑起另一次世界战争。早在大战结束前夕,威尔逊就预感到这种危险。他断言:"和平的条件不能永久地栖息于苦痛、憎恨和残酷的回忆之上,因为后者好像流沙一样。"[1]劳合·乔治在巴黎和会期间作了同样的预言,他说:"历史证明,一项作为外交技巧和政治家手腕的成就而受到胜利国欢呼的和约,即使从长远后果看来是适度而有节制的,也必将被证明是目光短浅的,并且对胜利者来说,也是充满危险的"[2]。实际上,正是宰割德国的凡尔赛条约,埋下了战争的火种。

第三是战胜国帝国主义之间的矛盾,这种矛盾是分赃不均引起的。美国不满意巴黎和会的分赃结果,因为在战败国殖民地的瓜分中,英国、法国获利最多,美国没有得什么好处。威尔逊为之奋斗的国际联盟最终却成了英国、法国维持既得霸权利益的工具。所以,美国参议院拒绝批准《凡尔赛条约》。美国愤然置身于凡尔赛体系之外,是战胜国帝国主义之间矛盾的突出反映。英国、法国之间在宰割德国和赔款分配问题上,矛盾也很尖锐。它们在处理战后问题的各种机构中,各怀鬼胎,明争暗斗。意大利的分赃欲望在巴黎和会上受到抑制,耿耿于怀。日本巩固了在中国和南太平洋的优势,美国尤为不满。帝国主义战胜国由于分赃不均而展开的斗争必将愈演愈烈。

凡尔赛体系的建立并不能确保世界和平,帝国主义国家之间不可调和的矛盾必然要导致重新瓜分世界的新战争。而新的大战将会使更多的国家脱离资本主义体系。因此,列宁指出,"凡尔赛和约不过是高唱凯歌的帝国主义者的表面胜利,实质上它意味着整个帝国主义世界的崩溃"[3]。

---

[1] 杜德:《世界政治》,上海生活书店1937年版,第46页。
[2] 劳合·乔治:《和约真相》第1卷,伦敦1938年版,第404页。
[3] 《列宁选集》第4卷,人民出版社1995年版,第74页。

第二节　华盛顿会议和凡尔赛—华盛顿体系的形成

华盛顿会议的召开

帝国主义在巴黎和会上本来想解决整个世界的再分割问题,但巴黎和会签订的《凡尔赛条约》涉及的主要是欧洲以及前德国和土耳其殖民地的分割问题,因此,它基本上是欧洲问题的解决方案。从凡尔赛条约中,英国、法国得利最多。英国通过瓜分德、土殖民地,加强了它在中东、地中海和非洲的优势。法国从宰割德国中掠夺最多,为其称霸欧洲大陆创造了条件。日本获得了德国在中国山东的权利与太平洋上赤道以北的岛屿,加强了它在远东和太平洋的优势。但和会的决议没有反映出美国通过大战而获得的优势经济地位,它的扩张利益和要求没有得到满足。

巴黎和会所没有解决的一个尖锐问题是远东和太平洋问题。战后,帝国主义在这一地区的实力对比已经发生了变化,可是和会并没有给以调整和解决。第一次世界大战前,在远东和太平洋地区争霸的主要是美、英、法、德、日、俄六国。战后,由于俄国已经发生了革命,德国战败,法国忙于战后的恢复和巩固在欧洲取得的有利地位,这样,在这一地区争夺的主要就是美、英、日三国,特别是美日两国。

美国不甘心在巴黎和会上的失败,它力图改变巴黎和会的结果,特别是想修改《凡尔赛条约》关于远东和太平洋地区的一些不利于美国的条款。1919年11月15日,美国参议院就通过了对《凡尔赛条约》的"十大保留案",公开声明,美国不承认把德国在中国山东的特权转让给日本的有关条款,并且对由此引起的中日争端,美国"有完全自由行动权"[①]。它对和约决定把赤道以北的原德属岛屿交给日本也十分不满,因为这损害了作为主要战胜国的美国的利益。美国认为,日本新夺得的东西比它"应该得到的"东西要多得多,因此,它力图要改变这种状况,在新的实力对比的基础上,建立帝国主义在远东和太平洋地区的新均势。实际上是要建立美国在这一地区的霸权。

美国称霸远东和太平洋地区的主要障碍来自下列三个方面:

一是日本独占中国的政策。日本是美国争霸远东和太平洋地区的主要对

---

① 戴鑫修:《最近世界外交史》上册,京城印书局1926年版,第55页。

手。大战期间,日本乘西方列强忙于欧战,大肆在远东扩张。它的主要目标是妄图把中国变成日本独占的殖民地,为此,1915年它提出了灭亡中国的"二十一条"要求。一战结束时,日本在中国的对外贸易中处于领先地位,英国被排挤到第二位,美国居第三位。这对急于夺取远东和太平洋地区霸权的美国来说,是不能容忍的。美国力图削弱日本在中国的地位。1920年10月15日,在美国的策划下成立的国际新银行团,目的就是为了垄断对中国的一切信用贷款,打击日本,以便于美国控制中国经济。日本为了排斥西方列强和掩饰它对中国的侵略扩张,提出了"亚洲门罗主义"口号,其主要矛头显然是指向美国的。这样,美国的远东扩张政策与日本对中国的独占政策发生了激烈冲突。美日矛盾的发展使得两国竟然公开谈论起军事冲突的可能性。1921年,日本出版了《如果日本同美国发生战争》一书,作者海军上将佐藤写道:"我们帝国无论就地理方面和历史方面来说,都有一切手段在大陆上求得发展的使命。这完全不是侵略。假如它在大陆上的发展遇到困难,则它的生存本身就要受到威胁。像盆里的植物一样。帝国也只有当它的根延伸到大陆上的时候才能够继续生存和生长。它离开了大陆就必然会死亡。可是美国却残忍地企图砍掉这些根,并企图取日本而代之并在东亚大陆上推行自己的帝国主义。"①日美两国日益尖锐的利益冲突和不断的战争宣传,在远东造成了紧张的局势。列宁指出,"远东的全部外交史和经济史使人毫不怀疑,在资本主义基础上,要防止美日之间日益尖锐的冲突是不可能的"②。

二是英国的海上霸权。争夺海上霸权是帝国主义争夺世界霸权的重要方面。海上霸权对远东和太平洋地区霸权有直接影响。在德国的海军力量已被消灭,列强的海上竞争已从大西洋转到太平洋的情况下,谁拥有太平洋的制海权,谁就会在争霸中处于更有利的地位。第一次世界大战结束时,英国的海军实力比美国强大得多。美国力图改变这种不利的形势。1918年12月,威尔逊总统向国会提出了新的海军建设的五年计划,规定要进一步增强美国的海军实力,这使英、法、日等国都感到不安。在巴黎和会上,英国试图迫使美国放弃新的海军建设计划。美国最初拒绝协商,而且要求英国放弃其独占的海上统治,

---

① 佐藤:《如果日本同美国发生战争》,东京1921年版,第5—6页。
② 《列宁全集》第34卷,人民出版社1985年版,第308页。

建立英美两国在海上的联合统治,即"必须使美国拥有和英国同样数量的海军"①。英国表示,英国作为海上强国有其"特殊需要",不能容许试图把英国海军挤到第二位去的美国新的海军计划实现。这场激烈的斗争被称为"巴黎的海战"。在这次"海战"中,美国并未能使英国承认英美在海上的联合统治,但是,美国并不甘心失败。巴黎和会后,它同英国展开了更激烈的争夺海上霸权的斗争,因为这关系到美国争夺远东和太平洋地区霸权的扩张计划。

三是"英日同盟"。英日同盟是1902年1月30日缔结的。目的是联合抑制俄国在远东的扩张。1905年8月12日和1911年7月13日又两次续订。在续订中,又把德国放入两国共同反对之列。1921年7月12日续订条约期满。这时,俄国发生革命已近四年,德国战败已近三年,作为英日同盟昔日的对手已不复存在。然而,对废除同盟,英日两国却迟迟疑疑,决定延长有效期一年。对美国来说,英日同盟的继续存在是一个很大的隐患,直接威胁到它在远东和太平洋的霸权利益,因为一旦美日发生冲突或美英发生冲突,美国就会处于二比一的不利地位。美国有影响的参议员洛奇说:"在我看来,英日同盟在我们与远东和太平洋的关系中是一个最危险的因素。它不仅在美国,而且在加拿大也引起了日益增长的不安。另一方面,它正在支持日本的战争精神,支持日本在陆上和海上对新冲突的准备。"②

美国为了打击日本独占中国的政策,削弱英国的海上霸权,拆散英日同盟,扫清称霸远东和太平洋地区道路上的障碍,决定发起召开一次新的国际会议。1921年7月10日,美国国务卿休斯向英、日、中、法、意等国大使建议在华盛顿召开会议,讨论限制军备问题及远东与太平洋问题。美国之所以邀请这几个国家参加是有它的考虑的。英日特别是日本是美国在远东的主要竞争者,因此是必须到会的;中国在山东等问题上同日本有争论,可以利用中国问题压日本;法国在远东有殖民地和势力范围,战后它的外交政策与英国常相冲突,可以在会上利用法国牵制英国;意大利是五强之一,虽在远东无特别利益,但可起某种缓和平衡作用。对于美国的邀请,中、法、意很快作出了同意参加的答复,英国出于缓和和改善英美关系的考虑也同意参加会议。但日本却犹豫不决,它担心被当作"被告"在会上"受人裁判",怕失去在巴黎和会上分到手的赃物。然而,日本也没有拒绝参加的余地,因为美国是打着"维护世界和平"的招牌,如果日本

---

① 库尼娜:《1917—1920年间美国争夺世界霸权计划的失败》,世界知识出版社1957年版,第263页。

② 《纽约时报》1922年2月9日。

公开拒绝参加,世界舆论对它不利,日本外交就会陷于孤立地位。经过几次内阁会议的反复策划,日本政府提出了"限制军备为主,远东问题为辅"的建议,即"限制军备问题仍为此项会议之主题,太平洋及远东问题之讨论不过求一主义及政策上共同了解而已","凡问题之关于任何特殊国家者,或已成为既定事实者,当审慎免除其加入"。① 很显然,日本不愿意在会上讨论和解决中日之间的山东问题或其他"既定事实"的问题。对此,美国作出明确答复说,会议不"划定范围",可以"自由讨论"。

美国最初邀请参加会议的只有英、日、中、法、意五国,后来,荷兰、葡萄牙和比利时因在远东和太平洋地区有属地或有直接的经济利益,也要求参加会议。这样,在1921年11月12日华盛顿会议召开时,参加的就有美、英、日、中、法、意、荷、比、葡九国。会议没有邀请苏维埃俄国和远东共和国的代表参加,为此,苏维埃政府提出抗议,并声明,对会议审议的一切问题"均保有完全的行动自由"。

华盛顿会议的正式议程是:1.限制军备问题;2.远东及太平洋问题。根据会议议程,大会设立了两个委员会:"限制军备问题总委员会",由美、英、法、意、日五国代表组成;"太平洋及远东问题总委员会",由出席会议的九国代表参加。大会选举美国国务卿休斯担任主席,这反映了美国在会上的主导地位。操纵这次会议的是美、英、日三国,一切重大问题都是由美国国务卿休斯、英国枢密院长贝尔福和日本海相加藤友三郎"三巨头"幕后交易决定的,公开大会只是走走形式而已。

《耶普岛条约》

《耶普岛条约》从形式上看是在华盛顿会议之外由美日两国单独签订的,从本质上看,它是美日在华盛顿会议上达成的第一个妥协。耶普岛问题是美日争夺远东和太平洋地区霸权的焦点之一。第一次世界大战后,美国的太平洋扩张计划的核心内容是要夺取德属太平洋岛屿。其中包括新几内亚的一部分、加罗林群岛、马里亚纳群岛、马绍尔群岛和萨摩亚群岛,因为这些岛屿离美国重要的海军基地菲律宾群岛和夏威夷群岛不远,具有重要的军事战略意义。特别是巴拿马运河通航之后,这些地方的重要性更加突出。

但是,在大战期间,原德属太平洋岛屿被英日抢占。这是美国所不能容许

---

① 周守一:《华盛顿会议小史》,上海中华书局1926年版,第8页。

的,它不愿意看到英国和日本靠合并德国在太平洋的属地,来增强它们本来就很强大的阵地。美国副国务卿龙格在1918年12月14日的备忘录中说:"英国和日本在太平洋占领了许多岛屿,它们都可以被利用作海军基地,并且都位于战略地点,这对于美国和它要在太平洋占据的统治地位,是一个经常的威胁。"①因此,在1919年的巴黎和会上,美国的主要目的之一就是迫使英日放弃它们在太平洋上占领的德属岛屿。美国海军备忘录中说:"马绍尔群岛和加罗林群岛,德国的新几内亚和萨摩亚,都应该由国际共管。"②

美国在巴黎和会上力图实现"国际共管"的主张,实际上是要确立美国对上述岛屿的统治地位。尽管在和会上建立了国际联盟的委任统治制度,但在英日的联合抵制下,美国企图在太平洋岛屿的扩张计划受到重要挫折。根据《凡尔赛条约》,赤道以南的德属岛屿划给了英国的自治领,赤道以北的德属岛屿则划给了日本。日本占领的马绍尔群岛、马里亚纳群岛和加罗林群岛是美国垂涎的战略要地,美国尤其感兴趣的是加罗林群岛中的耶普岛,因为耶普岛离美国的海军基地关岛很近,并且有海底电线和它相通。同时,耶普岛也是美国与中国上海之间以及美国与荷属东印度群岛之间的联络点。所以,美国总统威尔逊在巴黎和会上就耶普岛问题发表正式宣言,声明对有关耶普岛的决定持保留意见。

1920年冬天,在华盛顿召开国际通讯会议,研究处置德国的海底电线问题。会上,美国提议,耶普岛海底电线是太平洋和大西洋电讯的总枢纽,应国际共管,不能为一国所把持。日本代表声称,日本是耶普岛的受任统治国,有统管该岛海底电线之权,美国不是凡尔赛条约的参加国,无权对这个问题提出抗议。两国相持不下。1920年12月17日,国际联盟行政院讨论委任统治制度,决定把委任统治地根据发展程度分为甲、乙、丙三种,赤道以北的原德属岛屿列为丙种,即日本可以把这些岛屿"作为其领土之一部分"进行统治。美国对此又提出抗议,说耶普岛归日本统治的问题,美国在巴黎和会时已声明"保留在案",要求国联重新研究决定。行政院在答复中说,"此种办法系遵奉最高会议之决定",不便更改。于是,耶普岛问题就成了美日之间的一大悬案。直到华盛顿会议召开前夕,日本仍不愿在耶普岛问题上作出让步,它建议会议不要讨论"既定事实"问题,指的就是山东和耶普岛两问题。对此,美国报纸立即发表评论:"中

---

① 库尼娜:《1917—1920年间美国争夺世界霸权计划的失败》,世界知识出版社1957年版,第296页。

② 同上。

国没有在凡尔赛和约上签字,美国也没有承认耶普岛的处理,所以山东、耶普两个问题都不能算作既定事实。"①

华盛顿会议开幕后,美日两国就此问题进行了激烈的讨价还价,最后终于达成妥协,于1921年12月12日签订了《耶普岛条约》。条约的主要内容是:1.美国及其公民有使用耶普岛海底电线之自由,不受检查或监督,与日本"处于同等地位";2.美国及其公民对于该岛的无线电通信,享有与海底电线同样之特权,日本的无线电局对美国公民不能收差别之电费;3.美国公民在该岛有无限制之居住权,人和财产均可自由出入,与日本国民处于同等地位;4.美国同意日本统治赤道以北太平洋委任统治诸岛,但日本必须维持和尊重美国公民在这些岛屿的既得财产权,并且不得在岛上设立陆海军基地和建筑炮台。

《耶普岛条约》的签订是美国在华盛顿会议上第一个外交胜利,条约承认了美国在耶普岛的一些特殊利益,这对美国加强其在太平洋地区的经济和军事地位有重要意义,但美国也对日本作出了让步,有条件地承认了日本对赤道以北原德属岛屿的统治。

《四国条约》

英日同盟是远东国际关系的症结问题之一。1921年7月,英日同盟续约到期。到期后,是继续续盟还是废除盟约,关系到有关各国的利益。因此,在盟约行将期满之际,英、美、日等帝国主义展开了积极的外交活动。

1921年5月,日本派皇太子访英,谋求延长盟约。因为自1902年以来,英日同盟一直是日本外交政策的基石。在1905年的日俄战争和第一次世界大战中,该同盟对日本的对外扩张起了重要作用。一战后,日本谋求远东和太平洋地区霸权,仍想借助英国的力量。如英日同盟被取消,日本在国际上有陷于孤立地位的危险。显然,日本不愿意取消同盟条约。

1921年6月,英国在伦敦召开帝国会议,讨论英日续盟等问题。会上,英国各自治领意见不一。新西兰和澳大利亚在地理位置上靠近日本新占领的岛屿,怕取消英日同盟后,日本失去同盟条约的约束,对它们的安全造成威胁,因此,反对废除英日同盟。但南非和加拿大坚决主张取消英日同盟。南非代表斯穆茨说:"依情理讲,和我们的关系最为密切的是美国。英国的属地拿美国当长兄看待。美国是和我们的意见最相合的国家。……依我看,英国唯一的坦途似

---

① 周守一:《华盛顿会议小史》,上海中华书局1933年版,第8页。

乎就是和美国携手。"①加拿大代表认为,英日同盟终将使英国卷入日美战争的旋涡,英国终将帮助日本攻打美国。到那时,加拿大却可能参加美国对日作战。所以,答案只有一种:"英日同盟是英帝国分裂的朕兆。"②英国国内在远东有经济利益的垄断资产阶级,因在中国同日本的经济竞争不断加剧,认为日本的对华政策同英国的利益相抵触,要求废除英日同盟。此时,英国政府对这个问题举棋不定。一方面,他们认为日本是"老而可靠的盟国",英日同盟曾在两国抑俄反德中起过重要作用,今后对维持英国在远东和太平洋的利益和地位也不无帮助,所以不愿意轻易取消;另一方面,如果坚持续盟,显然会遭到美国的强烈反对。这时,美国一再向英国施加压力,甚至利用美国国会准备讨论爱尔兰的独立问题,对英国进行恫吓。1921年6月23日,美国国务卿休斯在同英国驻美大使谈话时说:国会关于爱尔兰问题的决议,将视英日关系的性质而定。在这种情况下,英国既不愿得罪美国,也不愿得罪日本,它希望在即将召开的华盛顿会议上能获得妥善的解决。

英日同盟问题虽未列入华盛顿会议的正式议程,但会议一开始,美、英、日三国立即对这个问题展开了讨论。在美国看来,英日同盟问题如不解决,其他问题很难达成协议,因为在会上美国有两个主要对手,这两个对手又有同盟关系,不首先拆散英日同盟,美国将处于不利的地位。

为了解决这一棘手的问题,出席华盛顿会议的英国枢密院长贝尔福提出了以美、英、日三国同盟代替英日同盟的方案。他在会议召开的前一天给英国首相劳合·乔治的信中说,坚持英日同盟,"在美国将会是很不得人心的,并将使得缔结持久和令人满意的限制军备协定的谈判极难进行"③,但是,"我们不能考虑任何旨在疏远日本人情感的行动,更不能激怒他们"④。为了调和这两个相互冲突的因素,我设想了一个方案,其形式是美、英、日三国协定。

贝尔福提出三国协定的目的是:1.能够使美国成为三方协定的一方,消除美国的疑虑;2.结束现今存在的英日同盟,而又不伤害盟国日本的感情;3.使英国今后有活动余地,如果英日再次受到"德国或俄国的威胁,就能恢复与日本的防御同盟"⑤。

---

① 张忠绂:《英日同盟》,新月书店1931年版,第160、161页。
② 同上。
③ 安东尼·亚当斯韦特:《失去的和平:1918—1939年欧洲国际关系》,伦敦1980年版,第41页。
④ 同上书,第42页。
⑤ 同上。

1921年12月1日,在美、英、日三国秘密会议上,贝尔福正式抛出了这一方案。英国计划的三国协定在性质上类似英日同盟,这个协定适用的范围既包括太平洋各岛屿,也包括中国;在解决争端问题时,不但可使用外交力量,而且可使用军事力量,英国的目的是要搞一个变相的英日同盟,以维持它在中国和太平洋地区的利益。休斯对此提出异议,认为这与美国传统的政策及大会的方针不符,他提出三点修正意见:1.这个协定只包括太平洋各岛屿,不包括中国,因为美国不愿承认帝国主义各国在中国的现状,它要推行"门户开放,机会均等"的原则;2.遇有问题发生时,缔约国无使用陆海军之义务,这是为了防备英日两国秘密的军事联合;3.邀请法国加入,改为四国协定。因为三国同盟可能使美国在其中处于少数地位,法国参加可以牵制英国,加强美国与英日抗衡的地位。

英日迫于美国的压力,基本上同意了美国的方案。当三国最终达成妥协并拟订了条约草案之后,才匆匆通知法国请其加入。

1921年12月13日,美、英、法、日四国代表签署了《美英法日关于太平洋区域岛屿属地和领地的条约》(简称《四国条约》)。条约的主要内容是:1.缔约国"相互尊重它们在太平洋区域内岛屿属地和岛屿领地的权利"[1];2."如上述权利遭受任何国家侵略行为的威胁时",缔约国应进行协商,"以便达成协议,联合或单独地采取最有效的措施"[2];3.从条约开始生效起,英日同盟即宣告"终止"。

《四国条约》的签订是美国在华盛顿会议上取得的一项重要成果,因为它达到了拆散英日同盟的目的。英国对条约的签订也是满意的,在它看来,条约既保持了英日之间的友好关系,又增添了同美国协作的新气象。所以,劳合·乔治声称这是英国外交的大成功。为了表彰贝尔福的功绩,英国皇室给他酬授勋爵。日本则对英日同盟的废除感到惋惜,日本代表对英国代表抱怨说:"不管怎样,你们毕竟给英日同盟安排了一个盛大的葬礼。"[3]但是,日本通过这项条约也获益不少,它作为东方帝国主义的特殊地位,即长期以来通过侵略扩张所占领的太平洋岛屿,得到了西方帝国主义列强的承认;因此,日本称赞四国条约"为华盛顿会议之第一成功",首相高桥是清说:"新协约足以宣扬日本人民之责任,增进日本在东亚之地位。"[4]

《四国条约》的签订,调整了帝国主义在太平洋地区的关系,使美、英、日之

---

[1] 托因比:《国际事务概览(1920—1923年)》,牛津1927年版,第508页。
[2] 同上。
[3] 同上书,第490页。
[4] 周守一:《华盛顿会议小史》,上海中华书局1933年版,第47页。

间的冲突得到暂时的延缓,它们相互勾结起来,建立了反对苏维埃俄国和镇压远东及太平洋地区民族解放运动的联盟。但是,这个联盟是极其脆弱的,它并没有消除帝国主义之间的矛盾。美国报刊评论说:"日本利用英日同盟树立政治、经济及军事的前锋于亚洲大陆,新协约断难制止此等侵略之发展"[1],"四国协约乃一制造战争之工具,非制造和平之工具"[2]。

《五国海军条约》

第一次世界大战后,帝国主义各国的海军力量对比发生了重大变化。1919年,英、美、日三个主要海军强国情况见附表。

1919年英、美、日三国的舰队[3]

(表中横线上面的数字表示军舰数量,下面的数字表示以千吨为单位的吨位)

	英	美	日
主力舰——无畏舰 (包括主力巡洋舰)	$\frac{43}{1023}$	$\frac{22}{474}$	$\frac{13}{365}$
主力舰 (无畏舰出现前的类型)	$\frac{1}{16}$	$\frac{20}{266}$	$\frac{9}{131}$
铁甲巡洋舰	$\frac{11}{109}$	$\frac{14}{181}$	$\frac{13}{142}$
轻级巡洋舰	$\frac{99}{493}$	$\frac{13}{53}$	$\frac{20}{92}$
向导舰和驱逐舰	$\frac{451}{475}$	$\frac{424}{403}$	$\frac{84}{56}$
潜水艇	$\frac{124}{97}$	$\frac{102}{91}$	$\frac{53}{34}$
航空母舰和航空运输舰	$\frac{8}{95}$		
总 计	$\frac{737}{2309}$	$\frac{595}{1468}$	$\frac{192}{820}$

---

[1] 周守一:《华盛顿会议小史》,上海中华书局1933年版,第49页。
[2] 同上书,第48页。
[3] 参见茹科夫主编:《远东国际关系史(1840—1949)》,世界知识出版社1959年版,第342页。

从表中统计数字可以看出,英国的海军仍居世界第一位,远在美国之上。这是战后妄图谋取世界霸权的美帝国主义所不能容忍的。于是,大战刚刚结束,帝国主义各国之间就展开了一场空前的海军军备竞赛。1919年7月,美国国会批准了1916年制定的海军建设计划。这个计划规定要建造137艘军舰,其中有10艘主力舰,6艘巡洋舰,50艘驱逐舰。1921年,美国又制定了新的三年计划,打算再造主力舰3艘。它的目标是建设世界上最大的海军舰队。1921年,美国海军经费从1914年的1.36亿美元猛增到4.33亿美元。这不但使日本提心吊胆,而且危及英国的海上霸权。

英国为了保持领先地位,积极加入了海军军备竞赛。丘吉尔说:"世界上无论什么东西,无论什么见解,无论什么论据和劝说,不管他们是多么动人,都不应迫使我们放弃我国赖以生存的海上霸权。"[1]1921年3月,英国政府决定,除这时正在建造的主力舰10艘,巡洋舰10艘,驱逐舰17艘和潜水艇39艘外,再增造4艘超级主力舰,定于1924年建成。劳合·乔治表示,英国决心耗费国库的最后一文钱,使它的海军优越于美国或任何一国的海军。日本也疯狂地加强自己的舰队。从1920年7月起,日本政府就着手执行它的"八八舰队计划",依照此项计划,到1928年,日本可增加8艘主力舰和8艘巡洋舰。1921年,日本的海军经费从1917年的8500万美元增至2.45亿美元,占日本全部国家预算的1/3。

这样大规模的海军军备竞赛,给资本主义各国造成了沉重的经济负担。日本如果执行它的计划,那就意味着到1927年日本每年海军建设的费用要达4亿美元。美国为了执行1916年的计划,需要15亿美元的追加额。但是,在1920—1921年资本主义世界经济危机蔓延的情况下,这几个大的海上强国也感到实在无力负担了。这时,各国劳动人民的反战情绪也在增长。美国为了捞取政治资本,限制竞争对手,率先提出了限制军备的建议。英国、日本在财力上竞争不过美国,自然口头上也赞成限制军备。不过,美、英、日都想尽力限制对方,扩充自己。于是,在华盛顿会议上,就限制海军军备问题展开了一场激烈的争论。

在1921年11月12日的第一次全体会议上,休斯首先抛出了美国关于限制海军军备的建议。美国方案的主要内容是:暂时停止各国正在建造或计划建造的主力舰;拆毁一些旧舰;参照与会各国的现役海军力量,确定各主要国家

---

[1] 茹科夫:《远东国际关系史(1840—1949)》,世界知识出版社1959年版,第343页。

的主力舰及辅助舰的吨位比例。休斯建议,英、美、日三国主力舰吨位是:英美各50万吨,日本30万吨,即5∶5∶3的比例,并且规定今后建造主力舰,每艘不超过3.5万吨。美国方案的目的是为了争得美英海军平等,同时对日本的海军进行一定程度的限制。美国主张限制主力舰的最高吨位,是因为当时英国、日本正在建造吨位比美国更大的主力舰,同时作为美国重要航道的巴拿马运河不能通过3.5万吨以上的船只。

英国由于战后经济力量衰弱,无力继续进行庞大的海军军备竞赛,特别是无力同实力雄厚的美国竞争。为了减轻沉重的军费负担,调整对美关系,英国同意美国提出的方案。但是,日本却表示反对。它强调自己是一个岛国,有"特殊需要"。11月28日,日本政府提出三个方案密电指示日方代表,令其在会上讨价还价,首先可提出第一案,即英美同日本的主力舰比例应是10∶10∶7;如不行,可设法提出10∶10∶6.5的第二案;倘必须退至10∶10∶6的第三案时,各国应保证"维持太平洋防务现状"。① 11月30日,日本代表加藤正式向大会提出10∶10∶7的要求,遭到美国的强烈反对。美国代表指出,"日本只需一洋舰队,美国须有两洋舰队"②。如果日本坚持它的主张,那么日本每造1条军舰,美国就用造4条来回答。这时,欧美舆论对日本也非常不利。在英美联合压力下,日本被迫同意5∶5∶3的比例,但附有一个条件,即英美不得在太平洋西部建筑和加强海军基地。

在英、美、日三国主力舰比例解决的当天,法国正式向大会提出要求:法国为防备德国复仇,并维持领土及殖民地安全起见,需要有主力舰35万吨。意大利要求与法国拥有同样的数量。法国的要求遭到英国的激烈反对。经过多次讨价还价,法意两国的主力舰吨位各定为17.5万吨。这样,五国主力舰吨位比例才勉强达成协议。

在辅助舰方面争论最激烈的是潜水艇问题。美国建议,英美潜水艇的吨位各为9万吨,日本5.4万吨。英国由于在一战中吃了德国潜水艇的亏,因此,它希望今后减少潜艇对英国舰队和商船的威胁,在会上提出了完全取消潜艇的建议。法国反对英国的建议,它认为潜艇是海军较弱的国家防御海岸,抵抗强国战舰的锐利武器,而且价格低廉,用途最广。法国要求它的潜艇也应定为9万吨,即与英美相等。英国反对法国的要求,贝尔福指出,英国决不能容许拥有80万陆军的法国再拥有头等的潜水艇舰队,否则,将会给英国造成巨大的危险。

---

① 雅德赉:《美日外交秘幕》,天津大公报社1933年版,第96页。
② 周守一:《华盛顿会议小史》,上海中华书局1933年版,第89页。

法国代表在反驳时指出,英国拥有强大的主力舰,是对法国的威胁,如果英国愿意取消主力舰,我们会立刻同意取消潜水艇。英法在华盛顿会议上的"潜艇战",给两国关系投下了巨大阴影。这时,日本和意大利也反对取消潜艇,而且都要求增加自己的吨位。由于争论激烈,互不相让,潜水艇问题谈判随之告吹。

水上辅助舰(包括巡洋舰、驱逐舰等)的谈判也是矛盾重重。美国的方案规定,英美的总吨位各为45万吨,日本为27万吨。法国为自己提出了33万吨的要求,并且坚持说不能低于这个数字,否则,"便危及国家生死利益,殖民地及海军之安全"①。法国的不调和态度又一次激怒了英国。贝尔福说,法国不是在限制军备,更不是执行防御政策,它的9万吨潜艇的要求横于英国的咽喉中,为了对付法国的潜艇政策,英国必须保持建造各种水上辅助舰的权利。由于英法争执不下,水上辅助舰的谈判也未能达成协议。

关于航空母舰的限制,美国的方案是,英美各8万吨,日本4.8万吨,法意各2.8万吨。在12月30日的海军委员会联席会议上,意大利代表提出,2.8万吨的限额只能有一艘航空母舰,若因事修理或不幸沉没,意大利一时就成了无航空母舰之国,所以要求增加到5.4万吨。随后,英、法、日各国均以各种理由要求增加吨位。在此情况下,休斯提出了普遍提高各国吨位的修正案,获得通过。

经过近3个月的激烈争吵,1922年2月6日,美、英、法、意、日签订了《关于限制海军军备条约》,即《五国海军条约》。条约规定:"各缔约国主力舰替换总吨位按照标准排水量计算不得超过如下:合众国52.5万吨……;英帝国52.5万吨……;法国17.5万吨……;意大利17.5万吨……;日本31.5万吨"。② 照此规定,美、英、日、法、意的主力舰吨位比例是5∶5∶3∶1.75∶1.75。各国航空母舰总吨位的限额是:美英各为13.5万吨,日本8.1万吨,法意各为6万吨。

《五国海军条约》的签订是美国在华盛顿会议上的又一胜利。它迫使英国彻底放弃了传统的"双强标准"(即英国舰队应等于世界上其他两个最强的海军国家的舰队总和),而改行"一强标准"。这意味着英国海上优势开始丧失,并为美国取代英国的"海上霸王"地位提供了有利条件。条约使日本受到一定限制,但英美对日本也作出了不在太平洋西部新建或扩建海军基地的重要让步。这就使日本海军在西太平洋地区保持了巨大的优势。

《五国海军条约》只是列强在海上实力对比的问题上的暂时妥协,它并没有消除帝国主义之间的矛盾。法国舆论对条约极为不满,报纸公开发表评论说,

---

① 周守一:《华盛顿会议小史》,上海中华书局1933年版,第111页。
② 托因比:《国际事务概览(1920—1923年)》,牛津1927年版,第510页。

过去"法国与英国同为世界海洋史上之花,今法国自行放弃已往之历史,是自贬于二等海军国之列"①。从条约内容看,它只规定了主力舰和航空母舰的吨位比例,对巡洋舰和潜水艇等均未作任何限制,因而并不能真正起到限制海军军备竞赛的作用。实际上,条约给各国进行新的海上竞争留有充分的余地。

《九国公约》

"远东和太平洋问题"是华盛顿会议上的另一个重要议题,其核心是中国问题。中国是帝国主义列强在远东争夺的主要目标。所谓远东和太平洋霸权之争,实质上就是对中国霸权的争夺。美国召开华盛顿会议的一个重要目的,就是压日本在中国问题上作出让步。

在1921年11月16日远东和太平洋问题全体委员会会议上,中国北洋政府出席华盛顿会议的首席代表施肇基提出了十项原则,作为讨论有关中国问题的基础。十项原则的主要内容是:尊重中国"领土之完整及政治行政之独立"②;以前中国政府给予外国的一切特别权利,应予废除;中国在司法、政治、经济与行政上所受之限制,应立即取消;中国完全赞同"门户开放"和"机会均等"之原则。十项原则中虽有维护中国主权的要求,但其中承认"门户开放,机会均等"的原则却是适应了美国在中国扩张的需要,这将导致对中国主权更严重的破坏。

为了贯彻和实施十项原则的精神,中国代表又提出了下列具体要求:把前德国在山东的一切权利归还中国;要求日本放弃"二十一条";撤退外国在华军警;撤销外国的领事裁判权;取消帝国主义各国在华的势力范围;归还租借地;要求关税自主等。中国代表在会上希望得到美国的支持,以解决巴黎和会上遗留下来的悬案和有关中国的其他问题。美国所关心的是自己在远东的霸权利益,门户开放是它对中国问题的主要目标,根本不可能赞成废除帝国主义在中国的各种特权。11月21日,美国代表卢特提出了有关中国问题的决议草案,其中心内容是:保证维持各国在中国全境之商务实业机会均等的原则。接着,休斯提出了关于实施门户开放的具体建议:今后各国对华投资必须按照此项原则办理,并提出要在中国设一审议局,以审查外国过去同中国签订的条约及达成的协议是否符合门户开放的原则。

英、法、日各国对于门户开放原则表面上不能不表示赞成,但对按照此项原

---

① 周守一:《华盛顿会议小史》,上海中华书局1933年版,第111页。
② 《外交文牍:华盛顿会议案》(上),北洋军阀政府外交部印,1923年,第59页。

则审查过去同中国签订的条约表示反对,因为这触犯了它们在华已经取得的利益。法国代表首先反对说,这将会"危及既得的利益",他强烈指出,"改正既定契约甚不正当"①。英国、日本也反对重新审议过去的对华条约。英、法、日三国对于中国问题都抱定了一个"维持现状"的目的,它们在会上所用的是一种"敷衍"政策。凡空洞洞的条文,粉饰太平的决议,不妨碍它们原有势力的维持和发展的,它们都表示赞成,但条文如有溯及既往破坏它们已经取得的赃物的,它们都极力反对。

美国的目的是要打破"现状",特别是要打破日本独占中国的野心。这样,才能扩大美国在中国的势力。因此,它支持中国收回山东的要求。11月30日,中国代表在远东和太平洋问题委员会会议上,正式提出了山东问题。但日本拒绝在大会上讨论这个问题,要求在会外通过中日双边谈判解决。美英两国怕由此问题引起的争端给大会增加新的困难,以致影响正在进行的其他谈判,同意了日本的要求,但为了保持对中日谈判施加影响,美英坚持必须派出它们的代表以观察员资格参加谈判,日本被迫接受了这一意见。

12月1日,中日双方开始举行谈判,美英代表自始至终参加了会议。在谈判中,胶济铁路问题争论最为激烈。日本开始坚持该铁路应由中日公司合办,遭到中方拒绝。12月6日,日本代表团在发往东京的一份"万急"密电中说:"目前处理山东问题最棘手之点,即为共同经营胶济路问题。不但中国代表在第二次会议中,竭力表示反对合办,即美国亦自始拒绝。"②英国对此也无良好印象。所以,我们认为"勿坚持名义问题,毋宁采取避名就实的方针"③。在此方针得到日本政府批准后,日本代表即取消了合办的建议,提出将铁路售予中国,但拒绝中国用现款支付,要求中国为赎路借用日款,45年还清,目的是为了继续控制胶济路。对此,中国代表持反对态度。这时,日本通过美英出面调停,由休斯和贝尔福提出一折中方案,并请美国总统哈定出面干预,中国代表被迫接受。于是,中日双方就胶济铁路问题达成妥协。1922年1月底,谈判基本结束。

1922年2月4日,中国同日本签订了《中日解决山东悬案条约及附约》。条约的主要内容是:"日本应将胶州德国旧租界地交还中国"④,并且把租借地内所有公产全部移交中国政府,中国则允诺将该地全部开为商埠、准外国人在该

---

① 周守一:《华盛顿会议小史》,上海中华书局1933年版,第158页。
② 雅德赉:《美日外交秘幕》,天津大公报社1933年版,第98—99页。
③ 同上书,第99页。
④ 《国际关系史资料选编》上册,第二分册,武汉大学出版社1983年版,第508页。

区域内自由居住并经营工商及其他合法职业;日本军队,包括宪兵在内,一律撤出山东,"本条约实施时,青岛海关即完全为中国海关之一部分"①;淄川、坊子、金岭镇各矿山,应移归中国政府所特准的公司接办;青岛济南铁路及其支线移交中国,中国应照上述铁路产业之现值以国库券偿付日本。此项国库券以铁路产业及进款作抵押,期限15年。在国库券未偿清前,中国政府应选任一日本人为车务长,并选任一日本人为会计长,与中国会计长权限相等;济南—顺德线、高密—徐州线铁路借款优先权,让给以美国为首的国际财团;青岛—烟台间及青岛—上海间前德国海底电线归于中国,但其中之一部分,即"日本政府用以安设青岛、佐世保间之海线者,不在此例"②。

从条约内容可以看出,日本将山东归还中国是有条件的。这些附加条件使日本在很大程度上保存了山东的经济和政治势力。甚至在"附约"里还明显保留着日本的一些特权,如"准许在胶州德国旧租借地内之日本商人,得用日本文字与青岛海关接洽事务;并于选用青岛海关适宜职员时酌加考虑"③。但是,这个条约毕竟修改了凡尔赛条约关于山东条款的规定。从美日争夺远东霸权的角度看,它意味着美国外交的胜利和日本外交的失败。

美国在迫使日本承认中国对山东的主权之后,紧接着于1922年2月6日,美、英、法、意、日、荷、比、葡、中签订了《九国关于中国事件应适用各原则及政策之条约》,即《九国公约》。公约的主要内容是:1."尊重中国之主权与独立,及领土与行政之完整"④;2."切实设立并维持各国在中国全境之商务实业机会均等之原则"⑤;3."不得因中国状况,乘机营谋特别权利,而减少友邦人民之权利"⑥;4.凡"意在中国指定区域内设立势力范围,或相互设有独占之机会者,均不予以赞助"⑦。公约的核心是肯定了美国提出的在中国实行"门户开放,机会均等"的原则,并赋予它以国际协定的性质,使日本独占中国的野心遭到了挫折,为美国垄断资本在中国大规模扩张创造了条件。因此,美国政界人物认为,这项条约的签订是他们在华盛顿会议上所取得的重要成就之一。休斯国务卿

---

① 《国际关系史资料选编》上册,第二分册,武汉大学出版社1983年版,第509页。
② 同上书,第512页。
③ 同上书,第513页。
④ 《国际条约集(1917—1923)》,世界知识出版社1961年版,第767页。
⑤ 同上。
⑥ 同上。
⑦ 同上书,第768页。

得意地说："多亏这个条约,对华'门户开放'终于实现了。"①

《九国公约》实质上是在美国占优势的基础上,帝国主义列强建立的对中国的联合统治,它加深了中国的半殖民地地位。正如毛泽东所说："第一次世界大战曾经在一个时期内给了日本帝国主义以独霸中国的机会。……1922 年美国召集的华盛顿九国会议签订了一个公约,又使中国回复到几个帝国主义国家共同支配的局面。"②

帝国主义各国虚伪地声称"尊重"中国的主权、独立及领土完整,但对中国代表在会上提出的涉及收回中国主权的一些重大问题,或不予理睬,或设辞规避,或给一点微小的让步,敷衍了事。1921 年 11 月 23 日,中国代表提出关税自主问题,认为中国现行之约定关税,妨碍中国主权,违背国际上均等及互惠原则,要求中国有权自行改订税率,并自 1922 年 1 月 1 日起,将现行的名义上 5% 的税率提高到 12.5%。列强借口中国内战未息和本国商人"吃亏",只同意先召开修正税则的会议,以设法使关税切实达到 5%,至于关税自主问题,于将来适当时机再行提出讨论。

1921 年 11 月 25 日,中国代表提出废除领事裁判权的要求,认为它有碍中国主权,不符合国际法之原则。当时,有美、英、法、意、日等 15 个国家在中国享有这种特权。帝国主义借口这是一个复杂的问题,非本次会议所能解决,决定成立一个委员会"考察在中国领事裁判权之现在办法以及中国法律、司法制度暨司法行政手续"③,以便提出各国逐渐放弃领事裁判权的具体建议,但又说各国"可自由取舍该委员会建议之全部,或任何一部"④。显然,这是一种敷衍措施,列强根本不愿意放弃在中国这种特殊利益。

中国代表在提出废除领事裁判权的同一次会议上,还提出了撤销外国邮局的议案。自 19 世纪 60 年代以来,外国在华邮局的数目越来越多。1921 年,这类邮局不下 150 所。其中有日本的 124 所,法国的 13 所,英国的 12 所,美国的 1 所。中国当局不得检查这类邮局经手的邮件,结果是应税品和违禁品(特别是吗啡和鸦片等)都通过这种渠道输入中国,严重侵犯了中国邮务行政权。由于帝国主义坚持它们的既得利益,所以在 1922 年 2 月 1 日通过的决议中规定,列强在租界地内及按条约规定设立的邮局,今后继续办理邮政业务,仅答应在

---

① 库达科夫:《现代国际关系史》,世界知识出版社 1958 年版,第 167 页。
② 《毛泽东选集》第 1 卷,人民出版社 1991 年版,第 143 页。
③ 戴鑫修:《最近世界外交史》下册,京城印书局 1926 年版,第 41、42 页。
④ 同上。

外国邮务总办的地位保持不变等条件下,撤销一些外国自行设立的没有条约根据的小邮局。

1921年11月28日,中国代表提出撤退外国驻华军警问题。各国驻华军警有根据条约而来的,有毫无根据而来的。毫无根据而来之军警以日本为最多。日本代表植原声称,日本在中国设置这类军警只是为了维持秩序,并不抱有任何侵略目的,坚持不肯撤退。其他帝国主义在会上实际都是支持日本的立场。最后会议决定,由各国驻华外交代表会同中国政府联合调查,并写出详细报告书和意见书,但各国"可自由采纳或拒绝报告书中调查结果所得之事实及意见之全部或任何一部"①。也就是说,调查结果和有关建议对任何一国都无约束力。

12月3日,中国代表提出废除外国租界地的要求。英国声明,它不能归还九龙,因为九龙"与香港成掎角之势"②,无九龙则香港成为不能自卫之港口。日本则表示,旅顺和大连不是直接取诸于中国,是"以不小牺牲"从俄国手中夺得的,日本在那里"有关系其经济生活和国家安全的重大利益"③,决不能作任何让步。中国代表在会上提出的封闭外国无线电台等要求也未达到目的。

1921年12月15日,中国代表在远东问题总委员会上提出了废止"二十一条"的要求,指出它严重影响中国之生存、独立和完整。日本代表植原以"此系中日两国间事不能在大会讨论"为借口,予以拒绝。延至1922年1月17日,美国代表出面调停。然而,日本仍持强硬立场,这种顽固态度一时遭到会内外舆论的抨击。2月2日,日本代表币原威胁说,如果该条约予以废除,"必开一极危险之先例,其结果将影响亚洲、欧洲及其他各地国际关系之安定"④。但迫于各方面压力,币原不得不表示放弃"二十一条"的某些次要条款,如放弃在南满及东部内蒙古建造铁路借款的优先权,并把这种权利让给新近组织的以美国为首的四国银行团;放弃向南满派遣政治、财政、军事、警察顾问和教官之优先权等。在2月3日远东问题总委员会举行的最后一次会议上,中国代表指出,"二十一条"是和华盛顿会议所制定的原则不相符合的,并声明保留今后相机解决此案之权利。

华盛顿会议同巴黎和会一样,也是帝国主义的一次分赃会议。这次会议的

---

① 戴鑫修:《最近世界外交史》下册,京城印书局1926年版,第43页。
② 同上。
③ 马士、宓亨利:《远东国际关系史》下册,商务印书馆1975年版,第667页。
④ 周守一:《华盛顿会议小史》,上海中华书局1933年版,第202页。

特点是在美国占优势的基础上，调整了凡尔赛条约所未能调整的矛盾，并暂时确认了帝国主义之间的海上力量对比。华盛顿会议实质上是巴黎和会的继续和补充，它最后完成了战后帝国主义对世界的重新分割，形成了战后资本主义世界在政治、经济、军事等各方面国际关系的新体系，即所谓凡尔赛—华盛顿体系。

斯大林说，凡尔赛—华盛顿体系的"主要基础在远东是九国公约，而在欧洲便是凡尔赛条约及其他许多条约"①。这个体系是战胜国对战败国的宰割和掠夺；是对殖民地半殖民地人民新的压迫和奴役；是帝国主义反对苏维埃俄国、反对欧洲无产阶级革命运动、反对全世界被压迫民族和被压迫人民革命斗争的反革命同盟；是几个互相争夺世界霸权的帝国主义大国，在战后初期力量对比的基础上达成的暂时妥协。但是，这种暂时的妥协却酝酿着以后更大的争夺。从本质上说，凡尔赛—华盛顿体系不过是帝国主义上一轮争夺的总结，下一轮争夺的开始。正如列宁所指出的，"不管是一个帝国主义联盟去反对另一个帝国主义联盟，还是所有帝国主义大国结成一个总联盟，都不可避免地只会是两次战争之间的'喘息'"②。帝国主义之间不可调和的矛盾和冲突必然导致凡尔赛—华盛顿体系的崩溃。

第三节　凡尔赛—华盛顿体系的矛盾和帝国主义争霸斗争的新阶段

凡尔赛—华盛顿体系建立后国际关系的新格局

凡尔赛—华盛顿体系建立后的世界形势，从战胜国帝国主义的矛盾来看，主要表现为英美对立与英法对立。

英美对立是世界性的，它取代了战前的英德对立成为帝国主义国家之间的主要矛盾。一战后，英美矛盾主要表现在两个方面：一是海上霸权之争；二是在世界范围内的经济斗争。由于在华盛顿会议上缔结了《五国海军条约》，英美之间的海军对比关系暂时得到调整。此后，英美之间的经济竞争显得更加突出了。

在争夺原料产地、商品销售市场和投资场所的斗争中，英美矛盾重重，它们

---

① 斯大林：《列宁主义问题》，人民出版社1955年版，第727页。
② 《列宁选集》第2卷，人民出版社1995年版，第680页。

在全世界展开了激烈的角逐。美国为了在竞争中取得优势,加紧向英国的势力范围渗透。第一次世界大战结束时,美国在国外所控制的石油资源还非常有限。以后,美国垄断资本加紧排挤英国和荷兰资本,大规模渗入中东、印度尼西亚及委内瑞拉等资本主义世界的主要石油产地。例如,1925年,在美国国务卿休斯的干预之下,7个美国石油公司在未来的伊拉克石油开发中得到1/4的股份,打破了英国对中东石油储藏的垄断。

在战后的头10年中,美国依仗其经济上的优势地位,极力扩大对外贸易,它的主要竞争对手英国的商品到处遇到激烈竞争和排挤。到1929年,美国对外贸易总额比战前增长了110%。1913—1929年,美国在世界贸易中的比重从11.1%上升到14%,而原来占国际贸易第一位的英国则由15.1%减少到13.2%。1929年,美国第一次夺得了资本主义世界贸易的王冠。这时,美国在加拿大和拉丁美洲各国的对外贸易中占有绝对优势。1929年,在拉丁美洲的20个国家的进口及出口总额中,美国的份额分别达到38.7%和34%,把英国远远抛在后面。同时,美国商品还进一步打入欧洲和亚洲各国。特别应该指出的是,美国除了直接推销商品之外,还采取在各资本主义国家内部设厂的方式,就地生产和销售。1924—1929年,美国的汽车、石油、电器等工业部门打入了大多数资本主义国家内部,这就进一步排挤了英国的商品销售市场。

英美在资本输出方面的竞争更加激烈。战后,美国的资本输出发展很快。1919年,美国垄断资本在国外的投资额是70亿美元,到1929年猛增到172亿美元。但这时,仍稍低于英国,而居世界第二位。这一时期,美国资本输出主要方向是德国及拉丁美洲各国。1929年,在德国的长期外国投资中,美国占20%,居垄断地位。在拉丁美洲,1913—1927年,美国资本由12.4亿美元增加到55.9亿美元,已接近英国在该地区的投资总额,而在中美洲各国已经超过了英国。

英美的经济竞争实质上是世界霸权之争。早在大战期间,美国一家报纸就公开声称,"要想称霸世界需要两件东西:美元和银行。美元我们是有的,银行我们要建立,我们将称霸世界。"①

英法矛盾是战后欧洲的主要国际矛盾,它在一段较长的时期内,对欧洲国际关系处于支配地位。英法的裂痕在巴黎和会上就已暴露出来,这种裂痕突出地表现为两国在欧洲问题上不同政策的对立。英国执行的是"均势政策",而法

---

① 转引自《列宁全集》第30卷,人民出版社1985年版,第83页。

国奉行的则是"安全政策"。这种政策冲突有其深刻原因。英法虽是战时盟国，并联合打败了德国，但由于两国对德作战的目的各异，所以在研究处置德国的时候，它们便很快地分手了。法国要树立欧洲大陆霸权，它在"安全"的旗号下，欲占领德国莱茵河以西的土地，并对德国进行种种限制，使之处于一蹶不振的地位。英国所关切的是消灭德国在商业上与海军方面的竞争力量，掠夺德国的殖民地，但是，英国不愿看到在欧洲大陆上出现一强独霸的局面。这两个目标是对立的，是战后英法冲突的基本原因。

1919年3月27日，英、美、法三国首脑在巴黎和会上，就法国为了安全的需要企图肢解德国的问题进行了激烈辩论。威尔逊支持劳合·乔治对德国应表示温和的意见。克里孟梭反驳说："美国在遥远的地方，并受到大洋的保护；而英国，即使拿破仑也无法达到。你们两国是有保护的，而我们没有。"① 在双方争执不下的情况下，劳合·乔治和威尔逊向克里孟梭建议，如果法国放弃对莱茵河左岸的领土要求，英国和美国就分别与法国签订法英共同防御条约和法美共同防御条约，以共同保证法国的边界安全。这两个条约后来成为凡尔赛条约的附约，并与和约一起于1919年6月28日签字。这两个条约规定，在法国边界无端受到德国的侵略时，英国和美国应立即提供军事援助。但条约却有一个附加条件：如果这两个条约中有一个未获批准，另一个也无效。后来，美国参议院否决了凡尔赛条约，这样，作为该条约附约的法美条约就同时失去了效力。法英条约自然也失效了。于是，英国也摆脱了对法国安全的保证义务。

在保证条约失效的情况下，法国为了巩固自身的安全和建立欧洲霸权，采取了广泛联络大陆上各小国的结盟政策，以防止德国重新侵略。1920年1月28日，法国和比利时就缔结军事同盟问题举行会谈。比利时为避免过分依赖法国，要求英国参加法比军事协定，但是，英国不愿意参加有利于增强法国在欧洲大陆地位的任何协定。1920年9月7日，该协定正式签字。协定规定，在任何一方无端受到侵略时，另一方将出兵援助。这标志着法比军事同盟的形成。1921年2月19日，法国又与波兰缔结了同盟条约。条约规定，两国在外交政策方面，将采取一致的行动；如任何一方蒙受第三国的无端侵犯时，则其他一国应举兵相助，借以维护彼此的领土和正当的利益。后来，两国又签订了经济协定，规定在彼此的贸易中，征收互惠的低度关税，法国给波兰4亿法郎的巨额援助。1924年1月25日，法国同捷克斯洛伐克签订了同盟条约。条约规定：凡一切

---

① 安东尼·亚当斯韦特：《失去的和平：1918—1939年欧洲国际关系》，伦敦1980年版，第28页。

与彼此的安全和和平有关的外交政策问题必须在互相咨询之后方得采用；当彼此的利益受到威胁时,双方应采用一种协同的步骤；在德、奥企图合并时,缔约国应设法予以对付。此后,法国在 1926 年又与罗马尼亚签订了法罗同盟,1927 年与南斯拉夫签订了法南同盟。与此同时,法国为在欧洲建立亲法的同盟体系,还支持由捷、罗、南组成的"小协约国",并分别对捷、罗、南提供经济的、外交的乃至军事物资和军事技术的援助。"小协约国"为了反对匈牙利复辟旧王朝和修改和约,希望得到法国支持,因此,在 20 年代它推行对法友好政策。这在客观上既有利于法国的对德斗争,也有利于法国同英国争霸。法国经过上述一系列的努力,建立了一个从战略上对德国造成包围之势的较为完整的安全体系。法国的这种安全政策,显然是同英国的均势政策相冲突的。

英国历来是采取一种"扶弱抑强"的政策,这种政策的目的是保持欧洲大陆上国际力量的平衡,以便于英国把持欧洲事务。一战前,德强而法弱,因此,英国奉行扶法抑德政策。战后,德法力量倒置,英国就转而采取扶德抑法政策。丘吉尔阐述这种政策时说:"请注意,英国的政策并不考虑企图称霸欧洲的国家究竟是哪一个国家,问题不在于它是西班牙,还是法兰西王国或法兰西帝国,是德意志帝国还是希特勒政权。这个政策与这个国家是什么国家,谁当统治者都毫无关系；它唯一关心的是,谁是最强大的、或具有支配力量的暴君。因此,我们不要怕别人说我们亲法反德。如果情况改变,我们同样可以亲德反法。"[①]亲德反法正是英国战后对欧洲政策的核心内容。英法的政策冲突对 20 年代欧洲国际关系产生了重大影响,它为德国的再起提供了有利的机会。

战胜国帝国主义之间的矛盾除了英美对立和英法对立之外,还有美、英、日在远东和太平洋地区的对立,英、法、意在地中海的对立。从国际关系全局来看,战败国德国同战胜国帝国主义之间的矛盾,虽暂时处于次要地位,但却潜伏着巨大的危险,而且两类矛盾互相交叉。如果以凡尔赛—华盛顿体系划线,意大利和日本出于自己霸权利益的考虑,也同德国一样是站在这个体系的对立面的。这就为形成新的帝国主义集团播下种子,埋下了祸根。

德国对《凡尔赛条约》的抗拒

为预防德国不履行对德和约条件,和约作出了一些具体规定,并设置了一些负责和约实施的常务机构。其中主要的是设在巴黎的"大使会议",它由英、

[①] 温斯顿·丘吉尔:《第二次世界大战回忆录(第 1 卷):风云紧急》,商务印书馆 1974 年版,第 309 页。

法、美、意、日等各国的外交代表组成（后来由于美国拒绝批准凡尔赛条约，宣布退出"大使会议"，仅愿以观察员资格列席）。此外，为监督和约一些重要条款的实施，还设立了三个重要机构：1.监督裁军的问题分别由陆军监理委员会、海军监理委员会和空军监理委员会管理；2.监督赔款偿付的问题由赔款委员会管理；3.但泽和萨尔的行政事务由国际联盟理事会的附设各机关管理。

尽管战胜国采取了上述措施，但凡尔赛条约的执行还是遇到了德国的各种形式的抵制和抗拒。在1920年1月10日凡尔赛条约正式生效后不久，德国总统在一份电文中就公开声称："我们竭诚努力根据和约履行我们对协约国的承诺，但是，如果某些条款被证明是根本不能实现的，我们确实希望协约国能理解这一点，而且能够照顾到我们的困难。"①

在德国，修改和约的要求是与关于战争责任的争论联系在一起的。和约第23条规定，德国应承担战争罪责。为了证明这一条规定是不公正的，德国政府有组织地出版了从1870年至第一次世界大战结束时期的德国外交部档案。如果能推翻战争责任条款，那么修改和约的要求就有了根据。1921年3月3日，劳合·乔治明确指出，德国所拒绝接受的战争罪责问题，是凡尔赛条约的真正基础。3月12日，德国外长西蒙斯在帝国议会就此问题答辩时说：无疑我们已经在和约上签署了一项表明德国唯一承担战争罪责的声明，但这并不意味着关于德国是唯一的战争罪犯的指责是真实的。在这个议会里，没有一个男人或女人相信德国是引起战争的唯一原因。我根本无意声称我们是无辜的，但是世界必须逐渐了解，关于德国是唯一罪犯的说法是错误的。竭尽全力来澄清这一问题是我们的责任。

对德国的修约趋向，各协约国政府均持否定态度，它们坚持凡尔赛条约必须贯彻执行。在这一点上，法国的意见最为明确并得到协约国共同确认。但是，由于德国抵制，和约的一些条款实际上并未履行，或只是走走形式而已。

在和约第227条中，协约国宣布将对前德皇进行审判。这时，德皇正在荷兰避难。1919年6月28日，也就是和约签署的当天，法国驻海牙代办向荷兰政府提交一份备忘录，表明了协约国将对德皇进行审判的意图，要求荷兰政府放弃对德皇的保护责任。7月10日，荷兰政府答复说，我们"必须保留行使主权的自由"②。随后，1920年1月15日，协约国正式要求将德皇移交给它们进行审判，并列举了德皇应承担的罪责。1月27日，荷兰政府在答复中拒绝了协约国

---

① 托因比：《国际事务概览（1920—1923年）》，牛津1927年版，第87页。
② 同上书，第97页。

的要求,理由是它的行动不受凡尔赛条约的约束,因为它不是签约国。以后,经过双方多次交涉,荷兰政府答应,负责监视德皇,不准回国肇事,便算了结。

按照和约规定,德国政府负有将一切主要战犯提交各协约国联合军事法庭受审的义务。但在1919—1920年的两年中,德国政府以怕引起国内反对为由,拒不执行。经过激烈的讨价还价双方商定,各战犯由德国的地方法院审理,但在审讯时,协约国可派观察员列席。

1921年夏,在莱比锡对战犯进行了审判,被传到案的只有12人,其中被控告有罪的只有6人。实际上是敷衍了事。对此,法国舆论大哗,抨击德国奉行保护战犯的政策。但自此以后,对于和约中有关处罚战犯的条款,也就不了了之。

按照和约的规定,德国在裁军问题上负有下列三种义务:1.销毁和交出多余的军用品;2.全国军队裁至10万人;3.全国的警察裁至和1913年的警察总数相等。

德国对它在军事方面受到的限制尤为不满,常常采取各种办法进行抵制。一战前,德国政府并不直接管理警察事务,均由地方政府管理。和约签订后,德国政府大力发展警察组织,并配备充足的武器,为此,遭到协约国的谴责。但是,德国政府借口国内的革命运动妨碍了他们履行和约条款,要求增加警察人数。结果,在1920年6月,协约国竟允许德国把警察人数从8万人增加到15万人,把配备步枪、战刀和手枪的宪兵人数从1.1万人增加到1.7万人。后来,德国政府又通过一个又一个的法规,把警察部队变成了变相的军队。英国驻协约国委员会军事代表对此评论说:"两者就像一把钥匙开一把锁那样协调。在每个军队士兵的后面站着一个警察,就像影子一样。"①

1920年7月,德国提出国内有爆发革命的危险,要求延期15个月执行和约的军事条款。协约国认为,德国有意拖延,拒绝了它的要求,并责令德国政府立即没收私人武器,交出全部多余军用物资,认真履行和约的一切条款。如果德国接受上述条件,协约国则同意德国到1920年10月1日为止,可保留15万国防军,但必须在1921年1月1日之前,把军队压缩到10万人。倘若不按时认真履行这些条件,协约国将要占领德国的其他土地。德国虽被迫接受了上述条件,但执行起来仍是阳奉阴违。

德国的多余军用物资迟迟不按和约规定收缴给协约国。当1918年底德国

---

① 安东尼·亚当斯韦特:《失去的和平:1918—1939年欧洲国际关系》,伦敦1980年版,第69页。

军队撤出法国和比利时时,大批军人复员回乡,其中许多人带走了枪支和其他装备。根据协约国掌握的材料,德国至少还有 200 万支步枪尚未交出;德国保留的机枪是 6000 挺,而不是 2000 挺;他们保存的大炮比规定数量多 5 倍。德国还保留大批炮兵阵地、军火库、供给库和军马场。这些军事设施曾满足过德国旧军队的全部需要,远远超过现有军队的需求。但德国政府对这些设施既不按和约规定裁减,又不出售,也不改为他用。这些保留下来的军事设施和装备,随时能够武装一支庞大的军队。

关于飞机的限制更是经常发生争议。按照和约规定,德国政府不得拥有任何种类的军用飞机。但是,军用和非军用之间很难分辨。为了排除这种争论,协约国同德国商定了一种检验办法,即按飞机的速度和性能制定一个标准。凡超过这一标准的即军用飞机,未达到者便算作非军用飞机。为监督这种新办法的实施,各协约国又组织了一个保证委员会。自这个机构成立之后,所有的德国飞机、战舰和水手都要在这里注册。德国对于该机构的设立非常不满,国内舆论公开抱怨说:"维持空中的战斗力乃是任何国家的基本权利。除了协约国这次对德办法以外,自从有史以来,没有一个主权的国家受过这样的限制。"[1]

和约第 42 条和第 43 条规定,不仅莱茵河左岸,而且右岸宽 50 公里的地带内,为永久非军事区,并且在和约上附加了特别重要的一点,即德国违反这些条款的任何行动,都是"反对在《和约》上签字的各大国的敌对行动,并被认为是对世界和平的破坏"[2]。因此,协约国对任何违反上述条款的行为倍加警惕。1920 年 3 月 19 日,德国政府借口"共产主义危险",要求派正规部队进驻莱茵非军事区。对这一要求,英法两国意见不一。英国倾向于让步,并提出了一些预防措施,以避免德国正规军在这一地区的过分集中,但法国断然予以拒绝。德国利用英法的分歧,不等协约国批准,于 4 月 3 日,便命令一支包括骑兵和机关枪部队在内的 2 万名德军,开进了鲁尔。法国认为德国违反了和约,便命令部队越过协约国占领区边界向前挺进,并于 4 月 6 日占领了法兰克福和达姆施塔特。英国对法国的单独行动提出抗议,并指出,整个现存体制有赖于协约国之间协调一致的合作,由某个协约国所采取的单独军事行动,必然产生非常严重的后果。法国政府在答复中明确保证,一旦德国军队撤出非军事区,对德国城市的占领就告结束,并承诺今后不再采取单独行动。5 月 17 日,法国撤走了它的部队。

---

[1] 比尔:《最近十年的欧洲(1918—1928)》,上海太平洋书店,第 59 页。
[2] 托因比:《国际事务概览(1920—1923 年)》,牛津 1927 年版,第 91 页。

和约第 428—432 条规定，莱茵河以西的德国领土，加上河上的三座桥头堡，由协约国军队占领 5—15 年，作为德国履行和约的保证。根据与《凡尔赛条约》同一天签订的一项单独协定，占领军应由英国、法国、比利时和美国提供，同时由各协约国共同组成了一个"高级委员会"，作为协约国家在被占领区的最高代表。这个委员会有权发布"对维持协约国军队的给养、安全和要求所必需"的命令，可以对任何被指控攻击协约国武装部队的人进行军事审判，并在必要时在被占领区的任何部分或其全部，宣布紧急状态。

尽管制定了一些保证措施，协约国占领军同德国的矛盾和冲突仍是不可避免的。最初，德国强烈反对法国在占领区使用多种族部队。从 1920 年春天起，德国报刊就这个问题掀起了一场非常剧烈的运动，声称，让德国人民不仅受北非军队而且受非洲黑人军队管制，是有损于一个欧洲文明国家的尊严的。为反驳这一点，法国在答复中指出，这些士兵是法国军队的有机组成部分。那些在阿尔及尔招募的士兵是法国公民，而且多种族部队也驻扎在法国本土的很多地方。德国对法国的另一指责是他们利用其地位企图控制占领地区极有价值的经济命脉和工业资源，以及千方百计地企图使莱茵河左岸永久地从德国分离出去。德国不顾和约及其他有关规定，对在被占领区受到法国保护和支持的分离主义运动进行镇压。1920 年 7 月 24 日，德国警察在被占领区逮捕了分离主义运动头目多登，并把他带到德国未被占领的地区。协约国高级委员会认为，这一行动侵犯了它的权威，要求把多登立即送回被占领区予以释放。但是，德国拒绝了这一要求。

协约国驻莱茵河左岸的军队总数为 7.5 万人，占领费由德国支付。据统计，1924—1927 年，共用了 3.28 亿金马克。德国认为，外国军队留驻莱茵河左岸，不仅严重地加剧了德国的经济困难，而且损害德国的主权，它不断向协约国提出要求早日结束这种占领状态。

综上所述，不难看出，在执行《凡尔赛条约》的过程中，战胜国同战败国之间的矛盾，特别是德法矛盾是非常尖锐的。德国要尽量摆脱和约的束缚，它利用英法矛盾，同法国明争暗斗，这在赔款问题上表现得尤为明显。

华盛顿体系的不稳定性

华盛顿会议上签订的各项条约，暂时调整了英、美、日在远东和太平洋地区的关系，但是，并未消除帝国主义之间在这一地区对抗的深刻根源，只是延缓了它们之间的冲突。每一个帝国主义竞争者，都力图巩固自己在这一地区的地位和尽力削弱自己对手的势力。帝国主义之间不可调和的矛盾，决定了华盛顿体系的不稳定性质。

日本对华盛顿会议的结果表示不满，《读卖新闻》和《国民新闻》等一些有影响的报纸在评论华盛顿会议时，都说日本毫无所得。这种不满情绪随着日本在中国的经济地位和政治地位的不断削弱而日益增长。这时，中国仍然是远东和太平洋地区帝国主义矛盾的集中点。

华盛顿会议后，美日之间的关系是在表面的协调下隐藏着实际的紧张，它们为争夺中国权益而展开的斗争，最直接的反映就是1922年4月爆发的直奉战争。毛泽东指出："中国内部各派军阀的矛盾和斗争，反映着帝国主义各国的矛盾和斗争。"①帝国主义国家各自利用一个或几个军阀势力，指使其互相搏斗。直系的吴佩孚是受美英的支持，奉系的张作霖受日本支持。直奉战争的结果，奉系大败，退到关外，宣布"东北自治"，直系军阀取得了北京政权。这是美国在华的胜利，日本的势力受到了一次严重打击。但日本不甘心失败，仍扶助奉系的张作霖，准备再向霸占北京政府的直系军阀反扑。美国则竭力加强直系的武力，以阻止奉系势力的再起。1923年，美国曾一次供给吴佩孚300万美元的军火，又经过美驻华公使牵线，美国军火商人卖给了吴佩孚1万支步枪，2000万发子弹，250挺机枪。此外，英国还同吴佩孚订立了150万英镑的铁路借款合同。1923年6月，美国总统哈定亲自表示帮助直系"统一"中国。

美日矛盾愈演愈烈。1923年4月14日，在美国的要求下废除了1917年11月2日缔结的《蓝辛—石井协定》，在日本引起了极大的震动，因为这项协定承认日本在中国有"特殊利益"。日本一向把这点解释为承认它在中国与其他列强有不同的特殊权利。美国利用它在华斗争的有利形势以及英日同盟废除后日本在外交上的孤立状态，决定取消这个有碍美国在华扩张的协定。

在日本同美国斗争失利的情况下，1923年9月发生了关东大地震，使处于萧条状态的日本经济呈现出一片混乱。据估计，财产损失达100亿日元之巨。日本不得不以高利举借外债。1924年，从美国借入的1.5亿美元，利息高达六点五厘，以致被国内称为"国耻公债"。

美国趁日本经济困难之机，加紧同它争夺中国的江、浙地区。这时，江苏虽在直系的势力支配之下，但上海却为日本卵翼的浙江军阀卢永祥所控制。这是英美所不能容忍的。于是，1924年9月，发生了江浙之战，卢永祥兵败逃往日

---

① 《毛泽东选集》第1卷，人民出版社1991年版，第47页。

本。这样,英美势力在上海站住了脚跟。它标志着美国在同日本争夺在华政治势力的斗争中取得了巨大的胜利。

1924年5月15日,美国国会通过了排日的移民法,日本外交当局为此提出了多次抗议并在日本国内掀起了反美浪潮。1924年夏,日本国内充满了反美的小册子、传单和书籍,召开声势浩大的反美大会,演说者公开号召立刻对美开战。实际上,移民法是日美矛盾爆发的导火线,它的深刻根源在于日美在华利益冲突的加剧。

英日矛盾这时也尖锐起来了。华盛顿会议后不久,英国就着手在新加坡扩建防御工事和海军基地。1923年5月,英国议会批准了扩建计划,仅第一期工程的拨款就达950万英镑。扩建新加坡海军基地的矛头是指向日本的。1923年7月23日,葛雷勋爵在议会中公开宣称:"我们是以将来有可能同日本作战这一点为指针的。"①

为了怕引起美国的误会和不满,英国海军大臣艾默礼特别声明,新加坡也将保护菲律宾免受日本的侵犯。为此,日本通过外交途径向英国提出抗议,并通过报刊激烈抨击新加坡海军基地的扩建计划。

这时,英、美、日在东南亚争夺原料产地、销售市场和投资场所的斗争,也带有愈来愈尖锐的形式。因为这个地区是丰富的橡胶产区,并出产具有重要价值的锡、石油和一些热带作物。一战后,由于汽车制造业的迅速发展,对橡胶、汽油等的需求量大大增长了,因此,这个地区成了英、美、日垄断资本尖锐斗争的对象。

总之,华盛顿会议后的太平洋地区仍然是不太平的。由于英、美、日的角逐,太平洋上不断激起层层波涛。

---

① 库达科夫:《现代国际关系史(1917—1945)》,世界知识出版社1958年版,第179—180页。

第三章　第一次世界大战和十月革命后民族解放运动的高涨

第一节　中国人民反帝革命斗争的新阶段

巴黎和会和五四运动

第一次世界大战和十月革命后,中国人民的反帝革命斗争进入了一个新阶段。这是和国际关系变化的全局相联系的。在十月革命的影响和推动下,世界革命运动迅速地发展到一个新的高潮。资本主义国家汹涌澎湃的无产阶级革命斗争,亚非拉持续高涨的民族解放运动和世界上第一个社会主义国家反对国内外敌人、发展社会主义革命的激烈斗争,汇成了一股势不可挡的世界革命潮流。它标志着旧的资产阶级和资本主义世界革命时期的结束和新的无产阶级世界革命时期的开始。从此,殖民地半殖民地的革命已经不再是属于旧的资产阶级和资本主义世界革命的一部分,而是属于无产阶级社会主义革命的一部分了。

中国革命是世界革命伟大的一部分。第一次世界大战期间,英、法、德、俄等帝国主义由于忙于战争,无暇东顾,中国民族资本主义工业得到了一个迅速发展的机会,无产阶级也随之成长和壮大起来,人民群众的民族民主意识和政治觉悟也在逐步提高,这就为中国反帝斗争的蓬勃兴起奠定了阶级基础和思想基础。

十月革命一声炮响,给中国送来了马克思列宁主义。毛泽东说:"十月革命帮助了全世界的也帮助了中国的先进分子,用无产阶级的宇宙观作为观察国家命运的工具,重新考虑自己的问题。走俄国人的路——这就是结论。"①马克思列宁主义在中国的传播,极大地提高了无产阶级和人民大众的觉悟,为中国共产党的创立和反帝斗争的新发展准备了思想条件。这就预示着,在中国大地

---

① 《毛泽东选集》第4卷,人民出版社1991年版,第1471页。

上一场革命风暴不可避免地即将到来,揭开这场斗争序幕的正是人民群众反帝反封建的伟大革命运动——五四运动。

1919年1月召开的巴黎和会是五四运动的导火线。巴黎和会名义上是协约国对战败的德、奥等国制定和约的会议,实质上是帝国主义的一次分赃会议。中国是站在协约国方面参加第一次世界大战的,也是战胜国之一。当时的中国北洋政府派了一个以外交总长陆徵祥为首的代表团参加和会。中国代表在人民群众的压力下,向和会提出要求归还在大战时被日本夺去的德国在山东占有的各种权利,以结束德国在华的政治经济权益,并提出了取消帝国主义列强在华一切特权和利益的要求。

围绕着中国收回山东权利等问题,帝国主义列强既互相争夺又互相勾结。美国为了和日本争夺中国,起初反对将山东移交日本,提出"国际共管"山东的主张,以扩大美国在中国的势力。英国、法国虽然和日本有矛盾,但在山东问题上它们却狼狈为奸,互有默契。日本代表借口占领山东已成事实,坚持不肯交还山东,并对和会一再施加压力。美国为了缓和战胜国列强的内部矛盾,决定牺牲中国,同日本妥协。

1919年4月30日,操纵和会的英、美、法等帝国主义最后决定,接受日本的要求,通过了《凡尔赛条约》第156、157、158条款,其中明确规定:"德国将按照1898年3月6日与中国所订条约,及关于山东省之其他文件所获得之一切权利、所有权名义及特权,其中关于胶州领土、铁路、矿产及海底电线为尤要,放弃以与日本"。条约还规定,"在胶州领土内之德国国有动产及不动产",均为日本获得,而且德国应将关于胶州领土内之民政、军政、财政、司法或其他各项档案、登记册、地图、地契及各种文件,"无论存放何处,自本条约实行起三个月内移交日本"①。至此,中国代表向巴黎和会提出的废除帝国主义在华各项特权的要求不仅完全被无理否决,而且经过巴黎和会反而正式把德国在山东占有的权利送给日本了。

巴黎和会对中国主权的粗暴践踏,激起了中国人民的强烈反抗。在法国的中国留学生首先起来反对,要求中国代表拒绝在巴黎和约上签字。同时,全国舆论沸腾,广大人民群众长期积压的愤怒烈火变成了革命的熊熊之焰。1919年5月4日,北京大学等十多所学校的三千多名学生在天安门前集会,并举行游行示威,高呼"拒绝和约签字"、"誓死争回青岛","取消二十一条"、"外争国权,内

---

① 《国际条约集(1919—1923)》,世界知识出版社1961年版,第137页。

惩国贼"等口号。示威学生要求惩办亲日派交通总长曹汝霖(签订"二十一条"时的外交次长)、币制局总裁陆宗舆(签订"二十一条"时的驻日公使)和现任驻日公使章宗祥(曾和日本签订丧权辱国协定)三人,并愤怒地火烧了赵家楼曹汝霖的住宅,痛打了藏在曹宅的章宗祥。北京军阀政府对示威学生进行残酷镇压和逮捕,更加激起了全中国人民的愤怒反抗。

从6月3日起,运动发展到一个新阶段。上海、天津、广州、成都等地到处掀起了抵制日货和反对分赃的巴黎和会的运动。上海六七万工人举行政治大罢工和示威游行,接着,唐山、长辛店、长沙、武汉、天津、济南、九江等地的工人也相继投入战斗。天津和上海的商人曾一度罢市。各地学生联合会相继组成,并成立了全国学生联合会,他们同工商界组织一起共同推动反帝爱国运动。工人阶级在这次反帝斗争中站在最前列,显示了巨大的威力。在工人阶级的带领下,运动迅速扩展到二十多个省一百五十多个城市。当时,在美国、法国和其他国家的中国留学生和华侨也都以不同形式参加了运动。

爱国群众运动表现得如此勇猛壮大,使帝国主义和美国政府惊慌失措。北京政府被迫释放了被捕的学生,罢免了曹汝霖、陆宗舆、章宗祥的职务。1919年6月28日,即《凡尔赛条约》签字之日,巴黎的华侨工人和留法学生包围了中国代表的寓所,在代表们未表示拒绝在条约上签字之前,不准他们外出。同时,出席巴黎和会的代表还收到国内数十封呼吁不能在和约上签字的来电。由于舆论和民众的压力,中国代表"不敢拂逆众意",拒绝了在和约上签字。五四爱国运动取得了重大胜利。

五四运动给予帝国主义和反动军阀以沉重的打击,动摇了帝国主义在中国的统治基础,直接打击了日本帝国主义变中国为它独占殖民地的野心,同时也是对凡尔赛体系第一次有力的冲击。它充分显示了中国人民保卫民族独立的不屈不挠的坚强意志。

五四运动标志着中国以资产阶级为领导的旧民主主义革命的结束和以无产阶级领导的新民主主义革命的开始。五四运动中,工人阶级这支突起的大军,一开始登上政治舞台就表现了自己崭新的战斗姿态,充分显示了它具有担负起领导中国革命历史任务的能力。从此,中国人民的反帝革命斗争展开了新的局面。

五四运动促进了马克思主义和中国工人运动的结合,在思想上和组织上为中国共产党的成立做了准备。五四运动后两年,即1921年,中国共产党宣告成立。从此，具有彻底地不妥协地反帝国主义性质的人民爱国运动在中国共产党的领导下揭开了新的一页。

华盛顿会议和第一次国共合作的形成

1921—1922年召开的华盛顿会议正值五四运动后中国人民觉醒与斗争蓬勃开展之际。五四运动是以日本帝国主义为直接斗争对象，但它也动摇了整个帝国主义统治中国的根基。帝国主义为了勾结起来镇压中国人民的反帝革命斗争，需要协调它们之间的在华利益。

会议召开前，美、英、日等帝国主义在华的原有均势遭到破坏，这主要表现在自第一次世界大战以来日本在华的政治经济势力迅速膨胀，美英势力受到排挤。巴黎和会后，日本有进一步独占中国的趋势。对日本在中国所占有的这种特殊地位，美国日益不能容忍，美日矛盾趋向尖锐。英国在第一次世界大战前原是侵略中国的主角，在华拥有最大的帝国主义利益，日本在中国独占性的扩张，也损害了它的利益。这样，美英就有可能联合起来，共同限制日本。

在华盛顿会议上，美英迫使日本作了某些让步，通过了以美国提出的"中国门户开放"和"各国在华机会均等"原则为基础的《九国公约》，取消了日本在大战时对中国取得的垄断权，使中国又恢复到几个帝国主义国家共同支配的局面。然而，华盛顿会议并不能真正缓和美英同日本之间的矛盾，更不能使中国人民上当。会后，帝国主义假手它们各自豢养的军阀，加紧进行争夺地盘的战争，同时中国人民反帝反军阀的斗争也更向前发展了。

1922年7月，中国共产党召开了第二次全国代表大会，这次大会的鲜明特点是高举反帝国主义的战斗旗帜，大会的宣言正确分析了中国在"国际帝国主义宰割下"的状况，特别指明，华盛顿会议后，帝国主义对中国的"协同侵略"使中国处于"生死关头"，这是中国人民不得不起来奋斗的时期。大会提出了彻底的反帝反封建的革命纲领，其核心内容是："（一）消除内乱，打倒军阀，建设国内和平；（二）推翻国际帝国主义的压迫，达到中华民族完全独立。"从此，"打倒军阀！""打倒国际帝国主义！"就成了中国人民明确的斗争目标。

中国共产党在第二次代表大会后继续领导全国的罢工斗争。1923年2月爆发的京汉铁路工人的"二七"政治大罢工，是中国第一次罢工高潮中声势最大的一次罢工。然而，这次罢工在帝国主义和封建军阀的联合镇压下失败了。这就向党和工人阶级提出了一个新问题：工人阶级不能只靠自己一个阶级去同敌人拼搏，而应该联合一切可能联合的革命阶级，共同反对国内外强大的敌人。

1923年6月,中国共产党召开第三次代表大会,这次会议的中心议题是国共合作问题。大会正确制定了革命统一战线的方针,决定同孙中山领导的国民党实行合作,以便联合一切革命力量,进行反帝反封建的斗争。会后,共产党积极推动孙中山改组国民党。这时,孙中山经过多次失败和挫折之后,终于找到了新的道路,他欢迎中国共产党同他合作,并积极着手进行改组国民党的工作。

1924年1月,在中国共产党的推动和参加下,孙中山主持召开了国民党第一次全国代表大会。大会发表的宣言基本上接受了中国共产党所提出的反帝反封建的民主革命纲领,确定了联俄、联共、扶助农工的三大政策,重新解释了三民主义。孙中山的新三民主义与中国共产党的最低纲领基本相同,这是国共两党统一战线的政治基础。大会对国民党进行了改组,从此,国民党由资产阶级性的政党开始转变为工人、农民、城市小资产阶级和民族资产阶级的民主革命联盟,成为国共两党统一战线的组织形式。

第一次国共合作的形成,加速了革命的步伐。1924年7月,中国共产党领导了广州沙面数千工人的大罢工,反对英法帝国主义不准中国人民自由出入沙面租界的新警律,罢工坚持了一个多月,取得了胜利。8月,广东农民运动也有了发展。10月,在中国共产党和工农群众的推动下,孙中山依靠黄埔学生军联合工农武装和其他军队镇压了广州商团的反革命叛乱。

1925年4月,中国共产党领导青岛日本纱厂1万多工人举行大罢工,并取得了完全的胜利。5月15日,上海日本纱厂的日籍职员枪杀工人顾正红,并打伤十余人,激起了上海工人、学生和广大人民的极大愤怒。5月30日,上海群众万余人举行反帝游行,遭到英国巡捕的残酷镇压,死11人,伤数十人,酿成"五卅惨案"。当晚,中共中央决定,发动工人罢工、学生罢课、商人罢市,一致向帝国主义反击。6月1日,上海工商学界举行总罢工、总罢市、总罢课斗争,帝国主义继续疯狂进行屠杀。但是,压力愈大,反抗力愈强,中国历史上空前未有的大革命风暴迅速由上海席卷全国。

在这次反帝浪潮中,影响最大的是香港和广州爆发的省港大罢工。1925年6月19日,香港十余万工人举行大罢工,声援上海人民的反帝斗争。香港当局用紧急戒严和封锁来对付罢工,引起罢工群众的无比愤怒,纷纷离港回到广州。6月23日,一部分回到广州的香港工人和广州群众共10万人举行示威游行,经过沙基时,遭到英法军队的血腥镇压,这就是"沙基惨案"。这一血案更加激起了广大群众的反帝怒火。香港罢工工人迅速达到25万,并有13万人回到广州。7月初,在中华全国总工会领导下,建立了"省港罢工委员会",组织工人纠察队,对香港实行封锁,使香港变成了"死港",严重地打击了英帝国主义的统治,促进了广东革命根据地的巩固和发展,为北伐战争创造了有利的条件。

北伐战争与中外关系

在中国共产党的推动下,1926年7月1日,广东国民政府发表了《北伐宣言》,7月9日,国民革命军正式出师北伐。北伐战争直接打击的对象是帝国主义支持下的各派军阀。当时,主要的军阀势力有三个派系:一是直系吴佩孚,占据湖南、湖北、河南三省和陕西、河北一部分,并直接控制着具有重大意义的京汉铁路;二是从直系分裂出来自成一派的孙传芳,占有重要的江苏、安徽、浙江、江西、福建五省;三是奉系张作霖,盘踞在东北各省和京津地区,并控制着津浦路北段。

国民革命军约10万人,从广东分三路进军。西路取湖南、湖北,这是主攻方向,以消灭吴佩孚势力为目标;中路取江西,以消灭孙传芳势力为主要目标;东路进军福建、浙江。由于中国共产党的政治领导和北伐军中的广大共产党员、共青团员的骨干作用,以及广大工农群众的积极支援,不到半年的时间,国民革命军就打垮了吴佩孚,歼灭了孙传芳的主力,把革命从广东推进到长江流域,占领了半个中国,沉重地打击了帝国主义和封建军阀在中国的统治。

北伐战争的凯歌行进和工农运动的迅速发展,猛烈地震撼了帝国主义在中国的统治基础。帝国主义各国惊恐万状,它们不仅支持军阀负隅顽抗,而且亲自出马,妄图以武装挑衅来威吓和镇压中国革命运动。

1927年1月3日,武汉群众举行庆祝北伐胜利的大会,英国水兵竟然开枪杀害正在进行和平讲演的中国居民,这一新的血腥暴行激起了中国人民的强烈反抗。中国共产党在为这一事件发表的宣言中指出,我们"要求撤退英国驻华海军,取消治外法权,收回英国租界,撤退一切帝国主义驻华的军队"[①]。1月5日,在中国共产党的领导下,汉口数十万群众集会示威。会后,革命群众英勇地驱逐了英帝国主义的巡捕,占领了英租界。1月6日,英帝国主义又寻机挑衅残杀我九江工人,怒不可遏的九江人民也夺回了九江英租界。迫于革命民众的强大威力,英帝国主义不得不承认既成事实,2月19日与武汉政府正式签订协定,交出了汉口、九江英租界。

中国人民收回汉口、九江英租界的胜利,使一切帝国主义者都感到更加惊

---

① 《中国近代对外关系史资料选辑》下卷,第一分册,上海人民出版社1977年版,第99页。

慌。它们一方面虚假地表示"对于中国之内乱,严守绝对不干涉主义",另一方面却在长江一带进行武力威胁。英、美、法、日达成了四国出兵协定,增派海、陆军集中上海。英国从本国派遣了第一舰队及水兵1000、陆军8个大队到上海;法国不仅增派舰队而且从印度支那抽调兵力到上海;美国则命令其在亚洲海域的舰队全部动员集中到上海;日本从佐世保派遣驱逐舰4艘、巡洋舰1艘载陆战队到达上海。1927年3月间,帝国主义各国调集到上海的军舰多达近百艘,兵力增至3万多人,英国外相奥斯汀·张伯伦赤裸裸地叫嚣:"军队必有充分力量,乃能应付有余。"①列强杀气腾腾,准备对中国革命实行武装干涉。

1927年3月24日,北伐军攻占南京时,英、美、法、日、意等帝国主义国家借口"保护"侨民和领事馆,下令军舰炮击南京,打死打伤我军民二千余人,制造了"南京惨案"。4月11日,这些帝国主义强盗反而向中国发出了最后通牒及声明书,歪曲事实,颠倒黑白,蛮横地提出所谓惩凶、道歉、赔偿等要求,并且威胁说,如果不"满足"这些条件,就"不得不采取认为适当之手段"②。

"南京惨案"是帝国主义公开武装干涉中国革命的开始。与此同时,帝国主义看到北洋军阀即将覆灭,就从革命统一战线内部寻找新的代理人,策动资产阶级右派叛变,以充当它们统治中国的工具。隐藏在革命阵营内部的蒋介石就是它们选中的对象。蒋介石同帝国主义早有勾结。1926年11月,北伐军占领南昌后,他就在帝国主义和买办资产阶级的支持下,血腥镇压工农群众。从1927年3月6日起,先后在赣州、南昌、九江、安庆等地制造一系列反革命惨案。3月26日,蒋介石到上海后,就和帝国主义密切配合,积极策划反革命政变。在帝国主义就南京事件发出最后通牒的第二天,即4月12日,他趁机向革命人民反扑过来,反动了"四一二"反革命政变。帝国主义立即出面为其撑腰打气,扬言对于"在华共产党之活动,……不能置之不顾"③。4月18日,蒋介石在南京成立了国民政府。7月15日,汪精卫在武汉发动反革命政变。从此,轰轰烈烈的第一次国内革命战争在国内外反革命势力的联合镇压下失败了。

第一次国内革命战争失败后,中国共产党以百折不挠的英勇气概,高举革命大旗继续斗争。8月1日,根据中共中央的决定,以周恩来为首的中共前敌委员会领导北伐部队3万余人,在南昌举行武装起义,打响了武装反抗国民党反动派的第一枪。从此,开始了中国共产党独立领导革命武装斗争的新时期。

---

① 《中国近代对外关系史资料选辑》下卷,第一分册,上海人民出版社1977年版,第129页。
② 同上书,第130页。
③ 同上书,第134页。

第二节　朝鲜、印度、印尼民族解放运动的高涨

朝鲜反对日本帝国主义的"三一"起义

1910年8月22日,日本帝国主义强迫朝鲜签订《日韩合并条约》,正式吞并朝鲜,变朝鲜为日本独占的殖民地。日本帝国主义"把一切最新的技术发明和纯粹亚洲式的酷刑结合在一起,空前残暴地对朝鲜进行掠夺"①,在政治、经济、文化等各方面建立起一整套横暴至极的殖民统治制度。它具体表现在下列几方面:

实行野蛮的"武断政治":日本在朝鲜设立总督府,总督由日本现役陆、海军大将担任,独揽朝鲜一切军政大权。各级官吏几乎均由日本人充任。日本在朝鲜长期驻屯1个舰队和3个师的重兵,并在各地遍设宪警机构1800多个。日本殖民当局制定许多残暴的法令,完全剥夺朝鲜人民的集会结社言论自由的权利,肆意捕杀朝鲜爱国人士。1911年至1918年期间,日本殖民当局对33万起所谓"犯罪行为"进行"当即判决",人数达46.1万余人,全国还设立了24所监狱。日本首任朝鲜总督寺内正毅狂妄叫嚣:"朝鲜人要么服从日本法律,要么就是死亡。"②当时整个朝鲜被称为"监狱之国"。

掠夺土地山林:日本殖民当局于1911年和1912年先后颁布《森林令》和《土地调查令》,采取威胁、欺骗的手段,强占了朝鲜1/4的肥沃土地和4/5的森林,并将掠夺的土地、山林卖给日本人经营的土地会社及日本移民。大批朝鲜自耕农、半自耕农丧失土地,沦为佃农。在日本帝国主义统治下,朝鲜的佃农户由1914年的91.1万余户增至1919年的100.3万户。3/4的农户被迫租种地主的土地,地租高达50%以上。不少破产农民逃亡山林,变成刀耕火种的"火田民",1914年朝鲜的"火田民"竟达24万余人之多。还有许多人被迫离开家园,流落他乡异国。相反,截至第一次世界大战结束时,迁至朝鲜的日本移民达38万人,许多人在日本殖民当局的扶助下成为地主。

扼杀民族工业,操纵朝鲜经济命脉:1910年12月,日本殖民当局颁布《会社令》,规定总督有权随时解散任何企业,未经总督批准,朝鲜人不准设立股份公司。1915年又颁布《矿业令》,规定只准日本会社开采工矿资源。根据这

---

① 《列宁全集》第40卷,人民出版社1986年版,第64页。
② 金汉吉:《朝鲜现代史》,平壤外文出版社1980年版,第10页。

一法令,朝鲜矿产资源的80%控制在日本手里。到1919年,朝鲜共有企业1900家,年总产值2.6亿日元,但属于朝鲜人的企业却只有965家,年总产值2000万日元,仅占8%。① 在日本人开办的工厂里,朝鲜工人每天被迫从事13—14小时的繁重劳动,工资却不及日本工人的一半。日本还在朝鲜设立银行,把朝鲜的中央银行由韩国银行改为朝鲜银行,宣布朝币作废,规定日元为朝鲜唯一"合法"货币。同时,日本几乎完全垄断了朝鲜的外贸,到1919年,日本在朝鲜的进出口贸易中分别占65.3%和90%,把朝鲜变成攫取廉价原料和倾销日货的市场。

实施奴化教育:日本殖民当局禁止朝鲜人使用本国语言,规定日语为"国语"。到1916年,在朝鲜发行的20种报纸中,除总督府办的朝、英文报纸各一份外,其余18份全是日文报纸。根据1911年8月颁布的《教育令》,在学校不仅严禁使用朝语,而且不准讲授朝鲜历史和地理。在公立学校中,校长和大多数教师都是身穿制服、腰佩军刀的日本人,向朝鲜青年灌输"效忠天皇"、"崇拜日本"等奴化思想。对于朝鲜人开办的私立学校则严加限制,私立学校由1910年的2100多所减至1919年的749所,妄图使朝鲜人民永远处于目不识丁、愚昧无知的状态。

在日本帝国主义的残暴统治和掠夺下,朝鲜人民和日本帝国主义之间的民族矛盾日益激化。"十月革命的胜利,使陷于黑暗和悲惨命运之中的朝鲜人民看到了解放的曙光,为他们指出了斗争和胜利的道路。"②

1919年1月22日,被长期幽禁的朝鲜前国王李熙突然死亡,据说是被日本殖民者所毒杀。为了掩人耳目,日本殖民当局假惺惺地决定为他举行"国葬",但又规定葬礼须用日本的古代礼仪,这就极大地伤害了朝鲜人民的民族感情,从而成为反日起义的导火线。2月8日,留日朝鲜学生在东京集会,他们登台演说,慷慨激昂,声泪俱下,控诉日本殖民者的暴行,并发表宣言说:"吾族向日本及世界各国要求自决,而始其不然者,吾族为生存计,将采取自由行动,争取吾族独立。"③这个宣言立即获得国内学生的热烈响应和支持,从而揭开了"三一"起义运动的序幕。

在朝鲜国内,孙秉熙等资产阶级民族主义者利用宗教团体的形式积极开展活动,但他们不切实际地寄希望于巴黎和会,打算通过和平请愿的方式,依靠英

---

① 李清源:《朝鲜近代史》,生活·读书·新知三联书店1955年版,第171页。
② 《金日成选集》第5卷,人民出版社1963年版,第158页。
③ 《社会科学战线》1979年第1期,第184页。

美等帝国主义的"国际援助"来实现朝鲜独立。1919年2月,这些资产阶级民族主义者推选出33名代表组成"独立运动本部",起草《独立宣言》和致日本首相、美国总统及巴黎和会各国代表的请愿书,并决定派代表游说巴黎和会,以取得列强的同情和支持。但是,所派的3名旅美朝侨申请出国护照时遭到美国政府的拒绝,另派的一名朝鲜人代表虽然到达了巴黎,却被列强拒之和会门外。资产阶级民族主义者在失望之余,准备联合青年学生,利用李熙的国葬日,发动要求独立的和平示威运动。

3月1日,数千名青年学生和来自各地的成千上万群众聚集汉城塔洞公园召开大会,宣读了《独立宣言》,接着举行了声势浩大的示威游行,"朝鲜独立万岁"的口号响彻汉城上空,参加罢工、罢市和游行的群众达四五十万人。日本殖民当局立即出动宪警实行血腥镇压。愤怒的群众奋起反抗,和平示威运动迅速转变为起义。

就在汉城群众掀起大规模反日运动的当天,孙秉熙等资产阶级民族主义者却背弃诺言,拒不出席群众集会而向日本警察署投案自首。

从汉城点燃的熊熊烈火,很快燃遍整个朝鲜,形成了全国规模的反日民族大起义。从3月1日至5月31日,全国218个府、郡中,有203个府、郡发生了1491起示威和暴动,参加群众达200万人以上,斗争的锋芒直接指向日本帝国主义和朝鲜封建买办势力。起义群众到处袭击、捣毁日本殖民统治机构,烧毁租田契约和借债文书。同时,旅居国外的朝鲜爱国者积极响应和声援国内人民的斗争。

这次震撼日本帝国主义殖民统治的大起义,使日本统治集团惊恐万状。日本首相原敬故作镇静,企图冲淡其影响,他在对日本总督长谷川好道的指示中说:"此次骚扰事件对内外均应视作极轻微的问题处理","要十分注意切勿招致(外国)残酷苛烈之讥"[①],暗中却派遣大批日本军宪赴朝镇压。起义爆发后,总督长谷川立即下令全朝鲜实行戒严,对起义者实行野蛮的大屠杀。据不完全统计,仅在起义高潮的3月至5月期间,惨遭杀害的群众达7500余人,致伤者近1.6万人,被捕者4.6万余人。由于日本殖民当局的残酷镇压,持续半年之久的"三一"起义运动终于失败。

在"三一"起义运动中,美国始终站在殖民主义者的共同立场上,反对朝鲜独立运动。据1919年4月21日的美国《基督教科学箴言报》报道,美国国务院

---

① 姜东镇:《日本的朝鲜统治政策史研究》,东京大学出版会1979年版,第75—76页。

发表声明宣称："朝鲜问题纯属日本内政,这如同在我菲律宾发生的暴动一样。至于有关日本政府镇压暴动的各种报道,是值得怀疑的。"①这就完全暴露了威尔逊所谓"民族自决论"的伪善本质。

在朝鲜"三一"起义运动的冲击下,日本统治集团意识到过去"统治方式偏于武力压迫而缺少怀柔方策"②,不得不变换统治策略,声称放弃"武断政治",宣布实行"文化政治",作了一些所谓"改革"。第一,宣布"改革"总督府的一部分官制,规定日本文武官员均可担任总督,削除总督对陆、海军的统帅权,增加地方议会朝鲜人代表,改宪警制度为普通警察制,废除封建残余的笞刑;第二,废除了阻碍朝鲜民族工业发展的《会社令》,在农村则实行"产米增殖政策";第三,批准发行若干朝文报纸,取消官吏和教员制服必须佩刀的规定,在专科学校和大学中实行日、朝学生同校等。日本的"改革"措施,其目的是要缓和朝鲜人民的反抗,"把朝鲜视为日本本土的延长而加以同化"。

"三一"起义最重要的历史意义是:朝鲜民族解放运动开始进入了一个新的历史时期。正如金日成所指出的:"以三一起义为转折点,资产阶级民族运动的时期宣告结束,在马克思列宁主义的旗帜下,以工人阶级为先锋的朝鲜人民的民族解放斗争进入了新的阶段。"③

印度的反英斗争高潮

印度是英国最重要的殖民地,被称为"英王皇冠上最明亮的一颗宝石"。为了统治印度,英国内阁专设印度事务大臣,统筹印度事宜。英国在印度殖民行政机构的首脑是总督,他代表英王,隶属于印度事务大臣,总督只对英国内阁和议会负责,掌管印度的行政、立法和司法大权。

第一次世界大战爆发后,印度被英国拖入了战争的深渊,成为英国的兵员、财力和物资的重要供应基地。大战期间,印度新征兵116.1万余人,派到西欧和中近东战场上作战的印度士兵约121.5万余人,其中伤亡人数达10.1万人,还有25万工人被驱赶到前线做苦工。由于扩大征兵,使印度的军费开支比战前猛增数倍,截至1918年3月,印度战费已达1.27亿英镑,加上购买战时公债的1.45亿英镑和向宗主国无偿提供的财政"贡赋",使印度的国债在战后几年

---

① 朝鲜民主主义人民共和国科学院历史研究所:《朝鲜通史》下卷,吉林人民出版社1975年版,第297页。

② 信夫清三郎:《日本外交史》下卷,日本每日新闻社1974年版,第303页。

③ 《金日成选集》第5卷,人民出版社1963年版,第158—159页。

里高达 78 亿多卢比。此外,英国还从印度征调粮食 500 万吨,以及 369 万多吨各种装备和物资。就连当时的总督哈定也不得不承认,整个印度都被英国作战部"榨取一空"①。

战争的沉重负担全部转嫁到印度劳动人民身上,使他们的生活状况急剧恶化。税收激增,物价飞涨,工人工资低微,经常受到失业和饥饿的威胁;农民因遭受英国殖民者、地主、高利贷者的多层盘剥而大批破产,沦为佃农和雇农,生活更是困苦异常。1918—1919 年的大饥荒和流行性疫病所造成的 1200 多万人的死亡,突出反映了战争带来的巨大灾难。

俄国十月革命对印度民族解放运动产生了深刻影响。1918 年的罢工浪潮席卷全国各个工业中心,在罢工斗争中,一些大城市出现了工会组织;在乡村,农民运动此伏彼起,农民纷纷反抗殖民官吏,抗缴租税。工农运动的兴起预示了反帝高潮的来临。

大战初期,印度几乎所有的地主资产阶级民族主义政党都支持英国参战,它们把帮助英国渡过难关看作是一次"机会",期望英国能"以德报德",同意战后给予印度自治地位。处于战争困难时期的英国,为了笼络人心,从印度取得人力物力的支持,于 1917 年 8 月 20 日由新任印度事务大臣孟太古发表了对印度新政策(即"孟太古宣言"),宣称:要在印度"逐渐发展自治体制,以期逐步实现在印度的责任政府,而作为不列颠帝国的一个不可分的部分"②。这个形式上答应战后印度自治的许诺,使印度资产阶级激动万分,吹嘘英国的"善意"和"宽宏大度",立即以认购战时公债 1 亿英镑的实际行动来报答这个宣言。但大战结束时,英国却食言而肥,对印度民族独立要求采取怀柔和镇压的两手策略,以达到其既缓和民族矛盾,又继续维护对印度殖民统治的目的。

1918 年 7 月,英国发表了由孟太古和驻印总督契姆斯福联合签署的"改革方案"。1919 年初,英国殖民当局以这一方案为基础,正式制定了《印度政府组织法》,其主要内容是:在总督下设立两院制立法机构,其成员一部分由选举产生,其余为总督指派;各省政务分为保留事项和移让事项,实行所谓"双重政制",即卫生、教育、公共事业等次要行政部门移交印度人管理,而司法、财政等重要部门仍保留在英国省督手里。英国的这项"改革",仅稍微扩大了印度少数上层分子的参政权,但丝毫未削弱它自己的殖民统治。孟太古于 1919 年 2 月 3 日在英国下院曾直言不讳地说:改革是以"符合作为对印度具有不可分割的

---

① 林承节:《印度民族独立运动的兴起》,北京大学出版社 1984 年版,第 406 页。
② 约·阿·兰·马里欧特:《现代英国》下册,商务印书馆 1973 年版,第 831 页。

主权的最高力量的英国的利益为前提的"①。因此,这个所谓"改革"遭到印度各阶层的反对。

1919年3月18日,殖民当局又颁布了英国法官罗拉特提出的法案,规定战时制定的《国防条例》依然有效,授予总督以特别镇压权力,殖民当局有权不经起诉就逮捕、搜查、监视任何有反英活动嫌疑的人,授权法官不经陪审即可判案;警察还有权解散群众集会和游行示威等。《罗拉特法案》的公布,起了火上加油的作用,使印度人民的愤怒情绪达到了顶点。3、4月间,印度各地相继爆发了声势浩大的示威游行、罢工和暴动。

1919年4月10日,英国殖民当局在旁遮普邦的阿姆利则市非法逮捕两名民族运动活动家。这一事件立即引起当地群众的强烈抗议,纷纷上街举行游行,与军警发生冲突,并一度控制了城市。殖民当局调来军队,宣布全城戒严。4月13日,约两万名群众在一个广场举行抗议集会时,英军堵住会场出口,突然向手无寸铁的群众开枪扫射,当即打死约1000多人,打伤2000多人,制造了震惊世界的"阿姆利则惨案"。

帝国主义的血腥暴行激起了印度人民更加激烈的反抗。旁遮普邦的反英斗争迅速扩大到50个城市和地区。起义者破坏铁路,炸毁桥梁,袭击监狱,捣毁殖民统治机构。

人民群众的革命斗争吓坏了国大党领袖非暴力主义者甘地。1920年12月,国大党在那格普尔召开年会,通过了甘地拟定的"非暴力不合作纲领",规定运动的具体斗争方式为:放弃英国授予的官位和一切荣誉称号,抵制立法、司法机关,拒绝英国系学校的教育,家家户户恢复手工纺织以抵制英国布,拒绝纳税等等;并宣布党的宗旨是"通过和平的合法的手段取得'斯瓦拉吉'(自治)"。

印度各阶层人民纷纷参加甘地和国大党领导的"不合作"运动,机关职员离职,学生罢课,工人罢工,有的地方公开焚烧英货。在1921年间,罢工396次,参加人数达60多万,把第一次不合作运动推向高潮。工农运动的迅速发展,突破了非暴力的限制,有些地方的农民袭击地主庄园,抗缴租税,马德拉斯省马拉巴尔区的摩普拉族贫苦农民还成立了"哈里发王国",建立起自己的管理机构。

为了缓和印度人民的反英情绪,1921年11月,英国王储威尔士亲王到达印度"巡视",但他所到之处,人民群众下旗致哀,举行总罢业,许多城市还举行游行示威,并与军警发生了流血冲突。殖民当局加紧镇压,逮捕约3万余人。为

---

① 巴拉布舍维奇、季雅科夫主编:《现代印度史》上册,生活·读书·新知三联书店1972年版,第97页。

了抗议殖民当局的迫害,成千上万的印度人自愿走进监狱,使监狱人满为患。人民群众的反英情绪异常激昂,非暴力不合作运动随时有可能转变为大规模暴力反抗运动。

怒不可遏的人民群众强烈要求把不合作运动引向更高的阶段,但甘地却害怕走上暴力斗争的道路,迟迟不愿号召开展贫苦农民所关心的抗税斗争。1922年2月4日,联合省哥拉克普尔地区的乔里乔拉村农民放火烧死向示威群众开枪的22名警察。这一事件成为甘地停止不合作运动的借口。2月11日和12日,国大党工作委员会召开紧急会议,通过一项决议,指责"乔里乔拉的无知人们的惨无人道的行为",告诫农民抗租"就是违背国大党的决议,会损害国家的最高利益",并向地主保证说"国大党的运动绝不反对他们的合法权利"。① 由于印度资产阶级的妥协性,甘地和国大党发起的第一次不合作运动半途而废。

1918—1922年印度民族革命运动确立了以甘地为首的国大党的领导地位,甘地主义成为资产阶级领导印度民族运动的指导思想。甘地领导的第一次不合作运动的突出收获,就是启发了下层群众的反英觉悟,在空前广大的范围内把群众发动并组织起来,使国大党获得前所未有的力量,群众的政治觉悟也在斗争中逐渐提高,从而推动运动的规模不断扩大,打击和震撼了英帝国主义在印度的殖民统治,加剧了英帝国殖民体系的危机。但甘地主义有其明显的局限性。

印尼民族大起义

荷兰殖民者侵入印度尼西亚始于17世纪初,直到1800年荷兰才正式宣布建立殖民政权。在殖民统治时期,印尼被称为"荷属东印度",或称"尼德兰东印度",总督由荷兰国王直接委派,总揽印尼的立法、行政大权,总督只对荷兰内阁负责。以总督为首的殖民政府由8个行政部门组成,下辖6个省区和4个公国,各省省长从属于内政部。殖民当局还维持了一支以荷兰军官为骨干的4万人常备军及1万名警察,组织起庞大的军事镇压机器。

在帝国主义殖民国家中,荷兰的实力较为弱小。为了在瓜分世界的激烈角逐中保持对印尼的殖民统治地位,荷兰利用帝国主义列强之间的矛盾,从20世纪初在印尼实行"门户开放"。因此,英、美、日、法、比等外国垄断资本纷纷涌入印尼。第一次世界大战期间,荷兰宣布保持中立,但由于海上交通受阻,荷兰

---

① 巴拉布舍维奇、季雅科夫主编:《印度现代史》上册,生活·读书·新知三联书店1972年版,第153—154页。

在经济上对印尼的控制进一步受到削弱,它在印尼的进口贸易中所占比重从1913年的33%降到1918年的2%;另一方面,美、日等垄断资本趁此机会大肆向印尼扩张,开发印尼石油,创办种植园,扩大进出口贸易,从而在印尼形成了以荷兰为主的国际垄断资本共同剥削的局面。大战前,英国对印尼的种植业和石油矿产业的投资增长很快,在印尼的外国资本中,仅次于荷兰,居第二位。大战期间和大战后,美国资本加强了对印尼的扩张,在印尼的商品输出入总额中,美国由战前的3.3%和1.8%分别上升到1929年的12.4%和11.4%。此外,美国还大量购买印尼输往新加坡的橡胶、锡和其他商品。在同一时期里,日本也大力向印尼倾销,在印尼的输入总额中,日本所占比重从1.5%增加到10.2%。20年代,印尼的外国资本达60亿盾,外国垄断公司的利润率达到30%—40%,有的甚至高达170%,每年从印尼掠夺15亿盾以上的惊人利润。外国资本的大量侵入和帝国主义的殖民压迫,使印尼民族资本受到排挤和打击,工人和农民的处境每况愈下,印尼的社会矛盾,特别是印尼人民与荷兰殖民者之间的民族矛盾日趋尖锐化。

"世界资本主义和俄国1905年的运动终于唤醒了亚洲。几万万被压制的、由于处于中世纪的停滞状态而变得粗野的人民觉醒过来了,他们走向新生活,为争取人的起码权利、为争取民主而斗争。"[①]从20世纪初起,印尼人民为反对外国资本的经济剥削和殖民统治开始建立各种组织、团体和政党。

1905年爪哇铁路工人成立了印尼第一个工会——国营铁路工会。1908年在中爪哇又成立了铁路职工联合会。同时,在邮电、种植、制糖等各行各业中也纷纷建立起工会组织。

1908年5月,以知识分子为主的崇知社在雅加达成立,这是印尼第一个资产阶级改良主义组织,它主张爪哇民族团结和睦,宣传教育救国,要求发展农业和工业。

1911年,印尼民族资产阶级发起组织伊斯兰教商业联盟,在"穆斯林团结起来实行互助合作"的口号下,要求保护民族工商业。1912年8月,改组为伊斯兰教联盟,成为印尼资产阶级的政治组织。

第一次世界大战进一步促进了印尼人民的觉醒。1914年12月,印尼先进的知识分子和荷兰左翼社会民主党人在三宝垄共同组织了东印度社会民主联盟,它明确提出了"争取印尼独立"的纲领,主张"在阶级斗争的基础上,团结人

---

① 《列宁选集》第2卷,人民出版社1995年版,第316页。

民、工人和农民以及一切民族和宗教","以社会主义知识教育人民"。① 这个组织成立伊始,就致力于马克思主义的传播,积极领导和开展工人运动,派出代表参加伊斯兰教联盟,并取得一部分领导权,为印尼共产党的建立作了政治、思想和组织上的准备。

俄国十月革命推动了印尼工人运动的蓬勃发展和共产党的建立。在十月革命的鼓舞下,1918 年参加罢工的工人为 7000 人,1919 年猛增至 6.6 万人。在此起彼伏的罢工浪潮中,各工会代表于 1919 年 12 月在日惹举行会议,决定建立全国性的工人运动联合会,加入联合会的工会达 22 个,会员人数超过 7.2 万人。工人运动的高涨迫切要求建立自己的革命政党。1920 年 5 月 23 日,东印度社会民主联盟在三宝垄召开代表大会,进行改组,宣布建立东印度共产党,同年 12 月加入第三国际。1924 年又正式改称为印度尼西亚共产党。印尼共产党建立后,立即掀起 1920—1923 年罢工运动,把印尼人民的反荷斗争推向新的阶段。

第一次世界大战后,荷兰殖民当局面对日益高涨的反荷运动,采取软硬兼施的策略,以继续维护其殖民统治。1918 年 5 月,作为咨询机构的东印度"国民议会"(即民会)正式建立,但这个机构毫无实权,总督有权否决它的任何决议。在 39 名议员中,19 名由总督指定,多数议员是荷兰人,印尼人议员仅有 15 名。② 同年 11 月,荷印总督林堡·斯迪卢姆发表声明,声称要"加速改革殖民地政府,尽快地将统治印度尼西亚的权力从荷兰政府转移给殖民地政府"③,企图以设立"国民议会"的形式,收买印尼少数上层分子参政,来缓和广大印尼人民的反荷情绪。与此同时,荷兰殖民当局对印尼人民的经济掠夺和政治压迫却有增无减。战后,殖民当局实行全面增税政策,仅爪哇岛万丹一地的各项税收总额,就从 1918 年的 178 万盾增至 1924 年的 270 万盾。除了全面增税之外,殖民政府通过鸦片、食盐专卖和典当专营搜刮印尼人民的血汗,仅 1925—1927 年平均每年获净利 5000 万盾以上。在加强经济压榨的同时,殖民当局还加紧了政治压迫,于 1923 年 5 月和 1926 年 5 月先后颁布了禁止罢工、限制集会、惩治革命宣传等法令,并大批解雇罢工工人,逮捕反抗农民,查封进步报刊,袭击共产党和

---

① 厦门大学历史系:《印度尼西亚简史》,商务印书馆 1978 年版,第 39 页。
② 萨努西·巴尼:《印度尼西亚史》下册,商务印书馆 1972 年版,第 663 页。另据印尼共产党历史研究所《印度尼西亚第一次民族起义》(世界知识出版社 1963 年版,第 24 页)所载,民会议员为 48 名,其中 28 名是荷兰人,5 名是由政府任命的印尼人,另 15 名由省议会选出。
③ 同上书,第 664 页。

工会办事处,监禁和放逐共产党人、工会领袖和进步人士。但压迫愈甚,反抗愈烈。印尼人民反对荷兰殖民统治的斗争进入了一个更高的阶段。

1925年12月25日,印尼共产党在布兰班南召开紧急代表会议,分析了当时的形势,提出了党的任务,决定举行武装起义,推翻荷兰殖民统治。1926年11月12日,在印尼共产党的领导下,雅加达和万丹的工人、农民首先揭起反荷起义的大旗,同时向殖民当局发起进攻。雅加达的起义军迅速攻占了电话局,袭击监狱、警察局和火车站,同荷兰军警展开了英勇的搏斗。在万丹,起义者切断电话线,破坏铁路和桥梁,并处死罪大恶极的荷兰殖民官吏及其走狗。起义的烽火迅速扩大到干冬圩、文登、勃良安、梭罗、北加浪岸、谏义里等地,遍及爪哇岛。这次起义一直持续到12月上旬。1927年1月1日,印尼共产党又在西苏门答腊发动起义,起义农民和煤矿工人并肩战斗,攻占火车站,破坏铁路,控制了许多城镇,起义斗争坚持了一个月。

为了镇压起义,荷兰殖民当局急忙宣布:印度尼西亚处于所谓"战争和危险状态",征募欧美人入伍,调集全部力量,实行野蛮镇压。印尼共被宣布为"非法",进步工会被解散。在"宁可错捕千人,决不漏放一人"的口号下,逮捕了两万多人,其中判刑或处死4500人,流放1300人。

1926—1927年印尼民族大起义是印尼共产党领导发动的第一次反对荷兰殖民统治的全国性人民武装起义,它沉重地打击和震撼了荷兰的殖民统治。印尼共产党主席艾地曾经指出:这次武装起义,"对提高印度尼西亚人民的政治觉悟首先是反对殖民主义的统治有着非常重大的意义"[1]。它与中国人民第一次国内革命战争以及其他被压迫民族空前高涨的革命运动汇合成一股强大的洪流,向着帝国主义殖民体系和世界资本主义体系猛力冲击,对世界被压迫民族,特别是亚洲和东南亚各国的民族解放运动起了巨大的鼓舞和推动作用。

第三节 土耳其民族革命战争的胜利

协约国瓜分土耳其和凯末尔革命的兴起

第一次世界大战爆发后,土耳其追随德奥集团卷入了大战的旋涡,成了德国的财政和军事附庸,变为德国的半殖民地。大战临近结束时,随着同盟国的

---

[1] 印度尼西亚共产党历史研究所:《印度尼西亚第一次民族起义》,世界知识出版社1963年版,第101页。

土崩瓦解,土耳其成了战败国。四年的帝国主义战争不仅给土耳其人民带来了深重的灾难,而且使土耳其成为协约国瓜分和宰割的对象。

战争导致土耳其经济崩溃,负债累累。大战期间,土耳其的农作物播种面积减少了 3/5,粮食收成降低 1/2,重要经济作物大幅度减产,主要食品极度匮乏,物价上涨了 15—20 倍。整个战争的损失高达 10 亿里拉,国债由 1.53 亿里拉增加到 4.65 亿里拉,相当于 1916—1917 年度国家预算的 22 倍。战争严重打击了土耳其的对外贸易。1913 年,土耳其的输入额为 4.2 千万里拉,到 1918 年锐减至 0.47 千万里拉,在同一时期,输出额也由 2.1 千万里拉下降到 0.55 千万里拉。战争把成百万土耳其人驱赶到战场,成为帝国主义战争的炮灰,整个战争期间,250 多万土耳其人被强征入伍,直接死于战争的达 150 万人,加上战争引起的饥荒和瘟疫,又夺去了上百万劳动人民的生命,致使战后初期土耳其人口减少了 1/5,农田大片荒芜,一片凄惨景象。

土耳其战败后,帝国主义协约国立即着手瓜分土耳其。1918 年 10 月 30 日,协约国强迫土耳其签订了《摩德洛司停战协定》,协定规定:土耳其军队立即解散,并交出全部军舰;开放达达尼尔和博斯普鲁斯两海峡,由协约国军队控制海峡地区要塞,协约国军舰自由航行黑海;协约国对土耳其的铁路、交通、电讯等部门实行军管;石油产地交协约国管理;协约国认为必要时可随时占领土耳其的任何军事要地。停战协定签订后不久,11 月 13 日,一支由 60 艘军舰组成的协约国舰队耀武扬威地通过达达尼尔海峡,驶入伊斯坦布尔港,随即占领了首都伊斯坦布尔(君士坦丁堡)和海峡地区。12 月 8 日,协约国在伊斯坦布尔设置军事管制委员会,实行全面军管。同年底,英、法、意等协约国又派出总数达 10.7 万人的军队,越过停战线,从各个方向相继侵入土耳其的亚洲本土。英国军队占领了萨姆松、安特普和其他军事要地,并控制了整个安纳托利亚铁路沿线;法国军队由叙利亚侵入阿达纳省,占领了伊斯肯德仑(亚历山大勒塔)和基里基亚;意大利军队于 1919 年 4 月底占领了安塔利亚及其周围地区。1919 年 5 月,希腊在英国的支持下,出兵抢占了土耳其的伊兹密尔城及其邻近的广大地区。同时,帝国主义列强还策划在安纳托利亚东北部建立"独立的亚美尼亚国",在东南部建立"库尔德斯坦国",妄图肢解土耳其。当时,英国首相劳合·乔治公然声称:"我们用不着为土耳其将从舞台上消失而惋惜。"[①]

经济的衰微破败,帝国主义列强的瓜分和肢解,加深了土耳其民族的灾难,

---

① 《土耳其现代史》,莫斯科 1968 年版,第 21 页。

造成了空前严重的民族危机。于是,拯救民族于危亡之中,争取民族独立,就成了土耳其人民的共同强烈愿望和要求。俄国十月革命的胜利,特别是苏维埃俄国政府《告俄国和东方全体伊斯兰教劳动人民书》的发表,极大地激发了土耳其人民的反帝爱国热情,有力地推动了土耳其人民维护民族独立和国家主权的爱国斗争。

面对帝国主义协约国的入侵,土耳其农民和士兵纷纷拿起武器,自发地开展反对外国占领者的游击战争,以阻止协约国军队向安纳托利亚腹地推进。安纳托利亚是大战期间发展起来的土耳其民族工商业的经济中心。在这一地区面临帝国主义入侵的情况下,为救亡图存,民族资产阶级、爱国军官和地方行政官员纷纷建立起"护权协会"等民族主义组织,高举民族独立的旗帜,积极领导了土耳其的民族革命战争。

1919年5月16日,土耳其军队中战功卓著、深孚众望的凯末尔将军以第九军巡阅使的身份离开伊斯坦布尔,乘船前往安纳托利亚。在这里,他深受当地人民群众反帝斗争情绪的感染,决心与全民族一起为捍卫民族和国家的独立而斗争。6月22日,凯末尔从阿玛斯亚秘密通电全国各省军政首脑,呼吁:"国家完整、民族独立正处在危险之中","中央政府已无力履行其所承担的责任","唯有民族的意志和决心才能拯救民族的独立"①。通电还要求各地派3名代表前往锡瓦斯举行一次国民议会。这个通电实际上是土耳其民族资产阶级的第一份政治宣言,它尖锐而明确地提出了土耳其国家领土不可分割的正义主张,发出了统一"护权协会"的呼声,反映了民族资产阶级决心争取民族独立、建立一个新政权的政治要求。

1919年7月和9月,在凯末尔的召集和主持下,先后在埃尔祖鲁姆和锡瓦斯召开了两次由各民族主义组织参加的大会,统一了全土耳其的民族主义组织,选出了以凯末尔为首的代表委员会,这个委员会庄严地宣布:"竭尽全力甚至流尽最后一滴血,来共同保卫自己的祖国,使其免受任何侵犯。"②12月27日,代表委员会总部迁往安卡拉,成为领导土耳其民族解放战争的革命中心。锡瓦斯大会后,凯末尔加紧建设以农民为主体的反帝民族武装力量,逐步将分散在各地的大约4万人农民武装改编成受统一指挥的国民军。这支具有强大战斗力的正规军的建立,对于取得民族解放战争的最终胜利发挥了重大作用。

随着安纳托利亚民族解放力量的迅猛发展和壮大,凯末尔派的影响日益扩

---

① 卡拉尔:《土耳其共和国史(1918—1945)》,伊斯坦布尔1974年版,第37页。
② 安·菲·米列尔:《土耳其现代简明史》,生活·读书·新知三联书店1973年版,第163页。

展。1920年1月,土耳其苏丹政府在伊斯坦布尔召开国会,在议会选举中,凯末尔派议员取得了绝对多数席位。1月28日,新议会通过了著名的《国民公约》,其主要内容是:宣布土耳其本土是不可分割的整体;土耳其应享有"完全的独立和自由";必须废除一切阻碍土耳其政治、经济发展的治外法权和各种限制;开放海峡不得侵犯土耳其领海等等。《国民公约》是一份庄严的独立宣言书,它充分表达了土耳其民族资产阶级挽救民族危亡、争取民族独立的要求和愿望。

《国民公约》的通过,凯末尔派力量的增强,使帝国主义和苏丹政府惊恐不安。1920年3月16日,英国军队正式占领了伊斯坦布尔,并实行全城戒严。协约国军总司令威尔逊指示苏丹政府解散议会,宣布凯末尔领导的运动是"叛逆行为",缺席判决了凯末尔死刑,逮捕了几十名议员,并流放到马耳他岛。同时,英国又指使希腊军队大举进犯安纳托利亚腹地,企图用武力扑灭土耳其人民的反帝斗争。在这种形势下,凯末尔决定与苏丹政府决裂,于同年4月23日在安卡拉自行召开土耳其第一届国民议会,组成以凯末尔为临时总统兼国民军总司令的国民政府,对外宣布该政府为土耳其的唯一合法政府。

1920年8月10日,协约国强迫土耳其苏丹政府签订了《色佛尔条约》。该条约共433条,其主要内容是:1.土耳其正式放弃一切亚非属地,其中大部分由协约国以委任统治的形式加以瓜分。2.土耳其的欧洲领土,东色雷斯割让给希腊,首都伊斯坦布尔由土耳其政府管辖,但协约国有权随时加以占领。土耳其的亚洲领土,基里基亚和邻近叙利亚的广大地区割让给法国,摩苏尔石油产地划归英国占有,伊兹密尔及其周围地区割让给希腊,亚美尼亚和库尔德斯坦建立一个由英国控制下的"独立国"。经过这样的分割,土耳其的领土只剩下了原有国土的1/5。3.土耳其必须开放两海峡,各国军舰和商船无论平时或战时均可自由通航,海峡地带划为特别区,两海峡及马尔马拉海两岸30公里内的要塞炮台一律拆除,英、法、意三国及其陆海空三军常驻于此,由协约国组成国际海峡委员会作为行政机构,对海峡实行"国际共管"。4.土耳其陆军不得超过5万人,海军除保留6艘驱逐舰和7艘炮艇外,其余全部交付协约国,不得拥有潜艇和空军。5.恢复协约国在土耳其的领事裁判权和国债管理局,设立由英、法、意三国代表组成的财政委员会,掌管土耳其的财政经济和关税,并监督土耳其支付赔款。

《色佛尔条约》是凡尔赛体系中最苛刻、最带有奴役性的条约,它完全剥夺了土耳其的独立和主权,把土耳其推向了亡国的边缘。

安卡拉政府在条约签订前,曾严厉警告苏丹政府,不许签订这样丧权辱国的条约①，并发表对外声明，重申安卡拉政府为土耳其唯一合法政府，其他任何机构所缔结的对外条约一概无效。

《色佛尔条约》的签订，更加激怒了土耳其人民。从此，在凯末尔的领导下，土耳其的民族解放运动进入了粉碎《色佛尔条约》的新阶段。

安卡拉政府军事和外交斗争的胜利

土耳其民族解放战争打击的主要对象是英国支持的希腊侵略者。表面为希土战争，实则乃英希联合对付土耳其。希土之间存有旧日的民族纠葛，安纳托利亚西部沿海地区居住着 250 万希腊移民，希腊对这一地区怀有野心。在巴黎和会上，希腊首相曾要求将该地划归希腊。而英国对土耳其的伊斯坦布尔及海峡地带垂涎已久，无奈战后国内经济亟待恢复，还要维护对广大殖民地的统治，实在力不从心。同时，在法意等大国众目睽睽之下直接出兵干涉，又过于露骨。于是，英国决定利用希土矛盾，从中渔利，怂恿希腊对土耳其发动了侵略战争。

土耳其民族解放战争自 1920 年 6 月希腊军队大举进攻安卡拉政府起，到 1922 年 10 月希腊战败，签订《木达尼亚停战协定》为止，历时 2 年 4 个月。安卡拉政府从军事和外交两个方面同协约国帝国主义进行了坚决的斗争。军事上的胜利，为开展外交活动创造了有利条件，外交上的成功，反过来又促进了军事上的胜利。整个解放战争的进程大体可划为三个阶段。

第一阶段（1920 年 6 月至 1921 年 3 月）是遏制希军的进攻和实现俄土友好。

1920 年 6 月 22 日，希腊军队兵分两路大举进犯安纳托利亚，一路从伊兹密尔出发，在一个月内相继攻占了巴勒克西和乌沙克；另一路在英国军舰的护送下经马尔马拉海登陆木达尼亚，于 7 月 9 日占领北方重镇布尔萨，继而占领了埃迪尔内（亚得里亚堡）。接着，两路希军继续向安卡拉方向推进。这时，安卡拉政府还未建立起正规军，仍依靠农民游击队的力量进行抵抗。在强大的敌人面前，凯末尔深刻认识到建立正规军的重要性，于 1920 年 11 月下令"在最短的期限内建立正规军和坚强的骑兵"②。这一号召得到各游击队的响应，纷纷加入正规军，并正式改编为国民军。1921 年 1 月 10 日，在伊涅纽村战役中，新组建的 1.5 万名国民军打退了 6 万名希军的进攻，取得希土战争以来的第一次重大

---

① 顾森千编译：《凯末尔传》，正中书局 1935 年版，第 71 页。
② 凯末尔：《新土耳其之路》第 3 卷，莫斯科 1929 年版，第 132 页。

军事胜利。

英国对希军的失利十分震惊,担心《色佛尔条约》完全落空,急忙与法意策划,于1921年2月21日召开了由土耳其两个政府代表团参加的伦敦会议,这实际上表明协约国承认了安卡拉政府。英国召开这次会议的目的,是想通过对《色佛尔条约》的部分修改,诱土议和。会上,英国提出承认土耳其对伊兹密尔的主权,但允许希军驻兵该地。英国的建议遭到希土双方的反对,希腊坚持独占伊兹密尔,安卡拉政府则要求恢复被《色佛尔条约》分割出去的土耳其领土。各方立场大相径庭,谈判毫无结果,遂于3月12日宣布闭会。

安卡拉政府在与协约国进行外交斗争的同时,十分重视发展与苏维埃俄国的友好合作关系,争取苏维埃俄国的支持。安卡拉政府建立后采取的第一个外交行动,就是凯末尔于1920年4月26日致函列宁,表示愿意同苏维埃俄国建立外交关系,请求给予军事援助。6月底,苏维埃俄国宣布承认安卡拉政府,并于同年秋正式建立外交关系。到1902年底,安卡拉政府从苏维埃俄国获得6000支步枪、500万发子弹、11600发炮弹和200公斤黄金的援助。1921年春,安卡拉政府代表团赴莫斯科,经过协商,于3月16日签订了《俄土友好条约》,宣布建立"两国间的友好和兄弟关系",废除沙俄对土耳其的一切不平等条约、领事裁判权和债务,并将1878年柏林条约规定割让给沙俄的卡尔斯、阿尔达汉和阿尔特温三个地区归还土耳其。两国确认东方各民族享有"自由和独立权","承认他们根据自己的意愿来选择政府形式的权利"。[①] 同时,苏维埃俄国还同意继续向安卡拉政府提供军事物资援助。

《俄土友好条约》的缔结和苏维埃俄国的物质援助,提高了安卡拉政府的国际地位,增强了凯末尔派的抗战力量,这对在极其艰苦条件下抗击希军的土耳其人民是一个巨大鼓舞。

第二阶段(1921年4月至1922年4月)是希土决战和拆散敌方阵线。

伦敦会议破裂后,希腊在英国的全力支持下,加紧准备发动更大规模的攻势。1921年7月,9.6万名希军在345门大炮的掩护下发动了总攻,希腊国王亲临伊兹密尔指挥作战。希军凭借兵力和武器装备的优势,迅速向安纳托利亚腹地推进,于8月初进抵萨卡里亚河左岸,距离安卡拉只有40英里。8月23日,希军渡河,直逼安卡拉。当时,英国首相劳合·乔治在下院洋洋得意地宣称:"希腊在其获得胜利之后是不能满足于色佛尔条约的,它应在更广泛的范围内

[①] 《国际条约集(1917—1923)》,世界知识出版社1961年版,第632—639页。

获得满足。"①在安卡拉政府和土耳其民族生死存亡的紧急关头,凯末尔亲自指挥5万名国民军英勇作战,土耳其军民同仇敌忾,奋勇杀敌,与希军展开决战。经过22昼夜的浴血奋战,终于在9月13日打退了希军的进攻。

萨卡里亚决战的胜利,为最后打败希军奠定了基础,同时也为安卡拉政府开展分化协约国的外交活动创造了有利条件。在1921年2月的伦敦会议上,法意同英国的矛盾就已初露端倪。意大利对英国支持希腊抢占1915年伦敦协定曾许给它的伊兹密尔极为不满,把英希视为意大利称霸东地中海的巨大障碍。在伦敦会议期间,意大利悄悄同安卡拉政府代表达成谅解,承认安卡拉政府对东色雷斯和伊兹密尔的主权,同意从安纳托利亚撤兵。在希土战争中,意大利保持中立,并把武器卖给安卡拉政府,用于对付希腊军队。希军在萨卡里亚河战役失利后不久,意大利军队便撤出了安纳托利亚。

在协约国争夺地中海霸权的角逐中,英法矛盾更为尖锐。法国在土耳其的债务中所占份额高达63%,超过20亿金法郎,这些债务多数是以土地为担保,希土战争不仅破坏了用法国资本建造的铁路和企业,而且使大片土地荒芜,给法国在债务上的收入造成严重损失。另一方面,法国看到英国占领摩苏尔油田,支持希腊占领伊兹密尔,将进一步加强英国在地中海的霸权地位,不利于日后与英国争霸。同时,法国自1919年底侵入安纳托利亚后,陆续增兵至7.5万人,其中伤亡达1.2万人,财力和人力耗费巨大,但所获甚微。因此到1920年10月,法土战线基本平息下来。萨卡里亚决战后,希军败局已定,法国权衡利害,决定背着英国单独与安卡拉政府谈判。1921年10月20日,在安卡拉正式签订了《法土协定》,法国在协定中承认安卡拉政府为土耳其的主权政府,法军撤出安纳托利亚,并宣布法国在《色佛尔条约》上的签字无效。英国闻讯后大为恼火,指责法国单独与土媾和,违反1914年的《伦敦宣言》。法国对此明确答复说,英国在近东的单独政策损害了法国的利益。

由于法意相继撤兵,英希在军事和外交上更加孤立。希腊自占领伊兹密尔后,侵土兵力由最初的4万人增至20万人,耗费军费达2亿多美元②,财政濒临崩溃,军事上又接连失利,希腊已无力再战。在这种情况下,英国为了确保对海峡和伊斯坦布尔的占领,再次与法意策划于1922年3月26日召开巴黎会议,企图以希腊撤出伊兹密尔,恢复土耳其对安纳托利亚的完全主权为条件,结束希土战争。4月23日,安卡拉政府照会协约国,提出只有希腊立即撤兵,方能开始

---

① 安·菲·米列尔:《土耳其现代简明史》,生活·读书·新知三联书店1973年版,第210—211页。
② 柳克述:《新土耳其》,商务印书馆1926年版,第290—291页。

和谈。希腊则以保护在土耳其的希腊人为借口,声称不能轻易撤兵。双方相持不让,只好再次兵戎相见。

第三阶段(1922年5月至10月)是土耳其国民军发动反攻和取得全面胜利。

1922年8月25日,国民军经过周密准备后,在阿菲永—卡拉希萨一线发动了总反攻。一举突破希军阵地,然后兵分两路,乘胜追击。北路国民军于8月底先后攻占厄斯基色希尔和屈塔希亚,9月5日收复布尔萨,长驱直抵马尔马拉海岸,希军取道木达尼亚溃走;南路国民军于9月2日攻克乌沙克,生俘希军总司令和参谋长,9月5日攻占阿拉谢希尔,9月9日复克伊兹密尔,俘虏希军达5万人,解放了安纳托利亚全部领土。

接着,国民军进逼海峡地带,准备经过英、法、意三国驻兵防守的海峡国际共管区,收复伊斯坦布尔和东色雷斯。英国为了维护对海峡的占领,急忙照会法意,建议三国采取一致行动,以武力阻止国民军通过。法意表面上答应,暗地里却撤兵让路。英国看到这种情况也不敢贸然动武,被迫重新与法意协商。1922年9月23日,英、法、意联合建议希土两国停战,并于10月11日签订了《木达尼亚停战协定》。根据协定,东色雷斯立即交还土耳其;待和约缔结后,协约国撤出伊斯坦布尔并归还于土耳其。至此,民族解放战争以土耳其的胜利而宣告结束。

1922年11月1日,安卡拉国民议会通过了废除苏丹制度的法案。11月17日,末代苏丹穆罕默德六世乘英国军舰仓皇出逃,从此统治长达600年之久的奥斯曼封建王朝寿终正寝。

《色佛尔条约》的废除和《洛桑条约》的签订

土耳其民族解放战争的胜利,粉碎了协约国瓜分土耳其的阴谋,大大提高了土耳其的国际地位。协约国武装干涉的失败,导致了希腊国内发生军事政变,国王退位。英国首相劳合·乔治也随之下台。

1922年11月20日,英、法、意、希、日等国代表与土耳其代表在瑞士的洛桑正式举行和会,以商讨重新签订对土和约问题。出席会议的有英国外交大臣寇松、法国总理普恩加来、意大利首相墨索里尼和希腊首相维尼塞洛斯。土耳其的全权代表是伊斯美特巴夏。美国仅派驻意大使蔡尔德以观察员身份列席会议。苏维埃俄国、保加利亚、罗马尼亚和南斯拉夫等国应邀与会,但只限于参加对黑海海峡问题的讨论。

洛桑会议经过两个阶段。第一阶段从 1922 年 11 月 20 日至 1923 年 2 月 4 日。这一阶段会议讨论和争执的主要问题有下列三个：

第一，关于黑海海峡问题。

黑海海峡问题不仅关系到维护土耳其的主权统一和领土完整，而且关系到黑海沿岸各国的和平与安全。在洛桑会议前夕，列宁曾公开提出了苏维埃政府对海峡问题的基本主张：1."满足土耳其的民族愿望"，恢复土耳其在海峡地区的全部主权；2."禁止任何军舰在平时和战时通过海峡"；3."商船有充分的航行自由"。① 在洛桑会议上，苏维埃俄国代表团团长契切林根据列宁的意见提出了苏维埃俄国政府的方案："平时在博斯普鲁斯海峡、马尔马拉海与达达尼尔海峡的航业交通应予永远自由，毫无限制"；"无论平时战时，除土耳其外，达达尼尔海峡与博斯普鲁斯海峡对于任何国家的军舰与军用飞机，均予永远封禁"②，以维护黑海的和平及其沿岸各国的安全。

英国为了控制海峡，竭力反对苏维埃俄国代表提出的方案。1922 年 12 月 6 日，寇松亲自宣布英国的方案，主张任何国家的一切军舰和军用飞机无论平时或战时都可以完全自由地通过海峡；海峡地带解除武装，由国际委员会加以监督。这个方案一出笼就受到法意两国的支持。美国也打着"公海航行自由"的旗号，支持英国。美国列席代表蔡尔德在会上宣称："我们要进入世界上一切自由的海区，如果我们的军舰不能在我国公民侨居的地区和我国船只停泊的水域实现自己的和平目的，我们是不会满意的。"③

土耳其代表出于维护海峡安全的考虑，开始站在苏维埃俄国一边，支持苏的建议，表示反对军舰和军用飞机在海峡自由航行和飞行。土的这种维护民族利益和国家主权的立场，立即遭到英国等国的强烈反对。寇松指责土代表追随苏维埃俄国，一方面联合法意向土施加压力，一方面又与土举行单独密谈，许诺在其他问题上对土让步，以诱土妥协。最后，土耳其权衡全局，作出让步，基本上满足了英国的要求。

第二，关于摩苏尔的归属问题。

摩苏尔是世界重要的石油产地，也是欧美列强均思染指的目标。战前，英德联合组织了土耳其石油公司，开采摩苏尔石油，其中德国占有 25% 的股份。

---

① 《列宁全集》第 43 卷，人民出版社 1987 年版，第 239—240 页。
② 鲍爵姆金：《世界外交史》第四分册，五十年代出版社 1953 年版，第 204 页。
③ 维戈兹基等编：《外交史》第 3 卷（上），生活·读书·新知三联书店 1979 年版，第 423 页。

德国战败后,在 1920 年国际联盟的圣勒莫会议上,英法签订石油协定,规定英国占有摩苏尔,并由国联委任英国代管,法国则承接德国的全部石油股份。为此,美国于同年 11 月向英国提出抗议,指出:美国对于一切和约中代管权的最后决定,确有参与的权利,凡未经美国政府同意的决定,将来美国概不承认。①

在洛桑会议上,土耳其要求收回摩苏尔。英国坚持摩苏尔脱离土耳其划归英国委任统治下的伊拉克,以便继续控制该地。美国则主张自己也应分得一份摩苏尔石油,并于 11 月 26 日发表声明说:以前英、法、意三国所订的一切协定,其目的无非在三国间分配势力范围,这种态度与美国经济平等的主张不符,列强均应承认"门户开放"的原则。②

土耳其为了加强自己在谈判中的地位,利用协约国之间的矛盾,与美国达成协议,把摩苏尔石油的开采权让与美国,结果立即招致英法的强烈抗议。老于世故的寇松见此状况,随即改变策略,撇开法国,与美国代表秘密交涉,将原定给予法国的石油股份又许给了美国。这样一来,土耳其未能争取到美国的支持,摩苏尔的归属问题成为悬案。

第三,关于外国在土耳其的特权和外债问题。

在洛桑会议上,土耳其代表为了维护国家主权,强烈要求废除帝国主义在土耳其享有的政治、经济和领事裁判权等一切特权,并要求取消外债。但是,以英法为首的协约国不甘心就此放弃在土的既得利益,在领事裁判权问题上提出建立为期十年的所谓"过渡性制度",实质上就是保留旧的特权。帝国主义还要求土耳其偿还原奥斯曼帝国的全部债务,遭到土耳其的拒绝。

由于与会各国在上述三个主要问题上争执不下,谈判破裂,会议于 1923 年 2 月 4 日中断。

洛桑会议的第二阶段是从 1923 年 4 月 9 日至 7 月 24 日。第二阶段会议一开始,英国为了孤立土耳其,就把苏维埃俄国代表排斥在外,并把巴尔干国家的代表,特别是希腊代表推向前台,蓄意扩大希土在会议上的矛盾和冲突。但土耳其代表仍继续坚持那些关系到国家主权的基本条件,如废除《色佛尔条约》,保全土耳其的基本领土等。经过三个多月的激烈争论,最后达成妥协。

1923 年 7 月 24 日,签订了《洛桑条约》和《黑海海峡公约》。《洛桑条约》取代了《色佛尔条约》成为协约国对土耳其的正式和约。该条约的主要内容是:

---

① 柳克述:《新土耳其》,商务印书馆 1926 年版,第 379 页。
② 鲍爵姆金:《世界外交史》第四分册,五十年代出版社 1953 年版,第 205 页。

1.和约承认土耳其本土范围内的主权和领土完整,确定了它的边界,把欧洲部分的东色雷斯和亚洲部分的伊兹密尔归还给土耳其;协约国军队撤出伊斯坦布尔;亚美尼亚和库尔德斯坦等少数民族地区,仍归土耳其所有。但摩苏尔的归属却作为悬案,留待以后英土双方谈判解决(根据1926年《英土协定》,土作了让步,把它划给英国委任统治下的伊拉克)。2.和约规定,废除外国在土耳其的领事裁判权和一切特权,废除帝国主义对土的财政、关税监督权。3.和约确认原奥斯曼帝国的外债,由其分裂出来的各国分担。土耳其偿还债务的主要部分,其他分裂出去的国家也各承担部分债务。

《黑海海峡公约》对海峡地位和管理制度的规定,基本上是以英国方案为蓝本的。公约规定:1.平时或在战时土耳其保持中立的情况下,包括军舰和军用飞机在内的任何船只和飞机,"不分昼夜,不论悬挂任何国旗,有完全通航的自由,免除任何手续和捐费";2.在土耳其参战的情况下,"中立国军舰有通过的完全自由",交战国军舰的通航,则由土耳其政府自行决定;3.除土耳其在伊斯坦布尔驻兵1.2万人以外,海峡地带不得设置任何武装力量;4.由本公约签字国组成海峡委员会,对公约的遵守情况实行监督。① 公约的签订,从法律上把英国控制海峡的企图变成"合法"的事实,从而损害了土耳其的主权,也给黑海国家的安全造成威胁,因此苏维埃政府拒绝批准这项公约。

《洛桑条约》的签订,标志着土耳其人民反帝斗争的重大胜利,它使土耳其摆脱了《色佛尔条约》的枷锁,赢得了国家的主权和民族的独立。《色佛尔条约》的废除,打开了凡尔赛体系的缺口,宣告了帝国主义宰割和奴役土耳其计划的彻底破产,从而极大地振奋和鼓舞了东方被压迫民族的反帝斗争。

第四节 非洲和拉丁美洲民族解放运动的发展

埃及人民反英斗争的胜利

埃及自1882年被英国武力占领后,形式上继续以土耳其为宗主国,但实际上沦为英国的殖民地,英国垄断了埃及的全部军政大权和经济命脉。第一次世界大战爆发后,英国对埃及实行军事管制,宣布埃及处于戒严状态,并颁布了禁止集会、书信和电报实行检查等一系列军事管制的法令。1914年12月18日,英国又借口土耳其为交战国,正式宣布埃及为它的保护国,取消奥斯曼土耳其

---

① 《国际条约集(1917—1923)》,世界知识出版社1961年版,第896—906页。

对埃及的宗主权,将埃及作为协约国进攻土耳其的重要军事基地。

为了进一步加强对埃及的政治统治,英国控制了埃及的王位继承权,可以随意撤换埃及苏丹和政府成员;英国撤销了埃及外交部,其职权由英国驻埃及高级代表行使;英国掌握了埃及的立法和司法大权,埃及立法会议所制定的一切法律必须由英国政府的批准方能生效。

大战期间,协约国40万大军驻扎埃及,其中英军就达20万人。英国军官在埃及军队和警察中任职,并充任埃军总司令。英国殖民当局还组织各种劳工队,名义上是"志愿",实际上是抓丁拉夫,强征117万埃及人送往前线,充当民工和炮灰,加上后勤人员,共达250万人。① 长期的帝国主义战争导致埃及的财政支出和军费逐年增加,1914—1915年度至1918—1919年度,埃及财政支出从1680万埃镑增加到2330万埃镑,其中军费占了一半以上。

大战中,英国利用殖民特权加紧经济掠夺,在埃及大肆搜刮粮食、牲畜、饲料,各种名目的苛捐杂税多如牛毛。英国在埃及强行推行棉花单一作物,然后压低价格收购,仅1918年埃及棉农损失就达3200万埃镑,广大埃及人民的生活日益贫困和破产,造成与英国殖民主义者十分尖锐的民族矛盾。

大战结束时英国拒绝取消对埃及的"保护",并于1918年11月推出一部殖民主义的"宪法草案",企图继续维护对埃及的殖民统治。对于英国的这部"宪法草案",埃及各阶层人民表示强烈不满,以萨阿德·扎格鲁尔为首的资产阶级民族主义者挺身而出,领导了埃及反英的民族独立运动。

1918年11月13日,即大战结束的第三天,扎格鲁尔等三位埃及民族领袖同英国驻埃高级代表温盖特举行会谈,要求英国取消保护制度,承认埃及独立,但遭到断然拒绝。于是,扎格鲁尔等七人立即自行组成代表团,以此为核心于11月23日正式建立了华夫脱党,并制定了党的纲领。为了争取广大群众的支持,取得全民族代表的资格,华夫脱党起草了一份"委任书",要求埃及人民委任他们为全民族的代表,与英国谈判埃及独立事宜。埃及各阶层人民纷纷响应和支持华夫脱党的政治主张,立即掀起了一场声势浩大的签名运动,在委任书上签名的人数达200万人以上,签名运动很快发展成为全国规模的反英独立运动。

1919年3月8日,英国殖民当局悍然逮捕扎格鲁尔等四名领导人,把他们流放到马耳他岛。随后又颁布了一系列镇压人民的法令。这一倒行逆施使长

---

① 杨灏城:《埃及近代史》,中国社会科学出版社1985年版,第290页。

期以来压抑在人们心中的怒火顷刻间像火山一样迸发出来,导致埃及人民反英起义的爆发。

3月9日,开罗学生首先举行罢课和游行示威。随即工人和政府职员罢工,商人罢市。他们要求立即释放扎格鲁尔等人,取消对埃及的"保护"。英国军警开枪镇压示威群众,和平示威马上转变成自发性武装起义,并迅速蔓延到全国。起义群众破坏铁路,割断电话线,袭击英军列车,同英军展开激烈的巷战。埃及妇女们打破传统的风俗习惯,也走出家门,上街游行。在起义过程中,"有些县和省宣布独立,并按照共和国原则组成临时政府"①。有些地方的农民抗捐抗税,没收地主财产。

在埃及人民反英斗争高涨的形势下,英国采取两手策略,一方面以释放扎格鲁尔等人为条件,诱使华夫脱党于3月27日发出停止斗争的号召书,麻痹人民的斗志;另一方面调集重兵6万人实行野蛮镇压,屠杀埃及爱国者数千人,把三月起义淹没在血泊中。

1919年4月8日,扎格鲁尔等人获释,随后径直前往巴黎和会要求解决埃及独立问题。但是,巴黎和会根本不准扎格鲁尔列席会议,美国公开表态站在英国一边。4月22日,美国总统威尔逊宣布:"承认英王陛下政府于1914年12月18日宣布对埃及的保护。"②不久,协约国又在《凡尔赛条约》第147条中正式确认英国为埃及的保护国。③

英国在巴黎和会上取得帝国主义列强的支持后,于1919年12月派出以殖民大臣米尔纳为首的委员会前往埃及,"调查埃及最近发生骚乱的原因",并准备提出一项"在英国保护下,既能实现自治,又能维护外国人利益的组织法",以解决埃及问题。④ 米尔纳委员会遭到埃及各阶层、各爱国团体的广泛抵制,三个月的调查一无所获,只好灰溜溜返回伦敦。

1920年7月,扎格鲁尔率代表团赴英国谈判。8月,米尔纳提出一个新方案,建议:英埃"订立一项同盟条约";战时埃及"给予英国以一切力所能及的援助";埃及不得"与外国订立任何有损英国利益的协定";必须同意英军驻扎埃及,"以维护帝国交通线";英国有权干涉埃及的法律;英国代表享有"特殊地位

---

① 艾哈买德·沙菲洛:《埃及政治年鉴》,开罗1926年版,第264页。
② 阿卜杜·拉赫曼·拉菲仪:《1919年革命》下册,开罗1955年版,第23页。
③ 《国际条约集(1917—1923)》,世界知识出版社1961年版,第135—136页。
④ 阿卜杜·拉赫曼·拉菲仪:《1919年革命》下册,开罗1955年版,第36页。

和优先权"等。① 对于这个严重损害民族独立和国家主权的方案,扎格鲁尔表示拒绝接受。

英国在其阴谋破产后,决定撇开以扎格鲁尔为首的华夫脱党,利用亲英的埃及政府作为谈判对手。1921年7月,英国在伦敦与埃及首相阿德里举行谈判,企图达成一项使英国占领合法化的条约。阿德里慑于国内人民的强烈反对,不敢贸然签订卖国条约,遂于12月8日被迫辞职。接着,英国当局向埃及苏丹发出通牒,坚持英国对埃及的"保护"。扎格鲁尔代表人民发表宣言,严正指出:英国的暴力"只能促使全国人民去实现独立的愿望"②。英国当局黔驴技穷,于1921年12月23日再次逮捕扎格鲁尔等华夫脱党领导人,并将他们流放到塞舌尔群岛。

英国殖民当局的这一新的暴行,激起了埃及人民的又一次反英斗争高潮。开罗、亚历山大港等许多城市爆发了大规模的游行示威,全国人民掀起抵制英货的运动。农民组织起游击队,拆毁铁路,破坏军事设施。英国殖民当局急忙从本土调来军队,在军舰和飞机的配合下进行血腥镇压。

起义虽然又一次被镇压下去了,但是埃及人民的反英独立运动极大地动摇了英国在埃及的殖民统治基础,迫使英国于1922年2月28日发表声明,放弃对埃及的保护,承认埃及独立,但同时又提出四项保留条件:英国有权在苏伊士运河地区驻军;保持对埃及国防的控制权;维持外国人在埃及的特权;保留对苏丹的殖民统治。1923年4月11日,在英国控制下,埃及颁布了宪法,实行君主立宪。1923年9月,已被释放的扎格鲁尔返回埃及。在1924年1月举行的国会大选中,华夫脱党取得多数议席,扎格鲁尔担任了独立后的第一任首相。

埃及是非洲现代史上第一个依靠自己的力量赢得独立的国家。经过埃及人民的英勇斗争,保护制度终于被取消了。虽然埃及未能取得完全的独立,国家主权在很大程度上仍受制于英国,但埃及人民的浴血奋战毕竟已取得辉煌成果。它激发了埃及人民的民族意识,不仅有利于埃及人民日后的反帝斗争,而且对于推动阿拉伯各国和整个非洲的民族解放运动都产生了巨大影响。

摩洛哥里夫人民反对西班牙和法国的武装斗争

摩洛哥地处非洲大陆的西北角,西临大西洋,北扼直布罗陀海峡,是大西洋进入地中海的门户。自从1869年沟通欧、亚、非三大洲的苏伊士运河通航后,

---

① 乔治·E. 柯克:《中东简史》上册,湖北人民出版社1975年版,第223页。
② 阿卜杜·拉赫曼·拉菲仪:《1919年革命续篇》,开罗1947年版,第28页。

摩洛哥的战略地位随之变得更加重要，成为帝国主义列强竞相争夺的战略目标。

1912年3月30日，法国强迫摩洛哥苏丹签订了《非斯条约》，使摩洛哥沦为法国的"保护国"。同年11月27日，法国和西班牙又签订《马德里条约》，将摩洛哥北部狭长的沿海地带、西南部靠近里奥德奥罗边境的地区和伊夫尼四郊划为西班牙的"保护地"。以后，在英国的插手干涉下，摩洛哥北部的重要港口城市丹吉尔被划定为"国际共管区"。经过帝国主义的瓜分，摩洛哥被分为法属摩洛哥、西属摩洛哥和丹吉尔"国际共管区"三个部分。摩洛哥苏丹被保留下来，但实权掌握在法国总督和西班牙高级专员手里。

第一次世界大战结束后，西班牙和法国决定对摩洛哥未被征服的山区发动大规模的殖民战争。里夫山区位于西属摩洛哥中部，共有13个里夫人部落，其中以阿卜德·克里姆为酋长的贝尼·乌里亚格勒部落势力最大。里夫山区蕴藏着丰富的矿物资源，西班牙殖民当局对此早就垂涎三尺。1921年初，西班牙出动2.4万人的军队，在西尔维斯特将军的指挥下大举侵入里夫山区，占领了大片领土。6月1日，克里姆联合里夫诸部落向西班牙军队发起反攻，消灭西军400余人，收复敌占据点达尔·阿巴尔。7月21日，里夫义军又在安瓦尔（阿努阿勒）附近与西班牙军队展开大战，激战6天，里夫义军大获全胜，一举歼敌1.47万余人，缴获大炮139门，西尔维斯特将军自杀身死。8月5日和6日，里夫义军再创西班牙侵略军，生俘西军司令纳瓦罗和一批军官，并乘胜解放了5000平方公里的国土。

里夫人民的军事胜利，打击了西班牙殖民者的侵略气焰，鼓舞了摩洛哥人民的斗志和信心，促使里夫各部落联合起来，结成一个军事同盟，从而把摩洛哥民族解放运动推向一个新的阶段。

1921年9月初，阿卜德·克里姆召集其他12个里夫部落的酋长举行会议，决定成立民族政府，并选出里夫国民议会的代表。9月19日，国民议会开幕，宣布成立独立的里夫共和国，阿卜德·克里姆当选为共和国总统和军队最高统帅。里夫国民议会通过了著名的六条《民族誓约》：1."不承认有损于摩洛哥主权的或与1912年（保护制）条约有关的各项条约"；2.西班牙军队必须撤出里夫地区；3."承认里夫国家完全独立"；4."宣布成立立宪共和政府"；5.西班牙应赔偿战争损失；6."在不享有特权的条件下，同所有大国建立友好关系，并缔结各类条约"。①《誓约》是里夫的建国大纲,它充分表达了里夫人民反对殖民压迫、争取和维护民族独立的决心和信念。

里夫共和国成立后,提出同西班牙媾和,但遭到拒绝,只得继续进行战争。到 1924 年的几年里,里夫军队接连给予西班牙殖民军以沉重打击。1924 年 8 月,里夫军民取得粉碎西班牙 10 万大军进攻的重大胜利,基本解放了自 1912 年以来被西班牙侵占的全部领土,迫使西班牙殖民军龟缩在北部沿海地区一些防御较为坚固的城市里。

里夫起义不仅击溃了西班牙殖民军的侵略,动摇了西班牙在摩洛哥的殖民统治,而且使法国殖民当局惊恐不安,产生了严重的危机感。法国殖民当局十分担心法属摩洛哥和法属北非其他殖民地人民在里夫人民起义的影响下起来反抗法国的殖民统治。为此,法国驻摩洛哥总督里奥特要求政府增派驻军,寻机绞杀里夫共和国。

当时,克里姆一再强调要与法国"和平相处",并于 1923 年派遣代表团前往巴黎,但法国拒绝了里夫政府关于建立和平善邻关系的建议。1924 年 5 月,法国借口里夫军队"侵犯"了法属摩洛哥,派出大军进攻里夫共和国,占领里夫人的主要粮食基地——乌爱尔加河谷,企图将里夫人陷于饥馑的困境。里夫人民为了独立和生存,于 1925 年 4 月兵分两路向法军发动攻势,一路进攻法国统治中心非斯;另一路直取非斯至阿尔及尔铁路线上的战略要地塔扎。里夫军队攻势凌厉,势如破竹,连克 60 余个法军据点。里夫军队所到之处,法国占领区的许多部落纷纷起兵响应。到 6 月中旬,里夫军队进逼非斯、塔扎和韦赞,消灭法军 4000 余人,法国在摩洛哥的殖民统治陷入了严重的危机之中。

为了挽回失败,法国总理潘勒韦亲自赶往摩洛哥,商讨对策。1925 年 7 月 7 日,法国驻摩洛哥总督易人,由第 30 兵团司令盖诺担任总督并兼任摩洛哥法军最高司令。7 月 9 日,法国议会通过特别法案,增加在摩洛哥的军费 1.8 亿法郎。7 月 26 日,法国和西班牙达成军事协定,规定两国协同作战进攻里夫共和国,并组织联合的海陆封锁。接着,法国和西班牙不断向摩洛哥派出援军,法西两军分别增至 20 万人和 10 万人,并配备飞机、坦克和大炮等重型武器。里夫军队不足 7 万人,且装备低劣。由于法西相互勾结,形势迅速发生逆转,里夫国家不得不与欧洲两个殖民主义强国同时进行一场殊死的斗争。

1925 年 9 月,亨利·贝当元帅指挥 30 万法西联军发起进攻。9 月 8 日,西

---

① 娜·谢·卢茨卡娅:《里夫共和国》,莫斯科 1959 年版,第 57 页。

班牙军队在阿卢塞马斯湾登陆,占领了里夫共和国首都阿杰迪尔。法军从非斯、塔扎一线大举北犯。里夫军队寡不敌众,被迫退却,转移到山区继续坚持战斗。

法西联合镇压里夫共和国的军事行动,激起了两国国内人民反对殖民战争的抗议运动。法国共产党组织了反对摩洛哥战争行动委员会,并于1925年10月12日领导和发动了有90万工人参加的政治总罢工。共产国际发表了呼吁书,号召各国人民支持里夫人民的斗争。在国内外舆论的强大压力下,法西两国玩弄和谈阴谋,以平息国内人民反对殖民战争的情绪,同时也为彻底绞杀里夫共和国做好军事进攻的准备。1926年4月,法西两国与里夫共和国在乌季达举行和谈。法西代表提出解除里夫军队的武装和里夫国家归属摩洛哥苏丹,里夫代表拒绝了这些无理要求。5月6日,法西代表突然中止谈判,第二天法西联军悍然发动全面进攻,包围了塔尔吉斯特的里夫军司令部。5月26日,克里姆在弹尽粮绝的情况下,被迫向法国投降。里夫共和国终于被法西联合力量绞杀了。

里夫起义爆发于第一次世界大战和十月革命后世界革命形势日益高涨的时期,它唤醒了摩洛哥人民的民族意识,直接打击了西班牙和法国的殖民统治,对后来的摩洛哥民族解放运动产生了深刻的影响;它与中国、土耳其、埃及等国人民的反帝斗争汇合起来,形成了新的革命斗争形势,从而进一步加深了帝国主义殖民体系的危机,推动了各国民族解放运动的发展。

尼加拉瓜人民的反美民族解放战争

尼加拉瓜是中美洲的一个小国,东临大西洋,西濒太平洋,在地理上具有开凿贯通两洋运河的有利条件,所以从19世纪中期起美国就开始插手尼加拉瓜事务。

20世纪初以来,美国加紧政治和经济的扩张,通过签订一系列不平等的借款协定和条约,控制了尼加拉瓜的海关、铁路和银行的管理大权,从而完全操纵了该国的经济命脉。1914年8月5日,美国强迫尼加拉瓜签订《布里安—查莫罗条约》。美国利用这个条约,仅以300万美元的代价,便轻而易举地获得在尼加拉瓜开凿运河的权利以及对军事要地封塞卡湾和科恩群岛为期99年的租借权和对尼加拉瓜事务的监督权。从此,美国任意干涉尼加拉瓜的内政,左右政局,使尼加拉瓜实际上沦为美国的保护国。

1925年10月,美国指使尼加拉瓜保守党人查莫罗发动政变,推翻了自由党政府,建立起查莫罗独裁统治,从而触发了一场自由党人反对保守党统治的内战。自由党人为了反对查莫罗,恢复被推翻的政权,于 1926 年 5 月占领了东海岸的布卢菲尔兹。8 月,战火蔓延到了西海岸,查莫罗政权已无法控制国内局势,于是美国玩弄新的手腕,让保守党的迪亚斯替换查莫罗,企图以此来平息自由党的反对。1926 年 11 月 14 日,迪亚斯就任尼加拉瓜总统。11 月 17 日,美国立即表态承认,并宣布提供 30 万美元的临时贷款,以支持这个亲美独裁政权。12 月 7 日,自由党在东海岸的卡贝萨斯港建立了为墨西哥所承认的"立宪政府",自由党人柯卡沙出任总统,与保守党迪亚斯政权相对抗。这样,尼加拉瓜内战进一步扩大,政府军节节败退,迪亚斯政权摇摇欲坠。

1927 年 1 月 10 日,美国总统柯立芝在给国会的咨文中承认:"如果革命持续下去,美国在尼加拉瓜的投资和商业利益即使不被摧毁,也将受到严重的影响",声称要"采取保全和保护我国公民的生命财产及我国公民和我国政府的利益所必需的步骤"。① 随后,美国借口保护侨民,派出 15 艘军舰增兵尼加拉瓜,使在尼加拉瓜的美军增至 5000 人以上。2 月 25 日,美国国务院宣布卖给迪亚斯政权 3000 支步枪、200 挺机枪和 300 万发子弹,总值为 21.7 万多美元。② 美军在尼加拉瓜登陆后,立即开进首都马那瓜,同时还在尼加拉瓜各地设立许多所谓"中立区",阻拦自由党军队的进攻。

美国一面蛮横地实行军事干涉,支持迪亚斯政权,一面派遣亨利·史汀生进行外交调停,对自由党施加压力。自由党领袖萨卡沙、蒙卡达等人居然接受美国的"和谈"建议,于 5 月 11 日达成妥协:自由党军队解除武装,由美国监督下届总统选举。美国的直接干涉,虽然结束了自由党和保守党之间的内战,但是,却激起了尼加拉瓜人民的反美怒火。在民族英雄奥古斯托·桑地诺的领导下,尼加拉瓜人民迅速掀起了一场大规模的抗美爱国民族解放运动。

桑地诺是自由党一支部队的指挥官。当自由党人纷纷放下武器时,只有桑地诺反对妥协,愤怒揭穿美国骗局,拒绝交出武器,继续高举反美旗帜,坚持游击战争。他说:"一个民族的主权,不是靠言词,而是用武器来保卫它。"③ 1927 年 6 月底,桑地诺率部 300 人在奥科塔尔地方袭击美国驻军和政府军警,然后撤到北部的塞戈维亚山区,建立了游击根据地。在斗争中,桑地诺提出反对美国军事占领,保卫国家主权,组织合作社,开发资源和提高人民生活水平等

---

① 夏景才等主编:《世界现代史》,吉林文史出版社 1985 年,第 557 页。
② 南开大学历史系:《尼加拉瓜史》,天津人民出版社 1976 年,第 254 页。
③ 李春辉:《拉丁美洲国家史稿》下册,商务印书馆 1973 年,第 392 页。

主张,因而桑地诺领导的以矿工为主体的起义军得到人民群众的广泛支持,许多印第安农民和黑人踊跃参加,起义军扩大到3800多人,并一度控制了全国16个省中的8个省,抗击着4.2万名美国侵略军。

桑地诺领导的反美武装斗争,还得到了国际无产阶级和拉丁美洲各国人民的同情和支持。共产国际第六次代表大会通过决议,向尼加拉瓜人民的抗美斗争表示敬意。许多国家组织了"不许干涉尼加拉瓜委员会"。在拉丁美洲发起了支援桑地诺游击队的募捐运动,有不少人还直接参加游击队,与尼加拉瓜人民并肩战斗,打击美国侵略军。

在尼加拉瓜和世界各国人民的支援下,桑地诺游击队经过长期的顽强抗战,终于在1931年迫使美军退出战斗。1933年1月2日,最后一批美军也不得不从尼加拉瓜撤退。这是尼加拉瓜人民反美斗争的一个巨大胜利。然而,美国不甘心自己的失败,于1934年2月指使尼加拉瓜国民警卫队司令阿·索摩查暗杀了桑地诺。

桑地诺领导的反美武装斗争虽然遭到残酷的镇压,但是它显示了尼加拉瓜人民不畏强暴,顽强不屈的斗争精神,鼓舞了尼加拉瓜人民反对美帝国主义的斗争,推动整个拉丁美洲民族解放运动向前发展。

第四章 道威斯计划和洛迦诺会议

第一节 道威斯计划和帝国主义在赔款问题上的斗争

赔款危机

德国的赔款问题是战后最复杂的国际问题之一,它包含两类矛盾:战胜国英、法、美同战败国德国之间的矛盾以及英、法、美之间的矛盾。围绕着赔款问题所展开的斗争,实质上是战后帝国主义争夺欧洲霸权的一种反映。

在《凡尔赛条约》签订时,德国的赔款总额以及各战胜国对赔款的分配比例等重要问题均未达成协议,决定由英、法、美、意、比五国组成赔款委员会研究解决。后来,由于美国拒绝批准和约,实际上,赔款委员会由英、法、意、比四国代表组成,法国代表担任主席,这反映法国在赔款委员会中居于主导地位。在1920年7月召开的斯巴会议上,确定了协约各国应得的赔款比例:法国52%,英国22%,意大利10%,比利时8%,希腊、罗马尼亚和南斯拉夫共得6.5%,日本和葡萄牙各得0.75%,保留美国应得份额的权利。

在1921年1月召开的巴黎会议上,协约国提出了一项赔款方案,规定德国的赔款总额是2260亿金马克。德国代表坚决反对,并威胁说,德国将面临崩溃的危险。3月3日,协约国向德国递交了最后通牒,声明,如3月7日以前不承认巴黎决议,协约国将出兵占领莱茵河右岸的杜伊斯堡、鲁罗尔特和杜塞尔多夫,并将在莱茵河上设立海关站。可是,德国政府对通牒不予理睬。3月8日,协约国军队占领了上述城市,并开始对德实行经济制裁。德国对协约国的行动提出抗议,但无结果。在这种情况下,4月24日,德国提出新建议,表示愿意承担500亿金马克的赔款。

在1921年4月召开的伦敦会议上,赔款委员会讨论了德国的建议,重新确定德国的赔款总额为1320亿金马克,并规定从5月起,德国必须每年支付20亿金马克以及每年出口商品价值的26%。5月5日,协约国把这一决定再次以最后通牒的方式送交德国政府,如德国拒绝接受,将出兵占领鲁尔区。5月11日,即在最后通牒到期时,德国维尔特新政府宣布接受协约国的全部条件。

但是,德国在赔款问题上同协约国之间的深刻矛盾并没有就此消除。德国新政府虽然宣布对赔款采取"履行政策",实际上却暗中抵制。在政府的默许下,资本家拒绝纳税,并让大量资本"逃往"国外,人为地加剧德国的经济困难。政府以弥补预算赤字为借口则滥发纸币,致使通货膨胀恶性发展。这样,既给协约国对德国预算进行监督造成困难,又可以没有支付能力和财政破产为托词拒缴赔款。

当时,以"鲁尔大王"斯汀纳斯为首的德国垄断资产阶级,在国内煽动复仇主义情绪,掀起反对履行和约,拒绝支付赔款的运动。1922年6月28日,主张履行赔款义务的维尔特政府的外交部长拉特瑙遭暗杀。11月6日,维尔特政府下台。接着,古诺政府上台。古诺是汉堡—美洲轮船公司总经理,德国重工业集团利益的代表人物。以此为转机,德国政府走上了公开抵制赔款的道路。斯汀纳斯公开声明,德国工业家纵使冒着鲁尔被占领的危险,也拒绝缴付赔款。在他看来,鲁尔被占领反而对德国有利,因为这样可以引起英法摩擦,促成英德接近,最终导致取消赔款。

英国和法国在赔款问题上存在着尖锐矛盾。协约国中法国最关心赔款问题,它享有德国赔款额的半数以上,指望通过向德国索取庞大的赔款来补充国内恢复工业所需的资金,同时使德国经济一蹶不振,以便树立自己在欧洲的霸权。英国的立场同法国不同。英国不希望过分削弱德国,更不允许法国趁机称霸欧洲大陆。英国把保持欧洲的"均势"看作是自己长远的战略利益。为此,它要把德国当作一个同法国抗衡的力量保存下来。同时,英国希望德国经济得到一定程度的恢复,以利于欧洲经济关系的正常化,这不仅可以大幅度增加英国商品对欧洲的销售量,而且可以抑制法国力量的增长。

1922年7月12日,德国提出延期缴付赔款的要求。法国坚决不同意,并威胁说,如不按期偿付将是十分危险的。英国政府却支持德国的要求,这引起了法国的强烈不满。

德国的抵制和英法意见的分歧,使赔款问题困难重重。这就为美国的插手提供了机会。美国对赔款问题抱有强烈兴趣,因为赔款问题是同战债问题联系在一起的。英法等国得到的赔款要偿还美国的战债。赔款如不能正常进行,归还战债也随之发生问题。1922年8月,英国提议赔款与战债同时取消。对此,美国反对,法国也不赞成,因为法国用它得到的赔款来归还战债绰绰有余,而且它更不愿意德国由此卸掉这一沉重的经济负担。

1922年9月,美国代表以观察员身份参加了赔款委员会。它的打算是,通过向德国输入资本,以稳定和恢复德国的经济,为德国的赔偿创造物质条件,这既可以控制德国经济,获取高额利息,又可保证捞回战债。可以说是一举多得。为此,美国向赔款委员会提出一项建议,内容是将赔偿问题交给"与政治信念无关的"专家委员会去解决,这个委员会要从"纯经济"的角度提出解决方案。这就是所谓"休斯计划"。法国对美国的意图抱有疑虑,因此,对这个计划持反对立场。

1923年1月2日,赔款委员会召开了巴黎会议。会上,英国代表团抛出了一个新的赔款方案,其主要内容是:允许德国在没有任何担保的条件下,延期交付赔款4年;把德国的赔款总数从1320亿金马克减少到500亿金马克;法国得到的赔款份额从52%减为42%。法国总理普恩加来在批评英国的方案时指出:"如果接受了英国计划,则德国债务总额只有法国债务的2/3。几年以后,德国将成为欧洲唯一最先偿清外债的国家。它的人口不断地增加,工业几乎没有遭受破坏,在极短期内,它将成为占绝对优势的国家。"①因此,法国断难接受。法国只同意德国部分延期赔款,期限为两年,而且在此期间要向协约国提交"有效担保品"。否则,要对德国采取制裁措施。意大利和比利时也不赞成英国的方案,因此,在争论中站在法国一边。最后,会议以三比一的多数通过决议,谴责德国故意不履行向战胜国赔款的规定,协约国对此有权实行制裁。巴黎会议破裂,法国决定占领鲁尔。这样,赔款危机便发展成为一场尖锐的军事政治冲突。

鲁 尔 冲 突

1923年1月11日,法国和比利时借口德国不履行提供煤炭和木材的义务,出动了5个法国师和2个比利时师共约10万人的军队,武装占领了鲁尔。② 法国占领鲁尔的目的有三:一是为了迫使德国履行赔款规定;二是加强法国的安全;三是想夺取德国的一部分领土,取得它在《凡尔赛条约》中未能得到的东西。在法国看来,占领土地比索取赔款更重要。这一点清楚地反映在普恩加来总理1922年6月26日的演说中。他说,"据我个人的意思,假定德国偿付赔款,反而要使我痛苦不安,因为我们就要退出莱茵区域了。你以为何者是上策呢?获得金钱或获得新的土地?我个人宁愿占领土地,不欲接纳赔款。因此,你就可以

---

① 鲍尔姆金:《世界外交史》第四分册,五十年代出版社1953年版,第231页。
② 华尔脱斯:《国际联盟史》上卷,商务印书馆1964年版,第267页。

明白,我们为什么需要强有力的陆军与警察的爱国心;你就可以明白,救济凡尔赛和约的唯一方法,在于使被我们击败的敌人,不能履行它的条件"①。法国占领鲁尔正是这一政策的体现,因为这既可以瓦解德国的经济,又可使洛林的铁矿和鲁尔的煤矿资源结合起来,为法国在欧洲的军事和经济领导权建立物质基础。

法比军队占领鲁尔的第二天,德国政府就向法国和比利时提出了抗议,并立即召回驻巴黎大使和驻布鲁塞尔公使。1月13日,德国古诺政府宣布实行"消极抵抗"政策。② 古诺在向国会演讲中说,"现在不再是赔偿问题,而是法国的旧政策,四百年的旧梦"③。德国政府声明,停止开采鲁尔煤矿,拒绝向法国和比利时缴付赔款,并号召整个占领区的德国居民,采取各种措施进行消极抵制。结果,工矿停工,铁路停车,电报局不给驻军传送消息,报纸不给驻军发布命令,居民拒绝遵守占领军的规定。

德国实行"消极抵抗"政策的目的,是为了给占领军造成种种困难,以阻止其对鲁尔煤炭的掠夺,从而迫使法国作出让步。德国还想利用这一机会加剧英法矛盾,并希望美国出面干预,为减少甚至取消赔款创造条件。

英国、美国不愿看到法国过分削弱德国,更不愿看到法国因占领鲁尔而加强其在欧洲的地位。为了共同抑制法国,英美之间需要调整关系,加强合作。1923年1月31日,英国财政大臣鲍德温访问美国,解决了英国对美国的债务问题。双方商定,将英国的欠款削减30%,剩余的部分在62年内还清。这样,就排除了两国关系发展的一个重要障碍。4月20日,英国外交大臣寇松就鲁尔危机发表声明,正式表示支持美国关于建立专家委员会的建议,以研究解决赔款问题。法国认为,专家委员会对德国的支付能力永远作不出正确的估价,表示不能接受美国的建议。

法国对德国继续持强硬政策,在鲁尔区加强军事管制,甚至采取严厉的镇压措施。据统计,在1923年内,因铁路罢工而被开除的工人达5700人,并且连他们的家属一起被驱逐出境。在鲁尔区域,因不服从法军命令而先后被驱逐的约有147 000人。有时甚至发生流血冲突。

鲁尔被占后,德国经济陷入一片混乱。鲁尔是德国工业的心脏地区,它的煤、铁产量占全德总数的80%,铁路收入占70%。法比占领后,切断了鲁尔同其

---

① 杜德:《世界政治》,上海生活书店1937年版,第73页。
② 华尔脱斯:《国际联盟史》上卷,商务印书馆1964年版,第268页。
③ 鲍爵姆金:《世界外交史》第四分册,五十年代出版社1953年版,第233页。

他地区的联系,使德国的工业生产迅速下降,失业剧增,黄金储备枯竭,通货膨胀恶性发展。以柏林中央市场上的牛肉价格为例,1923年2月初,每磅要3400马克;10月29日,提高到560亿马克;11月5日,竟然上升到2800亿马克。垄断资产阶级乘机大肆掠夺,广大劳动人民苦不堪言。

国内外垄断资产阶级的残酷压迫和剥削,激起了德国工人阶级的强烈反抗。1923年8月初爆发的柏林工人罢工很快遍及全国,他们要求法国占领军滚出去,打倒反动的古诺政府。全国参加罢工的总人数达到300万。8月12日,古诺政府倒台,由斯特莱斯曼组成联合政府。

德国新政府为了腾出手来镇压工人运动,不得不暂时寻求同法国妥协,遂于1923年9月26日,宣布停止"消极抵抗"。同时,斯特莱斯曼借这次革命危机向其他各国施加压力,说他的政府也许是"德国最后的资产阶级政府"①。

1923年10月23日,在德国共产党领导人台尔曼的组织和指挥下,汉堡工人发动武装起义,他们收缴了警察的武装,筑起了街垒,与政府军进行了三天的激战。这次革命虽被镇压下去了,但却震撼了德国垄断资产阶级的统治。英美帝国主义害怕德国的革命危机蔓延,决定联合对法国施加压力,以尽快结束鲁尔危机。英国外交大臣寇松警告说:德国的解体也就是债务人的失踪。这时,法国也面临着严重的经济困难。它占领鲁尔没有达到预期的效果,不但没有从鲁尔得到足够的煤炭,而且还要支付越来越大的占领费。经济上得不偿失,舆论上受到国内外遣责,外交陷于困境。英美为了迫使法国就范,在国际金融市场上大量抛出他们手中掌握的法郎和法国有价证券,造成法郎严重贬值。在这种情况下,法国政府为了得到美国的财政援助,被迫接受了召开国际专家委员会的建议,重新研究赔款问题的解决办法。

道威斯计划

在英美的策划下,1923年11月30日,赔款委员会决定,建立两个由美、英、法、意和比利时代表组成的专家委员会。其中地位最重要的是第一委员会,它的任务是研究稳定德国的金融和平衡德国的预算问题。这个委员会的主席是道威斯,他是摩根财团芝加哥一家银行的董事长。美国一些著名的大资本家如哈里曼、胡佛等也都参加了第一委员会的工作。第二委员会的任务是调查德国外流资本的数额,并确定追回这些资本的途径。该委员会主席是英国财政专家

---

① 鲍爵姆金:《世界外交史》第四分册,五十年代出版社1953年版,第244页。

麦克纳。

1924年4月9日,道威斯专家委员会制定的解决赔款问题的计划,提交赔款委员会。为了讨论这个计划,协约国于7月16日召开了伦敦会议。出席会议的有英、美、法、意、日和比利时等国。英国首相麦克唐纳担任会议主席,但对会议起决定作用的是美国。美国不仅派正式代表团参加了会议,而且国务卿休斯恰在这时以美国法律家协会主席的身份,到伦敦进行活动。实际上,会议上的重大问题都是由他幕后操纵的。

1924年8月16日,伦敦会议闭幕,会上通过了道威斯计划。德国为了结束法比对鲁尔的占领和恢复遭到破坏的经济,表示接受这个计划。道威斯计划于8月30日起正式生效,它的主要内容是:

第一,帮助德国稳定通货,复兴经济,以确保德国如数按期地向协约国缴付赔款。为此,英美决定先向德国提供2亿美元,即8亿金马克的贷款。其中美国提供1.1亿美元,英国提供0.9亿美元。同时,在德国国家银行之外,新设立资本为4亿金马克的"兑换银行",负责发行新币和收回已经失去信用的旧币。

第二,为了稳定德国的经济和财政,大幅度地削减了德国每年的赔款额。但是,计划没有规定赔款总数和赔款的最后年限,只规定了前5年的具体赔款数。第一个年度(1924—1925年)是10亿金马克,以后逐年增加,到1928—1929年度为25亿金马克。

第三,明确规定了赔款来源:50%由德国政府预算收入中的关税和啤酒、烟草、食糖等税收中支付;11.6%由运输税收支付;38.4%由铁路公司和工业公司的利润支付。

第四,为了保证赔款的实施,将德国的财政、铁路和税收,置于协约国拨送赔款委员会的监督之下。其中监督大权集中在赔款事务总管手中,这个职务由美国人充任。由于监督制度的建立,自1924年11月后,原来的赔款委员会就变成一个无关紧要的机构了。

第五,计划规定,在赔款问题上今后如发生争论,一律交仲裁委员会解决。法国或任何其他一国不能单独对德国实行制裁。会议还要求法比军队撤出鲁尔,法国被迫答应一年内从鲁尔撤军。结果,1924年11月,法比军队全部撤出了鲁尔。

道威斯计划还设想把苏联作为德国倾销商品的市场,以便从苏联榨取金钱来偿付赔款。为此,斯大林在联共(布)第十四次代表大会上尖锐地揭露了帝国主义的这个阴谋,他指出:"指望我们会同意把我们的祖国变成受德国支配的农业国,那就是指望在没有主人参加的情况下处理问题。在这方面,道威斯计划是毫无根基的。"①

道威斯计划使法国丧失了在赔款问题上的主动权,这是法国在战后地位下降的一个转折点。会议虽然承认法国在一定期间有权强制德国缴付煤炭和化学制品,但又规定德国可以向仲裁委员会请求减少或停止缴付,这就在很大程度上抵消了法国的这种权利。从此,赔款的控制权转移到了以美国为首的仲裁委员会手里。如同斯大林所说:"法国的领导权已经消失殆尽,法国的领导权为美国的领导权所代替了。"②

道威斯计划为外国资本特别是美国资本大量涌入德国开辟了道路,为美国控制德国经济创造了条件。1924—1930 年间,在德国得到的外国长期贷款 108 亿金马克中,美国资本占 70%。美国还贷款给德国 21 家大银行和 103 家最大的工业公司,大力收买德国企业的股票,加强了它在德国银行、电器、石油、汽车、有色金属和电影等行业中的势力,实现了对这些部门的不同程度的控制,攫取了大量利润。同时,德国支付给英法等国的大部分赔款,又以归还战债和偿付战债利息的方式转到了美国手里。这表明,道威斯计划对美国是很有利的。

道威斯计划是德国赔偿史中一个决定性的转折点③,它改变了德国在欧洲的地位。对德国在 20 年代中后期军国主义经济基础的复活起了巨大的作用。1924—1930 年,德国共得到外国贷款及投资 326 亿金马克,其中贷款的 90% 以上落到了德国各大公司及企业手中。德国把从美国得到的贷款的大部分用来发展同军事有关的工业部门。自 1924 年起,德国经济开始恢复。1925 年,出现了工业高涨的局面。1927 年,工业生产达到大战前夕的水平。到 1929 年,德国工业总产量超过战前 13%,再次赶过英法,成为欧洲第一经济大国,这就为它摆脱《凡尔赛条约》的约束提供了物质基础。

英国妄图通过道威斯计划扶植德国,抑制法国,使自己居于欧洲的领导地位,但由于德国的再度兴起,在它面前又出现了一个强有力的竞争对手。

杨 格 计 划

尽管道威斯计划对德国经济起了输血的作用,但德国对该计划仍有许多不满意之处。首先,计划没有规定赔款总数,这就意味着伦敦会议所确定的

---

① 《斯大林全集》第 7 卷,人民出版社 1958 年版,第 226 页。
② 《斯大林全集》第 6 卷,人民出版社 1956 年版,第 251 页。
③ 华尔脱斯:《国际联盟史》上卷,商务印书馆 1964 年版,第 297 页。

1320 亿金马克的赔款总额仍然有效；其次，没有明白规定赔款的年限，德国对此不断提出疑问，它的赔款应该到哪一年为止呢？最后，德国对外国监督它的财政也十分不满。到了 1928 年，德国借口经济困难，提出无力支付 1928—1929 年度的 25 亿金马克的赔款，要求修改道威斯计划。

美国支持德国关于修改道威斯计划的要求，因为按照这个计划的规定，德国在对外的一切支付中，赔款居于优先地位，这种支付程序对美国是不利的。美国要求德国首先支付外国的贷款利息，取消对赔款支付的优先权。英国希望通过修改计划，减少德国用实物赔偿的比例，以缓解德国商品对英国工业生产和销售市场的冲击。法国担心德国中断履行赔款义务，而自己又无能为力，故同意召开会议，重新制订德国赔款计划。

1928 年 12 月 22 日，英、法、意、比、日等国同德国政府商定，成立新的专家委员会，以研究解决赔款问题的新方案，并决定邀请美国代表参加。1929 年 2 月 11 日，专家委员会在巴黎举行第一次会议，英、法、美、德、意、日、比各派专家 2 人，共 14 人出席。会议推举道威斯计划起草人、美国银行家杨格为主席。这意味着美国在该计划中居于主导地位。专家委员会经过四个月的争吵，于 6 月 7 日勉强达成协议，制订了德国新的赔款计划，即杨格计划。其主要内容是：

第一，重新确定德国的赔款总额为 1139 亿金马克，比 1921 年伦敦会议规定的赔款总额减少 181 亿金马克。新的赔款计划从 1929 年 9 月开始实施，到 1988 年 3 月为止，共 59 年完成，前 37 年，每年赔款的平均数近 20 亿金马克，比道威斯计划的规定每年减少 20%；后 22 年，每年平均赔款数是 15 亿金马克。

第二，赔款分为两类：一类是无条件的，无论发生什么情况，都应按时缴付，其数额为 6.6 亿金马克，约占德国每年应付赔款数额的 1/3；另一类在德国财政经济发生困难时，可以延期缴付，但时间不能超过 2 年。这项规定一方面是为了确保英法等国每年都能得到一定数额的赔款，另一方面为德国拖欠大部分赔款开了绿灯。

第三，取消对德国的财政经济监督，并且规定今后的赔款来源只从铁路利润和国家预算中支付，不再从工业利润中提取，这对德国发展工业特别是发展军事工业是非常有利的。

第四，根据美国的建议成立了国际清算银行，这个银行的任务是对索取和分配德国赔款进行调节。美国在其中占支配地位，它可以通过该行使英、法、意、比等国得到的赔款及时归还美国的战债，同时又可进一步密切同德国的经济联系,加强对德国财政的控制。

第五,今后德国缴付赔款主要用外币支付,以实物抵付赔款的数量要逐年减少,并且规定实物赔偿的部分不得再超过 10 年。

1929 年 8 月 6 日,英、法、德、意、日、比、捷、南、波、罗、葡和希腊 12 个国家在海牙举行国际会议,讨论专家委员会起草的杨格计划。会议一开始,德国就节外生枝,要求在杨格计划实施之前,驻兵莱茵区的有关国家,必须明确表示撤兵的日期。协约国为了使德国能按照新的赔款方案继续履行赔偿义务,不得不同意把莱茵区驻军问题列入会议议程。于是,会上建立了两个委员会:一个是研究赔款问题的财政委员会,一个是研究提前从莱茵区撤军的政治委员会。

财政委员会在讨论赔款问题时,对专家委员会起草的杨格计划仍有不同意见。其中意见最大的是英国,因为这个计划把英国得到的赔款比例,从原来的 22%减少到 19%,而且在德国缴付的无条件赔款中,没有英国的份额。英国要求把它应得到的赔款从每年 4.09 亿金马克,增加到 4.57 亿金马克,而且要求从不准拖欠的那部分德国赔款中支付 1.2 亿金马克给英国。法国、意大利、比利时反对修改杨格计划,因为这个计划增加了它们应得的赔款份额。双方争论十分激烈。英代表以退出会议相要挟,法、意、比等国被迫让步,对赔款分配作了一点调整,给英国每年增加赔款约 4000 万金马克,而且每年付给英国 400 万金马克的无条件赔款。

政治委员会在讨论莱茵区撤兵的问题时,德法之间的争议最为突出,德国提出,它已经履行了《凡尔赛条约》的义务,因此,外国驻兵莱茵区对德实行监督的理由已不复存在。如果有关国家不明确表示提前撤兵的日期,德国将不接受杨格计划。

按照《凡尔赛条约》的规定,莱茵占领区划分为三段,占领的时间分别为 5 年、10 年和 15 年。属于法国的是第三占领区,应在 1935 年撤退。法国当然不愿意提前撤军,在他们看来,"莱茵河是德国人下一次进攻中能确保英、法、比共同防御的唯一屏障,因此,在德国人履行和约的全部条件之前,不放弃这一屏障"是法国的"利益所在"。[①] 早在《凡尔赛条约》签订之前,福煦将军在给法国政府的信中就警告说,当我们离开莱茵区的那一天,"法国将失去在欧洲中心的优势",它将是"一次全国性的灾难。安全、对外政策、赔款都将由于放弃莱茵区而崩溃"。[②]

[①] 安东尼·亚当斯韦特:《失去的和平:1918—1939 年欧洲国际关系》,伦敦 1980 年版,第 31 页。
[②] 同上书,第 82 页。

由于提前撤兵涉及法国在欧洲的长远战略利益,所以,法国外长白里安提出,应先实行杨格计划,然后再研究撤兵问题。对法国这种延缓讨论的策略,德国表示强烈反对。在双方争执不下时,奉行扶德抑法政策的英国却站出来说,它将于1929年年底以前完全从莱茵区撤兵。这就使法国陷入被动地位。在这种情况下,8月29—30日,英、法、比、德四国外长达成了从莱茵区撤兵的协议。法国答应在1930年6月30日以前撤出法国军队。

1929年8月31日,与会各国签署了一项议定书,原则上同意杨格计划。1930年1月20日,召开了第二次海牙会议,正式批准采用杨格计划。

杨格计划总的来说对德国最有利,它进一步放宽了《凡尔赛条约》对德国的限制,减少了德国的赔款额,撤销了对德国财政经济的国际监督,并初步达成提前从莱茵区撤军的协议,这对德国军事、经济力量的恢复是大有好处的。法国也从中得利不少,它得到的赔款份额比道威斯计划规定的还多,特别是在有保证的无条件赔款中,法国占的比例最大。英国虽从经济上得利最少,但它迫使法国答应提前从莱茵区撤军,又一次实现了它扶德抑法的愿望。美国通过杨格计划进一步扩大了它对欧洲政治、经济的影响,特别是加强了对德国经济的渗透,牢牢地把握住了赔款和战债问题的控制权。

第二节 洛迦诺会议

安全保证问题

法国战后的外交政策,总的来说是以确保《凡尔赛条约》所规定的现状和维护安全为中心。这种政策建筑在下列两个估计的基础上:第一,一个危险的潜在的敌国可能再次兴起;第二,这个敌国可能发动一场复仇战争。法国鲁尔冒险的失败以及道威斯计划的实施所带来的德国军国主义经济基础的恢复和发展,增加了法国的孤立感和不安全感。

为了遏制德国对法国及其东欧盟国的威胁和可能的侵略,必须使法德边界以及德国与法国东欧盟国的边界得到安全保证。这时,法国关于安全保证的措施和构想有三个环节:首先是不断增强自己的陆军,立足于自保,战后,法国一直维持着世界上最庞大的军队;其次,加强同东欧盟国的双边军事联盟,发展抗德势力;第三,建立一种国际保障制度,以维护凡尔赛条约所造成的现状。

安全保证问题一直是国际联盟议事日程上的一个重要问题。1924年9月,国联召开第五届大会。英国首相麦克唐纳和法国总理赫里欧在会上起草了一个联合提案,建议研究安全保证等问题,得到与会各国的赞同。大会责成一个专门委员会进行研究,由此产生了集体保障公约草案。① 10月2日,国联通过了《和平解决国际争端议定书》,即《日内瓦议定书》。该议定书规定:各签字国在任何情况之下,决不互相交战;各国间的争执应通过和平方法解决;凡拒绝用和平手段解决争端而从事战争之国家,应被视为侵略国;国际联盟行政院对侵略国有宣布经济封锁之权。议定书还规定,保证维护《凡尔赛条约》规定的领土,其中包括维护法国东欧盟国边界的现状。这正是法国外交积极争取实现的目标。所以,法国对此很满意,第一个在协定书上签了字。然而,接替麦克唐纳政府上台的鲍德温保守党内阁认为,议定书有利于法国,与英国的扶德抑法政策相抵触,因此,1925年3月12日,外交大臣奥斯汀·张伯伦在国联行政院会议上宣布,英国拒绝签署议定书。② 这是法国在战后谋求解决它的边界安全保证问题的又一次挫折。

德国作为战败国对安全问题有自己的特殊考虑。早在1922年12月13日,德国就正式建议,在莱茵区有利益的各国缔结一个保安公约,目的是使战胜国特别是法国丧失对德国实行单独制裁的可能性。法国认为,这是德国妄图制造协约国之间不和的拙劣策略,断然予以拒绝。

1924年9月,正是在国联讨论日内瓦议定书的时候,德国政府向协约国和国联秘书长递交了备忘录,要求加入国联,撤退协约国在莱茵区的驻军,并取消德国在军备方面的不平等状况。很明显,德国要进一步摆脱凡尔赛条约的束缚,它不仅要取得在军事上重新武装的权利,而且要争得在政治上同其他列强平起平坐的地位。德国为了实现自己的要求,一方面利用英法矛盾,一方面利用战胜国同苏联之间的矛盾。它常常拿布尔什维克的威胁来吓唬英法,并声称,如果德国在欧洲社会得不到平等地位,那只好"投到苏维埃的怀抱里去了"③。

英法都害怕德苏接近。英国认为,"倘若德国和苏联成立同盟,必然首先来对付英国"④。因此,在英国看来,俄国是最大的威胁。为防止德国倒向苏联,并推动德国反苏,必须对德国作出让步;同时,为了同法国协调这一立场,必须解除法国对安全的担忧,这就有必要制定一项安全保证公约。1924年12月底,英

---

① 华尔脱斯:《国际联盟史》上卷,商务印书馆1964年版,第308—309页。
② 同上书,第321页。
③ 鲍爵姆金:《世界外交史》第四分册,五十年代出版社1953年版,第299页。
④ 同上书,第300页。

国驻柏林大使阿贝农同德国国务部长舒伯特就缔结安全保证公约问题举行了会谈,英国同意保证德国西部边界的领土现状。

1925年1月20日和2月9日,德国政府正式向英法递交了关于缔结莱茵保证公约的备忘录,接着,又向比利时和意大利政府提出了同样的建议。其主要内容是:在莱茵区有利益的各国应相互保证莱茵区领土的现状;公约参加国应保证履行有关莱茵地区非军事化的义务;德国承认阿尔萨斯和洛林归还法国,并保证德法、德比边界的安全。

法国对德国备忘录中承认阿尔萨斯、洛林永归法有,并保证德法边界的安全感到高兴,但对公约草案不提保证德国同其东部邻国的边界安全表示不满。它想借助缔结保证公约加强同东欧盟国的关系,进一步扩大在欧洲的政治影响。为此,法国声称,德国东、西部的疆界必须同时得到保证。

德国东部疆界问题是一个敏感的问题,是这次缔约谈判中德法争论的焦点。德国政府明确表示,它不同意同它的东部邻国签订安全保证公约,但愿意同波、捷签订双边仲裁条约。因为仲裁条约不需要安全保证国,没有多大约束力。德国的目的是为今后修改它的东部边界留有行动自由。这一点清楚地反映在斯特莱斯曼1925年9月7日给前德国皇太子的密信中,他说:"我以为目前德国外交政策的三大目标是:首先有利地解决赔偿问题,巩固和平。这是德国复兴必要的前提。其次是保护居留国外的德国侨民。这是指现居国外备受压迫的一千万到一千二百万的同胞。第三是修改东方的疆界,收回但泽和波兰走廊,修改上西里西亚的界线。"①

法国的东欧盟国对德国不愿保证其东部边界的安全深感不安。1925年3月,波兰外长克钦斯基遍访了欧洲各国,争取对德波边界的保障。1925年4月,捷外长贝奈斯访问法国,要求法国和盟国一致行动。5月,捷政府又向英国陈述了德国东、西部边界都应该得到保证的要求。

英国出于破坏法国同东欧盟国的关系,保持法德对抗的考虑以及推动德国反苏的需要,支持德国的建议,它明确宣布:不愿对德波边界和德捷边界提供保障。奥斯汀·张伯伦说:"英国政府永远不愿也永远不能以英国士兵的骨头去为波兰走廊冒险。"②

1925年5月12日,法国外长白里安向伦敦发出了给德国复照的草案,重申法国的要求,建议让德国承认其东部邻国疆界的不可侵犯性。英国拒绝支持法

---

① 鲍爵姆金:《世界外交史》第四分册,五十年代出版社1953年版,第299页。
② 华尔脱斯:《国际联盟史》上卷,商务1964年版,第322页。

国的建议。1925年5月28日，奥斯汀·张伯伦在给白里安的复照中指出，英国所承担的义务仅限于维护德国西部边界的领土现状。

美国虽没有直接参加莱茵保证公约的谈判，但对这一问题非常重视。它把缔结莱茵公约看成是确保其在欧洲进行大量投资和贷款的政治保证，因此积极促成这一公约的签订。1925年5月，美国驻英国大使霍顿毫不掩饰地威胁说，凡是拒绝签署德国提出并得到英国赞同的保证公约的政府，美国将不提供贷款。

在英美的联合压力下，法国被迫让步。1925年8月24日，白里安向斯特莱斯曼发出照会，表示已征得盟国同意，愿与德国政府正式举行缔约谈判。

洛迦诺会议和《洛迦诺公约》

1925年10月5日，英、法、德、比、意、波、捷七国在瑞士小城洛迦诺举行会议。出席会议的有英、法、德、比外相或外长奥斯汀·张伯伦、白里安、斯特莱斯曼、王德威尔得和意大利代表西亚罗加。德国总理路德和意大利首相墨索里尼也先后到会。波兰外长克钦斯基和捷克外长贝奈斯参加了与他们直接有关的仲裁条约的讨论。

洛迦诺会议的实际操纵者是英国，它的目的概括地说是扶德，抑法，反苏。在第一次会议上，张伯伦就建议以后的会议不设主席，而是在"完全平等的基础上"进行。这明显是为了提高德国的国际地位。斯特莱斯曼在会上开展微笑外交，以同协约国和解的姿态出现，巧妙地利用英法矛盾以及英法引德反苏的心理，迫使西方对德国作出让步。由于英德的携手，法国在会上处于不利地位。尽管白里安使尽了能言善辩的口才，也未能给它的东欧盟国的边界取得国际保证。

洛迦诺会议于10月16日结束，与会各国草签了最后议定书和其他七个条约，总称为《洛迦诺公约》。其主要内容是：

第一，签订了《德国、比利时、法国、英国和意大利相互保证条约》，简称《莱茵保证公约》。这是会议的主要文件。该公约规定：德法和德比之间的边界领土维持现状；双方不得攻击和侵犯，并且在任何情况下不得诉诸战争；彼此通过外交途径与和平的方法解决它们之间的一切争端；《凡尔赛条约》中关于莱茵非军事区的规定和1924年伦敦会议通过的道威斯计划仍然有效；英、意两国充当该公约的保证国，承担援助被侵略国的义务。

第二，德国同法、比、波、捷分别签订了双边仲裁协定。缔约双方保证，今后发生的一切冲突和争执,不论其性质如何,如不能通过正常的外交方式和平解决时,应该提交仲裁法庭和国际常设法院解决。但在德波和德捷协定中,没有维持边界现状的内容,对它们之间可能发生的边界纠纷,也没有规定任何保证的办法。这就给了德国以向东侵略的行动自由。

第三,法国同波兰、捷克斯洛伐克分别签订了互相保证条约,规定如缔约任何一方遭受来自别国的侵略时,互相约定立刻彼此给予支援和协助。这是法国在争取德国同波、捷签订安全保证公约的外交努力失败后,对其东欧盟国采取的一种安慰措施。

《洛迦诺公约》的各项协定于1925年12月1日在伦敦正式签订。

《洛迦诺公约》的签订是英国外交的胜利。它在公约中起着第一保证国的决定作用,其地位实居于德、法、比三国之上,拥有利用局势左右三国的合法权利,在一定程度上取得了在欧洲的支配地位。它顺利地达到了扶植德国、压制法国的目的。但由于苏联的坚决反对和德国圆滑的外交政策,英国引德反苏的目的远未达到。

《洛迦诺公约》的签订对法国是很不利的。它标志着战后法国对德国违反凡尔赛条约的行动实行单独制裁的时期已经结束,而法国今后本身的边界安全却要依赖英国,甚至意大利的保证。况且这种保证并没有切实可行的有效措施,实际上法国得到的只是一种表面的安全感。法国众议院外交委员会主席弗兰克林·布叶龙说:"法国是在英国外交政策的压力下参加洛迦诺谈判的,而英国的政策是被无知和短见所支配的。我们被迫跟着瞎子走,我们受到政治和财政的压力。情况是十分严重的,法国今天面临的威胁犹如1914年一样。"[1]同时,由于公约没有对法国的盟国波兰和捷克斯洛伐克的西部边界提供保证,法国长期经营的欧洲同盟体系受到一次严重打击。法国在欧洲的地位进一步下降了。法国政府清楚地意识到,现实的危险并不在于德国进攻它的西部,而在于德国会进攻它的东部。弗兰克林·布叶龙说:"世界的神经系统不是在莱茵区,而是在波兰。在那里发生冲突是肯定的,目前没有人采取行动去避免这一危险。"[2]

德国是《洛迦诺公约》的最大受益国。它在没有承担什么新义务的情况下,实现了大部分外交目标。它在英国的支持下削弱了自己的直接对手法国,争得了同法国平等的地位,在国际关系中获得了相当大的自由。由于公约不给德

---

[1] 安东尼·亚当斯韦特:《失去的和平:1918—1939年欧洲国际关系》,伦敦1980年版,第77页。
[2] 同上书,第78页。

波、德捷边界提供保证,这就为德国向东侵略开了方便之门。如果说美英策划的道威斯计划为德国军国主义的复活准备了经济基础,那么《洛迦诺公约》则在政治上和军事上为德国军国主义势力的重新登台铺平了道路。斯特莱斯曼在条约签订后高兴地说:洛迦诺精神意味着反对凡尔赛条约、复兴德国经济和军事实力的新阶段,它标志着恢复德国的自由。

美国没有参加洛迦诺会议,但《洛迦诺公约》使它在欧洲的大量投资有了保证,使欧洲国家向美国稳定地归还战债有了指望,因此,美国支持《洛迦诺公约》,希望德国复兴和欧洲出现表面和解的气氛。美国不仅支持英国引德反苏的计划,而且希望欧洲国家建立的洛迦诺体系成为反苏力量。所以,美国对会议的结果是满意的。

《洛迦诺公约》一出笼,资产阶级就大加吹捧,宣扬什么"洛迦诺精神",说《洛迦诺公约》是一个"和解的公约",是"和平主义时代"的最高峰,它照亮了人心与精神等等。公约的主要炮制者奥斯汀·张伯伦、斯特莱斯曼和白里安因此而获得了诺贝尔和平奖金。

究竟《洛迦诺公约》是否给了欧洲的和平与安全以可靠的保证呢?斯大林指出:"洛迦诺会议表面上仿佛消除了战胜国和战败国之间的一切矛盾,但是实际上并没有消除任何矛盾(不管在这个问题上如何喧嚷),而只是使这些矛盾尖锐化。"①《洛迦诺公约》不但不是欧洲和平的保证,而且孕育着欧洲的新战争。"'洛迦诺精神'的基本内容就是'战争精神'"②。斯大林还进一步揭露了帝国主义施放和平烟幕的阴谋,他指出:"这就是极端虚伪的典型的资产阶级外交,他们竭力用关于和平的叫嚷和歌唱来掩盖准备新战争的活动。"③

实际上,《洛迦诺公约》使欧洲国际关系更加复杂化了。法国人感到在会上被英国出卖了,对英国的保证也持怀疑态度,打算今后"以领导者的身份执行协约政策,而不再作为一个追随者"④。为了抗衡英国,法国转而走上了与德国接近的道路。英法关系的日益紧张,为德国进一步冲破凡尔赛条约的束缚提供了有利的机会。

---

① 《斯大林全集》第 7 卷,人民出版社 1958 年版,第 225 页。
② 《斯大林全集》第 10 卷,人民出版社 1954 年版,第 240 页。
③ 《斯大林全集》第 7 卷,人民出版社 1958 年版,第 229 页。
④ 安东尼·亚当斯韦特:《失去的和平:1918—1939 年欧洲国际关系》,伦敦 1980 年版,第 78 页。

德国加入国联和欧洲国际关系格局的新变化

如果说成立国际联盟是巴黎和会的一项重要内容,那么,也可以说德国加入国联问题是洛迦诺会议的一项重要内容。所区别的是,在巴黎和会上,德国被确认是不准加入国联的,而在时隔6年之后的洛迦诺会议上,它就获得了加入国联的资格。

德国加入国联是1924年9月23日提出的。当时,德国政府发表声明,希望早日加入国联,但提出四个条件:1.德国必须成为国联行政院常任理事国;2.鉴于德国被解除武装和不设防的情况,它不能参与盟约第16条规定对侵略者实施的经济和军事制裁;3.必须不再以任何方式让德国承认负战争的责任;4.希望在适当的时候参与国联对殖民地的委任统治。[①]

1925年9月26日,即洛迦诺会议召开前夕,德国再一次向英国政府提出,德国不愿承担发动大战的责任,"德国人民要把这种谎言洗刷清楚。这是绝对公平的。是非一天没有大白,四海之内兄弟之一还刻上了犯罪的烙印,国际间的亲善与互相了解是不可能的"[②]。

德国要求加入国联的目的是要重新挤进欧洲大国俱乐部,参与欧洲重大的政治、军事和经济问题的决策。特别是直接关系到德国问题的决定,使凡尔赛条约的一些"不合现状"的规定逐步得到修改。英法都愿意考虑德国加入国联的申请。法国是想利用其在国联中的优势地位,通过国联对德国进行约束,这是法国安全政策新的一环。英国的重要目的是防止德苏接近,为此,必须把德国拉回到西方国家行列,进而利用德国作为反苏的马前卒。在这一点上,法国同英国是一致的。

在1925年10月召开的洛迦诺会议上,讨论了德国加入国联的问题。双方争论的焦点集中在德国是否无条件履行国联盟约第16条规定的义务上。在德国提出的加入国联的四项条件中,会前基本上解决了三条。第一条德国作为国联行政院常任理事国的要求得到各主要国家的赞同;第三条德国的战争罪责问题,在考虑德国加入国联的时候,协约国也不希望重新提起;第四条德国要求在适当的时候参与国联委任统治还不是现实问题,可留待以后再议。唯独第二条

---

① 华尔脱斯:《国际联盟史》上卷,商务印书馆1964年版,第316—317页。
② 鲍爵姆金:《世界外交史》第四分册,五十年代出版社1953年版,第307页。

要求,英法认为不能接受。① 因为这正是它们拉德加入国联的一个重要目的。很明显,英国、法国调整同德国的关系,主要矛头是指向苏联的。它们希望德国直接参加今后可能发生的反苏战争,或者一旦这种战争发生,德国应允许其他国家的军队通过德国领土,至少在此种情况下,德国应该参加对苏的经济制裁。

德国深知英法的用意,但为了保持行动自由,不愿意公开承担反苏义务,它要狡猾地回旋在英法和苏联之间,以便捞到更多的好处。斯特莱斯曼在洛迦诺会议上明确指出:德军缺乏精良的装备,不可能直接参加军事行动;让外国军队通过德国领土,在内政和外交上都会遇到困难;参与反苏的经济制裁会引起危害德国的后果。因此,他提出,每一个国家应当根据具体情况,独立地决定以何种规模和方式参加盟约第 16 条规定应采取的行动。

英法及其盟国虽然不满意德国这种近乎中立的态度,但为了把德国拉入西方国家集团,决定让德国有所保留地加入国联。协约国就盟约第 16 条执行问题给德国的集体照会中,作了明显的妥协。照会指出:每个联盟会员国应在符合本国军事情况和照顾本国地理形势的范围内,忠实地和有效地进行合作,以维护和抵抗任何侵略行动。② 这几乎是把第 16 条变成了空洞的条文。

《洛迦诺公约》签字后,德国正式申请加入国联。1926 年 3 月,国联召开特别会议讨论是否接纳的问题。会上,法国为了抵消德国成为常任理事国对国联力量均衡所造成的影响,坚决支持波兰成为常任理事国;英国则暗中支持西班牙谋求常任理事国席位;巴西也提出了同样的要求。彼此各不相让,会议陷于僵局。

德国对此十分不满,斯特莱斯曼声称:早知如此,根本不会签订《洛迦诺公约》。德国为了对国联的讨论施加影响,于 1926 年 4 月 24 日同苏联签订了《中立条约》。条约规定:苏德双方应遵照 1922 年《拉巴洛条约》的精神确立友好关系;缔约任何一方如遭到第三国攻击时,另一方应严守中立;双方决不参加针对另一缔约国的任何经济财政封锁联盟。这个条约对英法孤立苏联的企图是一次打击,同时德国也利用这个条约提高了自己在西方的地位。

英法等国为防止德苏接近,加紧在国联内部磋商。最后决定,将行政院常任会员国由原来的四国改为五国,即增加了一个德国;非常任会员国由六国改为九国,即加上波兰、西班牙和巴西。波兰同意了这个方案,但西班牙和巴西拒

---

① 华尔脱斯:《国际联盟史》上卷,商务印书馆 1964 年版,第 317 页。
② 同上书,第 331 页。

绝接受。

1926年9月国联召开第七次代表大会,9月8日全体会员国一致通过接纳德国加入国联,并任常任理事国。在9月10日举行的欢迎德国加入国联的仪式上,德法外长都高唱和平的调子,给人以德法和解的假象。法国外长白里安在致欢迎词时说:"欧洲数百年来的战争固然给两国享够了光荣;却也给两国掘够了坟墓。两国应该勒马悬崖。而另寻新方法新路径的时候已经到了。给德国以和平!给法国以和平!这就是说,我们永远弃绝了无数残酷而可怕的冲突……永远弃绝了战争——弃绝了历来解决争议那种残忍而流血的方法!"①

资产阶级历史学家认为和平的难关"已经渡过",从此,"欧洲各国彼此间都产生了一种新态度,一种和平协调的心理终于取代了战争仇恨的心理"②。其实,德国通向国联的道路不是和平而是战争。

德国加入国联使欧洲外交出现了新格局。德国打破了英法对国联的控制,取得了在欧洲问题上的发言权和表决权。从此,任何重大的国际问题,如果德国反对就不能通过。德国无可置疑地恢复了欧洲强国地位,它同英、法再次形成三国鼎足之势。

法国失去了利用国联对德国施加压力的有利形势,结束了战后短暂的称雄欧洲大陆的局面,从此,不得不以平等的对手同德国打交道。法国外交的主动权进一步丧失,不得不逐步加深对英国外交的依赖。

英国仿佛已经达到了它的外交目标,即把德国拉回西方国家集团,加强反苏阵线,但这充其量也只是解决了形式上的问题。实际上由于苏联的揭露和反对,以及德国不愿过多地依赖西方国家,德苏关系并没有像英、法所期望的那样变化。德国继续奉行在东西方之间保持平衡的政策,斯特莱斯曼说:我们加入国联并不是把自己出卖给西方,我们既不能像有人相信的那样,成为英国在欧洲大陆的尖刀,也不能使自己卷入与俄国的同盟。他还明确指出,外国以为德国一定要在东方与西方之间选择一方面,这个看法是错误的。我们的国家愿意和每一个邻国都和好相处。苏联为了打破帝国主义的反苏联盟,充分利用了德国同英、法之间的矛盾,在与不同社会制度的国家实行和平共处的原则下,发展了同德国的经济往来和正常的外交关系。

---

① 布渥尔:《欧洲战后十年史》,商务印书馆1930年版,第100页。
② 同上书,第102页。

第三节 在裁军和"非战"烟幕下战争因素的增长

"修约派"的挑战

20年代中后期,随着帝国主义各国实力对比的变化,凡尔赛—华盛顿体系所确定的对殖民地和势力范围的分割已经难以维持了。对凡尔赛条约和华盛顿会议条约不满的国家,不断提出修约的要求,出现了所谓"修约派"。修约派的主要国家是德国、意大利和日本。它们为了争夺销售市场、原料产地及重要的海上交通线,处心积虑地准备着瓜分世界的新战争。

德国是最大的修约派。它一直想挣脱凡尔赛条约的束缚。道威斯计划实施后,德国的经济有了明显的恢复,对外贸易也随之发展。1927年,德国对外贸易总额超过战前水平。1929年,在世界进出口贸易中,德国的比重分别达到9%及9.7%,仅次于英、美两国而各占第三位,这标志着它重新进入了资本主义大国行列。

市场问题对于德国特别迫切。20年代后期,德国不仅恢复和加强了在欧洲传统市场上的地位,而且重新打入拉丁美洲及其他地区。德国在世界市场上逐渐成为美、英、法的危险竞争对手。

随着德国实力的增长,国内复仇主义运动迅速蔓延。取消凡尔赛条约已逐渐成为柏林对外政策的主要口号。它们总的要求和目标是:"原来是德国的应该还给德国"。这时,德国叫嚷最起劲的是下面两个问题:

一是要求归还战后被夺走的殖民地。1927年,德国国内展开一场声势浩大的宣传运动,强调归还殖民地问题是德国在国际上的民族荣誉、政治平等、经济平等和文化平等的问题。德国的一些旧军国主义头目叫嚷:帝国本身不足以容纳众多的人口,我们要为我国人民取得更大的"生存空间"。德国司法部长科赫·韦泽尔公开声称:德国在帝国的疆土范围内不可能发挥自己的潜力。德国认为,在殖民地问题上,德国是"无"的国家,而那些"有"的国家应该拿出来"分享"。

二是要求修改德国的东部疆界和提前撤退协约国莱茵区驻军。1928年1月1日,兴登堡在新年招待外交使团的演说中,提出了协约国军队撤出莱茵区的问题。1月30日,斯特莱斯曼又在国会发言中指出,法国军队占领德国的一部分领土,妨碍两国恢复正常关系及有效地保障安全。1928年3月,德国的一些复仇主义政党提出修改东部疆界的问题,公开声明,"德国永远不接受这种界线"。20 年代末期,德国报纸大造舆论,要求合并奥地利,收复上西里西亚失地,取消波兰走廊,甚至提出修改德国同丹麦和比利时的边界。与此同时,斯特莱斯曼在国联进行频繁的活动,力图通过一项关于允许居住在他国的德籍少数民族"同日耳曼祖国建立联系"的决议。一些纳粹分子猖狂叫嚣,日耳曼民族是先进民族,不能在落后民族的统治之下。

为了冲破凡尔赛条约,德国加速重整军备。起初,德国的重新武装只是小规模地秘密进行,后来就越来越公开了。一支军队正在组建,人数比凡尔赛条约的规定要超过好几倍。德国的军费也逐年增加。1925 年,陆海军费是 4.909 亿金马克。到 1928—1929 年,差不多增加了一倍,达到 8.27 亿金马克。其中建造战舰的费用增加最快。1924 年,海军建造费是 530 万金马克,1928 年增加到 5890 万金马克,竟增加 11 倍之多。

德国为重整军备,使用了各种诡计。在国防军外,又秘密组织了"黑色国防军",人数竟达几百万。同时,还成立了一些法西斯军事组织,如"冲锋队"、"禁卫队"等。

面对着德国的再度兴起,法国特别担心。法国的政治家认为德国像一把匕首,时刻都在指向法国的心脏。法国的不安全感日益加剧。英国在 20 年代执行扶德抑法政策,自以为得计,实际上是一种缺乏远见的政策。这种政策实行的结果,加剧了欧洲的战争危险。

意大利虽然作为战胜国在凡尔赛条约上签了字,但它觉得分赃太少,它要冲破凡尔赛条约实现其扩张野心。因此,意大利也是一个修约派。1922 年 10 月,意大利建立了以墨索里尼为头子的法西斯政府。他野心勃勃,狂热地鼓吹战争,公开声称:他的外交活动目标是建立一个"伟大的意大利",以"恢复罗马帝国的光荣"。他崇拜"要么扩张,要么完蛋"的战争信条,企图通过一场新战争把意大利变成一个世界性的殖民帝国。

意大利进行扩张的行动纲领是:确立在地中海的霸权地位,控制巴尔干地区,重新分配委任统治权,改划意大利和法国的非洲殖民地的边界。为此,意大利加紧争夺地中海霸权,贪婪地要把地中海变成意大利湖。墨索里尼说,意大利要么成为地中海的统治者,要么成为地中海的俘虏。

意大利企图染指非洲的扩张野心,对法属北非殖民地是一个直接威胁。因此,法国竭力阻止意大利对这个地区越来越大的影响。法意矛盾的尖锐化给狡猾的英国外交提供了机会。英国把法国看成是战后地中海上最危险的竞争对手。它奉行与意大利接近的政策,目的是假意大利之手打击法国。英国认为,法国、意大利这两个地中海大国保持势均力敌和紧张关系,是符合英国在地中海的霸权利益的。但是,英国、意大利之间也存在着尖锐的矛盾。英国希望维持地中海和非洲的现状,意大利正是要打破这种现状。两国都不可能为了对方而放弃本国的利益。它们之间的联合是暂时的、不巩固的。

早在1919年11月,意大利就曾要求英国给它提供在阿比西尼亚的某些政治和经济阵地。1925年12月初,奥斯汀·张伯伦和墨索里尼讨论了有关瓜分阿比西尼亚的问题。12月中旬,英国表示,承认意大利在阿比西尼亚西部特殊的经济影响,并许诺,一旦意大利进攻阿比西尼亚,英国将不加阻止。1928年8月2日,在英国的支持下,意阿签订了"友好"条约。条约规定,两国间要建立"永久之友谊";双方约定,不得以任何借口,企图足以破坏两国独立之行动;发展两国间现有的经济关系,使之更为密切。这个条约加强了意大利在阿比西尼亚的地位,并为它对这个具有重要战略地位的北非国家实行进一步扩张准备了条件。

与此同时,意大利还努力加强在巴尔干的地位。1926年10月27日,它迫使阿尔巴尼亚签订了地拉那条约。条约规定,意大利向阿尔巴尼亚提供"援助",并以此为条件,取得了在必要时向阿尔巴尼亚出兵的权利,今后,未经意大利允许,阿尔巴尼亚不得同第三国缔约。一年之后,意大利又同阿尔巴尼亚签订了军事同盟议定书,规定意大利有权对阿尔巴尼亚实行监督。这样,阿尔巴尼亚实际上就沦落为意大利保护国的地位。对此,法国向意大利提出正式抗议。

1927年4月5日,意大利同匈牙利签订了友好条约。这就使意大利在东南欧的地位得到进一步加强。

但是,当意大利在"我们向东方看"的口号下,把触角伸向中东的时候,却遭到了英国的坚决反对。1926年9月2日,意大利同也门签订了"友好和通商"条约,借此加强在也门的地位。同时,它还积极准备在叙利亚、巴勒斯坦、伊拉克和埃及发展政治经济势力。意大利的这些扩张活动引起英国的严重不安。英国在外交上支持意大利是为了削弱自己在欧洲最大的竞争对手法国,但绝不允许意大利采取危及英国利益的行动。

英法都是凡尔赛条约的受益国,它们要维持通过条约所获得的既得利益,意大利要争夺地中海和北非的霸权必然要冲破凡尔赛条约的束缚。墨索里尼公开声明,条约并不是永远不变的。他在 1928 年 6 月 5 日的一篇演讲中说:"条约的永恒性意味着,到了某一特定的时刻,人类将由于某种骇人听闻的奇迹而木乃伊化,换一句话说,也就是人类的死亡。"① 他说,条约不是神圣正义的产物,而是虚幻的势力的产物。他带有威胁的口吻宣布,在 1935 年到 1940 年间,欧洲将进入一个难分难解的历史时期。要避免这种难分难解的局面,就必须修改条约。

20 年代末,英、法、意争夺地中海霸权的斗争继续尖锐地存在着,其中意大利表现得特别活跃。

在凡尔赛体系受到德国、意大利冲击的同时,华盛顿体系也遭到日本的挑战。华盛顿会议上签订的《九国公约》使日本对中国的扩张受到限制,这是野心勃勃的日本帝国主义所不能忍受的。日本是东方的修约派。1927 年 4 月,田中义一上台执政,他责备前一届内阁屈从华盛顿会议的决议,宣布对中国实行"铁血"政策。7 月初,田中政府为了巩固它所支持的奉系军阀的地位,阻止英美支持下的国民党军队北上,派兵占领了山东。但在中国人民的强烈反对之下,日本侵略军不久便被迫撤回。

1927 年 6 月 27 日至 7 月 7 日,日本内阁召开了东方会议,参加会议的除外务省、陆军省、海军省、参谋总部之外,还有日本驻华代表。会议讨论了日本对华政策,并炮制了《东方会议宣言书》。这是日本准备对外发动侵略战争的总纲领。会后,田中向天皇呈递了臭名昭著的《田中奏折》。奏折说:"如欲征服中国,必先征服'满蒙'";"如要征服世界,必先征服中国"。"'满蒙'权利果真归我所有,那么,就可以用'满蒙'作基地,假借贸易来征服中国四百余州,就可以利用'满蒙'的权利作为司令塔来攫取整个中国富源,再利用中国的富源,征服印度及南洋群岛,并进而征服中小细亚及欧洲"。② 田中认为,日本侵略中国的主要障碍是美国和英国,特别是美国。奏折提出,如果我们将来要想统治中国,我们必须先摧毁了美国。这个奏折充分反映了日本独霸中国并进而称霸亚洲和世界的狂妄野心。

德、意、日三个修约派国家,在 20 年代中后期分别在西方和东方向凡尔赛—华盛顿体系发动冲击,使战后初期建立的国际关系新体系发生了动摇。这是 30 年代国际关系暴风雨时期到来之前的明显征兆。

---

① 让-巴蒂斯特·迪罗塞尔:《外交史(1919—1978 年)》上册,上海译文出版社 1982 年版,第 110 页。
② 日本历史学会研究会编:《太平洋战争史》第 1 卷,商务印书馆 1959 年版,第 224—225 页。

国际裁军运动

裁军问题是 20 年代重要的国际问题之一。帝国主义国家之间的军备竞赛和裁军活动往往是同时进行的。裁军是帝国主义争夺的另一种形式。帝国主义各国出于本国对外政策的需要,为了欺骗舆论,限制对手,常常打出裁军旗号蛊惑人心。

华盛顿会议以后,国际裁军运动主要是从两个方面进行的:一是国联领导下的裁军活动;一是在国联之外开展的裁军活动。

1927 年日内瓦裁减海军军备会议,是华盛顿会议后在国联之外举行的一次重要裁军活动。这次会议召开的背景是在华盛顿会议上非主力舰方面的限制失败后,帝国主义列强的海军军备竞赛转向非主力舰,特别是在巡洋舰和潜艇方面竞争尤为激烈。当时的海上强国英国和日本,开足马力,增造各种辅助舰只,以争取海上优势。到 1927 年,英国的巡洋舰比美国多两倍,日本也比美国多 31 000 吨以上;日本的潜水艇比美国多 9000 吨以上,比英国多 18 000 吨以上。这种情况引起了美国的严重不安。

美国为了限制英国、日本两国辅助船只的发展,决定召开第二次裁减海军的国际会议。1927 年 2 月 10 日,美国向华盛顿海军条约缔约国英、日、法、意分别发出照会,要求在日内瓦召开会议,讨论关于限制非主力舰的问题。英国、日本同意参加会议,但英国在复照中表示,应该认真考虑英帝国海上交通的特殊需要,实际上是反对把主力舰的比例推广到非主力舰方面。日本则毫不含糊地指出,比例并非永远不可改变,比例的确定必须考虑有关国家国防上的需要。法国和意大利拒绝正式参加会议。法国认为,在主力舰的限制方面自己已吃了亏,《五国海军条约》实际上把它列为三等海军国家以致和意大利处于同等的地位,如果再对其辅助舰只进行限制,则法国的海军实力将受到更大的削弱。所以,它以裁军问题正在国联范围内进行,不必另起炉灶为理由加以拒绝。意大利之所以拒绝,是因为它坚持把陆、海、空军备作为一个整体加以讨论,并且害怕在非主力舰方面被迫接受低于法国吨位的数字。

1927 年 6 月 20 日,美、英、日三国裁减海军军备会议在日内瓦开始举行,法国、意大利派观察员列席。会上,由于美、英、日三国的意见分歧很大,一再引起争执。美国主张把华盛顿海军条约的主力舰 5∶5∶3 的比例,应用于辅助舰只。英国表示反对,它提出,今后各国海军力量应按各国需要而定,不宜抽象地提出比例。但英国考虑到,美国大型巡洋舰多,所以,它主张万吨以上的大型巡洋舰可适用比例规定,而小型巡洋舰英国比美国多,可不按比例。美国自然不能同意英国的主张,因为美国的海外殖民地较英国少,排水量小的巡洋舰活动范围受到限制,不利于在广阔的海域执行任务,它希望建造更多的大型巡洋舰,以弥补其海外基地的不足。日本因几年来辅助舰大大增加,所以它强调依照各国现有的海军力量为标准,不受 5∶5∶3 的限制。由于在巡洋舰等问题上各国各执己见,难以达成妥协,会议于 8 月 4 日以失败告终。

国际联盟自成立后对裁军倾注了很大的精力。从 1922 年到 1933 年的 12 年中,裁军问题一直是国联活动中最重要的问题。历届大会和行政院的许多次会议都曾讨论和辩论这个问题。国联以"维护世界和平"相标榜,盟约第 8 条规定,各会员国"必须将本国军备减至最少之限度,以足以保卫国家之安全及共同实行国际义务为限"①。根据本条精神,1922 年国联第三届大会就裁军问题通过的第 14 项决议中指出:"只有各该国安全得到保证,许多国家政府才能认真削减现有的军队。"②这就是说,裁军要服从于各国的安全。然而,要确定各国保卫国家安全所需的"最少之限度"的军队数量是极其困难的。所以,国联的裁军道路上必然是荆棘丛生。

1925 年 12 月 15 日,国联决定成立裁军会议筹备委员会,并邀请美国、德国和苏联参加。这个委员会的任务是为召开世界裁军会议做准备。从筹备委员会一开始工作,帝国主义各国就矛盾重重,各有打算。英国力图限制法国的陆军,以削弱法国在欧洲大陆的地位。法国则提出裁减海军军备的建议,妄图打破英国的海军优势。德国为实现自己的目的,别有用心地主张普遍裁军,并声称,如不同意普遍裁军,德国将有权重整军备。美国希望削弱英国、日本海军和法国陆军的实力,以加强自己对世界事务的影响。日本关心的不是裁减和限制军备,而是谋求加强自己的军事实力,以便把英国、美国从远东和太平洋地区排挤出去。总之,帝国主义各国所考虑的都不是裁减自己的军备,而是裁减别人的军备,从而使自己在军备方面更强大一些。

1926 年 5 月,筹备委员会在日内瓦举行第一次会议。苏联因伏罗夫斯基在洛桑被刺事件,与瑞士尚未复交而没有参加这次会议。会上列强口蜜腹剑,尔虞我诈。法国提出,为了和平的利益和保证安全,应该建立一支国际部队,至少要拟定对各国军队进行国际监督的条款,其目的显然是为了加强法国的陆军优势,并遏制德国的再起。英国则继续奉行扶德抑法政策,它希望德国的军事力

---

① 《国际公法参考文件选辑》,世界知识出版社 1958 年版,第 420 页。
② 华尔脱斯:《国际联盟史》上卷,商务印书馆 1964 年版,第 256 页。

量得到某种程度的恢复，从而使欧洲大陆主要大国之间的力量保持均衡，以保证英国的仲裁地位。为此，它力图限制法国的陆军。德国代表趁机发表鼓动性演说，他指出，凡尔赛条约规定的德国裁军，开辟了普遍裁军的新纪元。德国既然解除了全部武装，凡尔赛条约的其他签字国无疑地应该一起从事裁军。否则，德国应同其他各国一样武装自己。会上，经过一番激烈的争论，不欢而散。为装潢门面，筹备委员会决定，委托其下设的专门委员会在会后综合各国的意见，归纳出一个"可为大家接受的方案"来。

在第二次和第三次筹备会议上，帝国主义各国仍各唱各的调，先后提出了许多不同的裁军方案。法国提出，裁减陆军主要是对军官人数加以限制，这对常备军人数较少的英国、美国来说是不能接受的；在海军问题上，英国、美国主张对各类舰只应分别规定限额，而法国和意大利只希望限制总吨位；法国要求限制军费，美国和德国则不愿对军事预算作任何规定；法国主张建立一个有效的国际监督制度，意大利和美国则明确宣布，不能容许任何国际机构在它们的领土内进行调查。由于帝国主义的利害冲突，这两次筹备会议一无结果。

1927年11月30日，裁军筹备委员会召开第四次会议。苏联这时已同瑞士复交，第一次派代表到日内瓦参加了筹备会议。李维诺夫代表苏联政府在会上提出了全面彻底裁军的基本原则：解散全部陆、海、空军，不允许以任何名义让其存在；销毁一切武器、弹药及可供军用的化学原料；销毁一切军舰和军用飞机；撤销军事工厂和一般工厂中的军工生产设备；废止陆军、海军、空军各部，取消总参谋部及各种军事机关；废除义务兵役制、志愿兵役制和募兵制；停止进行军事训练、军事宣传和军事教育；停止一切军事费用；拆除军事要塞、海军和空军基地等等。

苏联的提案在筹备会议上引起了激烈争论。法国代表保尔·彭古受主席团委托，一面虚伪地表示感谢苏联代表团的"宝贵建议"，一面对建议进行攻击，说苏联代表没有考虑到问题的种种复杂方面，它的建议"不免失之于简单，国联不能同意这样粗浅的看法"[1]。这些建议"在对侵略的担心还没有消除之前绝不能进入实际政治领域"[2]。列强还指责"苏联提出它的裁军计划的唯一目的只是为了进行反对资本主义国家政府的宣传"[3]。结果提案遭到否决。

1928年3月15日，裁军筹备委员会举行第五次会议。苏联代表在会上提

---

[1] 鲍爵姆金：《世界外交史》第四分册，五十年代出版社1953年版，第370页。
[2] 华尔脱斯：《国际联盟史》上卷，商务印书馆1964年版，第416页。
[3] 同上书，第417页。

出了一项新的裁军公约草案。这次公约草案要求的不是全面裁军,而是局部裁军。它有两个特点:一是把进攻性武器和防御性武器区别开来,要求大量裁减进攻性武器,如轰炸机、航空母舰、长射程大炮、重型坦克等;二是在裁减军备时把武装庞大的大国和小国区别开来,不应按照同一比例,大国应该多裁一些。

苏联这次方案"当中的某些意见,特别是区别进攻性武器和防御性武器的意图,曾被认为具有实际价值"①,但由于它不符合某些大国的利益,没有能作为大会讨论的基础。结果,这次会议仍然没有取得进展。

裁军筹备委员会第六次会议是分两个阶段进行的。第一阶段是1929年4月15日至5月6日,第二阶段是1930年11月6日至12月9日。在第二阶段的会议上,勉强通过了一项毫无实质性内容的裁军公约草案,就是这样一个草案,还附有与会各国提出的49项保留意见,致使公约草案成为一纸空文。斯大林在联共(布)第十五次代表大会上一针见血地指出:"国际联盟关于和平、关于废除军备和裁减军备的空谈究竟有什么结果呢?除了欺骗群众,除了使军备竞争更形加剧,除了使日益成熟的冲突更形尖锐外,并没有什么良好的结果。"②

《非战公约》

英、美、日三国海军会议和国联裁军筹备会议相继失败,帝国主义国家之间的军备竞赛更加紧张。美国准备加造巡洋舰与潜水艇,以对抗英国、日本海军势力的扩充,英国、日本也不甘落后。德国秘而不宣地重新武装,各国相继纷纷扩军。于是,国际上空的战争阴云越积越厚。帝国主义国家为了欺骗世界人民和舆论,捞取政治资本,掩盖扩军备战活动,加紧制造缓和的假象。

1927年4月6日,是美国参加第一次世界大战10周年纪念日,法国政府邀请几千名前美国志愿军访问巴黎。法国外长白里安利用这个机会,发表了歌颂法美友谊的热情演说,表示愿与美国缔结永恒友好,彼此不进行战争的条约。6月20日,白里安向美国驻巴黎大使递交正式照会,提出了法美"永恒友好"条约草案。这是法国自鲁尔冒险失败之后,主动采取的一个较大的外交行动。其原因是,道威斯计划和洛迦诺会议后,法国在欧洲的地位大大削弱,外交上处于孤立状态。在英、法、德三角关系中,法国处于少数地位。在这种背景下,法国试图从欧洲以外寻找盟友,目的是加强法美之间的关系,以便借用美国的力量同英国、德国抗争,预备应付可能发生的欧洲纠纷;同时还希望借此机会解决对

---

① 华尔脱斯:《国际联盟史》上卷,商务印书馆1964年版,第419—420页。
② 《斯大林全集》第10卷,人民出版社1954年版,第238页。

美国的债务问题,并争取得到美国的财政援助,以巩固法国在欧洲日渐衰落的地位。

美国深知法国的目的和用意,但是,单独加强法美关系,对美国没有什么实际价值,所以,美国国务卿凯洛格在1927年12月28日给法国的复照中说,放弃以战争作为执行国家政策工具的条约,不仅应由两国缔结,而且应由各国缔结。美国想把白里安建议的双边公约,变成一个多边的国际公约。这不仅可以树立美国"爱好和平"的形象,而且可以通过普遍公约的形式来取代英国、法国控制下的国联,以提高美国的国际地位。这是战后美国试图取得世界事务领导权的又一次努力。

凯洛格的动议有违法国的初衷,使法国大感失望。因为法国在战后缔结的各种条约及双边同盟条约,其核心内容都是用战争手段防止德国的再起。凯洛格建议的多边公约有可能影响法国已签订的条约的效用。同时法国也担心,新形成的多边公约集团会同国联分庭抗礼,从而会降低国联的威望。

1928年3月16日,法国政府对美国提议的多边条约提出四项保留条件:1.公约必须得到世界各国同意才能生效;2.公约并不排除各国合法的自卫权;3.各签字国对违反公约的国家不承担放弃战争的义务;4.公约不得妨碍法国以前在国联盟约、洛迦诺公约和其他条约中所承担的义务。很显然,法国提出保留条件的目的,一方面是为了给缔结多边公约设置障碍,以拖延公约的签订;另一方面是为了使多边公约的条款不至于束缚法国的手脚。同时,法国还提出了一个新建议,即法美两国可首先签订一项并非一般地放弃战争,而是放弃任何进攻性战争的条约。然后,其他国家都可加入这项条约。

美国政府不同意法国的新建议。1928年4月13日,美国驻英、德、意、日大使分别向各驻在国政府递交了照会,请它们对美法双方的争执发表意见。照会里面还附有白里安的草案原文、美法两国的外交换文以及美国提出的非战公约草案。

德国在4月27日首先对美国的照会作出答复,明确表示拥护美国的方案。它希望借此阻挠法美关系的改善,赢得爱好和平的声誉,转移战胜国对德国扩军备战的注意力。而英国对美国的建议却怀有戒心。英国庞大的海外殖民地是靠武力镇压维持的,很难设想,它会承担放弃战争的义务。所以,对美国的照会它迟迟不予答复。

美国敏感地觉察到,它的草案遇到了英国、法国的暗中抵制,为了避免非战公约的流产,必须对它们作出让步。英国、法国所坚持的根本点,就是公约不能妨碍各国进行各种类型的"防御"战争或"自卫"战争。为了消除英国、法国的疑虑，凯洛格于1928年4月29日在美国国际法协会的演说中，特地对"自卫"作了解释。他说："在美国的非战公约草案中并没有任何限制或损害自卫权的规定。自卫权是每个主权国家所固有，而为每项条约所默认。每个国家可以在任何时候和不拘于条约之规定自由防守其领土使之免受攻击和侵略，只有它自己才有权决定：情况是否需要诉诸战争以实行自卫。"①

在此之后，英国外交大臣奥斯汀·张伯伦在5月19日的备忘录中，提出了加入公约的保留条件。他说，世界上有些地区"对我们的和平和安全具有特殊而重大的利害关系"，"保护这些地区免遭攻击对大英帝国来说，是一项自卫措施"。英国政府是在明确理解到"条约不会损害他们在这方面的自由行动才接受新条约的"②。日本也声明保留所谓"自卫"权，宣称"满洲对它自卫的重要性，并不下于苏伊士运河对英国和巴拿马运河对美国的重要性"。③

帝国主义各国经过紧张的磋商并相互达成妥协之后，于1928年8月27日在巴黎举行了公约的签字仪式，美、英、法、德、意、比、波、捷、日等15个国家在公约上签了字。这就是所谓《非战公约》，也叫《白里安—凯洛格公约》。

《非战公约》的正式名称是《关于废弃战争作为国家政策工具的一般条约》，它包括一个前言和三项条款。第一条规定，缔约各国谴责用战争解决国际争端，"在它们的相互关系上，废弃战争作为实行本国政策的工具"④；第二条规定，缔约各方之间"可能发生的一切争端和冲突，不论其性质或起因如何，只能用和平方法加以处理或解决"⑤；第三条规定，任何国家只要同意本公约的内容都可加入，加入的通知送交美国政府即可生效。

《非战公约》的发起国，在公约签订之前没有邀请苏联参加谈判。为此，苏联外交人民委员契切林在1928年8月5日发表声明时强调指出，排除苏联参加公约谈判一事证明，公约发起国的真实目的，是要把公约变成孤立和反对苏联的工具。苏联的声明使美、英、法政府十分恐慌，不得不邀请苏联参加。

苏联在收到邀请之后，于1928年8月31日发出照会，指出公约条文里缺乏裁军的规定，而"禁止战争"的提法过于空泛，人们可以随便作出不同的解释。

---

① 《现代国际关系史参考资料(1917—1932)》，高等教育出版社1958年版，第382页。
② 华尔脱斯：《国际联盟史》上卷，商务印书馆1964年版，第433—434页。
③ 《现代国际关系史参考资料(1917—1932)》，高等教育出版社1958年版，第381页。
④ 《国际条约集(1924—1933)》，世界知识出版社1961年版，第374页。
⑤ 同上。

照会明确指出,国际上无论哪一种武装冲突都应该禁止,尤其应该禁止武力镇压各国人民的解放运动。9月6日,苏联政府发表声明,决定加入《非战公约》,但宣布不承认其他签字国对该公约所作的任何保留条件。

《非战公约》于1929年7月25日开始生效。截至1933年,加入本公约的国家有48个,连同15个签字国,总计63国。

《非战公约》签订后,在国际上引起了一阵和平喧嚣。白里安说,1928年8月27日是"人类历史新纪元的第一天。"[1]自此以后,自私的和敌意的战争俱认作非法的了。凯洛格认为,公约"将是防止第二次世界大战的一个实际保证,这件事本身就是对人类的一个巨大的功绩"[2]。实际上,《非战公约》并不能有效地制止战争。公约没有提到裁军问题,对于违反公约的国家,也没有实际的制裁办法。而且帝国主义国家还对公约提出了各种保留条件,它们仍然可在"自卫"的幌子下对外发动侵略战争。华尔脱斯在评价《非战公约》时指出:"既然每个签字国都是自己自卫行动的唯一判断者,既然它们当中的两个最大的国家(指英美——引者)对这个字眼作了广泛的解释,那么就凯洛格公约而言,采取军事行动的道路还是敞开着的。"[3]

尽管《非战公约》存在着严重缺陷,但它宣布在国家相互关系中废弃以战争作为执行国家政策的工具,主张和平解决国际争端,并以国际条约的形式否定了侵略战争的合法性,树立了不侵犯原则的法律基础,所以,它还是有一定积极意义的。

---

[1] 让-巴蒂斯特·迪罗塞尔:《外交史》上册,上海译文出版社1982年版,第99页。
[2] 《现代国际关系史参考资料(1917—1932)》,高等教育出版社1958年版,第384页。
[3] 华尔脱斯:《国际联盟史》上卷,商务印书馆1964年版,第433页。

第二编

从世界经济大危机开始到二战爆发前夕的国际关系
（1929—1939）

第五章 1929—1933年世界经济危机对国际关系的影响，新的世界战争策源地的形成

第一节 1929—1933年世界经济危机

经济危机的特点与影响

1929年10月21日，以纽约证券市场股票价格暴跌为标志，揭开了一场空前严重的世界经济危机的序幕。危机最先由美国开始，很快蔓延到德国、日本、英国和法国，以至席卷了整个资本主义世界，并波及许多殖民地和半殖民地国家。

这次经济危机是资本主义历史上最深刻、最猛烈、破坏性最大的一次生产过剩危机。它使资本主义遭受了价值2500亿美元的损失，比第一次世界大战的总损失1700亿美元还要多800亿美元，创资本主义经济危机史上的新纪录。

这次危机与历次资本主义经济危机相比较，具有一些显著的新特点：

第一，危机持续的时间最长，生产下降的幅度最大。危机从1929年开始到1933年结束，拖了4年之久。在以前的各次危机中，工业生产约倒退一两年，这次危机却使整个资本主义世界工业生产平均下降了40%，倒退了30年，即退到了19世纪末20世纪初的水平。以几个主要资本主义国家为例，从1929年危机前最高点到1932年危机最低点，美国工业生产下降了55.6%，即退回到1905—1906年的生产水平；德国下降了40.6%，退回到30年前的生产水平；法国下降了36.2%，约倒退20年，只相当于1911年的水平；日本下降了32.9%（危机的最低点是在1931年）；英国下降了23.8%。

各国重工业部门受到特别沉重的打击，生产下降更是一泻千里。在危机期间，美、德、英、法、日五国的煤、铁、钢、机床、汽车、造船等6个重工业部门生产下降的比重如下表：

	煤	铁	钢	机床制造	汽车制造	造 船
美 国	40.9%	79.4%	75.8%	87%	94.6%	
德 国	46%	77.7%	73.1%	73%	90%	
英 国	19.7%	52.9%	46%			91%
法 国	26%	50.8%	47.1%	42.6%		
日 本	36.7%	30.5%	47.2%			88.2%

第二,大批企业破产倒闭,失业人数猛增。在这次危机中,美国有 13 万多家企业破产,德国约 6 万家企业倒闭,甚至一些大康采恩也摇摇欲坠。没有倒闭的企业开工率也是很低的,结果,大量工人被赶出工厂。危机期间,整个资本主义世界失业人数高达 3500 万。其中,美国全失业工人从危机前的 150 万人增加到 1320 万人,占劳动人数的 1/4。德国失业人数高达 700 多万,接近全国工人的半数。英、法两国也都有约 300 万人失业。失业工人流离失所,饥寒交迫。正如马克思所指出的:"资本不仅在活着的时候要依靠劳动。这位尊贵而又野蛮的主人也要把他的奴隶们的尸体,即在危机中丧生的大批工人陪葬,同自己一起葬入坟墓。"①

第三,农业危机、工业危机和货币信用危机同时并发,相互激荡。随着工业危机的不断加深,对粮食及农业原料的需要迅速减少,造成农产品大量"过剩",价格一落千丈。危机期间,各主要资本主义国家的农产品价格分别下跌了 1/4 到 1/2 以上。在世界市场上,小麦批发价格下跌 70%,棉花、黄麻、羊毛等工业原料下跌 50% 以上。各国农业收入大幅度减少,许多农户破产。各国政府和垄断资本家为了摆脱农业危机,竟采取了有组织地大规模销毁农产品的措施。1932 年 12 月 4 日的《纽约时报》报道:"在现有谷物价格的条件下,家庭和机关中利用谷物作燃料,要比用煤砖更合算。"1933 年 8 月 24 日的《纽约先驱论坛报》报道:"政府计划规定销毁 500 万头猪并控制繁殖新生猪只。销毁生猪的工作业已开始进行"。由于农产品价格的跌落远远超过工业品价格的跌落,农民购买工业品的能力进一步降低,其结果是农业危机又使工业危机更趋严重。

工农业危机的尖锐化,必然促使货币信用危机的加深。在 1931—1933 年,欧、美、日各国银行纷纷倒闭,整个资本主义信用制度濒于崩溃。各国竞相实行货币贬值,并先后废止了金本位制。在欧洲,以 1931 年 5 月奥地利信用银行宣

---

① 马克思:《雇佣劳动与资本》,《马克思恩格斯选集》第 1 卷,人民出版社 1995 年版,第 363 页。

告破产为先导,其他各国相继陷入信用货币危机的旋涡。德国由于大量外国短期信贷数十亿马克被提走,导致柏林许多大银行的破产倒闭;国库黄金储备锐减4/5,整个信贷系统和金汇兑本位制濒于总崩溃的边缘。在德国银行倒闭后的两个月之内,英国被各国从伦敦提走近半数存款而导致黄金大量外流,被迫在1931年9月放弃金本位制,实行货币贬值。美国的信用危机虽到1933年3月才爆发,但其情势比别国更为严重。全国有10 500家银行破产,占银行总数的49%。各种重要商品(如棉花、小麦等)的交易所、股票交易所都陷于停业。海外汇兑也完全停顿,整个银行信贷系统几乎陷于瘫痪。这次规模空前的货币信用危机,在工农业危机的高潮中起了推波助澜的作用。

第四,国际贸易额和资本输出量急剧下降。在危机期间,由于每一个国家的资产阶级都加强了对国内市场的垄断,因而使国际市场缩小到极点。各资本主义国家进出口贸易和资本输出都受到严重打击。整个资本主义世界国际贸易额下降了60%,资本输出额也大幅度减少。1933年,资本主义世界贸易总额只有242亿美元,比危机爆发前的1929年降低2/3。美国进出口总值都缩减了70%左右。美国发行的外国有价证券,从1928年的13亿美元,降到1933年的160万美元,资本输出几乎停止了。1929—1935年,德国进出口总额减少了69.1%。英国经济一贯地依赖世界市场,因而受的打击也很沉重。它的出口贸易下降了50%,资本输出减少了25%。法国是高利贷国家,它的资本输出受到的影响特别大。危机年代,日本出口贸易总额下降了76.5%,进口下降了71.7%。国际贸易额的急剧下降,使生产"过剩"的问题更加尖锐。

这次全面而深刻的经济危机,导致了严重的政治危机。危机使工人失业,农民破产,激化了国内的阶级矛盾。资本主义各国的罢工斗争声势浩大,工人们喊出了"不愿饿死——必须战斗!"的革命口号。高涨的革命运动,极大地震撼了资本主义的反动统治,使各国资产阶级如临深渊,如履薄冰。各个帝国主义国家政治动荡,政府频繁更迭。为了摆脱严重的经济、政治危机,日本在远东的一角点燃了侵略战争的火焰,德国在欧洲建立了法西斯独裁统治,从而在欧亚两洲形成了两个战争策源地。人类的上空又重新凝聚了新战争的乌云。

赔款与战债问题的结束

在资本主义各国深深陷入经济危机的情况下,赔款与战债问题,再次成为有关国家之间的突出问题。

1929年9月1日生效的杨格计划虽然减轻了德国的赔款负担,但它每年平均仍要偿付近 20 亿马克的赔款,而且仅无条件赔款就有 6.6 亿马克。同时,德国欠有大量外债。到 1931 年初,德国负有外债 270 亿马克,当年需要归还的各种债款就达 49 亿马克,另外还要付 15 亿马克的利息。而这时德国却在经济危机中愈陷愈深,对外贸易不断恶化,外国投放到德国的短期贷款被迅速抽回,国家银行的黄金及外汇储备急剧下降,经济濒临破产。勃朗宁政府用高压手段及强制措施缩减工资、增加赋税,不仅未能缓和危机,反而激起本国革命运动的高涨。

1931 年 6 月 5 日,即缴付赔款日益临近之际,德国总理勃朗宁在向世界发出呼吁时公开声称,必须解除德国"不能胜任的赔偿义务"。同一天,勃朗宁和外长科尔休同赴英国与英首相麦克唐纳谈判,要求延期偿付赔款与贷款,但遭到严词拒绝。此时,德国经济状况继续恶化,黄金储备急速外流。6 月 10 日至 19 日,短短 10 天之内即减少了 10 亿马克。在形势十分危急的情况下,德国总统兴登堡于 6 月 20 日致电美国总统胡佛,诉说德国财政陷于困境,"乞求"给予援助。

美国自危机开始后,始终密切注视着德国经济衰退情况。如果德国经济崩溃,不仅将使美国投放在德国的巨资化为乌有,而且会动摇欧洲经济体系。因为资本主义各国经济体系是高度统一的整体,环环相连。德国偿付欧洲各国的赔款,是以从美国得到大笔贷款为前提的。而欧洲各国所以能偿付美国战债,是因为得到了德国的赔款。德国经济与欧洲各国经济联系如此紧密,致使美国虽曾一再强调赔款与战债是不相关联的两回事,此时也不得不统一考虑采取相应的措施,帮助德国度过危机,以稳定欧洲经济,从而使美国的商品和投资获得出路。

1931 年 6 月 20 日,胡佛在参众两院两大政党领袖支持下,发表了《延债宣言》。宣言声称:"美国政府建议,在一年期内延付一切政府间的债务、赔款和救济借款的本息。"宣言还强调:"德国赔款与协约各国所欠美国战债之间没有关系",反对"取消对美国的债务"。[①]

对于胡佛延债宣言的反应,各国因利害关系不同而有所差异。英国对于德国经济形势的关注不亚于美国,它在德国也有巨额投资,而且更加担心德国因支付不起赔款而爆发革命,因此表示接受胡佛建议。意大利在德国赔款中所得无几,因而也无异议。只有法国持反对意见,因为它每年从德国索取的赔款数

---

① 齐世荣主编:《世界通史资料选辑(现代部分)》,第一分册,商务印书馆 1980 年版,第 76 页。

额,超过它需偿还的战债近20亿法郎。若接受胡佛建议,无异于损失这笔巨款。1931年6月24日,法国政府在声明中说,"要度过经济危机,简单地停止各种付款,不是满意的办法。"①它坚持赔款里面无条件缴付的部分,应有"政治上的担保"。美国为了取得法国的支持,必须适当地满足它的要求。经过双方代表的磋商,美法两国于7月6日达成协议。协议规定:德国必须偿付无条件赔款,法国则将所获得的这部分赔款以贷款形式转给德国铁路公司。这样,法国有条件地接受了胡佛延债宣言。同年10月,法国总理赖伐尔访问华盛顿,与胡佛发表共同声明,指出各国政府之间的债务,必须在一年延缓偿付期届满以前,商妥进一步安排。

1931年7月20日至23日,美、英、法、比、日、意、德在伦敦召开国际会议,通过了各国政府之间债务延期一年偿付的决定。会上组成了由英国经济学家沃尔特·莱顿担任主席的专家委员会,研究德国经济问题。结果,该委员会提出了一个认为"德国的国际支出必然会损害德国财政稳定"的报告。德国政府以此为根据,提出即使延债一年以后,也无力偿还赔款,继续以"经济崩溃"、"革命危机"为理由,呼吁彻底取消赔款。

1931年12月30日,英国首相麦克唐纳向法国、意大利等国建议召开洛桑会议,再次讨论德国赔款问题。会前,英国、意大利已倾向于同意德国取消赔款的要求,法国却表示不能再作任何让步。

1932年6月16日至7月9日,洛桑会议召开,英、法、德、意、日、比等有关国家都出席了会议。美国派观察员列席。会上,英、意、比、日等国都主张赔款与战债同时一笔勾销,只有法国主张取消战债而保留赔款。美国则坚持赔款与战债是毫不相干的两件事的一贯立场。此时,德国处于经济危机最严重时刻,政治上也极为混乱。6月,勃朗宁政府倒台,冯·巴本继任内阁总理。他利用英法两国之间的分歧,并向法国新任总理爱德华·赫里欧施加影响。冯·巴本一方面声称:德国经济萧条,人心浮动,已经到了山穷水尽的地步;另一方面又针对法国畏惧德国实力增长威胁法国安全的心理,说只要法国政府放弃赔款,德法之间可以签订一项包括军事、政治、经济内容广泛的协定。为了换取美国支持,他还在会上公开声明:德国赔款与协约国所欠美国战债无干。法国迫于孤立形势,赫里欧只得同意放弃赔款,但是要求德国政府重申将遵守其他国际义务。

---

① 鲍爵姆金:《世界外交史》第五分册,五十年代出版社1953年版,第12页。

1932年7月9日,会议签订了《洛桑协定》,又称《最终公约》。协定规定:德国须最后缴付30亿马克,就算了结了它的赔偿义务。但是,就连这个数目德国也没有支付。

洛桑会议期间,英、法等国曾经达成一项协议,即《洛桑协定》的签订,是以"妥善解决协约国之间的债务"为前提。意即英法放弃赔款以美国放弃战债为条件。只有在战债问题上得到"满意的解决时",《洛桑协定》才能生效。会后,《洛桑协定》签字国准备就战债问题与美国谈判。1932年12月1日和2日,法英两国分别向美国政府发出照会,要求延期缴付12月15日到期的战债,并建议举行谈判。对此,美国总统胡佛函复英国、法国政府,明确答复:"我们不同意延长12月15日到期的债务偿付期限。"并要求各国政府"克服目前暂时的外汇困难,按期偿还债务"①。在此情况下,英国内阁决定动用国库储备,以黄金支付当年应还的债款。意大利、捷克和欧洲一些小国也付了债款。而法国、波兰、比利时、希腊等国不顾美国政府反对,拒不付款。法国对英国偿还战债十分不满,认为"这一偿付是战略上的错误,因此《洛桑协定》签字国将为此不能采取一致的行动。美国人将会相信对其具有强大压力的欧洲共同阵线已经出现裂缝"②。

1933年,英、意等国又象征性地缴付了一笔债款,其他国家依然未付。为此,1934年4月13日,美国国会通过了《约翰逊法》。该法规定:所有国家必须偿付全部债款,否则将禁止"赖债"的国家在美国市场上发行公债,同时"禁止任何美国公民或公司借钱给任何未向美国履行债务的国家"③。美国政府虽然作出如此强硬规定,欧洲各国(芬兰除外),依然停止了偿付债务。至此,第一次世界大战后在资本主义国家之间多次引起纠纷的赔款与战债问题宣告结束。

帝国主义国家之间的经济战

资本主义经济危机的爆发,促使帝国主义国家之间的经济斗争空前加剧。各国为了缓和和摆脱危机,一方面提高进口税率,高筑关税壁垒,限制外国商品输入,以保护国内市场;另一方面则实行货币贬值,廉价对外倾销本国商品,以加紧争夺国外市场。这样,主要资本主义国家相互之间展开了一场激烈的关税战、货币战和倾销战。

---

① 《法国外交政策文件集(1932—1933)》,第69号。
② 同上,第70号。
③ 阿瑟、林克等:《美国时代》,艾尔弗雷德·A.克诺普夫公司1980年版,第438页。

关税历来是资本主义国家保护本国市场、打击外来竞争对手的惯用手段。危机爆发前,随着各国工业、农业生产的恢复和发展,关税斗争已经相当激烈。在 1925—1929 年间,德国关税提高了 29%,法国提高了 38%,比利时提高了 50%。经济危机爆发后,关税战激烈到无以复加的程度。美国第一个投下新关税战的炸弹。1930 年 5 月 19 日,美国国会通过了《霍利—斯穆特关税法》。根据这项法令,约有 75 种农产品和 925 种工业品提高了关税率,其中农产品关税的平均水平从 20% 提高到 34%,全部关税的总平均水平从 33% 提高到 40%。这项法令对英、法、日的丝、棉、毛织品,德国的化学制品,瑞士的钟表,比利时的水泥、玻璃,加拿大的木材等传统出口商品打击很大。因此,美国的这一行动引起了 33 个国家的抗议,并有 7 个国家立即对美国采取报复性的措施。加拿大决定大幅度提高美国商品的征税率,法国对进口美国小汽车增税 60%。英国于 1931 年制定紧急关税法,对棉纱和棉织品征收 50% 的重税。1932 年,德国推行新税法,对许多进口商品征收 100% 的关税。

剧烈的关税战,使困难重重的世界经济更深地陷入危机的泥沼之中。为了摆脱这种局面,一些国家企图通过订立互惠的关税协定,以扫除彼此之间的通商障碍。1930 年,欧洲各农业国在法国的倡议下,曾努力于关税的合作。1931 年 3 月 19 日,德奥订立关税同盟,规定两国之间取消关税边界,统一税法,相互调整关税率。但该同盟遭到英、法、意等国的强烈反对,于同年 9 月 5 日被国际仲裁法院判决无效。1932 年 7 月 21 日,英国召集它的自治领和殖民地在渥太华举行帝国经济会议。8 月 20 日,签订了《帝国特惠协定》,宣布在英帝国各成员国之间,实行"帝国特惠制"。协定规定,英国从各自治领和殖民地输入的商品给予减税或免税的优待,并限制自己从帝国以外进口农产品的数量,各自治领和殖民地对从英国进口的工业品,也同样给予优惠待遇,并提高从英国以外国家进口商品的税率。显然,帝国特惠制的建立有利于改善和加强英国在国际市场上的竞争地位。

美国对帝国特惠制十分不满,说这是"经济帝国主义的典型例证"[①]。它一方面打出"反对国际贸易歧视"、遵守"机会均等"原则的旗号;一方面以"归还战债"向英国施加压力,要求取消帝国特惠制,但遭到英国的断然拒绝。帝国主义各国的关税战愈演愈烈。

与关税战进行的同时,资本主义各国还展开了激烈的货币战。关税战主要

---

① 艾默里:《华盛顿贷款协定》,伦敦 1946 年版,第 92 页。

是为了保护国内市场,抵制各国商品的倾销,其作用带有一定程度的消极防御性;而货币战则是以贬低币值的办法,压低本国商品的价格,实行对外倾销,其作用则是积极进攻的。所以,货币战是帝国主义经济斗争达到白热化的集中反映。

1931年9月21日,英国率先放弃金本位,禁止黄金出口,实行英镑贬值,从而揭开了猛烈的货币战的序幕。接着,英联邦成员国以及同英联邦联系密切的欧洲国家,也随之先后废止了金本位制。同年11月,英国为了使自己在国际金融货币领域处于较有利的地位,又纠集它的殖民地、自治领(加拿大除外)和其他一些独立国家组成了"英镑集团",规定:各成员国的货币同英镑保持固定汇率;集团成员国之间的贸易须用英镑结算;参加国的外汇储备须大部分或全部存放在伦敦银行。从此,英镑集团与帝国特惠制就成了英国在世界市场上竞争的相辅相成的两根重要支柱。

1931年12月,日本宣布放弃金本位,禁止黄金出口,使日元汇价下降65%,以便用本国的廉价商品去冲决别国的关税壁垒,结果造成出口"景气"。1933年4月,黄金储备最丰富的美国也宣布放弃金本位,禁止黄金出口,美元贬值50%。美国为了同英国相抗衡,还拉拢南北美等20多个国家组成了"美元集团"。从此,以英镑集团和美元集团之间的对立为中心,世界货币战踏上了一个新阶段。

在这两个集团之外,还有一个"金本位集团"。这个集团的盟主是法国。法国为了使它的对外贷款不受损失,竭力维护法郎的金本位,它于1933年联合荷兰、瑞士、比利时、意大利、波兰等维持金本位的国家组成了金本位集团。这个集团挣扎在英、美两大集团之间,其成员国出口贸易不振,黄金外流,处境日艰。在此情况下,意大利和比利时于1935年,法国于1936年先后被迫放弃金本位。这样,金本位集团实际已陷于崩溃状态。

在激烈的货币战中,德国由于势力孤单,外汇短缺,在其对外贸易中采用了以货易货的非现金结算办法,即"记账马克"制度。根据这种制度,外国卖给德国的商品,不付现金,而是按价记在德国中央银行开设的专门账户上,然后,卖主可用"记账马克"选购德国商品。德国对这种贸易往往提供比国际市场更为优惠的条件,以便取得更多的原料供应地和商品销售市场。结果,它在东南欧和拉美一些国家争得了一席之地。

日本在货币战的世界竞争中,实力远不及英国和美国。日本垄断资产阶级除采用日元贬值等手段之外,还通过剥削比其他资本主义国家廉价得多的国内劳动力,以低价在亚洲市场上倾销商品,并加紧向美洲渗透,竭力排挤英美势力。1930年，日本对中国的商品输出总额超过英、美，跃居第一位。日本商品在印度和东南亚的扩张势头也以令人吃惊的速度发展。1931—1934年，日本出口额从11.5亿日元增到21.75亿日元，严重冲击了英、美的势力范围，致使英、美惊呼"经济黄祸"。为此，英国议会提出废弃《英日通商条约》和在全世界范围内抵制日货的动议。据《曼彻斯特卫报》统计，到1934年，对日本商品采取抵制贸易或提高关税的有40多个国家。日本在倾销政策遭到抵制的情况下，国内法西斯势力疯狂叫嚣："以军事力量确保东洋市场"。

在帝国主义之间这场以争夺销售市场为核心的经济战中，可以明显地看出，销售市场问题同势力范围和殖民地是紧密联系在一起的。谁拥有广大的殖民地和势力范围，谁就有比较稳定的销售市场。由于英国拥有比较庞大的殖民地，又采取了一些比较有效的措施，所以在这场经济战中处于比较有利的地位。结果，美国丧失了20年代在国际贸易中的领先地位，英国又重新摘取了世界贸易的王冠，直到第二次世界大战爆发前，始终保持着这一领域的霸主地位。由此可以得出结论：争夺销售市场的斗争必然加剧帝国主义争夺殖民地和势力范围的斗争。希特勒公开叫嚣：德国的"生存空间"问题，要"用剑来解决"。日本法西斯则声称：日本在国际上"处于无产者之地位"，应该用战争去夺取世界的富源。从此，20年代中后期出现的和平、非战的美妙言辞黯然失色，国际关系揭开了一个暴风雨的时代。

世界经济会议的失败

1933年6月12日，在一片关税战、货币战和倾销战的硝烟弥漫的气氛中，64个国家的代表，云集伦敦，举行世界经济会议，企图缓和因经济战而带来的日益紧张的国际经济关系，以恢复世界贸易的正常秩序，寻找起死回生摆脱资本主义危机的妙方。

但是，掉在危机深渊中的资本主义各国，都想踩着别人的肩膀爬出谷底。它们怀着利己的目的，希望会议达成有利于自己的协议，这就为会议投下了不祥的阴影。

这次会议的整个进程，主要地反映了英、美之间的矛盾和冲突，同时还夹杂着法、德、意、日等国的不同意见和要求。会议危机四伏，风波迭起。斗争主要是围绕着战债、关税和稳定货币等问题展开。

英国认为，解决战债问题是摆脱危机的一个出路。英首相麦克唐纳会前曾明确表示，会议成功与否，主要取决于债务问题的解决。他于5月8日写信给美国总统罗斯福,要求延期支付6月15日到期的债款,并说这个问题如得不到解决,将会"危及世界经济会议"①。罗斯福在5月22日的回信中,建议在会上把债务问题同其他问题分开讨论,并说如果英国确有困难,可先偿还一部分6月15日到期的债务。但是,麦克唐纳认为,即使只偿还极小的数目,也会给全面谈判债务问题,给世界经济会议带来不幸的后果。它在会议开始的第一天,就不顾会前达成的暂不谈债务问题的协议,公开在会上要求必须首先解决债务问题,目的是想联合欧洲各债务国一致对美。法、意代表对此表示支持。这使美国极为不满,美方"坚决反对在债务问题上作出任何重大让步"②。迫于美国的压力,英国政府在6月13日宣布,偿付6月15日到期的1000万美元的战债。同时,英国又伙同法、意公开表示,债务问题必须有一个令人满意的根本解决办法,否则会后不再偿付。

关税问题是会上彼此引起摩擦的又一个重要问题。会前,罗斯福曾建议实行一项临时关税休战。但是,英国反对关税休战,因为在美国和欧洲大陆都已加强了关税壁垒的情况下,"冻结现状"对英国是不利的。它的迫切任务是首先建立起与自己竞争对手相比毫不逊色的贸易保护制度。法国对于实行关税休战也持强硬的保留态度。它不愿意轻易约束自己限制进口美国商品的权利。

6月17日,美国代表在会上提出了《普减关税公约提案》,建议各国把现行进口关税普遍降低10%。乍一看,美国似乎是想缓和关税战的激烈程度,实际上,美国是实行高关税的国家,而且在危机中首先加高了关税壁垒。普降10%,不仅对它无损,反而会在国际市场上扩大美国商品的销路。以英国为首的较美国关税为低的国家反对普降方案。英国认为,关税的降低应该通过有特殊贸易关系的有关国家的双边或多边谈判来解决,也就是不允许任何国家干涉帝国特惠制。法国对美国的提案也持否定意见,实际上,它在会议进行中就提高了关税。德国根本不理睬降低关税的问题,而是报之以提高关税的实际行动。日本对美、英等国提高关税、打击日货销路,深感头痛,所以同意降低关税,但声称保留实行关税报复的权利。结果,在会上达成关税协定的希望化为泡影。

稳定货币问题是充满艰难坎坷的会议议程上的又一个难题。会前,英、美、法等国曾就这一问题进行了反复磋商,其核心是美元稳定问题。1933年4月,美国宣布将美元贬值50%,结果,刺激了商品的出口,增强了对外竞争的力量,

---

① 罗伯特·达莱克:《罗斯福与美国对外政策(1932—1945)》上册,商务印书馆1984年版,第63页。

② 《法国外交政策文件集(1932—1933)》,第309号。

对国际市场造成一次猛烈的冲击。到5月中旬,美元又出现新的下降趋势,英、法唯恐美国向它们出口便宜货,并抢占它们的国外市场,以致使其蒙受更大的损失,因此,立即要求对美元实行紧急稳定措施。它们甚至提出警告说,如果不在会前达成一项三方协议,即使召开世界经济会议"也无济于事"。法国明确表示,货币稳定问题应该是会议中心目标。但是,美国拒绝在会前作任何承诺。

会议开始后,货币稳定问题很快就成了与会代表的瞩目中心。法国代表主张,必须先就货币稳定达成协议,而后才能继续研究其他问题。英国认为,"黄金储备最多的美国,应承担最大的牺牲"[①]。受到美元下跌冲击的意大利也赞成英、法的主张。但是,美国坚决不同意稳定美元,因为实行美元贬值,是罗斯福刺激商品出口,促使国内经济回升的重要环节。倘若把美元稳定在一个限定的水平上,就会妨碍罗斯福政府的经济复兴计划。所以,罗斯福告诉代表团要坚决抵制任何旨在稳定货币的国际协议,以"保留采取行动的绝对自由"[②]。

但是,美国代表在会上受到了强大压力。在英、法代表一再要求和坚持之下,英、美、法代表于6月15日达成了三国货币可在相当大幅度内波动的情况下暂时稳定的协议。美代表在电告本国政府时特别指出,如美元不能得到稳定,会议将"受到沉重的打击"。美国也会因此丧失实现经济上持久和平的机会。然而,罗斯福认为绝对不可接受这个方案,他抱怨美代表没有"领会他的意图",并于6月17日公开予以拒绝。随后,英、法、意、比、荷、瑞士等国代表又通过美国副国务卿莫利向罗斯福建议,希望美国加入一个七国联合行动方案,以便为尽快恢复金本位,稳定货币共同努力。罗斯福认为,这是金本位制集团国家和其他国际金属巨头企图迫使美国承担货币稳定的义务。因此,他在7月3日的一封信中明确表示拒绝接受。罗斯福的信激起了许多代表的愤慨,英国首相麦克唐纳也大为懊丧。金本位制集团国家的代表声称:会议如此开下去"纯粹是浪费时间",主张立即休会。

德国代表对会上讨论的一些经济问题很少关心,因为他们另有图谋。6月13日,德外长牛赖特公开在会上要求修改《凡尔赛条约》。他声称:解决世界经济问题的前提条件是消除国际政治的痛苦。6月17日,德国经济部长胡根堡向大会提出一份备忘录,要求归还第一次世界大战后德国失去的殖民地,并要求

---

① 《法国外交政策文件集(1932—1933)》,第309号。
② 罗伯特·达莱克:《罗斯福与美国对外政策(1932—1945)》上册,商务印书馆1984年版,第71页。

把东方土地分配给"缺乏生存空间"的德意志"这个强大的种族移居"。① 英、法代表当然不会同意归还德国殖民地的要求,他们迫使胡根堡撤回了备忘录。6月22日,苏联政府向德国政府发出抗议照会,指出:"这类敌对的声明严重违反了德国政府于1926年4月24日在柏林签订的友好和中立条约所承担的义务"②。迫于各方面压力,德国政府只好召胡根堡回国。德国的行动为这次不协调的会议,又涂上一道滑稽的油彩。

由于与会的各资本主义国家不愿同舟共济,渡过难关,而仍然坚持以邻为壑,转嫁危机的利己立场,会议最后陷入僵局。7月27日,这场明争暗斗的世界经济会议终于毫无结果而散。会议的失败表明,帝国主义各国无力解决它们之间紧张的经济关系,那么,由此引起的国际政治关系的恶化则是自然的逻辑结果。

第二节　国际裁军会议

伦敦海军会议

1927年日内瓦裁减海军军备会议失败后,帝国主义列强之间的造舰竞争日趋激烈。1929年2月,美国国会通过了一项建造巡洋舰法案,力争在海军方面全面赶上并超过英国。英国为了保持海上优势,尽一切力量扩建海军,但终因实力不足,深感难与美国匹敌。同年7月,英国首相麦克唐纳公开表示,英国愿同各国重开海军谈判,并愿根据"平等原则"与美国达成相互谅解。9月28日,麦克唐纳赴美与美国总统胡佛举行会谈。谈判中,英国首相同意了美国关于两国海军"同等地位"的建议,并把这当作消除英美之间所出现的危险性摩擦的代价。双方商定,将于1930年1月在伦敦召开限制海军军备会议。

1929年10月7日,英国外交大臣汉德逊向法、意、日三国政府发出召开伦敦海军会议的邀请书。三国虽然都复照表示同意参加会议,但却各有打算。会议召开前夕,各国紧张频繁地进行外交活动,相互摸底,以便制定与会策略。

1930年1月21日,伦敦海军会议正式开幕。出席会议的有英国首相麦克唐纳、美国国务卿史汀生、法国外长白里安、意大利外长葛兰第和日本前首相若槻礼次郎。会议的主要任务是签订有关限制建造巡洋舰、驱逐舰、潜水艇及其他轻型舰只的协议,作为对1922年缔结的《五国海军条约》的补充。

---

① 《消息报》1933年6月24日。
② 同上。

根据大会主席英国首相麦克唐纳的建议,会议划分为欧洲组和海洋组进行讨论。

在欧洲组里,意大利和法国的斗争最为尖锐。意大利坚持海军与法国平等,遭到法国严词拒绝。法国对华盛顿会议上确定的法、意主力舰相等本已不满,因此,坚决不同意在非主力舰方面作出让步。法国代表强调指出,裁军应以保障国家安全为前提,如果法、意海军相等,意大利将在地中海获得优势地位。因为法国至少要在地中海和北海这两大海域保持本国舰队。而意大利舰队则主要集中在地中海水域。法国表示,如果法国削减海军建设计划,则需要建立有英、美参加的相互保证的地中海公约。英国首相麦克唐纳当即拒绝承担保证义务。史汀生也宣称,美国不能使用本国武力承担这种"道义上的责任"。胡佛表示,美国决不与任何保障协定有牵连。[①] 在这种情况下,法意双方声称:不承担任何限制建造本国军舰的任务。

在海洋组里,日本的立场引起了尖锐冲突。日本要求它所拥有的非主力舰总吨位应为美国的70%,潜水艇总吨位为7.8万吨。美、英代表都不同意日本的方案,他们仍坚持英、美、日非主力舰的吨位比例应按照主力舰的比例,并提出废除潜水艇的建议。双方争执不下,会议濒于破裂。后经美、日代表一系列幕后谈判,相互达成妥协。日本的重型巡洋舰数量可相当于美国的60%,轻型巡洋舰和驱逐舰的数量可相当于美国的70%,潜艇数量与美国相等,为5.27万吨。

会议经过三个多月的激烈争论,于1930年4月22日签署了《限制和裁减海军军备的国际条约》。条约规定:美、英、日三国巡洋舰、驱逐舰和潜水艇的吨位如下表[②]:

类　别	美　国	英　国	日　本
巡洋舰 (甲)装有超过6.1英寸(155毫米)口径的炮	180 000 吨	146 800 吨	108 400 吨
(乙)装有6.1英寸(155毫米)或以下口径的炮	143 000 吨	192 200 吨	100 450 吨
驱　逐　舰	150 000 吨	150 000 吨	105 500 吨
潜　水　艇	52 700 吨	52 700 吨	52 700 吨

---

① 皮尔逊、勃朗:《美国的外交把戏》,纽约1935年版,第147页。
② 《国际条约集(1924—1933)》,世界知识出版社1961年版,第473页。

根据这个条约的规定,美、英、日三国主力舰的比例仍是 5∶5∶3,航空母舰的比例亦维持华盛顿会议的规定。其中值得注意的是:确定了三国非主力舰的比例。正如上表所显示的,三国驱逐舰的吨位比例是 10∶10∶7,潜水艇的吨位比例是 10∶10∶10。

美国在伦敦海军会议上取得了在非主力舰方面与英国相等的合法权利,实现了它自华盛顿会议以来梦寐以求的夙愿。这是美国的一个胜利。英国虽然巡洋舰还比美国多一艘,但其对美的巡洋舰优势,实际上已化为乌有。英国的海军地位进一步削弱了。

日本在非主力舰方面突破了与英、美主力舰 5∶5∶3 的框框,并在潜水艇方面争得与英、美对等的地位,这无疑对日本是有利的,但日本国内军国主义势力仍不满足,攻击日本政府实行投降外交,从而酿成了一场政府危机。

法、意两国拒绝就伦敦条约的主要条款签字。法国代表在会上不妥协的态度受到国内舆论的赞扬,说这一次法国在会议上没有失去任何东西,"经过现代海战史上这场最激烈的海战,法兰西舰队未受任何损失"①,这是几年来法国在国际会议上罕见的胜利。会后,法、意两国在英国出面调停下,继续进行会谈,但始终未能达成协议。即使在伦敦条约上签了字的英、美、日三国,也未打算认真履行协议。会议一结束,日本就制订了一个"补充舰队"计划,大量添置军舰。从此,日本的海军力量直线上升。帝国主义的军备竞赛有增无减。

日内瓦裁军会议

在国际联盟的主持下,国际裁军会议经过 7 年艰难坎坷的筹备,终于在 1932 年 2 月 2 日在日内瓦正式开幕。参加会议的除国联全体会员国之外,还有当时不是国联会员国的苏联、美国、土耳其、埃及、阿富汗、墨西哥、巴西、厄瓜多尔和哥斯达黎加,共计 64 个国家的代表。其中有英国代表西蒙、法国代表塔迪厄、德国代表勃朗宁、意大利代表葛兰第。大会主席是英国前外交大臣汉德逊。

这次裁军会议实际上是帝国主义的角斗场。当世界经济危机不断深化,日本在远东发动的侵略战争已炮声隆隆,以及各帝国主义国家经济和政治斗争空前加剧的时候,没有一个国家的执政当局真正愿意裁减军备。各国参加会议的目的,只是希望削弱别国的军力,以建立对自己有利的新的实力对比关系。

---

① 塔布依:《外交斗争二十年》,莫斯科 1960 年版,第 113 页。

会议一开始,帝国主义各国就矛盾重重,特别是法、德矛盾异常尖锐和突出,自始至终笼罩着会议。

法国在会上打了第一炮。法国代表塔迪厄在1932年2月5日提出一项"裁军"方案。其要点是：1.国联会员国把所有威力最强的武器(包括轰炸机、重炮、万吨以上的战列舰和大型潜艇)交由国联掌握,每一个国家只有在捍卫本国领土时才能使用这种武器;2.建立一支国联行政院指挥下的国际警察部队;3.建立有强制性的仲裁组织。这个方案的特点是"国际化",其用意是借助它和英国操纵的国联来对付德国的挑战,以保持既得的霸权利益。

2月8日,英国代表西蒙抛出了一项"裁军"建议。他主张限制各国陆军,取消征兵制。其目的是削弱以法国为代表的陆军强国。他还主张取消潜艇,以解除法国和日本大力发展潜艇给英国庞大的海上舰队造成的威胁。美国代表吉布森在会上强调要在质量上进行裁军,主张废除或者削减用于进攻而不是用于防御的武器,他要求首先销毁坦克、移动式重炮和毒气,并赞成取消潜艇。美国代表还坚决要求法、意两国加入1930年伦敦海军条约,以保持美国海军军备的优势地位。

德国代表勃朗宁打着全面裁军的旗号在会上提出了"军备平等"的要求。他声称,必须全面裁军,其他国家的军备也应裁减到《凡尔赛条约》对德国限定的水平上。德国代表还明确表示,应以新的公约代替《凡尔赛条约》的军事条款,那种把世界分成战胜国和战败国的做法应该最后消除。德国的意图显然是要摆脱《凡尔赛条约》的束缚,取得在军备上同法国及其他欧洲强国平起平坐的合法地位。

德国的"军备平等"问题是裁军会议争论的焦点。英国对德国"军备平等"的要求是持骑墙的、自相矛盾的态度。一方面,它仍然部分地坚持《凡尔赛条约》的法律效力,不同意德国公开废除条约的要求;另一方面,它仍然担心法国过分强大,从维持欧洲均势出发,英国又愿意接受德国的要求。美国对德国的要求开始是采取超然的态度。意大利代表葛兰第则坚决站在德国方面,认为德国的要求是完全正当的,应该予以满足,其目的是用德国牵制法国,以利于意大利称霸地中海。

日本当时正在发动侵华战争,它的代表在会上竟然反对任何裁军方案,并提出修改华盛顿海军条约和伦敦海军条约的要求,目的是扩大自己海军吨位比例。这种与裁军会议极不协调的声音,充分反映了"日本军事当局的顽固的保守态度"①。

苏联代表李维诺夫在1932年2月11日的发言中,提出了全面彻底裁军的建议,他强调指出,这种方案比其他方案更简单易行,在实行中也便于监督。因此,苏联主张把全面彻底裁军的原则作为裁军会议工作的基础。如果这一点行不通,也可实行部分裁军,首先废除杀伤性最大的军备,如坦克、超远程火炮、重型轰炸机、万吨级以上的军舰、航空母舰,以及一切细菌和化学武器等。但是,与会的大多数国家都反对苏联的建议。

1932年6月22日,美国代表吉布森在会上抛出了胡佛的裁军新计划。这个计划乍一看相当激进,它规定:各国陆军人数裁减1/3,完全废除坦克和重炮;战斗舰在总吨位和数目两方面裁减1/3,其他海上军舰裁减1/4,潜水艇吨位裁减1/3;废除所有的轰炸机。这个在会上曾引起许多中小国家"振奋"的计划,其实主要是出于宣传目的,是胡佛迫于社会舆论的压力,在总统选举前夕施展的伎俩而已。英国对这个计划持保留态度。法国代表认为这个计划没有提到安全问题,他说,如果响应美国的裁军号召而削弱了自卫力量的一个国家,突然遭到邻国的进攻该怎么办呢?日本干脆宣布反对胡佛的整个计划。

上述各种不同的裁军方案,暴露了与会国对裁军基本任务的看法存在严重分歧。经过五个多月的激烈争吵,什么问题也没有解决。会议于7月23日宣布暂时休会。为了给上阶段令人失望的会议涂上一点油彩,在英、美等国的策划下,拼凑了一个毫无实质内容的折中决议,以作为将来正式裁军协议的基础。决议用泛泛的词句说,会议一致决定:对全世界陆、海、空军进行有实质性的裁减。这里显然是一个带有强烈装饰色彩的决议。即使如此,德国仍然非常不满,因为其中没有列入德国"军备平等"的要求。9月16日,德国宣布,在军备平等权利的原则得到确认以前,不再参加裁军会议。

会议复会后,法国于1932年11月14日提出了一项所谓"建设性"的新计划。这项计划的基本构想是建立一套复杂的安全保障体系,以维持对法国有利的欧洲军事现状。该计划遭到英国等国的强烈反对。英国为了拉拢德国继续参加裁军会议,决定对德国让步。11月17日,麦克唐纳声称,要从限制方面得到军备平等,事实上已不可能,只有让德国重整军备。12月10日,根据英国的建议,英、美、法、德、意在日内瓦召开了五国会议。这时,德国才重新返回会场。12月11日,五国达成协议,承认德国将"在各国同样的安全体系范围内享有平

---

① 华尔脱斯:《国际联盟史》下卷,商务印书馆1964年版,第50页。

等权利"。乍一看,协议既确认了法国关于"安全"的原则,又承认了德国"军备平等"的要求,实际上捞到实惠的是德国。

1933年3月16日,英国抛出了"麦克唐纳计划"。该计划规定,欧洲主要国家的军队人数为20万,德国在5年之内应该获得与法国、意大利和波兰相同的兵额。法国不同意英国提出的德国5年实现军备平等的期限,主张在8年之内完成,而且法国的裁军和德国的重新武装只能在8年中的后4年着手进行。法国的立场给正在寻衅的德国提供了借口。10月14日,希特勒打电报给裁军会议主席汉德逊,宣布德国退出裁军会议。

自德国退出后,裁军会议实际上已经破裂。被失败主义所困扰的各国代表,漫不经心地进行了一些无聊的争论。1934年6月11日,吵吵嚷嚷旷日持久的裁军会议宣告结束。

第三节 日本侵占中国东北,亚洲战争策源地的形成

"九一八"事变和中国人民的抗日斗争

"九一八"事变是日本变中国为其独占殖民地的一个重要步骤,它不仅揭开了法西斯国家向外扩张的序幕,而且也是亚洲战争策源地形成的重要标志。"九一八"事变的发生有着深刻的根源和复杂的背景。

自明治年代以来,日本就妄图独占中国,称霸亚洲和世界,而征服"满蒙"则是实现这一总战略的"第一大关键"。日本历届内阁都依明治天皇之"遗训",把确保在"满蒙"的"特殊利益"作为其对外政策的基本目标。可见,日本帝国主义对我国的东北和蒙古垂涎已久。

中国东北物产极其丰富,是日本最大的原料供应地。到1930年,日本从中国东北进口的物资已占日本整个进口的11%。其中铸铁占进口额的46%,煤占64%,豆类占76%。东北也是日本最大的投资场所和商品销售市场。日本在东北的投资占外国对东北投资总额的73%,日本对外投资的半数以上集中在中国东北。日本对东北出口占其出口总额的8%。可见,日本在中国东北有巨大的经济利益。更重要的是,东北是实现日本整个侵略计划的重要战略基地,占领东北不仅可以作为南侵整个中国大陆的跳板,而且可以作为北进苏联的桥头堡。在日本帝国主义者看来,"策之优,计之善,莫过于此"。

1929年爆发的资本主义世界经济危机,给经济基础脆弱的日本以沉重的打

击。1931年,危机在日本达到最高峰。这一年,日本的工业总产值比上一年下降了32.5%,对外贸易额减少了40%。一些主要工业部门的开工率只达到50%左右,致使大批工人失业。1931年,日本的工人失业人数高达300万。在这次危机中,农业也未能幸免,农产品价格暴跌,广大农民深受其害。这就必然导致日本国内阶级矛盾的尖锐化,工人罢工和农村租佃冲突此伏彼起,方兴未艾。同时,危机也加剧了日本同殖民地人民的矛盾。1930年5月30日,朝鲜人民爆发了反日大起义。同年11月,中国台湾高山族人民也举行声势浩大的反日大起义,严重地动摇了日本帝国主义的殖民统治。

  在经济危机中,日本在中国东北的殖民利益也受到很大的冲击。日本同东北的贸易额急剧减少,投资利润迅速下降。1930年,日本在东北的最大企业"南满铁路公司"的收益比前一年减少了一半。美英资本则趁机加紧渗入东北,争夺地盘。为了把日本从东北排挤出去,美英资产阶级积极赞助和支持张学良东北地方当局兴建与大连港相对抗的葫芦岛港和敷设一条与南满铁路平行的铁路,以便利用新的铁路和出海口,迫使满铁营业干枯而死。这是把东北视为自己"生命线"的日本所不能容忍的。

  面对着国内外日益尖锐的复杂矛盾,日本统治集团为了摆脱困境,趁着西方帝国主义列强疲于应付本国经济危机的有利时机,决定执行早已制定的征服中国进而征服世界的狂妄计划。它首先把侵略矛头指向中国东北,力图把东北变成不受其他国家资本干扰的独占市场,以缓和国内的政治经济危机。

  为了实现对中国的侵略,日本政府进行了一系列精心策划和准备。在舆论方面,日本报刊掀起了歇斯底里的军国主义宣传,叫嚣日本人不应"站在旁边而让南满铁路垮台",必须动用武力执行"满洲是日本生命线"的政策,鼓吹早日采取行动。在军事方面,日本政府紧锣密鼓地进行部署,调适应寒冷地区作战的第二师团到东北,任命本庄繁为关东军司令。1931年6月,在日本参谋本部作战部长建川美次的主持下,制定了《解决满洲问题方策大纲》。7月,陆军省把这份大纲作为指令传达给关东军司令本庄繁,从而确定了武力侵占中国东北的行动方针。

  1931年7月,日本帝国主义者在长春附近制造了挑拨中朝两大民族关系的"万宝山事件",并在朝鲜煽动排华。8月,又借口一个日本军官中村大尉在东北失踪,大肆挑衅,在日本国内掀起反华狂热,并把大批军队调入东北,战火一触即发。

  1931年9月18日晚,经过精心策划与准备,日本关东军炸毁了沈阳北郊柳条湖地区南满铁路一小段路轨,并以此为借口,诬陷中国,并立即向沈阳北大营中国驻军发动进攻,挑起了震惊中外的"九一八"事变。

当时,国民党政府正集中兵力进行内战,"围剿"中国共产党领导下的革命根据地,对日本帝国主义的侵略,竟采取不抵抗政策,出卖民族利益。"九一八"事变前一个月,蒋介石就曾在南昌的一次讲话中说:"中国亡于帝国主义,我们还能当亡国奴,尚可苟延残喘,若亡于共产党,则纵肯为奴隶亦不可得。"实际上,早在1927年蒋介石即与日本首相田中义一秘密勾结。1927年10月,蒋介石访问日本,在与田中会谈时,蒋介石以"中国承认日本在满洲的特殊地位和权益"为条件①,以换取日本帮助他镇压中国革命。蒋介石回到上海后,与新闻记者团会见时更明确地说:"我们不能忽视日本在满洲的政治的、经济的利益……并保证对日本在满洲的特殊地位加以考虑。""九一八"事变前一个星期,蒋介石电令张学良:"通令各军,遇有日军寻衅,务须慎重,避免发生冲突。"事变发生后,蒋介石又匆忙严令东北军:"为免事件扩大,绝对不抵抗"。9月23日,蒋介石在南京市国民党党员大会上发表演说,竟然主张"以和平对野蛮。忍辱含愤,暂持逆来顺受态度"②。同日,国民政府发表《告全国军民书》公开声称:"现在政府既以此案件诉之国联行政院,以待公理之解决,故希望全国军队对日本避免冲突"③。实际是不许中国人民奋起抵抗。

在蒋介石的"绝对不抵抗"命令下,日本侵略军得以在18个小时内占领沈阳、长春以及南满铁路沿线所有一切重要据点。不到5天,日军几乎全部占领了辽宁、吉林两省的千里河山。

日本帝国主义的野蛮侵略和国民党政府的卖国投降政策,极大地激起了中国人民的民族义愤。9月20日,中共中央与日共中央联合发表宣言,反对日本帝国主义侵略中国东北。9月22日,中共中央再次发表宣言,号召"发动群众斗争,反对日本帝国主义","组织东北游击战争,直接给日本帝国主义以打击"。在中国共产党的号召和领导下,9月24日,上海10万名学生举行罢课,3万多名码头工人举行反日大罢工。10月初,上海80多万工人组织了抗日救国联合会,并组织了义勇军,要求政府发给武器,参加抗日。北京工人也组织了抗日救

---

① 陈觉:《"九一八"后国难痛史资料》第1卷,东北问题研究会1932年版,第39页。
② 《中国近代对外关系史资料选辑(1840—1949)》下卷,第一分册,上海人民出版社1977年版,第211页。
③ 《从"九一八"到"七七"国民党的投降政策与人民的抗战运动》,上海人民出版社1958年版,第3—4页。

国会。全国各地工人、学生和广大劳动群众纷纷举行集会游行,并广泛开展抵制日货运动。12月11日,中华苏维埃共和国中央临时革命政府发表告全国民众书,号召"民众自己武装起来,驱逐日本帝国主义"。与此同时,中国共产党派遣了大批优秀党员干部和工人深入东北农村,发动广大农村群众。东北军民在中国共产党的领导下,组织了抗日义勇军和抗日联军,开展了可歌可泣的顽强的游击战争,给日本帝国主义以沉重打击。

英国、法国纵容日本侵略和美国的"不承认主义"

日本侵占中国东北,是第一次世界大战后帝国主义公开使用武力重新瓜分世界的第一个重大行动。它严重地破坏了凡尔赛—华盛顿体系所奠定的国际"新秩序",打破了帝国主义各国在远东太平洋地区的均势;同时,它也是对国际联盟盟约所依据的根本的政治和法律观念以及许多国家参加的非战公约的严重挑战。

但是,对日本帝国主义的侵华行动,英、美、法等国并没有采取有效的措施加以制止,而是采取了以纵容和妥协为主导的政策。这是因为:英、美、法的在华利益主要集中在华北、华中和华南地区,在东北的利益远没有在关内那么大。同时,日本侵略东北是打着"防共"、"反苏"的旗号,叫嚷它负有"解除布尔什维克主义的威胁"以"保卫亚洲的文明和秩序"的使命,企图制造假象,转移西方国家的视线。英、美、法等帝国主义乐于借日本之手镇压中国的革命运动,更想推动日本向北扩张,侵犯苏联,使日、苏两败俱伤,以坐收渔人之利。

在欧美各国中,英国的在华利益最大。英国的对华投资和贸易都居第一位。中国领海内所行驶的外国商船,英国占其总吨位的40%。但是,同第一次世界大战前相比,英国在华的经济和政治地位都相对下降了。一战中,日本对华的独占性扩张曾严重威胁英国的殖民利益。华盛顿会议后,日本受到限制,但美国的在华势力却迅速膨胀起来,而且集中在英国在华的传统势力范围长江流域和华南地区。这比日本在东北的扩张对英国的利益影响更直接。故此,英国希望借用日本的力量抑制一下美国在华的扩张势头。另外,这时英国还有自己的烦恼与困难:严重的经济衰退,同美国正在进行的白热化的经济战以及印度民族解放运动的高涨,搞得它焦头烂额。这些情况表明,英国不可能、也不愿意采取任何强硬措施限制日本在东北的扩张。

美国在华的经济利益虽不如英国大,但发展很快。及至1931年,美国在中国的对外贸易中已超过日本而居第二位。美国在华投资总额约2亿美元,列第三位。日本侵略东北不仅威胁美国的现实经济利益,而且威胁着美国对外政策中所珍视的非战公约和华盛顿条约。但是,美日之间存在着密切的贸易联系,日本是美国在亚洲的最大贸易伙伴。1931年,美国在日本对外贸易中所占的比重是:出口37.1%,进口27.7%。同年,日本在美国对外贸易中所占的比重是:出口6.4%,进口9.8%。美国不愿意损害美日之间的贸易关系,特别是在经济危机日益加深的情况下。

法国在中国的利益虽不能同英美相比,但毕竟拥有许多殖民利益和特权。然而,这时法国正不安地注视着德国军国主义的崛起,它不愿再同另一个重要的军事强国作对。空前未有的财政困难和剧烈的国内矛盾,也使它无暇东顾。

在英、美、法对日关系上,正是由于上述许多复杂的因素,所以,在"九一八"事变发生后,它们争先恐后地对日表示"友善"。英国外交大臣西蒙在下院明确表示,英国政府对日本只能用"友善和协和的方法"。一位英国议员竟毫不掩饰地说:"不论英国单独地或同别国一起,在理论上或在实际上采取反对日本的立场,我自己承认,实在是看不出什么理由来……"[①]。美国国务卿史汀生在接见日本驻美大使出渊胜次时说,美国政府把这次事件看成是关东军"过激行动"的结果。他认为:"为了不引起日本的恼火",美国"必须保持谨慎态度",不采取"任何足以使人稍微感到美国在进行威胁或公开批评的行动"[②]。法国的一些官员和资产阶级报纸竟吹捧日本是亚洲的"好警察"[③]。欧美各国的这种妥协政策,清楚地反映在国联通过的一些决议上。

1931年9月21日,国民党政府驻国联代表施肇基受命向国联理事会提出申诉,要求国联采取行动,"使危害和平的局势不致扩大",并恢复到事变前的状态。9月22日,在国联理事会上,日本代表芳泽谦吉竟混淆是非,诬陷中国挑起"九一八"事变,胡说日本只是为了"自卫"而采取了军事行动。是日,国联理事会通过决议,不分青红皂白地要求"中日双方停止一切冲突",撤退军队。9月30日,国联理事会又通过了"不扩大事态"的决议。决议中既不谴责日本是侵略者,也不把中国看作被侵略者,而是把中日两国置于同等地位,要求中日双方尽力"速行恢复两国间正常关系"。

美国虽不是国联成员国,但美国政府派代表参加了关于"满洲问题"的讨论。当时任美国驻日内瓦公使休·威尔逊承认:"美国的立场对国联成员国有

---

① 鲍爵姆金:《世界外交史》第五分册,五十年代出版社1953年版,第28页。
② 维戈兹基等编:《外交史》第3卷(下),生活·读书·新知三联书店1979年版,第743—744页。
③ 史密斯:《1931—1932年的满洲危机》,纽约1948年版,第8页。

着决定性的意义"①。9月24日,美国对中日两国政府发出了内容与国联决议相同的照会,希望停止战争行动,"和平解决纠纷"。

在国联的姑息和祖护下,日本帝国主义更加肆无忌惮地扩大侵略战争。10月8日,日本对锦州进行狂轰滥炸。锦州是关外重镇,如果日本占领锦州,华北将失去屏障,这必将进一步侵犯英美在华北的利益。在这种形势下,英法控制下的国联,才作出较为强硬的姿态。10月9日,国联秘书长德乐蒙发表了防止事态扩大的通告。10月10日至12日,美、英、法、意等驻日大使受本国政府委托,对日本轰炸锦州提出抗议。10月24日,国联理事会通过决议,要求日本在11月16日以前将军队撤退到南满铁路区域之内,然后由中日两国政府举行关于解决一切争执问题的直接谈判。因为日本既不同意撤军期限,也不赞成举行谈判,所以拒绝接受这个决议,并正式投了反对票。大会主席白里安宣称:依照盟约的规定,"未获全体通过的决议没有法律效力"。即日本根本不受决议的约束。

1931年11月4日,日军向黑龙江的齐齐哈尔推进。与此同时,日本报刊叫嚣,日本就是要把中国东北作为对苏战争的桥头堡。对此,西方帝国主义者兴高采烈,认为日本此举是北上进犯苏联的序曲。11月5日,美国国务卿史汀生对日本驻美大使出渊说,美国政府对东三省事件之态度没有变化。11月16日,国联理事会决定举行会议。会议前夕,英国官方报纸宣称:英国政府决不"牵入战争",甚至还为侵略者洗刷罪行,说什么:"要从中国人那样的人民里得到满足,除了日本所用的方法外,别无其他办法。所以日本的企图可以算是有根据的"②。但是,日军在11月19日攻占齐齐哈尔之后,并没有北进苏联,而是掉头南下进攻锦州。

11月24日,国民党政府向英、美、法三国驻华公使提出了划锦州为"中立区"的计划,中国军队从锦州后撤到山海关,由英、美、法派兵驻扎这一地区。这一丧权辱国的计划一出笼,就遭到中国人民的同声谴责,国民党政府不得不撤回这个计划,以安抚人心。

12月10日,国联理事会通过决议,决定派遣国联调查团前往远东,其任务是调查中日关系问题,并提出研究报告。但是,调查团的使命并没有明确地包括提出解决争端建议的义务或权利,更无权监督任何一方的军事行动。无怪乎

---

① 休·威尔逊:《两次大战之间的外交》,纽约1941年版,第260页。
② 鲍爵姆金:《世界外交史》第五分册,五十年代出版社1953年版,第23页。

日本报纸说："这个调查团是给中国一副安静剂,给所有其他国家一个脱身的后门。"①

1932年1月2日,日军占领锦州,从而控制了整个东北,并把矛头伸向中国关内,这样就直接威胁了英、美在华北、华中的利益。于是英、美同日本之间的矛盾一时又尖锐起来。1月5日,美国国务卿史汀生和英国驻美大使进行秘密会谈,讨论日本扩大在华侵略问题,以便协调行动。1月7日,史汀生向中日两国政府发出内容相同的照会,宣称:"中华民国政府于1931年9月18日以前在南满所有的行政权的最后残余,业已随同锦州附近的军事行动而遭受摧毁。"鉴于目前的局势,"美国政府认为它有义务照会日本帝国政府和中华民国政府,美国政府不能认许任何事实上的情势的合法性,也不拟承认中日政府或其代理人间所缔的有损于美国或其在华国民的条约权利——包括关于中华民国的主权、独立或领土及行政完整,或关于通称为门户开放政策的对华国际政策在内——的任何条约或协定;也不拟承认用违反1928年8月27日中日美均为缔约国的巴黎公约之条款与义务的方法而获致的任何局势、条约或协定"②。

美国的上述政策性声明,史称"不承认主义"或"史汀生主义"。它曾被"誉为"树立了"制止军事征服的正式障碍物",是"反对日本侵略的尝试"。其实,美国抛出不承认主义,无意采取任何实际步骤去反对日本的扩张,仅仅是警告一下日本,让它不要继续南进,以维护自己在华的基本利益。美国总统胡佛曾明确表示:"我始终反对任何制裁。我认为只能求助于舆论"。③ 当然,不承认主义毕竟在道义上和法律上划清了侵略与非侵略的界线,使日本侵华所造成的事实难以合法化。

美国在照会发出之前,曾告诉了英、法两国政府,希望它们和其他国家政府跟美国采取同样行动。1月11日,英国政府发表声明,宣称:英国政府希望满洲的对外贸易不要关闭,但日本曾就这个问题提出过公开的保证,因此,没有必要向日本政府发出一项和美国照会内容相同的照会。同日,英国报纸在评论这一声明时说:"我们认为保卫中国的行政统一,并不是英国外交部的责任,至少在这个统一还没有超过理想阶段的时候。因为这个统一,在1922年固然不存在,现在亦不见得存在。自从九国公约签订后,中国政府在广大多变的领土上,

---

① 史密斯:《1931—1932年的满洲危机》,纽约1948年版,第206页。
② 《中美关系资料汇编》第1册,世界知识出版社1957年版,第476页。
③ 迈尔斯:《胡佛的外交政策(1929—1933)》,纽约1940年版,第168页。

从未在任何情形之下,表现出有效的行政权力。"① 由于英国的声明显然不赞成美国的行动,所以,法国和其他国家也都保持缄默。只是在日本发动了进攻上海的"一·二八"淞沪事变之后,国联理事会才于2月16日表示支持不承认主义,要求日本履行九国公约中所应承担的义务。日本看透了西方国家的软弱态度,根本不予理睬。

"一·二八"淞沪事变和上海军民的英勇抗战

日本帝国主义在东北的侵略活动没有受到应得的惩罚,便得陇望蜀,决心扩大在中国的侵略范围,把矛头指向中国最大的城市上海,企图压迫国民党政府承认日本侵占中国东北的既成事实,变上海为进攻中国内地的中心基地,以便尽快实现灭亡中国的狂妄计划。

1932年1月18日,日本帝国主义一手制造了5个日本僧人和上海工人义勇军冲突的事件,并蓄意扩大事态,纠集日本右翼侨民团体的日本浪人,放火焚烧了被认为是上海抗日运动据点的三友实业纺织厂,并打死打伤中国警察多名。在进行了一系列挑衅之后,日本驻沪总领事反而在1月21日向国民党上海市政府提出"抗议",蛮横要求中国道歉、赔款、惩凶和取缔抗日运动。国民党政府屈服于日本的压力,不仅答应赔偿损失,而且表示要"惩办肇事者"。尽管如此,日军还是于1月28日在上海的闸北、江湾、吴淞等处发动大举进攻,挑起了"一·二八"淞沪事变。

当时驻防上海的以蒋光鼐、蔡廷锴两将军为正副总指挥的第十九路军,在全国抗日高潮的推动下,出于爱国激情,自动奋起抗战,给日寇以迎头痛击。上海工人阶级和各阶层人民,在中国共产党的领导下,掀起了轰轰烈烈的支援和配合十九路军作战的热潮。上海54家工厂的数万名工人举行大罢工,商店举行罢市,各界人民,特别是工人和青年学生纷纷参加义勇军,以高涨的抗日热情到前线救护和慰劳,积极支持爱国将士的抗战。由于上海军民齐心协力,并肩战斗,一次又一次地打败日军的进攻,仅仅在头两天的激战中就击毙日军千余名,粉碎了日军4个小时占领上海的无耻狂言。经过一个多月的艰苦奋战,使日军三易主帅,死伤万余人,狠狠地打击了它的嚣张气焰。中国军民的英勇抗战赢得了国际上的普遍赞誉。华尔脱斯写道:"中国军队以无比的英勇制止住了日本军队的反复猛攻"② 史汀生惊叹地说:"没想到中国军队如此勇敢善

---

① 《泰晤士报》1932年1月11日。
② 华尔脱斯:《国际联盟史》下卷,商务印书馆1964年版,第29页。

战,使世界惊异"①。

"一·二八"事变发生后,国民党政府不但不给上海抗战军队以人力和物力的支援,反而扣夺国内外人民的捐款,并禁止自动请求参加抗战的爱国官兵开赴上海前线。在日本帝国主义不断增兵,抗战处于紧急关头的时候,国民党政府却说:"十九路军有三师共十六团,无须援兵,尽可支持,并决定无须援助。各军将士非得军政部令而自由动作者,虽意出爱国,亦须受抗命处分"。更有甚者,国民党政府还命令它的海军与日本海军维持所谓"友谊",准备同敌人妥协。国民党政府这种卖国投降政策,破坏了上海抗战的大好形势。

上海历来是欧美帝国主义侵略中国的桥头堡和经济中心。据统计,英国在华投资的80%,美国的65%,法国的90%都集中在上海。日本进攻上海,危及了西方帝国主义在华的重大利益,这是它们所不能容许的。在"一·二八"事变发生的当天,美国驻日本大使福白斯就向日本芳泽外相提出警告。1月29日,英国政府也向日本作了强硬表示,对日本在上海的军事行动甚为忧虑,并于1月31日派两艘巡洋舰开赴上海。同时,美国派一支海军和一个步兵团一同开往上海,向日本炫耀武力。2月2日,英、美、法、意四国联合向中日双方提出一项"解决"上海问题的方案,建议在上海停止军事行动,设立"中立区",由中立国家负责维持治安。国民党政府对此表示欢迎,但日本拒绝接受。

1932年1月29日,国民党中国政府代表颜惠庆就日本挑起"一·二八"事变向国联提出控告,要求采取措施。2月16日,英、法和其他国联理事国向日本政府发出紧急呼吁,要求它遵守国联盟约,并提醒日本说,它们不承认通过外部侵略破坏一个会员国的领土完整和改变其政治独立的有效性。这是国联第一次单独对日本进行交涉,意在表明要它对局势负主要责任。

美国国务卿史汀生建议由美、英联合发起维护九国公约精神的会议,以对抗日本继续扩大在华侵略的行动,但英国对此持消极态度。史汀生沮丧地表示:"看来我注定无能为力了。"②1932年2月23日,史汀生用公开信方式写信给参议院外交委员会主席波拉,并把该信正式交给国联。这封信是对日本的一个警告,同时也是有意向国联建议:它应该对用违反非战公约的手段所造成的任何情势采取不承认原则,这不但可以打击日本,而且也可以打击任何其他未来的侵略者。3月11日,国联大会通过决议:"国际联盟会员国的义务是,不承

---

① 史汀生:《远东的危机》,纽约1936年版,第136页。
② 同上书,第165页。

认用违反国际联盟规约或巴黎公约的手段所造成的任何情势、条约或协定"①。

日本帝国主义面对着上海军民英勇顽强的抵抗和英、美、法帝国主义为维护自己的经济权益而进行的干预,迅速占领上海的阴谋受挫,不得不暂时收敛。1932年3月24日,中国外交部次长郭泰祺同日本驻华公使重光葵举行停战谈判,英、美、法、意派代表列席"协助谈判"。5月5日,中日签订了《淞沪停战协定》。协定规定:双方军队停止敌对行动;中国军队暂留驻在原地;日本军队撤退到公共租界及虹口方面的越界筑路,但可停驻在淞沪、闸北、江湾等地;日军撤出的地区,中国不派军队进入,由中国警察接管;中国还要取缔抗日运动。国民党政府同日本签订的这一丧权辱国的协定,遭到了全国人民的愤怒谴责。5月9日,中华苏维埃共和国临时中央政府发出通电,反对国民党政府投降日本帝国主义,出卖民族利益的可耻行为,号召全国人民起来进行反对日本帝国主义的民族战争,保卫中国的主权和领土完整。②

李顿调查团报告书和日本退出国联

1932年1月21日,负责调查中日关系问题的国联调查团正式成立。它的成员选自英、美、法、德、意五国,英国驻国联代表李顿任团长,故史称"李顿调查团"。该团成立后,行动迟缓,直到2月3日才从欧洲出发前往远东。更奇怪的是,它不取道西伯利亚这条通往中国东北的捷径,而是舍近求远,绕道西行,先去美国,又到日本,花大量时间听取美日当局包括日本天皇和政府要员的意见,就是迟迟不到"九一八"事变发生的现场中国东北。

日本帝国主义正是抓住调查团尚未踏进中国国土的时机,加快了策划成立伪"满洲国"的步伐,企图给占领东北披上"合法"的外衣,以蒙骗世界舆论,应付国联的调查。1932年2月16日,在日本关东军"自治指挥部"的导演下,成立了伪"东北最高行政委员会"。2月18日,该委员会宣布东北脱离中国而"独立"。3月1日,伪"满洲国"在长春宣告成立。清朝末代皇帝爱新觉罗·溥仪出任执政,原清朝官员郑孝胥、地方军阀张景惠等都参加了伪政权。

伪"满洲国"是受日本关东军一手操纵的傀儡,日本的"顾问"掌握其一切实权,而且许多重要的官员都是由日本人直接担任。9月15日,日本正式宣布承认伪"满洲国"。同一天,日本驻伪满"大使"武藤信义同伪满"国务总理"郑孝胥签订了《日满议定书》,规定日本军队有权驻扎于伪满境内,以保证日本对

---

① 华尔脱斯:《国际联盟史》下卷,商务印书馆1964年版,第33页。
② 参见《苏维埃中国》第一集,第49—50页。

中国东北的军事占领和殖民统治。

在伪"满洲国"成立后,国联调查团于1932年3月14日姗姗到达上海。又花了一个多月时间调查中国的"一般形势",直到4月20日才到达东北。

经过几个月的实地调查,调查团于9月4日写出调查报告。10月1日,在日内瓦发表了《中日纷争调查委员会报告书》,通称《李顿报告书》。报告书是一个包括10章、长达18万字的庞大文件,另附有9篇研究报告。报告书在谈到中日冲突的起因时竟然声称,"九一八"事变并非是日本以武力侵犯中国的简单事件,而是一个有"赤色危险"的复杂问题;它诬蔑中国人民抵制日货是"中日冲突之重要原因",说中国革命运动"使日本受害较其他国家为大";它还别有用心地诡称:"从苏联来的共产主义目前的传播"是研究中国东北问题"具有根本重要的因素"。报告书从帝国主义的逻辑出发,称赞日本对东北经济之发展"贡献殊多",应享有"特殊利益"。

报告书在不容置疑的事实面前,不得不承认"东三省为中国之一部分",认为日本的军事行动不是"合法的自卫手段",而是"以强力侵吞并占领了确属中国领土的广大地区",是违反国联盟约、九国公约和非战公约的。关于伪"满洲国",《报告书》的结论说:如果没有日军的驻扎和日本官员的活动,这个"新国家"是不能够成立的;它没有得到普通中国人的支持,它不能被认为是出于真正的和自发的独立运动的产物。

报告书提出的解决东北问题的办法是:既不应维持和承认"满洲之现实组织",也不应该恢复"九一八"事变前东北之"原状",主张在东北建立一种"特别制度",即实行所谓"高度自治"。自治政府行政长官得指派相当数额的外国顾问,"其中日本人应占重要之比例"。报告书特别强调,中日一切武装力量,包括特别警队和铁路守备队在内,一律撤出东北地区,由外国教官协助组织特别宪警,作为东北境内之"唯一武装势力"。

《李顿报告书》表明,西方帝国主义既要对日本妥协,又想分沾利益。它们不甘心让日本独占东北,而是企图把它变为列强共管的殖民地。

1932年11月21日,国联理事会开会审议《李顿报告书》。日本首席代表松冈洋右断然拒绝报告书的全部建议,声称满洲问题对日本来说是"生命攸关的大事"。然而,英、法代表对松冈的这种蛮横态度却漠然置之。12月6日,报告书交国联大会讨论。会上,对日本采取姑息政策的西方帝国主义大国与对日本侵略扩张持谴责立场的小国,形成了明显的尖锐对立。英国代表西蒙竟然公开袒护日本侵略,主张承认中国东北既成"现实局面"。英国的态度使日本代表非常高兴,称赞西蒙"只用几句话在半小时之内,就把松冈十天来所要表达的意思讲得清清楚楚"①。1933年1月初,日军占领了通向中国关内的门户山海关,这对英、美等国的在华利益形成严重威胁。为了给日本施加一定的压力,2月24日,国联大会以42票赞成和1票反对的绝对多数通过决议,基本上接受了《李顿报告书》。决议确认中国对东北的主权,认为日本占领满洲是非法的,并责成各会员国在法律上和事实上均不得承认"满洲国",因为"这种承认与现行国际义务的基本原则是不相容的"。中国代表投了赞成票,并且声明准备遵从这些建议。日本对这项决议投了反对票,并表示拒绝接受。松冈洋右声称:"日本政府现在不能不认为就中国纠纷问题与国际联盟进行合作的努力,已经到达了极限"。决议通过后,松冈和日本代表团成员退出国联大会会议厅。

美国国务卿史汀生认为,《李顿报告书》是极孚众望的、非常公正的"权威之作"。② 他正式声明,美国政府同意调查团的结论,并赞成和支持国联大会的决议。

1932年10月6日,中华苏维埃共和国临时中央政府发表《反对国联调查团报告书通电》③,严厉谴责它是"公开地最无耻地宣布了瓜分中国的新计划:它公开宣布日本及其他帝国主义,不仅应该占领满洲并且应该瓜分中国的全部",它是"帝国主义奴役中国民族的卖身契!"通电号召全国民众武装起来,以革命的民族战争,来撕碎李顿报告书,把日本及一切帝国主义驱逐出中国,以求得中华民族完全的解放和独立!

日本帝国主义顽固地坚持独占中国东北的方针,不愿意把已到嘴的肉吐出来,与他人分享。1933年3月27日,日本政府通知国联秘书长,声称在远东问题上,日本与国联之间"意见上有深切的分歧",因此,日本决定退出国际联盟。

日本蔑视国联决议,率先退出国联,是对国际联盟的一次沉重打击。日本侵占中国东北和退出国联,撕毁了战后所缔结的一系列国际协定,打破了远东国际关系的格局。这清楚地表明,帝国主义争夺世界霸权的斗争进一步激化了。

---

① 《1932年国际事务概览》,牛津1933年版,第493页。
② 史汀生:《远东的危机》,纽约1936年版,第207页。
③ 参见《苏维埃中国》第一集,第51—53页。

第四节 德国法西斯专政的建立,欧洲战争策源地的形成

经济危机和希特勒上台

1929—1933年的世界经济危机宛如强烈的催化剂,加快了希特勒上台的步伐。这次经济危机对德国的打击特别沉重。之所以出现这种状况,是由于德国经济同其他资本主义国家比较,除了危机的共同点之外,还有一些特殊的因素:首先,德国经济在20年代中后期的恢复和发展是在美英资本,特别是美国资本大量流入的情况下取得的,这就造成了对外国资本的严重依赖。因此,1929年在美国首先爆发的经济危机很快就波及德国。德国工业生产迅速下降,1932年,危机达到了最高点,与1929年比较,整个工业生产下降了40.6%,其中钢下降64.9%,机器制造下降62.1%,汽车下降64.2%。危机最严重时,数十万中小企业倒闭,甚至大企业也濒于破产。全部工业开工率只有1/3。失业人数高达800万,占全国工人的43.8%,居欧洲之冠。其次,德国欠有大量外债,特别是美国的外债。1930年,德国的外债总额约为255亿马克,仅在1931年就须归还到期的外债49亿马克,另外还须付15亿马克的利息。单是这两笔款项就已超过了德国金融机构的承受能力,再加上大量外国短期信贷被提走,从而导致了1931年7月爆发的货币信用危机。德国最大的银行之一达姆斯达特银行倒闭,其他一些大银行也岌岌可危。国库黄金储备减少了2/3,整个信贷体系处于风雨飘摇之中。第三,德国由于战败,丧失了全部殖民地。因此,在对外贸易中,根本无法同拥有庞大殖民地和势力范围的英、法、美等帝国主义竞争。同时,由于经济脆弱,也无力打破这些国家设置的关税壁垒。这就使德国在资本主义国家的经济战中处于不利地位。危机中,德国对外贸易一落千丈,1932年的对外贸易额比1929年减少了61.8%。

德国统治阶级为了把经济危机的严重损失转嫁到工人阶级和劳动群众身上,采取了一系列的反动政策和措施。政府一方面向垄断资本家和容克地主提供了100多亿马克的补助金和贷款;另一方面却把劳动人民纳税额提高了数十亿马克,并大量削减工资、失业救济金和养老金。在危机年代,工人的实际工资平均降低了1/3。德国工人阶级和广大劳动人民的生活极端困苦。

深刻的经济危机,使国内阶级矛盾空前激化。工农群众在反动统治的高压下,愤怒情绪日益增长,反抗斗争迅猛发展。1930年10月,柏林14万冶金工人

举行了声势浩大的大罢工。1931年1月,鲁尔爆发了30万矿工的大罢工。不久,上西里西亚的矿工也参加了斗争。1932年11月,柏林交通运输工人又发动了大罢工。与此同时,农民运动也大规模兴起,仅1931年就有250多个庄园的农业工人向庄园主展开了激烈的斗争。

在沉重的经济危机和汹涌的革命浪潮冲击下,德国资产阶级的反动统治发生动摇。他们感到,再也不能用国会制度和资产阶级民主制的旧方法来实行统治了,决心采用恐怖的法西斯专政,企图通过残酷地镇压国内革命和对外发动侵略战争来摆脱危机。这样,就形成了法西斯头子上台的最合适的政治气候。

希特勒是德国法西斯政党——德国国家社会主义工人党(简称纳粹党,纳粹是国家社会主义德文缩写词的音译)的党魁。这个党以清除停战"耻辱",冲破凡尔赛条约的限制和实现日耳曼人对欧洲和世界的统治为目标。它在20年代就得到德国垄断资产阶级秘密的大力资助。但当时,垄断资产阶级仅把它作为政治后备而不急于马上推向前台。直到1928年,纳粹党还不到10万党员,在国会中仅拥有12个席位。但是,在经济危机期间,它发展很快。1930年9月,德国举行国会选举。纳粹党获得640万张选票,从而使它在国会中的席位猛增到107席,成为国会中显赫的第二大党。

1931年10月11日,德国的垄断巨头、大地主、国防军的代表和一些反动政党,在哈尔兹堡温泉城举行会议,希特勒参加了这次会议。会议决定,法西斯组织和其他右翼党派要实行联合,共同支持希特勒上台,从而结成了所谓"哈尔兹堡阵线",阴谋在15个月后建立法西斯专政。

1932年1月27日,在杜塞尔多夫召开了一次德国垄断资本家代表会议,即所谓"三百人会"。会上,希特勒在一篇冗长的演说中和盘托出了法西斯的反动政纲。他保证,一旦执政就要镇压工人运动,消灭劳动人民的民主和自由。"根除德国的马克思主义",并"用刀剑之力创造民族振兴的前提",以夺取"新的生存空间"。希特勒的讲话博得到会资本家的热烈喝彩,垄断巨头蒂森当场喊叫:"希特勒万岁!"

希特勒在夺取政权的过程中,既得到本国资产阶级的支持,也受到外国垄断巨头的青睐和赞助。美、英垄断资本面对着德国革命危机以及可能引起的严重后果,也需要希特勒这样的人物出来执掌政权。美、英的一些大垄断巨头曾给希特勒的纳粹党提供过巨额资助。1930年,摩根、洛克菲勒和杜邦等人特别邀请德意志国家银行总裁、纳粹党的狂热支持者沙赫特访美,听取他对希特勒的主张和纳粹党活动情况的介绍,策划扶植希特勒上台。1931年6月1日,《纽约时报》毫不掩饰地说:"假使任命阿道夫·希特勒继任,那就显然在华盛顿更孚众望了。"①

1932年3月到4月,德国举行总统选举。德国垄断资产阶级提出兴登堡和希特勒为候选人。为了阻止希特勒上台,德国共产党曾建议同社会民主党建立反法西斯统一战线,在选举中联合提候选人,但遭到拒绝。社会民主党不提候选人,而支持兴登堡。德国共产党尖锐而鲜明地指出:"谁选举了兴登堡,就是选举了希特勒;谁选举了希特勒,就是选举了战争!"②社会民主党却以"取'小害'(兴登堡)而避'大害'(希特勒)"的理论来掩盖他们的叛卖行为。结果,兴登堡当选为总统。这就为法西斯上台铺平了道路。

1932年7月31日,德国举行新的国会选举。希特勒为了捞到更多的选票,到处进行欺骗宣传。他打着挣脱凡尔赛条约的束缚,复兴德意志民族的旗号,竭力煽动民族复仇主义。他向工人和农民许诺:要消灭失业,减轻税收,实行土地改革等等。这些蛊惑人心的欺骗宣传,蒙蔽了千百万容易轻信的小资产者。结果,纳粹党在这次选举中获得1370万票,在国会中取得230个席位,成为国会中第一大党。

1932年11月19日,德国一批代表着160多家大公司的垄断资本巨头,联名向兴登堡总统递交了一份请愿书,要求任命希特勒为德国总理。1933年1月30日,希特勒被任命为帝国总理。从此,揭开了德国历史上最黑暗的一页。

法西斯独裁统治在德国的确立与巩固

希特勒上台后,迅速地在德国建立起法西斯专政。这个专政的基本特征是:公开抛弃以国会制度为核心内容的资产阶级民主制,采用极端的暴力手段,在政治、经济、文化各个领域全面实行恐怖专政。它是资本主义历史上最残暴、最黑暗、最野蛮的一种典型统治形式。

希特勒政府一开始就把反革命触角伸向德国共产党。1933年2月1日,在内阁会议上讨论了对付共产党的措施,并在当天发表的第一个文告中,把所谓"克服德国被共产主义破坏的危险"说成是德国复兴的主要前提。2月2日,宣布禁止共产党的示威活动,同一天,警察搜查了德共中央委员会大楼。2月4日,希特勒签署了新闻紧急法令,命令中说,凡是批评政府和谩骂领袖的人一律要受惩罚。接着就查封了共产党的许多报章杂志。2月23日,德共中央委员会大

---

① 维纳·洛赫:《德国史》,生活·读书·新知三联书店1959年版,第465页。
② 同上。

楼被封闭,党中央机关报《红旗报》编辑部也遭到了同样的命运。

1933年2月27日晚,法西斯头目、国会议长戈林一手制造了震惊世界的"国会纵火案"。当天中午,柏林冲锋队奉命到达营房,处于高级战备状况,准备随时行动。晚上,一批冲锋队员从戈林官邸通往国会大厦的一条地下通道进入国会,放火焚烧了国会大厦。然后嫁祸于人,诬指共产党为纵火犯,说这是共产党发动武装暴动的"信号"。希特勒政府以此为借口大肆逮捕共产党人和进步人士,仅在27日晚上就逮捕了反法西斯战士1万余名。德国共产党领导人台尔曼和正在德国的共产国际执行委员会委员、保加利亚共产党领导人季米特洛夫也非法遭到逮捕。季米特洛夫在莱比锡法庭上英勇无畏,彻底揭露了法西斯的血腥统治和国会纵火案的真相。他指出:"国会纵火是大规模地预先布置好的屠杀德国工人阶级及其先锋队共产党的一种借口和前奏"[①]。纳粹党的卑劣行径也遭到国际舆论的谴责。外国报刊认为:"国会纵火很适应政府宣传的需要"[②],"断言德国共产党与这次国会纵火案有任何关系纯系胡说"[③]。

希特勒政府为了使镇压共产党和一切民主进步势力"合法化",希冀通过一项"授权法",以期授予政府全部立法权。1933年3月24日,在希特勒的威逼之下,国会通过了"授权法"。该法规定,政府有权不通过国会制定和颁布法律,并且不受宪法的限制,还可以不经任何立法机关的同意与外国缔结条约。这就意味着希特勒从此可以不受国会的任何约束,放手在国内推行法西斯化。实质上取消了议会制度。

1933年4月,希特勒命令"接管工会"。4月21日,纳粹党主管政治组织的一个头目莱伊宣布,5月2日对自由工会进行"统一整顿",命令冲锋队和党卫队"占领工会大楼并对有问题的人采取监护措施"[④]。在解散了所有的工会之后,纳粹党于5月10日建立了所谓"德国劳工阵线",工人必须参加这个法西斯御用组织。

希特勒在取缔了共产党和解散工人组织之后,便把矛头转向其他政党。1933年6月22日,德国社会民主党被命令禁止活动。紧接着,德国民族阵线、德国国家党、德国人民党和中央党都相继"自动解散"。7月14日,希特勒政府通过一项法律,宣布国家社会主义工人党为德国唯一政党,继续维持和新建任

[①] 季米特洛夫:《控诉法西斯》,人民出版社1958年版,第48页。
[②] 巴黎《快报》1933年3月1日。
[③] 伦敦《新闻记事报》1933年3月1日。
[④] 施泰尼格尔:《纽伦堡审判》上卷,商务印书馆1985年版,第139页。

何其他政党都是犯罪行为。从此,纳粹党便成为第三帝国唯一的政治意志的体现者。

希特勒为加强法西斯专政,颁布了许多法律,并新建了国家秘密警察(德语缩写音译为"盖世太保"),从而形成了"盖世太保"、"冲锋队"和"党卫军"三位一体的严密特务网。这些武装的法西斯组织到处横行,搜捕和屠杀革命者和反法西斯战士,把成千上万的人投进集中营,疯狂地制造白色恐怖气氛。当时美国驻德大使威廉·多德曾对这种残酷的政治现实作了这样的描述:"动物——这是我在此间遇到的仅有的幸福者。……当成千上万的人既未经法院审判,也没有任何罪证而惨遭杀害的时候,当居民恐怖得发抖的时候,动物享有着人类连幻想也不敢幻想的不可侵犯的权利。在这种情况下,人们不由得想变成一匹马!"[1]更加令人愤慨的是,希特勒政府竟然把残酷地迫害犹太人定为第三帝国正式的"国策"。他们胡说犹太人要对第一次世界大战后德国遭受的困难"负有很大的责任"[2],在全国掀起了屠杀犹太人的狂潮。在希特勒专政时期,约有600万犹太人惨遭杀害。当腥风血雨弥漫德国大地时,甚至连一些基督教徒也未能幸免。

在文化教育领域,希特勒政府疯狂地摧残进步文化,迫害知识分子,实行法西斯教育。希特勒以"知识会败坏我的青年"为信条[3],大量焚烧革命和进步的科学书籍。1933年5月10日,在柏林国家剧院门前广场,由戈培尔亲自指挥公开烧毁马克思、恩格斯、李卜克内西、卢森堡和海涅、高尔基、爱因斯坦以及另外一些伟大作家和科学家的著作。同时,根据所谓消除学校"超编"的法令,把一些有自由思想和进步思想的科学家和教授全部赶出校门,爱因斯坦等被迫流亡国外。学校把沙文主义、民族复仇主义、反犹太主义等作为教育的主要课程。希特勒鼓吹:"充分自由的教育就是优胜劣败原则",他要求把青年培养成"使全世界都望而生畏的青年"。[4] 从而把学校变为法西斯战争的军事训练所。

在经济方面,希特勒政府竭力把国民经济纳入战争轨道,对经济实行全面军事化的干预和调节。1933年7月15日,希特勒政府任命12个大垄断资本家和5个纳粹分子组成"德国经济总会"。这个"总会"作为当时德国经济的最高

---

[1] 维戈兹基等编:《外交史》第3卷(下),生活·读书·新知三联书店1979年版,第780—781页。
[2] 施泰尼格尔:《纽伦堡审判》上卷,商务印书馆1985年版,第140页。
[3] 格·鲁卡克斯:《理性的毁灭》,柏林1955年版,第595页。
[4] 瓦·巴特尔:《法西斯专政时期的德国(1933—1945)》,柏林1956年版,第24—25页。

权力机关,负责统筹和指导国家经济政策,以便把全部经济力量转向为战争服务。

为了发动战争的需要,希特勒必须全面掌握和控制军队。这时,在法西斯夺权过程中发挥了重要作用的纳粹准军事组织冲锋队不断扩大。冲锋队参谋长罗姆的野心也随之膨胀,他企图以冲锋队代替国防军,把二者融合为一,由他统一指挥。这就引起了国防军旧军官团的严重不满。其他纳粹首领,如党卫军首脑希姆莱等人,对冲锋队头目的飞扬跋扈也感到恼火。希特勒为了拉拢国防军,决定牺牲冲锋队。1934年6月30日,以罗姆企图发动军事暴动为罪名,希特勒亲自率领党卫军逮捕了罗姆,未经法庭审讯立即处死。同时约有1000名冲锋队头目被杀。这就是所谓"罗姆暴动"或"血腥清洗"事件。通过这次屠杀,希特勒赢得了国防军的支持,牢牢地掌握了对军队的控制权。1934年8月2日,兴登堡病死,希特勒取消了总统职衔,自任国家元首和总理,集国家一切最高权力于一身,成为拥有广泛极权的第三帝国的独裁者,完成了夺取和巩固政权的全过程。

希特勒的扩张计划和外交策略

希特勒纳粹政权对外政策的主要特点,是极端沙文主义和极端帝国主义的疯狂扩张性。在《我的奋斗》一书里,希特勒极其详尽地描绘了德国用武力征服世界的蓝图,并编造了一整套极端反动的侵略理论。这套理论有两个主要支柱:一是"种族优越论";二是"生存空间论"。

"种族优越论":他以种族的先天品质为基础,把人类分为优等民族和劣等民族,认为优等民族理应繁衍发展,劣等民族则应被淘汰消灭。在世界上只有日耳曼民族是最优秀的民族,是最纯正的雅利安人种的后裔,因此有权统治世界、主宰世界。斯拉夫族、高卢人、犹太人等都属下等人种,应该被奴役、被消灭。

"生存空间论":他把德国存在的大量失业、贫困现象归因于德国人口过剩,没有足够的"生存空间"。在国内,是"犹太人侵占了日耳曼人的土地和面包";在国外,"斯拉夫人占有大片土地,高卢人对日耳曼人进行压制和威胁"。如不解决"生存空间"问题,"这个伟大民族只好沦于死亡"。为此,他大力宣扬实行所谓"移民政策",使德国在太阳底下比以前占有更伟大的地位。

按照希特勒自我陶醉的狂想曲,日耳曼民族究竟需要多大的"生存空间"呢?他认为要建立一个超过1914年疆界的大德意志帝国。为此,德国的扩张目标"不是几个省,而是地理政治范畴;不是几个少数民族,而是几个大陆;不是打败敌人,而是消灭他们;不是结盟,而是要卫星国;不是改画一个国界,而是要重新安排整个地球上的国家;不是签署和平条约,而是宣布死刑——这就是伟大战争的目的"①。可见,希特勒要把德国变成一个拥有广阔领土的世界大国,即称霸于全世界。

那么,第三帝国如何走向世界霸权呢?希特勒制订了具体扩张计划:

首先,必须建立一个"大德意志帝国"。希特勒认为,如果不把 8000 万到 1 亿日耳曼人组成为一个坚如钢铁的有力核心,"我们绝对不会统治世界"。他以同属日耳曼血统为借口,鼓吹把奥地利、捷克斯洛伐克和其他国家境内的日耳曼人聚居的地方都并入德国,建立一个"大德意志"。在这个"大德意志"周围还要建立一个由波兰、匈牙利、罗马尼亚以及波罗的海沿岸诸国等组成的中小附属国体系。这就是希特勒心目中的所谓"千秋帝国",即"第三帝国"。

其次,要摧毁法国的欧洲霸权,夺取英国的殖民地。希特勒声称:德法两国的世代冤仇不能再继续下去了,对法国,德国必须从"消极的防御"转入"积极的"和决定性"清算",以报凡尔赛压迫之仇。英国已经得了"颓废坏疽病",理应死亡。它的殖民地应转入德国之手。

第三,要"消灭苏联","铲除共产主义"以"履行保卫西方文明的历史使命"。希特勒大谈所谓"共产主义的危险",不断发出反苏叫嚣。他说:德国必须向东方扩张,"在东方获得新的生存空间,并使之德国化"。以便在"乌克兰及其一望无际的谷物产地"为德国人取得每天的面包。

第四,在各大洲建立"新德意志"霸权。希特勒幻想建立一个"德国的非洲",并把拉丁美洲列为德国的"生存空间"。他还打算肢解美国,说美国已经"垂死待毙","拯救美国的任务,唯我始能完成。我将以建立德意志对美国人的统治为起点"。② 希特勒还狂妄地宣称:"我们必须把我们的社会政治制度实现于全世界使它推行各国而使其成功"③。

希特勒在《我的奋斗》中反复强调,必须以武力作为夺取"生存空间",建立德意志世界霸权的手段。他说:"我们今天赖以生存的土地,并非得之于上天的恩赐,而是我们的先辈通过拼死斗争得来的,所以将来也决不能依靠其他民

---

① 维戈兹基等编:《外交史》第 3 卷(下),生活·读书·新知三联书店 1979 年版,第 784 页。
② 鲍爵姆金:《世界外交史》第五分册,五十年代出版社 1953 年版,第 49 页。
③ 同上。

族的恩惠为我们的民族提供土地和生存条件,而应依靠战无不胜的利剑的威力。"①

希特勒为了实现他的扩张目标,在外交策略上阴险狡诈,不择手段。他公开说:"在政治中,我不承认一切法律。政治就是赌博,诡诈伎俩都可应用,它的规律是依赌博人的技术,而随时变换的。"②在敌人营垒中,制造"情感的混乱、纷争、犹豫、惶恐,这都是我们的武器"③。撒谎、欺骗更是他惯用的手法。他一再唱和平高调,声称德国"只希望和平","它没有更多的要求"。1933年5月17日,希特勒在国会发表所谓"和平演说",说德国不要战争。战争是"疯狂透顶的事",它会"造成现有社会和政治秩序的崩溃"。他还声称:德国并不希望把其他国家的人民"德国化",而愿意签订任何庄严的互不侵犯条约。希特勒正是在和平烟幕的掩盖下,积极准备谋取世界霸权的新战争。这清楚地表明,继远东战争策源地形成之后,在欧洲又出现一个更危险的战争策源地。

第五节 苏联为建立反法西斯侵略统一战线而斗争

苏联与美国等一系列国家建交

亚洲和欧洲两个战争策源地的形成,打破了第一次世界大战后所确立的国际关系格局,从而导致了国际政治力量的急剧分化和改组。以法西斯的意识形态和政治制度为共同基础的德、意、日逐渐靠拢,它们打着反苏反共的旗号对外侵略扩张。这时,苏联在国际舞台上已经成为一支举足轻重的政治力量,它在空前的资本主义世界经济危机和军事政治冲突的汹涌浪潮中,巍然屹立,独秀一枝,继续进行欣欣向荣的经济建设和维护和平的斗争。西方一些国家面对着法西斯的威胁,感到有必要调整与苏联的关系,以牵制德日的扩张。

美国长期以来拒不承认苏联,但到30年代初期,这一政策再也推行不下去了。日本对中国侵略战争的不断扩大,严重威胁着美国在远东的利益;法西斯主义在德国上台,公开扩军备战,欧洲局势动荡,美国在德国投资和贷款处于风雨飘摇之中。在欧、亚国际关系日益尖锐的形势下,美国为了自身利益的需要,

---

① 施泰尼格尔:《纽伦堡审判》上卷,商务印书馆1985年版,第147—148页。
② 鲍爵姆金:《世界外交史》第五分册,五十年代出版社1953年版,第50页。
③ 同上书,第49页。

积极谋求改善与苏联的关系。美国国务卿赫尔认为:"世界正在走向一个危险的时期,而俄国却能够大大有助于稳定局势。"① 美国著名记者李普曼在谈到美苏关系时指出:"承认有许多好处,俄国这个大国处在当代世界两个危险中心——东亚和中欧之间。"②《纽约时报》说得更明确:"苏联是对付侵略的屏障,它在一个大陆上对付军国主义的日本,而在另一个大陆上对付希特勒德国。"③

1933 年 3 月 4 日,罗斯福就任美国总统。他上台伊始即表示:"要想真正改善世界现状,必须实现美苏关系正常化"。④ 美国实业界的巨头也热烈支持这一主张,因为它们期待承认苏联将为美国商品打开新市场。1933 年 5 月 16 日,罗斯福向参加国际裁军会议的 54 国首脑发出一份呼吁书,要求"实行裁军以保障和平"。呼吁书也送给了苏联中央执行委员会主席加里宁,这是改善同苏联关系的一个信号。5 月 19 日,加里宁复电罗斯福,对他的建议表示完全赞同。10 月 10 日,罗斯福派他的密友亨利·摩根索和国务院官员布利特同苏联驻美国首席代表斯克维尔斯基接触,就"苏联派代表来美国谈判两国关系问题"进行探询。对此,苏方作出了积极的响应。

1933 年 10 月 10 日,罗斯福致函苏联加里宁主席,建议美苏举行"友好的会谈",以解决两国关系的正常化问题。加里宁在复信中指出,苏美两国之间没有正常的关系,"不仅影响到我们两国的利益,而且也影响到整个国际形势,增加了不安的因素,使巩固普遍和平的过程日趋复杂,鼓励了破坏和平的势力"⑤。他表示,苏联政府接受谈判建议,并决定派外交人民委员李维诺夫前往美国。

1933 年 11 月初,李维诺夫率代表团到达华盛顿,并于 11 月 8 日至 16 日同罗斯福总统和赫尔国务卿举行了会谈。会谈中就双方存在争议的问题交换了意见,并就一些主要问题达成如下谅解:

1. 关于债务问题。经美国国务院核算,原沙皇俄国和临时政府时期欠美国的债务是 6 亿多美元,通过谈判,罗斯福与李维诺夫达成一项君子协议,双方同意在稍后的时间再解决债务问题,解决的方案是:苏联将向美国支付 7500 万到 1.5 亿美元就算了结了双方的债务问题。

---

① 《赫尔回忆录》第 1 卷,纽约 1948 年版,第 297 页。
② 《李普曼评论集(1933—1935)》,纽约 1936 年版,第 335 页。
③ 《纽约时报》1933 年 10 月 21 日。
④ 罗伯特·达莱克:《罗斯福与美国对外政策(1932—1945)》上册,商务印书馆 1984 年版,第 56 页。
⑤ 苏联《消息报》1933 年 10 月 21 日。

2. 关于赔偿问题。苏联政府出于友好的愿望,决定放弃对美国的某些要求,包括不再要求美国对在西伯利亚进行武装干涉造成的损失进行赔偿。

3. 关于宗教问题。双方同意,在苏联的美国公民有宗教信仰的自由,苏联对其正常的宗教活动予以保障。

1933年11月16日,罗斯福和李维诺夫互换信件,决定两国建立正常的外交关系,并互派大使。双方明确作出下列承诺:1.相互尊重领土主权和不干涉内政;2.严格避免和制止对另一方的武装干涉行为;3.双方政府保证,不建立、不资助、不支持旨在反对对方政治制度和社会制度的军事组织和集团。

美国是最后一个同苏联建交的资本主义大国。美苏建交对国际形势产生了十分有益的影响,斯大林指出:"毫无疑问,这件事在整个国际关系中具有极重大的意义。问题不仅在于这件事增加了维护和平事业的机会,改善了两国之间的贸易联系,打下了相互合作的基础。问题在于这件事在新旧两个时期之间立下了界标:在旧时期中,各国把美国当做一切反苏趋向的堡垒,而在新时期中,这座堡垒已经自愿拆除以适应两国双方的利益。"[①]

苏美建交后,苏联在不长的时间内,先后又同匈牙利、罗马尼亚、捷克斯洛伐克、保加利亚、阿尔巴尼亚、哥伦比亚、比利时、卢森堡等国建交,出现了同资本主义国家建交的第二个高潮。通过这一系列的建交行动,苏联扩大了国际联系,进一步提高了国际威望。同时,也有利于维护世界和平和反对法西斯侵略扩张的斗争。

集体安全计划的提出和苏联加入国联

德、日法西斯的扩军备战和侵略活动,对苏联造成越来越严重的威胁。苏联的东方有虎视眈眈的军国主义日本,西方有跃跃欲试的法西斯德国,这种东西夹击之势使它陡增战争的危机感和不安全感。特别是德国,自希特勒上台后,德苏关系急转直下,其根本原因是德国改变了对苏政策,采取了一系列有计划有预谋的恶化德苏关系的行动。

1933年3月2日,希特勒在柏林体育馆发表讲话时,对苏联进行了"空前激烈的攻击"[②]。同时,纳粹党外事局头目罗森堡建议德意联合进攻乌克兰和高加索。5月初,希特勒在同记者谈话时,竟然声称:德国将全力在东欧谋求"生存

---

① 斯大林:《列宁主义问题》,人民出版社1972年版,第522页。
② 德波林主编:《第二次世界大战史(1939—1945)》第1卷,上海译文出版社1978年版,第537页。

空间"①。6月，出席伦敦世界经济会议的德国代表团团长胡根堡在会上提出一份备忘录，要求让"缺乏生存空间"的民族去支配"新的领土"②，并暗示这些土地可以靠损害俄国的利益来得到。1933年秋，希特勒毫不掩饰地宣称："恢复德、俄关系已属不可能"③。

对德国法西斯的反苏挑衅，苏联政府通过谈话、照会等形式提出了强烈抗议。1933年夏，在裁军会议和伦敦世界经济会议上，苏联代表谴责了德国对苏联的无耻诽谤。6月22日，苏联政府在抗议照会中指出，希特勒政府的反苏行为"严重违反了德国政府于1926年4月24日在柏林签订的友好和中立条约所承担的义务"④。1934年1月26日，斯大林在联共（布）第17次代表大会上公开揭露了德国法西斯侵略扩张的真面目及其反苏意图。

苏联作为社会主义国家，它的对外政策的基点是反对战争威胁，维护和平。在当时战云密布的险恶形势下，苏联政府清醒地认识到，仅靠苏联的力量去制止侵略是远远不够的，必须建立爱好和平力量的统一战线来同法西斯对抗。这就要求广大国家，包括西方"民主国家"在内作出共同努力以阻止德日的侵略扩张。正是在这种背景下，苏联提出了集体安全的新主张。这种主张的基本理论依据是：在战争与和平的问题上，世界是相互联系不可分割的，任何一次局部性的军事冲突，都可能使许多国家卷进去，并有发展成世界大战的危险。

1933年12月12日，联共（布）中央作出了关于开展争取集体安全斗争的决定。外交人民委员部根据这个决定立即拟订了关于建立欧洲集体安全体系的建议，并于12月19日得到中央的批准。该建议包括下列要点：

1. 苏联同意在一定条件下参加国际联盟。
2. 苏联不反对在国际联盟的范围内缔结区域性的共同防御来自德国方面的侵略的协定。
3. 苏联同意比利时、法国、捷克斯洛伐克、波兰、立陶宛、拉脱维亚、爱沙尼亚和芬兰或者其中的某些国家参加本协定，但法国和波兰必须参加。⑤

上述各点，实际上就是关于建立欧洲集体安全体系构想的主要轮廓。

---

① 英国《每日电讯报》1933年5月5日。
② 苏联《消息报》1933年6月24日。
③ 德波林主编：《第二次世界大战史（1939—1345）》第1卷，上海译文出版社1978年版，第547页。
④ 苏联《消息报》1933年6月24日。
⑤ 德波林主编：《第二次世界大战史（1939—1945）》第1卷，上海译文出版社1978年版，第547—548页。

为了有利于争取集体安全,苏联的计划中提出了加入国际联盟的设想。这意味着苏联对外交战略作出了重大调整,也就是说,它的主要打击方向变了。在国际联盟成立时,苏联认为它是帝国主义的强盗联盟,是奴役战败国和世界人民的工具,因此,对国联一直采取揭露和批判的态度,并把操纵国联、敌视苏联的英、法帝国主义当作自己的主要敌人,而把受凡尔赛体系束缚和压迫的德国当作争取、拉拢的对象。但是,到了30年代,日本和德国相继走上了对外扩张的道路,成为苏联和世界人民最凶恶、最危险的敌人。在这种新的形势下,苏联外交目标在欧洲的主要打击方向,从英、法转向德国,因而对国联也采取了一种新态度。1933年12月25日,斯大林在同美国记者杜兰特谈话时指出:"德国和日本退出了国际联盟,或者也许正因为如此,国际联盟才能够成为制止或阻碍军事行动发生的一种因素。如果真是这样,如果国际联盟能够起微小的作用,哪怕只是使战争受到一点阻难而在某种程度上促进和平事业,那么我们也就不反对国际联盟。是的,如果历史事变的过程将是这样,那么尽管国际联盟有很大的缺点,我们也不会不支持它。"[①]随后,人民委员会主席莫洛托夫和外交人民委员李维诺夫也发表了内容相同的讲话。

从英、法方面看,它们希望因日本和德国退出而逐渐下沉的国联,能够因苏联参加注入新的动力而重新浮上水面。因此,对苏联参加国联的意向,表示积极支持和欢迎的态度。特别是法国非常热心,法国外长巴都在苏联暗示准备加入国联后,积极地为促进苏联尽快加入而努力。

1934年9月15日,英、法等30个国联成员国邀请苏联参加国际联盟,这一邀请随后又得到4个会员国的支持。9月18日,国联以38票的多数通过苏联加入国联并担任国联理事会常任理事。苏联代表李维诺夫在国联大会上首次发言时指出,苏联政府把大多数国联成员国的邀请看做是"国际联盟真正的和平意志的体现"[②]。他保证遵守国联会员国应负的一切国际义务和决定,但是,对苏联参加之前这个国际组织所采取的行动和通过的决议不承担责任。

苏联加入国联后,为了实现其集体安全主张,多次呼吁国联采取实际步骤,反对侵略斗争。1935年1月17日,李维诺夫在国联理事会上发言时指出,为了减少战争危险,应该缔结反法西斯侵略的双边或多边的互助条约,通过集体努力以保障欧洲和世界和平。

---

① 《斯大林全集》第13卷,人民出版社1956年版,第249—250页。
② 华尔脱斯:《国际联盟史》下卷,商务印书馆1964年版,第139页。

东方公约问题和苏法、苏捷互助条约

纳粹德国崛起，准备向外侵略扩张，首当其冲受到威胁的是法国。法国政治家中一些有识之士，觉察到来自德国的极大危险，他们主张联合苏联和其他东欧国家，共同抑制德国的侵略。20年代，法苏关系比较紧张，但自30年代初以来，情况开始好转。法苏逐渐接近，双方关系不断得到改善。

1934年2月9日，巴都就任法国外长。他深知主要危险来自德国。要摆脱这种危险，维持英法合作是必要的，但不能过分依赖这种合作。否则，英法关系就可能成为骑士与马的关系，即英国成为骑士，而法国却变成英国的胯下之马。巴都认为，执行独立的、符合法国利益的对外政策是十分必要的。为此，他试图制订一项旨在防止德国造成的日益增长的危险的计划。这项计划就是订立所谓东方洛迦诺公约（或称东方公约），以作为1925年洛迦诺公约的补充。它的目的在于建立欧洲国家同盟，以对付德国的侵略。

为筹划东方公约，巴都进行了频繁的外交活动。1934年4月，他访问了波兰。5月18日，他与苏联外交人民委员李维诺夫在日内瓦就缔结东方公约问题进行了会谈。巴都认为，东方公约是建立真正的法苏联盟的特别手段。5月29日，他向李维诺夫提出了东方公约草案。该草案包括三个条约：第一个条约，即所谓东方公约。公约规定，参加国相互保证边界不可侵犯，并承担援助受侵略国家的义务。签约国应为德国、苏联、波兰、捷克斯洛伐克和波罗的海沿岸各国。第二个条约是法苏互助条约。苏联对法国承担的义务，相当于1925年洛迦诺公约参加国的义务；而法国对苏联承担的义务，则相当于东方公约参加国的义务。第三个条约是一个"总则"，总则声明，上述两个条约同国际联盟并没有矛盾。

苏联过去是反对洛迦诺公约的，认为它不但不是欧洲和平的保证，而且"孕育着欧洲的新战争"[①]。但在德国成为欧洲战争的主要危险，法国努力使洛迦诺条约成为遏制德国侵略的重要环节的新条件下，苏联改变了态度，认为使它向和平公约转化，是有很大积极意义的。因此，对巴都缔结东方公约的努力表示支持。

1934年6月，巴都满怀希望访问了东欧各国。6月27日，法国政府将东方公约草案转交给英国政府。7月9日至10日，巴都访问英国时受到冷遇，他感

---

① 《斯大林全集》第7卷，人民出版社1956年版，第227页。

到"犹如冷水浇头"。英外交大臣西蒙表示,只有在法国同意让德国重新武装的条件下,英国政府才支持东方公约。实际上,这是巴都难以接受的。7月13日,西蒙在英国下院宣称,英国政府决不参加任何"包围"德国的企图。

德国的纳粹头目们很快觉察到东方公约将是其对外侵略扩张的障碍,因此竭力阻止东方公约的缔结,并进行了一系列破坏活动。它向法国发出照会,说德国在未享有同公约其他参加国一样的进行武装的"平等"权利之前,不能同意该公约。希特勒很害怕一切爱好和平力量的联合,他极力诱迫东欧国家出来反对公约的缔结,以瓦解可能出现的联合阵线。希特勒选中波兰作为反对东方公约的马前卒。在德国的挑拨和怂恿下,波兰外长贝克表示,假如德国参加东方公约,波兰方能参加。1934年9月10日,德国政府正式声明拒绝参加东方公约。9月27日,波兰政府也宣布不参加该公约。

尽管缔结东方公约遇到了困难,巴都仍继续奉行加强法国和各盟国关系的政策,并为此邀请南斯拉夫国王亚历山大访问法国。1934年10月9日,巴都在马赛欢迎南国王时,两人同时遇刺身亡。这一谋杀事件是由德国特务机关制定、经希特勒批准的。其目的就是阻止东方公约的实现。巴都之死,使缔结东方公约的希望更加渺茫。

巴都的继任者赖伐尔是一个亲德派。他上任后放弃了联苏制德政策,明里暗里为东方公约谈判设置障碍。苏联及时地觉察到,缔结区域性的多边互助公约已难以实现,就转而争取缔结双边互助条约。

1935年3月29日,苏联政府向法国政府提出缔结互助条约的建议。赖伐尔对此并不热心,但这时法国国内舆论主张法苏接近的呼声却很高。法国著名政治家佩蒂纳克斯说:"巴都以身殉职,他曾立志要联合世界的朋友,希望联合得越多越好。接近苏联的工作已经进展到必须作出决定的阶段了。摇摆不定的时期业已过去。"① 赖伐尔对舆论界的呼声不能不有所考虑,他玩弄两面手法,一面表示同意与苏联缔结互助条约;一面又表示不排除同德国的"紧密合作"。

1935年5月2日,苏联副外交人民委员鲍爵姆金与法国外长赖伐尔在巴黎签订了苏法互助条约。条约规定:"尽管两国具有真诚、和平的愿望",但苏联或法国如"仍成为欧洲国家未经挑衅的侵略对象时,苏联和法国彼此应立即给予支援和协助"。② 其中"欧洲国家"一词,是应法国的要求写进去的,以此表明,一旦苏日发生冲突,法国不承担援苏义务。

---

① 维戈兹基等编:《外交史》第3卷(下),生活·读书·新知三联书店1979年版,第814页。
② 《苏联对外政策文件集》第4卷,莫斯科1946年版,第30页。

1935年5月16日,苏驻捷全权代表亚历山大罗夫与捷外长贝奈斯在布拉格签订了苏捷互助条约。内容与苏法条约相同,但应捷方的要求,附有一项保留条件,即只有在法国对被侵略国提供援助时,苏捷双方才有义务互相援助。这样一来,苏捷条约的作用就受到了法国行动的限制。贝奈斯在谈到这样做的目的时指出:"我们明白自己属于西欧,不想单方面同俄国发生关系。"[①]

苏法、苏捷互助条约的签订,是苏联推行欧洲集体安全政策的积极成果。对此,纳粹德国感到十分恼火和畏惧。希特勒说:法俄条约"在捷克斯洛伐克参加后对德国来说就显得特别危险了",因为它们联合起来能"击中德国的心脏"。[②] 这两个条约本应在抑制和反对德国侵略方面发挥重要作用,但结果并非如此。主要原因是法国政府并不准备忠实履行互助条约的义务。赖伐尔曾毫不隐讳地说:法苏条约对他来说,只不过是个"备用手段"。所以,他始终拒绝苏方关于签订相应的军事协定以补充互助条约具体内容的合理要求。这样,法苏条约虽然在1936年2月27日得到法国议会的批准,但实际上并没有发挥多大作用。

[①]《1918—1939年捷克斯洛伐克对外政策论文集》,莫斯科1959年版,第366页。
[②]《第二次世界大战前夜的文件和材料》第1卷,莫斯科1948年版,第64页。

第六章　德意法西斯侵略战争的开始和英法美的"不干涉"政策

第一节　德国重整军备和占领莱茵非军事区

德国公开重新武装

希特勒在《我的奋斗》中反复强调一个信念：必须以武力作为解决国际问题的手段。因此，他上台后，就决定立即着手建立大规模的、人数以百万计的、高度机械化的军队。过去，那种秘密的、小规模的扩军已经不能满足需要了。为了重建武装力量，必须打破对德国的军备监督。所以，法西斯德国在1933年10月14日用一种强词夺理的借口退出当时正在举行的国际裁军会议，接着于10月19日又宣布退出国际联盟。

退出裁军会议和国联是德国准备摆脱任何国际条约的约束，由秘密扩军转向公开扩军的标志。在此之后不久，希特勒公布了1934—1935年度财政预算，其中军事预算竟比上一年度增加90%。为迅速发展军工生产，德国国防会议工作委员会于1934年初决定，动员24万家工厂来供应军事订货。与此相适应的是，对外贸易中的进出口货物结构进行了调整。是年秋，德国政府宣布了一项"新计划"，其主要内容是国家要对全部进出口进行监督和控制。此后，重要的战略物资输入不断增加，而消费资料的输入则相应减少。纳粹头目公开提出"宁要大炮，不要黄油"的口号，要求人民勒紧裤带。希特勒发展战争经济的狂热支持者沙赫特曾明确地说："生活水平与军备规模是互相抵触的。我消费得愈少，我就节约得愈多，而我节约得愈多，我就可以把更多的钱投到军备上去。"①

为了加强经济、军事实力，希特勒积极谋求萨尔归回德国。萨尔在一战前是德国一个重要的产煤区，有发达的钢铁工业，战后按照凡尔赛条约的规定，它

---

① 库钦斯基：《1933—1945年德国工人状况史》第2卷，柏林1953年版，第70页。

的煤矿开采权归法国,行政权交由国联管理,15年期满以后,在萨尔区举行公民投票,以决定其归属。1935年1月13日,在国联主持下,举行萨尔公民投票。投票时,几乎每个投票箱旁都有"盖世太保"在监视,对选民进行威胁、讹诈,而在场的国联管理员却佯装不知。根据投票结果,国联决定,自1935年3月1日起,萨尔归还德国。这对德国发展军事工业有重要意义。

1935年3月16日,德国在扩充武装力量的道路上采取了一项具有决定意义的措施,即颁布建立国防军的法令,开始实施普遍义务兵役制。法令规定,德国和平时期的陆军为12个军36个师,约50万人。5月21日,德国政府又通过了《国防法》。该法令授权希特勒可就国内实行戒严、总动员和宣战等问题作出个人决定。同一天,希特勒根据一项特别法令,设立了"战争经济全权总办",并委任沙赫特负责,以便集中全部财力发展战争经济。

1936年是德国重整军备进程中一个重要的界碑。这一年,希特勒在纽伦堡纳粹党全国代表大会上宣布了扩充军备的"四年计划"。该计划的主要内容是:1.德国国防军必须在四年内做好作战准备;2.德国经济必须在四年内做到能够应付战争。戈林受命负责执行"四年计划"。从此,德国经济开始了为直接进行战争而强制发展的时期,一切经济力量都用于准备和进行战争。民用工业纷纷转产,大量制造武器装备和其他军用物资,使军备支出在国民收入中所占的比重越来越高。详见下表①:

(单位:亿马克)

年　度	国民收入	军备支出	军费占国民收入
1932	450	10	2%
1933	465	30	6%
1934	525	55	10%
1935	585	100	17%
1936	650	125	19%
1937	725	160	22%
1938	795	270	34%

---

① 维纳·洛赫:《德国史》,生活·读书·新知三联书店1959年版,第513页。

1939年9月1日,希特勒曾供认:"我致力于德国国防军的建军工作,已六年于兹。在此期间,为建军而支出的费用在 900 亿马克以上。"①900 亿马克相当于第一次世界大战后根据凡尔赛条约德国交付赔款总和的 3 倍。正是用这笔巨额款项,希特勒在德国建立了一支世界上装备最精良的军队。对此,他曾自鸣得意地说:"对大多数德国师来说,德国国民的武器装备比起 1914 年在规模上更为强大,在质量上也更为精良。武器本身总的来说是新式的,目前世界上还没有别的国家具备这种状况。"②

经过紧张的扩军备战之后,德国的战争机器逐渐启动起来,准备开始采取具体的侵略行动。希特勒曾直言不讳地说:"从原则上说来,我不是为了不打仗才建立国防军的。我一向都有打仗的决心,迟早我总要解决这一问题。"③

"斯特莱沙阵线"

德国的重新武装,特别是 1935 年 3 月 16 日颁布建立国防军的法令,开始实行普遍义务兵役制,从而单方面撕毁了凡尔赛条约的军事条款,猛烈地冲击了战后所奠定的凡尔赛体系。显然,这是对英、法等战胜国的严重挑战,尤其是与德国为邻的法国,更深切感到来自德国的威胁与压力。但是,法国既不具备单独行动以扭转局势的实力,又不愿接受德国违约的既成事实,它迫切希望与英、意加强合作,遏制德国的扩军行动。为此,法国政府一方面向德国提出抗议,一方面要求国联召开特别会议,讨论德国违约问题。在国联召开会议之前,法国提议英、法、意三国先进行协商,以便为会议做准备。

德国的扩军备战也威胁着英国的利益。英国政府认为,对德国日益军国主义化的趋势如不加以制止,很快就会造成危害和平的局势。因此,英国愿意同法国采取某种形式的联合以限制德国的重新武装。但是,它不愿对德国采取过于强硬的政策,以免引起英德关系的紧张。意大利为争夺中欧霸权,在奥地利问题上同德国有矛盾,因而在对德政策上同英法有共同点,可以采取一定程度的共同行动。但是,意大利在争夺地中海和非洲的霸权中,又与英、法有尖锐的利害冲突,这就决定了英、法、意的"合作"是暂时的、不稳固的。

正是在上述复杂的背景下,英、法、意三国于 1935 年 4 月 11 日在意大利北部的斯特莱沙召开会议,以讨论三国互相保障欧洲和平的问题。出席会议的

---

① 阿伯特·诺尔登:《德国历史的教训》,生活·读书·新知三联书店 1958 年版,第 172 页。
② 施泰尼格尔:《纽伦堡审判》,商务印书馆 1985 年版,第 143 页。
③ 维纳·洛赫:《德国史》,生活·读书·新知三联书店 1959 年版,第 504 页。

有：法国总理弗兰亭和外长赖伐尔，英国首相麦克唐纳和外交大臣西蒙，意大利首相兼外交大臣墨索里尼。墨索里尼任大会主席，他在会议开幕时，非但没有提出制止德国扩军的方案，反而提出意大利拥有 60 万现代化军队的计划，并说这是保障欧洲和平不可缺少的。法国代表向会议提交了它准备向国联行政院提出的备忘录，其主要内容是，谴责德国单方面违反凡尔赛条约的军事条款。法国代表还要求英、意共同行动，对德国的违约行为进行财政经济制裁。英、意都明确表示，不考虑制裁的可能性。英国认为，制裁不会发生什么作用，反而会危及实施制裁的国家。

经过 3 天的会谈，4 月 14 日英、法、意三国发表了一项联合公报。公报的措辞纷繁而无实际内容，它只是轻描淡写地批评了德国的违约行为，认为这种行为"蔑视了公众对于和平秩序的信任"，是令人"遗憾的"。三国声明，它们政策的目的是"在国际联盟范围内维护集体和平"，并紧密合作"用一切实际可行的手段，反对足以危害欧洲和平的片面废除条约的行为"。公报还表示，三国在即将举行的国联行政院会议上"采取共同一致的行动"。①

这个空洞的软弱无力的决议，在当时曾被西欧一些国家的报刊大肆渲染和吹嘘，说英、法、意三国建立了一条保障欧洲和平的"斯特莱沙阵线"。实际上，这个阵线根本不可能对德国的重新武装起任何抑制作用，英、法、意三国也没有实现真正的联合。它们同床异梦，各有打算。正如国联助理秘书长华尔脱斯所说："斯特莱沙会议是一个并不打算做一点事的大国的会议，而会议的结果同这个事实是完全相称的。"②

1935 年 4 月 15 日，国联行政院召开特别会议，讨论德国扩军违约的问题。英、法、意三国向大会提出一份决议草案，4 月 17 日获得通过。决议认为，德国政府 1935 年 3 月 16 日颁布的军事法令违反了凡尔赛条约，并指出：单方面废除国际条约义务势必对维护和平的事业造成危害。会议还决定，成立一个特别委员会，负责起草对今后违反国际义务的国家，采取经济和财政措施的提案。这意味着不再追究德国这次违约的责任。

但是，即使对国联这样一个软弱无力的决定，德国也不能容忍。1935 年 4 月 20 日，德国政府就国联的决议，向英国政府提出抗议，说国联绝对无权成为"德国的法官"。

---

① 《国际条约集（1934—1944）》，世界知识出版社 1961 年版，第 28—30 页。
② 华尔脱斯：《国际联盟史》下卷，商务印书馆 1964 年版，第 169 页。

《英德海军协定》

法西斯德国无视国联行政院的决议，继续破坏凡尔赛条约的军事条款。1935年4月27日，德国政府宣布：12艘潜艇将于近期下水。这是对凡尔赛条约不准德国拥有潜艇的粗暴践踏，也是加速扩充海军的一个危险信号。海军问题是一个敏感的问题。德国扩大陆军，直接受到威胁的首先是法国，而扩大海军则会影响英国的海上霸权利益，因此，必然会招致英国的反对。但这时，希特勒并不愿意同英国公开冲突，他还想利用英国牵制法国，故建议同英国举行海军谈判，以要求德法海军平等为由，诱使英国作出让步。

1935年3月24日，英国外交大臣西蒙和掌玺大臣艾登访问柏林。在柏林会谈中，希特勒提出，德国海军将"满足于"拥有英国海军吨位的35%。西蒙当即指出，在英国政府看来，35%这个数字过于庞大。但希特勒却强硬表示，不论天上人间，都没有任何权威能够迫使德国承认法国或意大利舰队的优势地位。[①]5月21日，希特勒在国会发表演说，一方面重申了关于英德海军比例的主张，另一方面又向英国抛出钓饵，说他完全承认"英帝国需要在海上拥有一支优势的力量"，而德国既没有打算、也没有必要、更没有办法参加海军新竞争。

1935年6月2日，德国派里宾特洛甫以特命全权大使的身份前往伦敦，与英国海军大臣艾莱斯·蒙赛尔举行会谈。在会谈中英国基本上接受了德方要求。英国认为，允许德国拥有相当于自己35%的海军吨位既不影响英国的海军优势，又可以平衡德法的海军力量，还可以让德国舰队在波罗的海同苏联舰队相抗衡，真可谓一石三鸟。6月18日，双方以换文的形式，签订了《英德海军协定》。协定规定，德国舰队的总吨位永不超过英国海军吨位的35%；德国潜水艇吨位将不超过英国吨位总额的45%。如果形势需要，德国要建立超过这一比例的潜水艇，应事先通知英国政府。

《英德海军协定》对德国来说，具有巨大的军事和政治意义。在此之前，只是德国单方面违约，而这一次是英国同德国一起破坏了凡尔赛条约的军事条款，从而使德国重新武装合法化。纳粹分子对这一重大胜利极为高兴，里宾特洛甫后来曾说："希特勒和我对这个协定感到十分满意，希特勒从没有这样幸运过。"[②]

《英德海军协定》为德国扩充海军留有广阔的余地。当时，英国海军舰只的

[①] 安东尼·艾登：《艾登回忆录——面对独裁者》，伦敦1962年版，第139页。
[②] 《德帝国主义对外侵略政策史》，莫斯科1959年版，第179页。

总吨位是 120 多万吨,按照 35% 计算,德国可以拥有 42 万吨,然而,德国除逾龄舰以外,只有 7.8 万吨。这就意味着德国可以把自己的舰只总吨位增加 4 倍多。根据当时德国的造舰能力,这么庞大的数额,需要大干多年才能完成。

《英德海军协定》给法国造成巨大的威胁与压力。德国得到了建立一支几乎与法国相等的海军的权利,而且技术设备更先进、更现代化。这意味着法国必须着手一个新的海军建造计划,否则就等于默认在海军实力方面,在北海将居于德国的下风,在地中海居于意大利的下风。这是法国所不能接受的,因此对协定的签订极为不满,公开表示拒绝承认该协定的有关规定。意大利对英国撇开盟国,擅自置凡尔赛条约的海军条款于不顾,单独与德缔约的做法也非常愤慨。可见,《英德海军协定》扩大了英国与法、意之间的矛盾与裂痕。后来,连艾登也不得不承认,这个协定一签订,"斯特莱沙阵线显然已土崩瓦解了"。

从长远的战略观点上看,《英德海军协定》对英国也是不利的。表面上看,德国只能拥有英国海军 35% 的实力,英国居于绝对优势。实际上,英国的海军比较分散,活动在世界各地 13 个海域,而德国的海军比较集中,主要活动在北海一线。这样,对德国来说,可以在局部地区形成某种相对的海军优势。

《英德海军协定》缔结后,德国建设强大海军的活动便急剧地开展起来。除了正在建造的舰只之外,又很快开始建造两艘排水量为 4 万多吨的战列舰,以及许多巡洋舰、驱逐舰和 24 艘潜水艇。1935 年当年就完成了 11.5 万吨的造船计划。到 1939 年初,德国海军舰只就实现了 42 万吨的目标。第二次世界大战爆发前夕,德国已拥有一支技术先进、装备精良的庞大舰队了。它的潜水艇有 57 艘,仅比英国少 1 艘。第二次世界大战期间,德国开展潜艇战,使数以千计的英国船只沉没于海底。

德军占领莱茵非军事区

纳粹德国冲破凡尔赛条约扩军备战的行动步步得逞,这就刺激和鼓励了它的扩张野心。纳粹头子希特勒,这个政治外交骗局中的大赌棍,认为时机已到,他下决心拔除掉向外侵略扩张道路上的最后障碍:莱茵非军事区。

莱茵非军事区的地位是受双重条约保证的。《凡尔赛条约》规定,莱茵河西岸和莱茵河东岸 50 公里以内,德国无权设防,并不得驻军和举行军事演习。德国参加签订的《洛迦诺公约》规定,莱茵非军事区的地位应当得到遵守,在该地区聚集武装力量,将被视为对凡尔赛条约的破坏而构成"挑衅的侵略行为",被侵犯的缔约国可以立即采取军事行动。

莱茵非军事区的存在,既不利于德国同法国对抗,又不利于其向外扩张,因为它西边的大门是敞开着的,有后顾之忧。德国要向东面和东南面出击,必先锁好莱茵区这道门,筑起军事壁垒。所以,希特勒一直寻机解决这一棘手的问题。他首先命令在非军事区建筑兵营、靶场和炮台,并让军用飞机在莱茵非军事区上空编队飞行,以试探西方国家的反应。英、法等国对德国这种新动向已有所觉察,但不愿采取行动加以制止。1936年1月16日,英国外交部在一份关于莱茵区备忘录中说:保留这一非军事区即使在有限的将来也是不现实的。因此,我们现在最好还是考虑一下能够保证它的消失得到和平进行的方法。1月29日,法国作出决定,要等国联确定德国违约属实后才采取行动。2月27日又决定,法国只能同洛迦诺公约缔约国,特别是英国一致行动,而不单独行动。2月底,意大利表示,它将不支持英法反对德国违反洛迦诺公约的行动。

希特勒摸清了西方国家的立场后,便决定寻机采取行动。1936年2月27日,法国议会批准了早已签订的《法苏互助条约》,这给希特勒提供了一个借口。他抓住此事大做文章,别有用心地攻击这个条约违背了《洛迦诺公约》精神,给德国造成了严重威胁。

1936年3月6日,德国内阁召开会议,密商进军莱茵非军事区问题。勃洛姆堡等军界将领都认为,立即进军"在外交、财政和战略方面都相当冒险",法国可能会把占领莱茵区的少量德国部队彻底消灭。但希特勒却坚决主张立即行动。

3月7日凌晨,德国派军队占领了莱茵非军事区。上午10时,德国外长牛赖特召见英、法、意、比四国大使,通报了德国重新占领莱茵区的消息,并交给他们一个废除《洛迦诺公约》和提出新的和平计划的正式照会。照会宣称:由于《法苏互助条约》的缔结,"洛迦诺公约也就失去其固有的意义,实际上已不复存在"。"按照一个国家所享有的确保边境安全和抵御可能的侵略的基本权利,德国政府从即日起已全面恢复行使德国在莱茵非军事区的全部主权。"[1]为了平息欧洲舆论,照会诡称:德国的行动"纯属防御性质,是为了欧洲各国之间真正的和平",它甚至还伪善地提出一项和平建议:德国可以同法、比签订为期25年的互不侵犯条约;德法边境两侧都划为非军事区;德国愿意参加西欧航空协定;愿意重返国联等等。对德国这种拙劣的外交手法,法国驻德大使弗朗索

---

[1] 鲍爵姆金:《世界外交史》第五分册,五十年代出版社1953年版,第143页。

瓦·庞赛报之以苦笑说:"希特勒打了他的对手一记耳光,而他在这样做时还要说:'我向你提出了和平的建议!'"①当天中午,希特勒在国会发表演说,他得意洋洋地宣称:从今天起德国政府重新确立了"在非军事区的不受任何限制的绝对主权"②。

德国进军莱茵区,英、法将如何行动?全欧洲拭目以待。按照《洛迦诺公约》的规定,法国有权立即采取军事行动,英国有义务对法国提供军事援助。那么,法国是否有实力同德国进行直接对抗呢?当时,法国是欧洲资本主义国家首屈一指的陆军强国,拥有约100个师的陆军,仅在法德边界马奇诺防线就驻扎12—13个装备精良的陆军师;而德国则刚刚开始重新武装,进入莱茵区的陆军只有3.5万人。只要法国决心出兵,德国是无力还击的。事实上,进入莱茵区的德军奉有总参谋部的密令:如遇法军抵抗,立刻撤回。然而,法国却按兵不动,坐失良机。后来,希特勒在谈到当时的心情时曾说:"在进军莱茵区以后的48小时,是我一生中神经最紧张的时刻。如果当时法国人也开进莱茵区,我们就只好夹着尾巴撤退,因为我们手中可资利用的那点点军事力量,即使是用来稍作抵抗,也是完全不够的。"③

法国政府为研究对策,从3月7日开始,一连举行了3天的内阁会议。会上,少部分内阁成员主张采取强有力的行动,出兵把德军赶出莱茵非军事区。但多数内阁成员,包括陆、海、空三军部长在内都主张另谋他策,反对冒战争风险。结果,内阁会议最后决定:向国际联盟发出呼吁,以采取必要的步骤终止这种非法的态势。

英国政府对德国违反洛迦诺公约的行为进行了谴责,但是它认为德国在莱茵区的行动,不应成为引起武装冲突的理由。3月9日,《泰晤士报》在题为《一个重建的机会》社论中竟然说,人们应该区别两种情况:"德国部队的先遣支队开进去是占领无可争辩地属于德国主权的领土,还是把战火烧向邻国领土。"④同一天,艾登在英国下院表示,英国政府准备"清醒地、客观地"考虑德国的和平建议。

3月10日,洛迦诺公约缔约国在巴黎会晤,德国拒绝出席会议。法、比坚决

---

① 威廉·夏伊勒:《第三帝国的兴亡》,生活·读书·新知三联书店1974年版,第410页。
② 同上书,第411页。
③ 同上书,第412页。
④ 安东尼·艾登:《艾登回忆录——面对独裁者》,伦敦1962年版,第346页。

要求德国从莱茵区撤军,否则,建议缔约国共同对德实行经济制裁直至军事制裁。比利时代表说:"比利时作为一个小国比大国更需要大家来信守条约规定的义务。"①英国代表当即表示反对,说对德国实行"经济制裁和财政制裁不会有多大效果",至于军事制裁,即使只有 1/10 的战争可能,对于我们也是一个极大的风险。② 3 月 11 日,英法联合向德国提出谈判建议:要求德国在莱茵区不再增兵,不继续修筑工事。12 日,德国复电:不接受任何限制德国在莱茵区行使主权的建议。洛迦诺公约缔约国会议无结果而散。

3 月 14 日,国联理事会在伦敦召开特别会议,邀请德国派代表参加。会上,法国代表要求国联确认德国进驻莱茵区是违反《凡尔赛条约》和《洛迦诺公约》有关规定的,建议采取实际的步骤。许多会员国不愿意卷入德国和西方大国之间的争执中去。英国也绝不想为法国火中取栗,说采取制裁措施只会激怒德国,激起它像"疯狗"那样行事。苏联外交人民委员李维诺夫在发言中驳斥了德国提出的关于《法苏互助条约》和《洛迦诺条约》"相抵触"的说法,指出德军占领莱茵区抱有侵略目的,并表示苏联准备参加国联理事会所采取的措施。3 月 19 日,德国派里宾特洛甫出席会议。他在会上傲慢地说:"德国在 1936 年 3 月 7 日完成了一桩造福人类的事件,就是把有害欧洲和平的《凡尔赛条约》的残余一扫而空。"③英、法、意、比代表对里宾特洛甫的嚣张态度未给予回击,仍旧表示,如果德国停止在莱茵区重新设防,四国愿与德国通过外交途径,讨论改变莱茵区现状。希特勒政府对四国建议根本不予置理。至此,法西斯德国未受到任何制裁,顺利地实现了对莱茵区的占领。

希特勒冒险成功,不仅进一步加强了他在国内的统治地位,而且使欧洲战略态势也发生重大变化。法国的"欧洲大国"假象被戳穿了,其同盟国见法国对本国边界安全尚难保障,更难指望法国保护它们。比利时因此宣布退出法比联盟,严守中立,其他盟国也逐渐脱离法国。英国因拒绝执行《洛迦诺公约》保证国义务而威望下降。德国外长牛赖特曾说:只要莱茵区的防御工事一旦修筑完毕,中欧的国家就会明白,法国不可能随心所欲地进犯德国了,那么所有这些国家在外交上将会转变态度,"就会出现新的形势"。④

---

① 安东尼·艾登:《艾登回忆录——面对独裁者》,伦敦 1962 年版,第 348 页。
② 同上书,第 353 页。
③ 鲍爵姆金:《世界外交史》第五分册,五十年代出版社 1953 年版,第 147—148 页。
④ 施泰尼格尔编:《纽伦堡审判》上卷,商务印书馆 1985 年版,第 316 页。

第二节 意大利侵略阿比西尼亚

意大利法西斯的侵阿战争

意大利是欧洲第一个向外发动侵略扩张的法西斯国家。它国力有限,但野心很大。意大利有一个称霸地中海的扩张计划,这个计划主要有两个组成部分:第一是在地中海北岸,妄图控制多瑙河流域和夺取巴尔干地区;第二是在地中海南岸,向非洲侵略,以扩大它在东北非的殖民地。如这个计划实现,地中海就逐渐会变成墨索里尼梦寐以求的"意大利湖"。

意大利法西斯原计划首先实现在中欧和巴尔干的扩张,但遇到英法的联合抵制。希特勒上台后,德国也不允许意大利染指中欧,特别是在奥地利问题上两国矛盾异常尖锐。于是,意大利便把侵略矛头转向非洲的阿比西尼亚(现埃塞俄比亚)。阿比西尼亚具有重要的战略地位,它位于红海西岸,控其南部出海口,并且领土辽阔,资源富饶。意大利一旦占领阿比西尼亚,不但可以使它的东非殖民地厄立特里亚和意属索马里连成一片,而且可以威胁英法通往东方的海上交通要道,为其进一步在非洲扩张创造有利条件。

希特勒在德国夺取政权后,疯狂扩军备战,德国同英法的矛盾日趋尖锐。意大利趁英法把注意力集中在欧洲时,便决定在非洲动手,发动对阿比西尼亚的侵略。从1934年初开始,意大利就在意属索马里和厄立特里亚集合部队,储存军事物资,扩建军事基地,并在阿比西尼亚边界进行武装挑衅。12月5日,意军向华尔华尔地区的阿军发动突然袭击,致使阿军伤亡一百余人,这就是所谓"华尔华尔事件"。事件发生后,意大利反而无理要求阿比西尼亚赔偿损失并向意大利国旗致敬。华尔华尔事件是意大利大规模侵略阿比西尼亚的序曲。

1935年1月3日,阿比西尼亚向国际联盟提出控诉,要求采取措施制止意大利的侵略。但国联不区分侵略者与被侵略者,要求阿意双方直接进行谈判,而作为维护和平与安全的执行机构的国联行政院则迟迟不拿出解决方案。国联之所以采取这种态度,是与英法对意大利的侵略活动实行绥靖政策有关。英法正是利用意阿所谓直接谈判的时机,加紧同意大利进行不可告人的政治交易。

法国为了对付德国的威胁,这时有求于意大利,它希望在抗德过程中获得意大利的支持,因此,对意大利侵略阿比西尼亚的野心采取迎合的态度。这样,法国既可博得意大利的好感,又可把意大利的侵略矛头从中欧引向东非。1935年1月4日,法国外长赖伐尔跑到罗马,为消除分歧,加强合作,与墨索里尼进行会谈,并于1月7日双方达成了几项协议:1.双方表示尊重和维护奥地利的独立,反对任何第三国干涉它的内部事务;2.任何国家都不得单方面修改其在国际条约中应承担的有关军备问题的义务;3.意大利放弃对法属突尼斯和赤道非洲的扩张要求,并同意照顾法国在阿比西尼亚的"特殊利益";4.法国同意把与意属利比亚毗邻的法属西非洲11万平方公里的撒哈拉沙漠地带让给意大利,同时把与意属厄立特里亚接壤的一小块法属索马里的土地划给意大利,还同意将从法属索马里的吉布提港通往阿比西尼亚首都亚的斯亚贝巴的铁路的20%的股权转让给意大利,这就为意大利使用吉布提港侵略阿比西尼亚开了方便之门。

意大利向阿比西尼亚的扩张,与英国在东非的殖民利益是有矛盾的。阿比西尼亚境内的塔纳湖是青尼罗河的水源,意大利一旦占领了阿比西尼亚,就会控制住下游的苏丹和埃及的水利灌溉,同时,对英国从欧洲通向亚洲的交通线造成威胁。但是,英国为了拉拢意大利,并保证它在非洲地区的其他殖民利益,也想在意侵阿问题上对意大利作出让步。1935年5月初,英国外交大臣西蒙告诉意驻伦敦大使:对意大利友好并帮助意大利,一向是英国政策的目标,我们的很多行动都可以作为证明。① 6月23日,英国国联事务大臣艾登抵达罗马与墨索里尼举行会谈。艾登说,英国政府愿意帮助意大利在阿比西尼亚获得经济特权,并建议把阿比西尼亚欧加登省的一部分割让给意大利,还让意穿过阿领土修建一条连接意属索马里和厄立特里亚的铁路。墨索里尼傲慢地拒绝了英国的建议,他说,意阿关系的问题"终须一劳永逸地解决"②,意大利将占有阿比西尼亚整个国家。7月11日,英国新任外交大臣霍尔在下院说:英国要"维持并加倍努力恢复同意大利的传统友谊"③。

正是在这种背景下,英法控制下的国联,对处理意大利侵略阿比西尼亚问题采取了下列方针:尽力寻找能被意大利接受的方案,沿着对它作让步的道路往前走,希望在战争开始以前把它"收买"过来。1935年9月7日,国联行政院任命了一个由英、法、波、西、土代表组成的五国委员会,负责草拟和平解决意、阿冲突的新建议。该委员会在9月18日提出一项计划,这项计划要求阿比西

---

① 安东尼·艾登:《艾登回忆录——面对独裁者》,伦敦1962年版,第203页。
② 同上书,第223页。
③ 沃尔弗斯:《两次大战之间的英国和法国》,纽约1940年版,第315页。

尼亚接受国联任命的并在行政院指导下进行工作的若干顾问。该计划表面上似乎不损害阿的主权,实际上要阿把主要的行政权力转交给国联。尽管如此,海尔·塞拉西皇帝仍同意把这个计划作为谈判的基础;但意大利要的是"独占",而不是"共管",所以被墨索里尼一口拒绝。9月25日,阿皇通知行政院说,为了避免发生可能作为侵略借口的事件,阿军已从边界后撤30公里。但是,阿比西尼亚政府的和平行动,并未能阻止意大利法西斯的武装入侵。

1935年10月3日,意大利出动30万大军,从北、东、南三路对阿比西尼亚发动大规模入侵,妄想依仗军事优势一举占领其全境。但是,具有光荣传统的阿比西尼亚人民不畏强暴,他们面对意大利法西斯军队的野蛮进攻,同仇敌忾,奋起反抗,在"坚决抗战,宁死不屈"的战斗口号下,英勇地投入了保卫祖国的战斗。

阿比西尼亚的抗意战争是在敌强我弱的条件下进行的。阿虽拥有40万军队,但武器装备十分落后,既没有现代化的通信联络系统,也没有现代化的运输工具,而且部队分属于许多封建主和部落酋长,不利于协同作战。意军则装备有现代化的飞机、坦克和大炮,拥有明显的军事技术优势,但是,它所进行的是不义战争,侵略军也不适应阿比西尼亚的高山、沙漠、缺水等自然条件。阿比西尼亚军民在海尔·塞拉西皇帝的领导下,硬是凭借手中的大刀、长矛、标枪等原始武器,多次挫败敌人的进攻。意军在付出重大的伤亡代价,攻占阿杜瓦、马卡累和戈腊黑等地后,难以向前推进,闪击速胜计划遭到破产。墨索里尼不得不撤掉德·博诺远征军总司令的职务,改由巴多里奥继任。

巴多里奥为了扭转战局,竟命令出动大批飞机,丧心病狂地对阿比西尼亚广大城乡进行狂轰滥炸,甚至灭绝人性地施放化学毒气,残害抗战军民。在战斗中,阿军虽英勇顽强,但由于没有采取灵活的战略战术,一味坚持阵地战,致使伤亡惨重,许多重要的城镇相继陷落。1936年3月31日,海尔·塞拉西皇帝亲自统率阿军主力部队,破釜沉舟向意军阵地发动猛攻,经过三天激烈拼杀,阿军溃败。5月1日,塞拉西流亡国外。5月5日,意军攻占阿比西尼亚首都亚的斯亚贝巴。5月9日,墨索里尼宣布兼并阿比西尼亚,并将它与意属索马里和厄立特里亚合并成为意属东非洲。

但是,英勇的阿比西尼亚人民并没有被征服,他们在全国广大地区开展轰轰烈烈的游击战争,许多支游击队一直坚持斗争,给敌人以沉重打击。1937年夏,分散在各地的游击队,成立了团结合作委员会,选出了领导机构,以便统一行动,打击侵略者。流亡在伦敦的海尔·塞拉西皇帝与他们取得联系,帮助募集经费,筹措军火,使抵抗运动不断发展壮大。到 1938 年,游击队控制了全国 4/5 以上的地区,意军只占领一些大城镇,由于交通闭塞,相互隔离,处境十分孤立。1939 年,游击队已发展到 40 万人,抵抗运动遍及全国。第二次世界大战爆发后,海尔·塞拉西从英国转赴苏丹,与本国游击队建立了直接联系。1940 年,英军攻入阿比西尼亚,塞拉西也率领数千名游击战士从苏丹进入本国国土。1941 年,意军向"盟军"投降。5 月 5 日,塞拉西皇帝率军返回首都亚的斯亚贝巴复位。阿比西尼亚赢得了民族独立。

英国、法国的纵容政策和美国的"中立法"

意大利大规模入侵阿比西尼亚,遭到世界人民和进步舆论的强烈谴责。埃及、南非、阿尔及利亚和突尼斯等国爆发了声援罢工和示威游行,有的还派出志愿军到阿比西尼亚直接参战。欧美国家的工人阶级和进步人士也积极开展支援阿比西尼亚人民的斗争,抗议意大利法西斯侵略的活动。在这种情况下,1935 年 10 月 7 日,国联被迫宣布意大利为侵略者。10 月 19 日,国联决定对意大利进行财政和经济制裁,建议所有会员国采取下列行动:禁止向意大利出售和输送武器,停止向意大利提供贷款;不许购买意大利商品;不得向意大利输出橡胶和锡等若干物资。

国联拟订和宣布的这种制裁方案虽能起到一定作用,但有严重缺陷。首先,它没有要求对意大利实行真正有效的军事制裁;其次,经济制裁的规定有很大缺点,许多对战争有用的物资,如钢、铁、铜、铝、锌、棉花、羊毛,特别是石油,都未列入禁运物品之列。这种制裁被丘吉尔称之为"半心半意的制裁",它不能真正阻止意大利继续进行侵略战争。

当时,意大利在非洲只有够两个月使用的石油储备。如果把石油包括在经济制裁的范围内,意大利侵略阿比西尼亚的机械化部队以及飞机、汽车、坦克等很快就无法开动。墨索里尼后来曾对希特勒说:"如果国际联盟把对意大利的经济制裁扩大到石油方面,那我一周后就只好退出埃塞俄比亚。这样就会酿成一场奇灾大祸。"[①]英、法等国本来拥有阻止意大利扩大武装侵略的现实手段,但是,它们不敢激怒意大利。仅英国当时集中在地中海的军舰总吨位就达 80 万吨,而意大利只有 50 万吨。英国在这一地区的空军数量和质量也远在意大利之上。只要在地中海上切断意大利的运输线,并封锁苏伊士运河,就可置侵阿

[①] 列·库达科夫:《现代国际关系史》,世界知识出版社 1958 年版,第 384 页。

意军于死地。然而,在地中海巡逻的英国军舰对意大利的运输舰只却视而不见,苏伊士运河仍旧开放,任凭意大利军舰出入。可见,国联的所谓制裁,实际上根本没有起到制止意大利侵略的作用。

英法两国都不愿冒同意大利进行战争的风险,它们在纵容侵略的道路上越滑越远。1935年12月9日,英国外交大臣霍尔和法国外交部长赖伐尔秘密缔结了《意大利—阿比西尼亚冲突的共同解决提纲》,即《霍尔—赖伐尔协定》。协定建议:1.阿比西尼亚将整个欧加登省和部分提格雷省,共6万平方英里的土地(相当阿比西尼亚全部领土的2/3)割让给意大利;2.将阿比西尼亚整个南部国土划为"意大利经济发展和居留的地区";3.作为交换,阿比西尼亚可得到意属厄立特里亚一条狭长的沿海地带(仅3000平方英里)。这个建议实质上是将阿比西尼亚从一个独立的主权国家变为意大利的保护国。该协定拟定当日,即泄露于世,在国际上引起轩然大波。阿比西尼亚愤怒抗议和坚决拒绝这一断送其独立的罪恶计划。国际舆论也强烈谴责英法出卖弱小国家,为虎作伥的可耻行为。这件事在英法议会和内阁中也引起激烈争吵。霍尔被迫于12月18日引咎辞职。赖伐尔在法国议会的激烈批评下,也于1936年1月下台。

《霍尔—赖伐尔协定》虽未能实现,但它却使墨索里尼确信,今后不论他怎样行动,都不会受到英法的严重惩罚。在法西斯德国崛起所引起的欧洲复杂、紧张的局势中,他可以为所欲为地去实现意大利已做了四十年的美梦。墨索里尼气焰嚣张地说:"英国是一条搁浅的鲸鱼,从它的身上割取脂肪是毫无危险的。"

美国的政策同英法一样也是有利于意大利的。在意阿战争爆发前夕,即1935年7月3日,海尔·塞拉西皇帝致电美国政府,请求美国采取行动,以消除《非战公约》遭到破坏的威胁。美国却无视意大利加紧备战的事实,答复说:美国不相信意大利或阿比西尼亚会用和平以外的方法来解决它们的争端。8月1日,罗斯福发表声明:美国人民和政府希望将找到和解方法以及和平得到维护。8月31日,美国国会通过"中立法"。根据"中立法"规定,美国禁止向交战国双方出售军火。意大利向阿比西尼亚发动进攻两天之后,美国国务院于10月5日发表公告,对意阿双方实行军火禁运,但不限制原料和战备物资的输出。这显然是有利于侵略者而不利于被侵略者的。阿比西尼亚是一个落后的农业国,根本不能生产军火并十分缺乏武器。意大利则拥有较发达的军事工业,只要有了必需的原料,完全能够自己制造武器。美国不仅向意大利出口石油,而且还不受国联对意大利施行经济制裁措施的约束,向意大利提供大量航空发动机、汽车、废钢铁等战略物资。国务卿赫尔曾毫不掩饰地对意大利驻美大使说："公开谴责意大利是侵略者的,是国联而不是美国;力图援助阿比西尼亚的,是国联而不是美国;对意大利的输入实行禁运的,是国联而不是美国。"[①]可见,美国在意侵阿战争中所扮演的角色同英、法惟妙惟肖,起到异曲同工的作用。赫尔后来承认:"如果实行全面制裁,墨索里尼会立即住手。"[②]

英、法、美的绥靖政策,断送了一个孤立无援的非洲小国。在墨索里尼于1936年5月9日宣布兼并阿比西尼亚后,国联仍坐视不管。更有甚者,英国竟率先公开发表停止对意大利经济制裁的意见。6月10日,英国财政大臣尼维尔·张伯伦说,继续对意大利实行制裁是"疯狂透顶"的事,可能在欧洲引起战争。[③] 6月18日,艾登正式宣布,英国内阁建议取消制裁。接着,法国政府宣布,它将同意国联作出的任何决定。6月30日,国联召开特别会议。阿比西尼亚皇帝海尔·塞拉西来到日内瓦,在会议上控诉意大利的侵略罪行,并向国联要求提供1000万英镑贷款以购买防御武器。对此,国联的表决结果是:23票反对,25票弃权,只有阿比西尼亚一国投赞成票。7月4日,国联决定,停止对意大利的制裁。

意大利吞并阿比西尼亚后,它在东非的殖民地连成一片,完成了对英属索马里和法属索马里的包围,进一步威胁了英法通往东方航道的安全。英法在意阿战争中尽管采取纵容侵略的政策,但并没有博得墨索里尼的欢心。意大利对国联对它实行的"半制裁"一直心怀不满。这种情况对德国是有利的,德国利用这个机会加紧拉拢意大利,支持意对阿的侵略,从而离间了意大利同英法的关系,使意大利逐渐倒向了德国,从而引起了欧洲国际关系格局的新变化。正如丘吉尔所说:"德国已不再孤立。欧洲四个强国,从前是三比一,现在却变成二对二了。"[④]同时,德国从意大利侵略阿比西尼亚的成功中受到极大鼓舞,并进一步看清了英法外交的软弱无能。德国对"意大利进行战争时那种似乎是神速的、高效率的和无情的方式惊叹不已",而对英国则采取轻蔑态度,认为是"大不列颠的彻底失败",说他们企图用小规模的"调整"来恢复均势,是顶不住"震撼欧洲的旋风的"。

---

① 《赫尔回忆录》第一卷,纽约1948年版,第439页。
② 同上书,第471页。
③ 法林:《尼维尔·张伯伦传》,伦敦1946年版,第296页。
④ 温斯顿·丘吉尔:《第二次世界大战回忆录(第1卷):风云紧急》,商务印书馆1974年版,第267页。

《蒙特勒公约》

意大利占领阿比西尼亚后,加紧与英法在地中海进行争夺,使近东地区形势日趋动荡。墨索里尼一再强调:他的"视线已经转向东方"。这时,意大利狂热地在东地中海上的一些岛屿,特别是紧靠土耳其海峡地区的罗得岛上修建海、空军基地。这就严重威胁了土耳其的安全。1923 年签订的《洛桑条约》规定土耳其海峡地区非军事化,各国军舰均可自由出入海峡。它使土耳其门户大开,不仅对土耳其处境极为不利,而且危及黑海沿岸国家的安全。因此,土耳其政府迫切希望修改《洛桑条约》。1935 年 12 月,英国为了保护其在近东的属地,同土耳其、希腊、南斯拉夫签订了一项"君子协定",规定如遇意大利侵略彼此之间应相互援助,这一协定使英土关系有所加强。

1936 年 4 月 10 日,土耳其政府向 1923 年参加洛桑会议的各国政府提出正式建议,要求修改《洛桑条约》。苏联政府积极支持这项建议。英国为了进一步加强与土耳其的关系,抵制正在向土耳其施加影响的法西斯德国,防止意大利的侵入,也决定支持土耳其的要求。

1936 年 6 月 22 日至 7 月 20 日,在瑞士的蒙特勒召开了关于黑海海峡问题的国际会议。出席会议的有土耳其、苏联、英国、法国、保加利亚、罗马尼亚、希腊、南斯拉夫和日本。引人注目的是意大利拒绝出席会议,这表明意大利准备步法西斯德国后尘,不受任何条约束缚,自由扩张。

蒙特勒国际会议的中心议题是讨论黑海海峡制度问题。会上,土耳其代表要求恢复行使海峡主权,废除《洛桑条约》关于海峡区域非军事化的决定。与会各国同意土耳其的要求。会议争论的中心问题是:关于黑海沿岸国家及非黑海沿岸国家军舰通过海峡的权利。苏联代表的意见是:黑海海峡是黑海沿岸国家通往地中海和各大洋的最重要的通道,因此,这些国家应享有与其他国家不同的特殊待遇,即它们的任何军舰都应准予通过。苏联代表的建议代表了黑海沿岸各国的利益。英国为了能够在黑海海峡自由出入,要求各国承认黑海为国际公海,非黑海沿岸国家的军舰出入海峡也不受任何条件限制。英国的意见明显地带有帝国主义强权政治的色彩。日本代表支持英国的意见。苏英双方代表就此问题进行了激烈的争论。最后,英国代表根据本国政府的指示,接受了苏联代表的基本要求。原因是:在德意挑衅的霸道作风日甚一日的情况下,英国政府不愿使会议归于破裂而使德、意坐收渔人之利。

1936 年 7 月 20 日,参加会议的各国代表签订了新的海峡公约,史称《蒙特勒公约》。公约规定：

1. 各国商船无论在和平时期或战争时期均可自由通过海峡。

2. 在和平时期，黑海沿岸国家的军舰，在遵守公约有关规定的条件下，可以自由通过海峡；而非黑海沿岸国家的军舰在通过海峡时，要在军舰的等级、数量和吨位上受到限制。同时停留在黑海的非黑海沿岸国家的全部军舰总吨位不得超过 3 万吨，其中任何一国军舰不得超过 2 万吨。非黑海沿岸国家军舰停留在黑海的延续时间不得超过 3 周。

3. 战争时期，如果土耳其为非交战国，则交战国任何一方的军舰一律禁止通过海峡；如果土耳其是参战国，其他国家军舰可否通过海峡，应由土耳其政府决定。

《蒙特勒公约》恢复了土耳其在海峡地区的主权，根据《洛桑条约》成立的海峡国际委员会被撤销了。对海峡的监督和控制权交还给土耳其政府，并允许土耳其在海峡地区设防。

该公约有效期为 20 年。但如果参加国任何一方在公约期满前两年均未提出废除公约，则有效期自动延长。

《蒙特勒公约》是在意大利与英法激烈争夺地中海制海权的历史背景下签订的，因此，具有某种特殊意义。它对维护土耳其主权与安全及黑海沿岸国家的权利和安全方面有积极的作用，但公约也存在不足之处，主要之点在于，当战争时期土耳其为非交战国时，黑海沿岸国家的军舰和非黑海沿岸国家军舰不加区别地一律禁止通过，这对黑海沿岸国家是不利的。

德意对《蒙特勒公约》表示明显的敌意。德国本不是洛桑会议的参加国，根本无权对修改《洛桑条约》说三道四，但是，在 1937 年初，德国政府就《蒙特勒公约》竟向土耳其政府提出几点"保留"，遭到土政府的坚决拒绝。意大利拖了两年之久，直到 1938 年 5 月 2 日才参加本公约。

第三节　德意武装干涉西班牙

西班牙内战和德意法西斯的武装干涉

德意武装干涉西班牙是它们第一次联合起来对外发动侵略的一次重大行动，也是国际上各种政治势力在 30 年代的一次前哨战。它标志着法西斯国家点燃的侵略战争的烽火已经蔓延到欧洲了。

30 年代的西班牙，国内阶级矛盾十分尖锐。1931 年 4 月 14 日，西班牙爆发了资产阶级革命,推翻了君主制度,建立了共和国。资产阶级掌握政权后,进行了一些民主改革,但并未触动封建王朝的政治、经济根基,尤其是保皇派统率的军队,几乎原封未动地保留了下来。社会矛盾继续激化。1933年11月议会选举时,大地主、金融巨头、天主教僧侣和保皇分子等反对势力联合起来,以行贿、欺骗和恐怖等手段,获得多数议席,组成了以勒鲁斯为总理的反动政府。1934年10月,勒鲁斯政府竟然邀请了一些法西斯分子入阁,激起广大工农群众的强烈反对。西班牙共产党和其他左翼政党领导了100万工人的总罢工。在北部的阿斯都里亚矿区还爆发了矿工起义。起义矿工建立了工农政权和武装力量,与前来镇压的政府军进行了激烈的战斗。这次起义虽然被镇压了,但却动摇了勒鲁斯政府的反动统治。

1936年2月16日,由西班牙共产党、社会党、左翼共和党、共和同盟、劳工联合总会等左派政党组成的人民阵线,在议会选举中获得胜利,建立了以左翼共和党人为首的联合政府。新政府进行了一系列民主改革:释放政治犯,逮捕法西斯头目,解散一些右翼组织,给失业工人以工作,使10万农民得到了土地,宣布各民族有实行自治的权利等等。

西班牙人民阵线运动的胜利,引起了国内外反动势力的极端仇视。西班牙法西斯政党"长枪党"准备以德意法西斯为榜样,颠覆共和政府,建立法西斯独裁统治,以便把民主进步力量打下去。1936年3月,西班牙法西斯头目桑胡尔霍访问柏林,与德国法西斯头目密商暴乱的准备工作,德国答应为长枪党的头目们举办特别训练班,并提供军事援助。

1936年7月18日,在桑胡尔霍、佛朗哥等法西斯头目的指挥下,发动了反对西班牙共和政府的叛乱。这次叛乱本来决定由桑胡尔霍领导,但叛乱开始后,他因飞机失事毙命,佛朗哥便成了叛军的首领。叛乱发生后,西班牙人民迅速行动起来,给法西斯分子迎头痛击,很快就平息了马德里等许多大城市的叛乱。残存在北方和南方几个孤立据点的叛军面临着灭顶之灾。

德意法西斯在叛军面临失败的关键时刻,公然出面对西班牙进行武装干涉。希特勒政府以保护德国侨民的生命财产为借口,立即派遣两支海军分舰队驶往西班牙海岸。1936年7月25日,希特勒作出了援助佛朗哥的正式决定。7月30日,德国派飞机20架飞抵西属摩洛哥的得土安,以便从那里把叛军运往西班牙。翌日,德国28架满载炸弹和军需品的飞机直飞西班牙。7月底,德国成立了"W"特别司令部。8月,意大利成立了"赴西班牙作战委员会",专门指挥对西班牙的武装干涉。

那么,德意法西斯为什么要武装干涉西班牙呢?主要有下列几方面的原因:

第一,德意公开支持佛朗哥进行叛乱,其目的不仅仅在于颠覆西班牙联合政府,同时,也是为了打击共产国际发动组织的反法西斯人民阵线运动,以巩固本国法西斯政权,并在欧洲进一步扩大法西斯势力和阵地。

30年代初的世界经济危机,使资本主义各国阶级矛盾迅速激化。一方面是法西斯势力的泛滥,另一方面是人民阵线运动的高涨。1935年7月,共产国际召开第七次代表大会,号召全世界人民组织反法西斯人民阵线,同法西斯势力进行坚决斗争。1936年2月,西班牙人民阵线政府的建立,6月法国人民阵线在议会选举中获胜并组成联合政府,引起了德意法西斯极端的恐慌和仇视。因为人民阵线在西班牙和法国的胜利,不仅意味着德意支持的法西斯势力的失败,更重要的是它推动了西欧各国人民反对法西斯的斗争,并且直接影响到德意国内的政治局势。墨索里尼叫嚷:意大利"反对在西班牙或地中海确立布尔什维主义"。德国纳粹党宣传部长戈培尔则攻击布尔什维克在西班牙"筹划世界革命",他表示:"就是要在这里(指西班牙),在布尔什维主义与权威之间作出决定"。[1] 这充分表明德意对欧洲民主思潮兴起的极端仇视,它们认为颠覆新组成的西班牙联合政权就可以打击方兴未艾的人民阵线运动。

第二,西班牙重要的战略地位,使处在侵略扩张势头上的德意十分注目。西班牙地处伊比利亚半岛,是出入地中海的西部门户。控制住这个战略要地,就可对英法在地中海的一系列战略基地造成直接威胁,并能堵住英国通往中东和亚洲的海上要道。西班牙历来是西方列强征服欧洲、进而称霸世界的关键地区之一。长期以来,英、法等国竞相在这里大量投资,谋取优势地位。英国为了控制西地中海,保护航道的安全,在属地直布罗陀建立了军港。法国历届政府都十分重视西班牙的战略地位,这不仅是为了争霸的需要,而且还由于法国与西班牙隔比利牛斯山毗邻而居,直接关系着它本土的安全与命运。因此,当欧洲局势日益紧张动荡时,法国国防部专门召开了最高参谋部会议,研究西班牙局势和动向。在这次会议的一份绝密文件中强调指出:在英法与德意的一场冲突中,如果西班牙放弃中立的话,它的地理位置及它的领海位置将使西班牙具有极为重要的战略意义。不仅是在地中海战区特别让人感到它的重要性,而且会在比利牛斯边境产生影响。

---

[1] 约翰·惠勒-贝内特:《慕尼黑——悲剧的序幕》,北京出版社1978年版,第276页注②。

第三，西班牙具有丰富的自然资源。它的水银和黄铁矿的产量均占世界第一位。铜、钨、锰、铅、锌等矿产资源也极为丰富。这些重要战略物资，对德意扩军备战都是十分必需的。叛乱开始后不久，德意法西斯政权即把叛乱分子所控制地区的铁矿石出口全部掌握在它们手里，这些地区的其他战略物资也源源不断地运往德国和意大利。1936年11月28日，意大利同佛朗哥签订一项秘密协定，取得了对西班牙经济资源的许多控制权，以及自由使用西班牙港口、航空线、铁路及公路的特权。

第四，德意把武装干涉西班牙看作是未来发动大规模侵略战争的"总演习"。它们认为：这次军事行动是一次对官兵的实战训练；是对未来战争的战略与战术的演习；是对新式武器检验的试验场。德国法西斯将领赖歇瑙曾说："西班牙对德国来说是战争的高等学院，……它比在和平条件下训练十年更有效。"①

第五，希特勒为了摆脱孤立的外交困境，急于在国际上"寻求战友"。西班牙叛乱给希特勒提供了一个在反共旗帜下，拼凑侵略集团的大好时机。希特勒决定利用墨索里尼的扩张野心及其同英法的矛盾，进一步拉拢意大利，并让意大利陷在西班牙，无力与德国在中欧多瑙河流域及巴尔干地区进行争夺。墨索里尼为了实现称霸地中海的野心，也在积极地寻找时机和伙伴。意大利的一个外交界人士后来在巴黎声称："我们在中欧丢掉的东西，将在地中海捞回来。西班牙的价值不亚于奥地利。"②德意双方由于各自的利益和需要，一拍即合。

在德意武装干涉期间，它们对西班牙叛军提供了大量人力、物力支援。1936年11月初，德国派100多架飞机和近5000名士兵，以"志愿人员"的名义赴西班牙直接参战。在近3年的战争中，约5万名德国官兵先后被派往西班牙，德国军事专家还帮佛朗哥训练了近5.6万名步兵、坦克兵和炮兵。③ 意大利向叛军提供了大量的飞机、坦克和大炮，并有25万名意大利官兵先后开往西班牙，配合叛军向人民阵线政府发动联合进攻。

英法的"不干涉"政策

英法对德意武装干涉西班牙的心情是矛盾的。一方面，它们担心在西班牙

---

① 《政治、经济和工人运动评论》，1938年巴塞尔版，第36期，第1169页。
② 多·伊巴露丽：《西班牙人民反对意、德武装干涉者和法西斯叛乱者的民族革命战争》，转引自中国人民大学编：《世界现代史参考资料》之三，第12页。
③ 默尔克斯：《德国对西班牙内战的政策(1936—1939)》，波恩1961年版，第33—34页。

建立德意控制下的法西斯政权,威胁直布罗陀海峡的交通安全;另一方面,更害怕西班牙共产党领导的人民阵线运动在欧洲蔓延。所以,它们对已经烧到自己门前的战火,采取了纵容的态度。英法希望德意对西班牙的武装干涉能成为"德国领导的反布尔什维克进军的第一个战役"。英国报纸露骨地说:"如果让当前在西班牙和法国流行的共产主义传染病蔓延到其他国家,那么可能有两个政府会成为我们最有益的朋友,这就是在本国内已消灭了这种传染病的德国政府和意大利政府。"①英法的所谓"不干涉"政策就是在这种背景下出笼的。

1936年7月25日,法国总理、社会党人勃鲁姆在伦敦同英国首相鲍德温会晤之后,率先发表声明说,法国政府在这场冲突中将保持中立。8月2日,法国政府建议,英、法、意三国达成"不干涉"西班牙的正式协议,并希望所有国家严格执行"不干涉"西班牙事务的政策。8月8日,法国政府命令,禁止把任何军用物资运往西班牙,从而单方面撕毁了1935年签订的《西法通商协定》。根据该协定,西班牙每年可以从法国购买1亿法郎的武器。8月15日,英法政府互换照会,声明为避免干涉西班牙内战,将对西班牙及其属地实行武器及一切战争物资的禁运,并建议欧洲各国采取相同的立场。许多欧洲国家出于不同的考虑,先后接受了英法的建议。具有讽刺意味的是,实行武装干涉政策的德国和意大利也表示支持"不干涉"建议。9月3日,英、法、德、意、比、葡、奥等27个国家缔结了"不干涉协定"。协定规定,禁止向西班牙输出武器和军用物资,禁止西班牙购买的武器过境,各参加国必须交换为此目的所采取措施的情报。为监督协定的执行,根据法国建议,9月9日,成立了"不干涉委员会",由英国财政大臣摩里逊担任主席。

德意虽然参加了"不干涉协定",但根本无意执行。德意军舰继续帮助佛朗哥运兵,并分别于1936年11月28日和1937年3月20日同佛朗哥缔结了秘密合作协定,规定向叛乱分子提供各种武器和军用物资。英国外交家杰·汤普森在评论"不干涉"政策时尖锐地指出:"德国的袖珍战列舰'德意志号'和驱逐舰向佛朗哥和意大利人提供侦察资料,为其轰炸机指引目标。这些军舰都悬挂着'不干涉委员会'的带有相应标记的专用旗帜。我们一直在想,发明这一标记的人一定具有相当无耻的幽默感。"②英国历史学家威廉·麦克尔韦称"不干涉"政策是一幕"滑稽剧",他说,"这一政策,仅仅对敌人和破坏和平者有利"。③

---

① 《每日镜报》1936年6月16日。
② 杰·汤普森:《前线外交家》,伦敦1959年版,第121页。
③ 威廉·麦克尔韦:《英国的艰苦年代(1918—1940)》,伦敦1962年版,第255页。

美国虽然没有参加"不干涉委员会",但却积极支持英法的"不干涉"政策。1936年8月,罗斯福总统宣布,美国绝对不干涉西班牙争端。1937年1月8日,美国国会通过决议,禁止向西班牙交战双方出售武器、弹药和作战工具。① 1937年5月1日,美国国会通过了一个新的中立法。这个中立法的特点是,把禁止供应军火的范围,从交战国扩大到任何发生内战的国家。这一法案的通过,使美国的"不干涉"政策披上了合法的外衣。实际上,这是剥夺了西班牙共和政府从美国购买武器的权利,而并不妨碍法西斯叛军从美国得到武器。中立法公布之后,德意仍能从美国大量购买军火,然后,再转运给西班牙法西斯叛军。1937年头9个月,德国从美国购买了100万美元的武器。同年,意大利从美国购买武器的金额比上一年增加了4倍。1938年,德国从美国购买了1.6亿多美元的物资,其中有大量军火。这样,美国的军火就通过德意这个渠道源源不断地流入到叛军手中。所以,佛朗哥感激涕零地说:"罗斯福总统的行动像一个真正的君子。他的中立法是我们永远不会忘记的姿态。"②

苏联参加了"不干涉委员会"。苏联外交人民委员李维诺夫在阐述这一行动的目的时说:"尽管苏联认为,中立原则对于叛乱分子反对合法政府是不适用的,并且是同国际法准则相矛盾的"③,但由于苏联要努力结束对西班牙的武装侵略行为,才决定参加"不干涉协定"。苏联要求所有参加国,同等地遵守不干涉西班牙事务的协定,并在"不干涉委员会"中同德意破坏协定的行径进行了坚决的斗争。1936年10月7日,苏联政府照会"不干涉委员会"主席,明确表示:"在任何情况下,不能同意把不干涉协定变为掩护某些协定参加国向叛军分子提供军事援助的幌子",这种做法如不停止,苏联政府"将认为自己不受协定义务的约束"。④ 10月23日,苏联又向"不干涉委员会"主席递交了一项声明,并通知各协定参加国,建议承认和恢复西班牙合法政府购买武器的权利。声明指出,由于协定被破坏,"造成了对叛军分子极有利的形势",我们"不愿意成为无意中支持非正义事业的人,苏联政府认为,摆脱这种状况的唯一出路是:恢复西班牙在国外购买武器的权利和可能,因为世界各国政府目前均享有这种权利和可能;而协定参加国则有权自行决定是否向西班牙出售武器。"⑤鉴于德

---

① 参见美国国务院编:《和平与战争:1931—1941年的美国对外政策》,华盛顿1943年版,第353—354页。
② 列·库达科夫:《现代国际关系史》,世界知识出版社1958年版,第399页。
③ 李维诺夫:《为和平而斗争》,莫斯科1938年版,第123页。
④ 《真理报》1936年10月8日。
⑤ 《消息报》1936年10月24日。

意等国已粗暴地撕毁了协议,苏联政府宣布,它将根据公认的国际法准则,向合法的西班牙共和国政府出售武器。

苏联的严正立场和合理建议遭到德意等国的大肆攻击。为叛军提供基地的德意小伙伴葡萄牙,竟以召回其驻"不干涉委员会"的代表相威胁。英、法等国作为"不干涉协定"的发起国,对德意的武装干涉不闻不问,反而指控苏联违反"不干涉协定",别有用心地说:"有些国家比德意更应该受到责备",公然偏袒侵略者。

在英法"不干涉"政策的纵容下,德意法西斯更加大胆妄为。它们认为,"只要采取强有力的行动,便可进行任何冒险,而且可望成功"[①]。1937年8月,意大利潜水艇隐匿自己的国籍标记,在地中海上不断偷袭驶往西班牙共和国港口的商船。遭到攻击和受到威胁的不但有西班牙和苏联的船只,而且还有土耳其、希腊、丹麦以及英国、法国的商船甚至军舰。8月31日,一艘不明国籍的潜水艇企图用水雷轰击英国的一艘驱逐舰。英法感到它们在地中海的地位受到威胁,于是建议并邀请地中海和黑海沿岸的有关国家召开会议,讨论同"不明国籍"的潜艇作斗争的问题。

1937年9月10日至14日,英国、法国、苏联、土耳其、罗马尼亚、保加利亚、希腊、南斯拉夫和埃及九国在日内瓦附近的尼翁举行会议。德国、意大利和阿尔巴尼亚虽受到邀请,但拒绝参加。出席会议的有关国家就如何对付地中海上的海盗行径问题达成协议,签订了《尼翁协定》。协定规定,各缔约国海军分区负责保护地中海航行安全,英法将共同巡逻地中海的主要商业航道,如遇有潜水艇、飞机或海面船只袭击不属于西班牙冲突任何一方的商船时,将开火予以反击。会议期间,苏联代表建议,西班牙政府的商船也应在被保护之列,但遭到会议的否决。否决的借口是,保护西班牙船只,可能被认为是对西班牙内战的干涉。

《尼翁协定》付诸实施后,地中海偷袭商船的事件就停止了。这表明,只要国际上受到法西斯威胁的民主、进步力量实现联合,并采取有力措施,是有可能抑制法西斯扩张的。但是,英法统治集团只是在它们的切身利益受到直接威胁时,才愿作出强硬的表示,并不打算真正放弃对德意的妥协、退让政策。

1937年9月18日,西班牙共和国代表向国联大会提出要求,把《尼翁协定》规定的措施扩大到适用于西班牙船只。这一合理要求,只得到苏联等少数国家

---

① 默尔克斯:《德国对西班牙内战的政策(1936—1939年)》,波恩1961年版,第176页。

代表的支持,英、法等西方国家则反应冷淡。它们仍然竭力为"不干涉"政策辩护,英国外交大臣艾登说:即使它是一个有漏洞的水闸,也许还有它的用处。①

马德里保卫战

德意的武装干涉和英法的"不干涉"政策,给法西斯叛军造成了极有利的形势,使年轻的西班牙共和国面临着生死存亡的严重威胁。为了动员一切力量进行反法西斯战争,1936年9月4日,共和国组成了包括人民阵线各党派的新的联合政府,并吸收共产党人参加内阁。在共产党的倡议和推动下,共和国政府进行了更彻底的民主改革:实行土地改革政策,把542万公顷的土地无偿分给农民,并废除了贫困农民的债务;接管逃离的资本家的工厂企业,由政府领导下的工人委员会进行管理;提高工人工资,实行劳保制度;对少数民族实行自治等等。这些重大的改革措施,加强了人民阵线的社会基础,激发了广大人民群众为反对法西斯侵略和捍卫民族独立而斗争的决心。

1936年10月,叛军在德意干涉者的援助下,对首都马德里发动了进攻。暗藏在城内的法西斯分子也趁机捣乱和破坏,准备里应外合。指挥进攻马德里的叛军头目摩拉吹嘘说:我们用四个纵队进攻马德里,而"第五纵队"就在首都等待着。从此,"第五纵队"就成了特务、内奸的同义语。

在首都受到威胁的严重情况下,西班牙人民展开了保卫马德里的著名战斗。在这关键时刻,西班牙共产党发挥了重大的作用。马德里地区90%的共产党员奔赴前线,站在斗争的最前列。刚刚建立的30万人民军立即投入了战斗,其中由共产党组建并领导的著名的第五团守卫着战斗最激烈、最危险的地段,表现了大无畏的英雄气概。由于广大军民的英勇抵抗,到1937年3月,经过半年的浴血奋战,多次打退敌人的进攻,胜利地保卫了马德里。

西班牙人民的反法西斯战争,得到全世界无产阶级和进步人士的同情和支援。苏联人民从道义上和物质上积极支持西班牙人民的正义斗争。斯大林在致西班牙共产党领导人何塞·迪亚斯的电报中说:"向西班牙革命群众提供力所能及的援助是苏联劳动人民应尽的义务。他们清楚地知道,把西班牙从法西斯反动派的压迫下解放出来不单是西班牙人自己的事,而且是整个先进和进步人类的共同事业。"②西班牙内战一开始,苏联人民很快就捐助了5600万卢布,购买了大量的粮食、药品、衣物运往西班牙。从1938年秋起,苏联政府向西班

---

① 华尔脱斯:《国际联盟史》下卷,商务印书馆1964年版,第307页。
② 《真理报》1936年10月16日。

牙提供了8500万美元的贷款。① 在整个战争期间,苏联向西班牙共和国提供648架飞机,347辆坦克,60辆装甲汽车,1186门火炮等,还派出飞行员、坦克手、军事顾问和各种专家约3000人。

中国人民对西班牙人民的正义斗争给予了热情的声援和坚决的支持。1937年5月15日,中国共产党领导下的中华苏维埃政府发表了《致西班牙人民书》,它指出:"西班牙政府现在所领导的战争,是世界上最神圣的战争,这个战争不仅是为了西班牙民族的生存,也是为了全世界被压迫民族而战,因为西班牙共和国政府是在抵抗破坏世界文化、文明和人类正义的德、意法西斯蒂和西班牙的卖国贼们。"②

为了帮助战斗的西班牙人民捍卫民族独立和自由,苏联、中国、英国、法国、加拿大、美国、意大利、德国等54个国家的共产党人和进步人士组成"国际旅",开往西班牙,同西班牙人民并肩作战,一起同法西斯匪徒进行殊死的斗争。在总共约4.2万人"国际旅"的战士中,有1万多人为保卫西班牙共和国献出了宝贵的生命,表现了崇高的国际主义精神。伟大的国际共产主义战士、加拿大共产党员诺尔曼·白求恩医生,当时也奔赴前线,为战斗的西班牙人民服务。

1937年5月,西班牙内部的无政府主义者、右翼共和党人、右翼社会党人和暗藏的法西斯分子,在巴塞罗那发动了一次短命的反革命武装叛乱。同时,德意法西斯强盗和佛朗哥叛军也逐渐加强了攻势,并占领了北方一些地区。

1938年春,叛军和德意干涉军联合发动总攻击,共和国形势十分危急。在这种困难的条件下,"不干涉"主义者公然助纣为虐。6月,法国政府悍然封锁了法西边境,致使西班牙政府在国外购买的大批军事物资无法运回,这给急需军火的西班牙人民军造成了极大的困难。7月5日,英法把持下的"不干涉委员会"达成协议,要求在所谓国际监督下,从西班牙撤出非西班牙军事人员。10月28日,反法西斯的"国际旅"战士举行告别检阅,不久,即从西班牙完全撤出。德意法西斯则对撤军一再进行抵制和拖延,继续留下帮助叛军绞杀西班牙共和国。12月底,佛朗哥叛军在德意支持下,以优势兵力发起进攻,占领了北方的加泰罗尼亚地区。

1939年2月27日,英法政府撕去"不干涉"的面纱,正式承认佛朗哥为西班牙政府首脑,同时断绝了和西班牙共和国的外交关系。3月5日,在英法的幕后操纵下,共和国中央战线司令卡萨多和右翼社会党头目贝斯塔洛在马德里发动

---

① 《各国人民同西班牙共和国的团结(1936—1939)》,莫斯科1972年版,第240页。
② 《解放》第一卷第四期。

叛乱。宣布推翻共和国政府,成立了所谓"国防委员会"。

1939年3月28日,法西斯叛军和意大利干涉军开进了马德里。佛朗哥在西班牙人民的血泊中,在全国范围内建立了法西斯政权。4月1日,美国也宣布承认了佛朗哥政权。

西班牙共和国的失败,是德意武装干涉的结果,也是同英法的"不干涉"政策分不开的。英法纵容德意武装干涉西班牙,既没有缓和它们之间的矛盾,更没有阻止战火的扩大,反而在西南欧又出现了一个新的法西斯统治的国家,使欧洲国际政治力量对比发生了有利于法西斯而不利于民主、进步势力的变化。

但是,西班牙人民英勇斗争的光辉业绩是不可磨灭的,他们在反法西斯斗争中做出了卓越的贡献,并为各国人民的反法西斯斗争提供了宝贵的经验教训。

第七章　日本发动全面侵华战争，东方反法西斯战争的开始

第一节　日本侵略华北，中国抗日运动的高涨

《塘沽协定》和《天羽声明》

日本帝国主义的侵略野心极大。它要吞并整个中国，独霸亚洲，而对中国东北三省的侵占，仅仅是实现其称霸计划的第一步。继"九一八"事变后，日本确定华北为下一个侵略目标，它疯狂地向热河、察哈尔和华北其他地区扩张侵略势力。

1932年4月，日本关东军秘密制定了《对热河政策》，命令在该地区修建公路、恢复通讯网和构筑机场，以准备侵占热河。此后，日军调动频繁，将两个师团的兵力部署在辽西和辽东一线，摆出一副南侵热河的架势。1933年1月3日，日军强行攻占山海关，为大举进犯热河作好了军事上的准备。与此同时，日本政府大造舆论，为其新的侵略扩张寻找借口。1月21日，日本外相内田康哉在国会发表演说，公然声称："热河问题是满洲国的国内问题，根据日满议定书，日本关心热河的治安和平定。"①

1933年2月21日，日本关东军以4个师团为主力，纠合伪军共10万余人，兵分三路进攻热河。由于国民党政府继续推行不抵抗政策，仅仅10天，热河全省沦陷。3月初，日军进抵长城各口。守卫长城一线的第29路军将士们以满腔爱国热忱，自动奋起抗战。可是，国民党政府却下令禁止驻防长城各口和平津一带的军队起来抵抗，并布置其嫡系部队监视和牵制长城各口的抗战部队。这样，第29路军的抗战遭到破坏，终于在4月间失败。5月12日，日军占领通州，威胁北平、天津，华北危急。

在国土沦丧、平津危急、民族存亡之生死关头，国民党政府再一次向日本妥

---

① 上村伸一：《日本外交史·日华事变（上）》第19卷，日本鹿岛和平研究所1971年版，第13页。

协投降，于5月31日同日本签订了卖国的《塘沽协定》。协定规定：中国军队一律撤退至延庆、昌平、高丽营、顺义、通州、香河等地所连之线以西、以南地区，今后不得越过该线和进行一切挑战扰乱；为了"证实"和监视中国军队的撤退，日本可用飞机和其他方法进行监察，中国方面应给以便利和"保护"；长城线以南和上述中国军队撤退线以北以东，则为非武装区。按照这个协定，国民党政府事实上承认了日本对东三省和热河的"合法"侵占，从而向日本敞开了华北门户，日军得以随时向中国发起进攻，直取平津。

日本侵占热河，使英、美、法帝国主义十分不安，进一步扩大了它们同日本的矛盾。为了加紧对国民党政府的控制，与日本的扩张势力相抗衡，并帮助蒋介石"围剿"中国工农红军，美国、英国和法国纷纷向国民党政府提供经济、技术援助。1933年6月，美国向蒋介石政府提供5000万美元的棉麦借款。7、8月间，中美又签订秘密航空协定，由美国向国民党政府提供大批飞机和军火，并派遣航空人员来华任飞行教官和技师。截至抗日战争爆发前，美国泛美航空公司取得了中国航空公司45%的股权。① 同时，国民党政府还通过英法谋求扩大国联对华的技术援助。7月，国联决定成立对华技术援助特别委员会，任命了国联驻华联络员。

美国和国联的援华措施显然是针对日本日益扩大的侵华政策。日本对此深为嫉恨，它担心这种援助可能产生的各种后果：在政治上，会扩大宋子文等"亲美派"的势力，使国民党政府完全倒向英美一边；在经济上，会刺激中国工业的发展，从而排挤日本在华企业；在军事上，将加强中国的武器装备，不利于日本武力独占中国。因此，日本对美国和国联的援华计划百般阻挠和多方破坏。首先，禁止在华日系棉纺厂购买借款棉花，以缩小美国棉花在中国市场的销路；其次，加紧开设日本九州至上海、台湾至福建的航线，逐步实现向中国派遣飞行教官和输出飞机，以对抗美国在中国航空领域势力的扩大。1934年4月17日，日本外务省情报部长天羽英二对记者发表了一篇谈话（即《天羽声明》），其主要内容是：1.日本对于东亚问题的立场和使命与其他各国不同，有其特殊的责任；2."日本有决心履行维持东亚和平与秩序的使命"，无须他国干涉；3.如果中国采取以夷制夷的排日政策，日本唯有加以反对；4.如果各国暗助中国抗击日本，"那么纵令其名目为财政的或技术的援助"，"日本不能对此置之不理"②。

在《天羽声明》中，日本俨然以"东亚主人"自居，赤裸裸地表明了日本将独

---

① 魏子初：《帝国主义在华投资》，生活·读书·新知三联书店1954年版，第18页。
② 日本外务省编：《日本外交年表和主要文书（1840—1945）》下卷，1955年版，第284页。

占中国的野心,它严重侵犯了中国的独立和主权。可是,4月19日,国民党政府外交部却发表声明,卑躬屈膝地表白说:"中国……从无欲中伤任何他国之意,更无扰乱东亚和平之念。"①

《天羽声明》具有明显排斥其他列强的性质。因此在国际上引起轩然大波。英、美等国先后照会日本以示抗议。英国政府在4月23日的照会中指出:"英国对于九国公约,极为关切。任何国家,对于自愿签订之公约,若单独宣告废止,不论出于何种方式,皆为英国所反对"②。4月29日,美国政府向日本发出照会,强调"在涉及其他主权国家的权利、义务与合法利益的情况下,没有任何一个国家能够不经其他有关国家的同意而得以达到它的企图",并提醒日本要"适当考虑到美国的权利、义务与合法利益"。③

为了缓和舆论,暂时安抚英美,天羽英二于4月20日又作了一次"补充说明",表示"日本无意侵犯第三国的权益"。4月26日,日本外相广田弘毅在约见英美大使时也狡辩说,"日本没有侵犯第三国在中国的任何权益的意向","日本向来支持有关中国的门户开放、机会均等等原则"。同时又告诫英美,如果第三国"利用中国来实行自己的本位政策,日本不能置之不理"④。

日本帝国主义妄图独占中国的狂言,激起了中国人民的无比愤怒。4月20日,毛泽东代表中国共产党发表谈话,严厉谴责天羽声明,一针见血地指出这个声明是日本帝国主义企图强占全中国的最明显的表示,"明白地确定了中国为日本的保护国,并且直接地提出了日本将以武力保持日本对于中国一切军事、政治和经济的垄断"⑤。毛泽东还痛斥了国民党政府对日本帝国主义所表示的奴颜婢膝的无耻态度,重申了中国人民反对日本帝国主义强占中国的坚定立场。

《何梅协定》和广田"三原则"

《塘沽协定》的签订,标志着日本侵略华北的开始。日本对华北的侵略,在策略和手法上改变了侵略中国东北三省时的直接武力侵略方式。由于英、美、法等国在华北拥有较多的帝国主义权益,中国人民的抗日运动日益高涨,日本

---

① 张篷舟主编:《近五十年中国与日本(1932—1934)》第一卷,四川人民出版社1985年版,第349页。
② 《外交月报》第5卷,第1期,第231页。
③ 《中美关系资料汇编》,第1辑,世界知识出版社1957年版,第90页。
④ 日本外务省编:《日本外交年表和主要文书(1840—1945)》下卷,1955年版,第285—286页。
⑤ 《苏维埃中国》第二集,第157—158页。

在侵占热河后,主要采取了强硬的武力威胁、扶植亲日政权和软硬兼施的外交压力等手段蚕食华北,以实现对华北、内蒙古的控制。

1935年5月29日,日本华北驻屯军参谋长酒井等人借口天津两名汉奸报社社长被暗杀,以及中国东北义勇军孙永勤部进入滦东非武装区,指责中国政府破坏《塘沽协定》,煽动排日行为,向国民党北平军分会代理委员长何应钦提出各种无理要求。5月31日,日本驻天津总领事川越会见河北省主席于学忠,措辞强硬地提出,"日方保留适当的自卫行动","并由中国方面承担其一切后果"。① 6月9日,日本华北驻屯军司令梅津美治郎以"备忘录"的形式向何应钦提出了取缔中国全国的抗日运动等各项要求。与此同时,日本以武力为后盾,从东北调遣大批军队,增兵山海关、古北口等隘口,准备谈判一旦破裂立即占领"非武装地区"。日本华北驻屯军也向天津、唐山两地增派军队。面对日寇的淫威,国民党政府再一次屈服妥协。7月6日,何应钦复函华北驻屯军司令梅津美治郎,全部接受了日方要求。这封信连同日本的"备忘录",构成所谓《何梅协定》。协定规定:1.取消河北省境内所有国民党党部;2.撤退驻河北的东北军第51军、国民党中央军和宪兵第3团;3.解散国民党军分会政训处及蓝衣社、励志社等机构;4.撤免河北省主席于学忠及其他官员;5.取缔全国一切反日团体及活动。

继《何梅协定》之后,日本又迫使中国签订了《秦土协定》。1935年6月5日,日本关东军山本等四名特务潜入察哈尔境内偷绘地图,行至张北县时被当地驻军扣留。翌日,国民党察省主席、第29军军长宋哲元闻讯后,即令释放。但日本却以此事件为借口,乘机在察省边境集结军队,派飞机在北平上空示威,进行武力威胁。6月23日,第29军副军长秦德纯和关东军代表、沈阳特务机关长土肥原贤二在北京谈判,27日双方达成协议,即所谓《秦土协定》。协定规定:1.中国向日军道歉,惩罚有关人员,保证日人在察省境内自由行动;2.取消察省境内所有国民党机关和一切排日机构;3.建立察东非武装区,第29军撤至察省西南地区;4.察省主席宋哲元撤职。

日本凭借武力,接连强迫中国国民党政府签订卖国协定,使中国对冀、察两省的主权丧失殆尽,进一步敞开了华北门户。

日本控制冀察两省后,为使华北五省"完全脱离南京政权而自行独立",从1935年下半年起公开提出"华北政权特殊化",积极策划"华北五省自治运动",

---

① 秦郁彦:《日中战争史》,东京河出书房新社1972年增补版,第329页。

大力扶植傀儡政权。

1935年9月24日，日本新任华北驻屯军司令多田骏发表声明，公然宣称"有必要改变和树立华北政治机构"，"对组织华北五省联合自治团体的工作予以指导"，"使华北财政脱离南京政府的管辖"，以建立独立的"华北经济圈"。①

10月22日，一批地主汉奸和地痞流氓在日本的策动下，占领河北省香河县城，建立了伪"维持会"，并发表"自治宣言"。接着，平津等地也出现了由日本策划、大小汉奸组成的各种"自治请愿"队伍，要求华北"自治"。同时，日本公开出面给以支持，它一面诡称"华北有强大的自治潮流"，是"民意"的表现，并恫吓中国政府"倘欲以武力防范自治运动，必将触犯关东军的兵力"；一面调集大批军队开入关内，加紧在平津近郊演习，派飞机低掠市郊上空，以炫耀武力，支持"自治运动"。

11月25日，日本指使国民党冀东行政督察专员殷汝耕在通州发表"自治宣言"，宣布成立管辖冀东22个县的"冀东防共自治委员会"（12月25日改为"冀东防共自治政府"）。这是日本策划"华北自治运动"的重要一环。

12月7日，国民党政府为了满足日本"华北政权特殊化"的要求，决定指派宋哲元与日本推荐的大汉奸王揖唐、王克敏等人联合组成"冀察政务委员会"，日本著名特务头子土肥原担任最高顾问。日本控制了委员会的全部政治、经济大权，实际上把冀、察、平、津四省市置于了一种特殊的地位。日本参谋本部的一份文件毫不掩饰地说："冀察政务委员会"的成立，应该是"华北五省政治上脱离南京政府而独立的阶梯"②。

日本在染指华北的同时，还加紧策划侵入内蒙古。1935年7月25日，日本关东军秘密制定的《对内蒙古措施纲要》提出，为了使内蒙古成为有利于日本对苏作战和"亲日满地区"，应"随着华北工作的进展，使内蒙古脱离中央而独立"③。以德王为首的部分蒙古王公，为了建立所谓"蒙古国"，与日寇狼狈为奸，暗中勾结，进行分裂祖国卖国投敌的罪恶活动。1935年9月，德王与日本关东军副参谋长板垣征四郎会谈，密谋策划建立"蒙古国"。1936年5月，德王在日本关东军的支持下成立了伪"蒙古军政府"。接着，日本关东军又指使德王与伪"满"和"冀东防共自治政府"先后签订了"满蒙互助协定"和"蒙冀协定"，公开宣布建立"外交关系"。这样，在日本一手策划和操纵下，通过"缔结协定"的

---

① 秦郁彦：《日中战争史》，东京河出书房新社1972年增补版，第56—57页。
② 《日本帝国主义对外侵略史料选编（1931—1945）》，上海人民出版社1975年版，第190页。
③ 秦郁彦：《日中战争史》，东京河出书房新社1972年增补版，第329页。

形式,把它亲自扶植起来的三个傀儡政权结成"同盟",使其成为在日寇卵翼下侵略和蚕食华北的工具。

日本在导演华北"自治"和内蒙古"独立"丑剧的同时,还进一步对中国政府施加外交压力。1936 年 1 月 21 日,日本外相广田弘毅在议会发表演说,正式抛出了所谓"对华三原则":1.中国取缔一切排日、抗日活动,抛弃依赖英美的政策;2.中国承认伪"满",促成华北伪政权与日、"满""在经济上、文化上的融合与合作";3.中日"共同防共"。① 日本在"亲善提携"、"共存共荣"的幌子下,要想建立的所谓"日华不可分割的关系"是:在政治上,诱迫中国政府"聘用日本人担任最高级的政治顾问,参与国民政府的内政、外交等方面的机要工作";在军事上,"签订日华军事同盟","聘用(日本人担任)军事顾问和军事教官";在经济上,要求中国政府"降低排日高税率",对日敞开中国市场的大门。② 实际上,就是要建立对中国的全面控制。可见,广田"三原则"是日本武力侵略中国本部的信号。中华民族的生死存亡面临着一个危急关头。

日英美在华利益冲突的表面化

日本凭借政治上对华北取得的特权,以军事力量为后盾,极力排挤英美的政治经济势力,为日本垄断资本向华北的扩张开道。1935 年 12 月,日本"南满铁路株式会社"在天津设立兴中公司,作为日本掠夺华北的重要经济机构。日本资本以各种形式迅速渗入华北的铁路、煤矿、航空等重要部门,并以强迫收买等方法兼并中国企业,垄断和操纵了华北的经济命脉。

在铁路方面:早在"九一八"事变后不久,日本就已接管了英国资本在中国东北的铁路。随着日本对华北的侵略,到 1934 年 5 月,日本对华北铁路的借款达到 8900 多万元,比英国多 2800 万元,使日本控制的华北铁路超过英国垄断的华北铁路。1936 年间,日本公开提出一项以日资为主的修筑华北铁路的庞大计划,准备在河北、山东、山西诸省修建 10 条铁路。这项野心勃勃的计划虽因卢沟桥事变未能实现,却使英美资本家惴惴不安。

在煤矿方面:日本自非法继承德国在山东的权益后,便加紧了掠夺中国的煤矿。到 1935 年,日资煤矿已遍及山东各地。日军侵入华北后,日本于 1936 年 10 月强迫"冀察政务委员会"将龙烟铁矿收归"国营",日资乘机加以控

---

① 广田"三原则"见日本外务省编:《日本外交年表和主要文书(1840—1945)》,下卷,1955 年版,第 324—329 页。

② 《日本帝国主义对外侵略史料选编(1931—1945)》,上海人民出版社 1975 年版,第 202—203 页。

制，以供日本军事、工业之急需。同时，日本还对中德合办的井陉煤矿大量增加资本，以便归其操纵。为了加强对华北市场的争夺，实现完全垄断华北的煤炭资源，日本又把其控制的抚顺煤矿的产品大量倾销华北市场，使一向独占华北煤炭市场的英资开滦、门头沟等煤矿不断受到排挤和打击。

在航空方面：日本对华北的航空权垂涎已久。1936年，日本竟擅自在天津设立航空部。7月，日本在天津郊外建筑了占地2000亩的机场。10月，日本又强迫冀察地方当局签订所谓《中日华北航空协定》，正式成立中日合办的惠通航空公司，建立了以天津为中心的华北航空网，排挤美资控制的中国航空公司，直接动摇了美国在华北的既得航空权益。

日本势力侵入华北，并实际上已经把华北大部分变成了它的殖民地，这就直接侵害了英美等国的权益，不能不引起英美的进一步干预，使帝国主义各国在华关系出现了新的紧张局面。早在1935年11月25日，美国驻日代办就向日本外务省次官重光葵表示，美国关心华北发生的事态。英国驻日代办也于27日对重光葵说，英国对日本在华北搞分裂政权一事表示关切，希望日本保证不采取违反《九国公约》的行动。对此，重光葵诡称，"华北的自治运动本质上是中国人的事，日本注视着它的发展"①，矢口否认与日本有关。1935年12月5日，美国国务卿赫尔发表声明，指责日本"要造成中国北部几省的政治地位和情况的重要改变"，对美国在这些地区的利益造成威胁，因此，美国政府"正密切地注视着该地区内发生的事情"。②

面对日本加紧对中国的经济掠夺，英美也急谋对策。1935年9月，英国派遣财政部顾问李滋罗斯来华考察经济。11月3日，中国政府在英国的支持下宣布统一币制，收白银归国有，由中央、中国、交通三家银行发行"法币"，规定1元"法币"兑换3先令2便士半英镑，使"法币"与英镑挂钩。接着，英国宣布向中国提供1000万英镑借款。英国的这项措施，加强了自己在中国的经济地位。美国也不甘落后，于1936年5月与中国订立了《中美白银协定》，规定中国以每盎司0.5美元的价格向美国出售7000万盎司白银，借助美元来稳定"法币"的价格，从而使"法币"又受到美元的操纵。这样，英美通过对中国金融的控制，造成中国在政治上、经济上进一步依赖于英美，从而加深了与日本的对立。

日本对此大为恼火。1935年11月13日，日本驻伪"满"大使兼关东军司令

---

① 上村伸一：《日本外交史·日华事变（上）》第19卷，日本鹿岛和平研究所出版会1971年版，第242页。
② 《中美关系资料汇编》第1辑，世界知识出版社1957年版，第480页。

南次郎在给外相广田弘毅的报告说,"币制改革"的结果导致"全中国置于英国的统治之下。因此,如果听其自然,有从根本上破坏帝国的根本方针——即以日本为盟主确立东亚和平的基础——的危险",因此必须"努力阻止其实现"。①12月10日,日本华北驻屯军参谋长酒井向参谋次长杉山元报告说,"目前日英对中国经济的宗主权的争夺,已经达到一个高峰","币制改革"的成功,"将毁灭日本对华北政策的基础",日本"不能保持袖手旁观的消极态度"。②

为了破坏"币制改革",日本在加紧制造华北"自治运动"的同时,又以"非武装区"为基地,进行大规模的走私贸易。日本华北驻屯军公然把《塘沽协定》的援用延伸至海上,以武力庇护走私贸易。1936年2月,日本指使伪"冀东政府"宣布征收"进口税(查验费)",其税额仅为中国正式关税的1/4,使走私贸易合法化。大批走私日货经过陆、海两路,源源不断地涌入华北,流向汉口、上海等地区,严重危害了英美对华贸易。仅1936年4月份,英美货物的进口额就减少了2/5。相反,同年5月份走私日货就达5万吨以上,超过日货海关进口额的4倍。在日本走私贸易的打击下,中国关税收入锐减。关税在中国政府的财政收入中占第一位,是中国借债的主要担保。关税收入的减少,不仅严重威胁中国政府的财政,而且削弱了中国偿还外债的能力,更加扩大了英美与日本的矛盾。

为此,英美多次向日本提出抗议。1936年4月,美国驻华大使詹森在给国务院的信中忧心忡忡地说,"随心所欲的走私者的活动招致贸易的混乱,给华北海关收入带来悲惨的影响。这种状况尚未出现尽早恢复的征兆,要充分注意眼下的混乱是有计划的谋略,目的在于削弱国民政府对华北的支配力量。"5月2日,英国驻日大使克利维向日本外相有田八郎提出抗议,指责日本的走私破坏了正常的英国对华贸易,威胁了外债的安全。有田狡辩说,走私的根本原因是中国采取"不合理的高关税制度"和"地方当局对中央政府的关税收入缺乏热情"③,把日本的责任推得一干二净。

日本同英美在华矛盾的扩大,必然促使蒋介石集团内部亲英美派和亲日派的分化和对立。也不能不对蒋介石政府的对外政策产生影响。

日本侵占中国东北时,蒋介石为了缓和日寇南进,拉拢以汪精卫为首的亲

---

① 日本外务省编:《日本外交年表和主要文书(1840—1945)》,1955年版,第309页。
② 秦郁彦:《日中战争史》,东京河出书房新社1972年增补版,第78—79页。
③ 臼井胜美:《围绕中国的现代日本外交》,东京筑摩书房1983年版,第107页。

日派,推举汪出任行政院长。1933年《塘沽协定》签订后,蒋又任命汪兼任外交部长,以图继续执行对日投降政策。1934年7月,蒋介石在对庐山军官训练团的一次讲话中叫嚷:日本"只要三天之内,就可以把我们中国要害之区都占领下来,灭亡我们中国"①。1935年1月底,蒋、汪先后在南京与日本驻华大使有吉明密谈。2月1日,蒋介石发表"中日亲善方针"声明,宣称广田演说"亦具诚意",今后要以"敦友睦邻之道""制裁一时冲动及反日行动,以示信义"。② 2月27日,蒋汪联名宣布禁止排日宣传。6月10日,国民党政府还颁布了"邦交敦睦令",严禁排日言行。在此期间,蒋介石幻想通过出卖中国东北和在华北的某些让步同日本达成妥协,因此蒋汪间还存在着合作的基础,亲英美派和亲日派之间的矛盾尚未表面化。

随着华北危机的加深,日本不仅损害了蒋、宋、孔、陈四大家族的经济利益,动摇了蒋介石的独裁统治,而且直接危害了英美等国在华利益。英美对日本态度日趋强硬,促使亲英美派和亲日派之间的矛盾不断尖锐化。从1935年夏起,亲英美派的宋子文、孔祥熙、孙科等人在英美的支持下,加强对亲日派的抨击,采取消极不合作的态度。1935年8月7日,亲英美派对汪精卫提出不信任案,迫使汪一度辞职。11月1日,汪在国民党四届六中全会上被刺受伤。不久,另一名亲日分子、外交部次长唐有壬遇刺殒命。12月,蒋介石亲自接替汪担任行政院长,撤换汪的亲信,削弱了政府各部里的亲日派势力。

广田公开提出"三原则"后,外交部长张群接替蒋介石主持中日谈判。此时,蒋介石已采取拖延政策,对日态度逐渐强硬。1936年7月,蒋介石在国民党五届二中全会上改变了腔调,宣称"应当不惜牺牲来御侮救亡","绝对不订立任何侵害我们领土主权的协定,并绝对不容忍任何侵害我们领土主权的事实"③,从而表明了不承认"满洲国"的态度。在中日谈判后期,中国政府甚至提出取消伪冀东政权、停止策划内蒙古"独立"、中止华北上空"自由飞行"等反建议。到1936年12月,长达一年的中日谈判未取得任何结果而陷于停顿。

蒋介石集团内部亲英美派和亲日派的消长变化,从另一个侧面反映了日本同英美的矛盾和斗争益形尖锐。日本独霸中国政策同美国"门户开放"原则之间的矛盾不可调和。

---

① 《大公报》西安分馆编:《领袖抗战建国文献全集》,1939年版,第29—32页。
② 李新等主编:《中国新民主主义革命时期通史》第二卷,人民教育出版社1960年版,第185页。
③ 《大公报》西安分馆编:《领袖抗战建国文献全集》,1939年版,第115—117页。

中国人民抗日运动的高涨

日本帝国主义对华北的侵略,显示了日本进攻中国本部的方向,威胁着中国人民的生存,中华民族面临着亡国灭种的危险。国民党政府继续推行对日妥协的卖国政策,又进一步加重了民族危难。空前严重的民族危机促使中国的政治形势发生急剧变化:中国人民的爱国热忱日益高涨;中国共产党提出了停止内战、一致抗日的方针;国民党统治集团内部一部分抗日反蒋势力的兴起,从而把抗日救国运动推向新的高潮。

1933年初,随着长城内外大片国土的沦丧,激起华北人民和全国各阶层人民的愤怒抗议。1月11日,南京工人代表大会通过决议,通电全国一致誓死抗日,要求国民党政府实行抗战,收复失地。接着,北平、天津、上海等地工会纷纷举行集会,坚决要求抗日,电请政府对日宣战,并积极开展捐献运动。全国各地工商界、海外华侨组织都先后通电要求出兵抗日,誓为抗日的后盾。宗教团体也行动起来,北平佛教青年救国团还发表了《为抗日救国告全国僧界书》。

随着日本侵略的深入,加速了国民党统治集团内部的分化。在蓬勃高涨的全国抗日运动的推动下,一部分国民党爱国将领纷纷"请缨抗日"。1933年5月,原西北军爱国将领冯玉祥、吉鸿昌、方振武在中国共产党的帮助下,在张家口共同发起成立了察哈尔抗日同盟军,通电全国,主张联合各党各派各军,动员全国一切力量,武装抗日,收复失地。在全国广大人民的大力支持和援助下,同盟军连续攻克康保、宝昌、沽源等城市,收复察省重镇多伦,并把日伪军全部逐出察哈尔省。同盟军的胜利,大大振奋了全国人心。同年11月,陈铭枢、蒋光鼐、蔡廷锴等人在福建成立"中华共和国人民政府",由李济深担任主席,公开打起反蒋抗日旗帜,与国民党政府决裂,并同工农红军签订了《反日反蒋初步协定》,宣布停战抗日,建立反蒋抗日军事同盟。

"九一八"事变后,中国共产党为了挽救民族危亡,多次发表宣言,号召一切抗日力量团结起来,反对国民党政府及其投降政策,抵御日本帝国主义的侵略。1933年1月,中华苏维埃临时中央政府和工农红军革命军事委员会发表抗日停战宣言。公开宣布工农红军准备与全国所有军队签订停战协定,共同抗日。1935年8月1日,中共中央在长征途中发表著名的《为抗日救国告全体同胞书》,即《八一宣言》,呼吁国民党政府停止内战,号召一切爱国的各党派、各团体共同协商,建立全国统一的国防政府和抗日联军,集中一切力量为抗日救国而奋斗。红军主力胜利到达陕北后不久,中共中央和中央工农民主政府于11月

13日和28日又先后发表两个宣言,着重指出华北的危急形势和全中国面临灭亡的危险,历数蒋介石的投降卖国罪行,进一步动员一切愿意抗日的政党、军队、社会团体及任何个人广泛地联合起来,进行抗日反蒋斗争,保卫华北和全中国。

中国共产党的抗日主张,紧紧扣动着全国爱国青年的心弦,随着华北危机的加重和全国人民抗日运动的日益高涨,在中国共产党的领导下,北平的爱国学生发出抗日救亡的怒吼,掀起了伟大的"一二·九"运动。1935年12月初,北平学联召开代表大会,决定联合北平各大中学校进行请愿示威,反对华北自治和"冀察政务委员会"的成立。12月9日,北平学生3000余人汇集新华门前,向国民党政府当局提出六项要求:反对所谓"防共自治运动";公开宣布中日交涉经过;不得任意捕人;保障地方领土安全;停止一切内战;要求言论、集会、结社、出版自由。国民党政府不但拒绝这些正义要求,还派出军警实行野蛮镇压。愤怒的学生立即举行示威游行,沿途与军警展开了勇敢的搏斗。第二天,全市学生总罢课。

在"冀察政务委员会"准备成立的12月16日,北平学生1万余人冲破军警的严密封锁,再次举行声势浩大的示威游行,先后在天桥、正阳门前召开了有2万余人参加的市民大会,通过"不承认冀察政务委员会"、"反对华北任何傀儡政权"、"收复东北失地"等多项决议,在爱国学生的英勇斗争下,"冀察政务委员会"不得不延期成立。

华北学生的爱国运动,很快得到全国人民的热烈响应。学生、工人和各界爱国同胞纷纷举行罢课、罢工、集会、请愿、示威游行,迅速形成了遍及全国的抗日救亡运动。"一二·九"学生爱国运动,打破了国民党反动当局的独裁统治和日本侵略所造成的屈辱、沉闷、黑暗的政治局面,极大地激发了全国人民的爱国热忱,标志着中国抗日运动的新高潮已经到来。

第二节 卢沟桥事变,日本发动全面侵华战争

卢沟桥事变

随着日寇对华北侵略的阴谋步步得逞,从1936年起日本帝国主义开始变本加厉地扩军备战,加紧制定对外侵略扩张的基本方针,大规模准备全面侵华的军事部署。

1936年2月26日,日本"皇道派"法西斯少壮军官发动武装政变,企图以暴

力手段夺取政权,建立军部法西斯独裁统治。与"皇道派"争权夺利的另一派法西斯军阀"统制派",借机通过"肃军"打击"皇道派"势力,掌握了军部内的主导权,运用"合法"手段进一步全面推动国家的法西斯化。"二·二六"事件后建立的广田内阁,听凭法西斯军部的任意摆布,5月18日广田内阁在军部的要挟下,恢复了1923年制定并一度实行的陆海军大臣和次官必须由中将以上现役军人担任的制度,军部可以利用陆海军大臣的辞职或拒不提供陆海军大臣人选等手段左右内阁的存废,从此,内阁完全处于军部的直接控制之下。接着,法西斯军部又实行所谓"全面革新政治计划",缩小议会权限,消除政党政治,以首相、外相、陆相、海相、藏相组成的"五相会议"制度,取代全体阁员参加的内阁会议,从而正式建立起日本式的军部法西斯独裁体制。

1936年8月7日,在首相广田弘毅主持的五相会议上通过了日本的《基本国策》,第一次提出日本南北齐头并进对外侵略扩张的总体战略计划,规定了"外交、国防相辅相成,确保帝国在东亚大陆的地位,同时向南方海洋发展"的总方针。在北方,"陆军军备以能对抗远东苏军为目标",在南方,"海军军备以能对抗美国海军、确保西太平洋制海权为目标"。① 根据这个总体战略计划的要求,日本从经济、军事、外交等各方面重新研究和制定了具体方针和政策。

在军事方面,修订了《帝国国防方针》,确定苏联和美国并列为首要假想敌国,规定战争初期陆军兵力以50个师团为基干,海军配备战列舰11艘、航空母舰10艘、巡洋舰28艘、驱逐舰102艘、潜艇77艘,陆军航空兵力为142个中队,海军航空兵力必须达到65个飞行队。

在财政经济方面,日本政府不断增加军费开支,全力推动扩军备战。1936年度的军费高达10.8亿日元,比上一年度增加4600多万日元,占国家岁出的47.7%。在日寇全面侵华的1937年,军费开支一举猛增至32.7亿日元,占国家岁出的69%。② 在军费开支中,一半以上都用于军火和舰船的生产。

在外交方面,8月7日举行的四相会议(首相、外相、陆相、海相)通过了新的《帝国外交方针》,提出外交要与"充实国防相配合",规定外交重点置于"粉碎苏联侵犯东亚的企图","阻止赤化的扩张";"增进日、美的亲善关系","竭力使它〔美国〕不阻挠帝国实现东亚政策;同时"增进和德国的友好关系",必要时"实现日德合作"。③ 1936年11月,日德缔结反共产国际协定,结成东京—柏林

---

① 日本外务省编:《日本外交年表和主要文书(1840—1945)》下卷,1955年版,第344页。
② 小山弘健:《日本军事工业史的分析》,东京御茶水书房1972年版,第170页。
③ 日本外务省编:《日本外交年表和主要文书(1840—1945)》下卷,1955年版,第345—346页。

轴心集团,使两个法西斯国家更加紧密地勾结在一起。

日本法西斯依仗德国法西斯的支持,在东方与德、意遥相呼应,加紧进行侵略中国的具体军事部署。1936年日军不断增兵华北,擅自把华北驻屯军的兵力由1800名增至5000名,并占领丰台作为切断华北与南方联系的重要军事据点。1937年春,日本关东军进驻通县及平津一带。从1937年6月起,日军几乎每夜都进行挑衅性的军事演习,伺机挑起战火,发动全面侵华战争,中日武装冲突的危险骤增,形成中日战争一触即发之势。

1937年7月7日晚10时,日军事先未通知中国当地驻军,在靠近卢沟桥的中国军队防地附近举行军事演习,蓄意挑起事端,诡称从宛平城内发枪数响,致使一名日本士兵"失踪"[①],要求进城搜查。当中国驻军拒绝日方无理要求时,日军竟向中国军队开枪,并炮击宛平县城和卢沟桥。中国军队忍无可忍,在全国人民抗日热潮的推动下奋起应战,抗击日寇。

卢沟桥事变的爆发,标志着中国全国抗战的开始。中国抗日战争是中国人民在近百年历史上反对帝国主义侵略的一次最伟大的战争,它既是爱国的民族自卫战争,又是武装抗击日本帝国主义侵略的反法西斯战争,因而构成世界反法西斯战争的重要组成部分,中国战场成为最早开辟的世界反法西斯的东方战场。

7月11日,日本首相近卫文麿召集紧急内阁会议,决定分别从关东军、朝鲜派遣军抽调两个旅团和一个师团增兵华北。同一天,日本政府发表"派兵华北声明",反诬中国守军"非法射击"而挑起事端,宣称"决定采取必要的措施,立即增兵华北"。[②] 17日,近卫主持召开五相会议,决定进一步动员40万军队,扩大侵华战争,用武力灭亡中国。日军大批增援部队开到华北后,于27日晚向中国军队发起大规模进攻。30日,北平失陷,天津弃守。8月13日,日军大举进攻上海,上海军民浴血奋战,同日寇展开了异常激烈的战斗。直到11月12日,日寇才攻陷上海。12月13日,南京失守。

日本侵略军占领南京后,对中国手无寸铁的和平居民进行极其野蛮的摧残,烧杀淫掠,无恶不作,制造了惨绝人寰的南京大惨案,在人类文明史上留下了最野蛮、最可耻的污迹。短短几个星期内,30多万同胞惨死在日军的屠刀之

---

① 实际上,这名"失踪"士兵在20分钟后被发现,并归队。——编者注。参见日本历史学研究会编:《太平洋战争史》第2卷,东京青木书店1974年版,第299页。秦郁彦:《日中战争史》,东京河出书房新社1972年版,第189页。

② 日本外务省编:《日本外交年表和主要文书(1840—1945)》下卷,1955年版,第366页。

下。日本侵略者妄图用血腥屠杀的恐怖手段发泄其对中国抗战的刻骨仇恨,摧毁中国人民的抗日意志。但是,法西斯暴行不但没有吓倒中国人民,反而激起全中国人民的无比义愤,促使中国各阶层人民更加同仇敌忾,勇敢地投入到抗日救国运动的洪流中去。

中国抗日民族统一战线的形成

华北事变和日本帝国主义对华侵略的深入,造成了中华民族空前严重的危机,中日民族矛盾迅速上升为主要矛盾。中国共产党根据国内阶级关系的重大变化,正确分析了"一二·九"运动前后华北和全国出现的抗日高潮,及时地提出了党在新的历史条件下的基本策略和任务,就是建立广泛的抗日民族统一战线。

1935年12月,中共中央在陕北瓦窑堡召开了具有重大历史意义的政治局会议,通过了《关于目前政治形势与党的任务决议》,正式确立了建立抗日民族统一战线的政治路线。12月27日,毛泽东在党的活动分子会议上作了《论反对日本帝国主义的策略》的报告,运用马克思主义原理,对日本侵入华北后国内国际形势的新变化进行了科学的分析,有力地批判了"左"倾关门主义错误,全面、系统地阐述了建立抗日民族统一战线的可能性和必要性,为建立全民族的抗日统一战线奠定了理论基础。

瓦窑堡会议后,中国共产党为建立抗日民族统一战线进行了不懈的努力。1936年5月5日,红军革命军事委员会发表《停战议和一致抗日通电》,要求南京政府"在全国范围内,首先在陕甘宁停止内战,双方互派代表磋商抗日救国的具体办法"①。8月25日,中共中央直接致函国民党中央,提议国共两党重新实行合作,表示愿意同国民党"结成一个坚固的革命的统一战线"。

中国共产党的抗日民族统一战线政策,一方面得到了全国各阶层人民的热烈拥护和支持,把全国的抗日救国运动推向新的高潮;另一方面,进一步加速了国民党内部的分化。1936年6月,广东军阀陈济棠联合桂系军阀李宗仁和白崇禧发动两广事变,打起北上抗日的旗帜,把军队改称为"抗日救国军",与蒋介石发生了公开的武装冲突。1936年12月12日,东北军和西北军的爱国将领张学良和杨虎城发动了震惊中外的"西安事变",拘禁蒋介石,逼蒋抗日。事变发生后,中国共产党以民族利益为重,主张"南京与西安间在团结抗日的基础上,和

---

① 李新等主编:《中国新民主主义革命时期通史》第二卷,人民教育出版社1960年版,第337页。

平解决",提出了只要蒋介石答应停止内战,一致抗日,就释放他回去,以争取一切可能的力量到抗日战争上来的正确方针,从而促成了西安事变和平解决。蒋介石接受了停止内战、联共抗日的条件。

西安事变的和平解决,是中国共产党抗日民族统一战线政策的伟大胜利,粉碎了何应钦等亲日派企图扩大内战、投敌卖国的阴谋,在大规模内战迫在眉睫的关头又一次挽救了民族危亡,成为中国时局转换的枢纽,为推动国共两党重新合作、建立抗日民族统一战线创造了必要的条件。从此,中国历史开始了由分裂内战到团结抗日的新起点。国内和平基本实现。

卢沟桥事变的第二天,中国共产党立即通电全国,指出:平津危急!华北危急!中华民族危急!紧急呼吁全民族实行抗战,"建筑民族统一战线的坚固长城,抵抗日寇的侵略"。同时,红军立即集中,准备开赴民族解放战争的最前线。7月15日,中共中央把宣布国共合作宣言的文件交付国民党,表示愿意取消苏维埃政府,改编红军为国民革命军,并要求立即公布。7月17日,国共两党代表在庐山举行谈判,国民党方面表示承认陕甘宁边区政府。8月13日,日军进攻上海,国民党的统治中心地区受到严重威胁,国民党外交部遂于8月14日发表抗战声明,宣称"中国决不放弃领土之任何部分,遇有侵略,唯有实行天赋之自卫权以应之"[①],这表明国民党政府自"九一八"事变以来执行的不抵抗政策发生了较大的转变,这种转变有利于全民族的抗战。8月22日,国民党政府军事委员会宣布将红军改编为国民革命军第八路军,任命朱德为总指挥。9月22日,国民党中央通讯社发表延搁已久的《中国共产党为公布国共合作宣言》。9月23日,蒋介石发表谈话,承认共产党的合法地位和合作抗日。至此,国共两党实现了第二次合作,正式形成以两党合作为基础的全国抗日民族统一战线。

中国的抗日战争,一开始就存在着两条不同的抗战路线:一条是中国共产党坚持的发动和依靠全国军民参加的全面抗战路线;一条是国民党实行的压制人民群众抗战、单纯由政府包办的片面抗战路线。这两条根本不同的抗战路线,代表两种对立的阶级利益,必然导致两种完全不同的结果。

在蒋介石片面抗战路线的指导下,国民党采取依赖正规军作战的消极防御的战略方针,尽管一部分国民党爱国官兵激于民族义愤,在局部地区对日军的进攻进行了英勇的抵抗,但是整个国民党军队的防御基本上是被动的,国民党正面战场出现节节败退的不利局面。甚至一些国民党军队在敌人的进攻面前

---

① 《中国近代对外关系史资料选辑(1840—1949)》下卷,第二分册,上海人民出版社1977年版,第14页。

不战自溃,弃地逃生。仅一年多时间,国民党军队从华北、华中退到西南,大片国土沦于敌手。

随着抗日战争的爆发和抗日民族统一战线的形成,中国共产党的中心任务是:动员一切力量争取抗战的胜利,而抗战胜利的中心关键,在于使已发动的抗战发展成为全面的民族的抗战。在1937年8月陕北洛川召开的政治局扩大会议上,通过了著名的《抗日救国十大纲领》。这个纲领是中国共产党全面抗战路线的具体化,也是中国共产党领导全国人民争取抗战彻底胜利、反对国民党片面抗战路线的指导方针。这次会议后,中国共产党领导的八路军、新四军挺进华北、华中敌后,广泛发动和武装群众,开展游击战争,建立起敌后抗日根据地,从战略和战术行动上牵制了大量日军兵力,配合了友军在正面战场上的作战,形成具有重要战略意义的广大敌后战场。

中国人民的抗日战争,是正义的进步的民族解放战争,它从开始就得到世界各国人民的广泛同情和积极支援。抗日战争爆发后不久,共产国际执行委员会主席团发表了《告国际无产阶级的宣言》,指出"中国人民的解放战争,是世界无产阶级和一切先进人类反对野蛮法西斯主义的压迫的总斗争之最重要的组成部分"[①],号召各国工人阶级和人民帮助中国的抗战。苏联最先以实际行动援助中国的反侵略战争。1937年8月21日,苏联和中国缔结了《中苏互不侵犯条约》,双方保证:互不使用武力,一方遭受第三国侵略时,另一方不得直接或间接地向第三国提供任何援助与支持。这个条约的缔结,是对中国抗战的鼓舞和支持。1938年3月和7月,苏联先后两次向中国提供贷款,共计1亿美元;1939年6月再次提供1.5亿美元的贷款。中国政府用这几笔贷款向苏联购买了约600架飞机、1000门大炮、8000多挺机枪以及运输工具、弹药和其他军用物资。苏联还派出军事顾问团和2000余名航空志愿人员来华,帮助中国抗击日寇。苏联飞行员在广州、武汉、西安、成都等地与日机空战,近200名飞行员为中国抗战而献身。

英美两国的共产党呼吁本国人民采取各种形式支援中国的抗战。英国工人拒绝为日本船只装卸货物,美国工人纷纷停止装运日美间来往的货物,美国人民还曾广泛开展抵制日货运动。1938年10月17日,伦敦万余人举行支持中国抗战的声援大会。澳大利亚码头工人和加拿大一些工会组织拒绝装运输往日本的废铁。日本军工工厂的工人也曾举行罢工,抗议政府侵略中国。日本共

---

① 《群众》周刊,第二卷,第二期。

产党多次号召日本人民："不送一兵一卒到中国去！"为了支援中国人民的抗战，日本许多共产党人先后来到中国，以各种形式从事反战活动。由白求恩医生率领的援华医疗队和柯棣华医生率领的印度医疗队，不远万里来到中国，与中国人民并肩战斗，为中国人民的解放事业作出了宝贵的贡献。他们这种崇高的国际主义精神，鼓舞着中国人民奋勇抗击日本侵略者。

英美对日侵华的两面政策

日本发动全面侵华战争，目的在于变中国为其独占的殖民地，这就不可避免地直接损害了英美在华的特权和利益，使英美与日本之间的矛盾进一步尖锐化。

英美为了维护它们在华的经济利益和地位，一方面对中国的抗战表示某种同情和支持，企图利用中国的抗战，反对日本的扩张，削弱日本的实力；另一方面，又希望在不损害自己根本利益的条件下，与日本达成妥协，扑灭中国革命，把日本的侵略矛头引向北方的苏联，以维持它们在中国进行殖民统治的旧秩序。出于此种目的，英美在中国抗日战争初期对日本侵华采取了两面政策。

1937年7月12日，中国驻美使馆参赞向美国国务院通报了华北事件，要求美国出面调停。美国国务卿赫尔表示，美国对中日双方保持"公正、友好的态度"，目前美国试图调停，"就会触怒日本"，希望"双方都要克制"，拒绝了中国的要求。[①] 同日，美国国务院发表声明，不分青红皂白说什么"日中之间的武装冲突，对和平事业及世界进步将是一个沉重打击"[②]，竟然要被侵略的中国与侵略者日本一样承担同等的责任。7月16日，赫尔发表《关于国际政策基本原则的声明》，侈谈"维护和平"，"信守国际协定"，"切戒在推行政策中应用武力"，"切戒干涉他国的内政"等抽象原则[③]，他不但不谴责日本的侵略，反而用空洞、华丽的辞藻掩盖问题的实质，实际是偏袒日本侵略者。无怪乎赫尔的这个声明立即受到了日、德、意三个法西斯国家的欢迎。[④] 8月23日，美国国务院再次发表声明，呼吁交战双方停战，并声称"美国不想明辨交战双方的是非曲直"，也不

---

① 赫伯特·菲斯：《通向珍珠港之路》，商务印书馆1983年版，第9页。格鲁：《使日十年》，商务印书馆1983年，第214页。

② 《1937年国际事务文件》，牛津大学出版社1939年版，第587页。

③ 《中国近代对外关系史资料选辑（1840—1949）》下卷，第二分册，上海人民出版社1977年版，第24页。

④ 罗伯特·达莱克：《罗斯福与美国对外政策（1932—1945）》上册，商务印书馆1984年版，第210页。

打算搞"政治上的同盟"。① 8月27日,美国驻日大使格鲁致赫尔密电,认为目前美国对中日战争应该采取的政策是:"1.避免卷入;2.极力保护美国人的生命财产和权利;3.在保持完全中立的同时,维护我们对交战双方的传统的友谊",并告诫说:"在一方或他方的一次军事胜利前,……道义的干涉可能被解释为对交战一方的偏袒,将不会有良好的结果"。②

美国在政治上纵容和姑息日本侵略者,在经济上向日本输送大批战略物资,为日本扩大侵略战火提供便利。日本是美国重要的贸易伙伴,它在侵华战争中所使用的原油、铜合金、废钢铁、汽车及零件大部是靠美国提供的。1937年美国对日输出总额为2.88亿美元,1938年为2.39亿美元,1939年为2.32亿美元。其中,战略物资占输出总额的比重逐年增加:1937年为58%,1938年为66%,1939年为81%。仅1937年上半年,日本从美国进口的废钢铁就达1300万吨,大大超过以往的购买数量。同年,美国还向日本提供了3500万桶原油,其中大半是在卢沟桥事变后输往日本的。1938年,英国及其自治领和殖民地的对日输出,在日本进口额中占20.79%,其中军事物资占17%。为了运输军用物资,英美还把船只租给日本。美英提供的大批战略物资,为日本侵华起了输血作用,正如《华盛顿邮报》在1937年8月29日所指出的那样:"美国的废铁在远东战争中扮演重要角色。日本人用过去的废铁播下死亡。枪炮、炸弹和军舰都是越过太平洋运来的数量日增的废钢铁制造的。"③

中日战争爆发后,8月19日,24名美国众议员要求对中日双方实行"中立法"。但日本是美国三大重要出口市场之一,仅次于英国和加拿大,不仅那些发了战争财的美国资本家持亲日态度,反对制裁日本,就连美国政府也不愿意损害日美贸易。3月25日,日本宣布封锁长江口至潮州的中国海岸。9月5日,日本政府又把封锁范围扩大到除辽宁、青岛以外的全部中国海岸。9月14日,美国总统罗斯福发表声明:1.禁止美国政府所属的商船向中日双方运送武器、弹药和军事器材;2.私人商船从事上述运输,应自行承担一切责任和危险。表面上,美国对中日双方不偏不倚,但实际上,日本是一个海军强国,且封锁了中国海岸,在此情况下,美国私人商船开往中国要冒风险,开往日本却可以不冒任何风险。可见,此项措施显然只是有利于日本。为此,9月17日,中国驻美大使向

---

① 田村幸策:《太平洋战争外交史》,日本鹿岛研究所出版会1966年版,第155—156页。
② 《中国近代对外关系史资料选辑(1840—1949)》下卷,第二分册,上海人民出版社1977年版,第25—26页。
③ 赫伯特·菲斯:《通向珍珠港之路》,商务印书馆1983年版,第11页。

赫尔提出了严重抗议。

但是，随着日本侵华战争的扩大，美国在华的侨民、驻军和经济利益遭到越来越大的威胁，美国公众舆论要求制裁日本的呼声日益高涨。为了公开表达对日本侵略行为的愤慨并对其施加一定程度的压力，美国总统罗斯福于1937年10月5日在孤立主义势力中心的芝加哥发表了著名的"隔离演说"，宣称："世界上无法无纪的传染病确实正在蔓延着"，"当肉体传染病开始蔓延时，社会便赞成并联合起来对患者实行隔离，不使疾病蔓延，以保护社会的健康"。所以，"爱好和平的国家必须齐心协力，反对那些正在造成国际无政府主义状态和不稳定局势的破坏条约的行为"。① 10月6日，美国国务院发表声明，指出："美国政府不得不作出结论，日本在中国的行动是与指导国家之间的关系的原则相矛盾的，是与1922年2月6日九国公约……以及1928年8月27日凯洛格—白里安公约相对立的。"②

罗斯福的演说和美国国务院的声明，在美国国内遭到了强烈反对。美国6个主要和平团体发表联合宣言，抗议罗斯福把美国人民引上世界战争之路。一些和平组织发起了2500万人的签名请愿运动，提出"把美国置于战争之外"的口号。美国劳工联合会通过决议，宣称"美国工人不想卷入欧洲和亚洲的战争"。美国《费城问讯报》的一次调查结果表明，美国众、参两院的议员们以2对1的比例反对美国干涉中日战争。两名众议员甚至提出要对罗斯福进行弹劾。

在国内强大的孤立主义势力的猛烈攻击下，罗斯福迅速降低了调门，当记者问他是否考虑制裁时，罗斯福回答说："制裁是一个难听的字眼。它已被抛弃了。"③罗斯福本来想伸手碰一下这个棘手的问题，结果又把手缩了回去。

英国在华利益远远超过美国。1937年英国在华投资12.5亿美元，其中9亿美元集中在上海。但是，英国在欧洲面临着德意法西斯的严重挑战，英德矛盾加剧，英国无力单独在远东采取重要行动。因此，英国在中日战争爆发后，一面承认日本在华北拥有驻兵、演习的权利，要求中日双方进行停火谈判，以阻止事态的扩大；另一面又想联合美国对日本施加压力，并力图把美国推到第一线。7月13日，英国驻美大使向赫尔建议，由美、英、法三国共同进行调停，促成停战。但是赫尔拒绝了这项建议，并特意声明，美国主张"在并行不悖的各自轨道

---

① 《1937年国际事务文件》，牛津大学出版社1939年版，第584—586页。
② 同上书，第591页。
③ 罗伯特·达莱克：《罗斯福与美国对外政策(1932—1945)》上册，商务印书馆1984年版，第215页。

上合作",而不愿采取"完全一致的干预行动"。① 以后,尽管英国多次建议采取联合行动,但均遭到美国的拒绝。英国首相张伯伦抱怨道:"对美国人的最好的和最可靠的指望,是除了空话之外,别再指望任何东西。"②既然美国已经拒绝采取联合行动,英国当然不愿带头得罪日本,以免遭到日本的报复。11月2日,英国外交大臣艾登宣布,英国同美国保持一致,美国准备走多远它就走多远,美国准备走多快,它就走多快。③ 英国驻日大使克莱琪在10月和11月给外交大臣的两份报告中则更加露骨地说,英国应该对中日交战双方维持友好,"拖延时间,期待(中日)双方终于完全精疲力竭",然后由英国"帮助实现这个悲剧冲突的合理解决"。

美英采取狡猾的两面政策,其实质是纵容侵略,挑拨战争,它助长了日本法西斯的侵略气焰。

国联的态度和布鲁塞尔会议

1937年8月30日,中国政府向英法操纵下的国际联盟控诉日本的侵略罪行,指出卢沟桥事变以来日本破坏远东和平的行为违反了国联盟约、非战公约和九国公约。9月12日,中国要求国联根据国联盟约第10条、第11条和第17条对日本采取必要的措施。9月16日,国联委托远东咨询委员会受理中国政府的控诉。9月21日,远东咨询委员会开会,日本和德国拒绝参加,美国以不参加投票为附带条件,派驻瑞士公使出席了会议。

9月27日,远东咨询委员会通过决议,谴责日本非法轰炸中国和平城市。10月6日,国联大会通过了远东咨询委员会提出的两份报告。报告指出,日本对中国进行的陆、海、空作战是非法的,违反了九国公约和非战公约,呼吁国联各会员国向中国提供道义上的支持,要求各国考虑扩大对中国的援助,不采取足以削弱中国抵抗力量的行动。但是,国联不肯明确宣布日本为侵略者,也没有给中国以任何实际的支持,只是建议召开九国公约缔约国会议来讨论中日战争问题。

英法想通过召开九国公约缔约国会议,把美国推向前台,希望美国在对抗日本中起带头作用。10月6日,英国建议会议在华盛顿召开。10月12日,英

---

① 罗伯特·达莱克:《罗斯福与美国对外政策(1932—1945)》上册,商务印书馆1984年版,第212—213页。
② 基思·法伊林:《尼维尔·张伯伦传》,伦敦1947年版,第625页。
③ 赫伯特·菲斯:《通向珍珠港之路》,商务印书馆1983年版,第14—15页。

国外交大臣艾登要求美国总统说明是否考虑要联合抵制日本。10月19日，艾登送交赫尔一份照会，提出了三种可供选择的对日措施：1.采取袖手旁观的态度；2.从道义上谴责日本；3.向中国提供援助，对日本实行经济制裁。照会指出，在对日本实行经济制裁之前，英美两国首先要共同保证在军事上互相支援，在此基础上，迫使日本让步。

同时，法国也向美国施加影响，要它承担支持的义务。这时，法日之间在中国和印支问题上有矛盾。10月中旬，日本扬言要轰炸滇越铁路中国境内一段，法国遂于10月25日宣布停止通过滇越路向中国运送军火。法国政府表示，除非参加会议的国家，特别是美国，保证印度支那不受日本侵略，否则，法国不能改变这项决定。法国还强烈希望美国在九国公约缔约国会议上负起特殊责任，共同抵制日本，至少要对印度支那的安全作出保证，否则，法国将可能对这次会议失去兴趣。①

美国虽然也反对日本在远东的扩张，但却不愿承担制裁日本可能冒的风险。为此，美国极力反对在华盛顿召开这次会议，提议在比利时的布鲁塞尔举行。罗斯福还捎口信给艾登说，不同意英国在布鲁塞尔把美国推向前台。他还在10月12日的广播讲话中给会议定了调子："这次会议的目的是要通过协商寻求解决中国当前形势的办法，为了找到解决办法，我国的目的是要和这一九国公约的其他缔约国包括中国和日本在内进行合作。"②国务卿赫尔明确表示，美国政府认为这次会议不应讨论制裁办法，会议的目的应是通过协议而不是通过武力寻求解决方案。

英国看到美国不愿充当领头的角色，也随之往后退缩。张伯伦于10月21日在下院宣布："我认为，到这个会议上去谈什么经济制裁、经济压力和武力完全是错误的。我们是在这里缔造和平，而不是扩大冲突。"③

美英两国首脑的讲话，为即将召开的九国公约缔约国会议蒙上了一层阴影。

1937年11月3日，九国公约缔约国中、美、英、法、比、荷、葡和后来加入国加拿大、新西兰、澳大利亚、南非、印度、挪威、瑞典、丹麦、墨西哥、玻利维亚以及特邀国苏联等19个国家在布鲁塞尔开会。日本拒绝参加并声称要废除九国公约，德国应日本要求也拒不出席。

---

① 田村幸策：《太平洋战争外交史》，日本鹿岛研究所出版会1966年版，第160页。
② 科德尔·赫尔：《赫尔回忆录》第1卷，纽约1948年版，第551页。
③ 赫伯特·菲斯：《通向珍珠港之路》，商务印书馆1983年版，第14页。

会议期间，中国代表要求会议作出关于对侵略者实行经济制裁和给予中国物质援助的决议。苏联代表坚决支持中国的合理要求，主张美、英、苏联合对日实行经济制裁。但是，英、美、法从本国垄断资产阶级利益出发，各打自己的算盘，不但回避提出任何抵制侵略者的措施，还拒绝讨论中国的正当要求和苏联的建议。会上，美国代表空谈什么应该为恢复远东的和平作出"建设性的努力"。英国代表也谨慎从事，不提出任何会给他们自己带来麻烦的建议。正如英国驻美大使罗纳德·林赛所说："英国政府的一只脚被拴在欧洲，它不能在太平洋方面采取任何可能的敌对行动，除非它在事先得到保证，能从九国公约别的缔约国得到陆海军的支援。"①法国政府反对做任何事情。法国代表表示，只有英、美、法联合保证印度支那的安全，法国才能考虑采取反对日本的积极行动。一些中小国家更不可能单独有所作为，它们都看大国眼色行事。特别是美国的态度尤为重要。正如美国代表戴维斯于11月14日给美国政府的报告所指出的那样：会议开始不到10天，情况即已表明，除非美国提出采取某些行动的具体措施，否则与会各国将继续采取袖手旁观的态度。

布鲁塞尔会议经过3个星期沉闷的空谈，于11月24日通过了空洞的布鲁塞尔宣言。宣言只是重申九国公约的各项原则，说什么"武力不可能为国家间的争端提供任何公正而持久的解决方案"，呼吁中日双方"停止战争行动而求助于和平方法"，宣称"九国公约签字国已明确采取了旨在使远东形势稳定化的政策"。宣言以日本政府未出席会议为借口，认为目前不可能成功有效地交换意见，草草宣布"休会"。②

布鲁塞尔会议本应找出集体制裁日本侵略的办法，但由于英、美等大国继续对日妥协退让，使会议遭到失败。这个结果只有轴心国家感到高兴。会后，日本更加肆无忌惮地扩大侵华战争。

第三节　日本侵华策略的转变和"东方慕尼黑"阴谋的破产

日本侵华策略的转变和汪精卫集团投敌叛国

卢沟桥事变后，日本帝国主义狂妄地叫嚣"三个月灭亡中国"，日本陆相杉

---

① 赫伯特·菲斯：《通向珍珠港之路》，商务印书馆1983年版，第15页。
② 《美国对外关系文件集（1938—1939）》第1卷，波士顿1939年版，第177—179页。

山元甚至向日皇保证"一个月左右解决中国事变"①。日本的如意算盘是：在华北,2 周陷大同,1 个月攻占山西全部;在华中,10 天占领上海,3 周陷南京,1 个月逼近武汉;在华南,一举攻占广州,妄图 3 个月内即可迫使中国丧失全部抵抗能力。但是,在中国军民同仇敌忾英勇抗击下,日本在战略进攻阶段初期的"速战速决"作战方针迅速遭到了彻底的破产。日本帝国主义看到对华战争的旷日持久于己不利,在 1937 年 10 月 1 日制定了新的侵华方针,提出"在军事行动取得成果与外交措施得宜的配合下"尽快结束中日战争,企图一面继续以军事进攻为主,"使用兵力占据要地","迫使中国迅速丧失战斗意志";一面以政治诱降为辅,通过外交途径,"对中国及第三国,进行及时的谈判与工作"②,诱使国民党政府早日投降,以达到灭亡中国的目的。

1937 年 10 月 21 日,日本外相广田弘毅会见德国驻日大使狄克逊,正式要求法西斯德国出面调停中日战争。11 月 3 日,广田将诱降条件告诉狄克逊,后者通过德国驻华大使陶德曼,于 11 月 5 日向蒋介石、孔祥熙转达了广田提出的和谈七条件：1.内蒙古自治;2.华北设立非军事区;3.扩大上海非军事区,由国际警察管理;4.放弃排日政策;5.共同反共防共;6.降低日货进口关税;7.尊重外侨在华权利。对日本的诱降,蒋介石跃跃欲试。12 月 2 日,蒋介石再次会见陶德曼,同意派亲日分子担任华北行政首长,提出只要能够确保华北主权,就准备接受日本的条件作为谈判的基础。

1937 年 12 月 13 日,日军占领了南京。随着国民党军队的溃败,日本法西斯气焰嚣张至极,它要求的条件也更加苛刻了。12 月 22 日,日本政府在原有条件的基础上又追加了中国正式承认"满洲国"、日军驻兵华北和华中部分地区、中国向日本偿付赔款等条件,并限中国政府于 1938 年 1 月 15 日以前答复。由于日本侵略者索价太高,特别是在中国人民的抗日怒潮空前高涨的形势下,国民党政府不敢贸然接受日本的诱降条件,只是在 1 月 13 日发表了一个未置可否的口头声明,要求日本政府解释"这些新提出的条件的性质和内容,以便加以仔细研究,作出确切的决定"③。

日本近卫内阁看到对国民党诱降未达到预期的目的,遂于 1938 年 1 月 16 日发表第一次对华声明,宣称"帝国政府今后不以国民政府为对手,而期望

---

① 户川猪佐武：《昭和外交史》,东京雪华社 1962 年版,第 233 页。
② 日本外务省编：《日本外交年表和主要文书(1840—1945)》下卷,1955 年版,第 370—371 页。
③ 《中国近代对外关系史资料选辑(1948—1949)》下卷,第三分册,上海人民出版社 1977 年版,第 48 页。

能够真正与帝国合作的中国新政权的建立与发展,并将与此新政权调整两国邦交,协助建设复兴的新中国"①。这个声明显示了日本坚持灭亡中国的既定方针,决定另外扶植与日本侵略者合作的伪政权。1937年12月14日,日寇指使大汉奸王克敏在北平成立了伪"中华民国临时政府"。1938年3月28日,日寇纠集南京、上海和华中各地的伪组织在南京成立了以大汉奸梁鸿志为首的伪"中华民国维新政府",并加紧策划南北伪政权合流。

日本帝国主义诱降国民党政府不成,便进一步发动更加猛烈的军事进攻,妄图以武力迫使国民党政府屈服。1938年5月,徐州陷落。10月,广州、武汉相继失守。日军侵占广州、武汉后,由于战线延长,兵力分散,正面遇有国民党军队的抵抗,背后又频频遭受八路军、新四军的打击,特别是敌后根据地的相继建立,日益严重地威胁到日军的后方,迫使日本不得不考虑结束历时1年零3个月的战略进攻,中日战争由此转入战略相持阶段。面对这种新形势,日本重新部署了侵华计划。它一方面把作战重点放到中国抗日敌后战场,用主要力量对付共产党,加强对敌后抗日根据地的军事进攻;另一方面,则大力加强其"以华制华"的政治进攻,从反蒋变为拉蒋,不断向国民党抛出新的诱饵,采取以政治诱降为主、以军事打击为辅的方针。

1938年11月3日,即武汉失陷1周后,日本首相近卫再次发表对华声明,公开提出"建设东亚新秩序",狂妄地宣称:日本要"排除万难,为完成这一事业而迈进",并表示"如果国民政府抛弃以往的一贯政策,更换人事组织,取得新生成果,参加新秩序的建设,我方并不予以拒绝"。②近卫的这次声明,改变了日本过去"不以国民政府为对手"的立场,表明日本在战略相持阶段对国民党政府新的政治诱降的开始。日本最初的设想是在国民党内以亲日派汪精卫取代蒋介石,所以在11月3日的声明中有意采取"更换人事组织,取得新生成果"的提法。当这一阴谋破灭时,日本便设法把汪精卫从国民党政府中拉出来。

日本的招降政策,首先得到了国民党内汪精卫集团的响应。汪精卫是国民党亲日派大资产阶级的代表。抗日战争爆发后,汪精卫不但极力散布"抗日亡国论",鼓吹"和平救国",而且暗地与日本侵略者勾勾搭搭,串通一气,积极策划投降日本。据汪供认:"自卢沟桥事变以后,我对于中日战争,固然无法阻止,然而没有一刻不想着转圜"③。1938年7月,汪精卫派亲信高宗武去东京,和日

---

① 日本外务省编:《日本外交年表和主要文书(1840—1945)》下卷,1955年版,第386页。
② 同上书,第401页。
③ 李新等主编:《中国新民主主义革命时期通史》第三卷,人民出版社1961年版,第107—108页。

本军方密谋投降的条件和步骤。11月中旬，汪精卫的代表高宗武、梅思平、董道宁和日本参谋本部军官今井武夫、影佐祯照等人在上海密谈并签订了《日华协议记录》。11月30日，日本政府举行御前会议，在协议记录的基础上，制定并通过了《调整日华新关系的方针》。这个方针的基本内容是：在政治上，要求中国承认伪"满"，"日满华"外交"相互合作"，由日本人担任"新中央政府"和重要机关的顾问；在军事上，缔结中日"防共军事协定"，允许日军驻兵华北、蒙疆和宁沪杭三角地带，日舰有权自由航行、停泊长江沿岸和中国沿海，日本对驻兵地区内的铁路、航空、通讯以及主要港口、水路保留"要求权和监督权"，日本向中国军队和警察派遣顾问；在经济上，中国应对日本掠夺华北、蒙疆地区的资源提供"特殊便利"，种植日本急需的农作物，采用有利于日本的"关税制度和海关制度"，把中国航空业、华北铁路（包括陇海线）、中国航运业，以及华北和长江下游的通讯业统统置于日本的控制之下，中国还应"赔偿"自卢沟桥事变以来日本侵略中国所受的"损失"。① 这个不折不扣的灭亡中国的计划，彻底暴露了日寇企图使中国永远沦为日本独占的殖民地的毒辣阴谋。

1938年12月18日，汪精卫潜离重庆，经昆明于23日飞抵越南河内。在此期间，汪的党羽陈璧君、陈公博、林柏生、陶希圣、曾仲鸣、周佛海等，也相继逃到河内、香港。按照事先约定的计划，12月22日，日本首相近卫发表第三次对华声明，表示要"和中国同感忧虑、具有卓识的人士合作，为建设东亚新秩序而迈进"，并根据《调整日华新关系的方针》提出所谓"善邻友好"、"共同防共"、"经济合作"三项原则。② 12月29日，汪精卫发表投敌通电，响应近卫声明，公开叛国投敌。

1939年5月初，汪精卫一伙在日本的保护下转到上海，5月底赴日本，与日本新首相平沼骐一朗策划成立傀儡政府。在日本的授意下，6月间汪精卫先后与华北的伪"临时政府"和华中的伪"维新政府"商谈汉奸政权合流，成立伪"中央政府"问题。同年12月30日，日汪秘密签订《日支新关系调整纲要》（即日汪协定），这个卖国密约全盘接受了日本企图灭亡中国的《调整日华新关系的方针》。1940年3月29日，在日寇导演下，在南京成立了汪记伪"国民政府"，汪精卫粉墨登场，出任"代理主席"，南北大小汉奸群丑合流，认贼作父，甘心卖身投靠日本帝国主义。

汪精卫一伙叛国投敌，为虎作伥，激起全中国人民的无比愤慨。全国各抗

---

① 日本外务省编：《日本外交年表和主要文书（1840—1945）》下卷，1955年版，第405—406页。
② 同上书，第407页。

日根据地和国民党统治区纷纷举行讨汪大会,声讨汪精卫之流民族败类的卖国罪行。1940年1月28日,中共中央发出号召:"在全国范围内一切有共产党组织的地方,极力扩大反对汪精卫卖国协定的宣传",并提出"全国人民团结起来,打倒汪精卫,打倒汪精卫伪中央"的口号。在中国共产党和全国人民坚决要求抗战到底的强大压力下,国民党不得不宣布开除汪精卫的党籍。

日本限制和排挤英美在华利益

日本纵深侵入中国本部后,英美的企业、教会和学校屡遭日军炮火的轰炸。1937年8月24日,日机击落中美合资企业中国航空公司的商用飞机,机上14人遇难。8月26日,英国驻华大使许阁森从南京去上海途中遭到日机扫射而身负重伤。尽管英美多次抗议日本不加区别的狂轰滥炸,日本也口口声声保证尊重第三国在华权益,但是随着在华占领区的不断扩大,日本破坏英美权益的事件更是层出不穷。

日本限制和排挤英美在华利益主要表现在政治、军事、经济等三个方面。

在政治方面:日本占领上海、南京后,日军无端搜查殴打英美侨民、强行没收英美侨民财产、亵渎美国国旗和国徽等事件频频发生。1937年11月,日军驻沪司令部下令禁止英国侨民视察公共租界内外的英资企业。1938年1月,日本强迫美、英等国同意改组上海公共租界警察署,要求增加日本警员。同月,美国驻华使馆三等秘书艾里森遭到日本士兵殴打致伤。6月,美国传教士因斯科维尔被日本兵枪杀。仅1938年,损害美国财产事件就达296起之多。① 1938年11月,日本首相近卫文麿第一次提出独占中国和亚洲的"建设东亚新秩序"基本方针,公开对抗美国的"门户开放"原则。1938年12月19日,日本外相有田八郎宣布:"东亚以外国家的经济活动","根据新秩序内各国对国防和经济上安全的要求,将受到必要的限制"。② 在日本政府的支持下,1939年2、3月间侵华日军借口维持租界治安,强硬要求上海公共租界英国当局同意日本宪兵介入租界工部局,取得与英国平起平坐的地位。

西方列强对日本的以上行动表示强烈的反对。1938年12月13日,美国首次向中国提供2500万美元的信用贷款。12月30日,美国政府向日本提出严重抗议,措辞强硬地指出"门户开放"原则"不容由一方片面行为所取消",美国不能同意"新秩序的内容和条件",不能同意任何美国的权利被日本的"武力

---

① 哈因利克斯:《日美外交与格鲁》,东京原书房1969年2月版,第162页。
② 田村幸策:《太平洋战争外交史》,东京鹿岛研究所出版会1966年版,第210页。

行为所废止"。① 英国也于1939年1月14日照会日本,表示英国"既不接受,也不承认"日本用武力在中国造成的局势,"不能同意任何单方面修改九国公约"的行为"。②

在军事方面:日本攻占上海后,公然在上海公共租界举行挑衅性的军事"检阅",向英美炫耀武力。在进攻南京前夕,日本第三舰队司令长谷川清发表声明,要求外国舰船退出南京附近的水域。为此,英国作出强烈反应,抗议日本政府强迫第三国外交机构和军舰撤离南京。日本的要求遭到拒绝后,日军竟诉诸武力,对英美舰船进行轰炸。1937年12月5日,两艘英国商船在芜湖受日机轰炸而沉没。12月12日,日机轰炸美国炮舰和美孚石油公司油轮,当即炸沉美国炮舰"帕奈号",并用机枪扫射残存者,企图杀人灭口,逃脱罪责。同日,日军又炮击英国炮舰"瓢虫号"和数艘英国商船。

日军明目张胆地轰击英美舰船,引起西方列强的震惊和抗议。12月13日,美国总统罗斯福亲自口授抗议书,指示赫尔通过日本驻美大使向天皇本人转达美国的抗议,要求日本保证"美国在华侨民的生命、权益和财产今后不再遭受日军的攻击,以及日本军宪的任何非法干涉"③。英国也向日本提出了类似的抗议。1938年7月,美国对日实行"道义禁运",停止向日本提供飞机和飞机主要部件。

在经济方面:日本采取劫夺海关、管制外汇、限制贸易、独占经营、垄断航运等许多强制性措施,排斥和打击美英在华经济利益。

1. 劫夺海关。日本对英国所把持的中国海关早就垂涎三尺。在其占领区,日本打着"归还关税权"的幌子,先后"接收"天津、秦皇岛、青岛、上海等海关,这些口岸占中国关税收入的70%以上。1938年5月,日本同英国缔结《日英海关协定》,规定"凡在日军占领区内各口岸海关所收之税项,概存于横滨正金银行";日本军工生产所急需的棉花、矿产等出口全部免税;增加日籍海关官员。④ 通过这个协定,日本不仅控制了大部分的中国关税收入,还将应偿付外债的关税收入勒存于日籍银行,严重损害了西方列强的债权利益。

2. 管制外汇。1938年2月,日本操纵的伪"联合准备银行"成立,规定伪币与日元平价。但实际上,伪"联银"既无资本金,又无外汇,伪币如同废纸,外商

---

① 《美国对外关系文件集(1938—1939)》,波士顿1939年版,第246—251页。
② 同上书,第253页。
③ 哈因里克斯:《日美外交与格鲁》,东京原书房1969年2月版,第157页。
④ 延安时事问题研究会编:《日本帝国主义在中国沦陷区》,上海人民出版社1962年版,第151页。

纷纷拒绝使用。为此，伪"联银"在青岛和烟台设立办事处，强行对外汇实行管制。外商在中国采购土产时，必须以低兑换率将外币兑换成伪币或日元；外商从中国出口货物时，必须把出口单低价卖给横滨正金银行，否则不准货物出口。1939年3月，日本又规定外商收购12种中国土产时，必须按照伪"联银"挂牌的低兑换率出售外币。中国从外国进口货物，伪"联银"则根据货物的性质和产地支拨外汇，以统制进口，排挤英美。3月13日，英、美、法三国就日本管制外汇的措施一齐向日本提出抗议。

3. 限制贸易。日本劫夺海关、擅取税率、管制外汇的目的，就是要压迫第三国对华贸易，独占中国市场。1938年上半年，日本对华出口仅6200万元，但下半年一举猛增至1.47亿元，全年合计竟占中国进口贸易的23.49%，把在中国进口贸易中常居首位的美国排挤到第2位。1939年，日本在中国进口贸易中仍占23.34%，而向来在中国外贸上具有深厚势力的英国，在日本的极度压迫、排挤下却退居第6位，仅占5.8%。① 英美外商对此无不表示强烈不满，英国一巨商忧心忡忡地说，如果遵守伪政权公布的条例，"结果必使外商历年惨淡经营之商业，完全消灭"，这些条例"表面曾谓欲与外商合作，实则乃欲消灭外商之贸易，以便日本独占"。②

4. 独占经营。1938年11月，日本分别成立"华北开发会社"和"华中振兴会社"，作为经济侵略的中心，垄断华北和华中的煤、铁、盐、铁路等事业。日本还通过其控制的伪政权，成立"华北电业会社"和"华中水电会社"，控制华北、华中的电力事业。受日本操纵的"华北电报电话会社"和"华中电气通信会社"，不仅独占经营华北、华中各城市的电报电话，而且垄断了同日、欧、美以及南洋的通讯事业。"华中振兴会社"的子公司"上海内河水运会社"以上海为中心，垄断了宁沪杭三角地带的内河航运。

5. 垄断航运。1938年1月，日本驻沪海军参谋部擅自宣布，禁止外轮沿长江航行，而日本商船却在长江下游畅行无阻，并拒绝装运其他外货。为此，英美一再要求日本遵守"门户开放"原则，及早取消对上海至汉口之间长江航行自由的限制。对于英美的抗议，日本一面闪烁其词，借故推托，一面我行我素，不但往返长江下游的日本商船有增无减，还公开走私日货。走私货船的日伪旗帜、执照皆全，自由航行长江水面。

此外，英美外商在居住、旅行、邮电等方面也受到种种歧视性的限制。

---

① 时事问题研究会编：《抗战中的中国经济》，抗战书店1940年版，第251—252页，257页。
② 延安时事问题研究会编：《日本帝国主义在中国沦陷区》，上海人民出版社1962年版，第80页。

日本大力排挤英美在华势力,引起英美强烈不满。1938年10月6日,美国驻日大使格鲁向日本首相近卫文麿递交照会,历数日本违反"门户开放"原则,损害美国权益的大量事实,要求日本政府停止"在中国占领区内强制施行的有歧视性的外汇管制与他种措施","停止任何剥夺美国人民在华从事任何合法贸易或工业之权利的独占或优先制度","停止在华的日本当局对于美国财产及他种权利的干扰"。① 11月7日,英、美、法同时照会日本政府,抗议日本禁止外轮进入长江。

11月18日,外相有田八郎代表日本政府对10月6日格鲁的照会进行反驳,表示废弃九国公约原则,并宣称"门户开放"已不再是指导亚洲经济活动的有效原则。11月30日,日本御前会议更加露骨地宣布:"为了加强日满华的经济合作,第三国在中国的经济活动和权益当然要受到限制。"②

日本公开提出建立"东亚新秩序",否认美国的"门户开放"原则,进一步加剧了与英美的矛盾。但是,英美面对日本法西斯的侵略扩张,疑虑重重,对抗不足,妥协有余,还企图把欧洲慕尼黑照搬到亚洲来,再制造一个东方慕尼黑。

"东方慕尼黑"阴谋的破产

自中日战争进入相持阶段后,日本面对陷于长期战争的困境,决定对国民党政府采取以政治诱降为主的政策,同时企图利用英美等国对"在华权益受损的恐惧心理",策动英美对蒋介石集团施加影响,诱使国民党政府早日投降。

蒋介石在汪精卫投敌后,一面继续抵抗,一面与日本秘密交涉,暗中勾结,寻求达成"和平"协议。但是,在中国人民抗战热情空前高涨的情况下,蒋介石更倾向采取国际调停的方式,利用英美的压力造成国际上要求中日停战的空气,使对日妥协"合法化"。

英国早就企图通过"国际干涉"解决中日军事冲突。但它的建议因日本的反对和美国的拒绝而未能实现。陶德曼调停破产后,英日曾于1938年夏进行了3个月的谈判。后因日军进攻广州、武汉,给英国造成巨大损害,英日谈判破裂。但英国由于在欧洲面临着德意法西斯的严重挑战,在亚洲无力单独与日本分庭抗礼。为了集中力量对付希特勒,英国企图牺牲部分中国的领土和主权,来满足日本的侵略要求,缓和同日本在亚洲的矛盾,保住其在华殖民权益。

美国在这一时期还未摆脱孤立主义的束缚,继续对中日双方采取所谓"不

---

① 《中美关系资料汇编》第一辑,世界知识出版社1957年版,第484—485页。
② 日本外务省编:《日本外交年表和主要文书(1840—1945)》下卷,1955年版,第406页。

干涉"的"中立"政策。它一面对日本损害美国在华利益提出抗议,同时要求中日放弃武力,实现和平,以维持由几个帝国主义国家共同瓜分中国的现状。在这种背景下,从1938年底到1939年欧战爆发,出现了一股日本诱降、英美劝降(以英国为主)、蒋介石积极酝酿投降的逆流。

1938年冬,西方舆论界开始散布召开所谓"远东国际会议",解决中日战争问题的论调。与此同时,英国驻华大使卡尔奔走于上海、重庆之间,与蒋介石多次举行密谈,劝蒋对日讲和。卡尔本人也承认:"假使日本和中国两方都能自动地接近,那时英国很愿做一个调停者。"①蒋介石对此积极响应,希望英美出面促成对日妥协。1939年2月,英国路透社记者自重庆报道,国民党一官员说:"中日问题将由列强以压力加诸中日两国解决之。"②在5月间的一次会谈中,卡尔向蒋介石提出具体建议:放弃满洲,中日在华北实行合作,取缔反日活动,恢复卢沟桥事变前的状态等,以此作为对日求和的条件。

1939年6月22日,国民党政府军事委员会参事室主任王世杰密呈蒋介石三项建议:1.通过报纸公开倡议举行九国公约会议;2.密询英美政府的意向;3.若得英美赞同,立即发出照会要求召开国际会议。不久,国民党的一些报刊纷纷鼓吹"拥护召开太平洋会议",蒋介石也公开表示欢迎"远东国际会议"的召开,认为:"太平洋国际会议是有益于中国的。这不是什么'慕尼黑',这是复兴中国的步骤!"③6月26日,中国驻英大使郭泰祺会见英国外交大臣哈里法克斯,表示希望召开太平洋国际会议。7月20日,蒋介石致函罗斯福,要求他出面召集九国公约会议。在日本方面,首相平沼一郎于5月18日和23日两次向美国提出建议,召开国际会议,以便讨论中国问题。于是,要求英美召开太平洋调停会议的论调一时甚嚣尘上,国民党投降的可能性便成为当时中国政治形势中的主要危险。

日本在诱降国民党政府的同时,还一再向英法施加压力,逼迫英法屈服,为其诱降政策服务。1939年2月,日军攻占海南岛。6月底,日军全部占领广东沿海地带,切断了香港与新加坡之间的海上交通,并对法属印度支那构成威胁。6月14日,日本以天津英租界当局不肯交出暗杀伪海关监督的4名中国人为借口,封锁了天津英、法租界,禁止交通和食物输入,并拉起电网,对出入租界的英国人进行侮辱性的人身检查。与此同时,日本东京连日举行反英示威,发表"反

---

① 李新等主编:《中国新民主主义革命时期通史》第三卷,人民出版社1961年版,第127页。
② 同上。
③ 何理:《抗日战争史》,上海人民出版社1985年版,第147页。

英宣言",甚至捣毁英国驻日使馆。7月3日,日本陆军省情报部长声称,"只要英国不根本改变对中国事变的态度,就不能指望谈判取得成功"①。7月6日,日本首相平沼也表示,如果英国不表明它真正了解日本的立场以及在中国的目的,天津问题无法调解。日本掀起大规模的反英运动,其主要目的就是压迫英法出面召集所谓远东和平会议,诱胁中国投降。

1939年7月15日,英国驻日大使克莱琪和日本外相有田八郎在东京开始谈判。7月24日,双方签订《有田—克莱琪协定》,规定:英国"完全承认"日本侵华战争所造成的"中国之实际局势";承认日本在其占领区享有"特殊之要求";"凡有阻止日军或有利于日军之敌人之行动与因素",英国"均无意加以赞助"。②日英谈判和日英协定,是英国"东方慕尼黑"活动的重要表现,是张伯伦政府自慕尼黑以来在远东对法西斯侵略者的又一次重大妥协和投降。

中国人民强烈谴责和反对"东方慕尼黑"阴谋。1939年6月30日,毛泽东发表《反对投降活动》一文,一针见血地指出:"所谓太平洋会议,就是东方慕尼黑,就是准备把中国变成捷克。"③7月29日,中共中央发出指示,号召全党用最大的力量,坚决反对任何形式的"东方慕尼黑"阴谋,同一切投降妥协、破坏抗战的活动进行斗争,坚持抗战到最后胜利。

由于中国人民坚持抗战,反对投降,中国共产党领导的武装力量的存在,英美同日本不可调和的尖锐矛盾等诸多因素,太平洋国际会议始终未能召开,"东方慕尼黑"阴谋终未得逞。

1940年3月29日,汪记伪国民政府在南京成立。第二天,美国国务卿赫尔发表声明,谴责日本"用武力把它的意志强加诸一个邻国",拒绝承认南京伪国民政府,宣布继续支持重庆国民政府。接着,美国又向中国政府追加2000万美元的贷款。在这种形势下,1939年前后一度酝酿的"东方慕尼黑"危险即被基本克服。

---

① 上村伸一:《日本外交史》第20卷,东京鹿岛和平研究所1971年版,第246页。
② 《中国近代对外关系史资料选辑(1840—1949)》下卷,第二分册,上海人民出版社1977年版,第143页。
③ 《毛泽东选集》第2卷,人民出版社1991年版,第572页。

第八章　德意日三国侵略集团的形成和大战前夕的欧洲国际关系

第一节　德意日三国轴心的形成

德意柏林协定

希特勒在《我的奋斗》中说：我的内政问题在于"铸造神剑"，我的外交政策在于"寻觅战友"。他打算成立一个"不满意现状的各国联合会"，这个联合会的主要成员，在希特勒的心目中就是德国、意大利和日本。早在希特勒上台之前，他就视墨索里尼为"战友"，认为墨索里尼是"世界第一流的政治家，谁都远远比不上他"①。1928年8月，希特勒派特使到罗马访问，就准备在德发动政变一事与墨索里尼达成谅解。1930年夏，德国法西斯组织"钢盔团"代表团访意时受到墨索里尼的"友好"接待。德国首席代表说，两国有相同的命运，应该携手前进。

但是，希特勒上台后，德意两国关系的发展并不顺利。因为这两个法西斯国家各有自己的扩张计划，它们在争夺中欧和巴尔干的霸权中有矛盾，尤其在奥地利问题上表现得特别尖锐。希特勒对奥地利早就抱有吞并的野心，而意大利则把奥地利看成是自己的势力范围，想建立一个由它领导的多瑙河联邦，因此，反对德奥合并。1933年，意大利曾多次邀请奥地利总理陶尔菲斯访意，双方一致强调，在维护奥地利独立问题上"达成完全谅解"。1934年2月17日，意大利同英法政府发表联合宣言，表示将根据有关条约的规定，"维持奥地利的独立和完整"②。3月17日，意大利同奥地利和匈牙利签订了《罗马议定书》，为发展三国之间的友好"合作"关系作了一系列规定。

德国不能允许奥地利倒向意大利一边。7月23日，德国慕尼黑电台在广播

---

①　威廉·夏伊勒：《第三帝国的兴亡》，生活·读书·新知三联书店1974年版，第419页。
②　《国际条约集（1934—1944）》，世界知识出版社1961年版，第13页。

中威胁道:"审判陶尔菲斯的日期已近"。7月25日,在德国的策动下,奥地利纳粹党叛乱,刺杀了陶尔菲斯,企图扶植亲德分子上台。墨索里尼对此立即作出了强烈反应。他不仅公开谴责这次事件的参与者和制造者,而且派意军4个师(约10万人)驰赴意奥边界,作出不惜以武力遏制德国吞并奥地利的姿态。两国的矛盾趋向表面化。1935年1月,意大利和法国缔结罗马协定,其中特别提到要维持奥地利的现状。在1935年2月英法关于促进欧洲合作会谈的宣言中,英国明确表示支持罗马协定。英法两国政府并且认为,德国和其他国家无权破坏奥地利的现状。① 这就使德国在外交上陷于孤立境地,希特勒吞并奥地利的企图失败了。这件事在客观上促使意大利逐渐向英法靠拢。1935年4月,英、法、意三国为反对德国公开扩军,召开了斯特莱沙会议,建立了矛头针对德国的斯特莱沙阵线。5月,意大利为了保护它在奥地利的利益,与法国签订秘密军事协定,决定共同保卫奥地利的独立。墨索里尼甚至私下对他的亲信说,如果必要,他要"消灭"希特勒。

然而,1935年10月开始的意大利侵略阿比西尼亚的战争却使德意这两个法西斯国家接近起来了。意侵阿危及了英法在北非和中东的利益,恶化了同英法的关系。英法操纵下的国联宣布意大利为侵略者并对意大利实行经济制裁。英国为保护在地中海的地位而加强与土耳其合作,在塞浦路斯建设新的海空军基地,加强在中东的殖民地的防卫力量,以阻止意大利的扩张。德国的态度与英法形成鲜明对照。它出于离间意大利同英法的关系和把意的扩张方向引向非洲等战略考虑,公开支持意大利的侵略。墨索里尼感到,唯有取得德国的支持,他才能实现其在地中海和非洲的扩张计划,于是决定远英法而近德国。为了缓和同德国的关系,墨索里尼逐渐改变了对德国吞并奥地利的态度。从此,他对保卫奥地利独立的承诺只剩下一种姿态,实际上他认为德国合并奥地利是必不可免的。

1936年7月11日,德国和奥地利签订了协定,这个协定尽管在形式上承认奥地利的领土完整,但又说"奥地利自认为是日耳曼国家",这就为日后德国兼并奥地利提供了法律依据。而一贯反对这种兼并的意大利此时却保持沉默,说明德意在奥地利问题上的矛盾已基本解决,建立柏林—罗马轴心的条件开始成熟。

德意在联合武装干涉西班牙的过程中,两国关系进一步密切起来。为了共

---

① 参见《国际条约集(1934—1944)》,世界知识出版社1961年版,第21—28页。

同对付英法，它们需要互相支持，采取一致行动。这就使英法失去了同意大利重修旧好的机会，墨索里尼终于落入了希特勒的怀抱。这正如德国驻罗马大使乌里希·冯·哈塞尔在1936年12月向政府的报告中说的："在意大利跟法国和英国的关系上，西班牙冲突所起的作用可以跟阿比西尼亚冲突相比，即清楚地暴露了这些国家的对立的实际利益，从而防止了意大利为西方国家所拉拢并为它们所利用。争夺西班牙政治统治势力这一斗争，暴露出意大利和法国固有的对立；同时意大利在地中海西部的强国地位又跟英国的地位发生了竞争。意大利只有更加清楚地认识到，同德国并肩对付西方是得策的。"①

德国为进一步加强同意大利的关系，于1936年7月25日正式宣布承认意大利对阿比西尼亚的占领。9月23日，希特勒派汉斯·弗兰克访问罗马，向墨索里尼转达了希特勒邀请他访问德国的愿望，并谈到德意紧密合作的必要性。作为对希特勒一番盛意的报答，墨索里尼答应将意大利驻英大使从伦敦获得的艾登制定的《德国的危险》案卷交给德国。10月20日，意大利外长齐亚诺前往柏林，与德国外长牛赖特举行了几次会谈，10月24日签订了秘密协定，即德意柏林协定。其主要内容是：1.德国正式承认意大利占有阿比西尼亚；2.双方承认佛朗哥政权并加强对它的军事援助；3.两国在重要的国际问题上采取共同的方针；4.在多瑙河流域和巴尔干地区划分两国的势力范围；5.相互协作，发展两国空军。

协定签订后的当天，齐亚诺立即前往伯希特斯加登拜见希特勒，把英国那份《德国的危险》案卷交给他。在案卷中，英国驻德大使在一封电文中指出，"第三帝国的政府是一伙危险的冒险家组成的"，"今天世界上有两个国家是由冒险家领导的：德国和意大利"。希特勒看了这份案卷，暴跳如雷。他认为，英国无疑将进攻意大利或德国，或同时进攻这两国。"我们这些代表着年轻力量的国家，目的是对世界财富进行更好、更公正的分配，所以是英国这个保守大国的天然的敌人"。"如果英国还要继续制定进攻计划，……重新武装自己，我们就要在它自己的国土上击败它，因为德国和意大利进行重新武装要比英国快得多。"德国在3年内就可以准备就绪。② 希特勒的这个谈话，实际是对德意秘密协定作了一个明确的注释和补充。

德意柏林协定的签订标志着德意法西斯侵略同盟的初步建立。11月1日，墨索里尼在米兰发表演说，声明"柏林会晤的成果是两国在某些问题上取得了

---

① 威廉·夏伊勒：《第三帝国的兴亡》，生活·读书·新知三联书店1974年版，第419页。
② 《国际事务文件集(1939—1946)》第1卷，牛津大学出版社1951年版，第1—4页。

谅解","柏林—罗马垂直线……是一个轴心,可以在这个轴心周围团结所有愿意进行合作和维护和平的欧洲国家"。① 这充分反映了两国企图主宰欧洲并进而称霸世界的狂妄野心。当时,协定的具体内容虽然没有透露,但"轴心"一词很快成了一个有名的字眼。从此,人们把这两个法西斯国家的关系称为柏林—罗马轴心。

《德日反共产国际协定》

希特勒有了墨索里尼稳在囊中,就把注意力转向了东方。他认为,如果德国同英法冲突起来,仅有意大利的援助是不够的。德国要在远东寻找盟友,这就是法西斯的日本。

1936年10月24日,希特勒在与齐亚诺的谈话中已经明确指出,要达到打败英法、重新瓜分世界的目的,德国正在建立一个"友好"国家的体系,除了同意大利合作外,它正在加强同日本的合作,并且取得了相当大的进展。希特勒的这番话是指1935年5、6月间日本驻德大使馆武官大岛浩同德国代表里宾特洛甫已经开始的关于缔结同盟的会谈。对德国来说,它要向外扩张,称霸欧洲,在西方必将遭到英法的强烈反对,在东方必将遇到苏联的强烈反对。因此,为了对付这种可能出现的局面,希特勒采取的做法是:在西方积极与意大利勾结,以对付德国"两个可恨的敌人:英国和法国",因为"它们都反对德国在欧洲和海外进一步加强力量"。② 10月24日签订的德意协定正是为着这个目的服务的。在亚洲则是与日本结盟,以便利用日本打击苏联和牵制英、法、美的力量,以减轻德国的东顾之忧。

对日本来说,它为了向中国发动大规模入侵,占领全中国,在亚洲和太平洋地区称霸,就必须把英、美、法的势力从中国和亚太地区排挤出去,并防止苏联对中国抗日战争的支持和从北部给日以打击。为此,它也急需与"在国防上和对赤化的政策上以与我方保持协调"的德国结盟,以便在西欧牵制英法的力量,在东欧牵制苏联。

在广田内阁上台后,日本军部在决定国策大纲和外交方针上的权力大大加强。1935年5、6月间开始的日德关于签订反共产国际协定的谈判,最初不是由外务省而是由军方参谋本部通过驻德武官大岛浩进行的。后来在谈判协定具

---

① 让-巴蒂斯特·迪罗塞尔:《外交史》上册,上海译文出版社1982年版,第211页。
② 马克斯·多姆鲁斯:《希特勒——1932年至1945年的演说和声明及一位德国同时代人的评述(第1卷):胜利下(1935—1938)》,威斯巴登出版社1973年版,第750页。

体内容时,才把谈判转交外务省,由日本驻德大使来进行。1936年5月,德国提出一项《反共产国际协定》的草案和一份秘密附件。这样,双方经过一年多时间的谈判,日本代表武者小路与德国代表里宾特洛甫最后于1936年11月25日在柏林签订了《德日反共产国际协定》。协定所以采用这个名称,是同希特勒当时所施展的反动策略手法有关的。他曾对齐亚诺说:"我们必须施展手法的策略阵地就是反对布尔什维主义",只有打起反共的旗帜,才能利用英法统治集团惧怕共产主义的心理,减少它们对德、意、日侵略扩张所设置的阻力。里宾特洛甫在签订协定后曾直言不讳地对记者们说,在表面上,这个协定似乎只不过是一种宣传花招,德国和日本靠了它,可以利用世人普遍不喜欢共产主义和普遍不信任共产国际的心理来取得全世界的支持。[1]

协定的序言部分诬蔑共产国际干涉各国内政,威胁现存的国家和全世界的和平。协定有三项条文,主要是前两条。第一条规定:"缔约国相约对于共产国际的活动相互通报,并协议关于必要的防止措施,且紧密合作,以完成上述措置。"第二条:"缔约国对于因共产国际的破坏工作而国内安宁感受威胁的第三国,应根据本协定的旨趣,采取防止措置,或共同邀请加入本协定。"[2]但是,这些公开发表的条款只是用来掩盖条约实质的表象,而有关军事同盟的内容则规定在《反共产国际协定》的秘密附件中。这个秘密附件是1947年在东京审判日本主要战犯时公布的。秘密附件共有三条,其中第一条规定:"遇缔约国一方无故遭受苏联进攻或进攻威胁时,不采取任何有利于苏联的行动","并应立即着手讨论保护共同利益的措施";第二条规定:"在协定有效期内,两缔约国约定未经双方同意不得与苏联缔结违背本协定精神的任何政治条约"。[3] 后来德苏缔结互不侵犯条约时,日本据此附件曾对德国提出抗议。

对于德日关于签订反共产国际协定的谈判,苏联一直给予密切的注意。1936年11月18日,即在协定签订之前一星期,塔斯社就发表声明,指出协定"已经草签",虽然它"谈的是同共产主义作斗争,但事实上,这一协定是为德日秘密条约打掩护"。11月19日,苏联驻日全权代表在会见有田外相时又严正指出,这个协定将严重损害苏日关系。[4] 11月26日,即在德日《反共产国际协定》签订的第二天,苏联坚决打退了日军在兴凯湖的入侵挑衅。

---

[1] 参见威廉·夏伊勒:《第三帝国的兴亡》,生活·读书·新知三联书店1974年版,第421页。
[2] 《国际条约集(1934—1944)》,世界知识出版社1961年版,第111页。
[3] 同上。
[4] 参见《真理报》1936年11月21日。

但是,德日反共产国际协定的目的绝不仅仅是反苏和反对各国革命运动,主要的还是以此为烟幕,掩盖它们同英、法、美争夺势力范围,以最终建立世界霸权。

柏林—罗马—东京轴心的形成

在德日签订《反共产国际协定》之后,希特勒加强了对墨索里尼的工作,因为 1937 年 1 月 2 日英意缔结的彼此承认在地中海的利益的"君子协定",仍然使希特勒对意大利与英国的关系感到不安。此外,意大利虽然默认了德奥协定,但是对德国兼并奥地利也未必真正赞同。所以,希特勒派了戈林等一些重要使者去罗马拜会墨索里尼,以便进一步稳住意大利。1937 年 9 月 25 日,墨索里尼接受了希特勒的邀请,第一次访问德国,公开向希特勒保证:"我们将携手前进直到终点。"[1]在一次群众集会上,墨索里尼洋洋自得地发表了一通好战言论。他说:"当言词不足以达到目的,情况又紧迫的时候,人们就不得不拿起武器。我们在西班牙就是这样干的……"[2]墨索里尼的这番表演,使希特勒更加放心了。

通过这次为期 4 天的访问,墨索里尼获得了深刻的印象,进一步坚定了与德国法西斯主义者为伍的决心,并决定参加《反共产国际协定》。11 月 6 日,德、意、日三国代表在罗马签订了《关于意大利加入反共产国际协定的议定书》[3],从而形成了柏林—罗马—东京轴心。以后,西班牙、匈牙利、保加利亚、芬兰、罗马尼亚、丹麦等国也相继参加了《反共产国际协定》。这样,世界帝国主义国家中最终分裂出一个更富于侵略性的集团。凡尔赛和约和九国公约的体系最终崩溃。

德、日、意三国轴心的建立是三个法西斯国家进一步加紧勾结,准备发动世界大战的重要战略部署。从此,三国紧密配合,狼狈为奸。1937 年 11 月,在布鲁塞尔召开讨论日本帝国主义侵略中国问题的会议,由于有了这个轴心,日本有恃无恐地竟然不派代表参加会议,意大利代表在会上则公开反对苏联关于对日本实行经济制裁、维护远东和平的建议,支持日本侵略中国。12 月,意大利继德国和日本之后退出了国联。1937 年底,墨索里尼下令从中国撤出各种意大利

---

[1] 丹尼斯·麦克·史密斯:《墨索里尼其人》,军事译文出版社 1985 年版,第 280 页。
[2] 瓦·巴特尔:《法西斯专政时期的德国(1933—1945)》,中国社会科学出版社 1979 年版,第 163 页。
[3] 《国际条约集(1934—1944)》,世界知识出版社 1961 年版,第 153 页。

军事和经济使团,并下令把中国已经付款购买的正在运往中国的一船意大利武器故意在南中国海沉没。意大利、德国和西班牙佛朗哥政权,还承认了日本帝国主义一手扶植的伪"满洲国"。作为报答,日本则跟随德意,承认了佛朗哥政权并同佛朗哥一起,承认了意大利侵占阿比西尼亚。意大利和日本则支持德国对奥地利和捷克斯洛伐克的侵略政策。一时间,国际上妖风四起,概源于三国轴心。

在三国轴心建立后,希特勒把它称作"伟大的政治三角"。他说:"这个三角并不是由三个微弱的幻影组成的,而是由三个大国组成,准备并决定实现它们的权利和确保它们的生死利益。"[1]他还曾露骨地表示:"缔结同盟的目的如果不包括战争,这种同盟就毫无意义、毫无价值。我们缔结同盟只是为了进行战争"[2]。因此,随着三国轴心的建立,德、意、日三国就更加无所顾忌地进行侵略扩张,从而使新的世界大战的爆发愈加逼近。

第二节 德国吞并奥地利,帝国主义的慕尼黑阴谋

德国吞并奥地利

侵占奥地利,希特勒蓄谋已久。在《我的奋斗》中,他曾多处表达了想使奥地利与德国合并的强烈愿望。他说:"日耳曼的奥地利必须回到伟大的日耳曼祖国","我们最热烈的志愿……就是使我所爱的家乡得与祖国——德意志帝国——联合起来"。[3] 他上台之后,就处心积虑地企图通过培植奥地利纳粹分子,在奥地利内部进行破坏和颠覆活动,实现吞并奥地利的野心。1934年,希特勒企图通过刺杀陶尔菲斯吞并奥地利的阴谋失败后,并未放弃他的"大德意志帝国"计划。

为了掩盖侵奥意图,欺骗世界舆论,希特勒于1935年5月21日在国会发表了一篇"和平"演说,诡称"德国丝毫没有要征服其他国家的念头",至于奥地利,"德国既不打算也不希望干涉奥地利的内政,吞并奥地利,或者来一次合并"。[4] 这种廉价的保证,纯属谎言。在1936年7月11日签订的德奥协定中,

---

[1] 鲍爵姆金:《世界外交史》第五分册,五十年代出版社版1953年版,第178页。
[2] 维纳·洛赫:《德国史》,生活·读书·新知三联书店1959年版,第528页。
[3] 希特勒:《我的奋斗》,商务印书馆1936年版,第1、59页。
[4] 威廉·夏伊勒:《第三帝国的兴亡》,生活·读书·新知三联书店1974年版,第403页。

德国虽再次重申承认奥地利的主权,保证不干涉奥地利的内政,但是,协定又规定,奥地利政府的外交政策,应以奥地利是"日耳曼国家"为原则。这个协定中还有条秘密条款,规定必须释放在奥地利的纳粹政治犯并任命其代表担任政府要职。这就等于让希特勒安插他在奥地利的代理人,为今后吞并奥地利做了准备。可见,德奥协定是希特勒吞并奥地利的一个重要步骤。

1937年6月24日,德国战争部长冯·勃洛姆堡主持制订了武装入侵奥地利的计划,代号为"奥托方案"。同时,奥地利的法西斯分子塔夫斯和赛斯－英夸特等也制定了与之相配合的暴动计划,准备发动叛乱,甚至用谋杀德国驻维也纳公使冯·巴本,来为德国入侵奥地利制造借口。

1937年11月5日,希特勒在帝国总理府与战争部长兼武装部队总司令冯·勃洛姆堡等6人的秘密谈话中,明确指出:"最迟在1943—1945年时期解决德国的生存空间问题"。这种生存空间不是在遥远的非洲或亚洲的殖民地,而是在德国近旁的欧洲心脏地带。因此,在卷入战争的情况下,德国的"第一个目标……必须是同时征服捷克斯洛伐克和奥地利,以便在可能对西方进行的战争中消除我们侧翼的威胁"。希特勒认为,吞并捷克斯洛伐克和奥地利可以使德国获得约1200万"德国人",额外取得可供国内的五六百万德国人用的粮食,为增编12个新师提供人力,并能获得有利的战略边界。①

11月6日,在意大利加入《反共产国际协定》时,墨索里尼已完全改变了反对德国吞并奥地利的态度。他对里宾特洛甫表示,今天意大利对这个问题已经不像前几年那样关心了,"让(奥地利的)事情听其自然发展吧"②。这正是希特勒一直在等待的同意他放手干的表示。

1937年11月19日,英国枢密大臣哈里法克斯访德时和希特勒讨论了英德两国关系和欧洲问题。希特勒明确表示,要改变凡尔赛条约所确定的欧洲现状,承认德国的"大国"权利。哈里法克斯暗示,英国不会反对德国的要求,说奥地利、苏台德区、波兰走廊和但泽,都属于"大概迟早定会发生的欧洲秩序变更的问题"③。英国所关心的,只是这种变更要按和平演进的方式来实现。这就消除了希特勒在吞并奥地利问题上对英国所存在的疑虑。

无独有偶。1937年11月,法国财政部长博内在与路过巴黎的德国驻奥公

---

① 见马克斯·多姆鲁斯:《希特勒——1932年至1945年的演说和声明及一位德国同时代人的评述(第1卷):胜利下(1935—1938)》,威斯巴登出版社1973年版,第748—756页。
② 威廉·夏伊勒:《第三帝国的兴亡》,生活·读书·新知三联书店1974年版,第425页。
③ 《第二次世界大战前夜的文件和材料》第1卷,莫斯科1948年版,第31页。

使冯·巴本会见时明确表示,法国赞成德国和奥地利在经济、文化等方面建立更密切的联系。同时,法国总理肖当对于德国吞并奥地利也表示赞同。

在意大利、英国和法国的默许下,希特勒认为吞并奥地利的时机已经成熟。1938年2月12日,希特勒把奥地利总理许士尼格召到德国的伯希特斯加登山间别墅,对他进行大肆威胁,赤裸裸地叫嚷要吞并奥地利。在这次谈话后的当天下午,德国新任外长里宾特洛甫交给许士尼格一份事先拟好的"协定"草案,其主要内容是:取消对奥地利纳粹党的禁令,释放所有被监禁的纳粹分子;由纳粹分子赛斯-英夸特担任内政部长,主管警察和保安事务;委托纳粹分子格拉斯-霍尔斯特瑙为国防部长;任命纳粹分子菲许包克为财政部长;双方交换100名军官,使奥地利军队和德国军队建立更密切的关系;要作好准备,使奥地利纳入德国经济体系。这实际上是一份最后通牒。

希特勒强令许士尼格"原封不动"地接受全部要求,不然就要下令向奥地利进军。在强大的压力下,许士尼格屈服了,被迫在这份奥地利的"死刑执行令"上签了字。2月16日,奥地利政府实行改组,赛斯-英夸特等纳粹分子在政府里担任部长级要职,并对正在服刑的纳粹分子实行大赦,甚至连1934年刺杀陶尔菲斯总理的凶手也被释放。2月17日,新任公安部长的赛斯-英夸特匆匆赶到柏林去见希特勒,接受他的命令。

1938年2月20日,希特勒在国会发表演说时宣称,有1000多万日耳曼人住在同我们边界接壤的两个国家里,"保护这些……日耳曼人民,是德国的职责"①。这实际是公开宣布,德国要马上动手"解决"奥地利问题了。

奥地利面临着德国入侵的危险,广大人民群众掀起了抗议怒潮,维也纳等地百万人民签名请愿,要求政府武装人民,准备抗击德国的侵略。在人民群众的压力下,许士尼格于3月9日宣布:3月13日举行公民投票,让人民表决是否赞成保持奥地利的独立。这个意外的消息使希特勒勃然大怒。3月11日,他发布了关于执行"奥托方案"的命令,同时电令许士尼格取消公民投票,并要求他立即辞职,由赛斯-英夸特接任总理。许士尼格不敢违命,同意了德国的要求。赛斯-英夸特随即出任奥地利"临时政府总理"。当晚,德军越境,侵入奥地利。3月13日,德国政府和赛斯-英夸特"政府"同时宣布,把奥地利并入德国。独立的奥地利从此消失,而变成了德国的一个省。赛斯-英夸特担任"省长"。

德国吞并奥地利之后,作为奥地利独立的保证国的英法,仅通过它们的驻

---

① 威廉·夏伊勒:《第三帝国的兴亡》,生活·读书·新知三联书店1974年版,第467页。

柏林大使向德国政府提了提抗议了事,实际上只是慑于世界舆论而作出的一种外交姿态,因此希特勒政府根本不加理睬。4月2日,英国政府正式承认奥地利并入德国,并撤回了自己的驻奥使馆,而代之以驻维也纳的领事馆。随后,法国和美国也宣布了类似的承认。

苏联政府则独树一帜,坚决反对德奥合并。1938年3月17日,苏联外交人民委员李维诺夫发表声明,严厉谴责德国对奥地利的武装入侵和吞并,他指出,德国的侵略行动不仅使奥地利人民丧失了政治、经济和文化上的独立,而且对普遍和平和安全造成了威胁,建议采取集体行动,以制止侵略活动的进一步发展和消除新的世界大战的危险。但是,英国政府以苏联的建议"未必产生良好的作用"为理由,加以拒绝。

这样,在意大利的默许和英法的纵容下,希特勒兵不血刃地吞并了奥地利,使德国扩大了17%的领土,增加了10%的人口,弥补了因扩军备战而感到不足的劳动力。奥地利的军工企业也都落入德国之手,从而增强了德国的经济、军事实力,更加刺激了希特勒的侵略胃口。

苏台德区问题和"五月危机"

希特勒在吞并奥地利之后,就着手实现他的下一个计划——侵占捷克斯洛伐克。这个计划是战争部长冯·勃洛姆堡在1937年6月24日主持制定的,代号为"绿色方案"。1937年11月5日,希特勒向高级将领发表讲话时,要求在1938年以闪电式速度对捷克斯洛伐克进行突袭和占领。

侵占捷克斯洛伐克是希特勒准备发动第二次世界大战的总体计划的一个组成部分。捷克斯洛伐克位于欧洲中心,具有极重要的战略意义。对希特勒来说,占领捷克斯洛伐克,首先可以消除法捷同盟,给法国以沉重打击,从而解除法西斯德国对西线作战的东顾之忧;其次,可以利用捷克斯洛伐克,作为向罗马尼亚和苏联进攻的基地;第三,可以利用它发达的工业,扩大德国的生产能力,特别是军工生产的能力;第四,可以为德国增加325万日耳曼人人力资源;第五,捷克斯洛伐克的丰富的矿产资源,可以为德国的工业增加大量原料来源。所以,希特勒对于捷克斯洛伐克早就垂涎已久。

捷克斯洛伐克在1918年独立建国时,就是由几个民族组成的。除人口占多数的捷克人和斯洛伐克人外,还有日耳曼人、波兰人、匈牙利人和卢西尼亚人。日耳曼人有300多万,他们从未隶属过德国,而曾隶属奥地利。1933年10月,希特勒出于侵略捷克斯洛伐克的需要,扶植成立了以康拉德·汉莱因为首的"苏台德日耳曼人党",作为他实现侵略野心的工具。从 1935 年起,这个党就逐月从德国外交部领取 15 000 马克的秘密资助,并不断领受希特勒的指示。1938 年 3 月,里宾特洛甫在柏林召开了汉莱因等法西斯头目参加的会议,确定掀起关于捷克斯洛伐克德意志人"受压迫"的宣传,并要苏台德日耳曼人党提出捷克政府不能接受的要求。①

在希特勒德国的支持下,汉莱因分子有恃无恐,进行大肆活动,制造民族纠纷,挑起日耳曼人和捷克人之间的流血冲突,反对捷克斯洛伐克政府。不但如此,汉莱因还去伦敦活动,与张伯伦、丘吉尔等英国政界要人会晤,在伦敦开设汉莱因新闻处,以求得对他反捷克斯洛伐克政府活动的支持。1938 年 4 月 24 日,苏台德日耳曼人党召开代表大会,通过了八点纲领,提出德意志人应和捷克人完全平等;在苏台德区建立"自治"政府;允许自由接受纳粹思想;允许苏台德日耳曼人担任国家官员;释放被监禁的汉莱因分子等要求。这实际上等于要使苏台德区脱离捷克斯洛伐克,把它交给法西斯德国。

显然,贝奈斯政府不可能同意建立苏台德区自治政府的要求。不过,为了与汉莱因达成协议,贝奈斯政府在谈判中还是同意向他们作一些其他的让步,诸如对 1200 名因破坏活动而被监禁的汉莱因分子实行特赦,在苏台德区实行选举等。但是,这些让步并不能满足汉莱因分子变苏台德区为德国领土的根本要求,因而他们中断了与贝奈斯政府的谈判。

5 月 7 日,英法驻布拉格公使对捷克斯洛伐克政府施加压力,敦促它"尽最大限度满足苏台德德意志人的要求"。5 月 12 日,汉莱因秘密访问柏林,接受里宾特洛甫的指示,然后去伦敦访问,进行反捷游说,以便给英国人造成已无法保全捷克斯洛伐克统一的印象。

与此同时,德国加紧在德捷边境集结兵力。5 月 16 日,德国最高统帅部在答复希特勒的紧急询问时报告说,德国在靠近捷克边境上有 12 个师(10 个步兵师、1 个装甲师和 1 个山地师)"随时能在十二小时内挺进"。5 月 19 日,《莱比锡报》发表了一条德军调动的消息。5 月 20 日,国防军司令凯特尔把拟定的"绿色方案"新草案电告了希特勒,提出从军事、宣传和经济方面对捷克斯洛伐克展开攻势,其中在军事上要求在 4 天之内取得使捷克斯洛伐克令人感到无望的胜利。所有这一切情况,说明希特勒发动侵捷战争已迫在眉睫。

5 月 20 日下午,贝奈斯总统召开内阁紧急会议,决定立即实行部分动员,征

---

① 参见《第二次世界大战前夜的文件和材料》第 1 卷,第 108—111 页。

召后备役人员和某些技术人员入伍,做好迎击德国进犯的准备。捷克斯洛伐克政府的这个决定,使希特勒暴跳如雷。捷德关系迅速恶化,形成了危机局面,历史上称作"五月危机"。

这场危机不仅给当事国带来严重紧张气氛,同时也使英法两国感到严重不安。因为对法国来说,法捷之间存在着同盟关系,如果爆发德捷战争,法国履行条约义务,势必就有与德国发生冲突的危险。英国则害怕德捷战争会妨碍它与德国进行政治交易。如果希特勒一举侵捷得逞,英国从中则毫无所得,而且今后更难于同德国达成对它有利的政治妥协。所以,在五月危机期间,法英所采取的态度是:一方面对捷克斯洛伐克政府施加压力,以满足希特勒的要求;另一方面对德国也作出某些强硬姿态,要求德国不要把局势弄到难以收拾的地步。5月21日,法国外长博内在记者招待会上声明,如果德军侵捷,法国将履行法捷同盟条约所规定的义务。5月22日,英国内阁开会讨论对德捷危机的态度问题,决定分别向法国和捷克斯洛伐克发出电文。在给法国的电文中,它要求法国谨慎行事,不要过于指望英国,强调只有在法国受到无端攻击时才会出面干涉,而绝不可能为了捷克斯洛伐克而投入一场前途渺茫的欧洲战争。在给捷克斯洛伐克政府的电文中,坚决要求他们作出更大的让步。① 在同一天,哈里法克斯在给里宾特洛甫的电文中又要求德国不要把局势搞得不可收拾。

从上述可见,英国的立场实际是阻止法国履行法捷条约义务,强迫捷让出苏台德区,对德国只是要它不要鲁莽从事。

在五月危机之前,苏联政府已明确表示,不论法国是否给捷克斯洛伐克援助,苏联都准备援捷抗德。苏联最高苏维埃主席团主席加里宁说:"当然,在不期待法国时,条约并未禁止双方之一方去提供援助。"②5月28日,苏联外交人民委员李维诺夫再次肯定了这一立场。

但是,解决这次危机还是靠了捷克斯洛伐克自己的努力。在捷政府动员了40万后备兵和准备好反抗侵略者的情况下,希特勒不得不收敛一下他的侵略气焰,于5月23日命令德国外交部告诉捷克斯洛伐克驻德公使,说德国对捷克斯洛伐克没有任何侵略意图,德军在靠近捷边境集结的传闻"毫无根据"。这件事充分说明,只要捷政府和人民认真对待,德国侵略者是不敢轻举妄动的。

---

① 参见《第二次世界大战前夜的文件和材料》第1卷,第125页。
② 1938年4月26日,加里宁在莫斯科列宁区的鼓动员、宣传员和座谈会主持人会议上所作的国际形势报告。

伯希特斯加登和戈德斯堡会谈

五月危机虽然过去了,但是希特勒对在这次危机中遭到的失败并不甘心。5月28日,他在总理府召集了高级将领秘密会议,再次表示,要一劳永逸地解决苏台德问题。5月30日,他又签发了"绿色方案"的新指示,其中第一句话就是:"我的不可变更的决心就是以军事行动粉碎捷克斯洛伐克。"①他命令:务必保证"绿色方案"最迟在1938年10月1日能够付诸实施。这再次表明,侵占捷克斯洛伐克是希特勒既定的战略目标。为了实现这一目标,他还鼓动匈牙利和波兰向捷克斯洛伐克提出领土要求,企图利用波、匈的力量来实现他占领和肢解捷克斯洛伐克的计划。8月23日,他对观看德国海军演习的匈牙利摄政霍尔蒂海军上将和匈牙利政府成员说,"谁要想坐席,至少得帮厨",暗示匈牙利要想从捷克斯洛伐克得到好处,必须和他一起采取行动。德国驻华沙公使冯·毛奇也积极开展拉拢波兰的活动。

英国在五月危机之后,推行出卖捷克斯洛伐克的政策不仅没有改变,而且更变本加厉地迎合希特勒的要求。6月1日,张伯伦在向英国记者发表的、后来由《泰晤士报》以社论形式透露出来的谈话中,第一次明确提出用公民投票的方式解决苏台德日耳曼人和其他少数民族的问题,建议捷克政府同意它们实行"自治"。7月26日,张伯伦派伦敦巨商伦西曼议员访捷,去"调解"因苏台德问题而引起的纠纷。8月3日,伦西曼到达捷克斯洛伐克后,在苏台德区和布拉格之间进行频繁活动,大肆干涉捷内政。在伦西曼的支持下,9月3日,英国驻捷公使牛顿对捷总统贝奈斯说,必须立即无保留地作出让步,才能解决苏台德问题。② 9月7日,英国《泰晤士报》发表社论,说把某些异族居民所住的地区割给与其同种族的国家后,捷克斯洛伐克就可以成为更加单纯的国家,就总体而论,所得将超过所失。

伦西曼的游说和英国报纸的舆论,大大助长了希特勒发动侵捷战争的气焰。9月3日,他召开会议,再次讨论进攻捷克斯洛伐克的"绿色方案"。不过,这次讨论与过去几次不同,一是侧重于讨论实施这个方案,并明确决定德国军队于9月28日进入战争状态;二是公开地进行战争准备,制造战争气氛。

在这种情况下,捷总统贝奈斯决定于9月5日在赫拉德欣宫召见苏台德日耳曼人党的两个首领孔特和西伯科夫斯基,再度与他们谈判,宣布允许苏台德

---

① 《纽伦堡国际军事法庭主要战犯审讯》第2卷,纽伦堡1947年版,第309页。
② 《国际事务文件集(1938)》第2卷,牛津1943年版,第276—277页。

日耳曼人进行普遍选举,同意他们实行"自治"。但是,希特勒所要求的是把苏台德区直接并入第三帝国的版图,并进而吞并捷克斯洛伐克。因此,在希特勒的指使下,汉莱因于9月7日以捷警察在摩拉夫斯卡—俄斯特拉伐的所谓过火行为为借口,中断了与政府的一切谈判。

9月10日,戈林在纽伦堡纳粹党代表大会上发表好战演说,肆意攻击捷克斯洛伐克,说它在"压迫"着一个文明的民族。在9月12日的闭幕会上,希特勒对捷克斯洛伐克国家及其总统进行恶毒的咒骂,并且威胁说:"上帝创造了700万捷克人,并不是为了要他们来监督、欺负、侮辱350万德意志人的"①,如果不给予德意志人以"公平待遇",德国就要采取行动。这就预示着:一场进攻捷克斯洛伐克的战争即将来临。

在希特勒发表演说的当晚,苏台德日耳曼人党发动了一场武装叛乱,他们枪杀捷克斯洛伐克人,造成流血事件。只是在捷政府派兵镇压后,叛乱才被平息。汉莱因逃往德国,直言不讳地在德国电台上宣称,只有把苏台德区割让给德国,才是唯一解决办法。

希特勒的演说使英法统治集团产生了战争危机感。9月13日,法国内阁举行会议,讨论如德国侵略捷克斯洛伐克,法国是否对捷克履行承担的条约义务。尽管会议整整开了一天,最后却由于意见分歧而无法作出决定。于是达拉第在当晚把正在剧院看戏的英国驻法大使菲普斯请来紧急磋商,要求张伯伦立即与希特勒谈判。晚上11点,张伯伦给希特勒发一急电,提议立即前去见他,以寻求和平解决的办法。

在希特勒表示同意后,张伯伦于9月15日飞往德国慕尼黑,然后改乘火车前往伯希特斯加登,与希特勒会谈。希特勒从德国驻英大使馆的报告中早已获悉,这位年近七旬的首相是来研究德国的建议的,而决不会为了捷克斯洛伐克而出兵干涉。所以,他对张伯伦的到来甚至表现出一副高傲的姿态,竟然没去伯希特斯加登火车站迎接他。

在会谈时,希特勒一开始就表示他要解决苏台德问题,并且威胁说,他为此准备迎接任何战争,甚至世界大战。世界上其他国家爱怎么办就怎么办,他决不会后退一步。接着,他径直地问张伯伦:"英国是否同意割让苏台德区?"对于希特勒的发问,张伯伦并不感到意外,但他回答时却留了个尾巴,说"他本人可以声明,他同意苏台德区脱离(捷克斯洛伐克)的原则",不过,他要回去向政

---

① 《外交史》第2卷第2部分,柏林,苏联军事管制局出版社1948年版,第288页。

府报告和取得批准,并且要与法国政府磋商,然后再带着回信来谈判。在会谈结束时,希特勒建议把下次会谈改在戈德斯堡或科隆举行,并答应在第二轮会谈之前,不采取军事行动。

9月16日,张伯伦回到伦敦的当晚,召开了内阁会议,作了这次与希特勒会谈的报告,"确信除了采取自决之外,再也没有其他的解决办法了……为了阻止自决而打一场战争是不可能的"①。伦西曼在会上汇报布拉格之行时和张伯伦一唱一和,鼓吹通过公民投票把苏台德区合并给德国。内阁成员除少数人外都同意他们两人的主张。

9月18日,法国总理达拉第和外长博内到伦敦和张伯伦、哈里法克斯会谈,他们在第二天即起草了英法两国向捷克斯洛伐克政府提出的照会,要求把德意志人占居民半数以上的各区立刻移交给德国。移交的方式可以是直接让与,也可以是公民投票的结果。在让与之后,将由包括捷方代表在内的某种国际机构就修改疆界的条件达成协议。同时,该国际机构还可以在一定期限内,按自由选择国籍的原则,解决交换居民的问题。为了使捷克斯洛伐克政府接受英法的这些要求,照会中还假惺惺地宣称,如果捷政府同意提出的这种变更,英国将参与对捷克斯洛伐克国家新疆界的国际保障②,使其免遭无端侵略。其实,英国这种"保证"完全是欺世之谈,它根本就未打算执行。关于这一点,英国陆军大臣霍尔·贝利沙在9月19日的内阁会议上说得非常清楚。他说:"捷克斯洛伐克在交出苏台德日耳曼人地区后,将成为经济上不能生存的国家。很难想象它能保持独立。同时,这个国家在战略上将易于被击破,也没有什么方法使我们能借以实现我们的保证。"③

9月19日下午,英法两国驻布拉格公使把两国照会交给捷克斯洛伐克政府,激起了捷政府和人民的无比愤怒。第二天,捷政府在致英国和法国的复照中再次声明,"它对于凡未经它的同意而作出的决定概不负责。……因此,捷克斯洛伐克显然不能接受这些建议"。捷政府还尖锐地指出:"接受这样的建议就等于使自己的国家陷于四分五裂,捷克斯洛伐克的经济和运输就会完全遭到破坏,而在战略方面就会陷于非常困难的境地。这样一来,德国迟早会使捷克

---

① 基里·米德尔马斯:《绥靖战略》,上海译文出版社1978年版,第592页。
② 参见李巨廉主编:《第二次世界大战起源历史文件资料集(1937.7—1939.8)》,华东师范大学出版社1985年版,第313—314页。
③ 德波林主编:《第二次世界大战史(1939—1945年)》第2卷,第156页。

斯洛伐克完全受其支配。"①复照最后要求把苏台德区问题按照1925年德捷条约提交仲裁。

但是,一心想用牺牲捷克斯洛伐克来绥靖希特勒的英法政府,在它们的照会遭到拒绝后并不死心。就在英法驻布拉格公使收到捷政府的复照时,英国驻捷公使牛顿威胁捷外长卡米尔·克罗夫塔说,如果捷克斯洛伐克政府坚持己见,英国就不再过问捷克斯洛伐克的命运。法国驻捷公使德·拉克瓦支持牛顿的声明。与此同时,张伯伦不断与达拉第互通电话,商量对捷克斯洛伐克政府进一步施加压力,并以断绝对捷的援助相威胁。于是在9月21日凌晨两点一刻,发生了英法公使把捷克斯洛伐克总统从床上叫起来的这种外交史上缺乏起码外交礼节的行为,要求总统收回拒绝英法建议的照会,否则捷克斯洛伐克将单独与德国作战,并承担战争"祸首"的罪责。在英法决心出卖捷克斯洛伐克的情况下,贝奈斯总统终于在9月21日下午向英法屈服了。捷克斯洛伐克政府在致英国和法国政府的照会中说:"捷克斯洛伐克政府为时势所迫……只好以沉痛的心情接受英法两国的建议……这些建议是在事先未征求它同意的情况下提出来的。"②捷克斯洛伐克政府在发表的公报中悲伤地解释说:"我们没有别的选择,因为我们被抛弃了。"

在捷克斯洛伐克政府被迫接受英法两国建议的当天,波兰政府仗着德国的支持,也向捷克斯洛伐克境内聚居着波兰人的特青地区提出领土要求,并把军队开到该地的边境。第二天,匈牙利政府鉴于德国的支持也对匈牙利人聚居的捷克斯洛伐克卢西尼亚地区提出领土要求。同日,苏台德"志愿军团"占领了捷克斯洛伐克的两个边陲小镇——阿舍和埃格尔。

捷克斯洛伐克处于危急时刻,只有苏联政府本着反对德国侵略捷克斯洛伐克的一贯立场,表示支持捷克斯洛伐克。9月21日,参加国际联盟会议的苏联代表团团长李维诺夫在揭露英法代表歪曲苏联的立场之后再次声明:"我们打算履行自己的条约义务,同法国一起通过可行的途径援助捷克斯洛伐克。我们的军事部门已做好准备立即参加同法、捷军事部门代表举行的会议,以讨论时局迫使我们采取的措施。"③

---

① 参见李巨廉主编:《第二次世界大战起源历史文件资料集(1937.7—1939.8)》,华东师范大学出版社1985年版,第323—324页。
② 同上书,第324页。
③ 《慕尼黑历史的新文件》,世界知识出版社1962年版,第125页。

9月22日，张伯伦带着捷克斯洛伐克政府被迫接受的英法建议去向希特勒献礼，到莱茵河畔的小城戈德斯堡再次与希特勒会谈。他满以为这次会使希特勒满意，于是在会谈一开始就滔滔不绝地向他表功，他是怎样经过"吃力的谈判"才使英法两国内阁和捷克斯洛伐克政府接受德国的要求的。但是，希特勒听过之后并不满意，他得寸进尺，提出了更高的要求：限定捷的全部武装力量、警察、宪兵和海关、边防人员在10月1日之前全部撤出苏台德区；撤离后的领土应保持现状，以待移交；捷政府应立即将在其军队或警察机关中服役的德意志人遣散回家；释放所有的德意志族政治犯；在11月25日以前，对一些日耳曼人并不占居民多数的地区举行公民投票以决定归属；捷政府应保证对撤离地区和尚未作出规定地区的军事、商业、公用设施和财物不得破坏和转移。①

张伯伦对于希特勒出尔反尔，提出新的苛刻要求，感到吃惊。但是，骨子里浸透绥靖政策的这位英国首相，在9月23日上午给希特勒的信中却表示：愿意把这些新的要求转交给捷克斯洛伐克政府，不过要希特勒以书面的形式提出。当天晚上会谈时，希特勒交给张伯伦一份载有德国各项要求的《备忘录》和一张标有捷克斯洛伐克"新国界"的地图，并要求捷政府必须在9月28日撤退完毕。张伯伦对希特勒不断提出新要价感到不安。

但是，希特勒并不想让张伯伦脱钩而去。为了今后还能利用他来满足德国的要求，希特勒向张伯伦作了一点小小的"让步"，即把规定捷克斯洛伐克撤军的日期改为10月1日。张伯伦对此连连道谢。

9月24日，张伯伦回到伦敦后立即召开了内阁会议，要求接受希特勒的新条件。但是，他没有料到，过去一向唯命是从的内阁，这时已不那么顺从了。海军大臣库珀坚决反对他对希特勒的政策，甚至连哈里法克斯也起来反对。他说："如果首相要我带头，我就坚决赞成拒绝希特勒的条件。"②

9月25日，捷克斯洛伐克政府在答复张伯伦转达的戈德斯堡备忘录时，坚决加以拒绝。它明确指出，戈德斯堡备忘录剥夺了捷克斯洛伐克人民维护民族生存的一切保障，宣布在全国进行总动员。

同一天，法国政府声明拒绝戈德斯堡备忘录，表示如果捷克斯洛伐克遭到攻击，法国将履行法捷条约的义务，并且下令进行局部动员。

---

① 李巨廉主编：《第二次世界大战起源历史文件资料集（1937.7—1939.8）》，华东师范大学出版社1985年版，第326—327页。

② 基思·米德尔马斯：《绥靖战略》，上海译文出版社1978年版，第649页。

这样,张伯伦戈德斯堡之行的使命完全失败,最后他不得不通知希特勒,如果法国履行对捷克斯洛伐克的义务,英国也必须予以支持。

慕尼黑会议

在戈德斯堡会谈之后,由于英法两国和捷克斯洛伐克政府都拒绝了戈德斯堡备忘录,并且各自进行了部分的或总体的动员,欧洲顿时出现了紧张的战争气氛。为了防止希特勒孤注一掷,进行战争冒险,张伯伦于9月26日又给希特勒写了一封亲笔信,并派他的心腹霍拉斯·威尔逊乘专机火速送往柏林。信中说,既然捷政府同意把苏台德区交给德国,那么德捷两国就应各派代表商讨移交的办法,英国愿派代表列席。

但是,希特勒却坚持只有捷政府接受戈德斯堡备忘录,并同意他在10月1日占领苏台德区,他才肯同捷政府谈判。他还狂妄地要求捷政府在9月28日下午2时之前必须给予肯定答复,否则,将对捷克斯洛伐克发动进攻。

9月26日晚,希特勒在柏林体育馆发表演说,他时而狂吼,时而尖叫,恶毒地对捷总统进行人身攻击,宣称,不论怎么说,他都要在10月1日拿下苏台德区。"如果10月1日,苏台德区还没有交给德国,我希特勒就是打进捷克去的第一个士兵"。9月27日,他命令7个师的德军进逼捷边境的出击点,借此进行战争威胁。

希特勒杀气腾腾的恫吓引起了强烈反应。捷政府为抵抗侵略立即征召了100万兵员;南斯拉夫和罗马尼亚通知匈牙利政府说,如果它乘机进攻捷克斯洛伐克,它们就对匈牙利采取军事行动;法国巴黎挖防空壕,疏散人口,进行战前准备;英国政府也进行战争动员,发布舰队动员令。面对这些情况,希特勒不得不收敛一下他的嚣张气焰,于9月27日晚用急电拍给张伯伦一封语调温和的信,信中否认德国军队到了分界线后会继续前进,表示要同捷政府进行"谈判",并准备给予捷克斯洛伐克的"剩余部分"以正式的保证,希望张伯伦继续为和平努力。

当晚,张伯伦接到信后,立即答复说:"读了你的信以后,我确信你可以不必打仗,而且不用等待就会得到一切主要的东西。如果你愿意的话,我已准备立刻亲自到柏林来同你和捷政府的代表以及法国和意大利的代表一起讨论有关移交的各项安排"①。同时,张伯伦还给墨索里尼发了一份电报,请他参加拟

---

① 威廉·夏伊勒:《第三帝国的兴亡》,生活·读书·新知三联书店1974年版,第564页。

议中的会议并敦促希特勒接受上述建议。

9月28日,是希特勒"限定"捷克斯洛伐克答复他的要求的日子,历史上称为"黑色的星期三"。这一天,柏林、布拉格、伦敦和巴黎的气氛异常紧张。但是,眼看时间已到,布拉格并无作答的迹象,这使希特勒极为不安。28日上午11时,墨索里尼让意大利驻德大使转告希特勒:他同意按照张伯伦的建议,出面调停苏台德问题。这样,希特勒趁此下了台阶,他煞有介事地对英国驻德大使汉德逊说:"在我的伟大的朋友和盟友墨索里尼的请求下","我已经延迟24小时动员我的军队"。① 当天下午,在限期即到时,希特勒给英、法、意三国首脑发出请帖,邀他们第二天来慕尼黑开会,共同解决捷克斯洛伐克问题。

1938年9月29日至30日,英、法、德、意四国政府首脑张伯伦、达拉第、希特勒、墨索里尼在慕尼黑开会。会上,墨索里尼抛出了一项建议。这个建议是由德国预先拟定的,墨索里尼临上火车来慕尼黑之前刚刚收到。建议的内容和措辞同戈德斯堡备忘录极为相似。这个由德国炮制的"意大利建议",却受到英法的欢迎。达拉第说,这项建议"是本着客观和现实的精神提出来的",张伯伦宣称,他本人"也想到过一个同这个建议相似的解决办法"。② 这种无耻的吹捧,简直令人作呕。于是,以墨索里尼的"建议"为基础,英、法、德、意四国在9月30日凌晨1时签订了《慕尼黑协定》。③

《慕尼黑协定》共八条,主要内容是:捷克斯洛伐克必须在10月1日开始的10天内,将苏台德区及其附着的一切设备无偿地移交给德国;德国军队将分阶段占领主要是日耳曼人居住的地区;在日耳曼人是否占居民多数尚不能确定的地区,应由英、法、德、意代表组成的国际机构占领,然后举行公民投票,以决定其归属。④

《慕尼黑协定》的附件中规定,英法将保障捷克斯洛伐克的新国界不受无端侵犯;当捷克斯洛伐克境内的波兰和匈牙利少数民族问题得到解决后,德国和意大利也将给捷克斯洛伐克以保障。但是,后来的事实证明,这种所谓保障不过是一种骗局而已。

协定的讨论和签字都没让当事国捷克斯洛伐克代表参加,只是在协定签字

---

① 威廉·夏伊勒:《第三帝国的兴亡》,生活·读书·新知三联书店1974年版,第572页。
② 同上书,第518页。
③ 《慕尼黑协定》上写的日期是9月29日,因为该协定起草是29日晚,签订时没有改动。
④ 参见《第二次世界大战前夜的文件和材料》第1卷,莫斯科1948年版,第236—242页。

后,才把在会议室隔壁房间里等候的两名捷代表叫来。张伯伦和达拉第向他们宣布了四国协定的内容,并把协定的文本交给他们。当捷代表询问是否要由捷政府对这个协定作一项答复或发表一项声明时,得到的回答是,并不要求捷政府作答复,协定只是一个执行的问题。

9月30日上午,捷政府开会,被迫决定接受《慕尼黑协定》,把苏台德区割让给德国。10月中旬,由英、法、德、意、捷代表组成的"国际委员会"决定,取消《慕尼黑协定》中关于在日耳曼人是否占居民多数尚不能确定的地区举行公民投票的决定,索性把凡是德国提出要求的地区,都划归了它。

9月30日,波兰在德国的支持下,乘机出兵占领了捷克斯洛伐克的特青地区,这个地区约650平方英里,住着22万居民,其中捷克人占133 000人。10月13日,匈牙利也趁火打劫,武装入侵捷卢西尼亚地区,与捷发生军事冲突。11月2日,由德、意出面"仲裁",决定让匈牙利占领卢西尼亚的南部地区,这一地区约7500平方英里,住着50万马扎尔人和27万斯洛伐克人。

这样,在现代国际关系史上,标志着背信弃义、出卖盟国、姑息养奸、助长侵略的《慕尼黑协定》的签订,就使第一次世界大战后重新建立起来的捷克斯洛伐克被肢解了,使它不但失去了将近1/5的领土,近1/4的人口和1/2的工业生产能力,其中包括80%以上的动力资源、25%的重工业技术设备、50%的轻工业技术设备①,而且使它的国防工事全遭破坏,铁路、公路、电话和电讯系统也都被打乱。从此,残缺不全的捷克斯洛伐克就像放在德国法西斯野兽口边的一块碎肉,任他吞食了。

在《慕尼黑协定》签订后,由于德国获得了11 000平方英里的土地,以及居住在这片土地上的280万日耳曼人和大量工业生产设备,因而使它的经济实力、军工生产能力、人力资源和战略地位大大加强。这就进一步助长了希特勒对外侵略扩张的野心,加速了他发动第二次世界大战的步伐。

《英德宣言》和《法德宣言》

英法统治集团推行绥靖政策所追求的目标,就是用牺牲欧洲一些中小国家来满足德国的侵略野心,以求得同希特勒达成妥协,不侵犯英法两国本土和它们的殖民地,而把希特勒的侵略矛头最终引向苏联。可见,它们与德国签订《慕尼黑协定》,并不是迫于英法无力抗击德国的侵略,也不是它们全然不懂得出卖

---

① 参见波利雅科夫:《英国和慕尼黑勾结》,莫斯科1960年版,第280页。

捷克斯洛伐克的后果,而是因为有着它们自己不可告人的目的。

在《慕尼黑协定》签订后,张伯伦认为,既然为希特勒侵捷效了犬马之劳,那么,这正是他同希特勒进行一笔交易的好机会。于是他在9月30日早晨经过几小时休息后,径自去希特勒寓所,单独与他会谈,想尽快和希特勒达成协议,使英国免受侵犯,从而巩固他在国内的统治地位。他在向希特勒低三下四地说了一堆投其所好的话之后,建议英德两国进一步合作来结束西班牙战争,促进裁军,加强欧洲政治和平,甚至还别有用心地提出解决俄国问题。然后,他从口袋里掏出一份预先写好的宣言草稿,交给希特勒过目,请希特勒签字。希特勒看过后,认为它有利于麻痹英国和欺骗世界舆论,所以立刻在上面签了字。

《英德宣言》于9月30日正式发表。宣言说:"……英德关系问题对于英德两国和对于欧洲都具有头等重大意义。我们认为昨晚签订的协定以及英德海军协定,乃是我们两国人民永远也不再来彼此进行战争这一愿望的象征。关于其他有关我们两国诸问题,我们也决心借交换意见的方法来解决……"①这个宣言实际不过是希特勒对张伯伦积极参与慕尼黑阴谋的一张奖状。

张伯伦得了这份宣言大为高兴。当天,他从慕尼黑回到伦敦,俨然像凯旋的"英雄"。傍晚,他在唐宁街首相府阳台上,挥舞着《英德宣言》,洋洋得意地对前来欢迎的群众说:他"把光荣的和平从德国带回到唐宁街来","这是我们时代的和平"。而那些狂热的绥靖政策追随者甚至要筹集一笔"全国感恩基金"来向张伯伦致敬。然而,在英国统治阶级中,一部分头脑冷静的人却看到了慕尼黑协定的危险性。丘吉尔当时就对张伯伦说:"让你在战争与耻辱之间作一抉择,你选择了耻辱,而你将来还得进行战争"②。他在下院辩论时指出,慕尼黑协定是"一场全面的十足的失败"③。海军大臣库珀为此提出了辞职,以示抗议。

在签订《慕尼黑协定》之后,法国总理达拉第的处境与张伯伦不同。由于他参与出卖了与法国订有同盟条约的捷克斯洛伐克,法国在南斯拉夫、罗马尼亚等一些国家中的威望一落千丈,法国国内也掀起了反慕尼黑协定的运动。为了维持自己的地位,达拉第也希望与德国签订一个类似《英德宣言》的《法德宣言》,以求得德国不对法国进行侵略的保证。他任命即将离任的法国驻德大使

---

① 《第二次世界大战前夜的文件和材料》第1卷,莫斯科1948年版,第264页。
② 特尔福德·泰勒:《慕尼黑——和平的代价》,新华出版社1984年版,第1518页。
③ 威廉·夏伊勒:《第三帝国的兴亡》,生活·读书·新知三联书店1974年版,第587页。

弗朗索瓦·庞赛与德国进行这项谈判工作。10月18日,庞赛利用到伯希特斯加登向希特勒告别的机会开始了谈判。希特勒乘此机会极力离间英法关系,一方面攻击英国,另一方面表示希望同法国建立友好关系,尊重现有边界,协商解决以后的任何分歧。

1938年12月6日,法国外长博内和德国外长里宾特洛甫在巴黎签署了《法德宣言》。宣言说,两国政府将发展睦邻关系,承认两国现有的疆界乃是最终确定了的疆界,不存在尚未解决的领土争端问题。今后对两国有关的一切问题将彼此交换意见。①

其实,这个宣言对法国来说不过是精神上的安慰,它既没有规定德国在侵犯它的中欧盟国时同它交换意见,也没有保证德国不侵略它的本土。这一点完全由后来的事实所证明。

德国侵占捷克斯洛伐克全境

希特勒在慕尼黑庄严地答应要对捷克斯洛伐克的残存部分给予保障,但会后,他不仅不打算履行诺言,反而想利用侵占苏台德区后对他有利的欧洲形势,彻底解决捷克斯洛伐克问题。1938年10月21日,希特勒就国防军的未来任务给国防军发出了一道命令。命令说:"解决捷克残存部分。……必须在任何时候都能够予以摧毁。"②德国下一步的侵捷计划分两部分:一是策划斯洛伐克脱离布拉格而"独立",二是对捷克本土波希米亚和摩拉维亚实行军事占领。从而完成对整个捷克斯洛伐克的吞并。

慕尼黑会议后不久,斯洛伐克宣布成立以提索为总统的"自治政府"。德国立即表示,支持斯洛伐克"独立"。德国外交部在一份备忘录中说:"一个没有斯洛伐克的捷克国家,更可以受我们自由摆布。斯洛伐克境内的空军基地在对东方作战时十分重要"③。1939年2月12日,希特勒在柏林接见斯洛伐克的一个领导人时表示,斯洛伐克一旦能够独立,将使他"至感快慰",他可以"在任何时候担保斯洛伐克独立,甚至今天都可以"。④

在希特勒的支持和煽动下,斯洛伐克的分裂运动闹到难以收拾的地步。

---

① 参见《第二次世界大战前夜的文件和材料》第1卷,莫斯科1948年版,第277—278页。
② P. A. 施泰尼格尔编:《纽伦堡审判》上卷,商务印书馆1985年版,第159页。
③ 威廉·夏伊勒:《第三帝国的兴亡》,生活·读书·新知三联书店1974年版,第612页。
④ 同上书,第615页。

1939年3月9日，以哈查为总统①的捷克斯洛伐克政府宣布解散斯洛伐克"自治政府"，并逮捕了"自治政府"总理提索。但是，提索迅速逃亡国外，到达柏林。

1939年3月13日，希特勒召见提索，要他立即宣布斯洛伐克"独立"，同布拉格脱离关系。提索表示，"不会辜负元首的关怀"②。于是，里宾特洛甫帮他起草了一份斯洛伐克"独立"宣言，让他带回宣读。3月14日，提索向斯洛伐克议会宣读了这份宣言，宣布斯洛伐克"独立"。3月16日，他致电希特勒，"要求保护"这个新国家。希特勒立即复电，表示"乐于"保护，并派兵进入斯洛伐克，从而使斯洛伐克落入德国的魔掌。

1939年3月14日，即斯洛伐克宣布"独立"的当天晚上，捷克总统哈查和外长契瓦尔科夫斯基应希特勒的"邀请"到柏林参加会晤。出席会晤的还有里宾特洛甫和戈林等人。希特勒向哈查表示，他已下令德国军队进驻捷克斯洛伐克，并且下令把捷克斯洛伐克并入德国。如果哈查在就捷克立即并入德国的协定上签字，那么，波希米亚和摩拉维亚就可免受毁灭。否则，德国军队即将从四面八方进入捷克，并以武力击溃任何抵抗。戈林恫吓说，他将以空军彻底摧毁布拉格。哈查和契瓦尔科夫斯基表示，他们不能在投降的文件上签字。如果签了字，他们将永远受到他们的人民的诅咒。里宾特洛甫和戈林大发雷霆，他们采用极其卑劣的手法，硬是围着桌子追逐捷总统和外长，一次又一次把放在桌上要捷投降的文件扔到他们面前，把笔塞到他们手里，不断地威胁说，要是继续拒绝的话，两小时之内，布拉格就有一半会被炸成废墟。在希特勒分子的淫威下，哈查和契瓦尔科夫斯基被迫于3月15日凌晨在强迫性的德捷协定上签了字，希特勒和戈林也代表德国在上面签了字。

3月15日，德军占领了波希米亚和摩拉维亚。3月16日，希特勒发布命令，将波希米亚和摩拉维亚作为"保护国"并入德国，由他任命的"德国保护长官"行使一切统治权力。捷克斯洛伐克就这样被德国法西斯灭亡了。

捷克斯洛伐克的悲剧绝不是偶然的，它是英法两国统治集团长期推行绥靖政策的结果。捷克斯洛伐克是继奥地利之后英法推行绥靖政策的第二个牺牲品。在希特勒决定占领捷克斯洛伐克的关键时刻，无论英国还是法国，都没有履行慕尼黑协定附件中关于给捷克斯洛伐克国家新疆界以国际保障去抗拒无端侵略的义务。3月13日，当希特勒策划成立斯洛伐克傀儡政权时，英法驻柏林大使还建议捷克斯洛伐克政府不要对德意志人采取任何反对行动。3月15日

---

① 慕尼黑会议后，贝奈斯总统在德国的要求下于1938年10月5日辞职。
② 《国际事务文件集(1939—1946)》第1卷，牛津1951年版，第47—49页。

德军占领捷克时,德国驻伦敦大使狄克逊在给柏林的报告中写道,英国统治集团友好地对待了占领捷克斯洛伐克的消息。哈里法克斯恬不知耻地发表声明,认为结束捷克斯洛伐克是自然的事实。同一天,张伯伦在英国下院发表演说,说斯洛伐克宣布独立,已使捷克斯洛伐克国家"因为内部分裂而归于结束",因此,英王陛下政府不再承担保障捷克斯洛伐克新疆界的义务。① 法国政府采取了类似的政策。3月15日,法国外长博内发表声明说,他认为占领捷克斯洛伐克是"正常的"现象。②

德军占领捷克斯洛伐克的侵略行径激起了包括英法两国人民在内的全世界人民的愤怒,英法两国政府为了欺骗世界舆论,不得不于3月18日装模作样地向德国提出抗议,法国声明"不承认德国占领的合法性",英国认为德国军事行动缺乏任何法律根据。可是,10天之后,英国政府却正式承认了德军对波希米亚和摩拉维亚的占领,并把捷克斯洛伐克存放在英国银行的3000万黄金储备交给了德国。

苏联坚决反对德国侵占捷克斯洛伐克。3月18日,李维诺夫在给德国驻苏大使的照会中,对3月17日德国关于把捷克斯洛伐克并入其"生存空间"的来照中的论点一一进行了驳斥,指出,德军对捷克斯洛伐克的占领是"专横的、强制的和侵略的行动",它"不仅没有消除对普遍和平的危险,相反却制造和加强了这种危险"。③

德国侵占捷克斯洛伐克全境,改变了欧洲的局势。它使德国得到了捷克斯洛伐克高度发达的工业和可资利用的军事技术;它还使德国攫取了1582架飞机、501门高射炮、2175门火炮、785门迫击炮、43 876挺机枪、460辆坦克、100多万支步枪、114 000支手枪、10亿发子弹、300万发炮弹。④ 从而大大增加了德国的军工生产能力和侵略扩张的实力。从此,德国打开了从多瑙河流域通往黑海的道路,使整个东南欧处于希特勒的威胁之下,造成了对波兰的三面包围之势,使欧洲的力量对比发生了有利于德国的变化,英法从战略优势转变为战略劣势。这种局势的变化,对欧洲,对全世界都是一个很大的震动。

---

① 参见李巨廉主编:《第二次世界大战起源历史文件资料集(1937.7—1939.8)》,华东师范大学出版社1985年版,第489页。
② 苏联《历史问题》1953年第4期,第81页。
③ 苏联《消息报》1939年3月20日。
④ 舒尔特斯:《欧洲历史年鉴》,1939年,第99页。

第三节　德意军事同盟的建立和英法反德意阵线的形成

德意同英法在匈牙利、巴尔干和土耳其的激烈争夺

德意加紧同英法争夺在匈牙利、巴尔干和土耳其霸权的斗争，是它们称霸欧洲、准备发动第二次世界大战的重要一环。德国在吞并奥地利和捷克斯洛伐克之后，加快了向这些国家和地区渗透和扩张的步伐，引起了英法的强烈不满和对抗。这场激烈的角逐有两个明显的特点：第一，德意采取攻势，英法基本上处于守势；第二，双方都利用中欧和巴尔干各国之间因第一次世界大战遗留下来的领土纠纷，争取分别把它们拉入各自的势力范围。

匈牙利是第一次世界大战的战败国，根据特里亚农条约，它的领土比奥匈帝国时期大大缩小了。由于领土的让与，就有相当一部分匈牙利人分别留在罗马尼亚、南斯拉夫和捷克斯洛伐克境内，这就产生了同这些国家的民族矛盾和领土纠纷。因此，匈牙利希望修改条约，收回失地。于是这个欧洲的小修约派国家，就和最大的修约派德国逐渐靠拢了。希特勒上台后不久，匈牙利首相在同希特勒的一次会谈中表示，匈牙利支持一切主张修改条约的国家。希特勒则别有用心地支持和鼓励匈牙利参加肢解捷克斯洛伐克。慕尼黑会议后，经德国同意，匈牙利出兵占领了捷克斯洛伐克的卢西尼亚地区，并把它并入匈牙利版图。1939年2月24日，匈牙利参加了《反共产国际协定》，正式成为轴心国成员。

保加利亚和匈牙利一样，是第一次世界大战的战败国。根据纳依条约和其他条约，保属马其顿连同10万保加利亚人划归南斯拉夫，东色雷斯划归土耳其，西色雷斯划归希腊。而在此之前，保属南多布罗加由于第二次巴尔干战争割让给了罗马尼亚。这样，保加利亚与罗、南、希、土就产生了领土和民族纠纷。

保加利亚统治集团希望借助德国的力量修改条约，收复失去的领土，因此，执行亲德路线。为了与保相对抗，罗、南、希、土在英法的支持下，于1934年2月9日缔结了巴尔干协商公约，商定相互保证缔约国巴尔干边界的安全，以维持战后的现状。保加利亚则在德国的支持下，与巴尔干协商公约诸国对峙。1938年11月，保举行要求修改条约的示威。1939年2月24日，德国国务秘书威兹萨克对保加利亚驻德公使说，希望保执行和德国相同的政治路线。4月20日，保加利亚首相基奥塞瓦诺夫在议会中宣布，我们依然坚持用"和平手段"收回包括南

多布罗加和色雷斯在内的原有领土。对保的修约企图,罗、南、希、土四国均表示反对。罗马尼亚外交大臣加芬库在1939年4月底访问英法时,大骂保加利亚是德意的代理人。英法则明确继续支持巴尔干公约四国的立场。

南斯拉夫是受法国支持的小协约国的重要成员。在一战后一段较长的时期内,它一直坚定地站在英法一边。在外国投资中,法国占第一位,英国占第二位。但是,希特勒上台后,德国在南斯拉夫的经济、政治影响不断扩大,国内出现了亲德势力。1934年10月,奉行亲法政策的亚历山大国王在法国马赛被法西斯分子刺杀后,南斯拉夫的亲法势力在政治上受到严重打击。此后,为年幼国王摄政的巴维尔亲王,因为与资产阶级亲德派关系密切,就无限制地放纵法西斯分子的活动。1935年,以米兰·斯托雅廷诺维奇为首相的南斯拉夫政府,推行了一条偏向于德意的外交政策。1937年1月,它与保加利亚签订了"永久友好条约"。3月,又与意大利签订了"中立协定"。1938年,英法出卖捷克斯洛伐克,进一步削弱了南斯拉夫的亲英法立场,加强了它的亲德意倾向。

1939年1月,南斯拉夫首相在一次演说中宣称,南斯拉夫同西部伟大邻邦意大利的友谊"是一个维护和平的强大因素"。同月,这位首相在和意大利外长齐亚诺会晤时甚至表示,南斯拉夫有可能参加《反共产国际协定》。

南斯拉夫与德意日益接近,引起了英法的强烈不安。为了维持对南的影响,英法也加紧工作。1938年11月,英国政府邀请巴维尔亲王访英。1939年2月,法南缔结贸易协定,决定大幅度扩大两国贸易额。3月,英国外交大臣哈里法克斯对南驻英代办明确表示,为对付轴心国的威胁,英国正在筹建"和平阵线",如果南斯拉夫遭到侵略,只要法国准备援助,英国也将给予援助。但是,英法的这些努力收效甚微。

罗马尼亚既是小协约国成员,又参加了英法支持的巴尔干协商公约,在外交政策方面一直执行亲法的路线。但是,希特勒上台后,随着德国在罗经济、政治影响的增长,罗马尼亚的亲法色彩逐渐暗淡。1934年新年前夕,国家自由党政府首脑伊·格·杜卡被刺,大大打击了罗马尼亚的亲法势力,而使亲德势力大为鼓舞。德国半官方刊物《人民观察家》毫不掩饰地写道:"落到杜卡首相身上的子弹是一个征兆,它不是针对杜卡个人的……它是针对法国的。"

杜卡被刺之后,少壮自由派领袖塔塔列斯库担任首相,开始执行一条向德国接近的方针,这个方针鼓舞了罗马尼亚的法西斯组织"铁卫军"的活动。希特勒热切希望使罗马尼亚成为德国的原料产地和市场,并成为他的战备基地,因而他积极支持铁卫军,向它提供大量活动经费。仅1934年一年,德国驻布加勒斯特使团就供给铁卫军4000万列伊。1935年,塔塔列斯库政府同德国签订了罗德通商航海条约,使德国取得了一系列优惠权利。条约规定德国购买罗马尼亚粮食、其他农副产品和石油,而罗马尼亚则从德国购买军火和农业机器。1936年9月,罗德之间又签订了一些新的协定,以补充1935年的通商航海条约,从而使两国之间的贸易大大增加。

慕尼黑会议后,罗马尼亚对英法的离心倾向加强了。1938年12月29日,罗外交大臣加芬库在广播演说中公开表示,罗马尼亚"既不偏向轴心,也不偏向西方"[①]。这种近乎中立的态度,说明罗的对外政策已经到了重新抉择的转折时期。1939年3月23日,罗德缔结经济协定,规定罗马尼亚发展经济必须考虑德国进口的需要,而德国则供应罗马尼亚军事物资,并对其军火工业提供资金。条约还规定在罗马尼亚建立德国享有特权的"自由区"。协定的附件规定,由德国贷款成立开采石油和其他矿产品的德罗联合公司,由德国专员领导。可见,这个协定使德国进一步控制了罗的重要经济部门,增加了它对德国的依赖。

为了同德国进行争夺,维持与罗马尼亚的传统关系,英法也采取了一些积极的拉拢措施。它们继罗德经济协定后,也分别与罗缔结协定,向罗提供贷款并购买罗的商品。

当德国同英法在中欧和巴尔干激烈争夺时,1939年4月7日,意大利出动4万军队入侵阿尔巴尼亚,4月10日,意军占领了阿尔巴尼亚,建立了所谓意大利—阿尔巴尼亚"君主国"。墨索里尼企图以阿尔巴尼亚为跳板,进占南斯拉夫和希腊,以实现称霸地中海的计划。

英法对意侵阿作出了强烈反应。1939年4月9日晚,法国政府宣布,如果意大利进攻希腊,只要英国援助希腊,法国也将提供援助。4月13日,英国首相张伯伦在下院宣布,在希腊和罗马尼亚遭到威胁时,英国政府将对希、罗提供一切援助。同日,法国政府也发表了类似的声明。可是,由于希腊和罗马尼亚害怕得罪德国,对英法的保证作了谨慎的答复。4月14日,罗外交部在发表声明时弦外有音地说,英法"自动"对罗提供保证是为巩固和平作出了贡献。4月19日,希腊政府的声明同罗如出一辙。

1939年4月19日,希特勒警告罗马尼亚,不要参加英法"包围"德国的政策,并利用罗匈领土争端对罗施加压力。英国则针锋相对地于4月23日邀请罗外交大臣加芬库访英,表示在罗匈领土争端中支持罗马尼亚。两大帝国主义

---

① 《1938年国际事务概览》第3卷,牛津1953年版,第434页。

集团在中欧和巴尔干的矛盾日趋尖锐。

土耳其是第一次世界大战的战败国,地处东地中海,横跨欧亚两洲,控制着黑海海峡,具有十分重要的战略地位。30年代中后期,德意同英法为争夺土耳其展开了激烈的角逐。在这场角逐中,英法处于较有利的地位。其中一个重要原因是土耳其同保加利亚有领土纠纷。英国抓住这一点,早在30年代初就推动希土接近,共同反对保加利亚的领土要求。1930年10月,希土两国签订友好、中立和仲裁条约、通商和航海公约以及关于放弃海上军备竞争的议定书。1933年,希土在安卡拉又签订了关于相互保证共同边界防止外来侵略的协定。1934年,英法又推动土、希、罗、南缔结了巴尔干协商公约。

为了进一步拉拢土耳其,1936年,英国支持土耳其修改洛桑条约的要求,签订了对土耳其较前有利的新的海峡公约。1937年,英国向土耳其提供300万英镑贷款,第二年,又向它提供1600万英镑的贷款。

德国在争夺中毫不相让。它一方面对土耳其进行经济渗透,一方面利用土耳其战败国的地位进行煽动。1938年7月,里宾特洛甫对访德的土耳其外交部秘书长门尼曼兆格鲁说,对战后和约不满的国家应该联合起来,为修改和约而斗争。该秘书长拒绝了里宾特洛甫的引诱和拉拢,表示土耳其奉行中立政策。事实上,这时土耳其并不是真正的中立,而是倾向于英法。

1939年4月,意大利侵占阿尔巴尼亚,促使英土更加接近。4月12日,英国向土耳其表示,如果在英国卷入对意战争时,土愿意援助英国,则英国也保证援助土耳其。对此,土耳其政府作出了积极响应,表示土耳其将奉行"密切同情"英国的政策。

为把土耳其拉入英法集团,英国还促使法国把亚历山大勒塔州归还土耳其。亚历山大勒塔州原是奥斯曼帝国的领土,1918年英军根据停战协定进行占领,后来把它转交给法国。1936年9月,法国同叙利亚草签了一项条约,规定把亚历山大勒塔并入叙利亚,从此法土关系十分紧张。土耳其要求亚历山大勒塔完全独立,法国则不同意。1937年,土法进行谈判,并取得妥协:亚历山大勒塔的外交政策、货币制度和关税由叙利亚管理,而它的内政则实行独立自主。1938年春,亚历山大勒塔州的土耳其人和阿拉伯人因议会选举发生了剧烈冲突,土法关系再度紧张。但是德国吞并奥地利增加了德国对法国在地中海地位的威胁,加之英国从中斡旋,1938年7月法国便同土耳其签订了协定,规定土耳其军队进入亚历山大勒塔州,其人数与法军相等(2500人)。接着又在安卡拉草签了法土友好条约,规定双方不参加旨在反对另一方的政治或经济联盟。这样,亚历山大勒塔州再次进行议会选举时,土耳其人完全获胜,并成立了以"哈泰"为名的新国家,以土耳其的国旗和国歌作为它的国旗和国歌,"哈泰"实际成了土耳其的一个省。1939年6月23日,法土在安卡拉缔结协定,规定把亚历山大勒塔州并入土耳其版图。

英法满足了土耳其对亚历山大勒塔州的要求,同时也争得了土耳其对它们的支持。1939年7月,土耳其外交部秘书长门尼曼兆格鲁表示:"在地中海的任何冲突中,土耳其都自动站在大不列颠一边"。

综上所述,在第二次世界大战前夕,德意在同英法争夺中欧、巴尔干和土耳其霸权的斗争中,采取了咄咄逼人的攻势,总的来说,取得了较英法有利的结果。慕尼黑会议后,不仅本来倾向于德国的匈牙利和保加利亚完全投靠了德国,而且小协约国和巴尔干协商公约国中除土耳其外,也由于德国的拉拢逐渐与英法疏远了。

德意军事同盟条约的签订

德、意、日《反共产国际协定》没有规定相互之间承担的军事义务,不能满足它们扩大侵略的需要。因此,无论是德意法西斯头子,还是日本军国主义者,都希望把三国轴心协定变为军事同盟,以便把它们之间业已形成的伙伴关系用军事条约形式固定下来。

早在1938年1月,当法西斯德国正准备吞并奥地利的时候,里宾特洛甫在和日本驻德武官大岛浩的谈话中,就提出了缔结日德军事合作协定的问题。同年7月,他在与大岛浩会谈中又提出了签订军事条约的建议。日本五相会议根据大岛浩的报告对德国的建议进行了讨论,原则上表示同意,但需要明确双方承担义务的范围和条约的方针。

鉴于德国的建议得到日本的积极响应,于是,希特勒在慕尼黑会议期间向墨索里尼提出了参加与日本缔结军事同盟的问题。墨索里尼基本表示同意。1938年10月28日,里宾特洛甫访问罗马,就订立军事同盟问题进一步与墨索里尼会谈。墨索里尼强调,不能建立单纯的防御同盟,要建立一个"足以改变世界地图的同盟"。里宾特洛甫当即表示,支持墨索里尼关于同盟性质的看法,并说德国将努力使地中海成为"意大利湖"。

日本也力图使意大利参加军事同盟,因为它认为日、德、意三国军事同盟是使苏联不介入日中战争并迫使英国放弃援华政策的保证。1938年12月,继里宾特洛甫之后,大岛浩也访问了罗马,向墨索里尼表示了日本的意愿。与此同时,日本政府派遣日德亲善拥护者白鸟敏夫为驻意大利大使。

1939年1月1日,墨索里尼对齐亚诺说,他决定接受里宾特洛甫关于把三国《反共产国际协定》变成军事同盟条约的建议,并希望在1月下旬签字。他认为同英法发生冲突日益不可避免,因此希望先在军事上实现结盟。

经过频繁的活动之后,里宾特洛甫、大岛浩和齐亚诺三人进行了直接协商,草拟了条约文本。条约草案规定:1.如果缔约一方被未参加本条约的国家置于困境时,缔约各国将立即开始讨论应当共同采取的措施;2.如果一国无故受到威胁,应给予政治和经济支持,以消除这一威胁;3.如果缔约国一方遭到未参加本条约的国家的无故攻击,其余缔约国应给予援助和支持。在秘密议定书中,还规定了参加国相互援助的方式和范围以及不得单独缔结和约和协定。

里宾特洛甫原以为1月28日可以正式签署这个条约。但是,由于日本内阁对同德意结盟意见不一,致使条约签订暂时搁浅。这时,以陆军大臣坂垣为首的一派坚决主张与德意结成军事同盟,认为只有这种同盟才能迫使英美停止对中国的援助,从而使得国民党迅速投降。而以海军大臣米内为首的另一派则对结盟不热心,因为这时他们对于同美、英作战还有顾虑,所以极力主张三国军事同盟只针对苏联,而不针对英、法、美。

由于两派相持不下,近卫内阁于1939年1月3日倒台。取代他的是法西斯集团"国本社"的领导人之一平沼所领导的政府。新内阁成立后,两派经过斗争,米内派最后占了上风。2月,伊藤率日本特别使团访问罗马和柏林,向德意两国政府转告日本政府关于以苏联作为条约主要对象的意见,并强调英、法、美不是条约所针对的国家。这和德意的意见大相径庭。德意认为,当前的主要敌人是英法,是首先应该打击的对象,为了避免两面受敌,它们倾向于暂时缓和同苏联的关系。争论的结果,最终未能取得一致意见。

由于日本坚持不肯无条件加入三国军事同盟,德意决定撇开日本,先走一步。1939年4月16日,戈林与墨索里尼进行会谈,肯定了墨索里尼提出的"全面战争不可避免"的论点。5月22日,里宾特洛甫和齐亚诺在柏林签订了"德国和意大利同盟条约",即所谓"钢铁盟约"。

这是一个措辞直率的军事同盟条约。它的侵略性质突出地表现在希特勒一定要放在序言里的一句话上。这句话是:两国"决心并肩协力行动以取得它们的生存空间"①。条约的本文共七条,其主要内容是:如缔约国之一安全与任

---

① 《国际事务文件集(1939—1946)》第1卷,牛津1951年版,第169页。

何利益受外来之威胁时,另一缔约国将充分给予政治上与外交上的援助;在缔约一方同一个或几个国家发生战争时,另一方应立即以盟国的身份以其全部军事力量在地面、海上和空中予以援助和支持;两缔约国一经共同参加战争,对缔结停战协定或和约,采取一致的行动。①

德意军事同盟条约的签订,标志着德意法西斯的勾结发展到一个新阶段,是它们准备发动世界大战的一个重要步骤。在钢铁盟约签订的次日,5月23日,希特勒就把他的军事首脑叫到了柏林总理府,毫不掩饰地告诉他们,若不流血就不可能再取得什么胜利,因此战争是不可避免的。

英法反德意阵线的形成

以英法为核心的反德意阵线的形成有一个演变过程。第一次世界大战后,英法争夺欧洲霸权的矛盾是欧洲国际关系的主要矛盾。英国推行均势政策,扶德抑法。因此,英法关系是不融洽的。但是,随着第三帝国的兴起,德、意、日三国轴心的形成,英法之间的矛盾退居次要地位,而同轴心国的矛盾,其中特别是同德意的矛盾逐渐上升到了主要地位。为维护凡尔赛体系,保护它们的既得利益和自身的安全,英法的立场逐渐趋于一致。在意大利对阿比西尼亚发动侵略之后,1936年3月19日,英法两国参谋部在伦敦举行会议,并达成了协议,决定"建立联系,以便对那种遭到无端的侵略而要采取战争措施的技术条件作好准备"。在此之后,1937年1月,英国国防部国务秘书访问法国,拜访法军总参谋长甘末林。与此同时,英国军械器材专家也来法国研究法国的坦克情况。3月,法国军事代表团回访英国,与英国军界要人建立联系。12月,法国空军部长前往伦敦访问英国空军部长,决定派一个技术代表团到英国研究空军建设的各种问题。这个技术代表团从1938年1月31日到英国访问,持续了一个多星期。

就在英法互派军事代表团、准备军事合作之际,希特勒于1937年11月5日在帝国总理府的秘密会议上详细地谈到了德国对外侵略扩张的计划和方法,分析了英国、法国等国对德国扩张行动可能采取的态度。希特勒认为,英国和法国是德国的敌人,它们把德国看做眼中钉。英国不会把东非归还德国,法国也将采取同样的方针。解决德国问题的唯一方法就是使用暴力,这就不得不冒风险,腓特烈大帝为夺取西里西亚、俾斯麦反对奥法的战争,都冒过前所未有的风险。希特勒计划,至迟在1943—1945年就要解决德国的生存空间,首先进攻捷

---

① 参见《国际条约集(1934—1944)》,世界知识出版社1961年版,第219页。

克斯洛伐克和奥地利,以消除德国在向西线进攻时来自侧翼的威胁。①

历史事实证明,德国以后的对外侵略扩张活动正是按照希特勒这个秘密谈话中的计划进行的,不过实现计划的时间大大提前了。面对着变化的国际形势,英、法统治集团不能不有所防备。1938年3月,在德国吞并奥地利之后,英法两国加快了军事合作的步伐。1938年4月4日,甘末林将军建议:立即和英国举行军事谈判,以便达成建立联合参谋部的协议,并考虑从现在起不仅在空军方面建立合作,而且把这种合作扩展到陆军和海军方面。

1938年4月24日,英法两国就建立军事联盟在巴黎举行了秘密谈判。双方认为,在现代冲突中,两国的军事联盟要想具有强大的力量,就必须建立在更加广泛的政治合作的范围之中。为此,双方就政治合作的范围、军事手段、指挥和军事行动三个方面进行了讨论。在政治方面,两国认为必须建立一个有两国政治官员和军事首脑参加的战争领导组织,这个组织从现在起就担负下列重要任务:在外交上,以联盟或军事协议的形式采取共同的外交政策,以增强军事协议的力量;在经济上,制定相互配合的补给、运输和生产计划;在军事上,确定发起行动的共同指令。在军事手段方面,英法将结成军事联盟。如果法国面对着德国和意大利两国进攻,英国必须像第一次世界大战那样援助法国,派遣远征军,在地中海保持对意大利的明显优势,在法国东北部和北非,如有可能,还可在东南部和科西嘉岛部署一部分英国空军,以便更好地对英国本土进行远距离防卫。在指挥和军事行动方面,建立一个战争联合指挥机关,指挥作战和发布军事行动的命令。此外,两国还研究了如何不使意大利参战,以及在西班牙参加敌方的情况下,如何控制西属摩洛哥和占领直布罗陀海峡等问题。

1938年4月25日,两国决定将在伦敦继续军事谈判,5月23日,英国军事行动与情报机构负责人在国防部接见了法国驻伦敦使馆武官,告诉他自4月28日和29日两国政府首脑会谈确定了谈判原则以来,重新开始1936年中断了的交换意见的会谈,不会有任何困难,并提出可否派一名穿便服的英国军官去参观法国用于登陆的港口,以便在实施1936年协议时向法国派遣远征军之用。同时,这位负责人还答应对战争物资交换情报。

但是,英法在秘密军事谈判过程中,也存在着意见分歧,特别是对意大利的态度上。英国首相张伯伦强调4月16日同意大利达成协议的意义,因此英国代表在谈判中主张这种军事谈判不是针对意大利的;法国由于担心意大利的侵

---

① 参见马克斯·多姆鲁斯:《希特勒——1932年至1945年的演说和声明及一位德国同时代人的评述(第1卷):胜利下(1935—1938)》,威斯巴登出版社1973年版,第748—756页。

略企图,则认为意大利是同法国为敌的,因此在谈判中要求英国人能明了法国的想法。不过,在双方一致认为德国是主要威胁的前提下,这个分歧并不影响两国加强军事合作。1938年11月下旬,张伯伦和达拉第对两国的备战情况进行了讨论。达拉第说,法国正在发展军火生产,1938年拥有2600架飞机,今后准备每月生产400架。张伯伦说,到1939年夏末,英国每月生产700架至800架飞机。①

为了取得意大利不参与德国在西线发动进攻的保证,张伯伦和哈里法克斯于1939年1月再次访问了罗马。但是,墨索里尼这时已经决定接受德国关于把《反共产国际协定》变成德、意、日三国军事同盟条约的建议,因此对张伯伦和哈里法克斯的来访和祈求保证极端轻蔑,并假惺惺地向他们保证绝不存在德国向西线发动进攻的可能性。齐亚诺就他们访问一事在日记中写道:"……我们在饭后向领袖说到这些事。墨索里尼说,'这些人与创造大英帝国的弗朗西斯·德雷克等伟大冒险家并不是同样材料塑成的人。说到底,他们不过是富豪世家的没有出息的玄孙而已,他们会把他们的帝国败掉的'"②。两个星期之后,齐亚诺在日记中又写道:"珀思勋爵交来张伯伦将在众议院发表的演说提纲,征求我们同意,并提出必要的修改意见。领袖已予同意,并且评论道:'英国政府首脑向外国政府递交演说提纲,我相信这还是第一次。这是他们情况不妙的征兆'"。③

其实,就在张伯伦和哈里法克斯访问意大利期间,德国早已经下了向西方进攻的决心。1939年1月24日,英国驻柏林武官麦克法伦向伦敦报告说,德国在最近期间不可能向乌克兰进行武装干涉。1月30日,英国政府又收到驻巴黎使馆武官的报告,说根据法国总参谋部的材料,希特勒不是进攻东方,而是即将进攻西方。这些报告使英法统治集团更加尖锐地感到,来自德国方面的威胁正在逐渐增长。在这种情况下,张伯伦于2月6日发表了英法团结声明,他说:"利益上的一致,把法国和我国联系在一起,因此,任何危及法国切身利益的威胁,不管它来自何方,都不可避免地会迫使我国提供援助。"④

1939年3月15日,德国出兵占领整个捷克斯洛伐克,使它在同英法争霸的

---

① 《英国外交政策文件》第3集,第3卷,第325期,第289—290页。转引自维戈兹基等编:《外交史》第3卷(下),生活·读书·新知三联书店1979年版,第1004—1005页。
② 《齐亚诺日记(1939—1943)》,商务印书馆1983年版,第56页。
③ 同上书,第63页。
④ 《基辛氏现代档案》(1937—1940)第3卷,第3438页。转引自维戈兹基等编:《外交史》第3卷(下),生活·读书·新知三联书店1979年版,第1017页。

斗争中处于更加有利的地位。3月17日,张伯伦在伯明翰发表演说,演说中除了为其推行绥靖政策进行辩护外,终于承认两天前他对德军占领捷克一事所作的反应过分"克制"并指责希特勒违反自己反复作过的保证。他说:"人们还能对来自同一个来源的其他保证给予信任吗?"接着他提出:"这是个旧的冒险行动的终结呢,还是新的冒险行动的开端?是对一个小国的最后一次进攻呢,还是随后会有一系列的进攻?事实上,这是不是朝着企图以武力统治世界的方向迈开的一步呢?"对于这些重大而严肃的问题,他认为英国和英联邦国家以及法国将认真加以考虑。如果"因为我国认为战争是毫无意义而残暴的事,就将丧失坚毅品格而不去全力以赴地拒绝万一提出来的挑战,这种推测将会铸成大错"①。

为了紧急协商对策,法国总统勒布伦和外长博内于3月21日访问伦敦,两国外长就对德作战时相互支援的措施,以及在对德作战中波兰的突出意义举行了讨论。3月22日,在勒布伦和张伯伦参加下,双方对增加飞机生产进行了会谈,并互换了照会。照会中规定,当一方遭到侵略时,另一方有提供军事援助的义务。照会还规定对比利时和荷兰的安全提供保证。3月31日,张伯伦在英国下院发表声明:"如果发生威胁波兰的独立,而波兰政府考虑……进行抵抗……陛下政府将……向波兰政府提供全力的支持"②。4月,签订了英波互助协定,接着法国参加了该协定。

由于英法实质上建立了军事同盟关系,相互承担了援助义务,两国又同时或分别地宣布对比利时、荷兰、波兰、土耳其、希腊和罗马尼亚提供保证,这样,一个与轴心国相对立的以英法为核心的反德意阵线就形成了。这表明,欧洲两大帝国主义集团的对立已经发展到十分尖锐的程度。

德国加紧准备剪除英法的侧翼波兰

在德国同英法争夺欧洲霸权的斗争中,波兰问题是十分敏感的,侵占波兰是德国既定的战略目标,但在侵占奥、捷之前,德国对波兰是采取拉拢的策略,以达到破坏法波同盟,离间它同英法关系的目的。为此,在1934年1月26日,德波缔结了互不侵犯条约。1934年1月30日和1937年1月30日,希特勒在国会上声明,波兰和德国是能在和睦与和平中合作的。在肢解捷克斯洛伐克的勾当中,德国还让波兰得到捷的特青地区。侵占奥、捷之后,德国的下一个侵略

---

① 《国际事务文件集(1939—1946)》第5卷,牛津大学出版社1951年版,第66—71页。
② 《国际事务文件集(1939—1946)》第1卷,牛津大学出版社1951年版,第126页。

目标轮到了波兰。希特勒认为,德国一旦同英法发生战争,波兰必然会站在德国的对立面。为了解除后顾之忧,夺取战略要地,获得今后扩大战争所需要的粮食和后备劳动力,德国决定先消灭波兰。

波兰是法国在东欧的重要盟国,是英法反德意阵线的一翼。捷克斯洛伐克沦亡后,法国认为,如果波兰再落入德国之手,它战后长期经营的对德包围体系就会彻底崩溃,欧洲形势就会发生进一步有利于德国的变化。法国驻德大使古隆德清醒地判断,到那时,德国的下个侵略目标,就会"轮到法国"。为了维持欧洲脆弱的均势,法国必须支持波兰,不能再把波兰变成第二个捷克斯洛伐克了。英国也看到,德国西进的危险日益增大,为减轻德国的压力,必须建立和保持一条东部战线。这样,一旦大战爆发,就可再次陷德国于东西两面受敌的困境。因此,在波兰问题上,英国采取了同法国相似的立场。于是,在1939年3月德国侵占捷克斯洛伐克全境之后,英法同德国为争夺波兰展开了激烈角逐。

在这场角逐中,德国依然是采取积极主动的进攻姿态。慕尼黑会议后不久,即1938年10月24日,里宾特洛甫在同波兰驻柏林大使利普斯基谈话时,向波兰提出三项要求:第一,把但泽归还德国;第二,让德国经过波兰走廊建造一条超级公路和一条双轨铁路,以便把但泽和东普鲁士同德国本土连接起来,铁路和公路都要享有治外法权;第三,希望波兰参加反共产国际协定。作为报答,德国方面愿意把德波互不侵犯条约的期限延长10—20年,并担保波兰边界的完整。① 利普斯基答应向华沙报告,但他当即表示,没有可能把但泽归还德国。

1938年11月19日,利普斯基在向里宾特洛甫转达波兰外长贝克的答复时说:"由于内政的原因,外长贝克难于同意将格但斯克(但泽)划归德国"。② 接着,他向里宾特洛甫宣读了贝克的备忘录,其中强调提到,任何其他的解决办法,"特别是任何想把这个自由市并入德国的企图,一定会不可避免地引起冲突"③。波兰方面还表示,波兰不能同意在自己领土上建造德国拥有主权的公路和铁路,也不参加反共产国际协定。

在波兰拒绝德国的要求之后,希特勒在1938年11月24日向三军司令发出了一个绝密命令,要求利用有利的政治形势,对但泽实行闪电式的占领,但不对波兰发动战争。1939年3月中旬,德军占领波希米亚和摩拉维亚并开进斯洛伐克,形成了对波兰的包围形势。3月23日,德国占领了立陶宛的默麦尔市,进一

---

① 参见 Г. А. 德波林主编:《第二次世界大战史(1939—1945年)》第2卷,第192页。
② 维戈兹基等编:《外交史》第3卷(下),生活·读书·新知三联书店1979年版,第1037页。
③ 威廉·夏伊勒:《第三帝国的兴亡》,生活·读书·新知三联书店1974年版,第637页。

步加强了对波兰的威胁。与此同时,但泽的纳粹分子也积极准备暴动。

面对着德国侵略的危险,波兰政府决定动员后备兵入伍,并向但泽周围调集部队。3月26日,利普斯基以书面备忘录的形式对德国的要求再次作了答复,其中明确表示,波兰愿意进一步讨论便利德国在波兰走廊的铁路和公路交通的方法,但是拒绝考虑给这类交通以治外法权。至于但泽,波兰愿意以波德联合担保来代替国联的担保,但是不同意这个自由市成为德国的一部分。波兰大使的这个答复和在此之前波军的动员和调动,使里宾特洛甫大发雷霆。他警告大使说,波兰军队对但泽领土的任何侵犯都将被认为是对德国的侵略,波兰应注意"可能的后果"。3月28日,贝克外长召见德国驻华沙大使毛奇,向他声明说,由德国或者由纳粹的但泽立法会议改变这个自由市现状的任何企图,都将被认为是开战的理由。

德波关系的迅速恶化,促使波兰加紧向英国靠拢。1939年2月下旬,贝克主动要求在3月访问伦敦。3月22日,他又向英国驻华沙大使肯纳德建议,立即缔结一项秘密的英波协定,规定在遭到第三国进攻的威胁时,两国立即进行协商。这时,英国已了解到德国在但泽和走廊地区附近调集军队的消息,所以,张伯伦对贝克的建议不仅迅速给予了肯定的答复,而且认为条约的内容应该超过"协商"的范围。3月30日,肯纳德向贝克递交了英法两国联合建议,主张同波兰签订互助条约,以便在一旦受到德国侵略时互相支援。3月31日,张伯伦在下院的演说中宣布:"……如果发生任何显然已威胁到波兰独立的行动,而波兰政府因此也认为必须动员全国力量进行抵抗时,英王陛下政府认为自己有责任立即全力支持波兰。他们已经给予波兰政府这种保证。我还可以补充一点,法国政府已经授权我明确表示,他们在这个问题上与英王陛下政府持同样立场"①。

张伯伦宣布给予波兰提供保证,使希特勒气得暴跳如雷。4月1日,他在威廉港举行战舰下水典礼上发表演说,不仅警告英法不要用它们的卫星国来反对德国,而且警告波兰不要为大国火中取栗,否则,会烫坏自己的手指。4月3日,希特勒给武装部队下达了一项绝密命令,要求做好准备,务必在1939年9月1日以后的任何时间内,对波兰发动出其不意的攻击,摧毁波兰的军事力量,一劳永逸地消除波兰。至迟在战争爆发之时,必须宣告但泽自由市为德国领土的一部分。这个侵略波兰计划的军事代号为"白色方案"。

---

① 参见李巨廉主编:《第二次世界大战起源历史文件资料集(1937.7—1939.8)》,华东师范大学出版社1985年版,第544页。

为了确保侵略计划的实现,希特勒在"白色方案"中作了详尽的部署:在政治上,要尽可能"孤立波兰",争取"把战争限制在波兰境内";在军事上采取突然袭击的办法,军事总动员不得早于进攻的前一天宣布;对西部边境和北海沿岸采取预防措施;消灭波兰的陆军、海军和空军;封锁波兰的海岸线,确保德国的海上交通,等等。显然,在侵占捷克斯洛伐克之后,希特勒是准备很快着手入侵波兰的。

但是,由于英法态度的转变,希特勒妄想"孤立波兰",各个击破的计划已经不那么容易实现了。4月6日,波兰外长贝克访问伦敦,同英国政府达成了准备缔结长期性的英波互助协定的协议,发表了英波会谈公报。公报说:"双方同意准备制订一项永久性互惠协定,以代替目前陛下政府对波兰政府的临时性单方面保证。在缔结永久性协定前,贝克……保证,波兰政府认为有义务根据英王陛下政府将给予波兰的临时性保证中的同样条件援助英王陛下政府。"[①]毫无疑问,这个带有临时性互助条约性质的公报,使英波之间的关系更加密切了。

希特勒对此极为恼火。他在1939年4月28日对国会的演说中,攻击英国对德国实行新的"包围政策",宣布废除1935年的《英德海军协定》,并借口波兰同英国签订协定背弃了德波互不侵犯条约,宣布这个条约"已经不再有效"。

第四节　英法苏谈判和苏德互不侵犯条约的签订

英法苏谈判

德国侵占捷克斯洛伐克全境之后,张伯伦的绥靖政策在国内遭到越来越强烈的批评,张伯伦政府的威信一落千丈。在这种情况下,英法统治集团感到再明目张胆地对德国采取一味妥协退让的政策已经混不下去了。于是,它们改变了策略,主动表示要与苏联谈判防止德国侵略的问题。张伯伦政府之所以采取这一着,其目的是:1.缓和国内舆论的压力和不满情绪,改善政府在人民群众中的形象;2.作出同苏联合作的姿态来吓唬德国,迫使希特勒与自己妥协;3.把苏联推上抗德斗争的第一线,挑起苏德冲突,坐收渔人之利。可见,张伯伦万变不离其宗,他的兴奋点和最终目的还是要与德国妥协,把希特勒这股祸水引向东

---

① 李巨廉主编:《第二次世界大战起源历史文件资料集(1937.7—1939.8)》,华东师范大学出版社1985年版,第560页。

方。显然,同苏联谈判不是张伯伦政府对外政策的改变,而是策略的变化。

苏联一直想建立包括英法在内的反法西斯欧洲集体安全体系,虽中间遇到挫折,但并未最终放弃这种努力。捷克斯洛伐克沦亡后,苏联政府注意到英国国内要求改变对外政策的呼声,也希望张伯伦政府以此为契机,改弦更张,作出正确的选择。在德军占领布拉格的当天,苏联驻英大使迈斯基发表讲话时强调,是和是战,归根到底将取决于莫斯科和伦敦之间建立哪种类型的关系。实际上,这是表示愿意同英法进行谈判,建立同盟关系的一种外交试探。

1939年3月18日,英国驻莫斯科大使西兹奉政府之命拜会苏联外交人民委员李维诺夫,说英国政府得到德国要侵略罗马尼亚的消息,我们很想知道,如果发生这种事件,苏联将采取什么立场。① 苏联政府在当天对英国的询问作出答复,建议召开苏、英、法、罗、波、土六国会议,讨论采取共同行动制止德国侵略的问题。从此便揭开了漫长而无结果的英、法、苏谈判的序幕。3月21日,英国外交大臣哈里法克斯在会见苏联驻英大使迈斯基时答复说,召开这种会议为时过早,从而拒绝了苏联的建议。3月24日,张伯伦在英国下院说:"英王陛下政府认为,苏联政府建议采取的那种行动,其间接的、但势所必至的结果,将加强成立排他性的国家集团的趋势;……这种集团的成立,对欧洲的和平的前途必然是有害的"②。

4月15日,三国谈判正式开始。这一天西兹奉哈里法克斯之命,建议苏联发表向罗马尼亚和波兰提供单方面保证的声明。这项建议对苏联来说显然不是对等互惠的。它要苏联向波、罗两国承担单方面援助的义务,而没有规定这两个国家向苏联承担相应的义务,也没有规定苏联在遭到侵略时英国应该承担什么义务。此外,建议只提出向波、罗两国提供保证,而没有规定向苏联的波罗的海邻国芬兰、拉脱维亚、爱沙尼亚等国提供保证,这实际等于向德国暗示,撇开波兰和罗马尼亚两国,只要向波罗的海沿岸国家侵犯,并以此为突破口进攻苏联,英法是不会加以干涉的。显然,这是想让苏联单独承担对德国作战的重担。

4月17日,苏联政府向英法提出了八点建议。其主要内容是:1.苏联、英国、法国缔结一个为期5—10年的互助协定,在欧洲一旦发生针对任何一个缔约国的侵略时,互相立即给予包括军事援助在内的一切可能的援助;2.三国约

---

① 参见苏联《消息报》1939年3月22日。
② 温斯顿·丘吉尔:《第二次世界大战回忆录(第1卷):风云紧急》,商务印书馆1974年版,第407页。

定,在波罗的海和黑海之间的苏联邻国遭到侵略时,苏、英、法三国应对这些国家提供包括军事援助在内的一切可能的援助;3.苏、英、法三国应在最短期间内讨论和确定在上述两种情况下进行军事援助的规模和方式。①

苏联的这项建议消除了英国建议中的片面性,体现了缔约国之间相互平等的原则,为缔结真正有效的同盟条约提供了基础。但是,英国政府在5月8日的答复中实际上拒绝了苏联的建议。

5月27日,英国驻苏大使西兹和法国驻苏临时代办帕亚尔向苏联递交了英法两国的新建议,建议规定三国在遭到德国侵略时,相互给予力所能及的援助和支持。② 但是,这项建议没有提及签订军事专约,只规定各方就互助的方式"进行协商"。这显然不利于在希特勒发动快速侵略的情况下作出及时有效的反应。因此,苏联政府于6月2日向英法驻苏外交代表递交了苏联的有关三国协定的具体草案。草案明确规定,如果英、法、苏中的任何一国由于下述原因卷入同某一欧洲强国的军事行动时,各方保证相互提供援助:1.这个强国侵略三国中的任何一国;2.这个强国侵略比利时、希腊、土耳其、罗马尼亚、波兰、拉脱维亚、爱沙尼亚、芬兰;3.三国中的任何一国应某一欧洲国家的请求为反击破坏其中立的行为而给予援助。在上述三种情况下,三国有义务彼此给予迅速、全面、有效的援助。③ 苏联还建议在签订互助条约的同时,应签订一项军事协定,规定相互之间的军事援助方法、方式和范围。

苏联的建议草案充分照顾了英法的利益,答应当得到英法保证的波、罗、土、希、比五国遭到德国侵略时,苏联也对这些国家提供援助。如果荷兰和瑞士的中立地位遭到破坏而要求援助时,苏联也愿意同英法一道进行援助。只是要求英法承诺,当波罗的海沿岸的拉脱维亚、爱沙尼亚、芬兰遭到侵略时,英法也应同苏联一起给这三国提供援助。但是,在英法政府6月15日对苏联草案提供的修正案中,实质上仍不愿承担援助波罗的海沿岸各国的义务,并提出,只有在政治协定签订之后,才能谈判制订军事协定的问题。

6月29日,苏联最高苏维埃外交委员会主席日丹诺夫在《真理报》上发表题为《英法两国政府不想同苏联缔结平等条约》的文章,揭露英法的拖延做法,

---

① 苏联外交部编:《第二次世界大战前夕苏联为争取和平而斗争》,苏联国家政治书籍出版社1971年版,第239号。

② 同上书,第312号。

③ 参见李巨廉主编:《第二次世界大战起源历史文件资料集(1937.7—1939.8)》,华东师范大学出版社1985年版,第665页。

指出:"在同苏联谈判中出现的不能容忍的僵持局面和无休止的拖延,使人有权怀疑英法真实意图的可信程度",它们这种政策"是确实渴望保证和平阵线的建立,还是想利用谈判这件事以及谈判本身的拖延,来达到某种和建立爱好和平国家阵线毫不相干的什么别的目的"①。在苏联揭露之后,英法才于7月1日表示同意在波罗的海沿岸各国遭到直接侵略时,同苏联一道援助它们,但拒绝在这些国家遭到间接侵略时提供援助。这种保留是苏联所不能同意的,因为在此之前,希特勒在奥地利和捷克斯洛伐克曾通过在这两个国家搞政变颠覆活动,扶植傀儡政权达到侵略的目的。

为了打破谈判的僵局,7月9日,苏联建议在政治谈判达成协议之前,可以同时举行军事谈判。7月23日,英法两国政府声明同意苏联的建议。苏联派出了以国防人民委员伏罗希洛夫为首的高级军事代表团,而英法代表团的规格却很低。英国代表团长德拉克斯是个退役的海军上将,法国代表团长杜明克也只是个兵团司令。英国军事代表团来莫斯科商谈紧迫的军事问题,不乘飞机,而故意乘一艘低速邮轮在途中延宕时日,直至8月11日,他们才到达莫斯科。英法代表甚至连签订协定的全权证书都没有携带。英法这种缺乏诚意的态度,连德国驻英大使狄克逊在向柏林的报告中都说:"军事代表团的任务,与其说是签订军事作战协定,不如说是刺探苏联军队的战斗实力"②。

8月12日,英、法、苏三国开始进行军事谈判。会上,苏联代表团提出了一项英、法、苏三国武装部队联合抗击侵略的军事计划。该计划规定,苏联红军将在欧洲反侵略前线部署120个步兵师,16个骑兵师,5000门重炮,9000到10 000辆坦克,5000到5500架飞机。如果德国进攻英国和法国,苏联将以相等于英法直接用于抵抗侵略兵力的70%投入战场;如果波兰和罗马尼亚遭到侵略,英法必须采取行动,并立即向侵略国宣战,苏军将投入和英法对德作战相同数量的兵力;如果侵略国通过芬兰、爱沙尼亚、拉脱维亚的领土进攻苏联,英法必须立即参战以反抗侵略国,英法投入的兵力应相当于苏联投入作战兵力的70%。显然,苏联的方案为三国军事代表团具体讨论军事合作提供了良好的基础。

但是,在谈判中,英法代表团只是空谈军事合作的"共同目标"和"一般原则",而回避提出具体的军事行动计划。苏联代表要求应详细规定在反侵略战争中相互援助的方式、军队数量等,而英法代表声称,他们到莫斯科来不准

---

① 苏联外交部编:《第二次世界大战前夕苏联为争取和平而斗争》,第335号。
② 《第二次世界大战前夜的文件和材料》第2卷,莫斯科1948年版,第117页。

备讨论具体细节。当伏罗希洛夫追问英国代表,万一战争明天爆发,你们有多少师能派赴法国作战呢?英国代表回答说,目前只有5个步兵师和1个摩托化师。

当时,在德国对英法或对波兰和罗马尼亚发动进攻的情况下,要苏军参加对德作战,都存在一个苏军过境的问题,因为苏联不与德国接壤。苏联要援助英、法、波、罗,必须让苏军通过波兰和罗马尼亚国境,否则,苏军无法与德军接触。因此,苏方代表向英法代表提出,要求他们同波兰和罗马尼亚磋商,促使这两国同意苏军过境。英法代表回答说,这是波兰和罗马尼亚政府的事,应由苏联政府直接向它们提出。苏联代表团认为英法两国对波、罗两国政府拥有巨大的影响,因而坚持必须由英法两国向波、罗提出。8月15日,法国政府向波兰政府提出了苏军过境问题,但很快遭到波兰政府的断然拒绝,而英法又未坚持要波兰改变立场。在苏军过境问题没有解决的情况下,也就谈不上三国的真正军事合作,继续军事谈判也就失去了它的意义。因此,在8月21日举行的例会上,苏联军事代表团团长伏罗希洛夫声明,苏联对英法是否真正同苏联进行军事合作的愿望表示怀疑,"看来在英法代表团接到其政府的答复之前,我们已没有开会的实际需要了"[①]。

至此,长达四个多月之久的英、法、苏谈判,由于英法缺乏诚意而终于破裂了。毛泽东在分析英、法、苏谈判时正确指出:"苏联方面尽到了一切的忍耐,英法则始终不赞成平等互惠原则,只要求苏联保证它们的安全,它们却不肯保证苏联的安全,不肯保证波罗的海诸小国的安全,以便开一个缺口让德国进兵,并且不让苏联军队通过波兰去反对侵略者。这就是谈判破裂的原因。"[②]

英德秘密谈判

在英、法、苏谈判开始后不久,英国也在暗中与德国进行谈判。从1939年5月至8月间,英德之间进行了多次秘密谈判。在谈判中,英国首相张伯伦和他的顾问威尔逊以及外交大臣哈里法克斯都亲自出马,并作了精心的计划和安排,以便"使英德两国对一切重要问题都达成最广阔的协定",实现两国的真正和好和合作。英国对德秘密谈判的积极性和干劲同对苏谈判的消极态度形成鲜明的对照。实际上,英国把英德谈判放在主线的位置,而把英、法、苏谈判放在辅线的位置上。这正如德国驻伦敦大使狄克逊在向柏林的报告中所说:"最

[①] 苏联外交部编:《第二次世界大战前夕苏联为争取和平而斗争》,第437号。
[②] 《毛泽东选集》第2卷,人民出版社1991年版,第581页。

近几个月,(英国——作者)同其他国家的关系,只是为了同德国真正和好的一种后备手段,一旦这个特别重要的和值得努力的目的真正达到,即同德国达成协议,这些关系就会失去意义"①。

1939年5月14日,英国保守党著名活动家德拉蒙德·沃尔夫在与德国外交部经济政策司顾问吕特尔的会谈中,一开始就暗示,"我是在英国内阁机密顾问知道的情况下前来柏林的,并要求我对这次会谈完全保密"。接着他向吕特尔表示:1.英国在政治筹划中不排斥向德国提供经济活动场所,甚至支持它的活动;2.可以帮助德国克服外汇困难的借款总额问题;3.恢复3月份中断的英德经济谈判;4.就调整波希米亚和摩拉维亚同英国之间的收支差额和德国进行谈判;5.关心德国何时提出归还殖民地的要求和这个要求包括的内容。②

6月初,德国负有"特殊任务"的官员沃尔塔特以参加难民问题国际委员会的工作为名访问英国,同张伯伦的顾问威尔逊进行了密谈,双方讨论了英德经济合作的广泛前景。6月8日,德国一名重要情报人员亚当·佐尔兹在英国会见了首相张伯伦和外交大臣哈里法克斯等人,就英国扩充军备、对波兰的"担保"以及德国对此的反应交换了意见。他在《对英国的情报访问》中写道:"他(指张伯伦)原则上仍旧希望与德国求得和解。从就职那天起他就认为,只有通过柏林—伦敦路线,欧洲问题才能得到解决。他似乎认为,相比之下,他目前采取的措施是一种应急措施,他始终不忘这种应急措施与德英和解协调起来"③。

6月13日,德国外交部国务秘书魏茨泽克同英国驻德大使汉德逊进行了谈话。汉德逊是遵照哈里法克斯的指示谈的,是奉命准备同柏林谈判的。在谈话中,汉德逊竟表示他不赞成英国对波兰的态度,并且认为英国同俄国签订条约没有任何意义。在他们6月27日的又一次谈话中,汉德逊说,只要在柏林和伦敦之间交换某些令人鼓舞的意见,讨论的大门就会越开越大,最后就会交流建设性的观点。接着,大使径直地问魏茨泽克,英国结束在莫斯科的谈判是否会成为英德谈判开始的动因。④ 对于汉德逊的提问,魏茨泽克虽未立即作出答复,

---

① 参见《第二次世界大战前夜的文件和材料》第2卷,第142页。
② 参见苏联外交部编:《第二次世界大战前夕苏联为争取和平而斗争》,第293号。
③ 《德国外交政策文件》D辑,第6卷,第497期,第682页。参见维戈兹基等编:《外交史》第3卷(下),生活·读书·新知三联书店1979年版,第1059页。
④ 参见李巨廉主编:《第二次世界大战起源历史文件资料集(1937.7—1939.8)》,华东师范大学出版社1985年版,第274页。

但是里宾特洛甫的私人秘书埃·科尔特在 7 月 6 日拜访英国外交部助理次官萨金特时却作了回答。他声称,在英、法、苏谈判结束之前,英国政府无论是发表演说或是采取其他途径以争取同德国达成协议而做出的一切努力,都没有任何成功的希望。

在此之后,英国一面继续拖延在莫斯科的谈判,另一面则对德国积极准备采取"建设性方针"。狄克逊在 6 月 30 日向本国政府报告说,英国政府已对集体安全政策能否带来好处表示怀疑。汉德逊在 7 月 11 日致哈里法克斯的电报中认为,同苏联人的谈判已达到这样一个阶段,即无论如何要尽快结束这种谈判。到了 7 月中旬,在张伯伦赞同下,威尔逊明确地制定了英德合作纲领,并计划在沃尔塔特 7 月 18 日至 21 日第二次访英时通知德国政府。在这次访问期间,沃尔塔特同威尔逊以及英国对外贸易大臣赫德森进行了会谈,会谈涉及英德两国的市场、原料、归还前德国殖民地、德国扩充军备、但泽和德英关系等广泛的问题。沃尔塔特说,如果没有英国的援助,波兰就不会发表声明,反对德国占领但泽。威尔逊表示,只要德国同英国谈判达成协议,就准备同德国进行合作,并把事先拟好的英德合作纲领向沃尔塔特作了介绍。

根据狄克逊 7 月 21 日向德国政府的报告和沃尔塔特 7 月 24 日的有关会谈的备忘录,威尔逊提出的合作纲领的内容共分三个方面:第一,政治条款。包括英德缔结互不侵犯协定并划分两国的扩张空间。根据这种划分,英国不得干涉德国对东欧和东南欧的扩张,这样但泽和整个波兰问题对英国来说就变得不重要了。第二,军事条款。它包括限制各种军备和缔结两国之间的海军协定、空军协定和陆军协定。第三,经济条款。它包括归还德国殖民地的问题和两国间互供原料以及两国向大英帝国(特别是印度、加拿大、南非和澳大利亚)、中国和俄国三大市场共同合作出口工业品的协定。[①]

威尔逊纲领的实质就是两国在互不侵犯和互不干涉的基础上,从政治、军事和经济等方面进行全面的合作,互相划分势力范围,以保证维护英帝国的地位和满足德国对外侵略扩张的需要。因此,这个纲领是英国统治集团用牺牲其他国家的利益,其中特别是东欧和东南欧国家的利益,来达到同德国妥协和勾结的目的。在威尔逊介绍了这个纲领之后,还建议先由英德两国进行秘密谈判,在英德两国达成谅解后,再吸收法国和意大利参加谈判,以缔结英、法、德、

---

① 参见李巨廉主编:《第二次世界大战起源历史文件资料集(1937.7—1939.8)》,华东师范大学出版社 1985 年版,第 298 页。

意《四强公约》。

为了补充同沃尔塔特的谈话,威尔逊又于8月3日同狄克逊进行了密谈,重申和补充了他向沃尔塔特提出的纲要:1.缔结互不侵犯条约,英国将完全摆脱它所承担的对波兰、土耳其等国的保证义务;2.发表英德声明,缓和政治气氛;3.谈判发展对外贸易问题;4.谈判德国在东南欧的经济利益;5.谈判原料问题;6.签订互不干涉协定,包括不干涉德国对但泽的要求;7.裁军。①

但是,尽管威尔逊和赫德森同德国代表进行过多次秘密谈判,英德之间并未达成协议。因为从德国侵占捷克斯洛伐克之后,无论是威尔逊还是狄克逊,都不得不承认英国人民对同德国谈判普遍存在着不信任的态度。狄克逊认为,"在现有的心理状态下,未必会有某个英国政府能同德国达成任何有约束力的协议,因为每一个主张同德国签订协定的人都被视为叛徒,并且作为叛徒遭到痛斥"②。所以威尔逊千方百计地要求参加谈判的英国人"严守秘密"。如果秘密谈判一旦泄露,张伯伦偕同内阁就有被迫辞职的危险。同时,德国同英国进行秘密谈判并非真诚希望同英国达成协议,而是企图借英德谈判达到破坏英、法、苏三国谈判和麻痹英国的双重目的。这时,希特勒倒是急于同苏联达成协议,以摆脱战争爆发之后可能出现的两线作战的局面。

《苏德互不侵犯条约》

德国侵占捷克斯洛伐克全境之后,希特勒已下定决心进攻波兰,向英法开刀。他认为英法是同德国争霸的主要对手。他说:"英国是我们的敌人。和英国的冲突,将是生死存亡的战争。"③必须毫不留情地摧毁英国的霸主地位。同时,他觉得英法软弱可欺,首先对英法开战易于取胜。希特勒曾趾高气扬地说:"我在慕尼黑领教过的人物都不是能打一场新的世界大战的人物。"④但是,在同英法开战之前,有一个关系到整个战局的关键问题摆在希特勒和他的将领们面前,即如何避免两线作战。德军参谋部特别提请希特勒注意,"如果德国必须同时还要对俄国进行战争……那就很少获胜的机会"⑤。希特勒是反苏反共的

---

① 参见苏联外交编:《第二次世界大战前夕苏联为争取和平而斗争》,第396号。
② 同上。
③ 温斯顿·丘吉尔:《第二次世界大战回忆录(第1卷):风云紧急》,商务印书馆1974年版,第560页。
④ 威廉·夏伊勒:《第三帝国的兴亡》,生活·读书·新知三联书店1974年版,第717页。
⑤ 维纳·洛赫:《德国史》,生活·读书·新知三联书店1959年版,第558页。

死硬派，他一直梦想消灭社会主义的苏联。但为避免重蹈第一次世界大战时两线作战的覆辙，他决定采取各个击破的策略，他说："在最近几年里应首先对付西方，然后才回头对付东方。"①这就需要暂时谋求同苏联妥协。从1938年初开始，德国就主动向苏联建议，举行两国贸易谈判并准备向苏提供贷款。由于双方对于具体条件未能取得一致意见，谈判即告中断。1938年年底，德国政府又重提原议，这一次谈判仍因意见不一而搁浅。1939年2月，希特勒下令恢复同苏联的贸易信贷谈判，对改善德苏关系表现出异乎寻常的积极性。

苏联对德国法西斯的侵略野心是早有认识的，它一直希望与英法合作，争取建立广泛的反法西斯统一战线。但因英法奉行绥靖政策，引德反苏，致使苏联的努力遭到挫折。在国际局势日益紧张的情况下，苏联为了保证本国的安全，不得不谨慎从事，两面周旋。一方面尽最大努力争取同英法结成反法西斯同盟，另一方面也不排除同德国改善关系的可能性。1939年3月10日，斯大林在党的第十八次代表大会上谈到苏联对外政策方面的任务时指出："维护和平和加强同所有国家的事务联系"②，保持谨慎态度，决不让那些惯于从中渔利的战争挑拨者把我国卷入冲突中去。

斯大林对英法绥靖政策的批评引起了德国的注意。德国驻苏大使舒伦堡特地给柏林打了一个报告，详细介绍了斯大林讲话的内容。同时，斯大林关于谴责外国力图把俄国拖入对德战争的讲话，也在莫斯科外交界人士中引起了苏德可能修好的议论。5月3日，莫洛托夫取代以推行集体安全政策闻名的李维诺夫担任外交人民委员，更加引起西方的关注。

5月16日，里宾特洛甫电告舒伦堡大使，要他转告莫洛托夫，德国政府认为德苏之间没有政治外交上的利益冲突。现在是两国政治外交关系安定化、正常化的时候了。5月30日，德国外交次长魏茨泽克对苏联驻德代办阿斯塔霍夫说："同迄今为止所设计的策略相反，现在我们终究已决定同苏联进行某种程度的接触"③。6月28日，莫洛托夫根据请求立即接见了舒伦堡，舒伦堡向莫洛托夫说明了德国为德苏关系正常化所作的一些努力，表示对苏联不怀任何恶意，特别是认为1926年苏德中立条约仍然有效。莫洛托夫声明，苏联外交政策

---

① 参见李巨廉主编：《第二次世界大战起源历史文件资料集（1937.7—1939.8）》，华东师范大学出版社1985年版，第328页。

② 斯大林：《列宁主义问题》，人民出版社1974年版，第670页。

③ 参见李巨廉主编：《第二次世界大战起源历史文件资料集（1937.7—1939.8）》，华东师范大学出版社1985年版，第260页。

旨在同所有国家培育良好关系,这一政策也适用于德国,并认为对德关系正常化是值得想望和可能做到的。

上述情况表明,苏德之间在接触过程中,德国方面所表现的积极性远远超过苏联,而苏联对德国要求的德苏关系正常化还持有一定的怀疑,认为这是想破坏苏联同英法的谈判。因此,尽管在7月22日苏德之间恢复了经济谈判,但是却迟迟达不成协议。7月28日,德国驻法大使冯·韦尔兹克电告柏林,他从"一个消息极其灵通的人士"那里获悉,法国和英国已在筹组军事代表团准备赴莫斯科同苏联进行军事谈判。德国一直担心并竭力阻止英法同苏联结盟,故得此消息后十分焦急。7月29日,德国外交部国务秘书威兹萨克给舒伦堡大使送去了一封密信,让舒伦堡就"德国在东方的政策现在已采取了完全不同的方针"一事向莫洛托夫进行试探,如果莫洛托夫放弃了他迄今为止所采取的矜持态度的话,就可进一步向他表示:"不论波兰问题如何发展,我们都准备……保全苏联的利益并且同莫斯科政府达成谅解",德国还保证"尊重苏联在波罗的海的重大利益"。①

8月初,当英法军事代表团准备乘船赴苏时,德国抢在他们前面对苏发动外交攻势。8月3日,里宾特洛甫打电报给舒伦堡说:"德国方面希望改善德俄关系,……从波罗的海到黑海没有一个问题不能加以解决,使双方都感满意。"并表示,如果苏联政府希望确立新的德苏关系,我自己随时准备参加会谈。然而,这时苏联仍把同英法的谈判放在主要地位,而把对德接触放在次要地位,所以对德的态度比较冷淡。8月3日晚,莫洛托夫接见舒伦堡。当舒伦堡重申德国认为两国之间"从波罗的海到黑海"都不存在任何分歧的看法时,莫洛托夫当即举出了几件德国对苏联的敌对行为:反共产国际协定,支持日本侵略苏联,不让苏联人参加慕尼黑会议等等。他反问道:"怎么能说德国最近的声明能同这三件事情没有矛盾呢?德国政府态度的改变目前还没有证明。"②这次谈话实际上是给德国泼瓢冷水。

但是,确定在9月1日进攻波兰的希特勒,急于要在发动进攻之前同苏联达成协议,以求得德国在进攻波兰时苏联保持中立。于是,里宾特洛甫奉命于8月14日给舒伦堡发了一份"特急"电报,要他立即会见莫洛托夫并向他"一字不改地"照读电文。其中特别强调,"德国绝对没有侵略苏联的意图"。德国政府认为,德苏关系"目前已处于一个历史性的转折点"。"因此,我准备到莫斯科

---

① 威廉·夏伊勒:《第三帝国的灭亡》,生活·读书·新知三联书店1974年版,第699页。
② 同上书,第705页。

作一次短时间的访问,以元首的名义向斯大林先生阐明元首的观点。我认为,只有通过这种直接的会谈才能促成一种转变,而且也有可能为德俄关系的最后解决奠定基础。"①8月15日,莫洛托夫在听取了舒伦堡大使宣读电文之后,表示欢迎德国想改善对苏关系的愿望,但是他说,像里宾特洛甫建议的那种访问,要有充分的准备,才能使双方交换意见得到结果。

8月17日,舒伦堡奉里宾特洛甫之命再次会见莫洛托夫,并通知他说,德国准备同苏联缔结一项互不侵犯条约,期限为25年;准备同苏联一起对波罗的海国家作出担保;并愿意发挥影响来改进日苏关系。② 为了谈判德苏关系的全部问题,里宾特洛甫准备在8月18日以后的任何时候飞赴莫斯科。可是,莫洛托夫并不着急,他拿出了苏联政府对德国外长8月15日来信的书面答复。这份照会尖刻地回溯了纳粹政府以前对苏联的敌视行为,并指出,正是由于德国政府利用所谓反共公约建立反对苏联的统一战线这件事,苏联"才参与组织一个反对(德国)侵略的联合防御阵线"。"如果德国政府现在要对过去的政策实行改变,准备认真改善同苏联的政治关系的话,苏联政府只能对这样一种改变表示欢迎,并且准备在自己这方面修改政策,以便认真改善对德关系。"不过,这一定要通过"认真而实际的步骤"来实现。③ 这里所指的实际步骤是:第一步,缔结一项贸易与贷款协定;第二步,缔结一项互不侵犯条约。

8月18日,里宾特洛甫又给舒伦堡发了封"特急"电报,让他火速会见莫洛托夫,要求苏联让德国外长立即动身来莫斯科"全面地而且最后地解决全部问题"。但是,苏联对里宾特洛甫的来访,仍坚持必须作充分准备。④ 8月19日,莫洛托夫在会见舒伦堡时说,在经济协定签字一星期后德国外长可以到莫斯科来。同一天,苏德缔结经济协定,规定德国向苏联提供2亿马克贷款,供苏联向德国购买工业设备;苏联则向德国提供石油、木材、棉花、饲料等。按照苏联提出的时间表,德国外长要等到8月26日或27日才能来莫斯科,这就会影响或推迟德国发动战争的时间表。

对希特勒来说,确定他的外长在8月26日以前访问莫斯科是至关重要的。如果访问日期稍有拖延,那他预定9月1日侵略波兰的计划就无法实现,适合

---

① 参见李巨廉主编:《第二次世界大战起源历史文件资料集(1937.7—1939.8)》,华东师范大学出版社1985年版,第319页。
② 同上书,第321页。
③ 威廉·夏伊勒:《第三帝国的兴亡》,生活·读书·新知三联书店1974年版,第727页。
④ 参见李巨廉主编:《第二次世界大战起源历史文件资料集(1937.7—1939.9)》,华东师范大学出版社1985年版,第322页。

德国机械化部队作战的季节可能错过。因此,希特勒不得不亲自出面,于8月20日给斯大林发出急电,要求斯大林在8月22日,至迟在8月23日接见德国外长,以拟定和签署互不侵犯条约。

这时,在东方,日本挑起的诺门坎军事冲突正进入高潮,双方激战犹酣;在西方,欧洲局势日益紧张,战争一触即发。苏联有两面受敌的危险,而同英法的谈判又无实质性进展,在此复杂险恶的形势下,苏联权衡利弊,决定接纳德国外长来访。8月21日,斯大林给希特勒复电,希望苏德互不侵犯条约将成为改善苏德两国关系的一个决定性的转折点,并通知他说,苏联政府同意里宾特洛甫在8月23日到莫斯科来。

8月23日,里宾特洛甫到达莫斯科的当天,就与斯大林和莫洛托夫进行了会谈,并在当天晚上双方签署了《苏德互不侵犯条约》。该条约总共七条,其主要内容如下:

1. 缔约双方保证决不单独或联合其他国家彼此间进行任何武力行动,任何侵略行为或者任何攻击。

2. 如果缔约一方成为第三国敌对行为的对象时,缔约另一方将不给予该第三国任何支持。

3. 缔约双方政府今后将彼此保持联系,以便对它们共同利益有关的问题交换情报进行协商。

4. 缔约任何一方将不加入直接或间接旨在反对另一方的任何国家集团。

5. 如果缔约双方间在某种问题上或其他问题上发生分歧或抵触时,缔约双方应当只通过和平方法、友好地交换意见或者必要时设立调解委员会,以资解决这些争端或抵触。

本条约有效期为10年。[1]

第二次世界大战后,1948年1月英、法、美等国公布了它们缴获的一批德国外交文件,其中包括《苏德互不侵犯条约》的一项《秘密附加议定书》,其内容是:苏德双方全权代表"就确定各自在东欧的势力范围的界线问题在绝密的情况下进行了讨论,结果达成以下结论":

1. 在波罗的海国家(芬兰、爱沙尼亚、拉脱维亚、立陶宛)所属的地区发生领土的或政治的变动时,立陶宛的北部边界应成为德国和苏联两国势力范围的边界。双方承认立陶宛在维尔那地区的利益。

---

[1] 《国际条约集(1934—1944)》,世界知识出版社1961年版,第226—227页。

2. 在一旦波兰国家所属的领土上发生领土的或政治的变动时,德国和苏联两国的势力范围将大体上以那累夫河、维斯杜拉河和散河一线为界。

缔约双方的利益是否需要维持一个独立的波兰以及这个国家的边界应如何划定的问题,只有在今后政治局势的进一步发展中方能予以明确决定。

3. 关于东南欧,苏联提请注意它在比萨拉比亚的利益。德国方面宣布,它对这些地区在政治上完全不感兴趣。①

《秘密附加议定书》公布后,苏联极为不满,苏联情报局于1948年2月发表题为《揭破历史捏造者(历史事实考证)》的文件,反对西方国家单方面公布德国外交文件,但对"议定书"的真伪,却未置可否。

《苏德互不侵犯条约》的签订是在极端复杂的国际形势下,苏联为保全自身的安全而采取的一个重要步骤,它粉碎了英法"祸水东引"挑起苏德战争的阴谋,打破了德日的反苏统一战线,摆脱了东西两面夹击的危险,赢得了一年多的宝贵时间,有利于苏联加强战备,做好反侵略战争的准备工作。当然,条约的签订也使德国免除了东西两线作战的危险,希特勒可以按照预定计划进攻波兰,发动欧洲战争了。这在战略上给德国造成一个极为有利的形势。苏联通过《秘密附加议定书》同德国划分势力范围的行为,显然有悖于社会主义国家对外政策的基本原则,是赤裸裸的强权政治和大国沙文主义的表现,严重损害了弱小国家的利益和主权,也给国际共产主义运动造成了巨大的危害。

波兰危机

在《苏德互不侵犯条约》签订的前一天,即1939年8月22日,希特勒在上萨尔斯堡军事会议上说:"我已经完成了政治上的准备,底下的路要由军人来走了。"②他叫嚷:"打垮波兰是第一件要做到的事。目标是消灭有生力量,……必须速战速决。"③

英国政府在获悉苏德即将签订互不侵犯条约的消息之后,于8月22日紧急召开了内阁会议,发表了决心履行对波兰所承担的义务的公报,声称绝不受苏德互不侵犯条约的影响。为了不使希特勒对英国的这种决定产生怀疑,张伯伦还在会后给希特勒写了一封信。信中说,柏林某些人认为,苏德协定一经宣布,英国就不再考虑维护波兰的利益,这是莫大的错误。无论德苏协定的性质

---

① 《国际事务文件集(1939—1945)》第1卷,牛津大学出版社1951年版,第409—410页。
② 威廉·夏伊勒:《第三帝国的兴亡》,生活·读书·新知三联书店1974年版,第739页。
③ 同上书,第740页。

如何,都绝对不能改变英国对波兰所承担的义务。如果德国入侵波兰一旦发生,英国政府将毫不迟延地使用所拥有的一切力量。而敌对行动一旦发生,其结果是难以预料的。

8月23日,希特勒召见英国驻德大使汉德逊,交给他一封给张伯伦的复信。信中说,德国并不想同英国发生冲突,德国一直准备同波兰和平解决但泽和波兰走廊归属德国的问题,但是英国对波兰的无条件保证助长了波兰人的顽固态度。他向汉德逊虚伪地表示:"我一生希望英、德友好,但是迄至现在为止,英国外交令我深信,我那样的希望是徒劳的。"①他还进一步地威胁说,由于苏德互不侵犯条约的签订,德国不至于两线作战了。如果英法继续备战,德国就实行总动员,我们是有准备、有决心的。

8月25日,英国外交大臣哈里法克斯与波兰驻英大使拉歇斯基签订了英波互助协定,规定"缔约一方如因受到一个欧洲国家的侵略而进行战争,缔约另一方将立即对进行战争的缔约一方给予全力的支持和援助"。"在一个欧洲国家的任何行动直接或间接明显地威胁到缔约一方的独立,而且具有使该缔约一方认为有必要使用武装部队加以反抗的性质时,第一条的规定同样适用"②。英国之所以迅速与波兰签订互助协定,是因为英国统治集团看到德国在欧洲侵略扩张已对它构成最大的威胁。英国对德国侵略波兰已经不能听之任之了。

8月25日下午,希特勒接见了汉德逊大使,他企图作最后一次努力,使英国置身于战争之外。他说,德国准备同英国缔结协定,不仅承认和保证英帝国的存在,而且必要时在一切需要的地方给英帝国以援助。但这个建议附有一个条件,那就是只有"在德波问题解决以后"才能生效。汉德逊大使当即表示,除非这意味着德波问题的和平解决,否则英国将不能考虑他的建议。

接着,希特勒接见了法国驻德大使古隆德,他厚着脸皮说,我是法国的好朋友,我们不愿意同法国打仗,如果为了波兰而同法国作战,真将令人难受。"但是法国如果要挤在冲突里面,我就奋斗到底,你把这些话都转告达拉第好了"③。这位大使明确告诉希特勒:"一旦波兰遭到攻击,法国将以全力支持波兰"④。

在大战迫在眉睫,一触即发之际,德国的盟国意大利临阵动摇了。8月25日,墨索里尼写信给希特勒,信中表示,如果德国进攻波兰,而冲突又是局部性的,

---

① 鲍爵姆金:《世界外交史》第五分册,五十年代出版社1953年版,第267页。
② 《国际条约集(1934—1944)》,世界知识出版社1961年版,第233页。
③ 鲍爵姆金:《世界外交史》第五分册,五十年代出版社1953年版,第268页。
④ 威廉·夏伊勒:《第三帝国的兴亡》,生活·读书·新知三联书店1974年版,第764页。

那么意大利只提供政治援助和经济援助。如果德国进攻波兰,而波兰的盟国又向德国展开反攻,由于意大利准备不足,它在军事上不采取主动行动。如果要意大利参战,德国必须立即把军用物资和原料运交意大利。墨索里尼在8月26日给希特勒开了一长串清单:700万吨石油、600万吨煤、200万吨钢、100万吨木材、150门高射炮,等等。运送这些物资需要17 000辆卡车。用意大利外长齐亚诺的话说,这张清单"足能气死一头牛,如果它能认字的话"[1]。希特勒看了清单之后,也感到难于满足墨索里尼的要求,因而也不再指望意大利的援助。但是他要求墨索里尼在宣传上予以配合,并在意法边境采取军事姿态,以牵制英法的力量。

8月28日,张伯伦在答复希特勒25日的新建议时指出,下一步应该是开始进行德波两国政府之间的直接磋商,其基础是维护波兰的根本利益不受侵犯,并且应该有国际保证。"如果这种办法,不被采纳,那么英、德之间,就要发生战争,并且要蔓延到全世界。这将是历史上空前的大祸"[2]。

8月29日晚,希特勒接见汉德逊时,还在继续玩弄欺骗手法,他表示,为了建立德英友好关系,他愿意接受张伯伦的建议,举行德波直接谈判,但是波兰全权代表必须在30日到达。实际上,这是希特勒设的一个圈套。如果波兰不在第二天一天之内派出全权代表并赶到柏林,或者即使派来了谈判代表而又拒绝了希特勒的要求的话,他就可把拒绝"和平解决"的罪名强加在波兰头上,这样就可诱使英法在波兰受到攻击时不提供援助。德国陆军总参谋长哈尔德在8月29日的日记里泄露了希特勒的天机:"元首希望在英国人、法国人和波兰人之间打入一个楔子。……波兰人得在8月30日来到柏林。8月31日谈判必将破裂。9月1日就开始使用武力。"[3]

8月31日中午,希特勒向武装部队发出了进攻波兰的作战指令。当天晚上,150万德军进入前沿阵地,等待第二天拂晓出击。在靠近波兰边境的德国格莱维茨等候了6天的党卫队员,身穿波军服装,冒充波兰军队,演出了一场伴作进攻并占领格莱维茨电台的丑剧,然后用波兰语广播事先拟好的反德演说,为希特勒发动进攻制造借口,于是德国的电台立即掀起了狂热的反波宣传。

---

[1] 参见《齐亚诺日记(1939—1943年)》,商务印书馆1983年版,第174页。
[2] 鲍爵姆金:《世界外交史》第五分册,五十年代出版社1953年版,第268页。
[3] 威廉·夏伊勒:《第三帝国的兴亡》,生活·读书·新知三联书店1974年版,第805页。

第三编

第二次世界大战期间的国际关系
（1939—1945）

第九章　德国进攻波兰，第二次世界大战全面爆发

第一节　德国侵占波兰和西线战争

德国侵占波兰

1939年9月1日凌晨，希特勒德国按照早已制定的侵略波兰的"白色方案"，出动150万军队，在2000架飞机的掩护下，对波兰发动了大规模的"闪电"式进攻，点燃了第二次世界大战的战火。

9月1日上午10时，希特勒在国会发表演说。他采取贼喊捉贼，嫁祸于人的卑劣手法，竭力为其侵略行径辩护。当天，希特勒在一份告德国军队书中说："波兰已经拒绝了我所期望的两国关系的和平解决，而且诉诸了武力……为一个大国所不能容忍的一系列侵犯边境的事件，证明波兰已经不愿尊重德国的边界。为了制止这种疯狂行为，我别无他策，此后只有以武力对付武力。"[①]这完全是为侵略战争辩护而编造出来的笨拙的谎言。

就在希特勒向国内发表演说时，战争已经进行了6个小时，许多波兰城镇遭到轰炸，成千上万的无辜平民被夺去生命，广大波兰领土受到法西斯军队的蹂躏。但是，作为波兰盟国的英国和法国仍然没有表示要履行对波兰所承担的义务。甚至在9月1日早晨，法国外长博内还打电话给法国驻罗马大使弗朗索瓦·庞赛，要他通知意大利外长齐亚诺，法国政府同意墨索里尼在8月31日提出的9月5日召开修订《凡尔赛条约》会议的建议。他提出会谈的条件只是必须邀请波兰参加。英国也赞同墨索里尼的建议，不过它坚持在开始谈判之前，德国必须撤出波兰。

9月1日下午，博内两度指示法国驻华沙大使诺埃尔，要他去问波兰政府，是否接受墨索里尼关于举行会议的建议。当时华沙正不断遭到空袭，已经无法进行正常的外事活动。因此波兰外长贝克在晚上回答说："我国正因无端的侵略置身战争之中。现在的问题已经不是开会，而是同盟国家应该采取什么样的

[①]　威廉·夏伊勒：《第三帝国的兴亡》，生活·读书·新知三联书店1974年版，第832页。

一致行动共同抗敌。"①

当天夜晚,英、法先后对德国发出内容相同的警告照会,要求德国停止对波兰的一切侵略行动,并立即从波兰领土撤出其军队,否则英法就毫不犹豫地履行它们对波兰所承担的义务。

9月2日,意大利匆忙出面斡旋。墨索里尼提出以德波军队"留在目前原地停火"为条件,讨论解决德波争端,但德国反应冷淡。英法两国政府在完全失去了同德国和谈的希望后,被迫于9月3日对德宣战。

第二次世界大战的爆发不是偶然的,它是资本主义经济政治发展不平衡的结果。从1929—1933年和1937年两次世界经济危机之后,这种发展不平衡更加显著,德国的钢、铁、铝、煤、电力的生产大大超过了英法两国同类生产的总和。德国经济实力的增长必然促使它要求打破凡尔赛体系所建立的均势状态,按照新的实力重新瓜分世界,这就不可避免地要与得益于凡尔赛条约的英法两国发生冲突。德国是冲突的挑起者。因此,从德国侵略波兰、英法正式向德国宣战开始,在德国和英法之间,战争虽带有争夺霸权和保持霸权的性质。但更能表明事件实质的是,德、日、意法西斯是发动第二次世界大战的罪魁祸首,是世界人民最凶恶的敌人,因此英法对德宣战无疑具有鲜明的反法西斯性质。特别是从1940年德国对法英本土发动侵略后,英法反法西斯斗争更具有保卫本国领土、捍卫资产阶级民主自由、抗击法西斯侵略的性质,并且成为反法西斯斗争的一个重要组成部分。

德国进攻波兰采取的是速战速决的战术,所以从一开始攻势就很猛烈。德国的进攻"一路由西里西亚,另一路由波美拉尼亚和东普鲁士,同时实施向心突击,以击溃维斯瓦河和那累夫河以西的波军主力"②。在德军的突然打击下,在数量、装备和训练等方面本来不及德军的波兰军队,虽然进行了英勇的抵抗,但是终因准备不足和力量悬殊而节节败退,致使德国得以从南北两方迅速向首都华沙逼近。一星期后,波军主力在华沙以西被围,波兰政府逃出华沙,迁到卢布林,后又迁到与罗马尼亚毗连的边陲城市克列明涅茨。9月18日,波兰政府逃离本土,几经辗转,最后流亡伦敦。但是,即使在政府出逃之后,波兰军民仍然为保卫首都华沙同法西斯侵略军展开了顽强的战斗,给德军以沉重打击,迫使德军指挥部放弃了一举拿下华沙的计划。直到9月28日,由于弹尽粮绝,得不

---

① 威廉·夏伊勒:《第三帝国的兴亡》,生活·读书·新知三联书店1974年版,第839页。
② N. M. 杰利维扬主编:《第二次世界大战史(1939—1945)》第3卷,上海译文出版社版1981年版,第19页。

到支援,华沙才被德军占领。几天之后,所有被围波军的抵抗都遭到失败。结果,波兰全军覆没。

波兰之所以迅速灭亡,主要有以下四个原因:

第一,波兰地主、资产阶级统治集团一贯实行反动统治,对内镇压人民,对外追随法英,顽固地反苏反共。即使在捷克斯洛伐克被肢解之后,德国法西斯阴谋侵略波兰的野心已经昭然若揭的情况下,这个反动统治集团既不同意苏联提出的关于英、法、苏、波四国采取集体安全行动的建议,又不迅速果断地动员本国武装力量和发动人民群众,以做好反法西斯侵略的准备,而是对英法的军事援助和推行与德调解的绥靖政策抱着不切实际的幻想,结果延误了备战。

第二,英法宣而不战,背弃互助协定。它们在宣战之后,既未立即向波兰派遣武装力量,提供军事援助,也未在西线立即对德军发动进攻,以减轻波军所承受的压力。可见,它们对德宣战并不是真的为了援助波兰,而是在德军进攻波兰、进一步触犯了它们在东欧利益的情况下,不得不作出的一种姿态。

第三,波军总参谋部对德军军力和强大攻势估计不足,加之指挥失策,把全部军队配置在第一线,而忽视了在那累夫河、维斯瓦河和桑河一线,利用有利的地形建立第二防线。这是波军总参谋部对英法军队会在西线配合作战抱有幻想的结果。他们以为,只要德军进攻波兰,英法两国军队就会立即在西线开战,波军即可出击,对德军实行东西夹击。可是在德军突破波军的边境防线,迅速向波兰的腹地进攻,英法军队在西线又按兵不动时,波兰军队就溃不成军,难于组织第二条有力的防线,结果不到 10 天时间,德军坦克便逼近华沙。

第四,在波兰处于十分危急的情况下,苏联于 9 月 17 日出兵波兰,从东线给波兰以沉重的打击,从而使波兰两面受敌,加速了波兰的灭亡。

奇怪的战争

英法对德宣战后,按兵不动,坐视其盟国波兰在德军的疯狂进攻下迅速被消灭,同时也白白丧失了在西线对德国发动进攻的良机。这种怪事,法国人称之为"奇怪的战争",德国人称它为"静坐战",英国人称它为"假战争"。这种"奇怪的战争"从英法宣战之日起到 1940 年 5 月 10 日德军向西线发动进攻之日止,为时达 8 个月。这 8 个月可分为两个阶段:第一阶段从 9 月 3 日到 9 月末波兰被消灭;第二阶段从 10 月初到 1940 年 5 月 10 日。

在第一阶段中,战争主动权掌握在英法手中,当时法国动员的兵力超过 100 个师,加上在此之后英国派到法国的 4 个师,英法总共拥有 110 个师,100 多万兵力。而德国为了集中兵力迅速击溃波兰,在西线只有23个师,防守齐格菲防线。对英法来说,这的确是出击法西斯德国的最好机会。它们可以利用在数量上占绝对优势的兵力攻击德军,越过莱茵河,直接威胁德国的工业中心——鲁尔区。这样,就可以打破希特勒的战略部署,迫使他两线作战,有效地支持波兰。但是,英法却坐失良机。对此,连那些在纽伦堡军事法庭上受审的法西斯战犯也供认不讳。德国陆军总参谋长哈尔德供认:"1939年9月,英法军队本可以不经重大抵抗而横渡莱茵河,威胁鲁尔区,而拥有鲁尔区是德国进行战争的决定性因素。"①德国最高统帅部长官凯特尔也承认:"我们军人一直担心法国会在波兰战争期间发动进攻,结果感到非常惊讶,因为什么事情也没有发生……假使法国进攻,他们所遇到的将会只是德国的一道军事纸屏,而不是真正的防御。"②

可是到第二阶段,情况就发生了不利于英法的变化。随着波兰的灭亡和德军主力的西移,战争主动权也转到了德国手中,而英法则完全处于被动的地位。这时,希特勒在大谈和平的烟幕下,积极准备对西线发动大规模进攻。1939年10月6日,他在国会发表公开演说,伪善地声称要使同"法国的关系摆脱一切恶意的痕迹",要"争取英德之间的谅解以至友谊"。③ 但是,仅隔3天,即10月9日,希特勒就签发了第六号作战指令,要求德军为对西欧各国发动攻击战作好准备,其目标在于尽量歼灭法国作战部队及其同盟国的部队,并尽可能地在荷兰、比利时和法国北部占领更多的土地,以便作为对英国进行空战和海战的基地。指令还要求三军总司令尽快制定作战计划,并尽早实现这一攻击。但是,由于德军准备不足,军工生产特别是弹药生产不能满足扩大战争的需求,德国高级将领们感到在西线仓促发动进攻没有胜利把握,要求推迟发动进攻。结果,希特勒迁就了将领们的意见,被迫一再变更进攻日期,一直推迟到1940年5月10日。在这期间,德国抓紧扩军备战,制造了大量的飞机、坦克和大炮。德国陆军扩展到156个师,仅在西线部署的兵力就达136个师,取得了对英法的明显优势。

然而在英法方面,两国统治集团这时仍对希特勒抱有幻想,认为德国在吞并波兰之后,会接着进攻苏联,根本不相信希特勒有进攻西方的"任何企图"。

---

① 《纽伦堡军事法庭根据管制委员会法令对战犯的审讯,第十,部长类案件》第12卷,华盛顿1952年版,第1086页。

② 威廉·夏伊勒:《第三帝国的兴亡》,生活·读书·新知三联书店1974年版,第878页。

③ 同上书,第887页。

思想的麻痹,导致备战的迟缓。在奇怪的战争期间,英法军备生产增长的速度远远落后于德国。虽然英法两国建立了最高军事会议和最高军事委员会,负责研究制定战略原则等问题,但是,两国军队一直未能建立统一的指挥部和联合参谋部。英国既想在英法同盟中充当主角,又不愿向法国前线派出更多部队,到1940年5月只派了10个师和一些空军部队到法国,而法国则不愿英国在同盟中充当主角。显然,这种松散的同盟是经不起希特勒德国大规模突然袭击的。

实际上,英法统治集团根本不想同希特勒打仗,一味避战妥协。这种做法,使处于前线的英法军队和指挥人员滋长了和平麻痹思想,丧失了警惕性,涣散了军心,削弱了军队的战斗力。同时,这种做法还鼓励了两国统治集团中那些一贯主张向希特勒妥协让步的绥靖主义分子的活动,他们甚至公开鼓吹对德战争是"不必要的战争,应该把它变成必要的反苏战争"。为此,他们企图利用1939年11月底发生的苏芬战争,进行一场反苏"十字军远征"。在北方,他们计划在援助芬兰的借口下,经过挪威和瑞典向芬兰派遣15万英法远征军,对摩尔曼斯克和列宁格勒发动进攻。在南方,他们准备利用土耳其、伊拉克和伊朗为基地,从陆上、海上(黑海)和空中对高加索发动进攻,占领巴库油田,使苏联失去主要的石油生产基地,然后对莫斯科实行南北夹击。他们还希望日本和德国从东西两面对苏联实施向心突击。正如夏伊勒在评论甘末林、魏刚和达拉第的疯狂反苏活动时所说的:他们"对于打垮俄国比打垮德国更感兴趣,虽然法国还没有同俄国作战,而同德国已经作战半年了"[1]。但是1940年3月苏芬战争的结束,使英法的反苏计划完全落了空。

由此可见,奇怪的战争并不奇怪,它是英法统治集团"祸水东引"政策的产物,是绥靖政策在第二次世界大战初期的具体表现。不过,英法统治集团以往推行绥靖政策是以牺牲奥地利、捷克斯洛伐克和波兰来满足希特勒的侵略欲望,而这一次却在反苏计划破产之后搬起石头砸了自己的脚,为希特勒加紧准备对西线发动进攻提供了极好机会。

德国侵占丹麦和挪威

英法准备派远征军从挪威登陆,途经瑞典去"援助"芬兰的计划引起了德国的极大关注。希特勒担心,如果英法军队被允许通过这两个斯堪的纳维亚半岛

---

[1] 威廉·夏伊勒:《第三共和国的崩溃》,纽约1969年版,第545页。

国家的北部，他们就有可能趁机留驻在那里，从北方包围德国。为了保障进攻英法时的侧翼安全，希特勒决定先占领丹麦和挪威。

丹麦、挪威和瑞典具有重要的战略地位。德国海军长期以来就注视着这一地区。鉴于在第一次世界大战期间英国海军实行封锁，使德国舰艇和商船无法出海进入大西洋的沉痛教训，德国海军将领认为，将来在对英作战时，德国必须首先占领丹麦和挪威，控制挪威海和北海，以便保障德国通过北大西洋的海上要道，从而使德国能变被动为主动，对英伦三岛实施有效的封锁，并能保证德国从瑞典得到铁矿石的源源不断的供应。战争的第一年，德国消耗1500万吨铁矿石，其中1100万吨靠从瑞典进口。在天气暖和的季节，这些铁矿石从瑞典尼亚湾经波罗的海运到德国，可是到了冰封季节，这些铁矿石只能通过铁路运到挪威的纳尔维克港，然后经过挪威海运到德国。一旦挪威被英法控制，便会切断瑞典铁矿石对德国的供应。

英法两国统治集团也十分清楚斯堪的纳维亚半岛的重要性。1939年9月4日，英国战时内阁就讨论了挪威的中立及其对于盟国的意义问题。9月19日和29日，丘吉尔两度要求在挪威海布雷并封锁纳尔维克港，以便阻止德国运输瑞典的铁矿石。10月末，英国三军参谋长委员会又讨论了所谓"保卫斯堪的纳维亚国家免遭苏联侵略"问题。11月，苏芬战争一开始，英法两国就处心积虑地企图在"北欧建立新的战线"，把斯堪的纳维亚国家拉到自己一边。

但是，希特勒德国的行动比英法迅速得多。1939年底，当挪威亲德的纳粹党头目、前国防部长吉斯林访问柏林，向希特勒报告英国即将占领挪威的消息时，德国最高统帅部参谋部就迅速制定了入侵挪威的名为"北方研究"的计划。但是希特勒对该计划不甚满意，遂于1940年1月27日下达训令在他亲自监督下重新制定。这就是后来称之为"威塞演习方案"的占领丹麦和挪威军事行动计划。3月1日，希特勒为"威塞演习"发出一道正式指令，命令做好入侵丹麦和挪威的一切准备，并要求越过丹麦国界和在挪威登陆"必须同时进行"。1940年4月9日凌晨4时20分，德国驻哥本哈根使节向丹麦政府递交了德国的最后通牒，要求丹麦立刻接受"德国的保护"，以免斯堪的纳维亚"成为反德战争的战场"。通牒虚伪地宣称，德国无意损害丹麦的"领土完整和政治独立"，但马上又说："任何抵抗应该受到而且必将受到一切可能手段的镇压"。[①] 紧接着，德国轰炸机飞抵丹麦首都上空，陆军越过德丹边界，迅速侵入丹麦腹地，军

[①] 威廉·希勒：《斯堪的纳维亚的挑战》，波士顿1955年版，第223—225页。

舰也开进了哥本哈根港。丹麦国王和政府未作任何抵抗,就宣布接受德国的最后通牒,下令投降。结果,整个丹麦在几个小时之内就被德国占领。

4月9日凌晨5时20分,德国驻奥斯陆公使向挪威政府递交了同丹麦内容相同的最后通牒,同时,德国派登陆兵和空降兵向挪威各重要港口发动进攻。对于德国的突然袭击,挪威政府开始举措不定,但很快作出决定,拒绝最后通牒。挪威国王、政府成员和议员撤出首都,转移到北方山区,决心抵抗德国的侵略。

4月9日晚,奥斯陆陷落。卖国贼吉斯林乘机活动,发表广播演说,宣布自己是新政府的首脑,命令所有挪威人立即停止对德军的抵抗,妄图从内部破坏挪威抗战。

4月10日,德国驻挪威公使跑到国王的临时驻地艾耳佛鲁姆小镇劝其投降。他说,德国希望保持王朝,它所要求的只不过是哈康七世做他的哥哥(即丹麦国王)前一天在哥本哈根做过的事情而已。他要求国王批准吉斯林新政府,回到奥斯陆去。然而国王不但没有答应德国公使的要求,而且于当晚发出呼吁,号召人民起来抵抗侵略。希特勒诱降阴谋破产后,凶相毕露,命令对国王所在地狂轰滥炸,企图把国王和政府成员全部炸死,但希特勒的这个阴谋未能得逞。

为了支援挪军抗战,控制挪威海,保障英国本国的安全,并阻止德国在冰封季节从挪威港口转运瑞典的铁矿石,英军于4月14日在挪威北部的纳尔维克港附近的萨兰根登陆。4月16日至17日,英法盟军在挪威中部的港口城市纳姆索斯登陆并向特隆赫姆发起进攻。4月18日,英军在南部港口翁达尔斯内斯登陆,并向挪军驻守的铁路枢纽当博斯靠近。但英法登陆部队既缺乏坦克、大炮等重型武器,又无空中支援,因此收效甚微,连遭失败。4月27日,法军指挥部获悉德军准备进攻法国,于是盟军决定放弃挪威南部和中部,集中力量争夺北部。4月29日,挪威国王到达北极的特罗索姆,在那里建立了临时政府。5月3日,留在挪威中部的挪军由于寡不敌众而被迫投降。5月10日,德军在西线发动进攻,迫使盟军决定尽快撤出挪威。6月7日,挪威国王和政府成员乘英舰流亡伦敦。6月8日,英法军队撤出挪威,而留下的挪威军队于6月10日被迫投降,德军便占领了挪威全境。

德国占领了丹麦和挪威,不仅使它获得了重要战略基地,而且使它实际上控制了整个北欧。从此,希特勒可以不再担心英法从北部对德国的威胁,反而使德军在东北方向构成了对英国的战略包围态势。因此,在占领丹麦和挪威之后,德国可以更加全力以赴地对西线发动进攻。

德国进攻荷、比、卢和张伯伦下台

为了发动在西线的进攻,希特勒早在1939年10月9日就下达了一项密令,命令陆军总司令部做好"通过卢森堡、比利时和荷兰发动进攻的准备",目标在于尽量夺取荷、比和法国北部的广大地区。陆军总司令部根据希特勒的指示制定了代号为"黄色方案"的侵略计划。计划由德军右翼担任主攻,越过荷兰、比利时,一鼓作气朝法国北部挺进,以便占领英吉利海峡沿岸各港口。

1940年1月10日,希特勒下令定于1月17日向比利时和荷兰发动进攻。可是,就在当天,一架德国军用飞机在云层中迷失方向,误入比利时被迫降落。机上的德国空军参谋莱因柏格少校所携带的西线德军进攻计划落入比利时人手中,希特勒为此下令推迟了进攻日期。

1940年2月24日,德国最高统帅部根据曼施泰因的建议,对"黄色方案"进行了重大的修改。新方案改变了主攻方向,把进攻荷兰和比利时改作佯攻,以吸引盟军主力部队,而把主攻改在树木丛生的阿登山区,集中使用装甲部队和空军,出其不意地突破这段防守薄弱的地段,然后进入法国北部的开阔地区,直驱英吉利海峡。

按照修正后的"黄色方案",德军既可避开坚固设防的马奇诺防线,又可以切断英法主力与后方的联系,使之和比利时军队一起陷于德军的包围之中。不过,这个方案也带有很大的冒险性,这就是德军能否突破阿登山区的天然屏障,法军主力会不会为德国所希望的调往比利时。如若不是,那么正如约德尔在纽伦堡受审时供认的那样:"整个战役就可能失败"①。

在英法方面,根据1914年的经验,两国最高军事会议于1939年11月17日制订了"D计划",这个计划仍把比利时平原设想为德军的主攻方向,认为德军不可能在阿登山区实行突击。后来,出于保卫法国本土的考虑,法军指挥部甚至建议把英法军队开往比利时和瑞士,在远离法国边界的别国领土上建立防线。这样,英法对德军主攻方向估计的错误,实际上就为德军实施修改后的"黄色方案"提供了有利条件。

希特勒根据"黄色方案"部署了A、B、C三个集团军群,共136个师,其中包

---

① 卡蒂埃:《希特勒和他的将军们》,巴黎1962年版,第121页。

括10个坦克师和7个摩托化师,配备2580辆坦克,3824架飞机,7378门大炮。A集团军群由45个师组成,部署在中翼,即从雷特根至德国、卢森堡和法国三国的交界处,担任主攻。B集团军群由29个师组成,部署在荷兰、比利时边界一带,担负占领荷兰,突破比利时军队防线的任务。C集团军群由19个师组成,部署在左翼的法德边界,负责对马奇诺防线发动钳制性进攻,以便吸引尽可能多的法军。

英法方面共有108个师,其中法国100个师,配备2789辆坦克,1648架飞机,11 200门大炮;英国远征军由8个师和两个航空兵兵团组成,配备310辆坦克和1350门野战炮。不过,英法一直把荷兰和比利时视作潜在的盟国,因此如果加上比利时22个师和荷兰10个师,英法方面即达140多个师,这样从数量看,英法还占优势。但是,由于英法方面没有联合参谋部,缺少统一指挥,加之荷兰和比利时已于1939年9月1日和3日分别发表了中立宣言,不愿与英法接近,害怕为德国破坏中立提供借口,所以英法实际上仍处于劣势。

历史表明,不论荷兰和比利时怎样声称严守中立,也不论德国政府曾向荷兰、比利时、卢森堡作过11次保证,纳粹德国从来是言而无信的,希特勒进攻低地国家的计划早已制定好了。1939年5月23日,希特勒在和他的三军高级将领开会时说,如果他同英法交战,就将入侵荷兰,"中立的声明可以置之不理"。11月23日,希特勒又说:"破坏比利时和荷兰的中立是无关紧要的。如果我们取得胜利,是不会有人提出这个问题的。"①

1940年5月10日凌晨,德军悍然向荷兰、比利时和卢森堡发动了大规模进攻。在进攻之前不久,里宾特洛甫把比利时和荷兰驻德公使召到外交部,通知他们德军将开进他们的国家,以保卫它们的中立,抵御英法军队即将进行的进攻。与此同时,德国还通过它驻荷、比、卢的公使向这三个国家发出最后通牒,要求它们允许德军进入而不予抵抗。否则,将被一切可能的手段所粉碎。② 就在德国公使向这些国家送交最后通牒时,德国的轰炸机已经飞抵这些国家首都的上空进行野蛮轰炸了。对于德国的侵略行径,荷兰和比利时政府于5月10日通过它们驻柏林公使对德国发出抗议照会,但却遭到拒绝。因此,荷兰女王威廉明娜在当天又发表表明,"对这一史无前例的背信弃义和破坏文明国家之间一切正当关系的行为提出愤怒抗议"③。比利时国王利奥波德在10日发表

---

① 施泰尼格尔:《纽伦堡审判》上卷,商务印书馆1985年版,第173页。
② 参见范·克勒芬斯:《荷兰的遭劫》,伦敦1940年版,第120—124页。
③ 《泰晤士报》1940年5月11日。

的告国民书中,号召比利时军民与盟国一起协力抗击德国侵略者。

在荷兰军队的英勇抗击下,德军企图用空降部队迅速占领荷兰首都,俘虏女王和政府成员的计划失败了。5月12日,女王和政府成员逃到伦敦。但是由于荷兰边防总队的战斗失利,节节溃退,荷军总司令于5月14日终于决定停止抵抗,15日与德军签订投降书。

在荷兰投降之后,德军加强了对比利时的进攻。5月16日,英法盟军开始从比利时撤退,5月17日,德军占领了布鲁塞尔。5月25日,在利奥波德三世国王同首相和外交大臣参加的摊牌会议上,身为比利时军队总司令的国王不顾首相和外交大臣的劝阻,决定向德国投降。5月28日,在政府未作任何决定的情况下,他独自命令军队放下武器,停止抵抗,向德军无条件投降。在国王投降后,比利时政府虽然作出了继续作战的决定,但这个决定对于军事行动已经没有多大意义。

卢森堡在5月10日德军发动进攻的当天仅仅经过几个小时的战斗即被占领。

希特勒对西线发动的进攻,宣告了张伯伦推行绥靖政策的彻底破产。这说明不论张伯伦怎样以牺牲弱小国家的独立来满足希特勒的扩张野心,保护英国帝国主义利益不受侵犯,但是英德之间的矛盾是无法通过对希特勒的妥协让步来求得解决的。在希特勒侵占丹麦、挪威之后,英国大多数人对绥靖政策的看法已根本改变,张伯伦的威望像断线的风筝随风飘落。5月7日,英国议会对英军在挪威的失败展开辩论。无论反对党议员还是执政党议员都纷纷起来对张伯伦的绥靖政策兴师问罪。劳合·乔治说:首相曾吁请大家作出牺牲。"我庄严地表明,首相应该以身则,首先作出牺牲,因为在这次战争中,没有比首相牺牲自己的职位,更能对胜利作出贡献的了。"①5月10日,德国入侵荷、比、卢的消息传到伦敦,英国舆论大哗。张伯伦在举国上下一片谴责声中被迫辞职,而由反绥靖派的著名代表人物丘吉尔接替其首相位置。

法国的沦亡

德军在西线的进攻是从右翼开始的。英法联军总司令甘末林将军据此认为,德军的作战计划和第一次世界大战时一样,其主攻方向在北方,因此立即命令按"D计划"行动,他把驻色当附近的一支英法联军派往比利时,而把法军第

---

① 温斯顿·丘吉尔:《第二次世界大战回忆录(第1卷):风云紧急》,商务印书馆1974年版,第1006页。

七军团派往荷兰,这就正中了德军的调虎离山计。1940年5月12日,在德军越过阿登山脉地区的防线,抵达马斯河时,盟军才恍然大悟。5月13日,德军开始强渡马斯河。14日盟军为了阻止渡河,对渡口进行了猛烈轰炸,但并没有达到目的。15日,德军突破色当防线,沿着法国北部平原迅速向英吉利海峡推进。

在色当防线被突破的当天,法国政府总理雷诺写信给英国首相丘吉尔,"请求派来你们所能派遣的全部飞机和军队"①。5月16日,丘吉尔应邀飞抵巴黎与雷诺举行会谈。会谈中,双方互相猜疑,各有打算,丘吉尔怀疑法国制造形势危急的假象,是想放弃比利时和沿海地区,抽出军队保卫巴黎,以便把德国的进攻矛头引向英国,所以,坚决不答应法国的请求。雷诺则怀疑英国为了保存实力,置法国的危难于不顾,使之成为德国侵略的牺牲品。5月18日,雷诺政府进行改组,任命投降派贝当担任副总理和政府的首席军事顾问。19日,又撤换了总司令甘末林,由另一投降派魏刚接任。这就增加了政府中的投降派势力,进一步减弱了法国的抵抗能力。

5月20日,德军抵达英吉利海峡,使比利时军队、英国远征军和法国的三个军团陷入重围。5月24日,英法联军和比利时北部的军队被迫退缩到敦刻尔克一块很小的三角地带。这时,被围困的约40万盟军,面对强敌,背靠大海,处境十分危急。在这紧要关头,德军最高统帅部突然下令德军坦克部队停止前进两天,这就给英、法、比军队提供了一个意想不到的喘息机会。5月26日,英国海军部下令执行撤退计划。当天晚上,德军装甲部队恢复了对盟军的进攻,盟军固守敦刻尔克地区,同德军进行了顽强的战斗。与此同时,盟国动员了850艘各类大小船只执行抢运任务。从5月27日到6月4日敦刻尔克陷落为止,共有33万多英法和其他盟国的军队渡过海峡,逃出虎口。剩下的4万名法军全部被俘,并丢下数十吨武器装备和军用物资。这就是历史上著名的敦刻尔克大撤退。

敦刻尔克战役结束后,希特勒立即集中了包括10个装甲师在内的143个师的兵力,于6月5日对法军在松姆河上的防线发动了大规模进攻,迅速突破法军阵地,由北向南推进,如入无人之境,直逼巴黎。

在法国处于危亡之际,意大利出来趁火打劫。6月10日,意大利外长齐亚诺约见法国驻罗马大使庞赛,通告对法宣战。庞赛说:"这一击是对一个已经倒下的人再捅一刀。"②

---

① 保罗·雷诺:《法国拯救了欧洲》第2卷,巴黎1947年版,第94页。
② 齐亚诺:《齐亚诺日记(1939—1943年)》,商务印书馆1983年版,第309页。

在意大利宣战的同一天,法国政府匆忙撤出巴黎。6月12日,法国内阁在逃往南方的途中举行会议,以副总理贝当和总司令魏刚为首的投降派极力散布失败主义,投降卖国之说甚嚣尘上。6月13日,魏刚宣布巴黎为"不设防城市"。14日,德军兵不血刃地占领了巴黎。

6月15日,法国内阁举行会议,投降派魏刚催逼政府同德国讲和。16日晨,部长们继续开会,副总理贝当以辞职相威胁,要求立即求和。当天下午,法国政府收到英国政府提出的一项所谓实现英法"联合"的计划。根据这个计划,英法今后不再是两个国家,而是一个统一的法兰西—不列颠国家,设立一个战时内阁,统一指挥两国的陆海空军,合并两国议会,每个法国公民将享有不列颠的公民身份,每个英国臣民也将成为法国公民。英国提出这个计划的目的,一方面是为了阻止法国政府向德国投降,另一方面是企图以"国家联盟"的形式,把法国大片的殖民地、舰队、空军和一切残余部队置于英国的控制之下,并进而加以吞并。法国内阁对英国的计划表示愤慨,几乎没有经过什么讨论就把它抛弃了。

就在这天下午,雷诺被迫宣布辞职。卖国贼贝当被任命为总理。当晚,贝当内阁开会,决定向德国求和。6月17日,贝当发表广播演说,宣称"应当停止战斗"。

同一天,坚决主张继续抵抗法西斯侵略的戴高乐将军飞往伦敦。第二天,即6月18日,戴高乐发表了《告法国人民书》,号召法国人民继续进行抗德战争。他说:"这场战争并不局限于我们这个不幸的国家。法国之战并没有决定斗争的结局。这是一场世界大战。……我们来日粉碎敌人所需要的每一件东西依然在世界上存在着。"①

希特勒在获悉法国政府的停战要求后,于6月18日和19日两天,同墨索里尼在慕尼黑举行了会谈,以商讨对法谈判的原则。当时希特勒担心两个问题:一是法国政府是否会迁离本土,二是法国舰队是否会落到英国人或美国人手里。因此,他决定,在谈判中不要求对法国领土实行全部占领,让法国政府继续留在国内,充当傀儡。同时还决定不对停泊在法国或西班牙港口的法国舰队进行侵袭,以免它开往英国或美国。

6月21日至22日,德法举行停战谈判,地点就在1918年11月11日德国签订投降书的贡比涅森林中同一节车厢里,借此以雪前耻。6月22日晚,双方

---

① 戴高乐:《战争回忆录》第1卷,世界知识出版社1959年版,第257—258页。

签订停战协定。

按照停战协定的规定：法国陆、海、空军必须在指定期间内解除武装并复员，一切武器装备必须完好无损地移交给德军；由德国占领占法国领土面积 3/5 的北部和西部工业发达地区，占领费完全由法国负担；南部是所谓"自由区"，由贝当政府管辖。希特勒之所以划定"自由区"，是为了利用贝当傀儡政府控制法国及其殖民地，把法国纳入纳粹德国的欧洲"新"秩序中去。

6 月 24 日，法国又与意大利签订了停战协定。协定使意大利得到了它所占领的法国一块很小的地方。另外，在法意边境和突尼斯，还设置了 50 英里长的非军事区。

7 月 1 日，贝当政府迁到维希市，并修改宪法，改国名为"法兰西国家"，从而宣布了法兰西第三共和国的覆亡。

法国是拥有 300 万军队的欧洲军事强国，那么，为什么在德军进攻下不到 6 个星期就灭亡了呢？对于这个问题，除了贝当等投降派为了给自己开脱罪责，而提出什么兵力悬殊、兵器落后等等站不住的"理由"外，西方许多军事家和历史学家也作过各种分析。有的认为，法国失败主要在于军事思想保守落后，组织不善，军备陈旧；有的认为，法国最高统帅部指挥无能，迷恋于消极防御的战略。英国军事史家哈特认为，如果不是同盟军犯下大错，德军是难以取胜的。诚然，各种不利的军事因素是造成法国战败的重要原因。但是，军事路线总是服从于政治路线的，而且为政治路线所决定。从 30 年代中期起，由于法国统治集团在政治上追随英国，实行张伯伦推行的绥靖主义政策，把本国的命运完全维系在与英国结盟上，结果在政治上缺乏自主性，一切唯英国马首是瞻；在军事上缺乏充分准备，把国家命运寄托在英国的援助上。因此，当希特勒军队在西线发动进攻时，法国统治集团推行绥靖政策的后果立刻暴露出来，全国陷入一片混乱，军事上被动挨打，节节败退，失败主义情绪甚嚣尘上。当投降派势力在法国内阁中取得优势地位之后，他们就立即投入了希特勒的怀抱，终于导致了法兰西第三共和国的迅速灭亡。

第二节　德国的攻英战役、法西斯入侵巴尔干与东非和北非

德国的攻英战役

法国沦亡后，英国面临着单独对德作战的困难局面。可是，这时它并没有

做好充分准备。在1940年6—7月间,它用于保卫本土的只有26个师的兵力,战斗机650架,轰炸机491架,坦克200辆,武器弹药也缺乏。因此,英国的处境是十分危险的。正如丘吉尔后来所说:"1940年只要有一支15万人的精锐部队来进攻我们,就会使我们国破家亡。"①

然而,德国在法国沦亡后并没有立刻向英国发动进攻,因为包括希特勒在内的德国法西斯头目都深信,从此英国将会停止抵抗,有可能谋求缔结一项对德国有利的和约。希特勒认为,如果英国"体面"投降,那对德国更为有利。他说:"如果我们击溃英国,整个英帝国就将崩溃,但德国不会从中得到任何好处。为了击溃英国,德国人要付出血的代价,但坐收渔利的将是日、美等国。"②为了促使英国媾和,希特勒一面对英国施加军事压力,"显示实力",摆出渡海作战的架势,另一面又通过瑞典国王和罗马教皇寻求与英国和谈的途径。因此,即使到1940年7月16日他下令准备对英实施登陆战役的第十六号训令,即"海狮"计划时,他仍没有最后下定攻英的决心。7月19日,他在国会上讲话时还"最后一次呼吁"英国政府"诉诸理智"并向英国提出"和平建议"。③

但是,对于希特勒所玩弄的名为和谈、实为迫降的花招,英国政府和人民根本未加理睬。在国家面临生死存亡的紧急关头,他们同心协力,决心把抗击法西斯侵略的斗争进行到底。1940年7月22日,英国外交大臣哈里法克斯正式声明:"我们将不停止作战,直到自由得到保证为止。"

在迫降无望的情况下,希特勒决定实施"海狮"计划。根据这个计划,德国统帅部将以挪威、荷兰、比利时和法国北部的各港口为出发基地,集中了近4000艘船只、2000多架飞机、26万陆军,准备渡海作战。希特勒要求在两个月之内结束主要战役,即实现"海狮"计划,占领英伦三岛。

为了实现"海狮"计划,必须有强大的海军和海上运输船队。但是,当时的德国海军远不如英国。英吉利海峡的制海权在英国手中。德国要想登陆英伦三岛必须先打败英国的海军。根据英德海军力量对比,德国仅依靠海军是不能取胜的。所以,希特勒决定,首先依靠它的空中优势,对英国展开"空中闪电战",妄图消灭英国的空军,夺取制空权,然后,把英国海军赶出英吉利海峡,为入侵英国铺平道路。

1940年8月1日,希特勒下达一项密令,命令"德国空军应尽快以其所有的

---

① 《温斯顿·丘吉尔1940—1943年在下院秘密会议演说集》,伦敦1946年版,第52页。
② 哈尔德:《战争日记》第2卷,莫斯科1969年版,第48页。
③ 《不列颠战役》,伦敦1969年版,第1页。

力量打败英国空军"。从8月9日开始,德国凭借其空军数量上的绝对优势,运用了2000多架战斗机、轰炸机,轮番攻击英国的海、空军基地和雷达站等其他军事设施。在8月13日和14日两天,德国出动了大约1500架飞机,主要是袭击英国空军的战斗机机场。在8月15日的一次大规模空战中,德国轰炸机出动了801架次,战斗机出动了1149架次。从8月24日到9月6日,德国每天派出1000多架飞机,以便尽快摧毁英国皇家空军。从9月7日开始,德国空军重点转入了大规模夜袭伦敦和其他城市,妄图摧毁英国人民的抵抗意志。

但是,英国军民并没有被德国法西斯的嚣张气焰所吓倒,他们为保卫英伦三岛,粉碎希特勒的侵略,进行了英勇顽强的抵抗。英国皇家空军依靠先进的雷达技术装备,在强大的防空兵器火力配合下,多次挫败敌人的进攻。8月24日晚,英国空军出动81架飞机对德国首都柏林进行了3个小时的轰炸,给德国人的心灵深处投下了巨大的阴影。8月28日夜间,英国空军派了更多的飞机袭击柏林,进一步拆穿了德国防空能力无懈可击的神话。从9月13日起,英国空军经常飞过海峡,轰炸德国的船只。同时,英国海军舰艇也对德国占领的主要港口实行炮轰。在9月15日的一次激烈空战中,德国飞机被打得落花流水,有56架飞机被击落,英国仅丧失26架飞机。9月17日,希特勒被迫下令无限期推迟执行"海狮"计划。10月12日,希特勒密令取消入侵,并调走了用于"海狮"计划的军队和船只。

希特勒攻英战役的失败,主要有下列原因:第一,德国空军虽拥有数量优势,但也存在严重弱点。它虽然尽量以靠近不列颠群岛的占领区机场为基地,但毕竟离英国较远,而英国空军则以本土为基地,能在德机往返的时间内出击数次。英国这时独占了雷达这一技术发明,建立了崭新的防御体系,能够在60英里的距离内探测到敌机及其实力。英国战斗机指挥中心能准确判断迎战的最佳时机和地点。同时,空战中也证明,英国的飞机性能比德国优越。所有这些因素在一定程度上弥补了英国空军数量上不足的弱点。第二,德国海军本来就明显劣于英国海军,再加上自从1940年初春在挪威海面遭受严重损失以来,一直没有得到恢复,因此不能够为入侵英国提供足够的海上力量。没有这种力量,又没有显著空中优势,德国陆军要想横渡英吉利海峡是无能为力的。第三,更重要的是,英国政府坚决抗战,人民积极行动起来。他们仇恨法西斯暴政,英勇地进行反对希特勒侵略的民族自卫战争,使希特勒的军事冒险计划第一次遭受挫折。

德意侵占巴尔干

希特勒在决定无限期推迟攻英的"海狮"计划之后,战略重点开始东移,着手向具有重要战略地位的巴尔干地区扩张。他的主要目的是:1.掠夺这一地区的石油、粮食和其他资源,为进一步扩大战争做好物质准备;2.从英国手中夺取东地中海霸权,等待时机成熟,派陆军进入中近东,以便与日军会师印度洋;3.把巴尔干作为进攻苏联的前进基地。

罗马尼亚和苏联的乌克兰接壤,是德国侵略的重要目标。1940年9月6日,在希特勒的支持下,法西斯分子安东尼斯库发动政变,夺取了罗马尼亚的政权。9月20日,德国以向罗马尼亚派"军事使团"为名,占领了罗的石油产区和战略要地。10月12日,德军占领了罗马尼亚全境。11月23日,罗马尼亚加入了德、意、日三国军事同盟,安东尼斯库向希特勒保证,罗马尼亚"准备拿起武器与轴心国并肩去夺取胜利"。

匈牙利霍尔蒂政府早已投入德国法西斯的怀抱。1940年11月20日,匈牙利也加入了德、意、日三国军事同盟,正式纳入了法西斯德国侵略政策的轨道。11月27日,匈牙利政府宣称准备参与德国的欧洲"新秩序"的建设。12月4日,德国4个师的军队开进匈牙利。

保加利亚在经济上和战略上对德国都具有重要意义。1940年11月17日,希特勒同保加利亚皇帝鲍里斯三世和外交大臣波波夫商定,保原则上同意加入三国条约。1941年3月1日,保加利亚加入了德、意、日三国军事同盟。同一天,德国进驻保加利亚,保沦为德国的附庸。

德国在巴尔干的扩张,引起了对这一地区同样抱有侵略野心的墨索里尼的极大不满。1940年10月12日,他对齐亚诺说:"希特勒总是让我们面临既成事实。这回,我也如法炮制了。他将从报纸上看到我已占领希腊。这样平衡就重新建立起来了。"①10月28日,意大利从它占领的阿尔巴尼亚向希腊发动进攻,第一次进攻投入11个师,随后增至16个师,继而增加到25个师。希腊开始在前线抵抗侵略的只有4个师,因此,意军在最初取得一些进展。但由于希腊军民齐心协力奋勇抗战,很快阻止了意军的进攻并掌握了战争主动权。11月中旬,希腊军队发起反攻,迫使意军全线撤退,不仅撤出了希腊,还丢弃了阿尔巴尼亚的一部分领土。意军在希腊的惨败,一时在欧洲传为笑柄。墨索里尼恼羞

---

① 《齐亚诺日记》,商务印书馆1983年版,第347—348页。

成怒,于是调兵遣将在 1941 年 1 月和 3 月又发动两次大规模攻势,但结果却以失败而告终。

英国是希腊的盟国,为了保住希腊,维护地中海的交通要道,丘吉尔政府决定援助希腊。从 1941 年 3 月 4 日起,英军 6.8 万人迅速调往希腊。3 月 28 日,英国舰队在地中海一举击沉意大利 3 艘巡洋舰和 2 艘驱逐舰,给意大利舰队以沉重打击。

墨索里尼为了挽回败局,只得求助于希特勒。他对齐亚诺说:"见到他们的时候,实在难为情。"①墨索里尼的求助,正好给希特勒介入希腊提供了一个好机会。1940 年 12 月 13 日,即入侵希腊的意军被赶回阿尔巴尼亚之后,希特勒颁发了侵略希腊的代号为"马丽塔"的作战计划,准备 1941 年 3 月底向希腊发动进攻。

为了给进攻希腊造成更有利的形势,希特勒希冀在计划实施前先把南斯拉夫拉入轴心国集团。1941 年 3 月 25 日,希特勒迫使南斯拉夫政府加入了德、意、日三国军事同盟。但是,南斯拉夫人民对此强烈不满,在首都贝尔格莱德和其他许多城市掀起了规模巨大的反法西斯游行示威。3 月 26 日夜,南斯拉夫发生政变,推翻了执行亲德路线的旧政府,建立了以西莫维奇将军为首的新政府。希特勒对此大为恼火,第二天,即 3 月 27 日,他就发出了进攻南斯拉夫的密令,声称:"南斯拉夫的军事叛变已经改变了巴尔干的政局。即使南斯拉夫主动表示效忠,但目前必须把它视为敌人,因此必须尽快予以摧毁。"②

1941 年 4 月 6 日,希特勒派 30 万大军像饿狼一样扑向南斯拉夫,德国空军接连三天三夜对贝尔格莱德进行狂轰滥炸,惨杀了 1.7 万名和平居民,伤者不计其数。尽管南斯拉夫军民进行了英勇的抵抗,但由于寡不敌众,终于失败。4 月 13 日,德军开进了残破的贝尔格莱德。南斯拉夫国王和首相乘飞机逃往国外。

希特勒在派兵进攻南斯拉夫的同一天,即 4 月 6 日,命令驻扎在保加利亚的 6 个师侵入希腊。4 月 9 日,德军占领了萨洛尼卡。4 月 12 日,希军开始从阿尔巴尼亚向国内撤退,但为时已晚,德军包抄了他们的退路。4 月 20 日,希军向德国请求停战。这时,处于困境的英国远征军丢下重型武器装备,仓皇撤出希腊,又一次较小规模地重演了敦刻尔克的悲剧。4 月 27 日,德军占领希腊首都雅典。希腊国王乔治二世同政府成员逃往开罗,后流亡伦敦。

至此,希特勒德国已经占领了欧洲 14 个国家。德国及其附庸国、被占领国

---

① 亨利·米歇尔:《第二次世界大战》上册,商务印书馆 1980 年版,第 216 页。
② 特雷弗·罗珀:《希特勒的作战指令(1939—1945)》,伦敦 1964 年版,第 61 页。

的面积达 500 万平方公里,人口 2.9 亿,拥有钢年产量 4500 万吨,采煤量 4 亿吨,汽车产量 70 万辆。希特勒就是依仗着这些被他们控制的人力、物力资源,准备发动对苏联的进攻。

法西斯入侵东非和北非

法国战败投降,英国退守不列颠群岛,给意大利在非洲的扩张创造了机会。墨索里尼常说,意大利是地中海的"囚犯",只有砸开监牢的两把锁——直布罗陀和亚历山大,意大利才能获得"自由"。他朝思暮想的是要建立一个从地中海经苏伊士运河到印度洋的"新罗马帝国"。

为了实现这一狂妄计划,意大利法西斯积极备战,蠢蠢欲动,企图一举把英国势力赶出东、北非。1940 年 7 月初,意军从它占领的阿比西尼亚向英国驻苏丹和肯尼亚的军队发动进攻,由于英军防御薄弱,意军进展顺利,迅速侵入苏丹和肯尼亚。8 月 4 日,意军进攻英属索马里,英军因寡不敌众,被迫全线撤退。9 月 13 日,意军以 6 个师及 8 个坦克营的兵力从它占领的利比亚向埃及发动进攻,企图夺取英国的重要海军基地亚历山大港和苏伊士运河。英军用来抵抗的只有 2 个师又 2 个旅,由于兵力过于悬殊,意军几乎是毫无困难地突入埃及境内,并于 9 月 16 日攻占埃及重镇西迪巴拉尼。

埃及的苏伊士运河是英帝国在亚、非、澳三洲的生命线,为了保住埃及,英国迅速从自己的殖民地和自治领澳、印、南非等调遣军队,加强在东、北非的兵力。1940 年 12 月 7 日,英军从埃及开始反攻,意军冷不防地受到猛烈的袭击,混乱地进行撤退,10 日英军收复了西迪巴拉尼。尔后,英军乘胜追击,并于 1941 年 1 月 22 日,攻占利比亚的重要港口托卜鲁克,2 月 6 日又占领了班加西。在两个月的战斗中,英军向西推进了约 450 英里,意军 9 个师被歼灭,仅被俘的就达 13 万人。

在东非,英军集中了 15 万人于 1941 年 1 月 19 日开始反攻,迅速收复了肯尼亚和英属索马里等失地,并攻进意属索马里和阿比西尼亚。4 月 6 日,英军占领了阿比西尼亚首都亚的斯亚贝巴。5 月 20 日,意属东非总督奥斯塔公爵在所谓"光荣的条件"下向英军投降。

意军在东、北非的接连失败,引起了希特勒的极大不安。1941 年 2 月 6 日,希特勒派隆美尔率领由两个装甲师组成的"非洲兵团"前往利比亚援助意军。同时,又派飞机和舰队在地中海封锁英国的交通线。2 月 12 日,隆美尔率部在利比亚登陆后,立即进行战争部署,并于 3 月 31 日对英军发动一场闪电战。英军对德国攻势之迅猛估计不足,在惊慌失措中仓促东撤。4 月 10 日,隆美尔统一指挥下的德意军队包围了托卜鲁克的英军,然后继续东进,直逼埃及的大门。4 月 15 日,德军占领了埃及西部边境的一些地区,英军除了在托卜鲁克被围的一部分外,全部退回到埃及境内。这样,在两个星期内,英军后撤了 400 英里,把在此之前不久从意军手里在北非夺取的胜利战果几乎丧失殆尽。

为挽回英军在北非的被动局面,丘吉尔在英国本土武器装备不足的情况下,仍决定向那里提供增援。1941 年 6 月 25 日,英军对德军发动攻势,企图突破德军的防线,并解除托卜鲁克之围,但未取得预期的效果。这时,由于苏德战争已经爆发,北非的德军得不到增援,号称"沙漠之狐"的隆美尔也无力发动新的攻势。此后,北非战线基本上稳定在埃及—利比亚边境的埃及一侧附近地区。

第三节　苏联的中立政策和"东方战线"的建立

苏联的中立政策

第二次世界大战初期,苏联执行了中立政策。1939 年 9 月 17 日,即在大战爆发后两个星期,苏联政府在致各国驻莫斯科大使和公使的照会中正式宣布了中立立场。9 月 19 日,《真理报》社论写道:"苏联希望与所有国家和平相处。苏联政府公开宣布,苏联对于同它保持着外交关系的各国将奉行中立的政策。"

苏联执行中立政策所追求的基本目标,是避免卷入战争,特别是避免卷入对德战争。为了达到这一目的,苏联这一时期的外交主要围绕下列几个问题进行:1.警惕英法挑动苏德战争的阴谋;2.避免刺激德国,竭力使其遵守互不侵犯条约;3.改善和加强同巴尔干地区一些国家的关系,以便牵制德国,解除对苏联的侧翼威胁。

苏联这时对英法存有戒心是有一定理由的。英法对德宣战后,宣而不战,实际上仍想祸水东引,至少要在苏德关系中打进一个楔子。1939 年 9 月,英法建议土耳其政府向苏联提出缔结互助条约。苏联政府从保障黑海海峡和巴尔干地区的安全考虑,同意与土耳其举行谈判。9 月 25 日,土耳其外长萨拉兆格鲁抵达莫斯科,但是苏联政府很快发现土耳其政府已经与英法草签了互助条约。在这种情况下,如果苏联与土耳其签订互助条约,就会被德国看做苏联与英法联合,从而恶化苏德关系,增加苏德发生冲突的危险性。因此,苏联政府拒绝与土耳其缔约。

1940年3月18日,英国政府建议恢复英苏贸易谈判。苏联政府同意了这一建议。4月4日,英国经济作战部在为谈判拟订的备忘录中,竟然提出了要监督苏联对其他国家出口商品的要求。4月27日,苏联政府明确表示,反对英国监督苏联的对外贸易,坚决不同意以恶化苏德关系为条件发展苏英贸易关系。

为了避免得罪德国,苏联努力保持同德国之间正常的外交关系和贸易往来。德国向苏联提供工业设备和军事装备,苏联则继续向德国提供石油、铁矿石、粮食、棉花和木材等。在外交方面,苏联甚至对德国采取了一些迁就和迎合的立场。1939年10月31日,苏联外交人民委员莫洛托夫在最高苏维埃会议上作报告时说:从欧洲几大列强来看,德国是趋向于立刻结束战争并达到和平的国家,英国和法国则是主张继续战争和反对缔结和约的。11月29日,斯大林在回答《真理报》编辑的问题时说:"不是德国攻打法国和英国,而是法国和英国攻打德国,它们应对当前的战争负责。"这些言论明显地是想博得德国的好感。

当然,苏联对德国也是有警惕的。正是为了防止德国的侵略,苏联对巴尔干地区一些国家展开了一系列外交活动。

1939年9月20日,苏联向保加利亚驻莫斯科公使提出了缔结苏保互助条约的建议,公使表示将把苏联建议转告其本国政府。但是在德国的压力下,保加利亚政府拒绝了苏联的建议。1940年11月,苏联外交人民委员部秘书长在访问保加利亚同鲍里斯皇帝谈话时,再次提出了缔结互助条约的建议,并表示在保加利亚遭到任何第三国进攻威胁时,苏联愿意提供包括军事援助在内的各种援助。但由于保加利亚政府已决定加入三国同盟条约,建议结果被拒绝了。

1940年9月,苏联为了改善同匈牙利的关系,与匈牙利签订了苏匈贸易航海条约及商品流通与支付协定,规定积极发展两国贸易关系。

1940年6月,苏联与南斯拉夫建立了外交关系。1941年4月5日,在南斯拉夫发生反德政变后,为了防止德国对南斯拉夫的入侵,苏联与南斯拉夫签订了苏南友好和互不侵犯条约。为此,德国驻苏大使曾向苏联政府表示签订这种条约所选择的时机是否适宜,苏联政府回答说:这是经过深思熟虑所作出的最后决定。

1941年3月,在保加利亚加入三国同盟和德军进驻保加利亚后,土耳其受到直接的威胁。苏联外交人民委员部主动向土耳其驻苏大使表示,如果土耳其遭到某个强国的进攻,被迫拿起武器保卫自己的领土,那么它依据苏土互不侵犯条约,可以信赖苏联的完全谅解和中立。土耳其政府对此发表声明说,如果苏联处于类似情况,苏联也可以完全信赖土耳其的谅解和中立。

苏联大战初期执行中立政策,对避免过早卷入战争是有一定积极意义的。但是,在法国迅速败亡,英国狼狈溃退,丘吉尔战时内阁表示对苏友好之后,苏联没有及时地根据变化了的国际形势相应地调整对外政策。这时,苏联本应抓住丘吉尔改变了张伯伦绥靖政策的有利时机,改善同自己潜在盟友的关系,但出于对英国根深蒂固的怀疑和不信任,同时也由于怕激怒德国,结果对丘吉尔的一切建议统统斥之为不怀好意,甚至对英国提供的德国准备侵略苏联的情报也不予重视,这无异于自毁樊篱。

"东方战线"的建立

苏联在宣布执行中立政策的同时,为了保卫"西部边界的安全",着手采取了一系列军事、外交行动:即通过出兵波兰东部、进行苏芬战争、合并爱沙尼亚等波罗的海沿岸三国和罗马尼亚的比萨拉比亚及北布科维纳,扩大了西部疆界,建立了一条从波罗的海到黑海的所谓"东方战线"。

1939年9月17日,苏军越过苏波边界,向波兰东部挺进。苏联外交人民委员莫洛托夫为此发表了广播演说,他把进军波兰说成是向居住在波兰的白俄罗斯和乌克兰同胞伸出援助之手。苏联政府在递交给波兰驻苏大使的一份声明中宣称:1.波兰国家和政府已经不复存在,它已成为威胁苏联的方便场所;2.保护和解放在波兰的白俄罗斯人和乌克兰人。9月18日,苏军在打败波军的抵抗后抵达布列斯特,与侵波德军汇合。苏联这次出兵,不仅占领了西白俄罗斯和西乌克兰,而且占领了"寇松线"西边的比亚威斯托克等地。这些地区的面积约20万平方公里,人口1300万,其中乌克兰人600万,白俄罗斯人300万,其余为波兰人。

9月27日,德国外长里宾特洛甫到达莫斯科,与斯大林和莫洛托夫举行会谈,28日签订了《苏德边界友好条约》,划定了苏德边界,波兰的东部属于苏联,波兰的西部属于德国。1939年11月1日和2日,西白俄罗斯和西乌克兰被分别并入白俄罗斯加盟共和国和乌克兰加盟共和国。

1939年10月5日,苏联邀请芬兰政府派代表团到莫斯科谈判缔结互助条约问题。10月11日,芬兰代表团抵达莫斯科。在谈判中,芬兰代表表示,同苏缔结互助条约不符合芬兰的中立立场。10月14日,苏联政府提出一项新建议:鉴于列宁格勒离苏芬边界只有32公里,地位极不安全,要求芬兰将边界向北移动二三十公里,苏联愿拿出东卡累利阿两倍于此的领土给芬兰作为补偿。同时,苏联还要求租借芬兰的汉科半岛30年,允许苏联在此驻军并建立海军基地。芬兰方面认为,这些条件,特别是租借汉科半岛将会使芬兰丧失防御能力,因此拒绝了苏联的建议。双方谈判中断。11月26日,莫洛托夫召见芬兰驻苏公使,指责芬兰军队炮击了苏联的边防部队,要求芬兰从边界后撤20—25公里。28日,苏联政府以芬兰对它采取"敌视和挑衅"态度为理由,宣布废除1932年苏芬互不侵犯条约,并从芬兰召回政治和经济代表。29日,苏联宣布中断同芬兰的外交关系。

11月30日,苏军向芬兰发动进攻,苏芬战争爆发。尽管双方军事力量悬殊,芬军却进行了顽强抵抗,加之恶劣的气候条件和不利于大部队展开的地理环境,苏军进展并不顺利。12月初,芬兰政府向国联提出对苏联的控诉,国联为此开会讨论两国军事冲突,苏联拒绝派代表参加。结果,在英法的策动下,苏联被开除出国联。与此同时,英法不仅向芬兰运送军火,而且还积极组织远征军,准备派往芬兰参战,企图使苏芬战争国际化。当时,世界舆论对苏联的这一做法也多有指责,致使苏联的处境相当孤立和被动。

苏芬战争经过三个多月的激烈战斗,芬兰终于战败。1940年3月12日,双方在莫斯科签订了《苏芬和约》。根据和约,苏联不仅得到了原来要求的领土,而且苏军占领的其他一些地区也划给了苏联,从而使苏联获得了4.1万多平方公里的芬兰领土,把苏芬两国边界向北移动了150公里。和约还规定,把芬兰的汉科半岛租借给苏联,为期30年,作建立海军基地用,苏联每年偿付800万芬兰马克。① 然而在和约中,却没有规定苏联原来答应的要划给芬兰作补偿的土地。3月31日,苏联把从芬兰得到的土地命名为卡累利阿—芬兰共和国。

1939年9—10月间,苏联以保障西北边境的安全为名,迫使爱沙尼亚、拉脱维亚和立陶宛分别同它签订了互助条约。这三个互助条约的内容基本相同。条约规定,苏联给这些国家的军队提供武器和其他军用物资的援助;苏联取得在这些国家建立海军基地、空军基地和驻扎一定数量军队的权利;缔约双方实施条约不得损害缔约各方的主权、经济制度和国家结构。②

但是,在实施互助条约过程中,苏联和这些国家在苏军进驻日期、数量、租用土地、建立基地等问题上,却迟迟不能取得一致意见。1940年6月,苏联利用德军大规模进攻法国的机会,加紧向这些国家施加压力。6月14日苏联政府向立陶宛政府、16日向拉脱维亚和爱沙尼亚政府分别发出内容相似的照会,要求在各国成立并非在口头上而是在实际上能按照互助条约忠实履行义务的政府,

---

① 《国际条约集(1934—1944)》,世界知识出版社1961年版,第251页。
② 同上书,第234—236页。

并要求苏军通行自由。三国被迫接受了苏联的要求。6月17日至21日,立陶宛、拉脱维亚、爱沙尼亚三国相继改组了内阁,成立了新政府。7月14日和15日,立、拉、爱三国分别举行议会选举,各自宣布成立苏维埃政府,并要求加入苏联。8月初,苏联最高苏维埃通过决议,接纳三国加入苏联,成为三个新的加盟共和国。结果,苏联又增加了586万人口,17.4万平方公里的土地。

1940年6月26日,苏联照会罗马尼亚政府,指责"罗马尼亚统治集团的政策严重威胁苏联西南边界的安全",并宣称:"罗马尼亚于1918年利用俄国战后虚弱,将苏维埃联邦(俄国)领土的一部分——即比萨拉比亚强行夺去……苏联对比萨拉比亚被强行夺去的事实,永远不能容忍,苏联政府对此已不止一次公开地向全世界表示"。照会接着说,现在苏联的战后虚弱已成过去,国际局势要求迅速解决过去遗留下来的悬而未决的问题。因此,苏联政府向罗马尼亚政府建议:把比萨拉比亚归还苏联,并把北布科维纳移交给苏联,作为罗马尼亚对它在比萨拉比亚22年统治期间带给苏联和比萨拉比亚居民的巨大损失的赔偿。①

6月27日,罗马尼亚政府在复照中表示,"准备在最广义的范围内对苏联政府所提出的一切建议,在相互同意的情况下,立即进行友好商讨"②。但是没有明确表示接受苏联关于归还比萨拉比亚和"移交"北布科维纳的建议。这使苏联极为不满。于是在同一天,苏联政府向罗马尼亚政府发出最后通牒,限定自6月28日起4天时间内,罗马尼亚军队从比萨拉比亚和北布科维纳撤清,而由苏联军队占领;同时还要求罗马尼亚政府对所撤地区的铁路、工厂等设施负责保护,不得有短少和损坏。

在苏联强大的压力下,罗马尼亚政府被迫在6月28日给苏联政府的复照中说:"罗马尼亚政府为了避免在欧洲这部分地区发生使用武力和公开战斗行为的严重后果起见,认为不得不接受苏联复照中所载的撤退条件"③。6月30日,苏联全部占领了这两块地方,其面积为5.1万平方公里,人口400万。8月2日,苏联最高苏维埃通过决议,将比萨拉比亚并入摩尔达维亚加盟共和国,北布科维纳并入乌克兰加盟共和国。

从1939年9月到1940年8月,苏联通过占领和合并邻国领土的方法,获得了46.6万平方公里的土地,使西部国境线向前推进了200—300公里,这对于后

---

① 《国际条约集(1934—1944)》,世界知识出版社1961年版,第268—269页。
② 同上书,第269页。
③ 同上书,第270页。

来延缓德军对苏联腹地的进攻,起了一定的缓冲作用。但是,苏联的做法是以强凌弱,无视弱小国家的独立与主权,是不符合国际关系的基本准则的,它突出地反映了苏联的大国沙文主义,严重地损害了社会主义国家的形象。

苏德柏林谈判

从1940年下半年起,苏德之间的矛盾开始尖锐起来。德国为进行反苏战争,紧锣密鼓地加紧准备。8月间,德国利用芬兰在苏芬战争中战败后的反苏情绪,同芬兰达成协议,规定德国向芬兰提供武器装备,而芬兰则允许德军过境,并可利用芬兰的交通设备。9月,德军在芬兰登陆。9月22日,德国以向罗马尼亚派"军事使团"为名,占领了罗的战略要地和油田等。这样,从北、南两个方面造成了对苏联的直接威胁。苏联对此十分不满,指责德国违反苏德互不侵犯条约,插手了按条约秘密附属议定书规定属于苏联的势力范围。德国则矢口否认违反苏德条约,反过来指责苏联不同德国协商就吞并了波罗的海沿岸三国和罗马尼亚的两个省。于是,两国关系日趋紧张。

为了麻痹苏联,制造假象,掩盖攻苏意图,1940年10月13日,里宾特洛甫写信给斯大林,邀请莫洛托夫访问柏林,讨论改善两国关系问题。苏联为了摸清德国下一步军事行动的意图,并争取利用一切可能延缓苏德战争爆发,决定接受邀请。

1940年11月12日,苏联外交人民委员莫洛托夫到达柏林。在他到达的当天,希特勒就下达命令:"不管谈判取得什么样的结果,一切都依口头命令继续做好向东方进攻的准备。"①莫洛托夫在柏林先后与德国外长里宾特洛甫和希特勒举行了两天紧张的谈判。在谈判中,希特勒和里宾特洛甫摇唇鼓舌,夸夸其谈,并抛出钓饵,企图引诱苏联上钩。他们的谈话,概括起来有三点:一、为其侵略政策辩护,说对巴尔干的出兵是出于对英国作战的需要,"一俟恢复和平,德国军队就立即撤离罗马尼亚"。这显然是为了宽慰苏联。二、要苏联同德、日、意三个法西斯国家合作。为此,德国预先准备了一份苏联同德、日、意建立"政治合作"的协定草案。协定规定,四国保证"互相尊重自然形成的势力范围",德、日、意"承认苏联目前拥有的领土范围并将尊重它",它们之间的任何争执都要"和睦地"解决,并努力扩大经济联系;四国不参加或支持"针对四国之一"的任何联合;协定还附有几个秘密议定书,其中重要的一个是阐明各国的

---

① 《纽伦堡国际军事法庭主要战犯审讯》第3卷,纽伦堡,1947年,第375页。

"领土要求";德国向巴尔干和中非寻找"生存空间",改变土耳其的现状;意大利向非洲扩张;日本向南洋扩张;苏联向波斯湾和印度洋扩张。三、英国已被打败,要求苏联参加反英,以便共同瓜分英帝国将留下来的4000万平方公里的殖民地遗产。

但是,莫洛托夫很快就看清了德国所玩弄的把戏,他从现实出发,要求讨论与苏联安全密切相关的东欧和巴尔干的问题。他尖锐地提出:德国在芬兰想干什么?德国对罗马尼亚提供保证是什么用意?如果苏联给保加利亚提供保证,德国是否同意?莫洛托夫要求德国从芬兰撤军,并停止在巴尔干和近东的扩张活动。他表示不相信德国所说的英国已被打败,因而也无意加入反英大联合。对于建立四国"政治合作"问题,莫洛托夫表示原则上可以同意,但"条约的目的和对象首先要明确地规定下来"。这实际上是想敷衍德国。希特勒拒绝了苏方的要求,谈判不欢而散。11月14日,莫洛托夫离开柏林回国。

为了防止希特勒把谈判失败的责任推给苏联,1940年11月26日,莫洛托夫通知德国驻莫斯科大使舒伦堡说,苏联同意参加四国条约,其条件是:1.德国从芬兰撤军,因为按1939年苏德条约,芬兰属于苏联的势力范围;2.苏联与保加利亚缔结一项互助条约,以确保苏联在黑海海峡的安全;3.日本放弃它在库页岛北部开采煤炭和石油的权利;4.承认在波斯湾的总方向内,巴统和巴库以南地区是苏联领土要求的中心。希特勒认为苏联这些要求太高,根本未予理睬。

苏德柏林谈判没有取得任何结果。这次谈判,是苏德战争爆发前两国领导人一次重要的外交接触,相互了解了对方的立场。德国虽然玩弄外交骗局,极力掩盖侵苏意图,但苏联却没有上当。谈判的破裂表明,由于德国准备进攻苏联而加剧的苏德矛盾已经成为不可调和的了。

《苏日中立条约》

苏联不仅在西部面临着德国的威胁,在东部也存在日本入侵的可能。但对苏联来说,主要危险来自法西斯德国。为了防止德、日同时向苏联发动进攻,避免今后可能发生的两线作战的局面,苏联打算首先稳住日本。

日本一直想"北进"苏联,但自1938年张鼓峰事件和1939年诺蒙坎事件两次冲突遭到惨败以后,日本军国主义已经感到北进侵略苏联的计划一时难以行通,需要缓和一下与苏联的关系。二战爆发后,日本政府制定了对苏联暂时"不诉诸武力",静以观变的方针。1940年夏,纳粹德国的军队以迅雷不及掩耳之势横扫西欧,在此法、荷沦亡,英国危殆之际,日本参谋本部的"北守南进论"又重新抬头,认为这是南下夺取东南亚丰富资源的"天赐良机"。为了集中力量南下对付英、美,日本希望在北方稳定同苏联的关系。7月2日,日本政府通过驻莫斯科大使东乡向苏联政府提出了缔结日苏中立条约的建议。

1940年7月27日,日本大本营和内阁联席会议通过了《适应世界形势处理时局纲要》,其主要目标就是要实现称霸亚洲的"大东亚共荣圈"计划。为此,日本政府决定在巩固同德、意关系的同时,"迅速调整日苏关系",以避免两线作战。

苏联政府为了巩固远东边境的安全,8月间,对日本的建议作出答复,同意举行谈判,并提出三点要求:第一,取消日本在北库页岛上的煤炭和石油企业租让权利;第二,缔结中立条约,必须保证不参加敌对同盟和不进行侵略;第三,日本通过中立条约将可放手向南方扩张,从而获得极大利益,而苏联却要承担同中国和在太平洋拥有重大利益的国家之间关系恶化的危险,要求日本政府对此点予以说明。

1940年10月3日,日本外务省制定了《调整日苏外交纲要草案》。10月30日,日本向苏联提出缔结互不侵犯条约的新建议,并要求先缔结条约,尔后解决有争议的问题。苏联政府对此持反对意见,并在11月18日给日本的复照中,提出了苏联拟订的中立条约草案,并声明苏联政府不能同意在解决日苏关系中的重要问题前就签订条约,必须在签订中立条约的同时,签订撤销日本在北库页岛的煤炭、石油租让企业的协定。日本政府对苏联的这些建议不仅不加考虑,反而要求苏联把北库页岛卖给日本。这当然是苏联政府所不能同意的。

日本为加紧推行南进战略,急于实现对苏和解,以稳定北方。1941年2月初,日本大本营和内阁联席会议拟订了同苏联缔结条约的具体方案,方案提出,要求苏联把北库页岛卖给日本,如苏方不同意,可以在给予日本开采石油和购买石油的方便条件下,有偿归还北库页岛的煤矿和油田给苏联。2月11日,日本外相松冈通知苏联驻日全权代表,表示他本人打算访问莫斯科和柏林,并强调这次访问欧洲的主要目的是会见苏联领导人。3月23日,松冈抵达莫斯科,他向苏方表示,在访问柏林和罗马回来之后,立即开始谈判改善两国关系问题。

3月26日,松冈到达柏林。他向希特勒和里宾特洛甫通报了莫斯科会谈的情况,并暗示,回国途中要在莫斯科停留,"以便与俄国人就签订互不侵犯条约或中立条约的问题进行谈判"①。同时,松冈声称:"日本永远是德国的忠实盟

---

① 威廉·夏伊勒:《第三帝国的兴亡》,生活·读书·新知三联书店1974年版,第1204页。

友"①。里宾特洛甫表示,日本可以"放心地"南下,不必担心俄国的牵制,一旦俄国进攻日本,"德国将立即投入战斗"。②

1941年4月7日,松冈一到莫斯科就同莫洛托夫举行会谈。谈判中,关于日本在北库页岛的权利问题,双方争执十分激烈,松冈最后不得不作出让步。4月13日,双方签订了《苏日中立条约》。条约的主要内容是:1.维护彼此之间的和平友好关系,互相尊重缔约另一方的领土完整和不可侵犯;2.如果缔约一方成为一个或几个其他强国的军事对象时,缔约另一方在整个冲突期间将严守中立;3.条约有效期为5年。在签订这项条约时,双方还交换了信件,规定日本应在6个月内撤销在北库页岛的租让企业。③ 同时,双方还发表声明:"苏联保证尊重满洲国的领土完整和不可侵犯,日本保证尊重蒙古人民共和国的领土完整和不可侵犯。"④

在法西斯德国发动向苏联进攻日益逼近的严重情况下,《苏日中立条约》的签订,对于巩固苏联东部的安全具有一定的意义,因为它阻碍了日本军国主义配合德国法西斯从东线发动进攻,使苏联避免了两线作战的被动局面,为集中力量打击德国创造了有利条件。但是,条约的消极作用也是不容忽视的,这主要表现在苏日在声明书中互相保证在中国的势力范围,苏联竟然承认伪"满洲国"的领土完整和不可侵犯,这是严重损害中国主权的行为。

第四节　美国从中立向反希特勒方向的演变

《中立法》的修改

第一次世界大战之后,美国根深蒂固的孤立主义思想又重新抬头,要求美国不再卷入欧洲事务和欧洲战争。到了1935年,当各个帝国主义国家,特别是德、日、意三个法西斯国家加紧扩军备战,准备对外发动大规模侵略战争之际,美国的这种孤立主义思想与和平主义思潮更加高涨。1935年春出版的《通向战争之路:美国,1914—1917》一书成了当时行销全国的畅销书。该书作者指出,如果美国在第一次世界大战时能够实行真正的中立政策,本来是可以避免卷入

---

① 戈尼昂斯基等:《外交史》第4卷(上),生活·读书·新知三联书店1980年版,第206页。
② 威廉·夏伊勒:《第三帝国的兴亡》,生活·读书·新知三联书店1974年版,第1205页。
③ 参见《苏联对外政策文件集》第5卷,莫斯科1947年版,第362—363页。
④ 《国际条约集(1934—1944)》,世界知识出版社1961年版,第303—304页。

战争的。在这个思想的宣传鼓动下,美国公众和一批国会议员强烈要求制定一项法律来防止美国卷入新的战争冲突。

1935年8月31日,正当意大利法西斯准备对阿比西尼亚进行大规模入侵之际,美国国会通过了第一个《中立法》,规定对一切交战国实施"武器、弹药和军需品"的强制性禁运,并禁止美国船舶向交战国运送军火。禁运的有效期为6个月。1936年2月,在6个月的禁运行将期满时,美国总统和国会决定对1935年的《中立法》稍作修改,延长14个月。经过修改后的《中立法》,除了重申有关武器禁运条款外,还增加了禁止贷款给交战国的条款。1937年初,在德意法西斯疯狂地武装干涉西班牙,西班牙共和国急需得到武器供应时,美国国会在罗斯福的要求下又于1月6日专门通过了一个针对西班牙的强制性《中立法》,宣布禁止向西班牙内战双方供应军火。1937年5月1日,在1936年的《中立法》即将失效时,美国国会又通过了"永久性"《中立法》,规定美国对交战国出口除武器之外的任何货物用现金交易,但不用美国轮船运输。

然而,这些《中立法》并不能完全禁止美国军火商和德、日、意法西斯国家通过秘密渠道或以其他国家名义进行军火交易,特别是1937年的"永久性"《中立法》则更加为德、日、意从美国购买军火大开了方便之门,因为所谓"现购、自运"对于被侵略的弱小国家来说根本毫无意义,它们既缺乏战争经费,又无现代化的运输能力,而只有发动侵略战争的帝国主义国家才具备这些条件。所以这个《中立法》只能有利于侵略国,而不利于被侵略国。

但是,面对希特勒德国日益增长的威胁,美国公众舆论对纳粹法西斯的憎恶情绪日趋强烈,罗斯福的立场也逐渐发生变化。1939年1月,他在致国会的咨文中说,现行《中立法》可能在实际上帮助侵略者,而却不能给受害者以帮助。这时,在美国国内和国会内部就美国要不要修改《中立法》、怎样才能确保自己不卷入战争等问题展开了激烈的辩论。孤立主义者仍然坚持"不干涉"政策,反对修改《中立法》关于武器禁运的条款,认为如果废除武器禁运,就会把美国拖入新的战争。拥护罗斯福修改《中立法》主张的一派认为,盲目执行僵死刻板的《中立法》,继续实行武器禁运,不援助正在受侵略或受到侵略威胁的国家,那只会有利于要征服世界的国家,而损害和美国具有共同文化和政治价值观的国家。但是,辩论的结果,孤立主义者仍占上风。1939年6月29日晚,众议院通了一项修正案,规定继续禁运"武器和弹药",但不禁运"战争工具"(指飞机)。

参议院于 7 月 11 日通过了把修改《中立法》的议案搁置到 1940 年再议的决议。①

第二次世界大战爆发后,美国政府于 1939 年 9 月 5 日宣布奉行中立政策,但实际上,从一开始美国的中立就不是绝对的,而是亲英中心。在宣布中立政策的前两天,即 9 月 3 日,美国总统罗斯福发表了"炉边谈话",指出:"任何地方的和平遭到破坏,一切地方所有国家的和平也就处于危险之中。"美国距离发生冲突的地点虽达几千英里,但"互相争夺的每一个战役都是会影响到美国的未来的"。他宣布:"我国将永远是一个中立国,但是我不能要求每一个美国人都在思想上也保持中立。"②这就是说,罗斯福已经预见到战争对美国的严重危险,不能严守中立,必须援助英法,战胜德国法西斯。为了修改中立法,撤销武器禁运,罗斯福要求召开国会特别会议。据盖洛普民意测验,这时有 60% 的公众赞成撤销武器禁运的动议③,有 80% 以上的公众同情交战国中的同盟国,有 50%—60% 的公众一贯赞成援助英法。④

9 月 21 日,罗斯福在国会特别会议上发表演说时首先回顾了四年来美国执行《中立法》的情况,指出:"……在我们审慎地制定中立法案时,我们的中立法有可能实施得并不均衡,并不公道——可能还在实际上有助于侵略者而无助于受害者。自卫的本能应当提醒我们不该让这种情况再次发生。"接着他提出了修改中立法的要求。他说:"今年 7 月 14 日,我要求国会为了和平事业和为了美国的真正中立和安全的利益采取行动改变那项法案。""我现在再次要求采取这样的行动来改变法案中完全不符合国际法古老准则的那一部分——禁运条款"。⑤ 他认为,"废除了禁运,美国大概比保持现行法律更能保持和平"。最后,他谈了修改中立法的具体目标,即限制美国商船进入战争地带,阻止美国公民搭乘交战国船只和在危险地带旅行,要求外国买主在美国就接受商品所有权,阻止向交战国提供战争信贷。经过这次演说和"全国非党派修改《中立法》争取和平委员会"的活动,罗斯福终于取得了胜利。10 月 27 日,参议院以 63 票

---

① 罗伯特·达莱克:《罗斯福与美国对外政策(1932—1945)》上册,商务印书馆 1984 年版,第 272—273 页。
② 《罗斯福选集》,商务印务馆 1982 年版,第 225—227 页。
③ 拉尔夫·德·贝茨:《1933—1937 年美国史(上卷)富兰克林·罗斯福当政时期:1933—1945》,伊利诺伊州 1973 年版,第 240 页。
④ 罗伯特·达莱克:《罗斯福与美国对外政策(1932—1945)》上册,商务印书馆 1984 年版,第 290 页。
⑤ 《罗斯福选集》,商务印书馆 1982 年版,第 230—231 页。

对 30 票通过了修改《中立法》，11 月 2 日，众议院以 243 票对 181 票通过了修改中立法。11 月 4 日，罗斯福签署了新的《中立法》。这个《中立法》满足了罗斯福关于取消武器禁运的要求，但仍保留了"现购、自运"的条款，即用现金购买武器，用本国船只运输。新《中立法》还规定，由总统确认世界战场的作战区和禁止美国船只进入区域。这一条为罗斯福提供了很大的处置权。

新《中立法》的通过，标志着美国从中立法立场向反法西斯方向转变迈出了一步。这个《中立法》对于拥有海上强大运输能力的英法来说比对德国更为有利。无怪乎在它通过后，德国驻美国代办汉斯·托姆森向柏林报告说：罗斯福想"通过无限制地输出武器、军事装备和基本物资加强盟国以赢得战争"[1]。但是，从中获利最大的还是美国本身，其原因是：第一，取消武器禁运大大促进了以军事工业为主导的美国经济的发展，如果以 1939 年 8 月的工业生产指数为 106，那么到 12 月就提高到 125。而经济的发展又增加了工业中的就业率。第二，在美国垄断资本家不承担任何风险的情况下，为美国军火商带来了巨额利润。1940 年，仅英国一国就向美国购买了 21 亿美元的武器和军用物资。第三，美国向英国出口武器，增加英国抗击德国法西斯的能力，实质上也保卫了美国的安全。

威尔斯出访欧洲

1939 年底，尽管罗斯福看到了希特勒准备向英法发动进攻的危险不断增长，并且为对付这种危险而重新制定了《中立法》，但是他仍未放弃和平解决德意和英法矛盾的想法。在 1939 年 12 月致罗马教皇庇护十二世的圣诞贺信中，他表示希望"争取和平的努力……能协同一致地发挥作用"。1940 年初，罗斯福对副国务卿威尔斯说："任何可能性——不管它是多么遥远，多么渺茫——都不应被忽视"[2]。为此，他于 1940 年 1 月和 2 月先后提出三项和平建议：第一，派一位与德国统治集团有联系的海外通用汽车公司总经理詹姆斯·穆尼去柏林，了解德国对解决当前世界问题是否感兴趣；第二，邀请 46 个中立国家磋商提出和平的建议和条件；第三，派威尔斯到罗马、柏林、巴黎和伦敦了解"四国政府对在当前实现某种公正持久和平的可能性的看法"。

罗斯福之所以提出这些"和平"建议，是和当时希特勒玩弄"和平"手腕以

---

[1] 约瑟夫·拉什：《罗斯福与丘吉尔——挽救了西方的伙伴关系》，纽约 1976 年版，第 32 页。
[2] 罗伯特·达莱克：《罗斯福与美国对外政策（1932—1945）》上册，商务印书馆 1984 年版，第 309 页。

及英、美、法三国的亲德分子的大肆活动分不开的。1939年9月19日,希特勒在但泽发表演说,声称"德国无论对法国和英国都不诉诸武力"。10月6日,希特勒在德国国会发表演说,表明他为改善与英法的关系所作的"努力"。10月10日,他又在柏林体育馆发表演说,声称"没有任何理由与西方的敌人作战"。在希特勒这种"和平"欺骗的宣传下,西方国家的慕尼黑分子和亲德分子大肆进行活动,鼓吹英法与德国妥协。美国向德国经销墨西哥石油的企业家戴维斯,在1939年9月15日拜见罗斯福时就曾建议美国政府对交战国双方进行调停。虽然罗斯福当时没有立即表示同意,但戴维斯还是以私人身份到德国,会见戈林。他回来后向罗斯福递交了访德报告,陈述了柏林方面的态度。10月,美国海外通用汽车公司总经理穆尼在柏林会见戈林时,戈林向他表示,德国愿意与英法签订协定。德国不管部部长雅·沙赫特还向美国驻柏林大使表示,希望罗斯福出面从中调停。与此同时,瑞典企业家比尔格尔·达列鲁斯受张伯伦政府的委托,于9月底到柏林为英德两国妥协进行斡旋。希特勒要求英法承认德国已在欧洲占领的一切属它所有。① 所以在罗斯福提出和平建议之前,美国一些亲德的资本家和英法的慕尼黑分子已在这方面进行过活动,而罗斯福的和平建议和威尔斯出访欧洲不过是西方国家企图与德国妥协活动中一个组成部分。

当然,罗斯福提出和平建议还有他自己的打算:1.企图通过调停德国和英法的关系来控制世界事务,促成双方的和解;2.转移德国的侵略目标,把德、意、英、法四国的行动统一起来,共同对付苏联,使西欧以至美国避免遭受后果不堪设想的战争灾难;3.如果他的和平尝试能够成功,将会大大增加他的政治资本,特别是第三次参加总统竞选的资本。虽然罗斯福对他的和平建议不抱太大希望,但他认为威尔斯的出访"起码能拖延德国发动攻势,从而使同盟国有机会加强防御","劝阻墨索里尼不要参战"。②

1940年2月9日,罗斯福公布了要穆尼去柏林和威尔斯出访西欧四国的建议,但是却掩盖了这些建议的真实意图。威尔斯访问欧洲的目的名义上是"仅仅向总统和国务卿提供有关欧洲当前局势的情况"③,但是,其真正使命是在德国直接向法英发动进攻之前调查实现和平的可能性,也就是了解德意和英法双

---

① 参见《英国对外政策文件汇编,1919—1939年》第3编,第7卷,伦敦1954年版,第281—286、318—320页。

② 罗伯特·达莱克:《罗斯福与美国对外政策(1932—1945)》上册,商务印书馆1984年版,第310页。

③ 《美国对外关系文件集(1940年)》第1卷,华盛顿1959年版,第4页。

方对待谈判的态度,各自的要求和条件以及媾和的可能性,以便从中牵线搭桥,促成和解,然后共同对付苏联。

1940年2月26日,威尔斯到达罗马,拜会了墨索里尼,向他提出下面一个问题:"阁下是否认为德国与盟国此刻可以举行关于缔结长期和约的任何有成效的谈判?"①墨索里尼按照在此之前戈林访问罗马时通知他们的德国和谈立场对威尔斯作了回答。他说,和谈是可能的,而和谈的条件是:英法必须承认德国对奥地利的合并;承认捷克斯洛伐克已经分裂成为"独立的"斯洛伐克和受德国保护的波希米亚和摩拉维亚两部分;把波兰境内德国人居住的地区全部划归德国。接着,墨索里尼带着威胁的口吻说,如果爆发了真正的战争,那么要举行任何和平谈判就不可能了。

3月1日,威尔斯到达柏林。但是在他到达的前一天,即2月29日,希特勒发了一道"如何和威尔斯先生谈话"的秘密指令,为德国高级官员接待威尔斯规定了五点准则:德国并没有向英法宣战,而是英法向德国宣战;元首曾于1939年10月向它们提出和平建议,但它们拒绝了;德国接受了挑战;英法进行战争的目的是想"毁灭德意志国家",德国没有别的选择,只好继续战争,等等。② 此外,希特勒还要求回避讨论波兰问题,更不得讨论奥地利问题和波希米亚及摩拉维亚保护国问题。总之,不要表露出对讨论和平问题有任何兴趣,不要让萨姆纳·威尔斯有丝毫理由怀疑德国要胜利结束这场战争的决心。

由于希特勒无和谈之意,因此威尔斯拜访希特勒和里宾特洛甫的前景也就暗淡了。3月1日、2日和3日,里宾特洛甫、希特勒和戈林在分别接见威尔斯的时候,虽然态度冷热不同,但谈话基本是一个腔调,即德国在打败法英之前,没有和谈可言。于是威尔斯不得不向戈林说:如果德国决心要在西方取得军事胜利,那么他的欧洲之行"就毫无意义……而他也就没有别的话要说了"③。

威尔斯访问罗马和柏林之后,接着又到了巴黎和伦敦,法国政府和英国政府对美国政府为"取得欧洲矛盾的公正解决"所作的努力表示赞赏。3月7日,达拉第在与威尔斯谈话时表示,如果波兰和捷克斯洛伐克的独立得不到恢复,将不可能与德国媾和。不过法国仍将对德国采取妥协立场,准备对它作出新的让步。3月11日,张伯伦会见威尔斯时表示,若是按照希特勒提出的条件与德国媾和,那是不可能的,因为那将巩固德国在欧洲的霸权,损害英国在大陆的利

---

① 萨姆纳·威尔斯:《决定的时刻》,纽约1944年版,第87页。
② 威廉·夏伊勒:《第三帝国的兴亡》,生活·读书·新知三联书店1974年版,第948—949页。
③ 同上书,第950页。

益。海军大臣丘吉尔明确地告诉威尔斯,只有彻底打败德国,消灭法西斯,并恢复奥地利、波兰和捷克斯洛伐克的独立,才能结束战争。①

3月16日,威尔斯从伦敦又回到罗马,同齐亚诺和墨索里尼再次进行会谈,但是他发现墨索里尼的态度已经改变,"变成另一个人了"。因为经过3月11日和12日里宾特洛甫访问罗马时的敦促,墨索里尼已经同意参战了。3月20日,威尔斯两手空空地返回了美国。

防备战火蔓延美洲

1940年4月,德军在占领丹麦全境和挪威的大部分领土之后,就加紧准备向低地国家、法国和英国发动进攻。当时,美国政治集团乐观地认为,拥有300万军队的法国是欧洲最大的陆军强国,而英国又是海上强国,再加上荷兰、比利时和卢森堡的军力,它们是能够顺利地击退德军的进攻的。但是,从5月10日德军开始在西线发动进攻时起,在不到1个月的时间内,就先后占领了卢森堡、荷兰、比利时和法国北部大片土地,使号称西方军事强国的法国面临沦亡的危险。德军以闪电战术迅速取得胜利,完全打破了美国统治集团当初的乐观估计,使他们深感不安。正如在这之后不久新上任的陆军部长史汀生所说:"希特勒军队的扩张……把1940年春天变成了一场噩梦,这是当时活着的人永远不会忘记的。很明显,对希特勒的战争机器是可悲地估计不足,而与此同时,遭到进攻的各个国家都没有预计的那么强大。"②

在德军疯狂进攻面前,法英两国很快就面临着生死存亡的严重威胁。两国政府向美国告急求援的电报纷至沓来。5月14日,法国总理雷诺向美国总统罗斯福致电,要求提供飞机、高射炮和军火。5月18日,雷诺警告说:"这场战争可能以法英两国在两个月内彻底失败而告终。"他要求美国总统要么对德国宣战,要么宣布,"为了保卫美国生死攸关的利益,我们绝不能坐视法国和英国遭到失败"③。5月22日,雷诺又警告说,法国可能不得不与德国单独媾和,从而使英国乃至美国面临纳粹攻击的危险。

5月15日,英国新上台的首相丘吉尔,致电罗斯福总统,要求借用40艘至

---

① 《美国对外关系文件集(1940年)》第1卷,华盛顿1959年版,第84页。
② 史汀生、邦迪:《平时和战时服役记》,纽约1948年版,第317页。
③ 罗伯特·达莱克:《罗斯福与美国对外政策(1932—1945)》上册,商务印书馆1984年版,第318页。

50艘旧驱逐舰,以弥补英舰之不足,并要求总统宣布美国为"非交战状态"①。在法国沦亡之后英国单独与德作战时,丘吉尔在每次给罗斯福的电报中,都无不提到这种要求,而且语气越来越紧迫。他在7月底的一封电报中说:"如果英国一旦崩溃、希特勒称霸欧洲,掌握了欧洲所有的造船厂和海军,则美国将处于多么危险的境地"②。

意大利的参战,法国的沦亡,英国的告急,使美国东海岸受到越来越严重的威胁。美国统治集团为了保护美国自身的安全,防止战火蔓延美国和整个美洲,在内政和外交两个方面采取了一系列重大措施。

在内政方面,罗斯福政府主要采取了下列三项紧急措施:

第一,增拨国防军费,增加军备生产,扩大武装力量。5月16日,罗斯福要求美国国会增拨11.8亿美元的国防费用,用于"增加兵员和完善陆军装备"。在面临希特勒侵略的严重威胁下,这时美国国会也一改过去的拖延做法,在不到两周之内便赞成拨款15亿美元,另给海军追加1亿美元。5月31日,罗斯福在国会上说:"过去的两周内几乎令人难以置信的事态的发展……使我们需要进一步扩大军备计划。"于是国会又增拨17亿美元国防费,并同意把陆军正规军从28万人扩大到37.5万人。9月16日,美国第一次实行了和平时期义务兵役法,规定每年征兵90万人入伍。为了加强防空力量,罗斯福在5月16日向国会提出的咨文中,要求大大提高"制造飞机的能力,每年至少生产5万架飞机",拨款110亿美元,建设一支拥有5万架飞机的空军。③尽管这个生产计划和拨款数目空前庞大,国会还是批准了。

第二,重新成立国防咨询委员会和改组政府。在第一次世界大战期间,威尔逊总统曾设立过国防咨询委员会,这次罗斯福仿效威尔逊的做法,于1940年5月任命了一个由七人组成的国防咨询委员会,作为听取战备意见的机构。6月19日,罗斯福宣布改组政府,任命曾在塔夫脱总统期间担任过陆军部长和在胡佛总统期间担任过国务卿的亨利·史汀生担任陆军部长,顶替顽固的孤立主义分子哈里·伍德林;任命弗兰克·诺克斯担任海军部长,顶替孤立主义分子查尔斯·爱迪生。这两个新任命的部长都是资历很深的共和党人,虽然不赞成罗

---

① 这种状态可以不参加战争,但是可以支持交战的一方。
② 温斯顿·丘吉尔:《第二次世界大战回忆录(第2卷):最光辉的时刻》,商务印书馆1975年版,第592页。
③ 参见罗伯特·达莱克:《罗斯福与美国对外政策(1932—1945)》上册,商务印书馆1984年版,第319—320页;拉尔夫·德·贝茨:《美国史》上卷,伊利诺伊州1973年版,第243页。

斯福的"新政",但是却完全赞成罗斯福所采取的战备措施和对外政策,特别是向英国供应武器。通过他们的入阁,罗斯福便达到了在防务方面和对外政策方面的两党合作。①

第三,与孤立主义分子作斗争,打击纳粹的"第五纵队"。在大战爆发之前,德国就采取贿赂美国国会议员、津贴作家和资助"美国第一委员会",来支持美国的孤立主义者,企图阻止美国参加反法西斯战争。因此,美国孤立主义分子中的一些人实际上成了纳粹德国的"第五纵队"。他们利用美国公众中的孤立主义情绪,千方百计地阻挠修改《中立法》,反对美国向欧洲和亚洲被侵略国家提供武器援助和贷款。1940年,美国举行总统选举。为了破坏罗斯福蝉联第三任总统,德国花费了500万美元,资助孤立主义分子煽起反罗斯福的运动。对此,罗斯福不顾法律的规定,命令联邦调查局窃听一切可疑分子的谈话和通讯,拆查他们的邮件。5月26日,罗斯福针对孤立主义代表人物林白发表的讲话时说:"有一种新的进攻方法,即利用特洛伊木马,利用那叛卖一个对卖国贼毫无戒备的国家的第五纵队。在实施这一新的策略时,上场的演员就是那些间谍、破坏者和卖国贼。"②由于有效的斗争,孤立主义分子和纳粹"第五纵队"既未能阻挡武器运输,也未能影响总统选举。

在对外政策方面,罗斯福正确地认为,要保卫美国的安全,最好的办法就是扩大对英法的援助。因此,1940年5月22日,他决定把第一次世界大战时的一些旧装备售给同盟国。这个决定虽然遭到参议院外交委员会的强烈反对,但是随着盟军的节节败退和德军的不断胜利,美国公众的舆论却迅速朝着要求支持盟国的方向转化。据调查,5月29日,赞成向盟国全部出售和部分出售飞机的人占47%,到6月10日,赞成向英法出售飞机的人猛增至80%。这就更加坚定了罗斯福援助盟国的决心。6月5日至7日,他应雷诺的紧急要求,批准向法国出售并迅速交付50架旧的俯冲轰炸机和93架老式的战斗轰炸机。6月10日,鉴于巴黎即将陷落,意大利宣布参战,以及丘吉尔头一天来电警告:"如果大不列颠沦陷,一个亲德的政府交出英国舰队,就可以为德国取得远为宽大的条件,从而使德国和日本成为新世界的主人。……如果我们失败,希特勒就可获得一

---

① 拉尔夫·德·贝茨:《美国史》上卷,伊利诺伊州1973年版,第246页。
② 罗伯特·达莱克:《罗斯福与美国对外政策(1932—1945)》上册,商务印书馆1984年版,第322页。

个征服全世界的大好机会"①,罗斯福宣布:美国将给予同盟国一切可能的物质援助。他气愤地指责意大利说:"在1940年6月10日这一天,那只拿着匕首的手从背后对他的邻居捅了一刀"②。

在法国即将投降,德国准备渡海进攻英国之际,美国的安全受到更大的威胁。当时,美国政府最关心的有两个问题:一个是在法国投降谈判中其舰队和殖民地如何处理?另一个是在德国准备大规模进攻面前,英国能否坚持反侵略战争?美国政府认为,如果法国政府把它在西半球的殖民地转给德国,就会增加德国在西半球的力量,直接威胁美国的安全;如果法国把舰队交给德国,就会大大扩大德国的海上力量,增加它的海上作战能力,同样威胁到美国的安全。因此,6月17日,美国参议院通过一项法令,宣布美国不承认西半球的任何一块领土从一个非美洲国家转给另一个非美洲国家。这就是说,当法国在西半球的殖民地遭到瓜分时,这些殖民地只能转给美国,而不能交给德国或英国。17日下午,罗斯福敦促头一天新上台的贝当政府不要让舰队投降。他警告说,假如法国政府使舰队投降,那"将使法兰西帝国的生存和最终恢复法兰西的独立自主问题受到致命的打击。此外,假如法国政府……允许舰队向德国投降,法国政府将永远失去美国政府的友谊和亲善"③。

在法国投降之后,英国便成了美国在欧洲的唯一联盟。因此美国政府认为,要保卫美国,必须增加对英国的援助,使之成为美国在大西洋上的第一道防线。但是,对于英国能否坚持反法西斯侵略战争,美国政府也存在着疑虑,而这种疑虑则成了迟迟不向英国提供驱逐舰的原因之一。美国政府担心,如果英国被打败,美国提供的驱逐舰将被俘,那么德国就会利用这些舰只来进攻美国自身。为了防止出现这种情况,美国政府要求英国政府对提供驱逐舰作出一项保证,即一旦德国入侵英伦三岛成功,英国舰队将开往美国海域;或者以"马上取得英国在西半球属地上的海、空军基地作为交换条件"。1940年8月3日,丘吉尔在给英国驻美国大使洛西恩勋爵的电报中明确表示,"第二个办法,即把(英国拥有的)一些基地(让与)美国,可以答应。不过我们宁愿无限期地租借而不

---

① 温斯顿·丘吉尔:《第二次世界大战回忆录(第2卷):最光辉的时刻》,商务印书馆1975年版,第594—595页。
② 罗伯特·达莱克:《罗斯福与美国对外政策(1932—1945)》上册,商务印书馆1984年版,第326页。
③ 同上书,第329页。

愿出卖"①。但是,对于第一个办法,即一旦英国失败,英国舰队将开往美国海域,丘吉尔不能答应,因为这将意味着美国拥有决定英国舰队行动的权利。他在8月7日答复说,如果英国被占领,英国舰队将在海外继续为英帝国战斗。

在西线战争爆发后,罗斯福除了关心援助英国、法国,保卫美国东部的安全外,就是关心拉丁美洲——美国后院的安全问题。

早在1939年9月,在巴拿马政府的发起下,美洲各国外长在巴拿马举行过第一次协商会议,讨论欧战爆发对拉丁美洲的和平所造成的威胁以及对此必须采取的政策。在这次会议上,美国代表团长萨姆纳·威尔斯提出了共同实行中立政策、建立安全地带和调整西半球各国经济合作的建议,结果通过了《美洲各国团结的联合宣言》、《美洲各国中立宣言》和《巴拿马宣言》。在《美洲各国团结的联合宣言》中,21国外长重申了1938年利马第八次美洲国家会议所发布的团结一致的宣言,热烈地希望停止欧洲战争和重建世界和平。在《美洲各国中立宣言》中,重申了各国的中立地位,宣布了它们所承认的中立标准:防止各自的领土、领海、领空被利用为战争基地;防止在各国征募人们为交战国的陆、海、空军服务;交战国的军舰停留在各国港口或水域不得超过3艘,并不得超过24小时;交战国飞机飞越各国领空,应视为违反它们的中立地位;禁止交战国潜水艇进入它们的水域。中立宣言最后规定设立一个美洲各国中立委员会,负责研究和作出中立问题建议案。② 这个中立宣言,对限制交战国,其中特别是限制德国在美洲的活动起了一定的作用,同时也为美国对拉美各国的渗透和扩张提供了方便。

在《巴拿马宣言》中,接受了罗斯福有关"中立区"的建议,规定在加拿大以南大西洋沿岸周围300英里至1000英里的区域内为安全地带,"不许有任何非美洲的交战国的任何敌对行动",以此作为保持美洲中立的措施。如果"安全地带"遭到破坏,各签字国将采取联合行动,以制止这种破坏行为。宣言要求各国在安全地带进行单独的或联合的巡逻。如果发现交战国船只,则巡逻的海军可以使用武力对它加以扣留。这不仅限制了德国在拉丁美洲的利益,而且也限制了英法的利益。事实上,这个安全地带只是更加便利于美国对拉美国家的控制。美国利用这个宣言同拉美国家签订了联合巡逻的协定。根据这些协定,罗斯福指派的80艘执行巡逻任务的军舰可以随时进入这些国家的水域。到

---

① 温斯顿·丘吉尔:《第二次世界大战回忆录(第2卷):最光辉的时刻》,商务印书馆1975年版,第598页。

② 《国际条约集(1934—1944)》,世界知识出版社1961年版,第236—240页。

1939年底,美国还向阿根廷、巴西等13个国家派了军事代表团,开始实行军事控制。

巴拿马会议还决定在华盛顿设立由美洲各国代表组成的美洲各国财政经济协商委员会,以协调各国的财政和经济工作。实际上,它是削弱交战国与拉美国家的经济往来,加强美国对它们实行经济控制的重要手段。

在1940年5月德国在西线发动进攻后,罗斯福为防止德国对荷兰和法国在西半球的属地的占领,又进一步采取了一系列措施。5月下旬,他批准了召开美洲各国秘密军事会谈的建议,并命令美军首脑制订一项占领那些可能被德国宣布为战利品的荷、法在西半球属地的计划。6月,美国政府发表声明,反对欧洲国家之间转让对美洲殖民地的控制权,并决定在哈瓦那召开美洲各国第二次外长会议。

在7月21日开幕的哈瓦那会议上,阿根廷、巴西和智利等9个国家慑于德国使节的警告没有派外交部长参加。会议的中心议题,是研究美国事先草拟的对可能易手的欧洲国家在美洲的属地实行"托管"问题。但是阿根廷、智利、古巴等国代表反对托管,主张由某一个美洲国家实行代管,在代管期间,这些属地的人民有权宣告完全独立或同其他国家合并。因此,美国的草案在会上没有被接受,而是通过了关于对美洲大陆上欧洲殖民地和领地实行暂时管理的《哈瓦那法》及《哈瓦那协定》,规定在非美洲国家控制的美洲岛屿或地区有成为交换对象或把权力移交给另一个国家的危险时,美洲国家可以建立一个暂时的管理机构,即"美洲各国领土管理委员会"负责管理,直到导致实行这种管理的原因消失为止。[①]

在哈瓦那会议上,还通过了《美洲各国第二次外交部长会议对于美洲各国防御互助合作的宣言》和《美洲各国间维护和平与团结的宣言》。在《互助合作的宣言》中宣布:"一个非美洲国家对一个美洲国家的领土完整和不可侵犯性、主权或政治独立的任何破坏的尝试应被视为是对本宣言签字各国的侵略行为。"[②]会议还通过了另外一些决议,限制外国的外交和领事代表在美洲国家从事政治活动。

显然,美洲国家第二次外长会议进一步采取了防止德国利用战败国在美洲的殖民地向美洲扩张的措施。

[①] 参见《美洲国际会议(1938—1942)》,华盛顿1943年版,第154—155页。
[②] 《国际条约集(1934—1944)》,世界知识出版社1961年版,第271页。

对英国的武器供应和租借法案

1940年6月22日法国投降之后,英国面临着德国入侵的危险,这就进一步威胁到美国在欧洲的利益和它自身的安全,因此它对英国急需获得武器以及借美国旧驱逐舰的请求不能不予以认真考虑。但是,这时它还不愿意为援救英国而承担过大的义务。因为罗斯福担心英国抗德失败,美国的援助会全部落空,在这种怀疑心理的支配下,罗斯福接受了军方决策者的建议,即"只有形势表明,大不列颠有抵御德国进攻的能力,我们转让的装备能够发挥重大作用,从而使大不列颠将抗击德国的斗争坚持到来年年初",才能答应向伦敦出售战争物资。① 因此,在7月间,美国只是向英国提供了枪、炮和弹药,对于转让驱逐舰仍未作出决定。7月23日,英国大使洛西恩和美国副国务卿威尔斯在华盛顿开始就提供舰艇问题进行谈判。

7月31日,丘吉尔再次致电罗斯福,重新提出以前所要求的驱逐舰、汽艇和飞机。不过,由于在最近的德国空袭中,英国舰艇遭到严重的损失,丘吉尔这次已经不是要求提供40至50艘,而是要求50至60艘。在电报中,他很有信心地表示:"我开始感觉到,如果能度过今后的三四个月,则战争的前途就非常有望。空战情况良好。"②

英国在7月间进行了有效的抗德斗争,这打消了罗斯福和美国其他领导人的疑虑,使他们相信英国有抵御德国空、海袭击的能力。8月2日,在美国政府举行的内阁会议上,罗斯福表示赞成以租借英国在西半球的基地为条件而转让舰艇。9月2日,英美双方正式达成协议。美国向英国提供50艘驱逐舰,英国则把纽芬兰、百慕大、巴哈马群岛、牙买加、安提瓜、圣卢西亚、特立尼达和英属圭亚那八个海空军基地租给美国,为期99年,免除租金。③

美国用第一次世界大战时的超龄舰只,换得了对美国具有重大战略意义的海、空军基地,这对于保卫美国的安全具有极其重要的意义。显然,就价值而论,这些基地是50艘旧驱逐舰根本无法与之比拟的。但是,在英国新舰只造出之前、现有舰只不足的情况下,这50艘旧驱逐舰也是"无价之宝",它们对于加

---

① 罗伯特·达莱克:《罗斯福与美国对外政策(1932—1945)》上册,商务印书馆1984年版,第352页。

② 温斯顿·丘吉尔:《第二次世界大战回忆录(第2卷):最光辉的时刻》,商务印书馆1975年版,第596页。

③ 参见《国际条约集(1934—1944)》,世界知识出版社1961年版,第275—277页。

强英国在西北航道上的护航和在地中海上的力量非常重要。丘吉尔根据罗斯福的要求还为此保证英国舰队绝不投降或自行凿沉。除了驱逐舰外,美国还向英国提供了20艘鱼雷艇、150架飞机、97万支步枪、895门大炮。英国则向美国提供有关雷达和诺尔登式轰炸机瞄准器的最新发明资料以及研究制造原子弹的资料。

此外,英美达成的转让驱逐舰的协议还有一个更重要的意义,就是"美国将50艘驱逐舰移交英国,这就肯定构成一种非中立行为"[①],标志着美国在参加反法西斯战争的道路上又向前迈进了一步,为建立美英军事同盟开始奠定基础。

1940年11月初,罗斯福蝉联第三任总统后,援助英国的决心更大了。他在私下和公开场合表明,要把美国新生产的军火的一半分配给英国,并建议由美国制造货船租给英国运输物资。但是到11月末,英国的财力出现了严重困难,洛西恩对一群美国记者说:"朋友们,英国破产了,现在希望你们给点钱。"丘吉尔说,截至1940年11月,英国为订购军用物资花费了45亿美元现金,"即使我们卖掉了我们的全部黄金和国外资产,也不能付清订货的一半货款"[②]。因此,他于12月8日给罗斯福写了一封"最重要的书信",说明英国已经提取了大部分美元来支付到期的账款,现在已经提交和正在磋商的订单所要的开支,已经超过英国残存的全部外汇储备若干倍,英国不能再以现金支付船舶和供应品的时候即将到来。

对于解决英国的订货付款问题,当时美国有人主张,应该让英国人"典尽卖光",然后再给它贷款。但是罗斯福认为,为了避免英国在财尽弹绝的情况下向德国投降,应该立即给予援助。他说:"长期以来我们挤了英国这头财奶牛的奶,这头奶牛曾经有过充足的奶水,但是现在快被挤光了。"为此,他先考虑要求国会消除法律障碍,即废除《中立法》和《约翰逊法》,因为这些法令规定"现款自运"和禁止向交战国贷款。但后来觉得这样做可能会激起公众的反对,于是他在12月17日记者招待会上用生动的比喻阐明了租借法案的思想,他说:"假设我的邻人的家宅着了火,而在四五百英尺以外我有一截浇园用的水龙管子。如果他能够把我的浇园水管接到他的自来水龙头上,我就可能帮助他把火灭掉。那么,我怎么做呢?我不会先对他说,'邻居,我的浇园水管是十五美元买的,你得付给我十五美元来买它。'这个事情怎么处理?我不想要十五美元——

---

① 温斯顿·丘吉尔:《第二次世界大战回忆录(第2卷):最光辉的时刻》,商务印书馆1975年版,第599页。

② 同上书,第831—832页。

我想在灭火后要回浇园水管。好！如果经过灭火的过程，这段水管完好如初，毫未损伤，邻人就把它还给我，对我十分感谢。"①

在 12 月 29 日"炉边谈话"中，罗斯福进一步指出了德国的扩张野心和支持英国抗德斗争对世界各洲的重要性。他说："德国的纳粹主义们已经表明，他们不仅要在自己的国内支配一切生活和思想，而且还要奴役整个欧洲，然后再利用欧洲的资源进而支配世界其他部分。"因此支持英国十分重要，"如果英国倒下去，轴心国家就会控制欧、亚、非和澳大利亚等各大洲以及各大洋……到那时候，在整个美洲，我们所有的人就将生活在枪口的威胁下……这并不是什么危言耸听。"罗斯福提出："我们必须成为民主国家伟大兵工厂"，把飞机、舰艇、枪炮、子弹生产出来，用于本国防务和送往海外。②

1941 年 1 月 9 日，罗斯福要求民主党领袖们制定一项不限制他提供援助的数量和种类的法案，10 日，他们便提出了这项被称为"众议院第 1776 号法案"，其全称为"进一步促进美国国防及其他目标的法案"。11 日，政府把它提交国会审议。为了使法案迅速通过，罗斯福指示摩根索在国会听证会上说明英国财政拮据的情况。在参众两院辩论法案过程中，孤立主义者激烈反对，说它加强了罗斯福个人的权力，这实际上等于对德国和意大利宣战，它将使四个美国青年人有一个被葬身沙场等等。对于这些指责，罗斯福都一一给予了驳斥，说这是最虚假、最卑怯、最不爱国的言论。经过两个月的辩论斗争，3 月 11 日，参众两院终于胜利地分别通过了租借法案。根据这个法案的规定，总统可以向"总统认为其防务对美国国防至关重要的任何国家出售、转让、交换、租借或以其他方法处理……任何国防物资"③。在租借法案通过之后，美国国会决定拨出 70 亿美元供实施法案之用。

当然，美国通过租借法案向同法西斯交战的国家提供援助，其根本目的还是为了它自身的利益，因为这些国家反对德国法西斯侵略的斗争，既保护了美国本国的安全，又保存了它自己的力量。正如美国历史学家贝利在总结美国政府通过租借法案的动机时所写的："政府提出这个措施，完全不是因为英国值得我们去援助，而是出于纯粹利己主义的动机。我们将使英国能够（用我们的

---

① 《罗斯福选集》，商务印书馆 1982 年版，第 259 页。
② 参见《罗斯福选集》，商务印书馆 1982 年版，第 261—269 页。
③ 罗伯特·达莱克：《罗斯福与美国对外政策（1932—1945）》上册，商务印书馆 1984 年版，第 373 页。

武器)战斗到最后一个士兵,而与此同时,我们依然保持中立和繁荣"①。美国通过租借法案的实施还扩大了对受援国的影响,并且在战后与这些国家的国际贸易中取得了种种特权。每一个根据租借法案接受援助的国家,也负有以劳务、原料和材料等支援美国的义务,而且在战争结束后,还必须把租借的剩余武器和物资归还美国。这又为美国资本对这些国家的进一步扩张打下了基础。

但是,租借法案毕竟使美国进一步离开中立立场,在走向参战的道路上迈出了决定性的一步。同时,它对援助反法西斯侵略国家的斗争也起了极其重要的作用。英国在二战期间所用的作战物资中,很多都是靠美国提供的。除英国之外,希腊、中国和苏联后来根据租借法案也相继得到过一些援助。

在美国国会讨论租借法案的同时,美英两国参谋人员在华盛顿举行了秘密会谈,结果于1941年3月27日制订了ABC-1计划。这个计划规定了美英两国的主要战略,首先反对轴心国中德国这个首要敌人,在打败德国之前,在远东对日本采取积极的防御。ABC-1计划的制订对于协调美英两国的战略,密切两国的军事合作,具有重要的意义。1941年3月,美国军事代表团到达英国,选择建筑空军基地的地址,并研究利用英国的海军基地问题。4月,罗斯福命令海军和空军把在大西洋上的巡逻区扩大到西经26°,从而保护了英国船只免遭德国舰艇的攻击。因此,可以说,从ABC-1计划之后,英美就真正开始了军事合作。

----

① 贝利:《普通人》,纽约1968年版,第157页。

第十章　苏德战争爆发，第二次世界大战扩大到社会主义国家

第一节　德国进攻苏联和苏联卫国战争的开始

德国进攻苏联

把法西斯制度推行于整个欧洲大陆是希特勒称霸世界计划的重要内容，而社会主义苏联则是实现这一称霸计划的重大障碍。早在1939年8月苏德签订互不侵犯条约后不久，希特勒就透露了侵苏的意图，他说："这个条约只是在对我们有用的时候才有遵守的必要。一旦我们在西方腾出手来，就可以对俄国作战。"①

希特勒挑起欧战后，首先在西线接二连三发起进攻，德军横扫西欧大陆。截至1941年6月，法西斯德国控制了欧洲14个国家的230万平方公里的土地和近2亿人口，支配着几乎整个西欧的经济命脉、军事工业和战争资源，缴获了150个师的武器装备。德军无论在人数、技术装备和作战经验等方面均居欧洲之冠，整个西欧大陆已经没有任何一个国家能够与德国相抗衡。

实现独霸西欧后，希特勒更加得意忘形，利令智昏，自以为征服苏联、完成其称霸欧洲和世界计划的时机已经到来，他狂妄叫嚣："如果我们进攻他们，斯大林的俄国将在八星期内从地图上抹掉。"②希特勒迫不及待地发动侵苏战争的另一企图是，以击溃苏联来粉碎英国的抵抗意志，进而打败英美，夺取世界霸权。希特勒认为，英国的希望寄托在俄国和美国，"如果俄国被摧毁，英国的最后希望就会被粉碎。那时，德国就将成为欧洲和巴尔干的主人"③。于是，希特勒决定暂时搁置"海狮"计划，挥戈东进，把主要兵力从西线转向苏联。

---

① 苏联《军事思想》杂志1946年第8期，第41页。
② 威廉·夏伊勒：《第三帝国的兴亡》，生活·读书·新知三联书店1974年版，第1164页。
③ 同上书，第1100页。

在法国投降后不久,即 1940 年 7 月 21 日,希特勒命令陆军总司令勃劳希契立即进行对苏作战的准备工作。7 月 31 日,希特勒决定 1941 年春进攻苏联。从 8 月起,德军总参谋部开始制订对苏作战方案。8 月 9 日,德军最高统帅部发布一项指令,命令在与苏联西部接壤的地区建立和训练新的兵团,构筑后方军事设施,改进公路和铁路,完善通信线路。12 月 5 日,希特勒批准了总参谋部制订的作战计划。12 月 18 日,希特勒发布代号为"巴巴罗沙"计划的第二十一号指令。这个计划的总战略目标是:"德国武装部队必须准备在对英国的战争结束之前,以一次快速的战役打败苏俄(巴巴罗沙计划)",在德军装甲部队"纵深楔入的大胆作战的打击下,全部消灭俄国部署在西部的陆军主力",在这次战役结束时,"要建立起一道从伏尔加河到阿尔汉格尔斯克的防线,以对付俄国的亚洲部分",为此目的,命令"陆军现有兵力须全部投入战斗",战备工作"要在 1941 年 5 月 15 日以前完成"。①

为了掩盖侵苏战略意图,德国采取一系列的政治欺骗和战略战役伪装措施。在外交上,大肆渲染"德苏友好";在军事战略上,玩弄"海狮骗局",以迷惑苏联。在这种伪装的掩护下,从 1940 年 8 月起,德军开始源源不断地从西向东调动,到 1941 年 6 月初,德军的 153 个师(内有 40 个坦克师和摩托化师)和芬、罗、匈等国的 37 个师秘密集结在苏联边境上,并于 6 月 21 日全部进入攻击阵地。

1941 年 6 月 22 日凌晨,法西斯德国撕毁了签订不到两年的《苏德互不侵犯条约》,德军在 3700 辆坦克、5000 多架飞机、47 000 多门大炮的配合下,突然向苏联发动全线进攻。当大批德军侵入苏联领土一个半小时后,德国驻苏大使舒伦堡才向苏联外交人民委员莫洛托夫递交了宣战声明。接着,意、芬、罗、匈、西等国也相继对苏宣战。

按照"巴巴罗沙"计划,德军从北起波罗的海,南至东喀尔巴阡山脉的约 1800 多公里国境线上,兵分三路进犯苏联:北路穿过波罗的海沿岸三国,攻打列宁格勒;中路向布列斯特、明斯克方向突击,直取莫斯科;南路指向乌克兰,攻占基辅,进逼顿巴斯。战争的第一天,苏联损失惨重。西部 66 个机场遭到德国飞机猛烈轰炸,损失飞机 1200 架,其中 800 架未来得及起飞即被毁于机场。德军在 6 月 22 日当天就突破苏军防线,向前推进了 25—50 公里。在苏德战争最初的 18 天当中,德军侵入苏联腹地 500—600 公里,占领了拉脱维亚、立陶宛全

---

① 《德国外交政策文件汇编(1918—1945),战争年代》第 4 卷下卷(1940 年 11 月 13 日至 1941 年 1 月 31 日),波恩 1964 年版,第 750—751 页。

部，白俄罗斯和乌克兰大部；苏联西部边境军区170个师中，28个师被歼，70个师人员武器损失过半。

在德国进攻苏联之前，苏联党和政府对希特勒的侵苏阴谋有所察觉和警惕，并在经济和军事方面做了一些准备工作。但是，在战争初期苏联仍遭到严重损失，因素是多方面的，仅从苏联方面来看，有以下几个主要原因：

第一，苏联对希特勒的战略和发动侵苏战争的时间判断错误。苏联领导人认为，希特勒打败法国后将渡海攻打英国。在结束对英作战之前不会进攻苏联。所以斯大林坚信1942年以前苏联可以避免战争。在这种思想指导下，苏联的战备工作缺乏紧迫感，部队缺额，武器装备落后，弹药储备不足，国防通讯网和报警系统均未建立起来，防御工事和机场的构筑未全部完成。这种状况，很难抵挡住德国大规模的突然袭击。

第二，苏联领导人轻信《苏德互不侵犯条约》。本来，这个条约是希特勒为进攻西欧而玩弄的权宜之计，它从一开始就孕育着被破坏的危险。然而，苏联由于自身战备不足，把和平的希望寄托于互不侵犯条约上，指望通过外交途径赢得更多的时间进行备战。为此，斯大林对德国的挑衅行为百般忍让和迁就，唯恐希特勒找到撕毁条约的借口。从1941年4月18日至侵苏战争前的6月21日，德国飞机侵犯苏联领空达180次之多，而苏联仅仅提出抗议了事。同时，苏联继续遵守苏德贸易协定，并于1941年5月断绝了与南斯拉夫、比利时和挪威等国流亡政府的外交关系，承认伊拉克亲德政权。历史的经验表明，靠一味妥协和让步换取的暂时和平，只能有利于法西斯侵略者。

第三，斯大林对德侵苏战争的重要情报判断错误。从1941年2月起，美、英等西方国家多次把德国即将进攻苏联的情报通知苏联，英国驻苏大使克鲁普斯甚至准确地预言：战争之日为6月22日。但斯大林仍然坚信苏德互不侵犯条约，非但不相信这些重要情报，反而认为英国在故意离间苏德关系。6月14日，苏联塔斯社还特意发表声明，驳斥这类情报是"谣言"，是"一种笨拙的宣传伎俩"。在大战临近的时刻发表这种声明，客观上起到了麻痹自己、帮助敌人的效果。

第四，苏联在30年代后期进行的大清洗严重削弱了红军的作战力量。在1937年至1938年的大清洗中，有相当一批作战经验丰富的指挥员受到打击和排斥，许多人受迫害致死，与被清洗者有关的军事理论、战备措施随之遭到破坏和废除。相反，大批未经过军事院校培养的年轻指挥员被提拔到高、中级领导岗位，干部素质大为降低。1939年以后，虽然苏联开始纠正肃反扩大化，但是对军队建设、战备工作所造成的恶果和影响,却很难在短时间内消除。

由于上述原因,苏联对希特勒的突然袭击,缺乏足够的思想准备,未能抢在战争之前制定和采取紧急而有效的防御措施,使得自己在战争一开始就处于十分危险和被动的境地。

面对德国的突然袭击,苏联党和政府立即实行全国紧急总动员,号召苏联人民积极投入反法西斯卫国战争。6月22日,莫洛托夫代表苏联党和政府发表广播讲话,号召全体军民紧密地团结在苏联共产党周围,给予法西斯侵略强盗以毁灭性打击。同一天,苏联最高苏维埃主席团向列宁格勒等14个军区发出了义务兵役的动员令,动员1905—1918年出生的适龄青壮年应征入伍。6月30日,成立了以斯大林为主席的国防委员会,作为战时国家最高权力机关,领导苏联人民抗击法西斯的侵略。

1941年7月3日,斯大林发表广播演说,指出祖国已处在严重的危急关头,这次战争关系到国家和各族人民的生死存亡,号召苏联人民奋起反击法西斯侵略者,发出了"把人民的一切力量都用于歼灭敌人"的动员令。在苏联党和政府的领导下,苏联人民迅速行动起来,踊跃报名参军,仅在战争的头8天内(到7月1日前),就有530万人应征入伍,英雄的苏联军民决心用自己的鲜血和生命捍卫祖国。

针对德军处于暂时优势的形势,苏联及时吸取失利的教训,采取在防御战中消耗敌人有生力量的战略防御方针。到9月中旬,北方的列宁格勒保卫战把德军牢牢地牵制在列宁格勒城下;中部的斯摩棱斯克保卫战歼敌25万人;南部的基辅保卫战坚持了两个多月,挫败德军进攻高加索、顿巴斯的计划。这些战役钝挫德军的进攻锋芒,严重打乱了德军速战速决的计划,为苏军在莫斯科一线组织防御力量和集结战略反攻预备队赢得了宝贵的时间。

苏德战争的爆发,进一步扩大了战争的规模,使第二次世界大战超出了资本主义世界的范围,表明法西斯已经成为西方民主国家和社会主义国家的共同凶恶敌人。苏联直接参战,为世界反法西斯战争增添了新生力量,有力地支援了正在进行反法西斯奴役的民族解放斗争。

《大西洋宪章》

苏德战争爆发后,整个国际关系发生了巨大的变化。为了打败法西斯德国,苏、美、英三大国彼此都需要联合起来,这就为世界反法西斯同盟的形成确立了前提条件和共同基础。

在德军入侵苏联的当天晚上,英国首相丘吉尔发表了著名的广播演说,庄严而响亮地向全世界宣布:"我们只有一个目标和一个不可改变的目的。我们决心消灭希特勒和纳粹政权的一切残余","我们与希特勒或他的匪帮永不会谈、永不斡旋。我们将在陆地上、海洋上、天空中与他们战斗","直到我们将笼罩阴云于大地的一切敌人消灭为止,直到我们将那些民族从他的桎梏下解放出来为止",因此,"任何为反对纳粹主义而战斗的人或国家都将得到我们的支援。任何与希特勒为伍的人或国家都是我们的敌人",根据以上的理由,"我们将尽一切力量帮助俄国和俄国人民。我们愿向世界各地区的一切友人和盟国呼吁采取同一方针,并像我们一样忠实而坚定地执行至终"。①

6月23日,美国代理国务卿韦尔斯代表政府发表声明,明确指出:"今天希特勒的军队乃是美洲国家之主要威胁",美国当前所面临的现实问题是,"希特勒现今正在不顾一切地千方百计地推行征服世界以及残暴地奴役一切民族的计划能否成功地被阻止和击败",所以"美国政府认为,任何反对希特勒主义的防卫,任何抗拒希特勒主义的力量的汇合,无论这些力量来自何方,均将从速导致目前德国统治者的最终垮台,因而亦将有助于我们本身的防卫及安全利益所在"。② 24日,罗斯福在记者招待会上说:"欧战停止之日,即希特勒进犯美洲之时",他宣布"在可能的范围内,将尽力给予俄国一切援助"。③ 同一天,美国政府宣布解除在苏芬战争期间冻结的4000万美元的苏联存款,以便苏联在美国采购物资。7月26日,美国又宣布允许苏联用现款购买美国的军用物资。到10月底,美国向苏联运送了4100万美元的物资,英国向苏联提供了约450架飞机。

美英采取援苏抗德政策是出于同轴心国集团的尖锐矛盾。丘吉尔坦率地说:"过去二十五年来,没有人比我更加始终如一地反对共产主义。凡是我说过的关于共产主义的话,我决不收回。"但是另一方面,丘吉尔清醒地看到,"希特勒入侵俄国只不过是企图入侵英国诸岛的前奏"。④ 因此,处于危如累卵境地的英国,应该利用德军主力远离英国的有利时机,加强本土和中东的防御,并援助苏联,以推迟德国可能再次发动的进攻。从美国来看,日本称霸远东,德国独霸西欧,德意侵占法属北非,法属西非面临入侵的危险,战火正向西半球逼近,

---

① 《泰晤士报》1941年6月23日。
② 《美国外交关系文件集(1940—1941)》第3卷,波士顿1941年版,第364—365页。
③ 《罗斯福总统的记者招待会的完整记录》第17卷,纽约1972年版,第408—411页。
④ 《泰晤士报》1941年6月23日。

严重威胁着美国的安全和切身利益。面对这种形势,罗斯福决定援助苏联,打败法西斯德国这个最危险和最凶恶的敌人。

尽管美英的联苏抗德政策出于维护各自的利益,但是这一政策本身有力地促进了反法西斯同盟的建立,有利于加速法西斯德国灭亡的进程,其作用显然是积极的。

苏联党和政府为了扭转不利局面,掌握战争的主导权,打败法西斯,积极推行建立最广泛的反法西斯同盟的对外政策。斯大林在1941年7月3日发表的广播演说中阐明了建立反法西斯同盟的战略思想,他说:"我们为保护我们祖国自由而进行的战争,定会与欧美各国人民为他们的独立、为他们的民主自由而进行的斗争汇合起来。这将是那些拥护自由反对希特勒法西斯军队之奴役及奴役威胁的各国人民所结成的统一战线。"[1]

1941年7月12日,苏英两国在莫斯科签订了《苏英关于对德作战中联合行动的协定》,双方保证在战争中互相援助和支持,决不单独对德停战或媾和。8月16日,苏英又达成贸易、贷款和支付协定,规定英国向苏联提供1000万英镑的贷款。

但是,在苏德战争的头两个星期里,美国仅向苏联提供了少量的非作战物资。其重要原因是美国军方认为,德军至少1个月至多3个月就能结束对苏战争。所以美国"对于输送大量作战物资并不十分热心,生怕这些物资一到俄国可能就落入德国人的手中"[2]。为了摸清苏联领导人对抗德战争的态度以及苏德战场的形势,1941年7月底,罗斯福派霍普金斯作为总统特使访问莫斯科。霍普金斯在同斯大林进行多次会谈和实地考察之后,坚信苏联有信心有力量顶住德国的进攻,他的访苏报告使英美对苏德战场的估计"不再以俄国大概快要一蹶不振作为依据了"[3]。霍普金斯的莫斯科之行,成为美英和苏联战时关系的转折点。

苏联在努力发展与美英的联盟关系的同时,还积极同其他遭受法西斯德国侵略的国家建立起广泛的合作关系。7月18日和30日,苏联相继与流亡伦敦的捷克斯洛伐克、波兰两国政府签订互相援助协定,恢复了苏波关系。根据协定,两国在苏联境内建立军队,协同苏军打击德寇。7月19日,苏联恢复了同南

---

[1] 《反法西斯战争文献》,世界知识出版社1955年版,第10页。
[2] 威廉·哈代·麦克尼尔:《美国、英国和俄国——它们的合作与冲突(1941—1946)》上册,上海译文出版社1978年版,第36页。
[3] 舍伍德:《罗斯福与霍普金斯》,纽约1950年版,第343页。

斯拉夫流亡政府的外交关系。8月间,苏联又同挪威和比利时的流亡政府建立了外交关系。9月26日,苏联政府正式承认戴高乐将军领导的"自由法国"。

1941年8月9日至12日,美国总统罗斯福和英国首相丘吉尔为讨论苏德战争后的国际形势、调整两国关系、确定战略部署,在大西洋北部纽芬兰的阿根夏湾的军舰上,秘密举行了3天会晤,14日发表了《美国总统和英国首相的联合宣言》,即著名的《大西洋宪章》。两国宣称,不追求领土或其他方面的扩张;不承认法西斯国家的侵略所造成的领土变更;尊重各民族自由选择其政府形式的权利,各民族中的主权和自治权有横遭剥夺者,两国帮助设法予以恢复;保证一切国家在进行世界贸易和获得原料方面都享有平等待遇;促成一切国家在经济方面最全面的合作;待摧毁纳粹暴政后,重建世界和平,使各国俱能在其疆土以内安居乐业,并使全世界所有人类过无所恐惧的自由生活;公海航行自由;世界所有各国必须放弃使用武力,在普遍的安全制度未建立之前,必须解除侵略国家的武装,并采取一切实际可行的措施,以减轻爱好和平人民对于军备的沉重负担等八项原则。《大西洋宪章》表明了美英两国对待法西斯侵略战争的正义立场和态度,它提出的摧毁纳粹暴政的原则成为战时两国对外政策和指导战争行动的共同基础,这无疑适应了全世界人民反法西斯斗争的需要,对于正在进行反法西斯侵略战争的各国人民是一个巨大的鼓舞。

不可否认,这个宪章在很大程度上还反映了美英极力追求各自的战后世界秩序的愿望。美国企图凭借实力地位,乘英国衰落之机,力图打进和控制英国的势力范围。在宪章的制定过程中,罗斯福嘲讽英国的殖民主义政策是"十八世纪的方法",鼓吹采用"二十世纪的方法",要求废除大英帝国的特惠经济协定,开放市场,"给各国作健康的竞争"。而丘吉尔站在顽固维护大英帝国殖民利益的立场上,针锋相对地反驳说,"要想改动大英帝国的经济协定是绝对办不到的",指责罗斯福"是在想法毁灭我们大英帝国",并声称"他当英王首相的目的,并不是来主持大英帝国的解体的"。① 尽管丘吉尔表示强烈反对,但由于当时英国要依赖美国的支持和援助,丘吉尔不得不同意把美国历来坚持的"贸易自由"、"航海自由"、"机会均等"一些重要原则写进宪章。

在大西洋会议上,对苏政策占有重要地位。根据霍普金斯的汇报,美英决定向苏联提供军事援助,8月15日,由罗斯福和丘吉尔联名致函斯大林,提议在莫斯科举行一次三国会议,商讨有关援助问题。斯大林接受了这项建议。

---

① 伊利奥·罗斯福:《罗斯福见闻秘录》,上海新群出版社1949年版,第22页。

1941年9月,英苏等11个反轴心国家在伦敦召开同盟国会议。苏联为了推动反法西斯同盟的形成,"集中爱好自由的各国人民的经济和军事资源,以便把呻吟于希特勒强盗压迫下的各国人民彻底地、尽可能迅速地解放出来"①,遂于9月24日发表声明,同意《大西洋宪章》的基本原则。这样,苏、美、英三大国朝着建立反法西斯同盟的方向迈出了极其重要的一步。

苏美英莫斯科三国会议

在大西洋会议上,美英两国虽然提议召开一次三国会议,讨论向苏联提供武器装备和战略物资问题,但是未明确会议的日期。当时,无论英国或美国都不愿意在苏军巩固战线之前召开三国会议。② 到了9月下旬,苏联的卫国战争已进行了将近3个月,在苏军英勇顽强的抗击下,德军伤亡惨重,苏军暂时缓和了被动局面。在这种形势下,美英开始比较现实地考虑从军事上援助苏联。8月30日,丘吉尔指示军需大臣比弗布鲁克,"在可能的范围内,给予俄国人以最大的援助,即使我们自己作出重大牺牲,这也是我们的责任和为了我们的利益的事"③。美国在大西洋会议后也迅速改变了对苏态度。9月11日,美国海陆军联合委员会的报告指出:"在俄国维持一条活跃的战线,无疑为向德国发动一场成功的地面进攻提供了绝好的机会","而装备俄国部队是合作国家可以采取的最重要行动之一"。④

于是,美英决定尽快与苏联举行一次三国会议。9月29日,美国代表团团长哈里曼和英国代表团团长比弗布鲁克抵达莫斯科。当天晚上,哈里曼和比弗布鲁克同斯大林以及苏联代表团团长莫洛托夫举行了第一次会谈。整个会议进行4天,全面讨论了美英向苏联供应武器装备以及苏联向美英两国提供原料和货物等问题。10月1日,苏、美、英三国代表团团长签订了援助协议,即《对俄国供应第一号议定书》。根据该协议,美英自1941年10月1日至1942年6月30日,每月向苏联提供500辆坦克、400架飞机,以及其他军用物资。在这9个月期间,实际上,美英一共向苏联供应价值大约10亿美元的各种物资150万吨,并协助苏联运输;苏联方面则提供军工生产原料,以帮助美英扩

---

① 《苏联卫国战争时期的对外政策》第1卷,莫斯科1944年版,第146—147页。
② 舍伍德:《罗斯福与霍普金斯》上册,商务印书馆1980年版,第460页。
③ 温斯顿·丘吉尔:《第二次世界大战回忆录(第3卷):伟大的同盟》,商务印书馆1975年版,第681页。
④ 舍伍德:《罗斯福与霍普金斯》上册,商务印书馆1980年版,第561页。

大军工生产。

10月30日,罗斯福写信通知斯大林,批准议定书上援苏的全部项目,并决定向苏联提供10亿美元的无息贷款,以解决苏联在美国采购军用物资时财政上的困难。11月7日,罗斯福发表声明说,"保卫苏维埃社会主义共和国联盟对于保卫合众国是极其重要的",宣布苏联已取得租借援助的资格[①],这就为苏联在整个二次大战期间源源不断地取得美国的军事援助提供了便利条件。

莫斯科三国会议在协调苏、美、英三国的战时合作关系方面起了重要的积极作用。在反对法西斯的共同事业中,三大国不仅加强了政治合作关系,而且在经济和军事方面也逐步联合起来,为世界反法西斯同盟的最终形成起了有力的推动作用。特别是尚未参战的美国对苏联实行租借法,直接向苏联提供大量的武器装备、战略物资和粮食,这对加速法西斯德国的灭亡具有重要意义。

莫斯科保卫战的胜利

在苏、美、英举行莫斯科三国会议的同时,莫斯科一线正酝酿着一场大规模的军事行动。由于德军在苏军的顽强抵抗下攻势受阻,被迫缩小攻击面。9月中旬,希特勒决定集中最精锐的部队攻打莫斯科,扬言要在苏联十月革命节这一天到红场检阅德军,妄图一举攻占苏联首都来赢得战争的胜利。

9月30日,德军首先从南翼向莫斯科方向发起代号为"台风"的局部进攻。10月2日,德国中央集团军的35个师在安德烈波尔至谢夫斯克的广大战线上发起总攻,先后攻占奥廖尔、布良斯克,到10月中旬,位于莫斯科西南160公里的卡卢加和西北150公里的加里宁相继陷落,德军从西、北、南三面完成了对莫斯科的包围。

在这严重关头,10月19日,苏联国防委员会通过了关于保卫首都的特别决议,号召首都军民不惜一切代价,誓死保卫莫斯科,并宣布莫斯科实行戒严。苏联政府机关、高等院校、重要企业和外交使团暂时撤退到莫斯科以东的古比雪夫,但是,以斯大林为首的国防委员会始终坚持留在莫斯科指挥作战。几天之内,全市人民动员起来,积极投入保卫首都的战斗。首都工人和居民组织起12个民兵师,全市约45万人昼夜不停地掘壕筑垒,大批援军、武器装备和粮食从内地运到莫斯科。在全国人民的支援下,首都军民经过1个月的浴血奋战,

---

① 《美国对外关系文件集(1941年7月—1942年6月)》,波士顿世界和平基金会1942年版,第667页。

德军在遭受重大损失后,仅向莫斯科推进了250公里,攻占莫斯科的战略企图未能得逞。

11月7日,莫斯科红场上照例举行了盛大的阅兵式,斯大林亲自检阅英勇的苏联红军,受检阅的部队直接从红场开赴前线。处在特殊环境下的1941年的十月革命节,极大地激励了苏联人民和世界人民反对法西斯侵略者的士气,表现出新型的革命军队一定能够战胜法西斯强盗的大无畏英雄气概,使全世界人民看到了胜利的希望和曙光。

德国的十月攻势破产后,希特勒不甘心失败,经过短期休整,调集了74个师和4个旅的兵力,于11月15日又向莫斯科发起第二次攻势。11月23日,德军占领莫斯科北面的克林,12月3日,德军又包围了莫斯科南面的图拉。从正面进攻的德军于11月27日攻占了距莫斯科仅24公里的伊斯特腊地区。12月2日,一支德军部队突入莫斯科城郊的希姆基,克里姆林宫的尖顶已经遥遥在望,莫斯科处于德军火炮的射程之内。在这万分危急的紧要关头,首都军民万众一心,坚守每一寸土地,与德寇进行殊死的拼搏。经过20天的激战,德军精疲力竭,伤亡惨重,进攻力量日益减弱,被迫转入防御。

苏军最高统帅部抓住德军转入防御而又立足未稳的有利战机,于12月6日发起大反攻。在苏军强有力的打击下,德军整师整师被包围、被歼灭,许多高级将领相继被撤职。12月9日,希特勒亲自担任陆军总司令,但仍然无法阻挡苏军的强大攻势和德军的溃败。到1942年4月下旬,苏军完全收复了莫斯科州和图拉州,解放了60多座城市和1万多个居民点,德军被迫向西溃退了150—350公里。在整个冬季战役中,德军损失50余万人、坦克1300辆、火炮2500门、汽车15 000多辆,以及大量技术装备。

莫斯科保卫战的胜利,是希特勒自发动侵略战争以来遭到的第一次重大军事失败,它沉重打击了法西斯侵略者的嚣张气焰,彻底粉碎了"德军不可战胜"的神话,涣散了德国法西斯的军心,宣告希特勒"闪电战"计划的破产;莫斯科保卫战的胜利,使红军力量进一步发展和壮大,苏军开始由战略防守转入向德军发起有效的进攻,为苏德战场形势的根本扭转奠定了基础;莫斯科保卫战的胜利,极大地坚定了苏联人民和世界人民战胜法西斯侵略者的信心,推动世界各国人民的反法西斯斗争更加蓬勃地开展起来;莫斯科保卫战的胜利,也使美英政府看到苏联红军不仅能够阻止德军的疯狂进攻,而且还有强大的力量给法西斯侵略者以毁灭性的打击,有力地促进了国际反法西斯同盟的形成。

第二节　太平洋战争爆发,第二次世界大战全面展开

《德意日三国同盟条约》

1940年夏初,希特勒在西欧发动的"闪电战"取得成功,不到一个半月的时间内,相继灭亡了卢森堡、荷兰、比利时和法国,英国濒于绝境,德国征服了大半个欧洲。"德国人的胜利就像烈酒一样进入日本沙文主义者的头脑,他们认为'这是他们实现自己扩张美梦的黄金时机'"。① 在"不要误了公共汽车"的喧嚣声中,日本第二届近卫内阁于1940年7月26日决定了"南进"方针。日本南进的主要目的是:乘英、法、荷溃败之机,抢占它们在亚洲的殖民地,夺取南洋的重要战略基地和丰富资源;迫使美国放弃援华,切断英国同中国的联系,以早日摆脱中日战争的困境;进而打败美国,实现称霸远东和太平洋地区的夙愿。

日本帝国主义的野心很大,但国力不足。它要向南太平洋进军不仅会遭到这一地区各国人民的抵抗,而且会引起英、法、荷等西方殖民帝国的反对,更重要的是它会遇到强大的对手美国的阻挠。为了对抗英美等国,日本统治集团重新乞灵于"三国同盟"的援助,急于同法西斯德国结成军事同盟,以便利用德国在西欧发动的攻势配合其在亚太地区的南进扩张。这时正在进攻英国的法西斯德国,也迫切希望日本在远东采取积极步骤,以便把英国的兵力尽可能多地牵制在远东,并把美国的注意力从欧洲引向亚洲,阻止英美联合反德;同时在未来的对苏作战中,更期待日本在远东的配合和帮助。由于法西斯国家互有所求,它们便在扩大欧亚两洲战火的共同目标下开始加紧了新的勾结。

1940年9月9日,德日在东京恢复了在二战前夕中断的缔结军事同盟条约的谈判。9月18日,里宾特洛甫到罗马拉意大利一起参加军事同盟,这个三国中力量最弱的法西斯小伙伴,也想狐假虎威,扩大侵略,因此乐于接受。9月27日,三个法西斯国家在柏林正式签订了《德意日三国同盟条约》。条约规定:日本承认并尊重德国和意大利在欧洲建立新秩序的领导权;德国和意大利承认并尊重日本在大东亚建立新秩序的领导权;如缔约国之一受到目前未参与欧战或中日"冲突"的一国攻击时,彼此以政治、经济和军事手段相互援助。

三国同盟条约赤裸裸地暴露了德、意、日重新瓜分世界,彼此划分势力范

---

① 弗兰西斯·米勒:《第二次世界大战史》,费城1945年版,第316页。

围,并准备进一步扩大侵略的狂妄野心。但条约的第五条却虚伪地声称:本条约各条款"毫不影响三缔约国各与苏俄间现存的政治地位"。实际上,这是为了稳住苏联。日本要武力南进,不能不改善日苏关系,力图把现存的"德苏亲善关系扩大到日苏关系上来","以此加强对抗英美的地位"[①],避免两线作战的局面出现。而德国则是为了消除苏联的戒心,掩盖其正在积极进行的对苏备战活动,以取得突然袭击的最佳效果。可见,条约的矛头既是指向美国的,也是指向苏联的。正如里宾特洛甫所供认的,三国条约"这根棍子会有两个顶端:反对俄国和反对美国"[②]。

在缔结同盟条约谈判期间,德日之间还就太平洋地区势力范围的划分问题达成秘密协议。德国明确表示同意,现在在日本委任统治下的前德国南洋殖民地仍归日本所有,不过德国为此要得到补偿。至于前德国在南洋的其他殖民地,那么在目前的欧洲战争结束后,自然要归还给德国。在这以后,德国政府应按照善意的精神与日本政府一道讨论分配这些属地的问题,尽可能按照日本的利益予以适当的补偿。

《德意日三国同盟条约》的签订,把"三国轴心"关系进一步发展为三国军事同盟,它标志着一个以重新瓜分世界,争夺世界霸权为目的的法西斯侵略集团最终形成。但是,这个掠夺性的同盟只是强盗的暂时联盟,"而强盗是无法团结起来的,他们没有持久的、使他们联合起来的真正共同关心的东西"[③]。它们只是出于共同的侵略目的而相互利用,而不可能有真正的合作和配合。条约签订后,它们各怀鬼胎,互存戒心,作战行动相互保密,各打各的仗,很少考虑照顾盟友的利益,但条约毕竟在形式上加强了三个法西斯国家的关系,对已经参战和尚未参战的其他反法西斯国家造成了更大的威胁。

日本的南进和日美矛盾的加剧

日本帝国主义的扩张野心是非常之大的。早在 1936 年 8 月 7 日,日本广田内阁制定了《国策基准》,确定了"外交国防相辅相成,一方面确保帝国在东亚大陆的地位,另一方面向南洋发展"的方针,根据这一方针,日本既要向北进攻苏联,又要向南侵占东南亚。为了实现南北并进的战略,日本采取中间突破的办

---

① 近卫文麿:《对和平的努力》,日本电报通讯社 1946 年 6 月版,第 21 页。
② 拉金斯基、罗森勃利特:《国际法庭对日本首要战犯的起诉》,莫斯科—列宁格勒 1950 年版,第 242 页。
③ 《列宁全集》第 39 卷,人民出版社 1986 年版,第 352 页。

法，先打中国。但是，中国人民的英勇抗战，粉碎了日本速战速决的计划。为了摆脱侵华战争的困境，日本统治集团内部，有的主张南进，有的则主张北进。1938年和1939年，日本挑起张鼓峰、诺门坎事件，对苏联发动试探性进攻，遭到惨败。北进计划被迫暂时搁置起来。

1939年12月28日，即欧战爆发之后，日本外相、陆相、海相联合签署《对外政策的方针纲要》，规定在新的国际形势下，日本对外政策的基本目标是"建设东亚新秩序"。纲要认为，美国是日本南进扩张的主要障碍，为了"尽快摆脱对英、美过度的经济依赖关系"，要"促使美国专心于欧洲战争"，"必要时，……与美国取得政治谅解"；对英国，要"因势利导"，使它"逐渐赞成帝国所设想的东亚新秩序的建设"；对法国，"使它停止向蒋政权输送军需品，改善通商关系和修改排他性的垄断政策"；对荷兰，"要诱导荷兰允许我方在东印度有发展的余地"，"使它对我方从东印度获得必要物资提供方便"。①

根据这一纲要，日本大力推行南进政策。它首先选择实力较弱的荷兰作为突破口。1940年1月12日，日本通知荷兰政府，宣布废除《日荷司法裁决、仲裁和调停条约》，该条约规定，缔约国双方保证通过和平途径解决一切争端。2月22日，日本照会荷兰政府，对荷属东印度提出新的要求，即：放宽贸易限制；为日本人在当地经商提供便利条件；放宽对日本商人、雇员和工人入境的限制。4月15日，日本外相有田在记者招待会上声称，"日本同南洋各地区，尤其是同荷属东印度之间，在经济上存在着互通有无的密切关系"，所以，"日本政府不能不深切关心随着欧战局势激化而对荷属东印度的现状带来的任何影响"②，公开表示日本对荷属东印度谋取特殊权益。

1940年5月10日，希特勒德国在西线发动大规模攻势，侵略荷兰、比利时和卢森堡。5月15日荷兰宣告投降。5月18日，日本立即向荷印当局提交一份备忘录，勒逼向日本提供石油、橡胶、铁矾土等13种战略资源，并规定它们的最低供应量。

对于日本新的扩张，美国立即作出外交反应。针对有田的讲话，4月17日，赫尔发表声明，强调荷属东印度在整个太平洋国际关系中占有极其重要的地位，指出，"使用非和平的手段干涉荷属东印度的内政，或改变该地区的现状，不仅对荷属东印度，而且对整个太平洋地区的稳定、和平与安全都将不断地产生

---

① 日本外务省编：《日本外交年表和主要文书（1840—1945）》下卷，1955年版，第421—424页。
② 同上书，第426页。

有害的影响"①。5月中旬,罗斯福下令美国太平洋舰队集结夏威夷,并拒绝军方提出的将太平洋舰队调往美国西海岸圣迭戈的要求。

6月12日,日本同泰国签订了《友好亲善条约》,加强了南进的战略地位。

1940年6月14日,巴黎沦陷,法国危在旦夕。6月18日,日本内阁举行四相会议,决定向法国发出最后通牒,强硬要求法属印支当局停止经由滇越铁路向中国运送军火,允许日本军事监视团进驻印度支那进行监督,否则将诉诸武力。20日,法国贝当政府全面接受了日本的要求。

6月24日,日本乘英国困守三岛之危,又强迫英国封闭香港边境和滇缅公路,并调集日军摆出南取香港的架势,对英国进行武力威胁。7月16日,丘吉尔政府屈服日本的压力,达成日英协议,宣布自7月18日起封闭滇缅公路3个月,停止通过香港运送援华物资,断绝了中国的西南国际交通运输线。② 对于日本这种趁火打劫的做法,就连当时日本驻荷公使石射猪太郎也不得不承认:"大有临终逼债之感。"③

日本推行咄咄逼人的南进扩张政策,加剧了日美关系的紧张。但是,这时美国并不愿同日本公开对抗,主要原因是:1.美国的战略重点在欧洲,视纳粹德国为首要敌人,采取了"大西洋优先"的基本战略;2.美国自身的备战严重不足,全部正规军仅有23万士兵和1.3万多名军官,因此美国无力与日本对抗;3.罗斯福决定参加1940年11月份的总统选举,竞选第三次连任,在孤立主义以及与日本有重大经济利害关系的垄断财团的压力面前,罗斯福行事不得不格外谨慎。由于上述原因,罗斯福拒绝了英、法、荷向美国提出的对日实行强硬措施的要求,他主张从经济上对日本施加有限度的压力,从政治上软化日本,迫使日本同美国达成某种妥协。

1940年5月30日,美国驻日大使格鲁根据赫尔的指示同日本外相有田举行会谈。格鲁强调,德国的胜利不会给日本带来安全和繁荣,劝说日本与美国合作,扩大贸易,通过和平手段促进繁荣。④ 6月24日,格鲁向有田建议,日美两国交换照会,共同发表一项维护太平洋现状的声明。6月29日,有田发表广播讲话,竟自诩日本是东亚各国和南洋地区的"稳定的力量",宣称日本要保证

---

① 《美国对外关系文件集:日本(1931—1941)》,华盛顿1943年版,第281—282页。
② 1940年6月,通过滇越、滇缅、西北三线和沿海口岸一共运送援华物资31500吨,其中滇越线占48%,滇缅线占31%,西北线占2%,沿海口岸为19%。(日本历史学研究会编:《太平洋战争史》第3卷,东京青木书店1974年版,第368页。)
③ 石射猪太郎:《外交官的一生》,日本太平出版社1974年版,第303页。
④ 芦田均:《第二次世界大战外交史》,日本时事通信社1959年版,第106页。

该地区的"共存共荣"和"稳定",断然拒绝了美国的建议。①

6月底,美英联合委员会宣布,把国际子午线(东经180度)以东的英法领地划为"门罗主义"的适用范围。7月2日,罗斯福根据《加强国防法》颁布第一道总统命令,对武器弹药、战略原料和飞机零件3种物资实行出口许可证制。但是,这项命令没有把日本最急需的石油和废钢铁包括在内。7月26日,罗斯福批准了一项财政部声明,决定对高级辛烷航空汽油、润滑油和高品级废钢铁实行出口限制。然后,日本仍能够从美国购买完全适用于日本飞机的中级辛烷汽油。1940年,美国向日本出口各种汽油和发动机燃料共230万桶,远远超过1939年同期的70万桶。从1940年7月起,美国在12个月间共向日本出口450万桶。② 1940年8月16日,罗斯福对财政部长摩根索说:"我们此时不能把日本逼得太紧,因为那可能促使它夺取荷属东印度。"③尽管如此,日本仅在8月份之内,就向美国提出了三次正式抗议,并扬言保留今后采取行动的一切权利。

1940年7月22日,第二届近卫内阁成立。7月26日,内阁会议制定了《基本国策纲要》。第二天,在政府和大本营的联络会议上又通过了《适应世界形势处理时局纲要》。这两个纲要提出,日本决心建立"以皇国为核心、以日满华的牢固结合为基础的大东亚新秩序",为此目标,"在加紧处理中国事变的同时,捕捉良机解决南方问题";对外,日本必须"迅速加强同德国的政治联合","大大调整日苏关系",作好对美英开战准备;对内,则加强法西斯统治,推行政治和经济的"新体制"运动,建立所谓"国防国家"。④ 至此,日本政府第一次正式决定以武力南进作为对外侵略扩张的主要战略方向。

8月1日,外相松冈洋右为德国驻日大使奥特举行招待会,第一次提出了建立"大东亚共荣圈"的计划,野心勃勃地宣称建立一个"以日满华的牢固结合为基础,包括南洋在内的大东亚新秩序","目前南洋的范围远至泰国,将来随着形势的发展,还将逐渐扩大"。⑤

法属印度支那是日本武力南进的第一个目标。8月1日,外相松冈会见法国维希政府驻日大使安里,蛮横要求日军在法属印支北部建立空军基地,允许侵华日军过境和使用印支机场,并通过德国对维希政府施加压力。8月30日,

---

① 赫伯特·菲斯:《通向珍珠港之路》,商务印书馆1983年版,第66页。
② 同上书,第92页。
③ 罗伯特·达莱克:《罗斯福与美国对外政策(1932—1945)》上册,商务印书馆1984年版,第349页。
④ 日本外务省编:《日本外交年表和主要文书(1840—1945)》下卷,1955年版,第436—438页。
⑤ 田村幸策:《太平洋战争外交史》,东京鹿岛研究所出版会1966年版,第308—310页。

安里和松冈签订了《关于法属印度支那问题原则协定》，承认日本在远东的政治和经济上的优势地位，以及日本在法属印支享有优惠的经济特权，原则上同意日军进驻印支北部。接着，日本又胁迫法属印支当局签订一项允许日军驻兵印支北部和建立空军基地的协定。然而就在协定签字的9月22日，日军发动突然袭击，强行进驻印支北部，并迅速攻占谅山、同登等重要城市。

9月27日，德、意、日在柏林签订《三国同盟条约》，表明东西方三个法西斯国家在重新瓜分世界的共同目标上结为一体，准备在欧亚两洲进一步扩大侵略战争。日本利用这一条约，企图加强同美英争夺太平洋霸权的地位。11月12日，日本又迫使荷属东印度当局签订一项石油、矿产出口协定，规定在今后6个月内，向日本输出180万吨石油；橡胶、锡、铁矾土、镍矿石、废铁等战略资源的对日出口也比以前有大幅度的增加。

日本明目张胆进逼南洋，严重威胁美英在这一地区的殖民利益。随着日美关系日趋紧张，美国在加紧支持英国和中国对抗德、日的同时，也相应地加强了对日限制措施。

日军侵入印支北部后的9月25日，美国宣布向中国提供2500万美元的信用贷款。第二天，罗斯福下令全面禁止向日本出口废钢铁，抽回美国在日本的投资。德、意、日结成同盟后，美国指使英国于10月17日重新开放滇缅公路。10月间，英国设立远东委员会，限制向日本输出废钢铁、镍以及铁合金等重要战略物资，并把限制措施扩大到整个英联邦国家。11月30日，即日汪缔结《基本关系条约》、日本正式承认汪伪政权的当天，罗斯福立即宣布向中国政府提供1亿美元的贷款和50架截击机，并采取步骤对志愿来华的美国驾驶员和飞行教官签发护照。12月10日，罗斯福批准铁矿石、生铁、钢以及钢制口对日实行禁运。

与此同时，罗斯福还加紧国内的扩军备战，扩充陆军人数，增加军用飞机的生产。仅1940年7月10日，国会一次就批准追加国防费用50亿美元。8月27日，国会授予罗斯福拥有命令国民警卫队担任战备勤务的权限。9月14日，国会通过了美国和平时期的第一个征兵法，规定凡是20岁至25岁的男子均在选征之列。应征登记头一天的10月16日，全国就有1600万适龄青年登记。[①]

1940年10月12日，即德、意、日三国同盟条约缔结后的半个月，罗斯福在哥伦布纪念日发表广播演说，他宣布："任何欧洲和亚洲的独裁国家的联盟，都

[①] 阿诺德·托因比、维罗尼卡·M.托因比：《国际事务概览（1939—1946年）：轴心国的初期胜利》下册，上海译文出版社1983年版，第795—796页。

不能阻挡我们在保卫自由和民主的道路上前进","都不能阻挡我们去帮助那些正在战斗,拼死抵抗独裁国家的几乎是最后的一些自由民族"。① 罗斯福竞选总统获胜后,更加无所顾忌地公开谴责三国同盟,在12月29日的"炉边谈话"中,他严厉地痛斥法西斯国家所要建立的"新秩序"不过是"复辟最古老和最恶劣的专制暴政","是为了支配和奴役人类而建筑在权力和赃物基础上的非神圣同盟",并响亮地宣布:"我们必须成为民主制度的伟大兵工厂"。②

罗斯福的这一著名演说博得美国人民的广泛支持,民意测验表明,80%的人表示赞成,而反对者仅为12%,说明大多数美国人民憎恨法西斯制度,同情世界各国人民的反法西斯斗争。同时也表明,美日矛盾在发展、激化。

日 美 谈 判

尽管日美矛盾日趋尖锐,两国政府都估计到了日美战争的可能性,但是双方都不愿意立即发生武装冲突。就美国而论,它的扩军备战刚刚起步,大量民用工业还未转入战争的轨道;国内的孤立主义者极力反对美国参战;为贯彻"大西洋优先"的基本战略,必须竭力避免同时在两洋作战。因此,美国对日本采取既敞开谈判大门,又继续保持一定压力的政策,力图通过旷日持久的外交谈判,赢得时间,增强实力,迫使日本不敢轻举妄动,同美国达成妥协,以维持太平洋的现状。

从日本方面来说,它要同美国争夺太平洋地区的霸权,但它的经济在很大程度上又依靠美国;海军的战备工作也未就绪;为能够放手南进,日苏关系还有待于调整;特别是在当时,日本更急于摆脱中日战争长期化的困境,所以也不想立即同美国直接交锋,而希望通过谈判,诱使美国劝降国民党政府,同时密切注视欧洲战事的发展和美国的动向,待机而发。日美两国正是在这种背景下悄悄拉开了谈判的帷幕。

日美谈判最初是非正式的民间交涉,通过与日美两国政府领导人都有交往的私人为媒介进行接触。这些人中间主要有美国天主教神甫德劳特和日本产业组合中央金库理事井川忠雄等人。他们从1940年底到1941年初来往于东京与华盛顿之间,牵线搭桥,沟通两国政府的观点,为日美谈判铺平道路。

1941年2月11日,日本新任驻美大使野村吉三郎抵达华盛顿,迅速开始了

---

① 《美国对外关系文件集(1940年7月—1941年6月)》第3卷,波士顿世界和平基金会1941年版,第9页。

② 《罗斯福选集》,商务印书馆1982年版,第266—269页。

日美外交谈判。

日美谈判从3月8日开始到12月7日以战争宣告结束,历时9个月,大体可分为三个阶段:

第一阶段(1941年3月8日—6月21日),这一阶段的特点是双方相互摸底,讨价还价。

3月8日,野村在华盛顿与赫尔举行会谈,双方就调整日美关系交换了意见。3月底,井川、德劳特等日美民间人士拟订出一份调整日美关系的建议草案,即所谓《日美谅解方案》。该方案于4月9日提交赫尔,供美国国务院研究。赫尔对这个方案并不满意,但为了不使谈判大门关闭,他同意以该方案作为谈判的基础。4月16日,赫尔提出日美谈判的重要前提条件,即"赫尔四原则":"尊重一切国家的领土完整和主权";"维护不干涉别国内政的原则";"维护平等原则,包括贸易机会平等原则";不以武力"改变太平洋地区的现状"。[①] 同日,野村用电报把《日美谅解方案》和"赫尔四原则"发回日本。

《日美谅解方案》阐明了日美两国在一些重大国际问题上各自的立场并提出了双方相互让步的交换条件。其内容繁多,概括起来有以下三方面:1.关于日本侵华战争问题。方案规定了八项条件,主要是:日本承认将根据中日协定从中国领土撤兵,保持"中国独立",恢复"门户开放"方针;美国则答应劝告蒋介石承认伪"满洲国",力促蒋政权与汪政权"合而为一"。2.关于德、意、日三国同盟问题。日本政府声明:"轴心同盟的目的在于防御性",日本"无意规避现存条约上规定的义务";美国政府声明:美国对欧洲战争的态度,"不论现在和将来,不受攻击同盟的约束","只取决于为保卫本国的福利和安全而考虑"。3.关于西南太平洋问题。方案规定:日本"保证在西南太平洋方面的发展不诉诸武力而采用和平方法";美国则答应协助日本从该地区取得石油、橡胶、锡、镍等战略物资。[②]

《日美谅解方案》在日本政府内部引起了严重分歧。首相近卫认为,这个方案有利于解决中日战争,主张暂时同美国握手言和,以争取时间加紧备战。而刚刚访欧回国的外相松冈洋右坚决反对作出任何让步,主张利用三国同盟条约和日苏中立条约放手南进扩张,从亚洲和西南太平洋驱逐欧美势力。5月12日松冈提出修正案,声明日本要按照三国同盟条约的规定履行其军事援助的义务;完全删去了谅解方案中有关中国问题的八项条件,措辞强硬地要求美国承

[①] 《美国对外关系文件集:日本(1931—1941)》第2卷,华盛顿1943年版,第406—407页。
[②] 日本外务省编:《日本外交年表和主要文书(1840—1945)》下卷,1955年版,第493—494页。

认"善邻友好"、"共同防共"、"经济提携"等近卫三原则和日汪协定及日"满"华共同宣言,并立即敦促蒋介石政权媾和;还声称日本保留必要时在西南太平洋地区诉诸武力的权利。对于这个独霸中国进而称霸西南太平洋的修正案,赫尔失望地表示,"从这个方案中几乎看不到一线希望的曙光"。

5月16日,赫尔交给野村一份美国政府的口头声明,指出美国援英抗德是自卫行为;美国愿意考虑调停中日战争;日本放弃武力南进政策;美国的"机会均等"原则适用于西南太平洋地区。5月31日,美国提出自己的新方案,强调三国同盟条约的规定"对于因自卫行动而卷入战争的国家显然是不适用的";美国建议日中两国举行谈判,"以终止敌对行动,恢复友好关系";日本陆海军"根据日中间缔结的协定,应尽快从中国的领土和领水撤出","共同防共"问题留待以后解决;满洲问题由日中"通过友好谈判解决",美国赞成日中实行"经济合作",但"不得对他国的利益加以限制"等等。① 在这个方案中,美国实际上接受了近卫三原则,这是对日的重大妥协和让步。

6月15日,日本又提出新修正案,删去了美国5月31日方案中关于三国同盟条约不适用于自卫行动的条款。6月21日,美国又提出一个全面方案,重申5月16日声明和5月31日方案的各项原则。日美两国在频繁的谈判和提案中,都极力维护和扩大各自的既得利益,削弱和限制对方所追求的目标,在围绕称霸亚洲和太平洋地区的角逐中,美国的"门户开放"原则和日本的"大东亚共荣圈"计划是一对根本无法调和的矛盾。

第二阶段(6月22日—10月17日),这一阶段的特点从日本方面来说,是假谈判,真备战,并在谈判过程中入侵印支南部。

1941年6月22日苏德战争的爆发,使国际形势发生了急剧变化,在日本统治集团内部也引起了很大震动。以外相松冈为首的北进扩张派不顾两个月前刚刚缔结的日苏中立条约,主张与德国的攻势相呼应,立即从东部攻打苏联。但是,坚持南进扩张的军部实力派则认为,苏德战争解除了日本南进扩张的后顾之忧,应该利用这一千载难逢的时机,先夺取欧美列强在南洋的殖民地,待德军摧毁苏联主要军事力量后,伺机从背后打击苏联。

从6月25日至7月1日,近卫内阁和大本营举行了6次联络会议,讨论日本对外侵略的总方向问题。7月2日,日本召开御前会议,通过了《适应局势演变的帝国国策纲要》,决定"无论世界形势如何转变",日本"坚持建设大东亚共

---

① 《美国对外关系文件集:日本(1931—1941)》第2卷,华盛顿1943年版,第446—454页。

荣圈"的方针,"继续朝着解决中国事变的方向迈进";为了保障日本的"自存自卫",要"加强南进的态势",甚至"不辞对英美一战";关于苏德战争,"暂且不介入,秘密完成对苏战争准备","倘德苏战争的进展有利于帝国时,帝国即行使武力解决北方问题"。① 这次至关重要的会议确定了日本法西斯以武力南进为主、甚至不惜发动太平洋战争的侵略总方针。为了贯彻纲要,近卫撤换了坚决主张北进的松冈外相,并于7月18日组成第三届近卫内阁,海军大将丰田贞次郎担任外相。

7月下旬至9月,日本80万关东军在中国东北地区举行大规模的军事演习。在北进烟幕的掩护下,日本加快了南进扩张的步伐。7月12日,日本向法国维希政府发出最后通牒,要求法属印支当局向日军提供8个空军基地和金兰湾、西贡两大军港,承认日军在印支南部拥有驻扎、演习和行动的权利。维希政府于7月23日被迫接受了日本的通牒。28日,日军侵入印度支那南部。次日,日本与法属印支当局正式签订了所谓"共同防卫"印度支那的《日法议定书》。8月初,日军又侵入泰国。

日本武力南进的升级,对美英在南洋的既得利益构成严重威胁,美国不能不做出强烈反应。7月23日,美国代理国务卿韦尔斯告诫野村,"如果日本武力进驻印度支那南部,维持美日会谈的基础便将消失"②。次日,罗斯福亲自召见野村,提出严重警告,如果日本"企图用武力夺取荷属东印度群岛的石油供应",那么,"结果将立即出现一个特别严重的局势",他要求日军撤出印度支那,使印度支那变成瑞士那样的中立国。但是,侵略成性的日本军阀对美国政府的要求充耳不闻,反倒在8月6日的提案中要求美国取消禁运,撤除设在南洋的美军基地,停止援助中国,承认日本在印支的特殊地位。

日本无视美国的警告,强行进驻印支南部,罗斯福遂于7月26日下令冻结日本在美国的全部资产。同一天,罗斯福命令菲律宾陆军编入美军,在菲律宾设立美国陆军远东司令部,麦克阿瑟担任司令官。在此之前,美国已向中国派遣了军事顾问团,到9月底,美国派出100名志愿飞行员和180名地勤人员来华,驾驶和维修美国根据租借法向中国提供的100架战斗机。英国和英联邦各自治领也仿效美国冻结日本在这些国家的全部资金,并废除了英日商约、印日商约、缅日商约。7月28日,荷印当局宣布冻结日本资产,废除1940年11月签订的石油协定,停止向日本提供石油。8月1日,美国宣布对日实行全面禁运

---

① 日本外务省编:《日本外交年表和主要文书(1840—1945)》下卷,1955年版,第531—532页。
② 《美国外交关系文件集:日本(1931—1941)》第2卷,华盛顿1943年版,第525页。

(粮、棉除外),禁止向日本出口石油。这样,在亚洲太平洋地区迅速形成了与日本侵略扩张相抗衡的 ABCD 阵线。①

日本侵占印支南部是导致日美关系空前紧张的决定性事件。但是美国为了避免过早地卷入战争,并未完全放弃日美妥协的念头,对日本改弦易辙仍抱有幻想。8月17日,罗斯福结束美英首脑大西洋会晤回国后,立即召见野村宣读了两份对日声明。第一份声明措辞强硬地警告说:"如果日本政府采取任何进一步行动来推行以武力或以武力威胁手段对邻国实行军事统治的政策或计划,美国政府将不得不立即采取一切必要的手段。"接着,罗斯福又用缓和的语气宣读第二份声明:"如果日本政府愿意并能够立即停止扩张主义的活动,改变立场,并沿着美国所提出的那些方案和原则的路线参加一项太平洋和平计划,美国政府则准备考虑恢复7月中旬中断的非正式探讨性会谈。"②罗斯福还同野村就举行日美首脑会谈交换了意见。

美国全面禁运石油,对日本是一个沉重打击。当时,日本全国的石油储备量共5000万桶,仅能维持一年半全面战争的消耗。面对这种严峻的形势,日本玩弄假谈判、真备战的阴谋,一面试图通过首脑会谈达成日美妥协,一面暗中加紧备战,发动太平洋战争。8月26日,近卫写信给罗斯福,正式建议举行日美首脑会谈。9月3日,罗斯福会见野村时表示,欢迎近卫的建议,但必须以日本接受赫尔四原则为先决条件。9月6日,日本政府断然拒绝赫尔四原则,坚持建立"大东亚共荣圈"的方针。由于双方基本立场大相径庭,日美首脑会谈计划告吹。

9月6日,日本御前会议批准了陆海军部制定的《帝国国策施行要点》,规定"以10月下旬为目标,完成战争准备";"同时帝国对美、英采取外交手段,努力贯彻帝国的要求";"如果外交谈判到10月上旬尚未达到我方要求时,立即下决心对美(英、荷)开战"。③这一新的侵略计划的批准,表明日本对美英开战已进入准备阶段。从9月1日起,海军舰队实行战时编制,新征用49万吨船舶,几乎所有舰艇都编入了联合舰队。9月16日,袭击珍珠港的作战计划被正式批准,同时又制订了进攻南洋的作战方案。陆军从9月中旬起向中国台湾、中国海南岛、印度支那等地集结兵力。9月18日,大本营陆军部下令做好南方作战准备,决定用11个师团同时进攻菲律宾、马来亚和中国香港,在4个月内占领

---

① ABCD 是美国、英国、中国、荷兰(Dutch)四国英文名字的第一个字母。
② 日本外务省编:《日本外交年表和主要文书(1840—1945)》下卷,1955年版,第544页。
③ 同上书,第544页。

南洋主要地区。

10月中旬,日美谈判仍无进展,东条认为谈判无望,要求近卫下决心开战。而近卫本人却裹足不前,无力实现9月6日御前会议的决定。在陆相东条英机的强烈反对下,10月16日近卫内阁宣布总辞职。

第三阶段(10月18日—12月7日),这一阶段的特点是日本利用谈判,掩护偷袭。

1941年10月18日,以东条英机为首的独裁内阁成立。身为首相的东条兼任陆相、内相,集军政大权于一身。东条英机的上台,标志着日本天皇制法西斯独裁体制的最终确立,为进一步扩大侵略战争铺平了道路。

从10月23日到11月2日凌晨,日本政府和大本营连续举行8次联络会议,讨论欧洲战局、日美谈判期限和对美开战日期。11月5日,御前会议上通过了《帝国国策实施要点》规定:"以12月初为发动武装进攻的日期,陆、海军应完成作战准备";"截至12月1日零点,若对美谈判取得成功,即中止发动武装进攻"。① 要点还就对美谈判提出甲、乙两案。甲案主要内容是:日本根据自己的决定解释和履行三国同盟条约;日中和平实现后,日军在华北、蒙疆和海南岛驻兵25年,其余日军在两年内撤退;在解决日中战争、实现远东和平后,撤出驻守法属印度支那的日军。乙案作为打开僵局的最后方案,抛开三国同盟条约、中日战争、武力南进等日美谈判的三个核心问题,以日本保证不向南洋实行军事扩张为条件,美国解除对日经济封锁,恢复石油供应,不阻挠日中实现和平。11月5日,外相东乡茂德打电报指示野村:"此次谈判是最后的努力,……若谈判失败,其结果只能导致两国关系的破裂,即此次谈判的成功与否,对帝国的命运将产生重大影响,直接关系到皇国的安危。"② 为了麻痹美国,11月4日,日本又派前驻德大使来栖三郎前往美国协助野村谈判,故作一副重视日美谈判的姿态。

但就在同一天,日本海军军令部发布"大海令第1号",规定在12月上旬对英、美、荷开战,命令联合舰队司令官做好各项作战准备。11月6日,大本营陆军部向南方军下达"大陆令第556号",命令南方军总司令做好开战准备,部队进入待命地区,协同海军攻占南洋。至此,日美谈判已经完全成为掩护日本帝国主义发动太平洋战争的烟幕。

11月7日和20日,野村先后把甲、乙两案交给赫尔。赫尔指出,如果接受

---

① 日本外务省编:《日本外交年表和主要文书(1840—1945)》下卷,1955年版,第554页。
② 日本外务省编:《日美交涉资料》,东京原书房1978年版,第385页。

日方提案,"就意味着美国宽恕日本过去的侵略行为,同意日本今后的征服路线,放弃美国外交政策的最基本原则","……帮助日本获得支配整个西太平洋和东亚的主导权","结果对美国的安全带来极其深刻的威胁"。① 实际上,赫尔从破译的日本密码中早已了解甲、乙两案内容,并且还从东乡拍给野村的电报中获悉日本对美交涉截止于 11 月 25 日,因而推测日本即将采取重大军事行动。

11 月 22 日,担任偷袭珍珠港的日本舰队已全部秘密集结千岛群岛择捉岛单冠湾待命。由 11 个师团组成担负进攻南洋的日本南方军团 40 万大军也在华南、台湾和印度支那等地集结完毕。战争犹如弦上之箭,一触即发。

危机日益迫近,谈判处于破裂的边缘。11 月 25 日,美国收到日军数十艘运输船沿中国海岸向台湾以南行驶的情报后,立即召集国防会议,商讨应付措施。翌日,经罗斯福批准,赫尔交给野村和来栖一份措辞强硬的《赫尔备忘录》,要求日本从中国和印度支那撤军;美日两国只承认重庆的国民政府,不得以任何方式支持其他政权;美、英、日、中、苏、荷、泰等国缔结一项多边互不侵犯条约,以重新确立《九国公约》精神,取代三国同盟条约。野村和来栖当即表示:"这完全是一个难以接受的提案","像这种提案是否还有必要转告政府"。② 11 月 27 日,东条英机声称:这个备忘录显然是美国对日本的最后通牒。

1941 年 11 月 26 日,集结千岛群岛择捉岛单冠湾的日本特遣舰队奉命起锚,悄悄驶向夏威夷群岛。12 月 1 日,御前会议作出最后决定,对美、英、荷开战。次日,陆海军两统帅部发布《登上新高山·一二〇八》作战指令,规定开战时间为 12 月 8 日(东京时间)。为了配合日军的偷袭,外相东乡于 11 月 28 日打电报指示野村,谈判"实际上即将结束","但不要给对方造成一种谈判破裂的印象"③,以便继续迷惑美国。至此,日美外交谈判彻底破裂,转向武力对抗,太平洋上空战云密布,一场大规模的厮杀已经不可避免。

日本偷袭珍珠港

1941 年 11 月底和 12 月初,美国从一系列情报中获悉,日本将采取某种重大的军事行动。12 月 5 日,美国得到日本大使馆已销毁密电码和驻美使馆工作人员于近日内撤离华盛顿的情报。12 月 6 日,美国海军部的情报证实,日本两

---

① 《赫尔回忆录》第 2 卷,纽约 1948 年版,第 1070 页。
② 加濑俊一:《日本外交史》第 23 卷,东京鹿岛研究所出版会 1970 年版,第 295 页。
③ 日本外交省编:《日美交涉资料》,东京原书房 1978 年版,第 506 页。

支运输船队在巡洋舰和驱逐舰的护卫下,正绕过印度支那的南端驶向马来半岛。罗斯福感到形势万分危急,战争已迫在眉睫。

12月6日晚,罗斯福以个人名义直接打电话给日本天皇,呼吁"在此危局之际,希望陛下考虑同我一道寻求驱散乌云的办法",以"阻止世界上发生更为严重的死亡和破坏"。① 但是,这封电报送到天皇手里时已经是12月8日凌晨3时(东京时间),离进攻珍珠港仅剩下20分钟了。

1941年12月7日清晨7时20分(夏威夷时间)②,日本特遣舰队向美国在太平洋上最大的海军基地珍珠港发起突然袭击。日本轰炸机和鱼雷攻击机从距离瓦湖岛230英里的6艘航空母舰上起飞,先后分两批出击。第一批183架日机首先轰炸了停泊在珍珠港内的美国战舰和陆地机场。霎时间,港内岛上烈火熊熊,浓烟四起,飞机呼啸声和炸弹爆炸声响彻瓦湖岛上空。一小时后,第二批171架攻击机群投入战斗,继续对岛上的目标狂轰滥炸,整个军港笼罩在浓烟火海之中。美国太平洋舰队遭到毁灭性的打击,被炸沉和受到重创的大型舰只就有19艘,其中包括8艘战列舰、3艘巡洋舰、3艘驱逐舰和5艘各种类型的辅助舰,损失飞机230架,死伤官兵达4500余人。而日军仅损失了29架飞机和5艘特种潜艇。日本的偷袭获得了出奇制胜的效果。

在偷袭珍珠港的同时,日本还出动海陆空军对东南亚进行突然袭击。12月8日(东京时间),日本侵略者同时对东南亚和西南太平洋各国和岛屿发动了进攻。截至1942年5月上旬,在不到半年的时间里相继占领了泰国、中国香港、马来亚、新加坡、荷属东印度、菲律宾、缅甸、关岛、威克岛、所罗门群岛及新几内亚的一部分,西逼印度,南邻澳大利亚,控制了拥有1.5亿人口的386万平方公里的广大地区。连同在这之前侵占的中国、朝鲜和印度支那领土,总面积共达到700万平方公里,人口5亿左右。日本在第二次世界大战中的侵略扩张达到了巅峰时期。

日本偷袭珍珠港,是日本统治集团在精心策划的谈判烟幕的掩盖下,用出其不意的突然袭击获得完全成功的一个典型事例。当时,美国军政领导人已经看到日美战争迫在眉睫,但由于美国长期对日实行妥协退让政策,国内和平思想泛滥,战备不足;同时对日本战略进攻方向判断错误,他们认为日本不敢冒险进攻美国,预计日军首先进攻东南亚的英荷属地,至多是进攻菲律宾,唯独把珍珠港排除在外,甚至对驻日使馆提供的日军将偷袭珍珠港的情报,也轻率地斥

---

① 日本外务省编:《日美交涉资料》,东京原书房1978年版,第557页。
② 东京时间是12月8日3时20分;华盛顿时间是12月7日(星期日)13时20分。

之为"虚构";加上珍珠港驻军麻痹大意,疏于戒备,军舰密集停泊在港内,舰上人员照常休假,甚至在日本飞机已开始投弹时,太平洋舰队司令正准备去玩高尔夫球。这就铸成了美军的历史性错误,吞下了自己酿成的苦果,付出了惨重的代价。

日本偷袭珍珠港,宣告了太平洋战争的爆发。12月8日午时(东京时间),日本天皇发布《宣战诏书》,正式对美英宣战。12月11日,德、意对美宣战。接着,德国的仆从国保、罗、匈等也向美国宣战。美、英于12月8日对日宣战。随后,澳大利亚、新西兰、加拿大、古巴、巴拿马等20多个国家也对日宣战。12月9日,中国国民党政府在抗日战争进行了4年又5个月之后正式对日宣战,翌日,又对德、意宣战。

日本偷袭珍珠港的成功使它暂时取得了在西太平洋上的制海权和制空权,在此后的短短几个月内,太阳旗得意洋洋地在这一地区所有前哨阵地和设防区上空飘扬。希特勒和他的军队准备利用战机进攻中东并同日本人在印度会师。但是,从战略上看,日本是赢了一着,将输掉全盘。珍珠港事件对美国产生了巨大的影响,12月7日被称为美国历史上"奇耻大辱的日子"。美国人在愤怒之中忘掉了一切党派之争,孤立主义势力销声匿迹,举国一致决心打赢这场对日战争。实力雄厚的美国直接参战,使辽阔的太平洋上出现了一个浩大的战场,它同以中国人民抗日为主力的亚洲战场彼此呼应,相互支援。日本帝国主义所取得的暂时优势,很快就化为乌有了。

美国的参战,标志着世界各大国都已卷入到第二次世界大战的旋涡中去,这就使战争的规模空前扩大,从此,第二次世界大战全面展开。美国和其他许多国家相继参加反法西斯战争,大大地加强了反法西斯力量,促成了国际反法西斯统一战线的最后形成。

第三节 国际反法西斯统一战线的形成

《联合国家宣言》

太平洋战争爆发后,德、意、日三个法西斯国家为进一步扩大侵略战争而更加紧密地勾结起来。面对法西斯称霸世界的狂妄计划,迫切要求所有反对法西斯暴政的国家联合起来,迅速建立国际反法西斯统一战线。在这种新的国际形势下,美英两国首脑及三军参谋长于1941年12月22日至1942年1月14日在华盛顿举行会议(代号"阿卡迪亚",意为"世外桃源"),全面商讨两国联合作战的战略计划。

  日军偷袭珍珠港后,丘吉尔担心美国的战略目标发生转移,集中全力在太平洋对日作战,而留下英国和苏联对付欧洲的德意法西斯军队。① 这次会议的结果是,两国再次明确了共同的战略目标:大西洋和欧洲是决定性的战场,德国仍是主要敌人,打倒德国是胜利的关键。德国一经击败,意大利的崩溃和日本的战败必然接踵而来。② 美英坚持"大西洋第一"的战略具有重要的意义,它完全适应了客观局势和战略全局的需要。在当时,无论是发动侵略战争的能力或军事工业的潜力,法西斯德国都远远超过意大利和日本。首先集中力量打击德国,是盟国彻底战胜敌人,及早结束战争的唯一正确战略。

  在阿卡迪亚会议上,美英一致认为苏德战场具有头等重要的意义,要采取一切手段"支援俄国的攻势",但同时又认为,"除了俄国战场外,在1942年内似乎不可能会发动大规模的对德陆上攻势"。③ 以丘吉尔为代表的英国战略思想是:在保证本土不受德寇入侵的前提下,首先保护和控制中东和地中海,以及大英帝国的海上生命线。向苏联提供军援,不过是"……用这种方法来维持我们对斯大林的影响并能够把俄国的强大努力纳入这场战争的总体之内"。④ 因此,丘吉尔在会上提出了代号为"体育家"的进攻北非的作战计划。英国这一计划的基本战略是:利用德国同苏联作战而无暇顾及北非之机,借助美国的军事力量,攻占北非,确保直布罗陀海峡的安全,以北非为跳板,向地中海和南欧发起攻势,既可维护英国在中东、地中海一带的传统势力范围,又能阻止德军从北非向印度洋扩张,同时把美国拖入欧洲战争,防止美国把注意力转向太平洋地区。

  美国军方当时还未制定出自己的战略计划,但是罗斯福本人对进攻北非计划却很感兴趣。罗斯福认为,攻占北非,可以防止德日会师于中东,切断德军从北非南下西非之路,解除德军横渡大西洋入侵美洲大陆的威胁,更重要的是,美军直接对德作战,还能起到鼓舞美国和盟国士气的作用。因此,罗斯福不顾军方的反对,原则上同意于1942年春美英联军在北非实行登陆,并决定派遣美军4个师集结北爱尔兰,为今后在西欧开辟第二战场作好准备。

---

  ① 温斯顿·丘吉尔:《第二次世界大战回忆录(第3卷):伟大的同盟》,商务印书馆1975年版,第965—967页。
  ② 舍伍德:《罗斯福与霍普金斯》下册,商务印书馆1980年版,第11页。
  ③ 同上书,第26页。
  ④ 温斯顿·丘吉尔:《第二次世界大战回忆录(第3卷):伟大的同盟》,商务印书馆1975年版,第975页。

在阿卡迪亚会议期间,美国政府起草了一份反法西斯的各国联合宣言草案,经过与英苏两国政府磋商和修改后,用急电发给各同盟国政府,得到积极的响应。1942年1月1日,美、英、苏、中等26个国家的代表在华盛顿签署了《联合国家宣言》。签字国政府表示赞同大西洋宪章的宗旨和原则,并庄严地宣告:每一政府保证运用其军事与经济的全部资源,对抗与之作战的三国同盟成员及其附从国家;每一政府保证与本宣言签字国政府合作,不与敌国缔结单独停战协定或和约。签字国政府还表示欢迎现在或可能将在反法西斯斗争中给予物质援助和贡献的其他国家加入本宣言。

宣言的签署,表明消灭法西斯已成为世界各国和人民的坚定不移的信念和共同奋斗目标。为了这一共同目标,不同社会制度和意识形态的国家和民族最广泛地联合起来,在全世界的范围内组成国际反法西斯统一战线,从而实现了一切反法西斯国家的政治、军事、经济的大联合。国际反法西斯统一战线是战胜法西斯的决定性因素,它的建立不但加强了反法西斯同盟的力量,而且彻底改变了敌我双方的力量对比,使反法西斯同盟无论在人口、资源、生产能力和军事力量等方面,对轴心国集团都占有了明显的优势,为反法西斯同盟国家控制和掌握第二次世界大战的战略主动权创造了条件。而法西斯轴心国家则陷于世界人民的包围之中,处于空前孤立的困境。世界反法西斯同盟的形成,也为战后联合国组织的建立奠定了基础。

苏英同盟条约和苏美协定

阿卡迪亚会议后,美国军方开始酝酿在欧洲开辟第二战场的计划。1942年春,艾森豪威尔将军主持的陆军参谋部作战规划局着手制订一项"西欧作战计划"。这项计划主要内容是:1.美英选择西欧作为"发动一次主要攻势的战场";2.美英联军进攻兵力为48个师和5800架飞机;3.进攻时间在1943年春天;4.登陆地点在勒阿弗尔至加来之间的法国海滩地带。这项计划的代号为"围歼"(以后改为"霸王")。此外,该项计划还提出了一个代号为"痛击"的应急措施,准备在"俄国战场已陷入绝境"或"德国在西欧的地位严重削弱"的情况下,于1942年9月跨越英吉利海峡发动一次规模有限的进攻。① 1942年4月1日,罗斯福批准了这一计划。

4月8日,霍普金斯和马歇尔带着这一计划到达伦敦,征求英国方面的意

---

① 舍伍德:《罗斯福与霍普金斯》下册,商务印书馆1980年版,第103页。

见。英国认为,在1942年内横越英吉利海峡实行登陆,兵力不足,战斗机和登陆舰十分缺乏,而美国又不可能在此之前完成军队和装备的集结,因此"痛击"计划只能是一次"牺牲性"的登陆,英军将肩负重担并付出重大代价。但同时丘吉尔又考虑到,如果正面拒绝美国的计划,可能会使美国把战略重点转向太平洋,或削减援助。经过一周的会谈,英国原则上接受"围歼"作战计划,而对"痛击"计划作了重大保留,仅同意在1942年进行一些空袭和突击队袭击。①

4月11日,罗斯福打电报给斯大林,邀请苏联派特使来华盛顿商讨"西欧作战计划"。苏联政府为了进一步巩固反法西斯同盟的团结,齐心协力早日打败法西斯德国,决定派外交人民委员莫洛托夫访问伦敦和华盛顿。

1942年5月20日,莫洛托夫一行抵达伦敦,首先就缔结苏英同盟条约与英国政府举行会谈。5月26日,莫洛托夫和艾登分别代表本国政府签订了有效期为20年的《苏英同盟合作互助条约》,条约本文分为战时和战后两部分。战时部分规定,两国在对德作战期间,互相支援,非经双方同意,不得单独缔结任何停战协定或和约;战后部分规定,两国在战后采取共同行动,保卫和平,反对侵略,相互实行经济援助。

1942年5月29日,莫洛托夫飞抵华盛顿,与罗斯福举行会谈。会谈的主要内容围绕在西欧开辟第二战场和制定第二个援苏议定书。6月11日,苏联驻美大使李维诺夫和美国国务卿赫尔在华盛顿签署了《关于在反侵略战争中相互援助所适用原则的规定》,规定美苏两国相互提供物资、设备和情报。实际上,这是一个租借总协定,它从法律上确定了美国对苏的租借援助形式。在二次大战期间,苏联根据互助协定共得到109.8亿美元的租借援助。对此,斯大林给予了高度评价,他指出:"根据这一协定,美国在整个欧战期间作为租借向苏联提供了武器、战略物资和粮食。这一协定起了重要作用,并大大促进了反对共同的敌人——希特勒德国的战争顺利结束。"②

苏英同盟条约和苏美互助协定的缔结,改善了苏联与美英两国的战时关系,加强了反法西斯同盟的团结,出现了苏、美、英联合一致抗击法西斯的新局面,使三大国在整个反法西斯战争中始终保持着政治、军事、经济等各方面的密切合作,坚定了世界人民战胜法西斯侵略者的信心。

---

① 威廉·哈代·麦克尼尔:《国际事务概览:美国、英国和俄国——它们的合作与冲突(1941—1946年)》上册,上海译文出版社1978年版,第270—273页。

② 《真理报》1945年6月13日。

第二战场问题的提出

消灭法西斯侵略者,是苏、美、英三大国战时压倒一切的共同目标,也是全世界一切反法西斯力量联合起来,建立国际反法西斯同盟的共同基础。但是,由于反法西斯同盟内部成分复杂,各大国进行战争的目的不尽一致,因此必然存在着各种矛盾和斗争。其中一个突出的矛盾就是开辟第二战场问题。

世界反法西斯同盟建立后,苏、美、英联盟的主要打击目标,在西方是法西斯德国,在东方是军国主义日本。根据客观形势和战略全局的需要,美英决定集中全力首先击败最凶恶的法西斯德国,这无疑是迅速战胜法西斯的正确战略方针。

一般说来,在反对法西斯的共同事业中,各盟国应该在对敌军事战略上保持协调,有必要实行真正有效的合作。为了加速敌人的灭亡,及早结束战争,减少包括德、意、日三国人民在内的全人类的牺牲,开辟造成敌人腹背受敌、两面夹击的战场具有特别重要的意义。只要盟军在西欧开辟第二战场,就会迫使德军最大限度地分散兵力,改变苏德战场上的力量对比,从而根本改变欧洲战场形势,对第二次世界大战的进程产生积极影响。综观欧洲军事形势,在二次大战期间,德国重兵投向苏德战场,西线兵力相对空虚,防御薄弱。这一切都为盟军在西欧开辟第二战场提供了现实的必要性和可能性。

所谓第二战场,是指在"靠近德国生命攸关的中心地方",采取相当规模的军事行动,以吸引苏联战场上的德国兵力,并产生明显的战略效果的战场。能够取得这种特定战略效果的地区,显然只有在西欧德军后方。

1941年6月苏德战争爆发后,这时由于美国尚未参战,关于第二战场的交涉主要是在苏英两国内部秘密进行的。苏德战争爆发的当天,英国外交大臣艾登会见苏联驻英大使迈斯基时表示,英国空军将在西线最大限度地实施空战,以便吸引东线的一部分德国空军,夺取法国上空的制空权。6月27日,英国军需大臣比弗布鲁克向迈斯基更加具体地提出,英国加强对德国和法国的轰炸,并将在法国北部沿岸进行大规模袭击。

苏联立即抓住这个机会进行了试探。7月6日,以苏军副总参谋长戈利科夫为首的军事代表团赴英,向艾登提出了在欧洲开辟第二战场问题。7月18日,斯大林亲自写信给丘吉尔,第一次正式提出在法国北部和北极地带两线开辟反希特勒的新战场。在以后的9月3日、9月13日,斯大林又先后两次写信给丘吉尔,要求英国迅速在西线开辟第二战场,迫使德军从苏德战场上调走

30—40个师的兵力。

在这一时期,英国统治集团内部对开辟第二战场问题的看法不尽相同。以比弗布鲁克为代表的少数有远见的政界人士从长远利益和战略全局考虑,一开始就提出了在法国北岸实行登陆的主张,迫切要求本国政府尽快开辟第二战场,但他们的主张没有形成主导战略思想。而以丘吉尔为首的多数军政领导人为了英国自身利益,坚决支持苏联抗击德国,但同时认为苏联终将失败,因此他们把援苏抗德视为削弱德国、加强自身防御、争取美国援助、推迟德国进攻本土的手段。甚至有个别人从极端的资产阶级利益出发,希望苏德两败俱伤,英国从中渔利。由于对苏联抵抗力量估计不足,所以丘吉尔多次拒绝了苏联的要求,不愿过早地在开辟第二战场问题上承担明确的军事义务。

为了督促英国尽快承担开辟第二战场的义务,1941年11月6日,斯大林在《伟大十月社会主义革命二十四周年纪念》的报告中,第一次公开向全世界提出了第二战场问题,他说:"在欧洲没有反德国的第二战场,是大大便利了德军的地位"[1],指出了开辟第二战场问题的迫切性和重要性。

太平洋战争爆发后,整个第二次世界大战的形势发生了巨大变化。苏军在莫斯科前线开始举行反攻;最大的资本主义强国美国卷入第二次世界大战;苏、美、英、中等26个国家签署了《联合国家宣言》,这一系列重大国际事件的发生,为盟国开辟第二战场创造了有利条件。

1942年4月,美国出于全球战略的需要,同时也为了满足国内外舆论的愿望,尽快使美军直接参加对德作战,拟定了"西欧作战计划",并邀请莫洛托夫访美。苏联考虑到开辟第二战场问题直接涉及提供基地的英国,事先必须征得英国的同意,所以派莫洛托夫先访伦敦,再去华盛顿。

莫洛托夫在伦敦虽然与艾登签订了苏英同盟条约,但第二战场问题却悬而未决,最后双方商定,莫洛托夫访美后取道英国再作决定。

在华盛顿,莫洛托夫与美国军政首脑举行了三次会谈,力劝美国于1942年内开辟第二战场,要求罗斯福给予直截了当的答复。罗斯福在两次会谈中回答说:"我们期望在今年内开辟第二战场"[2],并表示将同英国达成一项关于第二战场的协议。

在6月12日同时发表的内容相同的苏美和苏英联合公报中明确规定,"双

---

[1] 《反法西斯战争文献》,世界知识出版社1955年版,第25页。
[2] 舍伍德:《罗斯福与霍普金斯》下册,商务印书馆1980年版,第154—155页。

方对于1942年在欧洲开辟第二战场的迫切任务已经达成完全的协议"①。至此,美英两国以国际协议的形式正式承担了1942年内在欧洲开辟第二战场的义务。

在发表苏英联合公报的同时,丘吉尔交给莫洛托夫一份"备忘录",带保留地声称:"我们正在为1942年8月或9月在大陆登陆一事进行准备",但是"……在事前很难说,到时候是否会出现进行这种行动的形势。因此,我们无法在这个问题上作出任何保证"。② 可见,丘吉尔根本无意1942年内在欧洲开辟第二战场,只是迫于苏联的坚决要求和罗斯福的首肯,作为同盟国的英国才不得不违心地表示同意。

美国承担国际义务的意图,主要是根据美国军事战略的需要,力争在1942年内与德军直接交锋,同时也出于对苏军鼓劲打气的考虑,但是在当时新的国际形势下,迅速而有效地夺取战略主动权的思想确实支配着美国的决策。

而英国的情况则有所不同。英国的战略计划是:首先保卫本土的安全;其次控制海上运输线以及中东和地中海地区。在德军入侵本土的危险基本消除的情况下,英国力图通过"体育家"作战计划夺取北非。因此,英国承担开辟第二战场的国际义务带有很大的被迫性。

此后,苏联和英美围绕第二战场问题的斗争进入新的阶段,斗争的焦点是:履行还是不履行开辟第二战场的国际义务。

各国人民的反法西斯斗争

从世界反法西斯斗争的全局来看,中国是亚洲大陆反抗日本法西斯侵略的主要国家;苏联是欧洲战场打击德国法西斯的主力;美英在反法西斯斗争中起着非常重要的作用,其中以实力雄厚的美国贡献尤为突出;世界各国人民的武装斗争和其他各种形式的抗敌斗争是世界反法西斯斗争的重要组成部分。亚洲各国人民反对日本法西斯的斗争,欧洲各国人民反对德意法西斯的斗争,都有力地配合了同盟国军队在各个战场上的作战,为彻底消灭法西斯都作出了不可磨灭的巨大贡献。

在亚洲,由于日本法西斯的疯狂侵略和暴虐统治,激起亚洲各国人民奋起御敌。在抗日斗争的伟大事业中,亚洲各国人民互相配合,互相支援,迅速形成

---

① 《苏联卫国战争时期的对外政策》第1卷,莫斯科1944年版,第248页。
② 温斯顿·丘吉尔:《第二次世界大战回忆录(第4卷):命运的关键》,商务印书馆1975年版,第500—501页。

了亚洲太平洋反日国际统一战线。

朝鲜人民在金日成的领导下，于1932年4月创建了第一支以朝鲜共产党人为骨干的抗日游击队。这支队伍活跃在中朝边境的重山密林中，同日寇展开了长期的武装斗争。1934年3月，金日成在游击队日益壮大的基础上，建立了朝鲜人民革命军，与中国东北抗日联军并肩作战，打击日寇。1936年5月，朝鲜抗日民族统一战线组织"祖国光复会"成立，金日成担任会长，并发表了抗日十大纲领，号召朝鲜人民同中国人民联合起来，实现广泛的抗日统一战线，推翻日本帝国主义的统治，建立朝鲜人民政府。太平洋战争爆发后，日寇对朝鲜人民革命军根据地实行残酷"扫荡"，但是，朝鲜人民并没有被吓倒，他们在极其艰苦的条件下，化整为零，开展敌后游击战，打击日本侵略者。

在二次大战前的半个多世纪中，印度支那一直是法国的殖民地。日寇侵占印支后，越南人民便处于日、法两个帝国主义殖民统治的水深火热之中。1940年9月，印度支那共产党领导越南人民发动北山起义，建立起共产党领导下的第一支人民武装力量。1941年5月，印度支那共产党召开第八次会议，建立了以胡志明为首的"越南独立同盟"。越盟建立后，爱国的各阶层和各民族人民踊跃参加，迅速形成了抗日民族统一战线。印支南部沦陷后，越盟立即发表了"团结全民、抗日反法、争取独立"的救国纲领，广泛团结爱国抗日力量，把抗日反法斗争推向了新的阶段。

1942年3月日寇攻占仰光后，缅甸共产党发表《缅甸解放宣言》，号召缅甸人民奋起反抗日本侵略者。1943年1月，缅共秘密举行第一次代表大会，决定建立民族统一战线，开展群众性抗日武装斗争。此后，缅共在山区开辟了抗日根据地，开展游击战争，打击日本侵略者。与此同时，爱国将领昂山利用担任国防部长的合法身份，秘密组织抗日的缅甸国民军。1944年8月，在缅共的倡议下，正式成立了"反法西斯人民自由同盟"。这一统一战线组织的建立，有力地促进了缅甸人民抗日斗争的深入发展。

马来亚人民的抗日武装斗争是东南亚民族解放运动中的一支重要力量。早在1938年4月，马共中央就把建立马来亚各族人民的统一战线确定为当时的紧迫任务，号召马来亚各党派、阶层不分宗教信仰和种族紧密地团结起来，共同制裁德、意、日法西斯侵略集团。日寇入侵马来亚后，马来亚人民在共产党的领导下，拿起武器，组成铁血兵团，展开星州保卫战，给日寇以沉重打击。1942年1月，第一支马来亚人民抗日军成立，在马来亚中部和北部的丛林山区建立了抗日根据地。在武装抗日斗争中，抗日军得到抗日群众组织和团体的大力支持,力量不断壮大。

菲律宾、泰国和印度尼西亚等国人民也为驱逐日寇、争取民族的彻底解放进行了不屈不挠的斗争。菲律宾共产党领导的人民抗日军解放了中吕宋许多地区,并建立了抗日民主根据地。菲律宾的华侨还组成了"四八"游击队,为菲律宾人民的民族解放事业作出了贡献。

在欧洲,德意法西斯的血腥统治和灭绝人性的暴行激起欧洲各国人民的强烈反抗。在抗击德意法西斯的斗争中,欧洲各国人民纷纷拿起武器,在德意占领区开辟了一条反法西斯的重要战线。

南斯拉夫人民在以铁托为首的南共的领导下,主要依靠自己的力量,同法西斯侵略者进行了艰苦卓绝的武装斗争。1941年4月,德国伙同意大利侵入南斯拉夫。6月,南斯拉夫人民解放游击队总司令部成立,铁托担任总司令。7月,人民解放游击队总司令部发表《抗德宣言》,并在全国各地发动武装起义。在短短3个月内,全国的游击队发展到60万人。12月,游击队改编为南斯拉夫人民解放军。从1941年9月至1944年5月,人民解放军经历了无数次战斗,粉碎敌人发动的7次大规模进攻,人民武装力量在战争中不断发展壮大。到1944年5月,人民解放军解放了大部分国土,总兵力达80万人,为全国的解放准备了条件。

1940年6月22日,法国贝当政府同德国签订了停战协定,但是法国人民并没有停止抗德斗争。6月18日,原陆军部副部长戴高乐将军在伦敦发表了《告法国人民书》,号召法国人民奋起抗击德国法西斯,并组织起"自由法国"运动(后改称为"战斗法国"运动),坚持为法兰西民族的独立而战。在法国国内,法共最先组织的一批游击队,在敌人占领区坚持武装抗德斗争。同时,一部分坚持民族爱国主义的资产阶级政党和团体在法国南部也相继建立起许多抵抗组织。为了使各抵抗组织联合起来,1943年5月27日,在法国国内成立了有共产党、社会党等16个政党团体参加的"全国抵抗运动委员会"。1943年6月3日,戴高乐和吉罗将军在北非建立了"法兰西民族解放委员会"。到1944年5月,戴高乐把国内各抵抗力量统一组织为"法国内地军",总兵力达50万人,由戴高乐任总司令。1944年6月,法兰西民族解放委员会改组为法国临时政府。

自意大利入侵阿尔巴尼亚之日起,阿尔巴尼亚人民就开始了反法西斯武装斗争。1941年11月,阿尔巴尼亚共产党成立。阿共重视武装斗争,大力发展山区游击队和城市地下军。到1942年,遍布全国各地的游击队达40多支,兵力约1万余人。在反法西斯战争中,阿共联合一切爱国力量,于1942年9月组成民族解放阵线。1943年7月,在游击队日益壮大的基础上,成立了民族解放军司令部。德军侵入阿尔巴尼亚后,民族解放军接连粉碎德军的两次围剿。到1944年8月,民族解放军发展为两个师,解放了2/3的国土。当时仅有百万人口的阿尔巴尼亚,抗击了10万意军和7万德军,为反法西斯战争作出了重大贡献。1944年5月,在第一次反法西斯民族解放代表大会上,成立了反法西斯民族解放委员会。同年10月,这个委员会改称为阿尔巴尼亚临时民主政府。

德军占领希腊后,希腊共产党联合各进步党派于1941年9月组成了民族解放阵线。12月又建立了人民解放军,把希腊人民的武装抗德斗争大大向前推进了一步。到1943年夏,人民解放军已发展到7万人,2/3的国土获得解放。在整个战争期间,人民解放军牵制敌人12—14个师,打死德军近两万名。

捷克斯洛伐克、波兰、丹麦、挪威、比利时、荷兰、奥地利等国人民也都与法西斯展开了英勇的斗争,为争取反法西斯斗争的胜利作出了各自的贡献。

世界各国人民反对法西斯的斗争浪潮汇集成汹涌澎湃的滚滚洪流,猛烈地冲击着德、意、日的法西斯统治,决定了法西斯的灭顶之灾即将到来。

第十一章　第二次世界大战的根本转折

第一节　伟大的斯大林格勒战役

1942年春夏苏德战场的形势

莫斯科保卫战的胜利和苏军的冬季反攻粉碎了德军企图"以一次快速战役击溃苏俄"的计划。这次冬季战役德军遭受了重大损失,伤亡共计1 167 835人。据德国陆军1942年3月30日的一份报告透露,东线162个作战师中,只有8个师还有进攻能力。16个装甲师中,只剩下140辆坦克可供使用。① 到1942年4月中、下旬为止,苏军在北起波罗的海南至黑海的各条战线上,先后把德寇击退了150至400公里。希特勒在6个月内征服苏联的希望已是镜中幻影。

这时,德国军队在苏德战场的广大战线上再也没有发动全面进攻的力量了,于是决定集中兵力于南线,发动局部性的重点进攻。1942年4月5日,希特勒发布第41号作战指令,规定了夏季战役的两大目标:一是在"北部夺取列宁格勒,并与芬兰建立陆上联系";二是"从南翼突进高加索",这是更为重要的进攻目标。希特勒在第41号指令中强调指出:"把现有的一切兵力集中于南翼的主要战线,以消灭顿河以西的敌人,然后夺取高加索油田和进入高加索山区的隘口"。② 德军的南线具体作战方案是:首先占领斯大林格勒,然后南下夺取高加索油田,北上包围莫斯科。

斯大林格勒位于伏尔加河下游,是苏联欧洲部分东南部水陆交通枢纽和重要的工业城市。斯大林格勒以西、以南的顿巴斯、库班和高加索等地又是苏联的煤炭、小麦、石油的主要产区。希特勒决心占领斯大林格勒的战略目的是切断伏尔加河一线的南北交通,使苏联失去为继续进行战争所迫切需要的工业、石油和粮食来源,而且占领斯大林格勒后,既可以沿伏尔加河北进,形成一个大规模的包围行动,从东西两面进逼俄罗斯中部和莫斯科,又能够南下出兵伊朗

---

① 威廉·夏伊勒:《第三帝国的兴亡》,生活·读书·新知三联书店1974年版,第1247页。
② 特雷弗·罗珀编:《希特勒的作战指令(1939—1945)》,美因河畔法兰克福1962年版,第184页。

和进驻波斯湾,打开德日联系的通路,实现与日本在印度洋会师的计划。显然,斯大林格勒的得失对于苏德双方都有着极其重要的战略意义。

为了发动大规模的夏季攻势,在1942年上半年法西斯德国根据战争需要改组了经济,拼命扩大军工生产,加紧组织后备兵力,同时还不择手段地掠夺欧洲被占领国和仆从国的人力、物力资源。1942年,德国共生产了14 700架飞机,装配坦克4278辆。同一年,德国强迫被占领国提供的各种武器、弹药、汽车和船只价值超过40亿马克,约占德国全部军工生产的25%。此外,从欧洲被占领国运往德国的粮食产品、原材料、半成品和成品价值达40.7亿马克,占输入总值的46.8%。① 希特勒、戈林、凯特尔等人还四处奔走,游说仆从国,以搜罗更多的炮灰。据德国最高统帅部统计,在整个夏季攻势中仆从国将提供52个师,其中41个师用于德军重点进攻的南部战线。②

经过近半年的紧张准备,德军不仅在武器装备方面得到补充,而且在兵力上还增加了军队的战斗编制。到1942年5月,德军已增至232个师又10个旅。在苏德战场上,德军部署了178个师又8个旅,加上仆从国的军队39个师又12个旅,共计217个师又20个旅,总兵力达620万人。这些侵苏军队拥有坦克和强击火炮3229辆,大炮和迫击炮56 941门,作战飞机3395架,主要战舰63艘。③

从苏联方面来看,经过1941年冬季战役,苏军虽然已经基本上遏止了德军的全面战略进攻,但局势对苏联仍然十分险峻。在这一时期,由于德国法西斯还占领着广大西部地区,使苏联的人口、工业产量、耕地面积分别减少了45%、33%和47%。苏联在燃料电力、交通运输和人力方面都感到极度紧张和不足。

1942年3月,苏联最高统帅部召开会议,分析讨论1942年春夏的形势和作战计划。斯大林认为,目前苏联还没有足够的兵力兵器展开大规模的进攻战役,在近期内,应限于进行积极的战略防御,但同时在战场的某些地段可实施局部性的进攻战役。④ 根据斯大林的意见,苏联最高统帅部决定向克里米亚、哈尔科夫等地发动进攻,在夏初消耗和疲惫敌人,待积蓄预备队后,再展开大规模进攻。

为此,苏联立足于进行长期战争的准备,采取了重建军事经济和积蓄战略

---

① 格列奇科主编:《第二次世界大战史》第5卷,上海译文出版社1982年版,第144页。
② 威廉·夏伊勒:《第三帝国的兴亡》,生活·读书·新知三联书店1974年版,第1250页。
③ 格列奇科主编:《第二次世界大战史》第5卷,上海译文出版社1982年版,第201页。
④ 格·康·朱可夫:《回忆与思考》下卷,生活·读书·新知三联书店1972年第1版,第640页。

预备队等重要措施。到 1942 年夏初,苏联已基本上完成了西部主要工业迁移东部地区的工作,使 1200 个后撤工厂迅速恢复了生产,在乌拉尔东部地区建立起重要的军事工业基地。东部地区军工企业的比重从 1941 年 6 月的 18.5% 提高到 1942 年 6 月的 76%。武器弹药、军事装备的产量逐月上升,仅东部地区在 1942 年 3 月份生产的武器,就达到了战前同期全国武器生产的数量。1942 年,苏联生产各型飞机 25 436 架,其中作战飞机 21 681 架,装配坦克 24 446 辆。苏联军工生产的迅速恢复和急剧增长,为战争发生根本性的转折准备了物质条件。

美英也向苏联提供了大量战略原料,为苏联恢复军工生产起了积极的作用。

与此同时,苏联还积极组建和扩大战略预备队。截至 1942 年 4 月,预备队共编成 2 个诸兵种合成集团军的指挥部、24 个步兵师、3 个骑兵旅、5 个步兵旅、1 个坦克旅、3 个航空兵旅和 25 个独立航空兵团,总计近 20.5 万人。这样,到 1942 年 5 月,苏军作战部队组成 9 个方面军,1 个独立集团军和莫斯科卫戍部队,总兵力达 510 万人(海军和防空兵除外),拥有坦克近 3900 辆,大炮和迫击炮 44 900 门,作战飞机 2200 架。此外,北海、波罗的海和黑海 3 个舰队共有主要战舰 140 艘。[1]

从双方的军事力量对比可以看出,德军在兵力、飞机、大炮等方面占据优势,苏军在坦克和战舰方面多于敌人。经过紧张准备后,苏德两军于 1942 年 5 月初展开军事行动,双方都力图为各自的更大规模攻势创造有利条件。

5 月 8 日,德军首先向刻赤半岛发起进攻,相继攻占刻赤和塞瓦斯托波尔。7 月初,整个克里米亚半岛陷落。苏军为贯彻积极防御的战略方针,于 5 月 12 日发动哈尔科夫战役。但是,德军按照南线作战方案于 5 月 17 日也在哈尔科夫方面发起进攻,这次战役具有遭遇战的性质。由于苏军攻击时间和方向选择不当,以及战术指挥失误等原因,在哈尔科夫战役中损失极为严重。与此同时,苏军在正面战线发起的多次进攻也相继失利。这样一来,苏德战场形势发生了不利于苏军的急剧变化,德军又暂时掌握了战略主动权,处于优势地位。

斯大林格勒保卫战

德军初战得手,希特勒陶醉于暂时的军事胜利,臆测"俄国人的抵抗与去年

---

[1] 格列奇科主编:《第二次世界大战史》第 5 卷,上海译文出版社 1982 年版,第 201 页。

相比,已经大大削弱了"①,于是便命令德军在战线南翼向斯大林格勒方向发动大规模的攻势。1942年6月28日,德军"A"、"B"两个集团军群以97个师的兵力,先后从库尔斯克东北、哈尔科夫东北、斯拉维扬斯克、斯大林诺一带向苏军阵地发起猛烈进攻,企图消灭顿河西岸的苏军主力。苏军遵照斯大林的进行积极战略防御的指示,边阻击边后撤。在近一个月的艰苦战斗中,苏军被迫撤退150至400公里。德军以优势的兵力于7月17日推进到顿河河曲一带,离斯大林格勒已经不远,这就预示着一场惊心动魄的斯大林格勒大会战即将全面展开。

斯大林格勒战役从1942年7月17日开始,到1943年2月2日结束,历时200天。整个战役的进程大致可以划为三个阶段:

第一阶段(7月17日至9月12日)是德军猛攻和苏军固守的城郊攻防战阶段。7月17日,德军在切尔河地区猛攻苏军前沿阵地。经过数天激战,苏军撤到主要防御地区。

这时,希特勒自以为苏军已到了势尽力竭的地步。7月23日,他不顾陆军参谋总长哈尔德和前线指挥官的劝阻而作出了要求同时拿下斯大林格勒和高加索的狂妄决定,为此,发布了第45号作战指令,命令"B"集团军群"向斯大林格勒发动突击,消灭集中在那里的敌人,夺取城市";"A"集团军群"在消灭顿河以南的苏军之后,拟分三个方向展开进攻,目的是完全占领高加索"。② 7月25日,德国第6集团军突破苏军防御,向卡拉奇推进,企图强渡顿河,"在行进中"攻占斯大林格勒。

苏军主要采取从远郊到近郊的纵深防御,层层阻击德寇的进攻,在防御战中消耗敌人的有生力量。在一个月的远郊防御战中,苏军以顿河西岸为主要战场进行了英勇顽强的抵抗。为了消除德军占领卡拉奇地区渡口的威胁,苏军组织力量实施反突击,阻止了德军的进攻。7月28日,斯大林发布第227号命令,命令苏军指战员"不得后退一步","为捍卫每一块阵地,为苏联的每一寸领土而坚持到流尽最后一滴血"。③ 这项命令给红军战士以巨大精神力量,鼓舞着他们为保卫祖国的每一寸领土,同敌人进行奋不顾身的拼搏。

德军"在行进中"攻占斯大林格勒的企图受挫后,希特勒于7月30日下令

---

① 格列奇科主编:《第二次世界大战史》第5卷,上海译文出版社1982年版,第249页。

② 特罗弗·罗珀编:《希特勒的作战指令(1939—1945)》,美因河畔法兰克福1962年版,第196—198页。

③ 格列奇科主编:《第二次世界大战史》第5卷,上海译文出版社1982年版,第282页。

把坦克第 4 集团军从高加索方向调来增援,配合第 6 集团军夹攻斯大林格勒。经过十多天的激战,德军于 8 月 17 日全部占领了顿河西岸地区,苏军退至东岸,凭借顿河的有利地形继续阻击德军,展开了近郊防御战。

8 月 19 日,德国第 6 集团军和坦克第 4 集团军各以 9 个师的兵力,同时从西面、西南面两个方向对斯大林格勒实施向心突击,企图一举攻占该城。8 月 22 日德军强渡顿河,攻占了顿河东岸约 45 公里宽的登陆场,并推进至斯大林格勒以北的雷诺克地区,对市区构成了直接的威胁。23 日,德国空军开始对城市进行恐怖性的狂轰滥炸,妄图用屠杀和平居民的办法压垮苏军士气。

针对这一严重形势,苏联最高统帅部命令斯大林格勒地区的苏军,坚决守住阵地,并不断向斯大林格勒地区补充兵员和物资。8 月 25 日,斯大林格勒城防委员会宣布全城实行戒严,并号召斯大林格勒的市民们起来"保卫自己的家园"。8 月下旬至 9 月上旬,苏军经过短期准备,对德军实施了几次反突击。但由于兵力和准备有限,未能歼灭突至伏尔加河的德军,双方争夺激烈,伤亡都很大。战斗持续到 9 月 12 日,德军距城仅 2—10 公里,苏军全部撤至市区,从而结束了斯大林格勒战役的第一阶段。

第二阶段(9 月 13 日至 11 月 18 日)是德军猛攻市区、苏军顽强抵抗的市区争夺战阶段。苏军市区防御部队兵力仅 9 万人。德军攻城兵力却有 13 个师,约 17 万人。

9 月 13 日,德军第 6 集团军组成两个突击集团,向城市中部发起强大攻势,企图先占领城市中部和南部,然后向城北扩展。苏军守城部队浴血奋战,猛烈反击,市区的街道和广场都变成了激烈的战场。苏联卫国战争的正义性激发起千百万指战员、民兵的爱国主义热情,他们以坚强的意志和高昂的士气抗击着德国法西斯的野蛮侵略。共产党员、共青团员带头冲锋,前仆后继,用鲜血和生命捍卫每一寸国土。"决不后退一步,伏尔加河对岸,没有我们容身之处"!这一英雄的口号,成为苏军守城将士的共同誓言。

在市区艰苦战斗的日子里,苏军最高统帅部不断派兵支援守城部队,从 9 月 13 日至 26 日先后增援 10 个步兵师、两个坦克军和 8 个坦克旅。苏军近卫步兵第 13 师于 9 月 16 日进入市区后立即发起反突击,一举夺回曾沦于敌手的位于市中心的马马耶夫岗,使市区的战役态势得到改善。

德军不顾重大伤亡,继续调集部队,在坦克和空军的支援下,每天从早到晚轮番发动集团冲锋。激战至 9 月 26 日,德军占领了城市南部和中心区的一部分,把苏军挤到伏尔加河岸边。

9月27日,德军开始向城北工厂区实施突击。英勇的苏军战士依托断垣残壁拼死抵抗,战斗异常激烈残酷。双方逐楼逐屋地进行反复的争夺战。红军的许多小部队被包围,但他们充满着必胜的信心,依然浴血苦战,宁死不屈,表现出革命战士视死如归、压倒一切的大无畏革命英雄主义气概,在正义战争的伟大精神力量面前,德国法西斯心胆俱裂,魂飞魄散。

11月11日,德军竭尽全力发动最后一次攻击,企图占领全城。这一天他们占领了"街垒"工厂的南部,并在一个狭窄地区进至伏尔加河岸边,从而把苏军分割为三部分:最大的一块面积为14平方公里,在城北雷诺克地区;中等的一块面积为1平方公里,在城市的中部;最小的一块面积仅0.28平方公里,在"街垒"工厂东部。苏军的这种阵势一直保持到大反攻。希特勒始终未能实现其占领全城的意图。

到11月中旬,德国攻势衰竭,欲进不能,损失重大,士气急剧低落。在4个月的鏖战中,德军死伤近70万人,损失坦克1000余辆,火炮2000多门,飞机1400架。11月18日,德军被迫转入防御,市区争夺战基本结束。

第三阶段(11月19日至1943年2月2日)是苏军反攻、德军溃败的战役胜利阶段。苏军在前两个阶段的积极防御中,疲惫了敌人,积蓄了力量。到反攻以前,在斯大林格勒方向,苏军的三个方面军,已拥有兵力110.3万人,火炮和迫击炮15 501门,坦克和强击火炮1463辆,作战飞机1350架,同德军相比已占优势。这时,苏军士气空前高涨,举行全线大反攻的时机和条件已经成熟了。

11月19日晨,苏军西南方面军和顿河方面军分别从斯大林格勒西北和顿河—伏尔加河之间一线,向敌人发动了猛烈进攻,迅速突破了罗马尼亚军队的防御,粉碎了德军的反扑,于23日攻占了卡拉奇。11月20日,斯大林格勒方面军从斯大林格勒以南发起进攻,当日便突破了敌人的防御,并继续向西北推进,在23日傍晚与西南方面军会师卡拉奇,从而合围了德国第6集团军和第4坦克集团军的部分兵力,共22个师,总计33万人。

苏军的凌厉攻势,打得德军晕头转向。希特勒气急败坏地大声叫喊:"我决不离开伏尔加!我决不从伏尔加后退!"①11月24日,他用急电命令第6集团军司令鲍留斯固守斯大林格勒周围的防线,为了解救被围德军,11月25日希特勒把曼施泰因元帅从北线的列宁格勒前线调到南方,负责指挥新组建的顿河集团军群。12月12日,曼施泰因率领援军主力向斯大林格勒方向强行推进,

---

① 威廉·夏伊勒:《第三帝国的兴亡》,生活·读书·新知三联书店1974年版,第1271页。

12月19日,这支敌军离斯大林格勒仅40公里。苏军为粉碎德军的援救计划,从马蒙附近发动新的攻势,迅速突破意大利军队的防线,直插顿河集团军群的后方。曼施泰因为了自身的安全,不得不下令后撤。于是希特勒解围的希望化为泡影,鲍留斯第6集团军成为瓮中之鳖,注定了覆亡的命运。

1943年1月8日,苏军发出最后通牒敦促德军投降。鲍留斯立即电告希特勒,要求准予相机行事,但遭到希特勒的拒绝。

1月10日,苏军发动总攻,逐渐收缩包围圈。1月22日,苏军收复城市的南部,并攻占了临时机场。24日,苏军再次敦促被围德军投降。鲍留斯在当天给希特勒的电报中诉说:"部队弹尽粮绝……已无法进行有效的指挥……伤员1.8万人,无衣无食也无药品绷带……继续抵抗下去已无意义。崩溃在所难免。部队请求立即允予投降,以挽救残部生命"。但是,希特勒仍顽固命令德军"不许投降",死守阵地,"直至最后一兵一卒一枪一弹"。①

这时,苏军把包围圈越收越小,到1月25日,德军被压缩在南北长20公里、东西宽3.5公里的地段上。1月26日,苏军发起全线进攻,把敌人分割成南北两部分。1月31日,位于斯大林格勒市中心的南部德军全部被歼,德国第6集团军司令鲍留斯及司令部的全体官兵被俘。北部德军的顽抗已成强弩之末,2月2日城北德军残部停止抵抗,向苏军投降。至此,具有伟大历史意义的斯大林格勒大会战以苏军的辉煌胜利和德军的可耻失败而宣告结束。

斯大林格勒战役胜利的意义

斯大林格勒战役,是苏德战场上一次决定性战役,也是影响整个第二次世界大战进程的一次重要战役。斯大林指出:"斯大林格勒战役是德国法西斯军队开始没落的起点"②。毛泽东称斯大林格勒一役是希特勒"灭亡的决定点"。美国总统罗斯福把斯大林格勒战役的胜利誉为"……标志着盟国反对侵略军队的战争的转折点"③。可见,斯大林格勒战役的伟大胜利具有重大的政治和军事意义。

斯大林格勒战役的胜利是苏联卫国战争的根本转折点。在持续200天的大会战中,德国和仆从国遭到致命打击,共损失军队150万人,相当于德国投入

---

① 威廉·夏伊勒:《第三帝国的兴亡》,生活·读书·新知三联书店1974年版,第1277页。
② 《反法西斯战争文献》,世界知识出版社1955年版,第147页。
③ 《苏联伟大卫国战争期间苏联部长会议主席同美国总统和英国首相通信集(1941—1945)》第2卷,世界知识出版社1963年版,第292页。

苏德战场总兵力的25%。仅在苏军反攻阶段(1942年11月19日至1943年2月2日),德军损失兵力就达80万人以上,坦克和强击火炮2000多辆,各种火炮1万余门,飞机约3000架以及汽车7万多辆。德军元气大伤,法西斯德国的整个战争机器发生严重动摇,它再也无力发动战略攻势。苏军则由战略防御转入战略反攻,并牢牢掌握了战略主动权,从而扭转了整个苏德战场的战略形势,使双方力量对比发生了有利于苏军的根本转变。到1943年夏,苏军发展到640万人,而德军在苏德战场上的总兵力却只有520万人了。这时,苏军的主要武器装备超过德军一倍以上。1943年7月,苏军继斯大林格勒战役之后发动了库尔斯克战役,给德军又一次沉重打击,并乘胜挺进第聂伯河,从而使希特勒挽回战略主动权的最后一线希望也破灭了。1943年11月,苏军相继攻克斯摩棱斯克、顿巴斯和基辅,解放了2/3的国土。

斯大林格勒战役的胜利是第二次世界大战发生根本转折的重要标志。它与盟军在太平洋战场和北非战场上的胜利汇合在一起,打破了德、意、日称霸世界的狂妄野心,迫使它们转入战略防御和退却,加速了第二次世界大战的进程,为彻底打败德、意、日法西斯集团创造了决定性条件。毛泽东在《第二次世界大战的转折点》一文中指出:"只要迫使希特勒转入了战略防御,法西斯的命运就算完结了。"①历史的发展证实了毛泽东这一正确论断。以斯大林格勒战役的胜利为契机,接着,反法西斯同盟国在第二次世界大战的各主要战场上相继发动战略进攻,法西斯的覆亡已经为期不远了。

斯大林格勒战役的胜利大大提高了苏联的国际威望和地位,进一步巩固和扩大了国际反法西斯统一战线。1942年秋至1943年夏,墨西哥、澳大利亚、加拿大、卢森堡、古巴、乌拉圭、埃及和阿比西尼亚先后与苏联恢复或建立了外交关系。苏联政府还分别同比利时、希腊、荷兰、捷克斯洛伐克和南斯拉夫等国达成协议,决定把驻对方国家的外交使团相互升格为大使级。苏联同英美之间的同盟关系也更加密切和加强了。1943年2月14日,英国首相丘吉尔写信向斯大林表示祝贺,称赞苏军在斯大林格勒的胜利是一次"惊人的胜利","……无法用言语向你表达我们对俄国军队的钦佩和感激"。②英王还向斯大林格勒市赠送了一把宝剑,以表示英国人民的深厚敬意。美国总统罗斯福在2月23日的贺信中盛赞红军和苏联人民的伟大功绩,他说:"红军和俄罗斯人民已肯定地

---

① 《毛泽东选集》第3卷,人民出版社1991年版,第888页。
② 《苏联伟大卫国战争期间苏联部长会议主席同美国总统和英国首相通信集(1941—1945)》第1卷,世界知识出版社1961年版,第90页。

促使希特勒军队开始走上彻底溃败的道路,赢得了美国人民的永恒的钦佩。"[①]斯大林格勒的伟大胜利,极大地振奋了欧洲和世界各国人民抗击法西斯的士气,把世界反法西斯运动推向了新的阶段。

德国在斯大林格勒的惨败,加剧了德国统治集团内部的矛盾和危机。德军士气从此一蹶不振,他们不再相信德军是不可战胜的谎言,对希特勒及其统帅部的信心开始动摇。一些垄断资本家、政府官员和军官秘密组成反希特勒集团,并在1943年1月和3月曾两次密谋推翻希特勒。在苏军的致命打击下,德国在法西斯阵营内部的统治地位发生严重动摇,威信一落千丈。德国的仆从国家开始为摆脱战争而纷纷寻找出路。匈牙利通过土耳其和梵蒂冈与英美建立了秘密联系,酝酿向盟军无条件投降。1943年夏,匈牙利代表声称,只要英美军队进抵匈牙利边境,匈政府便立即投降。芬兰政府于1943年初秋同英美代表在里斯本举行密谈,表示芬兰不会抵抗英美的登陆部队。罗马尼亚也与英美代表频繁接触,准备倒向盟军方面。意大利统治集团内部更是潜伏着深重的危机,对墨索里尼独裁统治的不满情绪日趋强烈。德意之间存在的矛盾和分歧进一步加剧。整个法西斯阵营内部出现了无法弥合的裂痕。

第二节 北非战役的胜利和卡萨布兰卡会议

北非战役的胜利

1942年6月12日,英美曾分别以联合公报的形式向苏联承诺了1942年内在西欧开辟第二战场的义务,但它们并没有真正打算履行。特别是英国,根本不愿意1942年在欧洲进行"不惜牺牲的登陆"。丘吉尔所关心的是进攻北非的"体育家"作战计划。1942年6月18日,丘吉尔再次访问华盛顿,其主要目的是,就这一年美英军队对德作战方向的选择作出最后的决定,以解决"必须解决的重要战略问题"。

在与罗斯福的会谈中,丘吉尔一面极力反对在法国实行登陆,一面又积极兜售他的"体育家"计划,认为这是1942年内打击希特勒的唯一正确方向。正当美英首脑会谈之际,从北非战场上突然传来了英军失利的消息,3.3万名英国守军在利比亚的托卜鲁克向德军投降。英军节节败退,隆美尔非洲军团挺进尼

---

① 《苏联伟大卫国战争期间苏联部长会议主席同美国总统和英国首相通信集(1941—1945)》第2卷,世界知识出版社1963年版,第55—56页。

罗河三角洲。这一消息使丘吉尔大为震惊和沮丧，被迫中断会谈，匆忙返回英国。北非英军的失利，在英国舆论界引起轩然大波，一些下院议员对丘吉尔提出不信任案，要求丘吉尔辞去首相职务。在政治上处于被动的丘吉尔，急于挽回北非败局，更加坚定了把进攻方向转向法属北非的决心。7月8日，丘吉尔致电罗斯福，正式通知美国决定放弃法国登陆计划，并再次指出进攻北非战役是今年秋季所能实施的最保险、最有收获的一次打击，因此"我们在这个关键性的一年中不应该放弃在西战场上的唯一具有伟大战略意义的打击"①。

7月中旬，罗斯福派马歇尔将军、金氏海军上将和霍普金斯访问伦敦。在7月20日至23日的会谈中，美国参谋长们主张在西欧实行牵制性进攻的"痛击"计划。英国军政领导人仍坚决主张在北非登陆。在双方争持不下时，罗斯福拍板敲定，同意英方意见。于是7月24日，英美决定1942年秋天在北非登陆。7月25日，罗斯福正式批准了这项计划，其代号改为"火炬"。7月27日，罗斯福打电报给丘吉尔说："现在我们已在并肩前进。"②

罗斯福决定在北非登陆有其双重目的：一是为解救英国在北非之困，快速"插入隆美尔的大军的后门"，防止德日会师，以消除对地中海和苏伊士运河航线的威胁；二是想趁法兰西帝国之危，力图扩大美国在北非、西非、中东、地中海的影响，这是更为重要的目的。正如7月15日霍普金斯等赴伦敦前夕罗斯福向他交底时透露的那样：如果进攻西欧的计划不能实现，那么"可供考虑的战场就是北非和中东"，"'体育家'作战行动的一大好处在于它纯粹是美国人的创举，它使我们夺取西非"，"它将为最终控制地中海奠定基础……"，而"英俄两国在这个地区都大有应付不暇之感"。③

"火炬"计划确定后，美英两国的联合参谋长委员会立即在伦敦着手拟制具体作战方案。8月13日，美英联合参谋长委员会正式任命艾森豪威尔将军为盟国北非远征军司令。9月20日，双方决定登陆地点为三处：卡萨布兰卡、奥兰和阿尔及尔。登陆日期定于11月8日。

参加"火炬"作战的美英军队计划共有13个师及650艘军舰和运输舰，首批登批部队为7个师，约11万人。此外，还有1700架飞机和几个空降营配合这次军事行动。

---

① 温斯顿·丘吉尔：《第二次世界大战回忆录（第4卷）：命运的关键》，商务印书馆1975年版，第640页。
② 同上书，第662页。
③ 舍伍德：《罗斯福与霍普金斯》下册，商务印书馆1980年版，第202—203页。

根据作战计划,正在北非作战的英国第 8 集团军,应首先击溃埃及境内的隆美尔非洲军团,尔后急速向西推进,配合登陆的盟军把敌人赶出北非。为此,在美国的支援下,英国不断加强北非和地中海的军事力量。到 10 月下旬,英国第 8 集团军已拥有 3 个军,共 11 个师又 4 个独立旅,总兵力达 23 万人。这些部队装备了 1440 辆坦克、2300 余门大炮和 1500 架飞机。而隆美尔非洲军团方面共有 12 个师,其中 8 个是意大利师,拥有坦克 540 辆、大炮 1200 多门和飞机 350 架,因兵员缺额高达 40%,实际兵力仅 8 万余人。英军在兵力和武器装备方面都占有压倒优势。

1942 年 10 月 23 日夜,皓月当空,英军 1200 门大炮怒吼。接着,蒙哥马利指挥英国第 8 集团军的 2 个军在埃及境内的阿拉曼地区向隆美尔军团防线发起攻击。以后数日,双方在沙漠中展开坦克大战。11 月 2 日,英军突破德意军防线,并击退敌军坦克的反扑。11 月 3 日,敌军开始撤退;11 月 4 日,第 5 印度旅冲破德意军之间的接合部,敌军全线崩溃,英军向西追击逃敌。经过 12 天的激战,英军大获全胜,共歼敌 5.5 万人,击毁坦克 350 辆。丘吉尔曾高度评价阿拉曼战役,把它誉为"命运的关键"①。

美英两国除了在军事上进行充分准备外,还积极展开政治攻势,争取北非的法军与盟军合作。法国投降后,维希政府仍维持着对北非的殖民统治,在法属北非的法军约有 20 万人,飞机 500 架。盟军的策略是把打击重点放在德意军队上,而力争把法军分化出来。在法属北非的军政首脑中,许多人痛恨法西斯德国,不愿为它打仗。一些法国将领与美国驻阿尔及尔总领事墨菲关系密切,欢迎大批美军登陆北非。一个法国将领对墨菲表示:"假如你仅仅带 1 个师来,我将向你开枪;假如你带 20 个师来,我就要拥抱你了。"②但他们对英国却怀有强烈的敌视情绪,对英国支持的戴高乐自由法国运动更是视如仇敌。

11 月 7 日,艾森豪威尔把法国的吉罗将军接到设在直布罗陀的盟军临时司令部,准备利用他的威望来号召北非法军倒向盟国。同时,墨菲在阿尔及尔做法军将领朱安的工作,并通过朱安把盟军即将登陆的消息告诉了正在阿尔及尔探视爱子病情的维希政府武装力量总司令达尔朗,以争取他的合作。

11 月 8 日凌晨,正当英国第 8 集团军乘胜追击隆美尔非洲军团时,艾森豪威尔指挥 11 万美英联军在阿尔及尔、奥兰和卡萨布兰卡三处同时登陆。

---

① 温斯顿·丘吉尔:《第二次世界大战回忆录(第 4 卷):命运的关键》,商务印书馆 1975 年版,第 888 页。

② 唐子长:《第二次世界大战欧洲战史》第 5 卷,上海永祥书店 1946 年版,第 141 页。

由于美国事先对北非法军做了一些政治瓦解工作,盟军在大部分地区未遇到严重抵抗。11月8日18时45分,达尔朗下令命阿尔及尔的法军停止抵抗;10月,达尔朗同意与盟军合作,并命令北非各地法军立即停火。盟军登陆北非取得成功。

北非法军投降后,希特勒为了进攻报复,于11月10日20时30分发出了德军占领法国南部的命令。11日,德意军队很快占领了法国"自由区",并迅速占领了科西嘉岛。维希政府至此寿终正寝。为了夺取法国军舰,11月27日德军进攻法国南部港口土伦。法国水兵激于爱国热忱,凿沉了70艘作战舰艇和60多艘各种船只①,从而使地中海的海军力量对比发生了有利于盟军的变化。

盟军在全部占领了摩洛哥和阿尔及利亚之后,于11月中旬又继续东进,进入突尼斯境内,直逼比塞大港和突尼斯城,与东线进攻的英国第8集团军相呼应,形成两面夹击敌人之势。

1942年12月初至1943年2月中旬,美英军队为发动新的攻势进行了充分的准备。到1943年3月,美英在突尼斯境内的第18集团军群已拥有20个师又4个独立旅,人员武器配备齐全。1943年3月17日,巴顿将军的美国第2军在突尼斯南面发起进攻,向梅克纳西、加贝斯方向挺进。3月20日,蒙哥马利指挥第8集团军主力对马雷斯防线发动进攻,同时以部分兵力向西南作深远迂回,然后挥戈北上,在4月7日与向东迅猛推进的美国第2军会师,直插敌人后方。德意军队面临被包围的威胁,被迫撤出马雷斯防线,向北退却。到4月中旬,盟军的强大兵力把德意军队挤到突尼斯东北部的一小块地区里。4月19日,盟军全线发起总攻。经过半个月的激战,盟军于5月7日攻占突尼斯城和比塞大港,25万德意军队因缺乏渡海工具而走投无路,被迫于5月13日宣布投降,从而胜利结束了近7个月之久的北非战役。

北非战役是盟军向德意军队发动进攻的第一个重要战役,它一举肃清了盘踞在北非的德意军队,完全解除了埃及和苏伊士运河面临的威胁。北非战役也是美英军队联合作战的第一个战役,为以后盟军实行大规模的两栖登陆联合作战积累了经验。在整个北非战役期间,盟军取得歼敌30余万人的重大胜利,并使北非法军转到盟国一边,增强了反法西斯阵营的力量。北非战役后,盟军完全控制了整个北非和地中海南岸,为下一步登陆西西里、直取意大利本土准备了进攻基地,标志着盟军在战略上已由防御转入进攻。对此,斯大林给予了高

---

① 戴高乐:《战争回忆录》第2卷,世界知识出版社1981年版,第51页。

度赞扬："由于非洲的军事行动表示主动权转到我们盟国手中，欧洲的军事政治状况从根本上变得有利于英苏美同盟。"①

卡萨布兰卡会议

早在盟军登陆北非后不久的 1942 年 11 月 12 日，罗斯福就曾打电报向丘吉尔建议：现在"应及时考虑一旦地中海南岸的敌军被肃清，并处于我方控制之下时所应采取的下一步行动"②。丘吉尔欣然接受了这个建议。于是，在北非战役顺利进行和胜利在望的时候，罗斯福和丘吉尔于 1943 年 1 月 14 日至 24 日在卡萨布兰卡举行首脑会议，随同参加会议的还有两国军界的主要领导人。这次会议的主要议题有两个：一个是军事战略问题；另一个则是政治问题。

关于军事战略问题，即北非战役结束后，美英军队下一步的军事部署和作战行动方向问题。在会议期间，美英两国的参谋长们在对德战略和对日战略的问题上意见不一，发生了激烈的争论。

在对德战略上，丘吉尔和英国参谋长们认为应该继续扩大"火炬"战役的战果，主张以北非沿岸为基地，利用盟军结集于北非的军队、物资和船舶，横渡地中海，进攻撒丁岛和西西里岛，打击意大利，争取土耳其参战，迫使德军分散兵力。以陆军参谋长马歇尔上将为代表的美国军方则担心英国的地中海作战计划可能把盟国的资源消耗殆尽，从而给在法国北部登陆的计划带来不利影响，因此他们主张，一俟肃清北非敌人，就立即把美英军队源源不断地运往英国，为横渡英吉利海峡进入法国作战作好准备。

在对日战略上，美国参谋长们主张在瓜岛战役已经取得对日作战的主动权之后，盟军应在西南太平洋和中太平洋继续发动攻势。英国军方则极力反对铺开作战，指出这可能会使战略重点从欧洲转向亚洲。他们主张在击败德国之前，太平洋方面应采取静态的防御战略。

罗斯福本人则倾向于丘吉尔的地中海作战计划，主张进攻西西里，完全控制地中海地区。但在对日作战问题上，罗斯福全力支持美国参谋长们的意见，即继续保持太平洋的攻势。

经过反复讨论，最后美英于 1 月 23 日确定了"1943 年作战方针"。这个方针一开头就重申了美英首先打败纳粹德国的基本战略思想，并就对德日作战计

---

① 《斯大林文选(1934—1952)》，人民出版社 1962 年版，第 326 页。
② 温斯顿·丘吉尔：《第二次世界大战回忆录(第 4 卷)：命运的关键》，商务印书馆 1975 年版，第 929 页。

划作出以下规定：1.消除德国潜艇的威胁,确保大西洋交通安全；2.在1943年7月间发动西西里战役,代号为"哈斯基",指定艾森豪威尔为最高统帅,亚历山大任副手；3.用轰炸机空袭攻击德国,并继续准备为横渡英吉利海峡在英伦三岛集结进攻力量；4.美军继续保持太平洋战场的攻势,美、英、中三国军队将在缅甸发起一次代号为"安纳吉姆"的联合进攻。此外,这个作战方针还规定"一切与土耳其有关的问题均由英国处理"①。

显然,这个作战方针是美英相互妥协的产物,美国同意了英国的地中海作战计划,承认土耳其是英国的势力范围；作为交换条件,英国同意了美国的太平洋和远东作战计划,并且还全面接受了有关太平洋战争的战略由美国单独决定的原则,实际上这就等于英国承认了战后美国在亚洲太平洋地区的霸权地位。

关于政治问题,美英争论的焦点是：如何对待法国各派政治力量？在北非战役结束后将支持哪一派在北非组织法国政权机构？丘吉尔倾向于自由法国运动的领导人戴高乐将军,而罗斯福则坚持从维希政权的旧军人中物色人选。

早在1940年6月法国投降后,戴高乐将军就在伦敦组织起"自由法国"运动,并得到英国政府的大力支持。6月28日,英国政府公开承认"戴高乐将军为集合在他周围支持同盟国事业的一切自由法国人的领袖"②。8月7日,双方又达成了《丘吉尔—戴高乐协定》,英国承认戴高乐是"法国兵力的最高统帅",戴高乐则"接受英国最高统帅部的总领导"。③ 1941年9月24日,以戴高乐为首的"法兰西民族委员会"正式在伦敦成立,作为"自由法国"的行政领导机构。这样一来,英国对自由法国的承认和支持也由以往的道义上和物质上的支持上升为对具有政府机构性质的法兰西民族委员会的承认和支持了。1942年7月,戴高乐又把"自由法国"改称为"战斗法国"。

美国在法国投降后,为了不使法国舰队和法属北非落入德国手中,继续同标榜"中立"的维希政府保持外交关系,罗斯福派他的密友海军上将李海出任美国驻维希大使。相反地,罗斯福对戴高乐却抱有很深的成见,把他视为英国手中的工具,并认为戴高乐是一个不值得信任的"冒险家"。因此,美国拒绝承认法兰西民族委员会是法国政府机构的代表,而仅仅承认它是"法国反抗轴心力量的象征"。

到了北非战役前后,罗斯福更多地出于建立战后美国世界霸权的考虑,想

---

① 舍伍德:《罗斯福与霍普金斯》下册,商务印书馆1980年版,第314页。
② 戴高乐:《战争回忆录》第1卷,世界知识出版社1981年版,第290页。
③ 《国际条约集(1934—1944)》,世界知识出版社1961年版,第272—275页。

趁法兰西帝国之危,利用盟军登陆北非之机,取而代之,控制法属北非这个战略要地。为此,美国需要在北非建立起一个依附美国的政权。于是,罗斯福一方面要求丘吉尔对戴高乐实行保密,把自由法国部队排斥在"火炬"计划之外;另一方面在维希政权的旧军人中物色代理人,并最后选中了吉罗。吉罗原是法国第7集团军司令,1940年被德军俘虏,1942年4月越狱逃到维希。11月7日和8日,艾森豪威尔同吉罗举行秘密谈判,并答应吉罗成为北非民政机构的首脑和北非法军总司令。

但是,盟军在北非登陆的事实表明,是达尔朗的命令促使北非法军停止了抵抗,大多数北非法军将领都不肯承认吉罗是法军最高司令官。于是,在艾森豪威尔和克拉克的安排下,1942年11月13日达尔朗与吉罗达成一项协议:达尔朗为北非最高行政首脑,吉罗任北非法军总司令。协议同时还规定不准戴高乐势力进入北非。11月15日,达尔朗宣布北非新政权成立。它的领导成员除达尔朗、吉罗外,还有原维希政府驻法属北非、西非的法军司令和总督。实际上,这是维希政权在北非的延续。

美国与达尔朗的这笔政治交易,引起美英舆论哗然,纷纷谴责这项协议"卑鄙地抛弃了联合国家必须为之战斗的原则"①。丘吉尔也利用美国的窘境几次建议罗斯福考虑成立一个由戴高乐参加的法国联合政权。11月11日,丘吉尔打电报提醒罗斯福:"我深信你会认识到,英王陛下政府对戴高乐和他所领导的运动负有极其明确而神圣的义务。我们必须使他们得到公平的待遇。"②11月17日,丘吉尔再次向罗斯福提出忠告:"我们决不能忽视人们感到我们准备同各国的吉斯林③之流通款讲和,这可能不仅在法国,而且在整个欧洲都会对我们的事业在政治上造成严重的损害。"④

在舆论的压力下,罗斯福于11月18日发表声明,宣称:目前在北非和西非所作的暂时性协议,仅仅是由于作战的迫切需要而实行的权宜措施。丘吉尔说:在读了这份声明后我放了心。12月24日,达尔朗遇刺殒命。美国又指派

---

① 罗伯特·达莱克:《罗斯福与美国对外政策(1932—1945)》下册,商务印书馆1984年版,第524页。

② 温斯顿·丘吉尔:《第二次世界大战回忆录(第4卷):命运的关键》,商务印书馆1975年版,第928页。

③ 维孔德·吉斯林(1887—1945),挪威的法西斯分子。在德国占领挪威期间,他是傀儡政权的头目,后以卖国罪处死。而吉斯林这个名字就成为卖国贼的同义词。——编者注

④ 温斯顿·丘吉尔:《第二次世界大战回忆录(第4卷):命运的关键》,商务印书馆1975年版,第932页。

吉罗接管了法属北非的行政事务。

这样,在法国的各派政治力量中就形成了两大派:一派是戴高乐领导的,包括大部分国内抵抗组织在内的"战斗法国";另一派则是以吉罗为首的,由维希政权的旧军人组成的北非法军,它们分别得到英国和美国的支持。美英对待法国各派政治力量的不同态度,其实质是美英两国都想在北非扶植自己的代理人,扩大各自对北非事务的影响,以便从政治上控制北非。

由于法属北非没有英国的政治代表,丘吉尔于12月27日要求罗斯福同意英国派出一名代表常驻北非。这时,戴高乐领导的"战斗法国"已发展为一支不可忽视的力量,并在国际上相继得到苏联、波兰、荷兰等许多国家的承认。达尔朗遇刺后,戴高乐于11月25日立即打电报给吉罗,建议两人尽快举行会晤,以便把法国国内外一切抗敌力量和法国一切领地"统一于一个临时中央政权"。同时,罗斯福也发现吉罗是"一名头脑相当简单的士兵",缺乏任何行政管理的能力,难以实现美国的欧洲战略意图。迫于这种情况,罗斯福于12月底决定墨菲和英国议员麦克米伦为艾森豪威尔的政治顾问。

在卡萨布兰卡会议期间,罗斯福接受了美英政治顾问就北非统治政权问题达成的妥协方案:让戴高乐和吉罗实行政治联合,共同主持法属北非事务。罗斯福这时之所以同意戴高乐势力进入北非,正如他对艾森豪威尔所透露的那样:"既然法国人想迫切地取得大量的军事装备,那我们就可以此为条件,采取要他们服从美国在欧洲方面的战略观点,使用他们的基地,并逐步撤换反对美国政府的法国官员……"①。这充分表明:罗斯福想把戴高乐纳入美国的欧洲战略,为美国建立世界霸权服务。

1943年1月22日,戴高乐应邀来到卡萨布兰卡赴会。经罗斯福和丘吉尔的劝说,戴高乐答应同吉罗合作并制订一项合作计划。1月26日,戴高乐和吉罗发表了联合公报,宣称:"我们共同确定了所要达到的目标","这个目标就是彻底打败敌人,以期获得法国的解放和全人类自由的胜利"②。

在会议结束的1月24日,罗斯福在记者招待会上第一次公开提出了盟国对轴心国作战"就是要德国、意大利和日本无条件投降"的原则,指出:"……只有全部消灭德国和日本的战争力量,世界和平才会到来……",并宣布这次会议

---

① 艾森豪威尔:《远征欧陆》,纽约1952年版,第137页。
② 戴高乐:《战争回忆录》第2卷,世界知识出版社1981年版,第447页。

"可以称作'要求无条件投降'的会议"。①

卡萨布兰卡会议是在战争主动权开始转到盟国方面的形势下举行的。这次会议协调了美英两国的军事战略,确定了新的作战行动方向,对巩固反法西斯同盟的团结,彻底打败轴心国,具有重要意义。另一方面,随着盟军在军事上的胜利,美英对待法国各派政治力量的不同政策和策略,也开始逐渐暴露出来,反映了它们各自的作战目的和不同利益。

"三叉戟"会议

在北非战役稳操胜券即将结束之际,应丘吉尔的要求,美英首脑及两国三军参谋长于1943年5月12日至25日在华盛顿举行联席会议,以讨论盟军在欧洲和亚洲太平洋两大战场上联合作战的行动计划问题,目的是通过相互协商来解决两国参谋部尚未解决的"主次轻重问题"。这次军事会议的代号为"三叉戟"。

在会议上美英讨论的议题主要有两个:第一,"哈斯基"行动计划后,美英军队在欧洲的作战重点和行动方向问题;第二,在亚洲太平洋战场上的援华抗日问题。

关于盟军在欧洲的作战重点和行动方向问题,美英两国军政首脑的意见发生分歧。丘吉尔和英国三军参谋长主张"哈斯基"计划后,盟军应深入地中海继续作战,进攻意大利本土,迫使意大利退出战争。丘吉尔认为这个作战计划的好处是:1.使德国人因独力作战而意志沮丧;2.迫使希特勒从苏联前线抽调军队增援巴尔干半岛各国,并强调说这是"在1943年解除俄国战场沉重负担的最好办法"②;3.一举消灭意大利舰队,从而英国能腾出海军部队来攻击日本;4.意大利的崩溃必将迫使德国减少在法国的军队,为横渡英吉利海峡登陆法国创造条件。③

罗斯福同他的三军参谋长们则一致主张"哈斯基"计划后,英美军队在欧洲"基本的战略"应是准备在1944年横渡英吉利海峡,不应该让地中海的进一步军事行动耽误或削弱这一计划的执行,特别反对在地中海以东采取军事

---

① 罗伯特·达莱克:《罗斯福与美国对外政策(1932—1945)》下册,商务印书馆1984年版,第538页。

② 温斯顿·丘吉尔:《第二次世界大战回忆录(第4卷):命运的关键》,商务印书馆1975年版,第1171页。

③ 罗伯特·达莱克:《罗斯福与美国对外政策(1932—1945)》下册,商务印书馆1984年版,第562页。

行动。罗斯福本人希望正面迎击德军,他认为"迫使德国决一雌雄的最有效的办法就是实施横渡英吉利海峡的作战计划"①。因此,罗斯福坚持优先考虑在法国登陆。

经过一周的激烈争论,5月19日,两国参谋长联席会达成协议:在英国应集结29个师,准备于1944年5月1日横渡英吉利海峡在法国登陆,对德国发动决定性的进攻,代号为"霸王"计划。为了报答英国对横渡海峡进攻的规模和时间作出承诺,美国方面同意指示北非盟军司令艾森豪威尔"在实施'哈斯基'行动计划时,应考虑加强各种军事行动的办法,以便最有效地把意大利排除于战争之外,并牵制最大数量德军"②。

援华抗日是美英在这次会议上的另一重大战略分歧问题。罗斯福强调中国作为抗日基地的必要性,主张必须对援华采取积极的态度。而丘吉尔不相信中国是个重要的基地,轻视支援中国抗日的努力。

当时援华有两个渠道:一个是地面渠道;一个是空中渠道。地面渠道主要是滇缅公路。为了打通滇缅公路,卡萨布兰卡会议决定在缅甸发动代号为"安纳吉姆"的大规模进攻。美国参谋长们认为这个计划应予实施并贯彻到成功。英国军队曾在缅北发动过几次局部进攻,作为"安纳吉姆"战役的准备,但均告失利。因此,在"三叉戟"会议上,丘吉尔主张放弃进攻缅甸的作战计划,只同意从空中进行援华,并提出了进攻苏门答腊和马来半岛,进而收复新加坡的新计划。罗斯福希望对"安纳吉姆"计划进行修订,而不主张放弃,但他更强调把主要力量放在扩大和加强空运航线上。经过反复争论,最后美英双方达成妥协,规定了1943年援华的两项计划:一是积极发展空运援助中国,力争初秋达到每月1万吨的运输量;二是在1943年雨季结束时,从缅北发动一次有限攻势,作为打通滇缅公路的"基本措施"。

1943年5月25日,即"三叉戟"会议的最后一天,罗斯福和丘吉尔正式批准了两国"进行战争的全面战略思想"的报告,主要内容有:1.在欧洲,同苏联和其他盟国合作,尽早促成德国无条件投降;2.在亚洲,与中国和其他有关国家合作,维持并加强对日本的攻势,继续削弱日本的军事力量,以造成迫使日本投降的有利形势;3.打败德意后,继续与太平洋国家及苏联合作,充分发挥美英的力量,

---

① 罗伯特·达莱克:《罗斯福与美国对外政策(1932—1945)》下册,商务印书馆1984年版,第563—564页。

② 温斯顿·丘吉尔:《第二次世界大战回忆录(第4卷):命运的关键》,商务印书馆1975年版,第1196页。

以便促成日本无条件投降。

为了贯彻"全面战略思想",会议还规定了一些基本任务:击溃轴心国潜艇的威胁,确保主要海上交通线;加强空中攻势,对轴心国根据地实行战略轰炸;采取必要而切实可行的措施援助苏联和中国;为北非法军参加反轴心战争积极创造条件等等。

至于进攻意大利的计划,直到会议结束丘吉尔也未能得到美国的明确承诺。这本来是丘吉尔飞越大西洋参加"三叉戟"会议的主要目的,因此他当然不肯轻易放弃。会议结束后,丘吉尔邀请马歇尔于5月26日一同飞往阿尔及尔,与艾森豪威尔讨论攻占西西里后的作战计划。艾森豪威尔支持丘吉尔的看法,主张如果盟军能够顺利攻占西西里岛,应当横渡墨西拿海峡,进攻意大利南部,但马歇尔认为,"霸王"计划的日期已经确定,所以是否进攻意大利本土只有在西西里战役之后才能决定。因此,阿尔及尔会议无结果而散。关于迫使意大利退出战争的方法问题,只好留待以后再议。

总的看来,"三叉戟"会议进一步调整了美英两国的战略思想,为协调盟国对德、意、日的作战起了一定的促进作用。

第三节　亚洲太平洋战场的变化

中途岛海战和瓜岛战役

1942年春,美英根据亚洲太平洋的军事形势,重新划分了作战区域:英国负责印度和印度洋以及苏门答腊地区;美国负责整个太平洋地区的作战。美国把太平洋战场分为三大战区:中国战区(包括中国、泰国、越南和缅甸北部)、西南太平洋战区和太平洋战区。1942年4月4日,美国太平洋舰队司令尼米兹海军上将被任命为太平洋战区总司令,他的任务是:1.扼守夏威夷至中途岛一线,维护这一海域同美国西海岸的交通;2.维护美国西海岸同澳大利亚的海运航线,守护从夏威夷经萨摩亚至斐济岛的防线。[①] 美国的战略是,阻止日军进一步向澳大利亚推进,建立起一条从美国西海岸到澳大利亚的可靠交通线,确保美军在太平洋的重要反攻基地——澳大利亚的安全,为日后举行反攻作好准备。

日本在取得了太平洋战争初期的胜利后,于1942年3月7日制定了《今后采取的战争指导大纲》,提出"为迫使英国屈服,美国丧失战斗意志,继续扩大既

---

① 波特、尼米兹:《大海战——第二次世界大战中的海军激战史》,新泽西1960年版,第199页。

得战果","在国力允许范围内,采取一切手段,迫使美英经常陷于消极防守的态势"。① 为此,日本决定把攻占南太平洋和大洋洲的一些岛屿作为下一步作战计划的重点,目的在于切断美澳之间的交通,使澳大利亚陷于孤立而丧失"其抗战能力",从而使"美国将失掉在南太平洋上的对日反攻基地"。②

由此可见,美日两国的战略计划针锋相对,从而引发了以后的中途岛海战和瓜岛战役。

中途岛是美国的海军航空站,位于珍珠港西北1000海里处,是夏威夷群岛的门户和屏障。1942年3月,日本联合舰队司令山本五十六提出了进攻中途岛的作战计划,目的是占领中途岛,作为日本海军航空兵的前进基地。同时引诱美国太平洋舰队进行决战,并一举加以歼灭,为进攻南太平洋岛屿创造有利条件。

1942年5月5日,日本大本营批准了这一作战计划,命令联合舰队攻占中途岛和阿留申群岛。根据山本的作战计划,进攻中途岛的舰队分为4支:第1机动编队,以4艘航空母舰为骨干编成,舰载机261架,由编队司令南云忠一指挥;中途岛进攻编队,12艘运输舰载运5800名登陆兵,在两艘战列舰、10艘轻重型巡洋舰、1艘轻型航空母舰和两艘水上飞机母舰的掩护下,担负登陆作战任务;潜艇先遣队,由15艘潜艇组成,主要在中途岛和夏威夷之间的海域负责警戒,以监视美国舰队的活动;主力编队,包括7艘战列舰、3艘轻巡洋舰和1艘轻型航空母舰,由司令山本亲自率领,准备同美国舰队进行决战。③ 另外,还有3支舰队北上攻打阿留申群岛。

这时,美国太平洋战区总司令尼米兹手中可以使用的兵力只有3艘航空母舰、8艘巡洋舰和15艘驱逐舰,舰载机233架,美军处于明显劣势。但是,美国在1942年2月曾截获了一本日本海军电报密码,从破译的日本密码中得悉日本进攻中途岛的情报,从而对这次日本舰队的作战计划和实力了如指掌。在日本潜艇布置警戒线之前,美国全部舰只已事先悄悄埋伏于中途岛东北200海里处隐蔽待机。同时,美军在中途岛上还集结了近120架作战飞机,其中包括一批B17和B25中远程轰炸机。

1942年6月4日凌晨,日本舰队驶入中途岛西北200海里的海域,南云忠一命令108架日机从4艘航空母舰上同时起飞袭击中途岛,妄想创造第二个珍

---

① 服部卓四郎:《大东亚战争全史》第2卷,商务印书馆1984年版,第524—527页。
② 同上书,第523页。
③ 同上书,第554页。

珠港事件的奇迹。但美军早已严阵以待,在日机到达中途岛上空之前,所有美机升空迎击,双方展开了激烈的空战。

第一批进攻中途岛的日机未达到预想的攻击效果,于是南云决定,准备袭击敌舰的第二批飞机卸下鱼雷,改装重磅炸弹,对中途岛发起第二次攻击。正当日军改装炸弹的时候,日本侦察机报告,在中途岛东北 240 海里处发现敌舰 10 艘。这一情况使南云十分惊慌,他下令立即停止装弹,重新换上鱼雷,以对付美舰。美军抓住第一批日机全部返航和改装鱼雷的攻击机尚未起飞的有利战机,派出两批飞机前来轰炸。美军俯冲轰炸机利用云层的掩护,突然从天而降对日舰发起攻击,当即炸沉日本 3 艘航空母舰。幸存的日本航空母舰飞龙号立即派出飞机还击,重创美国航空母舰约克顿号。但美机很快又炸沉了飞龙号。这时,山本看到败局已无法挽回,被迫于 6 月 5 日下令:取消占领中途岛的行动。

中途岛海战是日本发动太平洋战争以来首次遭受的重大挫折。日军损失大型航空母舰 4 艘,重巡洋舰 1 艘,飞机 322 架,死伤 3200 人,其中包括几百名熟练的舰载机驾驶员。这次海战是太平洋战争的转折点。从此,日本丧失了在太平洋战场上的战略主动权。

中途岛战役之后,日美之间又在瓜岛展开了激烈的争夺战。瓜达尔卡纳尔岛(简称瓜岛)是南太平洋所罗门群岛中面积较大的岛屿之一。日本在中途岛战败后,不甘心战略主动权的丧失,决定攻占新几内亚的莫尔兹比港,加强对澳大利亚的威胁,阻碍美澳交通,以重新夺回战略主动权。1942 年 7 月 11 日,日本大本营命令驻守西南太平洋的陆军第 17 军司令和海军第 8 舰队司令:"陆海军须协同攻占和确保莫尔兹比,并随时戡定东部新几内亚其他要地。"[①]为了配合这次军事行动,扩大在西南太平洋航空支援作战的区域,日本海军已于 6 月底派出一支 2700 人的施工部队登上瓜岛修筑机场。显然,日军的瓜岛机场一旦完工,将直接威胁美澳交通线,对日后盟军的反攻极为不利。

7 月初,美国获得日军在瓜岛构筑机场的情报,决定在日军机场竣工之前,抢先攻占瓜岛。8 月 7 日,美国海军陆战队 1.1 万多人登陆瓜岛,占领了机场、通讯站和发电站等重要设施。日军稍事抵抗后便逃入岛上西北部的密林中。

日本对美军登陆瓜岛估计不足,仅看作是一次侦察行动,并认为即便是正式登陆,也不难夺回。8 月 10 日,日军决定,仍按原计划进攻莫尔兹比港,同时

---

① 服部卓四郎:《大东亚战争全史》第 2 卷,商务印书馆 1984 年版,第 579 页。

派出一支2400人的部队增援瓜岛。9月12日,瓜岛日军获得援助后,发动了夺取机场的第一次总攻。激战两天,日军伤亡重大,被迫停止进攻。第一次总攻失败后,日本才将作战重点由新几内亚转到瓜岛方面,从中国战场和日本国内调来兵力,但为时已晚。这时,美军也向瓜岛增援了1个师的兵力,并于8月20日美机进驻瓜岛机场,美军海空封锁力量大为加强。10月24日,日军发动第二次总攻,企图夺回机场,但因美军的顽强抵抗而告失败。在瓜岛战役期间,美日两国的海空军还进行了大小30余次海战,其中规模最大的有3次所罗门海战和1次圣塔·克鲁兹海战。这些海战的结果,美日各有1艘航空母舰被击沉,双方损失驱逐舰以上的主要战舰总计达30艘以上,美军损失大于日军,但日军在运输船舶和飞机方面损失惨重。

由于瓜岛争夺战呈现出长期消耗战的趋势,日军日益感到人力、物力和资源的不足,瓜岛的3万名日军因美国海空军的封锁几乎断绝了给养供应,不得不以树皮、野草充饥,数千名士兵死于饥饿和疾病,战斗力每况愈下。1943年1月4日,日本大本营终于下令停止瓜岛作战,准备撤退。2月1日至7日,日军利用黑夜的掩护组织各种舰艇将1.2万名日军撤离瓜岛。

持续半年之久的瓜岛战役以日军的失败而告终。日军前后侵入瓜岛约3.5万余人,被歼2.4万人,盟军仅伤亡5800人。瓜岛战役实际上是美日两国的一次国力竞争。美国自太平洋战争爆发后整个国民经济迅速转入战时轨道,1942年美国生产的飞机、坦克和大炮均已远远超过德、意、日三国的总和。同年,美国投入使用的主要作战舰艇128艘,并把13艘舰船改装成护航航空母舰,建造万吨级商船597艘,使美国运输船队的载重量达1680万吨。日本在1942年拥有商船队的总吨位近500万吨,计划新建商船49.5万吨,但因缺乏原料和劳动力,实际上只建造了35万吨,为原计划的70%。而在这一年当中,被美国击沉的商船总吨位就达56万吨。由于损失的船只得不到及时补充,海运能力大为降低。瓜岛战役暴露了日本国力不足,难以支撑长期消耗战,因此日军不但未能重新夺回战略主动权,反而进一步遭到削弱。瓜岛战役挫败了日军进攻南太平洋岛屿的计划,迫使其逐步退缩,全线转入战略防御,从而进一步改变了太平洋战场的态势,为盟军展开逐岛和越岛的战略进攻创造了良好条件。

中美英联合抗日的新形势

太平洋战争的爆发,使东方战局发生了深刻的变化,推动中、美、英以及亚洲和大洋洲各国人民进一步联合起来,共同反对日本法西斯的侵略。从此,在亚洲太平洋地区出现了两个在战略上彼此呼应、密切配合的中国大陆战场和盟军太平洋战场。在这种新的形势下,中共中央于1941年12月9日发表了《为太平洋战争宣言》。宣言主张:"中国与英、美及其他抗日诸友邦缔结军事同盟,实行配合作战,同时建立太平洋一切抗日民族的统一战线,坚持抗日战争至完全的胜利。"①

在太平洋战争初期,美国为了减轻太平洋战场的压力,从战略上扭转被动局面,也迫切要求中国国共两党继续实行合作抗战,以便最大限度地把日军拖在中国战场上。这在客观上对中国国内的反共投降势力无疑是一个牵制,从而间接地促进了中国国内的抗日民族统一战线的巩固和发展。1941年12月底,罗斯福根据美英"阿卡迪亚"会议的决定致电蒋介石,建议组织中国战区盟军统帅部,美国派史迪威将军来华任军事代表,兼任中国战区联合参谋长。1942年1月5日,蒋介石应罗斯福的要求就任中国战区最高统帅。美国此举,目的在于提高中国在盟国对日作战中的国际地位,维持国民党政府继续抗战的局面。

中国国民党军事委员会为了适应太平洋战争爆发后的战略形势,于1941年12月将全国划分为12个战区,400多个师分属各战区指挥,以便于对日作战。日军则为配合太平洋战争,牵制中国军队南调支援在香港、九龙以及缅甸的英军,于1941年12月24日使用4个师团的12万人的兵力,发动第三次长沙战役。1942年1月1日,日军主力逼近长沙,并向长沙城发起猛烈进攻。第九战区的中国守军连战3日,固守城防,给敌人以重大杀伤,同时外围各军迂回包围敌人。日军攻城受挫,又遭中国军队包围,被迫向北溃逃。1月15日,日军退过新墙河,双方又恢复原态势。第三次长沙会战,是日军发动太平洋战争后在中国正面战场上的第一次攻势。中日两军激战20天,日军损失近半,会战以中国军队的胜利而告终。长沙会战的胜利,提高了中国在国际上的地位,有力地支援了美英在太平洋和东南亚地区的作战。

1942年4月18日,美军16架B25远程轰炸机从航空母舰起飞,首先成功地空袭东京、名古屋、神户等地后,直飞中国,在浙江省内机场降落。对此,日本统治集团惊恐万分,决定占领中国东南部机场,破坏美军轰炸计划,打通浙赣铁路。日军从5月中旬起,以6个师团的兵力,对浙赣地区大举进攻,进行报复性打击。在两个月内,日军连续攻占40余座县城,野蛮地捣毁了衢州、丽水、玉山等机场,劫走了大量物资,给中国人力和物力造成巨大破坏。中国人民为配合

---

① 《解放日报》1941年12月10日。

盟军作战付出了重大代价。

毫无疑问,中国是抗日的重要基地。美国总统罗斯福对此早有认识,他在1941年5月就曾宣布:保卫中国是保卫美国的关键。为此,美国从经济、军事等方面采取了积极援华抗日的政策。1942年2月7日,美国政府同中国政府缔结了5亿美元的借款协定,美国国会认为:"对中国财政及经济的援助可以增强中国反抗侵略势力的能力","保卫中国是有极大的重要性"。[①] 6月2日,中美两国政府在华盛顿签订了《中美抵抗侵略互助协定》,进一步密切了两国战时合作关系。截至1943年12月底,美国通过租借法案一共向中国政府提供了3.673亿美元的物资援助。[②] 滇缅公路被切断后,美国空军又成功地开辟了飞越喜马拉雅山"驼峰"的中印运输线。仅1943年12月,空运援华物资就达1.22万吨,相当于1942年全部空运量的2.5倍。美国驻华空军第14大队还担负起保卫中国西南上空的任务,直接参加对日空军作战。

在这一时期,美英为了对付日汪间所谓"交还租界""撤废治外法权"等阴谋活动,在外交上采取积极措施,于1943年1月11日正式签订中美和中英新约,废除了美英两国在华的治外法权和租界权。12月,美国国会又废除了歧视中国侨民的排华法案。在1943年10月举行的美、英、苏三国莫斯科外长会议上,在美国的坚持下,中国成为《普遍安全宣言》的签字国,从而进一步加强了主要盟国在对敌作战中的团结。

英国在远东的军事力量薄弱,在太平洋战争初期军事上遭到一连串的失利,深感兵力不足,希望与中国联合抗日。日军侵占印度支那、泰国后,缅甸面临入侵的危险。因此,英国政府要求中国出兵缅甸,支援其缅—印战区的防御。国民党政府为了保持滇缅公路的畅通,运进援华物资,同意派兵入缅作战。美国担心日本攻占缅甸,完全切断中国与其他盟国的交通运输,所以也积极赞助中国出兵作战。1941年12月19日,中、美、英三国在重庆召开东亚军事会议,商讨联合对日作战问题。12月23日,中英两国签订《中、英共同防御滇缅路协定》,中国政府准备派遣3个军进入缅甸,配合英军共同对日作战。12月26日,中英双方正式结成军事同盟。

1942年2月,中国远征军由滇西开赴缅甸。根据双方商定,从仰光至曼德勒铁路以东为中国远征军作战地区,中国军队接替了这一地区英军的防务。日军于3月8日攻陷仰光后,兵分三路,向腹地进犯。3月20日,中国远征军在东

[①] 《中美关系资料汇编》第一辑,世界知识出版社1957年版,第536页。
[②] 同上书,第100页。

吁与日军展开激战,战斗持续 12 天,给日军以重大杀伤。日军承认这是南洋作战以来第一次受挫。4 月中旬,日军侵占仁安羌并将英军 7000 余人包围于仁安羌附近。中国远征军奉命驰援,经两昼夜激战,突破了敌人的包围圈,与英军会师,并一度克复了仁安羌。

虽然中国远征军士气较高,入缅作战也取得了一些胜利,但由于盟军内部缺乏统一的战略部署,配合不力,指挥各异,终未能达到战役目标。4 月底至 5 月上旬,日军进入滇缅路的重要枢纽腊戌并连陷瑞丽、畹町镇和密支那等地,切断了中国远征军的后路。5 月中旬,中国军队撤出缅甸,两个师退到印度东北部的利多,其余转回国内。中国远征军第一次入缅作战虽然以失利告终,但有力地打击了日军的嚣张气焰。

在中国战场,当中日战争进入战略相持阶段后,中国共产党领导的广泛、持久的敌后游击战争便成为中国抗日战争的主要形式,敌后战场随之上升为主要战场。太平洋战争爆发后,日本为了掠夺中国的人力、物力资源,以支撑对美英的长期战争,更加强调"以战养战"的政策,企图把它在中国的占领区变为"大东亚战争兵站基地"。为此,1941—1942 年,60%以上的侵华日军用于对敌后抗日根据地进行大规模的频繁"扫荡",实行野蛮的"三光政策"。中国共产党领导敌后根据地军民一面积极组织生产自救,加强根据地的建设,一面大力开展群众性的游击战争,连续粉碎日寇的"扫荡",度过了极端困难的时期。到 1943 年,敌后根据地转入巩固、恢复阶段,八路军和新四军频频主动出击,对敌作战共 3 万余次,毙伤俘日伪军达 20 万人,攻克据点 1000 余处,敌后根据地总人口恢复到 8000 多万,并拥有一支 47 万正规军和 227 万民兵的人民抗日武装力量。

在中国抗日战争中,敌后战场上的游击战争具有特殊重要的战略地位,它在没有外援物资的情况下,以根据地为战略依托,独立自主地长期坚持抗战于敌后,担负着抗击日军主力的重要任务。到 1943 年 8 月,敌后军民抗击了 58%共 35 万的侵华日军和 90%以上约 56 万的伪军[①],使日军在战略上受到极大的牵制,无法在太平洋和东南亚发动新的攻势,从而有力地支援了亚洲各国人民的抗日斗争,同时也为美国恢复实力,扭转战略被动局面赢得了宝贵的时间。

---

① 何理:《抗日战争史》,上海人民出版社 1985 年版,第 354—355 页。

盟军在缅北的反攻

中国远征军第一次入缅作战失利后,美国于1942年6月22日成立了中—缅—印新战区,由史迪威担任司令,以加强对缅甸作战的统一指挥。为了提高中国军队的战斗力,美军还在中国的昆明、大理和印度的兰姆珈开设了干部训练团和训练学校,运来了美式武器,培训和装备中国军队。

1942年12月,随着盟军在太平洋战场的胜利,美国拟订了代号为"安纳吉姆"的缅甸作战计划,提出主要由中英军队在缅北发起攻势,打通与中国的陆路联系;同时在缅南发动两栖战役,夺取仰光港。在卡萨布兰卡会议上,美英讨论了这项作战计划,并商定于1943年11月在缅甸发起总攻。但由于英军为这场总攻而发动的几次局部进攻,均告失利,所以在1943年5月举行的"三叉戟"会议上美英达成妥协,推迟缅甸总攻计划,而发动规模较小的缅北战役。8月底,美英根据第一次魁北克会议的决定,建立了以英国海军上将蒙巴顿为司令的东南亚盟军司令部,史迪威出任副司令。11月,蒙巴顿制订出一个以反攻缅北为主的作战计划,规定以中国军队为主从印度和中国云南对缅北发起进攻;英军兵分两路,一支进入缅甸中部,破坏日军后方交通,另一支沿缅甸海岸进攻阿恰布(若开),以配合缅北作战。

缅北反攻战的首要目标是打通中印公路。这条公路以印度的利多为起点,横穿那加山脉,从胡康河谷的新背洋南折,经孟拱、密支那,再南下八莫和坎南,与滇缅路衔接,入中国云南。1943年春,中美各两个工兵团开始修筑利多至新背洋段公路。3月初,中国驻印军派出一个团进入那加山区,沿途掩护公路的修筑。随着旱季的到来,中国驻印军的反攻准备已经就绪。

作为缅北反攻战的第一阶段是攻占缅北重镇密支那,粉碎日军对印度东部的进攻。1943年10月,中国驻印军奉命进军胡康河谷,向驻守日军发起攻击。1944年3月初,美军一个团也投入战斗。经过6个月的战斗,于3月底肃清胡康河谷的残敌,然后乘胜向前推进,恶战3日,终于在6月25日收复孟拱城。同时,两支中美混合突击队向密支那挺进,并攻占了机场。日军急忙增调援军,凭借坚固的工事死守。7月初,盟军发动总攻,激战一个多月,于8月15日克复密支那,日军逃往八莫。

在此期间,英军为配合缅北反攻,于1944年1月沿阿拉干山脉向阿恰布地区展开局部攻势。2月初日军进行反攻。经过半个月的激战,英军击退日军的反扑,毙俘敌人1.2万人,取得了自太平洋战争以来对日作战的第一次胜利。3月中旬,日军以3个师团的兵力又向印度阿萨姆邦发动攻势,企图攻占阿萨姆空运站,断绝中国的外援,同时包抄中国驻印军的后方,切断其后勤供应,以挫败盟军在缅北的反攻。英军奋力抵抗3个月,于6月下旬粉碎日军攻势,取得毙敌5万人的重大胜利。至此,盟军缅北反攻的目的已达一半。

缅北反攻战的第二阶段从盟军进攻八莫起,到肃清缅北残敌、完全打通中印公路止。八莫是中印公路必经之地,也是日军侵犯滇西的战略要地,因此该地的得失直接影响中印公路的畅通。10月21日盟军开始进攻,激战近两个月,于12月15日收复八莫。盟军继续南进,1945年1月15日攻克南坎。

为了策应缅北反攻战,驻滇西的中国远征军两个集团军于1944年5月间先后强渡怒江,向日军发动强大攻势,于6月抵龙陵、腾冲,与日军展开激烈的争夺战。直到9月,中国远征军打破僵持状态,日军开始败退。9月中旬至11月,中国远征军相继收复腾冲、龙陵和芒市,并在1945年1月攻占畹町镇。27日,中国远征军与中国驻印军胜利会师于畹町附近的芒友,中印公路完全被打通,达到了缅北反攻战的最终目标。

缅北战役历时一年半,中国军队协同盟军作战,进军2400余公里,收复缅北大、小城镇50多座,歼敌3.1万余人,牵制敌人大量兵力,配合了英印兵团迅速收复缅中曼德勒地区,有力地支援了亚洲人民的反对日本法西斯的斗争,为整个缅甸战场的对日作战作出了重要贡献。

第十二章　德意日法西斯的崩溃，第二次世界大战的胜利

第一节　意大利投降,法西斯同盟开始瓦解

美英军队登陆西西里岛和墨索里尼垮台

在1943年1月举行的卡萨布兰卡会议上,美英首脑把夺取西西里岛确定为盟军的下一个突袭目标(代号为"哈斯基")。根据这项决定,盟军司令部从2月起制订作战计划,该计划于5月13日得到美英联合参谋长委员会正式批准。计划规定,由亚历山大将军指挥英国第8集团军和美国第7集团军,于7月10日同时从西西里岛东南部和南部两个地段登陆,占领沿海主要港口和机场,并迅速向北发动进攻,以便围歼敌军主力,占领全岛。两个集团军编成第15集团军群,共13个师又3个独立旅,总兵力达47.8万人。协同登陆作战的各型舰船约3200艘、飞机4000余架。德意在西西里岛驻扎9个意大利师和2个德国师,共25.5万人。守岛意军多数由当地居民和地方武装组成,他们编制不足,士气沮丧,战斗力低下,主要兵力部署在该岛的西北部,整个岛上的抗登陆防御非常薄弱。

1943年6月11日,盟军首先攻占了位于突尼斯和西西里岛之间的班泰雷利亚岛,俘敌1.1万人,肃清了德意在西西里岛西南面的前哨阵地。从7月3日起,盟国空军对西西里岛、撒丁岛和亚平宁半岛南部的机场、港口、交通要道、工业中心展开猛烈空袭,摧毁了大量重要目标,迫使德意军队的远程轰炸机撤至意大利中部和北部地区。至此,盟军完全掌握了这一区域的制空权和制海权。

7月10日凌晨3时,盟国首批16万大军对西西里岛实行两栖登陆,并夺占了沿岸大片登陆场。7月12日,盟军主力全部进入岛上。7月13日,英军沿岛东部向北推进,逼近该岛重镇卡塔尼亚。德意军队为保护通往墨西拿海峡东岸的要道,调集岛上大部分兵力,阻止英军的进攻。美军则利用岛上西部守敌兵力空虚之机,横扫岛上西部敌军,于7月24日前占领岛上西部和中部地区,并

先后攻克该岛交通中心安纳和首府巴勒莫,随后兵分两路,挥戈东进。英军主力于8月5日从正面攻克卡塔尼亚后,继续向北进攻,8月14日占领塔奥尔米纳,完全控制了埃特纳山地。德军为避免重蹈突尼斯战役的覆辙,急速向墨西拿后撤,并利用黑夜的掩护横渡海峡,将10万德意军队、近1万辆军车和1.7万吨装备撤至意大利本土。8月16日,美军占领了墨西拿。8月17日,亚历山大将军两次电告丘吉尔:"7月10日进攻西西里。8月16日进驻墨西拿。38天内占领了全岛。""1943年8月17日上午10时,最后一名德军已被逐出西西里。全岛现已在我们手中"。① 在西西里战役中,盟军伤亡和失踪共3.1万人,德意军损失约16.5万人,其中包括13.2万名俘虏。

"西西里战役的结果,远不止仅仅占领敌人的这个要塞。……好吹牛皮的墨索里尼垮了台。"② 自1939年9月欧洲大战爆发以来,意大利工农业生产急剧下降,财政赤字严重,国债累累,物价飞涨,人民怨声载道。加上意军在苏联、北非、西西里各战场连接遭到惨败,进一步加剧了意大利法西斯政权的危机。意大利人民强烈厌倦战争,军队士气涣散,反战情绪普遍增长,各地工人纷纷举行罢工。在这种形势下,意大利统治集团内部发生分裂,不少人主张抛弃墨索里尼以摆脱危机,维护资产阶级政权。

从1943年5月起,意大利国王便同总参谋长安布罗西奥将军以及巴多里奥元帅等人联系,密商迫使墨索里尼下台。7月17日,即西西里战役胜利在望的时候,盟国通过广播向意大利发表了由罗斯福和丘吉尔联合签署的文告,号召意大利人民抛弃法西斯和纳粹领袖,向盟军"实行体面的投降","为意大利和文明求生"。③ 7月24日,意大利法西斯党最高委员会举行会议,委员会多数成员主张罢黜墨索里尼。经过激烈辩论,最高委员会投票表决,结果以19票赞成、8票反对、1票弃权的票数通过一项决议案,要求恢复宪制,建议由国王掌握国家的最高决策权和军队指挥权。7月25日,国王召见墨索里尼时直截了当地告诉他:"此刻,你在意大利是大家最痛恨的人"④,并宣布解除其全部职务,由巴多里奥元帅充任新政府首脑。随即墨索里尼被送往宪兵队加以拘禁,从而结束了墨索里尼在意大利长达21年的独裁统治。

---

① 温斯顿·丘吉尔:《第二次世界大战回忆录(第5卷):紧缩包围圈》,商务印书馆1975年版,第61—62页。
② 艾森豪威尔:《远征欧陆》,生活·读书·新知三联书店1975年版,第206页。
③ 温斯顿·丘吉尔:《第二次世界大战回忆录(第5卷):紧缩包围圈》,商务印书馆1975年版,第69—70页。
④ 同上书,第76页。

第一次魁北克会议

在墨索里尼下台和西西里岛战役即将胜利结束的新形势下，罗斯福和丘吉尔"为了就地中海战区今后军事行动"和加速"霸王"战役的准备工作"达成协议"，以及"为了肯定所有这些军事行动同太平洋和印度洋战争的联系"①，于1943年8月14日至24日率领各自的三军参谋长在加拿大魁北克举行了会议，史称第一次魁北克会议。中国外交部长宋子文以观察员身份参加了会议。

会议的主要议题是讨论"霸王"作战计划问题。根据美英在"三叉戟"会议上达成的协议，一项横渡英吉利海峡在法国北部登陆的计划大纲已在会前拟好。在这次会议上，美英参谋长联合委员会将对这项计划大纲进行审议。会上双方争执的焦点仍然是美英军队在欧洲和亚洲太平洋两大战场上的战略重点和主要军事行动方向问题。

在欧洲战场，英国一直主张把盟国的作战重点放在意大利和巴尔干。随着西西里战役的顺利进展和意大利局势的突变，丘吉尔认为，在意大利、爱琴海各岛和巴尔干地区都已经出现了对盟军作战极其有利的良好机会，盟军"不仅应当占领罗马，在意大利尽可能地向北挺进"，而且必须"援救巴尔干半岛的爱国者"。② 7月26日，即墨索里尼垮台的第二天，丘吉尔立即起草了一份题为《对墨索里尼下台的看法》的文件，并寄给罗斯福。在这份文件中，他进一步提出："我们应该设法占领意大利东西海岸的铁路上的据点，并且尽量地勇敢北进"，"我们一旦控制了意大利半岛和亚得里亚海，……德国人很可能被迫向北撤退到萨瓦河和多瑙河的防线，从而使希腊和其他遭受蹂躏的国家获得解放"。③ 因此，在魁北克会议上，当美英参谋长联合委员会审议"霸王"作战计划大纲时，丘吉尔极力主张优先进军意大利和巴尔干，企图拖延"霸王"战役的实施。

罗斯福和他的参谋长们则一致主张把"霸王"作战计划放在优先地位。会上，美国陆军参谋长马歇尔提出，除非把"霸王"计划置于绝对优先的地位，否则，这个计划就不会实现，或者只会成为"次要的作战行动"。罗斯福全力支持美国参谋长的意见，表示希望加紧运送美军前往英国，并指出，"他希望联合国

---

① 《苏联伟大卫国战争期间苏联部长会议主席同美国总统和英国首相通信集（1941—1945）》第1卷，世界知识出版社1961年版，第388页（注释42）。

② 温斯顿·丘吉尔：《第二次世界大战回忆录（第5卷）：紧缩包围圈》，商务印书馆1975年版，第55页。

③ 同上书，第87—88页。

家的部队作好准备,像俄国人那样迅速直捣柏林"①。

经过激烈争论,会议最后通过了联合参谋长委员会关于盟军在1943年至1944年期间战略问题的总结报告,确定:1.对德国进行联合空袭,作为实施"霸王"作战计划的先决条件;2.实施"霸王"战役"将是美英对欧洲轴心国从陆上和空中发动的一次主要进攻(发动攻势的日期为1944年5月1日)";3."必须在'霸王'战役和地中海战役两者之间作一选择的情况下,现有人力和物力将根据主要目标的实现即保证'霸王'战役的胜利而加以分配";4.制订向法国南部发动辅助性攻击的"铁砧"计划,以配合"霸王"战役;5.对巴尔干的行动,只限于小部分的登陆骚扰和对重要战略目标进行轰炸。② 但同时,丘吉尔和英国军事领导人对"霸王"计划的实施还提出了下列先决条件:德国空军"必须有实质上的削弱";驻扎法国北部的德军机动师"不超过12个";盟军"必须能够建造至少两个有效的人造港"等等。③ 会议决定由美国将领负责指挥"霸王"战役,而地中海战区的最高指挥权则移交给英国。

至于盟军在意大利的军事行动,联合参谋长委员会决定分三个步骤进行:1.迫使意大利退出战争,并在罗马地区建立空军基地;2.夺取撒丁岛和科西嘉岛;3.对意大利北部的德军继续施加压力,以便为实施"霸王"作战计划和向法国南部进攻创造条件。

围绕亚洲太平洋战场的战略重点问题,美英两国的分歧又一次显示出来。英国力图尽快解放他们在东南亚的殖民地,为此,丘吉尔建议对苏门答腊发动水陆两栖进攻,并指出:"对于苏门答腊的进攻,是应该在1944年进行的一次巨大的战略性袭击。"④罗斯福和美国参谋长们认为丘吉尔的建议将会背离盟军对日本进攻的主要方向,坚持要求英国把"三叉戟"会议决定的北缅战役贯彻到底。但是,英国反对采纳美国关于缅甸问题的计划。丘吉尔把缅甸看作不列颠帝国的前哨,他不甘心于使解放缅甸的功劳"归之美国人或者更可能的是归之中国人"。

---

① 罗伯特·达莱克:《罗斯福与美国对外政策(1932—1945)》下册,商务印书馆1984年版,第593页。
② 约翰·厄尔曼:《重大的战略(1943年8月—1944年9月)》第5卷,莫斯科1958年版,第43—45页。
③ 温斯顿·丘吉尔:《第二次世界大战回忆录(第5卷):紧缩包围圈》,商务印书馆1975年版,第117页。
④ 同上书,第77—78页。

但在美国的坚持下，英国接受了美国的太平洋作战方案。会议批准了美军夺取吉尔伯特群岛和马绍尔群岛以便突进中太平洋的作战计划，重申了"三叉戟"会议决定，准备在缅甸北部发动攻势以打通滇缅路。同时，根据丘吉尔的建议，成立了以英国将领蒙巴顿为首的东南亚盟军司令部。会议还一致决定：在对德战争取得胜利后的一年内击败日本。

意大利投降

巴多里奥新政府建立后，采取两面手法，一方面公开宣称"同德国保持联盟，继续作战"，并同德国外长进行会晤，以麻痹德国；另一方面却暗地里派出特使同美英密谈，准备向盟国投降。

但英美两国在如何对待巴多里奥政府问题上发生了意见分歧。丘吉尔希望维持意大利的君主立宪政体，建立起巴多里奥政府的权威。1943年7月27日，丘吉尔在英国下院讲话时指出，如果"摧毁意大利国家的整个结构，不让其表达自己的意志，那将是一个严重的错误"[①]。然而，罗斯福与丘吉尔的想法不同，他倾向于意大利建立共和制，不愿意和过去同法西斯政权有密切关系的巴多里奥发生过多的联系，他在7月28日演讲中说："我们决不以任何方法、形式或态度同法西斯主义打交道。我们决不允许法西斯主义的残余遗留下来"，意大利人民"将根据自由和平等的基本民主原则来选择自己的政府"[②]。由于两国意见一时难以统一，于是决定先制定一项"短期"停战协定，以后再继续讨论"长期"停战协定问题。

8月4日，意大利通过驻里斯本的大使馆向盟国进行了第一次和平试探。此后又经过多次联系和接触，安排意大利无条件投降事宜。8月31日，意大利代表来到西西里岛与盟国代表再次举行谈判。9月3日，代表巴多里奥的卡斯特拉诺将军和代表艾森豪威尔的史密斯将军，在岛上的一个橄榄树林中签订了停战协定。其主要内容是：1.意大利军队的一切敌对活动立刻停止；2.意大利舰队和飞机应立即转移至盟军总司令所指定的地点解除武装；3.立即保证盟国自由使用意大利领土内一切飞机场和海军港；4.意大利商船得由盟军总司令予以征用；5.盟军总司令为了盟国的军事利益，可以在它认为必要的意大利

[①] 威廉·哈代·麦克尼尔：《美国、英国和俄国——它们的合作与冲突（1941—1946年）》上册，上海译文出版社1978年版，第448页。

[②] 同上。

领土内建立盟国军政府。① 同日,盟军渡过墨西拿海峡,进入意大利南部。9月8日18时,艾森豪威尔通过广播公布了停战通告和停战宣言全文。一个半小时后,巴多里奥也发表了停战宣言,宣布意大利正式投降。

9月9日凌晨,盟军从意大利西海岸发起攻击。这时,早已部署在罗马周围的德军立即包围了罗马。巴多里奥政府和王室成员于同日仓皇潜离罗马,逃到南部的英美军队驻地布林迪西。这样,在盟军占领区迅速成立了一个反法西斯的意大利政府机构,而意大利中部和北部地区很快落入德国之手。9月12日,墨索里尼被德军伞兵营救出去,18日在意大利北部的加尔达湖畔拼凑了一个傀儡政府,他被委以"意大利社会共和国"首脑的虚衔。于是,在意大利实际上形成了两个占领区和两个政权。

9月29日,艾森豪威尔和巴多里奥在马耳他签订了"长期"停战协定,即《意大利投降书》。协定规定:"联合国家军队将对意大利的部分领土实行军事占领,并行使占领国的一切权利;意大利的一切法西斯组织予以解散;墨索里尼和主要法西斯头目应立即予以逮捕,并解交于联合国家等等。② 10月13日,巴多里奥政府对德宣战。同日,美、英、苏三国首脑发表联合宣言,宣布三国政府"承认巴多里奥元帅所持有的意大利王国政府的立场,并且接受意大利国家和武装力量的积极合作,把它看作共同对德作战的一方"③。

意大利的投降是反法西斯联盟的一大胜利,它标志着法西斯阵营已开始瓦解,敲响了轴心国灭亡的丧钟,这对轴心国及其仆从国的士气是一次致命的打击,严重削弱了法西斯的力量。希特勒为了稳住德国在南欧的阵脚,不得不抽调大批军队进驻意大利和巴尔干,从而分散了兵力,延长了战线,为苏军的反攻和日后盟军在法国北部登陆创造了有利条件。

第二节 开罗会议和德黑兰会议

莫斯科外长会议

1943年是第二次世界大战根本转折的一年。这一年,在苏德战场,苏联在2月2日取得了斯大林格勒战役的伟大胜利之后,又于7、8月间取得了库尔斯

---

① 《国际条约集(1934—1944)》,世界知识出版社1961年版,第386—387页。
② 同上书,第387—396页。
③ 《苏联伟大卫国战争期间苏联部长会议主席同美国总统和英国首相通信集(1941—1945)》第1卷,世界知识出版社1961年版,第169页。

克大捷,苏军已处于转入全面战略反攻的前夕;在北非—地中海战场,英美联军于 5 月 13 日肃清北非残敌后,7 月 10 日又在西西里岛登陆,25 日墨索里尼垮台,法西斯轴心开始瓦解;在太平洋战场,日军在 2 月 7 日完成了从瓜达尔卡纳尔岛撤退之后,开始逐步退缩,完全丧失了战略主动权。这表明,反法西斯战争的胜利已成定局。为了协调盟国之间的作战计划,尽快打败德日法西斯,并商讨战后世界和平安排问题,1943 年 8 月 19 日,罗斯福和丘吉尔联名打电报给斯大林,建议举行三国首脑会晤。8 月 24 日,斯大林表示,可先举行三国外长会议,以便为首脑会议进行"实际筹备"。

1943 年 10 月 19 日至 30 日,苏、美、英三国外长会议在莫斯科举行。出席的有苏联外交人民委员莫洛托夫、美国国务卿赫尔、英国外交大臣艾登,还有三国的一些高级军事参谋人员。会议讨论的问题相当广泛,主要的有:一是缩短战争的时间问题。苏联希望英美尽快在西欧开辟第二战场,以迫使德国东西两线作战,加速其灭亡。英美向苏联保证,进攻法国北部的计划在 1944 年春实行,并介绍了正在进行的各种准备工作,但未确定具体实施日期。二是建立战后安全制度的"普遍安全宣言"问题。这个文件是由美国起草的,旨在为盟国各大国之间的战后合作奠定基础。美国提出,中国应同苏、美、英一起作为宣言的共同发起人。赫尔说:"中国已经在世界范围内作为四大国之一进行战争。对中国来说,现在如果俄国、大不列颠和美国在宣言中把它抛到一边,那在太平洋地区很可能要造成可怕的政治和军事反响。"[①]莫洛托夫开始不同意,后来在赫尔的坚持下接受了美国的建议。于是通过外交途径征得中国政府同意后,中国驻莫斯科大使傅秉常受权与苏、美、英三国外长一起在"四国宣言"上签了字。三是建立盟国之间磋商与战争有关的机构问题。经艾登提议,三国外长同意建立一个欧洲咨询委员会,以"研究与结束战争有关的欧洲问题"。

1943 年 10 月 30 日,三国外长会议发表了"会议公报"和四项"宣言"。"公报"指出,苏、美、英三国政府保证,"在有关共同作战努力的一切问题上紧密地合作",并一致认为,"在战争结束后期间内",仍继续进行"紧密协力与合作"。[②]

四项"宣言"中最重要的是《中苏美英四国关于普遍安全的宣言》。宣言庄严地声明,四国将"联合行动"把战争进行到底,并将在今后为缔造并维护"国际和平与安全"继续合作,四国"承认有必要在尽速可行的日期,根据一切爱好和平国家主权平等的原则,建立一个普遍性的国际组织,所有这些国家无论大小,

---

① 《赫尔回忆录》第 2 卷,纽约 1948 年版,第 1282 页。
② 《现代国际关系史资料选辑》下册,北京大学出版社 1987 年版,第 296、297 页。

均得加入为会员国,以维持国际和平与安全"①。这项宣言具有重大的国际意义,它第一次向世界宣布要建立一个普遍性的国际组织,并为后来联合国宪章的制定确立了一些基本原则。

在苏、美、英联合签署的《关于意大利的宣言》、《关于奥地利的宣言》、《关于德国暴行的宣言》中,分别对解决和处理这些国家的问题提出了一些重要原则。这些原则是:在意大利要彻底消灭"法西斯主义及其一切邪恶影响",审判主要法西斯分子和战争罪犯,建立"以民主原则为基础的政府";奥地利作为"希特勒侵略受害者第一个自由国家,应从德国统治下解放出来","重建一个自由和独立的奥地利",但是,"它因站在希特勒德国方面参加战争而负有一种不能诿卸的责任,在最后解决时,无可避免地应考虑到对其自己解放所作出的贡献";希特勒德国军队曾在许多国家犯下大量冷酷无情的暴行,凡对此负有责任的"德国军官、兵士和纳粹党徒将被解回到他们犯下可恶罪行的国家",由各国人民依照法律"审判惩处"。②

1943年10月30日晚,斯大林为外长会议的圆满结束在克里姆林宫举行盛宴。席间,他告诉赫尔:"在同盟国打败德国以后,苏联那时将参加对日本的战争。"③这是赫尔第一次听到这样的诺言,他对斯大林深表谢意,并保证将极其秘密地把这话转告罗斯福总统。

莫斯科外长会议取得了积极的成果,盟国之间的互相信任、互相谅解和友好合作达到了一个新的高度。斯大林在1943年11月6日纪念十月革命胜利26周年的讲话中说:盟国战胜共同敌人的日子越来越近了,而盟国间的关系、盟国军队的战斗团结,不但远远没有削弱,而且正同敌人的期望相反,变得越来越巩固和持久了。最近报上发表的苏、英、美三国代表莫斯科会议的各项历史性决议也雄辩地证明了这一点。

开 罗 会 议

莫斯科外长会议结束不久,在斯大林的坚持下,决定苏、美、英三国在德黑兰举行首脑会议。罗斯福原想邀请蒋介石与会,但斯大林表示,除了苏、美、英三国之外,所有其他盟国的代表必须"绝对地被排除在外"。于是,罗斯福只得变更计划,经与中、英磋商,决定在德黑兰会议之前,先举行中、美、英三国首脑

---

① 《现代国际关系史资料选辑》下册,北京大学出版社1987年版,第299页。
② 同上书,第299—301页。
③ 《赫尔回忆录》第2卷,纽约1948年版,第1309页。

会议,即开罗会议。

开罗会议于1943年11月22日至26日在开罗近郊的美纳饭店举行。出席的有罗斯福、丘吉尔、蒋介石和三国的一些军事参谋人员。会议首先讨论的是中、美、英联合对日作战计划问题。东南亚盟国最高统帅蒙巴顿和副统帅史迪威,在会上提出了一项打击缅甸日军的作战计划。该计划的要点是:1944年1月,中国军队向缅甸北部发动进攻;同时,英国从孟加拉湾出动海军,在缅甸南部进行两栖登陆作战,以便对缅甸日军实施南北夹击。蒋介石对此表示同意。但是,丘吉尔反对,他不想把在地中海的登陆艇调到孟加拉湾作战,以免影响对德国的进攻力量。罗斯福则支持这个计划,要求在孟加拉湾采取军事行动。他不顾丘吉尔的反对,答应蒋介石"在以后一两个月内实行渡过孟加拉湾的大规模两栖作战"①,以配合拟议中的中国在北缅的进攻。然而,丘吉尔拒绝对缅甸两栖作战的规模和时间承担义务。结果,打击缅甸日军的作战计划实际上悬而未决。

会议讨论的另一个重大问题,是战后如何处置日本的问题。三国很快取得了一致意见,并签订了《中美英三国开罗宣言》。会后,这份宣言被带到德黑兰,以便征求斯大林的意见,斯大林阅后表示完全赞同。这样,《开罗宣言》便于1943年12月1日正式发表。

宣言庄严声明:"我三大盟国此次进行战争之目标,在于制止及惩罚日本之侵略。三国决不为自身图利,亦无拓展领土之意。三国之宗旨在剥夺日本自1914年第一次世界大战开始以后在太平洋所夺得的或占领之一切岛屿,在使日本所窃取于中国之领土,例如满洲、台湾、澎湖群岛等,归还"中国。"日本亦将被逐出于其以暴力或贪欲所攫取之所有土地,我三大盟国轸念朝鲜人民所受之奴役待遇,决定在相当期间内,使朝鲜自由独立。""我三大盟国抱定上述之各项目标并与其他对日作战之联合国家目标一致,将坚持进行为获得日本无条件投降所必须之重大的长期作战。"②

会议期间,罗斯福与蒋介石还讨论了未来国际组织问题。罗斯福表示,中国应以平等的地位参加四强小组机构,并参与制定该机构的一切决定。蒋介石当即表示完全赞同,并责令中国代表团成员王宠惠草拟成立中、美、英、苏四国委员会,以负责新国际组织筹组事宜的建议。这表明,中国的大国地位已进一

---

① 罗伯特·达莱克:《罗斯福与美国对外政策(1932—1945)》下册,商务印书馆1984年版,第608页。

② 《现代国际关系史资料选辑》下册,北京大学出版社1987年版,第316页。

步得到国际社会的确认。这种地位的取得,是中国人民流血牺牲、持久抗战的结果,是对中国在世界反法西斯战争中所作出的重大贡献的肯定,它预示着中国在战后国际事务中将发挥更大的作用。当然,应该看到,罗斯福承认中国的大国地位,主要还是从美国当时的和长远的战略利益出发。在战时,有助于提高中国的士气,以保证中国不退出战争,从而减轻美国的负担。在战后,罗斯福希望中国成为抗衡苏联、抑制日本的重要力量,以加强美国在太平洋的地位。

开罗会议是第二次世界大战期间,盟国多次举行的首脑会议中,有中国参加的唯一的一次。它对国际反法西斯力量团结一致,加速打败日本的进程起了积极的促进作用。《开罗宣言》具有十分重大的意义。它严厉谴责了日本帝国主义对中国和其他弱小民族的侵略,明确而具体地承认了中国收复失地的神圣权利,是战后处理日本问题的重要法律依据。但是,开罗会议也有消极的一面,这就是损害了中国东北的某些主权。会上,罗斯福就变大连为国际自由港的问题向蒋介石进行了试探[1],蒋介石私下表示,当时机成熟,如果中国主权不被分割,他可以考虑这一建议。[2] 后来,罗斯福竟背着中国,以此为筹码同斯大林进行了一笔秘密交易。

德黑兰会议

开罗会议结束的第二天,1943 年 11 月 27 日,罗斯福和丘吉尔飞往德黑兰,同斯大林举行三国首脑战时第一次会晤。会议从 11 月 28 日开始,至 12 月 1 日结束。史称德黑兰会议。

会议的中心内容,是研究并制定对德国作战的战略方针,即在欧洲开辟第二战场的问题。这个问题由斯大林和丘吉尔演唱主角,他们之间展开了一场激烈的唇枪舌剑。丘吉尔仍想拖延第二战场的开辟,他极力主张盟军在地中海东部实行巴尔干登陆作战计划,目的是抢在苏联之前楔入中欧,以阻止苏军进入罗马尼亚和匈牙利等国。斯大林认为,地中海东部地区的战斗会分散英美的兵力,拖累"霸王"计划的进行,是不明智的。最重要的是从法国北部进攻德国心脏,再辅以在南部的牵制性进攻。他要求立即给"霸王"计划定下日期,并任命指挥官。丘吉尔反对制定严格的时间表,并竭力为地中海作战计划辩护。

在斯大林同丘吉尔的对垒中,罗斯福充当了仲裁人和调解者的角色。他

---

[1] 舍伍德:《罗斯福与霍普金斯》下册,商务印书馆 1980 年版,第 440 页。
[2] 费斯:《中国纷乱》,普林斯顿 1953 年版,第 112 页。

说,大家都一致承认"霸王"计划的重要性,唯一的分歧是时间问题。① 他指出,应该避免在地中海采取任何可能把横渡英吉利海峡作战推迟到1944年5月上半月之后的行动②,实际上是不同意丘吉尔的计划。在苏联的坚持和美国的支持下,会议决定,英美将于1944年5月发动登陆法国北部的"霸王"战役。斯大林保证,苏联方面将准备一次大规模的攻势,以配合"霸王"计划。这项协议标志着盟国围绕着第二战场问题上的长期争论已获得解决。

除对德战略这一重大问题之外,三国首脑还就战后维持世界和平的国际组织、分割德国、波兰的疆界、远东问题等交换了意见。

在讨论建立战后维持世界和平的国际组织问题时,罗斯福描述了一个以联合国家为基础的保证和平机构的蓝图。他所设想的"世界性"组织包括三部分:一个由35至40个会员国组成的组织将定期在各地召开会议以制定各项建议;一个包括四大国在内的十国执行委员会将处理一切非军事性问题;第三个是"四国警察"组织,它"将有权直接处理对和平的任何威胁"或任何需要采取行动的突然出现的紧急情况。③ 斯大林和丘吉尔一样,不喜欢建立一个世界性组织的想法,尤其不赞成"四国警察"的建议,主张在欧洲和远东分别设立区域性的组织。但是,罗斯福指出,美国国会和舆论可能不会支持让美国去参加一个纯欧洲组织的任何安排,他坚持采用世界性的维护和平的办法。最后,斯大林表示愿意接受关于建立"世界性的而不是区域性的"组织的想法。

会议还就战后如何处置德国的问题交换了意见。这个问题的核心是如何才能避免德国再次把世界拖入战争。斯大林认为,对德管制乃第一位的、最大的问题。他断言,要不了15或20年工夫,德国就可能卷土重来。为了抑制德国,必须在德国及沿德国边界永久性地占据一些军事基地,由联合国家部队驻守。罗斯福表示完全同意④,并提出把德国分成五部分,每一部分都是一个独立的国家。此外,还要把基尔运河区和汉堡地区从德国分割出来,这些地区将由联合国家或四大国来管辖。鲁尔和萨尔省应置于联合国家或整个欧洲的托管

---

① 威廉·哈代·麦克尼尔:《美国、英国和俄国——它们的合作和冲突(1941—1946年)》上册,上海译文出版社1978年版,第553页。
② 罗伯特·达莱克:《罗斯福与美国对外政策(1932—1945)》下册,商务印书馆1984年版,第616页。
③ 同上书,第618页。
④ 威廉·哈代·麦克尼尔:《美国、英国和俄国——它们的合作和冲突(1941—1946年)》上册,上海译文出版社1978年版,第550页。

机构的监督之下。① 丘吉尔表示不同意,他担心这样会使苏联成为欧洲大陆上唯一强大的国家,因此建议把"德国的祸根"普鲁士同德国的其余部分分离开来,使南部诸省与中欧多瑙河沿岸国家合并成多瑙河联邦。对此,斯大林表示反对。他认为,不管设想怎样一个欧洲国家的联邦组织,假使允许德国任何一部分加入,那么这个联邦要不了多久就会被德国人所控制,从而威胁和平。这个问题的讨论没有得出结论,决定交给欧洲咨询委员会进一步研究。

关于波兰的疆界问题,斯大林提出,波兰的西部边界应往西移到奥得河,东部苏波边界应是 1939 年 9 月底的边界线,即确认苏联取得西白俄罗斯和西乌克兰。他还要求把德国东普鲁士北部,包括哥尼斯堡划归苏联,以便在波罗的海获得一个不冻港。丘吉尔表示赞成斯大林的建议,把波兰的边界往西移动。波兰的新疆界应定在寇松线和奥得河之间。罗斯福表示,他在 1944 年的总统选举中,需要大约有六七百万美籍波兰人的选票,这就使他"目前在德黑兰或在下一个冬季"不能参加有关波兰边界的"任何决定"。② 但是,他对拟议中的安排并无异议。实际上,三国就此问题已达成默契。

关于远东问题,罗斯福谨慎地试探了苏联参加对日作战的条件。斯大林提出,苏联在远东没有一个不冻港。罗斯福暗示有可能把大连变为自由港,并且指出,如果大连的地位获得国际保障,中国人不会反对。斯大林允诺:"一旦德国最后被打败,那时就有可能把必要的增援部队调到西伯利亚,然后我们将能联合起来打击日本。"③

会议最后签订了三个文件,即《苏美英三国德黑兰宣言》、《苏美英三国关于伊朗的宣言》和《苏美英三国德黑兰总协定》。后一文件因涉及军事机密,当时没有公布。

德黑兰宣言宣称:"我们已经决定了关于将德军消灭的计划。我们已就将从东面、西面和南面进行的军事行动的规模和时间,商得完全的决议","世界上没有任何力量能阻挡我们由陆上消灭德国军队,在海里消灭他们的潜艇,并且从空中消灭他们的兵工厂","我们的进攻将是毫不留情的,而且是越来越强的","我们怀着信心瞻望着那么一天,那时全世界所有各国人民都可以过自由的生活,不受暴政的摧残"。④

---

① 《德黑兰、雅尔塔、波茨坦会议文件集》,生活·读书·新知三联书店 1978 年版,第 120 页。
② 《美国对外关系文件集:1943 年的开罗会议和德黑兰会议》,华盛顿 1961 年版,第 594 页。
③ 同上书,第 489 页。
④ 《国际条约集(1934—1944)》,世界知识出版社 1961 年版,第 408—409 页。

德黑兰会议是第二次世界大战期间,苏、美、英三国首脑以军事问题为中心的唯一一次会议,此后的两次会议均以和平问题为中心。这次会议的真正意义和巨大成就在于,决定了对德国的最后战略,达成了开辟第二战场问题的协议。同时,与会者还展望了德国战败后的岁月,就防止战后侵略势力和法西斯残余的再起,维护世界和平交换了意见。这是国际反法西斯同盟巩固与加强的鲜明标志。它对于彻底打败法西斯,加快第二次世界大战胜利的进程,起了积极的作用。但是会议也存在着严重的缺点,显露了大国主宰世界的苗头。美苏首脑私下里策划以牺牲中国利益为条件的交易,这是与反法西斯同盟的基本原则背道而驰的,也是违反国际关系的基本准则的。

第三节 盟军对德日法西斯的胜利反攻

苏军全面反攻和东欧各国人民反法西斯斗争的胜利

苏联的卫国战争在 1943 年发生伟大转折后,希特勒被迫由战略进攻转入战略防御,企图阻止苏军的反攻。苏军对德作战的胜利,有力地改变了双方的力量对比。到 1944 年初,苏军总兵力达 635.4 万人,预备队约 48.8 万人,而德军只有 490.6 万人。在武器装备方面,苏军拥有火炮和迫击炮 95 604 门,是德军的 1.7 倍,坦克和自行火炮 5254 辆,仅比德军少 146 辆,作战飞机 10 200 架,是德军的 3.3 倍。① 苏军在兵力兵器方面均占明显的优势,已经具备了实施大规模战略反攻的足够力量。

根据这一有利形势,苏军最高统帅部大本营从 1943 年秋起多次举行会议,确定了苏军在 1944 年对德作战的总目标:驱逐敌寇出境,解放全部国土,与美英军队配合作战,帮助欧洲各国人民从法西斯的桎梏下解放出来。为此,1943 年 12 月中旬联共(布)中央政治局、国防委员会和大本营举行联席会议,决定在 1944 年举行大反攻,对正面战线的 10 个地域连续实施重大的战略性进攻,以消灭敌军基本兵力。②

苏军的全面反攻从 1944 年 1 月下旬开始,在北起巴伦支海、南至黑海大约 4500 公里的战线上,连续给予德军及其仆从军以毁灭性打击,这就是苏联卫国战争史上著名的"十次打击"。

---

① 叶戈罗夫主编:《第二次世界大战史》第 8 卷(上),上海译文出版社 1984 年版,第 19、70 页。
② 同上书,第 76—77 页。

在 1 月至 5 月的冬春季攻势中,苏军在战线北部的列宁格勒、南部的第聂伯河右岸乌克兰地区和克里米亚半岛发动了三次强劲的打击,粉碎了德国"北方"集团军群,击溃德军 172 个师又 7 个旅,其中全歼 30 个师又 6 个旅,共计 100 万人以上,德军损失坦克和强击火炮 8400 辆,火炮和迫击炮 2 万门,飞机 5000 架①,严重削弱了德军两翼的防御力量,把北、南两翼战线分别向西推进了 300 公里和 400 公里,为下一步歼灭德军"中央"集团军群,打开通往德国本土的道路准备了有利条件。

1944 年 5 月 1 日,斯大林向全体苏军将士发出"最高统帅命令":"我们的任务不能只限于把敌军驱逐出我们祖国的国境。……为了使我国和我们的盟国免遭奴役的危险,必须跟踪追击这只受了伤的德军野兽,把它打死在自己的洞穴里。"②根据斯大林的这一指示,苏军利用盟军开辟第二战场形成的东西两线夹击法西斯德国的有利形势,在 6 月至 10 月的夏秋季连续发动七次战略大反攻,给予德国"中央"集团军群以毁灭性打击,德国"南方"集团军群几乎全军覆没。

苏军经过连续的大规模反攻,把德军从 60 万平方公里的苏联国土上驱逐出去,解放了苏联全境,并越过国界进入东欧继续追歼德军。东欧各国人民利用苏军反攻的有利形势,纷纷举行反法西斯武装起义,同苏军并肩作战,迎接本国的解放。

1944 年 7 月 20 日,苏军和在苏联组建的波兰第 1 集团军强渡布格河,攻入波兰境内,解放了波兰东部领土,并向维斯瓦河推进。7 月 21 日,波兰民族解放委员会作为全国的行政领导机构正式成立,宣布设在伦敦的流亡政府为非法政权。次日,该委员会发表《七月宣言》,宣告波兰新国家诞生。接着,它和苏联政府就建立外交关系交换了信件,并于 7 月 27 日签订苏波边界协定,两国在寇松线的基础上划定了国界。12 月,波兰民族解放委员会改组为波兰临时政府,并立即得到苏联的承认。

正当苏波军队进抵维斯瓦河,逼近华沙之际,波兰流亡政府没有预先通知苏联,就指示受其领导的地下国家军于 8 月 1 日在华沙发动武装起义,企图占领首都重掌政权。华沙居民满怀对德国法西斯的民族仇恨同德国占领军展开激烈的街垒战。由于准备不足和敌我力量悬殊,经过 63 天艰苦卓绝的殊死搏斗,终告失败。1945 年 1 月 17 日,苏波军队攻占华沙,波兰临时政府由卢布林

---

① 叶戈罗夫主编:《第二次世界大战史》第 8 卷(上),上海译文出版社 1984 年版,第 824—825 页。
② 《斯大林文选(1934—1952)》下册,人民出版社 1962 年版,第 384—385 页。

迁入首都华沙。

　　1944年8月20日,苏军发动雅西—基什尼奥夫战役,向罗马尼亚境内推进。8月23日,罗马尼亚共产党领导人民在首都举行武装起义,推翻了安东尼斯库法西斯独裁统治,俘虏和击毙德军5.8万余人,解放了布加勒斯特和全国大部分地区,并宣布罗马尼亚退出法西斯同盟。9月12日,苏联代表受苏、美、英三国政府的委托,同罗马尼亚签订停战协定。协定规定:按照1940年6月28日苏罗协定恢复两国的边界,面积为5.1万平方公里的比萨拉比亚和北布科维那划归苏联;罗马尼亚至少提供12个师对德匈作战;在6年内用实物向苏联支付3亿美元的战争赔偿。① 10月,苏罗军队并肩作战,解放了罗全部国土,并出动罗军15个师在匈捷境内参加歼灭德国法西斯的战斗。

　　1944年9月初,苏军追击德军进抵保加利亚边界,苏联政府对保宣战。9月8日,苏军越过保罗边境,迅速解放了保加利亚东北部。9月9日,保加利亚人民在保共领导下举行全国范围的武装起义,推翻了保皇法西斯政权,建立起祖国阵线政府,并对德宣战。9月15日,苏军开进首都索非亚,苏保两国军队联合作战,于9月底全部肃清了保加利亚境内的德军。10月28日,苏、美、英三国同保加利亚签订停战协定。根据协定,保加利亚与德国断交,并提供陆海空三军力量对德作战。

　　1944年9月28日,苏军进抵南斯拉夫边境。10月初,南斯拉夫人民解放军总司令铁托分别同苏保两国达成协议,决定三国军队就消灭南境内的德军实行协同作战。10月20日,苏、保、南三国军队解放了贝尔格莱德。11月1日,南斯拉夫民族解放委员会主席铁托同流亡政府达成组织联合政府的协议。1945年3月7日,由铁托担任总理的南斯拉夫临时人民民主联邦政府宣告成立。接着,南斯拉夫人民解放军发动总反攻,于5月解放了全部国土。

　　1944年9、10月间,苏军从南斯拉夫和罗马尼亚两个方向攻入匈牙利,强渡蒂萨河,向布达佩斯方向展开进攻。12月26日,苏军把布达佩斯城内的18万德匈法西斯军队团团合围起来。与此同时,在匈牙利共产党的倡议下,反对霍尔蒂独裁政权的各党派于12月2日成立了匈牙利民族独立阵线。12月21日,民族独立阵线在德布勒森召开临时国民大会,决定建立临时政府,并通过了告匈牙利人民书。12月28日,临时国民政府对德宣战。1945年1月20日,苏、美、英三国与临时国民政府签署停战协定,协定规定:废除1940年8月的维也

---

① 戈尼昂斯基等:《外交史》第4卷(下),生活·读书·新知三联书店1980年版,第543页。

纳仲裁协定,恢复 1937 年 12 月 31 日的匈牙利边界;匈牙利向苏联赔偿 2 亿美元,向捷南各赔偿 5000 万美元。1945 年 2 月 13 日,苏军攻克布达佩斯,并于 4 月解放匈牙利全部领土。

正当苏军向捷克斯洛伐克边境推进时,1944 年 8 月 29 日,斯洛伐克中部地区爆发了民族武装起义,起义军同德军进行约两个月激战后,被迫撤至山区坚持武装斗争。10 月 6 日,苏军和在苏联境内组建的捷第 1 军攻占波捷边境的杜克拉山口,踏上了捷国土,并迅速解放了捷东部地区。1945 年 5 月 5 日,首都布拉格人民举行武装起义,同苏军并肩杀敌,于 5 月 9 日解放布拉格。

苏军在战略反攻期间,还一举突破芬军防线,迫使芬兰当局停战求和,退出战争。1944 年 9 月 19 日,芬兰代表在莫斯科同苏联签署停战协定。根据协定,1940 年 3 月 12 日签订的《苏芬和约》重新生效;芬兰把贝辰加地区让与苏联;苏联放弃汉科港的租借权,改租波卡拉半岛,为期 50 年;芬兰在 3 年内向苏联赔偿价值 3 亿美元的实物。

苏军发动的全面反攻和东欧各国人民举行的武装起义,以风卷残云之势扫清了盘踞在苏联和东欧各国约 140 万平方公里土地上的法西斯军队,把整个战线向西推进了 550 公里至 1100 公里,苏德战线由 4450 公里缩短为 2250 公里,使苏军能够腾出更多的兵力集中主要方向作战,为 1945 年最终战胜法西斯德国创造了极其有利的条件。由于德军接二连三地遭到致命打击,法西斯阵营已经分崩离析,法西斯德国完全陷于四面楚歌、穷途末路的困境,注定了彻底覆亡的命运。

欧洲第二战场的开辟和法国的解放

根据 1943 年 11 月苏、美、英三国首脑在德黑兰会议上达成的协定,确定 1944 年 5 月 1 日盟军在法国北部登陆,开辟欧洲第二战场。届时苏军将从东线发动攻势,以配合美英军队的"霸王"作战行动。1943 年 12 月 7 日,艾森豪威尔被任命为西北欧盟国远征军最高统帅,并在伦敦设立司令部,负责制订进攻欧洲的总方案和审定诺曼底登陆作战计划。

从 1944 年初起,盟军开始进行登陆作战的准备工作。但由于进攻规模超过原定计划以及气候等方面的原因,发动进攻的时间被推迟了。到 6 月初,盟军在英国集结部队 39 个师,各类作战飞机 10859 架,运输机 2316 架,滑翔机 2591 架,各种战舰 507 艘,各型登陆艇 1000 多艘,连同运输舰只船舶共 6000 多艘。盟国远征军陆海空三军官兵总数达287.6万人①,其中美军为153.6万人。此外,在美国国内还有41个师整装待命,随时准备开赴欧洲战场。

希特勒和德军总参谋部判断,美英军队的登陆地点将在海峡最狭处的加莱地区,因而决定大力加强法国北部勒阿弗尔至敦刻尔克一线的防御力量。到1944年6月初,德国在法国、荷兰、比利时共部署59个师,其中10个坦克师,作战飞机500架②,总兵力为52.6万人。第15集团军的23个师是德军主力,防守加莱地区400公里长的海岸线,而在诺曼底方向德军仅部署了第7集团军的6个师又3个团。希特勒为了阻止盟军在西欧登陆,曾下令修筑一道从挪威到西班牙的永久性海岸防御工事,并吹嘘为"大西洋堡垒"。但由于工程大,时间紧,到1944年5月20日,第15、第7集团军的防御工事分别只完成了68%和18%。③ 由于德军判断失误和防御力量薄弱,给盟军在诺曼底登陆提供了有利条件。

1944年6月6日凌晨,盟军3个空降师先后在诺曼底各要地实施空降,并迅速夺占了海岸通路和重要桥梁。接着,盟军5个师的首批登陆部队在飞机和战舰掩护下开始登陆。由于盟军掌握着制空权,德军抗登陆的准备又不足,所以,当天就有15.6万人连同900辆坦克和装甲车、600门火炮登陆上岸,并建立了5个滩头阵地。6月12日,各滩头阵地连成一片,形成正面80公里宽、纵深13公里至18公里的登陆场。从6月13日起,盟军全面展开扩大登陆场的战斗。26日,美军攻占瑟堡。7月18日,英军占领卡昂。7月25日,登陆场扩大到来赛、圣洛、卡昂和冈市一线,至此,盟军已在西欧大陆建立起稳固的阵地,取得了诺曼底登陆战的胜利。

诺曼底登陆成功后,盟军于7月25日转入大规模陆上攻势,目标是解放法国、收复西欧大陆。7月27日,盟军突破德军防线后,兵分两路进攻:一路在法国游击队的配合下,消灭了布列塔尼半岛的德军守敌;另一路主力部队挥师东进,在阿尔让唐—法莱斯地区把德军合围起来,几乎全歼德军8个步兵师和两个坦克师。随后,盟军乘胜前进,长驱直入,向法国首都巴黎进逼。8月15日,美法两国部队在法国南部登陆,它同诺曼底登陆的盟军互相配合,南北两路夹击,加快了进攻的速度。8月25日,法国第二坦克师开进巴黎,奉艾森豪威尔的命令,法国的勒克莱尔将军接受了德军的投降。巴黎的解放标志着诺曼底战役

---

① 艾森豪威尔:《远征欧陆》,生活·读书·新知三联书店1975年版,第59—60页。
② K.蒂佩尔斯希基:《第二次世界大战史》下册,解放军出版社1986年版,第483、490页。
③ 谢米里亚加主编:《第二次世界大战史》第9卷(下),上海译文出版社1984年版,第42页。

的结束。

诺曼底战役是第二次世界大战中规模最大的一次战略性登陆战役,斯大林说:"这次行动按其计划的周密,规模的宏大和行动的巧妙来说,在战史上还从未有过类似的先例。"他认为,"这件事将作为头等业绩载入史册。"[①]诺曼底战役的胜利,是欧洲反法西斯战争的又一个转折点。从此,形成了反法西斯联盟的武装力量从东、西、南三面围攻法西斯德国的战略态势,把对德战争推进到最后阶段。

随着盟军在法国的节节胜利,美英围绕着解放了的法国领土上的行政管理权问题发生了分歧。罗斯福不希望戴高乐掌权,认为戴高乐控制下的法国将破坏他的战后计划,即:废除法兰西殖民帝国,把它的一些有战略价值的殖民地交由联合国家托管。[②] 罗斯福主张,先由美英对法国实行军事占领,到条件成熟时再通过选举成立新政府。为了削弱戴高乐领导的部队在解放法国本土时的作用,艾森豪威尔只允许一个法国坦克师参加诺曼底登陆,而把其大部分最精锐的部队派到意大利去作战。诺曼底战役开始后,罗斯福告诉史汀生,他"现在不会允许那个'自负的人'掌握政府"[③]。但英国则希望戴高乐成为它容易驾驭的伙伴,并想把法国作为战后抗衡苏联的力量加以利用。因此,丘吉尔主张由戴高乐领导的临时政府行使行政管理权,并尽力设法加强戴高乐的地位。

戴高乐对美国的做法极为不满。他希望法军能同英美军平等地参加诺曼底登陆作战,他本人"时刻都想重返法国",但不是跟在胜利者的队伍后面,而是和他们一起,作为一个自由的唯一的和有全权的政府的首脑回到法国。戴高乐声称,盟军在法国领土上必须"完全尊重"法国的主权,在法国建立政府是法国人的内政,除了法国政府之外,决不同意"其他任何政府存在"。[④] 在诺曼底登陆前夕,戴高乐把法兰西民族解放委员会改称为法兰西共和国临时政府,准备盟军在法国登陆后立即接管国家政权。

尽管罗斯福不信任戴高乐,但戴高乐的实力却越来越强。1944年7月6日,经丘吉尔的斡旋,戴高乐应邀访美,与罗斯福举行会谈,并取得谅解。7月11日,美国承认戴高乐及其领导下的委员会为法国事实上的代表。8月25日,

---

① 《斯大林文选(1934—1952)》下册,人民出版社1962年版,第386页。
② 罗伯特·达莱克:《罗斯福与美国对外政策(1932—1945)》下册,商务印书馆1984年版,第655页。
③ 同上书,第654页。
④ 戴高乐:《战争回忆录(1942—1944)》第2卷,世界知识出版社1959年版,第648—649页。

美英两国政府同法兰西民族解放委员会签署协定,规定由该委员会管理被解放了的法国领土。

巴黎解放以后,法兰西共和国临时政府迁回首都巴黎。9月10日,戴高乐改组临时政府,吸收各抵抗组织和政党的代表参加,提高了临时政府的信誉。10月23日,苏、美、英、加四国同时承认了法兰西共和国临时政府。

美军在太平洋的反攻

从1943年开始,美军在太平洋战场已经掌握了战略主动权,在海、空军力量方面越来越占有明显的优势。日军被迫避开海战,躲藏在由它占据的广阔的弧形海岛基地后面,待机而动。美军为打破日军的防御,切断日本与其控制的南方地域的联系,自1943年夏秋起,从北、中、南和西南太平洋等方向,与日军展开了岛屿争夺战,揭开了在太平洋战场反攻的序幕。

1943年5月11日,美军为解除向太平洋中部进攻时的侧翼威胁,尼米兹海军上将派遣一个突击舰队在阿留申群岛中的阿图岛登陆,30日全歼日军,占领了该岛。8月15日,美军又收复了基斯卡岛,从而夺回了整个阿留申群岛。此后,太平洋北部海域再没有发生过作战行动。

1943年6月30日,美军南太平洋部队和西南太平洋部队分别从所罗门群岛和新几内亚发动攻势,目标是夺取日军在西南太平洋最重要的海空军基地腊包尔。10月9日,美军占领了所罗门群岛中部的新乔治亚群岛。11月1日,美军在所罗门群岛北部的布干维尔岛登陆,12月中旬,向岛内伸展十几英里,岛上其余地区的日军已陷于孤立。12月26日,美海军陆战队在新不列颠岛西部的格洛斯特角登陆,并逐渐占领该岛西部。到1944年初,美两支进攻部队已从东、西两面迫近日军据点腊包尔。鉴于腊包尔集结着大约10万名日军,又有坚固的防御工事,美国参谋长联席会议决定,把腊包尔封锁起来,围而不打,使其失去作用。此后,美军在太平洋反攻中采用"越岛战术",避免同日军逐岛争夺,使留在后面孤立的日军据点与本土失去有效的联络,这样既省兵力,又省时间,大大加快了进攻速度。

1944年3月20日,美国参谋长联席会议发出指令,要西南太平洋部队和中太平洋部队分两路向菲律宾推进。于是,麦克阿瑟统率的西南太平洋部队沿新几内亚北岸,向西进军,占领了新几内亚整个北部海岸的各重要据点,打开了通往菲律宾的道路。

中太平洋美军进攻的第一个目标,是位于马绍尔群岛东南部的吉尔伯特群岛。1943年11月20日，美军在吉尔伯特群岛登陆，经过激烈的战斗，美国虽遭受了重大损失，但最终于11月29日占领了全岛。这次战役的胜利证明，美国海军在没有陆军、空军的支持下，也能夺取日军占据的重要岛屿，它标志着太平洋战争进入一个新阶段，主要是海战阶段。

1944年1月31日，美登陆部队以庞大的海军舰队为后盾，在马绍尔群岛中心的第一大岛夸加连岛登陆，守岛日军猝不及防，大部分死于美海、空军炮火之下。2月6日，美军占领该岛。2月15日，美军在马绍尔群岛西端的埃尼威托克岛登陆，23日就完全征服了它。美军占领马绍尔群岛的主要岛屿，成功地突破了日本在太平洋的外围防线，取得了进攻加罗林群岛和马里亚纳群岛的前进基地。

马里亚纳群岛位于台湾和菲律宾以东，北望硫黄列岛，南临加罗林群岛，其中最大的岛屿关岛、塞班岛和提尼安岛是军事战略要地，既是日军保卫日本本土的"防波堤"，也是美军向西太平洋进攻的必经之地。为了突破日本在太平洋上的第二道防线，建立攻击日本本土的前进基地，美国决定绕过设防坚固的加罗林群岛，直取马里亚纳群岛。1944年6月15日，美军首批登陆部队在强大海空火力支援下从塞班岛登陆。美军上岸后立即发起攻击，突破日军防御阵地，向腹地推进，于7月7日占领全岛。日本中太平洋舰队司令南云忠一中将和第43师团长斋藤义次中将在绝望中切腹自尽，3.2万名守岛部队全军覆没。7月下旬，美军先后在关岛和提尼安岛登陆，击毙第31军司令小畑英良和第1航空队司令角田觉治两中将，消灭日军共2.4万人，于8月上旬占领两岛。

在塞班岛登陆作战的同时，美日双方在马里亚纳海域展开了大规模的海空激战。在这次激战中，日本舰队遭到致命打击，参战的9艘航空母舰被击沉3艘，4艘受重创，360架舰载机仅剩下25架，从此，日军海上作战更加陷入被动。

美军在马里亚纳群岛登陆成功，一举突破了日本内防御圈，它不仅切断了日本本岛与加罗林群岛的联系，而且日本本土已处于美国B29远程轰炸机的空袭范围之内。对此，日本朝野大为震惊，东条内阁遭到猛烈抨击。7月18日，身兼首相、陆相和参谋总长三要职的东条英机被迫辞职。原朝鲜总督、号称"高丽之虎"的陆军大将小矶国昭于7月22日上台组阁。

1944年9月中旬，美军参谋长联席会议命令麦克阿瑟指挥的西南太平洋部队和尼米兹指挥的中太平洋部队，联合进攻菲律宾群岛中部的莱特岛，以便把防守菲律宾群岛的日军分割成两部分，尔后各个击破，逐个占领各岛。10月20

日,美军登陆部队在舰艇炮火和空军的掩护下,在莱特岛登陆。由于日军在该岛的防御比较薄弱,登陆比较顺利。当晚,已有6万名进攻部队上岸,滩头阵地扩大到1英里以上。日军统帅部为恢复莱特岛的态势,防止菲律宾的丢失,决定倾其海军的全部主力,对美国海军进行出其不意的攻击,企图消灭美国海军主力,从根本上扭转不利的被动局面。

10月23日至25日,美日在莱特湾进行了一场激烈的海战。双方投入舰只达282艘之多,是第二次世界大战中规模最大的一次海战。经过3天的激战,美舰击沉日本航空母舰4艘、战列舰3艘、巡洋舰10艘、驱逐舰9艘。日本联合舰队受到毁灭性的打击,航空母舰丧失殆尽,从此失去了远洋作战能力。

12月30日,美军攻占莱特岛。1945年1月9日,美军在吕宋岛登陆,经过一个多月的战斗,于2月25日占领了菲律宾首都马尼拉。此后,美军相继在巴拿旺岛、棉兰老岛、班乃岛和尼格罗岛登陆。5月中旬,菲律宾群岛的战斗基本结束。

在菲律宾战役中,日军损失45万人,舰船68艘,飞机7000架。美军夺取菲律宾群岛,不仅切断了日本通往南方原料产地的海上运输线,而且进一步改变了太平洋战场的战略态势,为盟军发动对日最后攻势创造了有利条件。

第四节 雅尔塔会议和联合国的成立

敦巴顿橡树园会议

德黑兰会议后,反法西斯联盟各国在各个战场上都转入了反攻,并取得节节胜利。特别是在欧洲战场,军事形势发生了根本变化。西面,英美于1944年6月在西欧开辟了第二战场,8月,登陆部队冲出诺曼底桥头堡,越过法国北部的广阔地区,全力追击德军。东面,苏联军民向法西斯侵略军发起总反攻。夏季,德军全部被驱逐出苏联国土,苏军跟踪追击,越出国境,进入东欧。7月进逼华沙。8月攻入罗马尼亚。希特勒德国即将全面崩溃,盟国胜利在望。这种新形势,使战后的和平安排,特别是建立一个强有力的国际安全机构问题,更加现实地摆在各大盟国面前。

美国从战后的全球战略考虑,对建立新的国际组织格外热心。1944年7月18日,美国政府将它起草的"普遍国际组织暂定草案"送交中、苏、英三国政府,邀请三国在华盛顿附近的敦巴顿橡树园举行会议,以讨论美国的建议并拟订新的国际组织章程。苏联以自己未参加对日作战为理由,反对中国参加会议。结果,商定了一个折中办法,把会议分两个阶段进行。

第一阶段从1944年8月21日到9月28日,由苏、美、英三国参加。因为与会各国对会前提出的一些初步建议的看法基本相同,所以起初进展很快,并达成下列原则协议:1.新的国际组织应包括四个基本部分:一个大会,其中全体会员国家都有代表参加;一个安全理事会,其中各大国将享有常任席位,另由大会选举的一些小国的代表参加;一个秘书处;一个国际法院。① 2.维护和平与安全的主要权力归安理会,大国在安理会将享有永久的代表权,安理会的决议对所有会员国都有约束力。3.大会的重要决议应以与会会员国2/3的多数票决定,其他决议应以简单多数决定。4.成立一个专门的社会和经济理事会,对大会负责,执行大会可能提出的有关这两个领域的任何建议。②

但是,这次会议遗留两个问题没有解决。第一个是关于创始会员国的资格问题。美国主张,除所有曾在1942年1月的《联合国家宣言》上签字的国家之外,应再加上8个没有和轴心国交战的国家,其中6个是拉美国家。苏联认为,美国的提议是想在未来的国际组织中拼凑多数,因而强调创始会员国应是对轴心国宣战的国家。当美国坚持它的意见时,苏联提出把它的16个加盟共和国都列为创始会员国。这项反建议,使英美代表大为惊恐。当罗斯福听到这个消息时,说:"我的上帝,告诉葛罗米柯(苏驻美大使和谈判首席代表),我们决不能接受这个建议。"③他认为这个建议富有"爆炸性",应严守秘密,并急速打电报给斯大林进行磋商,经双方同意,这个问题暂时搁置下来了。

第二个是关于常任理事国在安理会的否决权问题。与会各国对大国享有否决权这个总的原则并没有异议,但对否决权适用的范围有争论。英国代表认为,如果一个大国是争端的当事国时,它就不应享有否决权。美国对这个问题开始犹豫不决,后来表示支持英国的意见。但苏联代表断然拒绝同意在任何情况下取消否决权,主张大国之间的一致应作为采取任何行动的一项绝对必要条件。④ 为寻求这一问题的解决,罗斯福写信给斯大林。斯大林复信表示,在一切问题上都必须贯彻大国一致的原则,并指出:苏联"不能忽视目前存在的某些

---

① 威廉·哈代·麦克尼尔:《美国、英国和俄国——它们的合作和冲突(1941—1946年)》下册,上海译文出版社1978年版,第772页。
② 《赫尔回忆录》第2卷,纽约1948年版,第1677、1684页。
③ 罗伯特·达莱克:《罗斯福与美国对外政策(1932—1945)》下册,商务印书馆1984年版,第663页。
④ 威廉·哈代·麦克尼尔:《美国、英国和俄国——它们的合作和冲突(1941—1946年)》下册,上海译文出版社1978年版,第777页。

无稽的偏见,这种偏见往往妨碍对苏联采取真正客观的态度"①。由于双方意见相悖,决定将这一问题留待以后再议。

第一阶段会议结束时,三国签署了《关于建立普遍性的国际组织的建议案》,建议新的国际组织命名为"联合国",规定了联合国的宗旨和原则、会员国的资格以及联合国的主要机构等。实际上已勾画出了联合国宪章的基本轮廓。

第二阶段的会议从9月29日到10月7日,由中、美、英三国参加。中国代表团在同英美商谈中提出三点重要建议:1.在和平解决争议上,国际组织应适当考虑正义和国际法,不应该只顾及政治的便利;2.大会应承担促进国际法的编纂和发展的任务;3.经济和社会理事会的活动应扩大到教育和其他文化合作。②这三点建议为英美两国所同意,后获得苏联政府赞成,作为四大国一致同意的提案提交旧金山大会,被纳入《联合国宪章》。

敦巴顿橡树园会议,是筹建新国际组织的一次奠基会议。会议所通过的《关于建立普遍性的国际组织的建议案》公布后,获得盟国各大报纸的普遍性赞许。罗斯福和斯大林对此次会议都给予很高评价。罗斯福对会议所取得的进展表示"极端的满意"。斯大林认为,从会议的一些决议中,"可以看到联合国家阵线团结一致的一种同样显著的标志"③。

第二次魁北克会议

1944年秋天,盟国在东西欧的军事行动进展很顺利。英美联军基本上把德军驱逐出法国和比利时,赶到了德国边界的西壁;苏军已迅速挺进巴尔干国家。德国的垮台已为期不远了。在这种情况下,英美两国政府于1944年9月11日至16日在魁北克举行了战时第二次首脑会晤,史称第二次魁北克会议。出席的除罗斯福和丘吉尔外,还有美国的财政部长亨利·摩根索、英国外交大臣艾登和两国的高级军事参谋人员。这次会议的主要议题有两个:一个是军事问题;另一个是战后问题。

军事问题主要研究了对德军事行动计划和对日战略。由于两国没有重大的意见分歧,这个问题讨论进展很顺利。会议决定,继续消灭德国的武装力量,

---

① 苏联外交部编:《1941—1945年苏联伟大卫国战争期间苏联部长会议主席同美国总统和英国首相通信集》第2卷,世界知识出版社1963年版,第161—162页。
② 周鲠生:《国际法》下册,商务印书馆1976年版,第694页。
③ 威廉·哈代·麦克尼尔:《美国、英国和俄国——它们的合作和冲突(1941—1946年)》下册,上海译文出版社1978年版,第781、782页。

"为了使敌人在西战场遭到失败,最好是突击鲁尔和萨尔",以期"插入德国的心脏"。① 此外,计划在意大利的军事行动一旦顺利结束,就越过亚得里亚海,进攻伊斯的利亚半岛,占领的里亚斯特和阜姆,以便比俄国人先一步进入维也纳。罗斯福同意,在德军一旦崩溃之后,马上用4个师和一支小型战术空军攫取奥地利。他还赞成丘吉尔把英军开进希腊的计划,决定在雅典空降英军师团,以便先于希腊人民解放军进入该城。

关于对日战略,会议决定,对德战争一经结束,英美就把在欧洲的主要人力物力调来进攻日本。英国应充分使用皇家空军,并把舰队的主力用在太平洋去对日作战,同时英国的地面部队应继续进行缅甸战役,在收复缅甸之后,继续收复马来西亚和新加坡。预定在欧洲战事结束18个月后,结束对日战争。

战后问题主要是研究分区占领德国和德国的前途问题。根据欧洲咨询委员会9月12日的议定书,建议把德国分为三个占领区:东部为苏占区,西北和西南两区归谁未定。大柏林由苏、美、英三国共管。罗斯福一直坚持美国军队应占领德国西北部,但丘吉尔认为,西北区对英国比对美国更有价值,占领这一地区有助于加强英国在欧洲的地位。最后,当英国答应把不来梅和不来梅港移交给美国,以保证作为西南区的通道时,罗斯福接受了把德国西南部作为美国占领区的建议。同时决定,奥地利仍作为一个单独的国家实体。

关于德国前途的讨论,是以美国财政部长亨利·摩根索的方案为基础的。这个方案的核心是把德国的工业全部拆除,把德国人变成"拥有小块土地的农业居民"。计划规定分割德国,并把它变为"农田和牧场之国"。丘吉尔听后大吃一惊,他声称摩根索计划将把英国"同一具德国死尸拴在一起"②。但丘吉尔后来改变了想法,因为美国答应从欧战结束到日本投降这段时期中,英国将得到55亿美元的租借援助,此外,还将获得30亿美元的信贷,用在发展民用生产上。最后,罗斯福和丘吉尔草签了一份备忘录,宣称:鲁尔和萨尔的工业"必须停止生产,予以关闭",并由某个国际机构保证,这些工业"不能通过狡猾的手段重新开办"。备忘录最后说:"这项拆除鲁尔和萨尔两地区制造军火的工业的计划,是想把德国改变成一个主要是农业和畜牧业的国家。"③然而,由于美国国内的反对和英国重新提出不同意见,罗斯福放弃了摩根索计划。

---

① 戈尼昂斯基等:《外交史》第4卷(下册),生活·读书·新知三联书店1980年版,第619页。
② 《赫尔回忆录》第2卷,纽约1948年版,第1615页。
③ 罗伯特·达莱克:《罗斯福与美国对外政策(1932—1945)》下册,商务印书馆1984年版,第673页。

第二次魁北克会议协调了英美两国在打败德国和打败日本之间的这段时期中的军事战略关系,但在协调对东欧的政策方面没有取得大进展。由于罗斯福面临11月份的大选,在此之前,他不可能采取积极的步骤干预东欧问题。然而,面对着"苏联影响"在巴尔干半岛上"危险性的扩大"①,丘吉尔心急如焚。他决定立即单独与斯大林会商。

10月9日至20日,丘吉尔在艾登的陪同下,在莫斯科同斯大林进行了会谈,美国驻苏大使哈里曼作为罗斯福的个人观察员参加了会议。会谈的主要内容是巴尔干和波兰问题。在丘吉尔的提议下,双方达成了在巴尔干划分势力范围的秘密协议。根据协议,苏联在罗马尼亚占90%,在保加利亚和匈牙利占75%—80%;英、美在希腊占90%;双方在南斯拉夫的势力各占50%。这个协议反映了巴尔干地区新的军事平衡。英国承认了苏联在东欧的优势,也为自己在希腊和南斯拉夫取得了立足点。

但是,在波兰问题上,双方分歧较大。丘吉尔希望波兰能成为对抗苏联的"欧洲斗士",或者至少不依附于苏联。因此,他坚决支持在伦敦的波兰流亡政府。会谈期间,在丘吉尔的推动下,斯大林同意波流亡政府总理米科拉伊奇克前来和他们会晤。该总理抵莫斯科后,立即宣布了他的主张:在波兰新内阁的组成中,共产党只应占有1/5的席位;同时他拒绝承认寇松线作为苏波边界。斯大林表示,波流亡政府可以回到波兰参加新政府的组成,但必须承认寇松线是波兰东面的固定边界。由于双方立场迥异,未能就此问题达成协议。

第二次魁北克会议和莫斯科会议,解决了英美和英苏之间一些亟待解决的问题。英国对日战争中的任务已经比较明确地规定下来,并获得了美国经济援助的保证。英苏双方就容易引起摩擦的巴尔干问题达成了谅解。这对改善和巩固主要盟国之间的关系是有益的,但大国主宰世界和划分势力范围的倾向更加突出了。

雅尔塔会议

1945年2月初,德日法西斯的崩溃已成定局。在欧洲,苏军已进入德境,到达奥得河;西线盟军正在部署力量,准备打进德国,渡过莱茵河。希特勒德国处境日艰,其覆亡已指日可待。在太平洋战区,日军已从太平洋中部和西南部龟缩到南中国海和靠近日本本土海岸的要冲,但日本仍拥有500多万武装力量,

---

① 罗伯特·达莱克:《罗斯福与美国对外政策(1932—1945)》下册,商务印书馆1984年版,第665页。

准备困兽犹斗。为了讨论尽快击败德国的作战计划,研究在德国投降后主要盟国如何协同对日作战以及战后一系列重大的国际政治问题,1945年2月4日至11日,苏、美、英三国首脑斯大林、罗斯福和丘吉尔,率领他们的外长、参谋长和顾问,在苏联克里米亚半岛的雅尔塔,举行了为期8天的会议,史称克里米亚会议或雅尔塔会议。讨论的主要问题如下:

第一,欧洲的军事形势问题。

会议开始即讨论军事问题。苏联副总参谋长安东诺夫大将详细介绍了苏军发动攻势的进展情况。接着,美国陆军总参谋长乔治·马歇尔上将报告了西线的军事形势。与会者就如何尽快打败德国的问题交换了意见。罗斯福认为,"以前,各盟国军队在彼此相距很远的地方作战,现在德国变小了,所以三国参谋部之间保持密切接触具有特别重要的意义。"①斯大林表示同意,说今后改变"各打各的情况"。于是,会议决定委托三国军事参谋部的代表拟订击败德国的共同军事计划。

三国的参谋长们依据各个战场的局势,讨论了从东西两方面打击敌人的配合问题,商定了战略空军的协同作战计划,并决定三国今后的共同军事行动,应由苏军总参谋部同盟国驻莫斯科代表团团长进行协商。

会议最后发表的"公报"指出:"我们研究和确定了三盟国彻底击败共同敌人的军事计划","我们的陆军和空军从东、西、北、南四面对德国心脏进行新的更强有力的打击的时间、规模和配合,都已完全协商一致","我们相信,三国参谋部之间在这次会议中达成的紧密协作,必将使战争时期缩短"。②

第二,处置德国的问题。

如何处置战败后的德国,是关系到保障未来和平与安全的大问题。三国就根除纳粹党,纳粹的法律、组织和制度以及根除军国主义的影响等问题,很快达成了协议。但是,涉及处置德国的下列三个问题,盟国之间存在意见分歧。1.要不要分割德国,如何分割?2.法国在占领和管制德国方面应起什么作用?3.德国应负担多少赔偿,索取的这些赔偿在战胜国之间如何分配?

关于分割德国的问题,早在德黑兰会议上就提出来了。后来,斯大林和丘吉尔又在莫斯科会议上交换过意见,但都没形成协议。在这次会上,斯大林提出,"应该对这个问题作出某种结论了"。丘吉尔原则上表示同意分割,但认为这个问题"过于复杂",不可能在这次会议上解决,他反对把分割问题写入德国

---

① 《德黑兰、雅尔塔、波茨坦会议文件集》,生活·读书·新知三联书店1978年版,第136页。
② 同上书,第243—244页。

投降文件。罗斯福认为,"除了分割之外别无他策"①。当三国首脑在原则上达成了分割德国的协议之后,外长们开了两次会议进行讨论,同意在德国投降条款中应齿及分割问题,并同意组成一个特别委员会,专门负责拟定一项分割的具体建议。但在这之后,盟国之间就此问题龃龉丛生,分割德国的问题不了了之。

  法国参加占领和管制德国的问题,是丘吉尔提出的。他说,这个占领区应该从英、美占领区划出,与拟议中的苏占区无关。其目的是要树立法国的大国地位,以便让它在战后欧洲大陆上作为抗衡苏联的势力。斯大林认为,法国在这次战争中贡献小,并且给敌人敞开了大门,无权参与三大国有关德国的决定。罗斯福也认为,没有理由给予法国和胜利国家同等的地位。②但丘吉尔坚决主张,法国在战后应该成为拥有一支强大军队的国家,在管制德国方面发挥哨兵作用。后来,罗斯福改变了想法,他说,战争结束后美军留在欧洲不会超过两年,否则,国会和全国都不会同意。为了填补因美国撤军而对控制德国所形成的力量真空,同意给法国一个占领区,并让其参加盟国对德管制委员会。由于丘吉尔的坚持和罗斯福从中斡旋,斯大林作了让步。这样,会议达成了把德国分为四个占领区的协议:苏联占领东部,英国占领西北部,美国占领西南部,法国占领西部。"大柏林"区由四国共同占领,并被选定为对德管制委员会所在地。

  赔偿是一个更难解决的问题。苏联代表提出,鉴于德国的侵略给受害国造成的巨大损失,德国应承担总额为200亿美元的赔偿,按战胜国贡献大小和损失大小这两个原则进行分配,苏联应得到赔款总额的半数。赔偿以实物支付,期限为10年。丘吉尔顾虑把沉重的赔款强加于支离破碎、千疮百孔的德国,会给革命提供肥沃的土壤。因此,他反对在专家们研究出德国能负担多少赔款才算合理之前确定任何具体数字。罗斯福宣称,除了没收美国境内的德国财产外,美国不要从德国获得任何其他的赔款。他表示支持苏联的赔偿要求,但提出要考虑德国的实际承受能力。最后会议商定,以苏联的建议"作为讨论的基础",并决定在莫斯科成立一个赔偿委员会,进一步研究这个问题。

  第三,波兰问题。

  波兰问题是反法西斯联盟的主要矛盾之一,是在这次会议上争论的时间最

---

① 《德黑兰、雅尔塔、波茨坦会议文件集》,生活·读书·新知三联书店1978年版,第151页。
② 威廉·哈代·麦克尼尔:《美国、英国和俄国——它们的合作和冲突(1941—1946年)》下册,上海译文出版社1978年版,第840页。

长、最激烈的问题。这个问题有两个方面：一是关于波兰的疆界，二是关于波兰政府的组成。

关于波兰的疆界，罗斯福和丘吉尔都原则上同意以"寇松线"作为波兰的东部边界线，但罗斯福希望把位于寇松线以东的利沃夫及其附近的油田划归波兰。斯大林表示，波兰对苏联来说，不仅"是个荣誉问题，而且是个生死攸关的问题"①。苏联不能在"寇松线"上后退一步，否则，他和莫洛托夫还不如制造这条界线的英国人寇松和法国人克里孟梭。他建议，为了补偿波兰在东部失去的土地，应该把波兰的西部边界扩展到奥得河和西尼斯河。丘吉尔反对用德国土地把"波兰鹅填得"过饱，"以致消化不良"。② 他不同意关于波兰西部边界的这种划法。罗斯福支持丘吉尔的意见。最后达成的协议是："三国政府的首长认为：波兰的东疆，当依寇松线，而在若干区域应作出对波兰有利的自五公里到八公里的逸出。他们承认：波兰必须在北方和西方获得广大的领土上的让予。他们觉得关于领土上的让予的范围，当于适当时机征询新波兰的全国统一的临时政府的意见，并且觉得关于西疆的最后定界，应待和会解决。"③

波兰政府的组成比疆界问题矛盾更加突出。这时，存在着两个波兰政府：一个是1944年12月31日成立的由波兰工人党组成的波兰临时政府，另一个是在伦敦的资产阶级波兰流亡政府。盟国之间对这两个政府持有不同的看法。苏联支持并承认了临时政府，而英美则继续承认流亡政府。当雅尔塔会议正在进行时，苏军把德军完全赶出了波兰领土。这样，临时政府就控制了整个国家的事务。面对着这个难以逆转的现实，英美认识到要恢复流亡政府对波兰的统治已不可能，所以，罗斯福建议成立一个由波兰各主要政党参加的民族团结临时政府，然后进行"自由选举"。斯大林同意"扩大"临时政府，但反对"另起炉灶"。经过激烈争论，最后达成协议："目前在波兰行使职权的临时政府，应该在更广泛的基础上进行改组，以容纳国内外的波兰民主领袖。这个新政府应被称为波兰全国统一临时政府。"④至于怎样进行改组，委托英美驻苏大使会同莫洛托夫与波兰临时政府代表及国内外的波兰民主领袖进行磋商。

---

① 罗伯特·达莱克：《罗斯福与美国对外政策（1932—1945）》下册，商务印书馆1984年版，第729页。
② 威廉·哈代·麦克尼尔：《美国、英国和俄国——它们的合作和冲突（1941—1946年）》上册，上海译文出版社1978年版，第851页。
③ 《国际条约集（1945—1947）》，世界知识出版社1959年版，第6页。
④ 威廉·哈代·麦克尼尔：《美国、英国和俄国——它们的合作和冲突（1941—1946年）》上册，上海译文出版社1978年版，第853页。

第四,联合国问题。

会议主要讨论和集中解决的是敦巴顿橡树园会议悬而未决的两个问题,即大国否决权使用范围和创始会员国资格问题。

关于大国否决权使用范围,美国国务卿斯退丁纽斯在会上提出了一个折中方案,他把提交安理会审议的问题分为两类:第一类是需要采取经济、政治、军事或其他某种制裁手段加以解决的争端,如消除对和平的威胁和制止对和平的破坏等,这类问题,安理会常任理事国可以使用否决权,争端当事国也不拒之门外。第二类是可以通过和平的方法解决,而不必采取制裁手段的争端,这类问题,争端当事国不得参加投票。丘吉尔认为这个建议是完全令人满意的,表示赞同。斯大林在得到联合国的权力不能利用来反对三大国的明确答复之后,也表示接受这一方案。结果,就安理会表决程序达成如下协议:"1.安全理事会每一理事国应有一个投票权。2.安全理事会关于程序事项的决议,应以七理事国的可决票通过。3.安全理事会关于其他一切事项的决议,应以七理事国的可决票包括常任理事国的同意票通过",但在根据宪章中有关和平解决争端的章节通过决议时,"争端当事国不得投票"。① 这就是通常所说的"雅尔塔公式"。

在讨论创始会员国资格问题时,苏联代表提出,苏联16个加盟共和国中有3个或者至少是2个即乌克兰、白俄罗斯和立陶宛应作为联合国创始会员国,因为它们在这次战争中作出了重大的牺牲和贡献。罗斯福对此深感为难,他说:"如果我们给予某个国家一票以上的表决权,那我们就违反了每个成员国只应有一票表决权的规定。"②但丘吉尔急于要维护英帝国各自治领的代表权,所以支持苏联的要求。最后,罗斯福只得同意乌克兰和白俄罗斯为创始会员国。会议还决定,1945年4月25日在美国旧金山召开联合国成立大会,并决定邀请所有在1945年3月1日以前对"共同的敌人"宣战,并在同一日期以前签署了《联合国家宣言》的国家参加这次会议。

第五,苏联参加对日作战问题。

罗斯福到雅尔塔的一个重要目的,是想把斯大林在德黑兰会议上所作的一旦德国被打败之后,苏联将参加对日作战的诺言,用协议的形式确定下来。在会议前不久,即1944年12月14日,罗斯福曾指示美驻苏大使哈里曼与斯大林就此问题进行会谈。斯大林第一次明确地提出了参战的政治条件,他拿出一张地图说:千岛群岛和库页岛南部应归还苏联;苏联希望再次租借中国的大连和

---

① 《德黑兰、雅尔塔、波茨坦会议文件集》,生活·读书·新知三联书店1978年版,第251页。
② 同上书,第191页。

旅顺港,以及中东铁路和南满铁路;并要求承认外蒙古的现状。罗斯福到雅尔塔时已准备接受斯大林提出的主要条件,因为根据美国参谋长联席会议的估计,在德国投降后,要打败日本,美军还要付出100万人伤亡的代价和一年半的时间。要缩短对日战争的进程,俄国的军事支援是必不可少的。

2月8日,罗斯福和斯大林会商了"苏联加入对日作战的政治条件"。罗斯福表示,把千岛群岛和库页岛南部移交给苏联没有任何困难。至于大连和旅顺,他倾向于作为国际共管的自由港,并且暗示,这比简单地恢复老沙皇的租借权要好些。他还认为,满洲的铁路应该由苏中联合经营。斯大林回答说,如果苏联提出的条件不能实现,他难于向苏联人民和最高苏维埃解释,苏联为什么要参加对日作战。① 2月10日,罗斯福与斯大林再次举行会谈,审议哈里曼和莫洛托夫起草的协定草案。斯大林表示,苏联需要旅顺港作为海军基地,因此不能使它成为国际港口。罗斯福作了让步。

2月11日,经罗斯福和斯大林商定的文本,送丘吉尔过目,并邀请他一起在协定上签了字。这就是苏、美、英三国关于日本的协定,即《雅尔塔协定》。其主要内容是:

"苏美英三大国领袖同意,在德国投降及欧洲战争结束后两个月或三个月内苏联将参加对日作战,其条件为:

1. 外蒙古(蒙古人民共和国)的现状须予维持。

2. 由日本1904年背信弃义进攻所破坏的俄国以前权益须恢复,即:

甲、库页岛南部及邻近一切岛屿须交还苏联;

乙、大连商港须国际化,苏联在该港的优越权益须予保证,苏联之租用旅顺港为海军基地须予恢复;

丙、对担任通往大连之出路的中东铁路和南满铁路应设立一苏中合办的公司以共同经营之;经谅解,苏联的优越权益须予保证而中国须保持在满洲的全部主权。

3. 千岛群岛须交予苏联。"②

苏美双方还一致同意,对该协定严格地保守秘密。直到罗斯福去世后,杜鲁门总统才于1945年6月14日指令美国驻华大使赫尔利将协定内容通知国民党政府。

---

① 罗伯特·达莱克:《罗斯福与美国对外政策(1932—1945)》下册,商务印书馆1984年版,第733页。

② 《国际条约集(1945—1947)》,世界知识出版社1959年版,第8—9页。

除上述五个主要问题之外,雅尔塔会议还讨论了南斯拉夫、希腊、意大利等国的问题,并通过了《被解放的欧洲宣言》。

雅尔塔会议是苏、美、英三国在战时所举行的最重要的会议,它标志着主要盟国之间的军事和政治合作达到了一个新的高峰。这次会议确定了最后歼灭德国和以同盟国的联合力量打败日本的战略方针,为加速反法西斯战争的胜利到来起了积极的推动作用。会上,各方都作了一些让步和妥协,解决了一些威胁盟国团结的尖锐而棘手的问题,作出了一些符合各国人民要求尽快地在世界上建立民主和持久和平愿望的决定,为联合国的建立最终奠定了基础。但是,有些协议带有大国强权政治的明显色彩,尤其美苏以中国的主权和领土作秘密交易,划分了在中国的利益范围。这是对浴血奋战八年的中国人民利益的严重侵犯,也是违背反法西斯同盟的根本宗旨和国际关系的基本准则的。雅尔塔会议并没有从根本上消弭苏、美、英三国之间所存在的矛盾和裂痕,它所形成的以美苏两极对立为基本特征的国际政治结构,对战后国际关系产生了极为深远的影响。

旧金山会议和联合国的成立

1945年3月5日,美国代表中、苏、美、英四个发起国,邀请在1945年3月1日以前对轴心国宣战,并在《联合国家宣言》上签字的46个国家,参加"关于国际组织的联合国家会议"。法国因没有参加制定敦巴顿橡树园会议建议的预备性协商,不愿意当发起国,但同意参加会议。

4月25日,联合国家会议在旧金山开幕。各国与会代表282人,随行人员1726人,到会采访的记者2636人。中、美、苏、英、法五国的首席代表分别是宋子文、斯退丁纽斯、莫洛托夫、艾登和皮杜尔。中共代表董必武作为中国代表团成员之一参加了会议。这是国际关系史上一次规模巨大的盛会。

会议一开始,各国代表首先在"预备性问题"上发生了分歧,这预示着会议的进行不会十分顺利。美国代表提出,大会主席由东道国家美国首席代表斯退丁纽斯担任,莫洛托夫表示坚决反对,并进行了长达几小时的激烈辩论。后来,各方接受了英国的一项折中建议:由美、苏、英、中四个发起国的首席代表轮流担任大会主席,由美国首席代表担任指导委员会(由各国的首席代表组成)和执行委员会(由中、苏、美、英、法等14国首席代表组成)主席。

接着,又在会员国资格问题上引起了一场唇枪舌剑。莫洛托夫提出,邀请波兰临时政府参加会议,遭到斯退丁纽斯等人的坚决反对,其"理由"是该政府尚未得到西方盟国的承认。最后决定，等波兰临时政府改组以后再邀请其参加。然而，美国却指使拉美国家提出邀请阿根廷参加会议。阿根廷在战时虽未参加轴心国阵营，却一直暗助德国，并且在雅尔塔会议上罗斯福曾明确排除该国参加会议的资格。因此，这项动议理所当然地遭到苏联等国的反对。美国自恃有多数票的支持，强行表决，通过了立即邀请阿根廷出席会议的决议。同时还决定接纳乌克兰和白俄罗斯到会。5月27日，刚解放的丹麦也被接纳到会。这样，参加旧金山会议的国家就达到50个。

旧金山会议的中心议题是制定联合国宪章。这个宪章应以敦巴顿橡树园会议的建议为基础，并以雅尔塔会议商定的投票方案为补充。在讨论中，许多中小国家对安理会的权力过大或大国否决权提出指责，认为这是对联合国民主平等原则的否定，是使"强权政治合法化"，严重地违反小国的利益。它们要求限制或取消大国否决权，扩大联合国大会的权力，使安理会从属于大会。中小国家还认为，"雅尔塔公式"含糊不清，不知大国在什么情况下和哪些问题上行使否决权，它们提出了一份包括23个问题的有关安理会代表程序的"问题一览表"，要求发起国解答。

四发起国在讨论这些问题时，对"雅尔塔公式"的解释出现了深刻的分歧。苏联代表葛罗米柯（他于5月9日继莫洛托夫之后成为苏联的首席代表）认为，一项争端必须先由常任理事国一致赞成票才能列入议程，然后安理会才能讨论。他宣称，"雅尔塔公式"中所说"安全理事会对于其他一切事项之决议，应以七理事国之可决票包括全体常任理事国之同意票表决之"，这句话中的"其他一切事项"，包括决定某一争端是否应交由安理会审议的事项。美国代表则认为，将争端提请安理会讨论属于程序问题，而不属于实质性问题，任何一个常任理事国都不能行使否决权。英国和中国支持美国的意见。会议陷入僵局。6月4日，杜鲁门指令正在访苏的霍普金斯与斯大林直接交涉。斯大林作了让步，说他准备就旧金山关于表决程序的争论之点接受美国的立场。[①]

6月7日，四发起国发表了"关于安理会投票程序的声明"。该声明没有对中小国家提出的23个问题逐条答复，而是表述了总的态度。声明说："安全理事会的任何一个理事国不能独自阻止安全理事会考虑和讨论提请它注意的争

---

① 舍伍德：《罗斯福与霍普金斯》下册，商务印书馆1980年版，第583页。

端和情势","也不能用这些手段使争端当事国无法获得向安理会申诉的机会"。① 但声明的结尾部分说,鉴于常任理事国对维护国际和平与安全负有主要责任,大国一致原则是"必要的"。结果,"雅尔塔公式",包括其中含糊的措词,原封未动地写进了宪章。中小国家虽不满意,但已无可奈何。

会议还讨论了托管制度问题。这个在敦巴顿橡树园会议上回避了的问题,曾在雅尔塔会议上简单地讨论过。当时决定,把制订托管制度的任务交给这次会议完成。会上,各大国都提出了自己单独拟订的托管制度方案。争论的焦点是托管的最终目的。中、苏等国的方案,要求把"独立"作为托管的基本目的,而英、法代表团则激烈反对,它们想维护旧的殖民统治。美国态度暧昧,立场含糊。最后,宪章采取了折中的提法,称托管制度的基本目的,是使托管领土上的居民沿着"自治或独立"的趋向"逐渐发展"。

旧金山会议虽几经波折,但还是渡过了一个个险滩。因为这时盟国仍需为最后打败日本同舟共济,各方都不愿公开破裂,终于完成了大会的预定任务。6月25日,50个国家的代表一致通过了《联合国宪章》及作为"宪章之构成部分"的《国际法院规约》。

《联合国宪章》是联合国组织的根本法,是联合国进行一切活动的准绳和依据。宪章规定,联合国的宗旨是:"维护国际和平及安全";"发展国际间以尊重人民平等权及自决原则为根据之友好关系";"促成国际合作,以解决国际间属于经济、社会、文化及人类福利性质之国际问题";"构成一协调各国行动之中心,以达成上述共同目的"。② 为实现这些宗旨,宪章规定了联合国及其会员国应遵行下列原则:"各会员国主权平等";诚实"履行其依本宪章所担负之义务";"以和平方法解决国际争端";"不得使用威胁或武力"侵犯任何国家的"领土完整或政治独立";"对于联合国依本宪章规定而采取之行动,应尽力予以协助";不干涉"在本质上属于任何国家内管辖之事件"等。③ 宪章还规定:联合国设六个主要机构,即大会、安全理事会、经济及社会理事会、托管理事会、国际法院和秘书处。

6月26日,举行签字仪式。当时在宪章上签字的有50个国家。波兰虽没参加会议,但于同年10月15日也在宪章上补签了字。这样,签字国共51国,它

---

① 威廉·哈代·麦克尼尔:《美国、英国和俄国——它们的合作和冲突(1941—1946年)》下册,上海译文出版社1978年版,第921—922页。

② 《国际公法参考文件选辑》,世界知识出版社1958年版,第425页。

③ 《国际公法参考文件选辑》,世界知识出版社1958年版,第425—426页。

们均被称为联合国创始会员国。10月24日,《联合国宪章》正式生效,这一天后来被定为"联合国日"。1946年1月10日至2月14日,51个国家的代表在伦敦举行第一届联合国大会。从此,作为新的国际安全组织的联合国开始了它漫长而崎岖的行程。

第五节 德国无条件投降和波茨坦会议

德国无条件投降,欧洲战争结束

1945年2月初,西线盟军已进逼莱茵河西岸的齐格菲防线,东线苏军已到达通向柏林途中的最后一道障碍奥得河。反法西斯的战火正迅速地向着德国心脏地区燃烧。这时,希特勒德国内外交困,已处在最终灭亡的前夕。

希特勒为了挽救灭顶之灾,一方面在军事上实行"超总体动员",准备作垂死挣扎;一方面在外交上进行"和平试探",企图与英美单独媾和,以挑拨和破坏苏联同英美的同盟关系。

1945年2月17日,希特勒的英国事务顾问弗·黑塞肩负特殊使命前往斯德哥尔摩,随身携带了一份关于同英美单独媾和条款的备忘录。备忘录的基本内容是停止西线的军事行动,把全部德军调往东线。[①] 但是,他的外交使命没有取得成功。3月8日,德国在意大利的司令部派党卫军首席代表沃尔夫到瑞士与美国情报机关负责人艾伦·杜勒斯秘密进行片面投降谈判。盟军地中海战区总司令哈罗德·亚历山大也派代表去同沃尔夫会见。这件事引起了苏联的强烈不满。3月16日,苏联外交人民委员莫洛托夫致函英国驻苏大使,坚决要求中止在瑞士举行的会谈。22日,他以强烈的措辞对英美提出抗议:"以德国司令部为一方、以英美司令部为另一方的双方代表,背着对德作战中肩负主要重担的苏联,在伯尔尼进行谈判已有两星期之久了。苏联政府认为这是完全不能容忍的。"[②]这时,英美政府担心,同德国单独媾和可能要冒同苏联发生武装冲突的风险。在当时的形势下,这不仅会遭到国际舆论的谴责,而且力量对比也对自己不利,于是决定召回在瑞士的代表。这场被称为"伯尔尼事件"的风波才算平息。

1945年3月中旬,盟军部队突破齐格菲防线,打到了莱茵河畔。3月下旬,主

---

① 弗·黑塞:《希特勒与英国人》,伦敦1954年版,第198页。
② 戈尼昂斯基等:《外交史》第4卷(下),生活·读书·新知三联书店1980年版,第740页。

力部队渡过莱茵河。4月1日,盟军包围了鲁尔区。18日,陷入重围的325 000名德军投降。至此,德军西部防线已基本瓦解。盟军乘胜扩大战果,在全线发起最后的进攻。4月19日,攻占莱比锡。4月25日,美国和苏联的先遣部队在柏林以南的易北河畔的托尔高会师。

在东线,苏军于4月16日从奥得河地段发起总攻击,揭开了柏林战役的序幕。希特勒为防守柏林这个法西斯老巢,搜集了100万兵力,1万多门大炮和迫击炮,1500辆坦克和强击火炮,3300架作战飞机,妄图作最后挣扎。但是,这并不能挽救德国法西斯彻底覆灭的命运。4月18日,苏军强渡奥得河与尼斯河,并迅速突破通往柏林的三道防线。25日,苏军包围了柏林。27日,苏军攻入柏林市区,与德军展开了激烈的巷战。29日,希特勒眼看大势已去,在绝望中写下"政治遗嘱",宣布任命海军上将邓尼茨为德国总统和武装部队最高统帅。4月30日,苏军战士把红旗插到德国国会大厦上。同日下午,希特勒在总理府地下室自杀身亡,结束了这个法西斯元凶的罪恶一生。

5月2日,柏林的残余守军宣布投降。5月4日,德军最高统帅部命令所有在德国西北部、丹麦和荷兰的德军向英美军队投降。5月7日,德国政府代表在西方盟军司令部所在地兰斯,向美、英、苏代表签署了无条件投降书。但斯大林不满意这种以美英为主的仪式,拒不承认兰斯投降的有效性。他坚持正式的投降仪式应在法西斯侵略的中心柏林举行,并由苏方代表主持。5月8日深夜,在柏林近郊,以凯特尔为首的三名德国陆海空军将领,受权代表德国最高统帅部,在苏、美、英、法四国代表面前,在德国投降书上签了字。投降书宣布:"我们,这些代表德国最高统帅部的签字者,同意德国一切陆、海、空军及目前仍在德国控制下的一切部队,向红军最高统帅部,同时向盟国远征军最高统帅部无条件投降。"①并规定,该投降书从1945年5月9日零时开始生效。欧洲战争至此结束,同时第三帝国宣告灭亡,成了历史陈迹。

波茨坦会议

德国投降后,为了研究解决欧洲反法西斯战争胜利所带来的一系列政治问题,苏、美、英三国于1945年7月17日至8月2日在柏林近郊的波茨坦举行了战时第三次首脑会议。参加会议的有斯大林、杜鲁门、丘吉尔以及三国外长等随行人员。7月28日,新当选的英国首相艾德礼接替丘吉尔参加会议至终。

---

① 《国际条约集(1945—1947)》,世界知识出版社1959年版,第26—27页。

波茨坦会议是战时三大盟国举行的最后一次也是最长的一次会议。由于反法西斯战争即将胜利，三国军事合作的需要逐渐减少，潜在的政治冲突日益表面化。大同盟面临着破裂的危险。但日本尚未投降，美国对争取苏联早日参加对日作战仍有所求，同时国际舆论也希望盟国继续合作，所以尽管会议上争论激烈，风波迭起，最终还是相互妥协，达成了一些协议。会议讨论的主要问题如下：

第一，德国问题。

处置战败的德国是会议讨论的一个主要问题。它包括：战后占领德国的政治和经济原则、德国的赔偿、德国的商船队和军舰的分配以及哥尼斯堡地区的归属等问题。

苏、美、英三国首脑在德黑兰会议和雅尔塔会议上曾议论过分割德国的问题，但后来由于意见纷纭而放弃了这一设想。波茨坦会议商定："德国境内的最高权力由美、英、苏、法四国占领军总司令遵照本国政府的指令，分别在其各自的占领区内实行"，并以"管制委员会成员的身份"共同处置有关整个德国的事宜。① 会议讨论和确定了对德管制的政治及经济原则，其要点是：解除德国全部武装，使之完全非军事化，摧毁纳粹党及其附属与监督之机构，解散一切纳粹组织；在民主基础上重建德国的政治生活；废除一切形成希特勒政权基础或根据种族、信仰及政见而造成歧视的纳粹法律；逮捕并审判纳粹战犯；消灭垄断财团等。

会议就德国赔偿问题进行了激烈争论。苏联坚持按照在雅尔塔会议上达成的原则协议办理，即德国赔偿总额为 200 亿美元，其中"50% 应交予苏联"。英美两国认为，任何赔偿协定都不应该把德国经济损害到以致引起革命、社会骚动和大规模饥荒的程度。美国代表团提出，由于德国受到很大的破坏，并且有一些领土脱离了德国，因此实际上已无法执行雅尔塔规定的赔偿原则。他们反对确定任何固定的赔偿总数，建议四占领国从各自占领区内索取赔偿，双方立场迥异，相持不下。

为打破僵局，美国国务卿贝尔纳斯于 7 月 31 日就会议争论的三个主要问题，即德国赔偿问题、波兰西部边界问题以及接纳意大利和德国前附庸国加入联合国的问题，提出了一揽子解决方案。他说："所有这三个问题是连在一起的"，应该同时达成协议。但斯大林认为，"这是不同的几个问题"，它们之间没

---

① 《德黑兰雅尔塔波茨坦会议记录摘编》，上海人民出版社 1974 年版，第 422 页。

有联系。贝尔纳斯坚持说:"如果不能就另外两个问题达成协议的话","我们将不同意在波兰西部边界问题上作出让步"。① 他提的德国赔偿方案是:苏联除从本占领区获得赔偿外,还可从西部占领区无偿得到7.5%的工业设备,同时还可在西部占领区拆除12.5%机器,用苏占区的粮、煤等货物交换。斯大林希望从西占区得到更多的赔偿,并要求取得西占区工业企业和运输业中价值5亿美元的股份、德国在国外投资的30%和在盟国控制下的黄金的30%。

最后达成的协议是:"苏联所提之赔偿要求,将以迁移德境苏占区物资及适当的在国外的德国资产满足之。""美国、联合王国以及有权获得赔偿之其他国家之赔偿要求,将自西方区域以及适当的在国外的德国资产予以满足。""苏联除在本占领区获得赔偿之外,尚可在西方区域获得赔偿":拆迁工业设备的15%以交换同等价值的粮、煤等货物,拆迁工业设备的10%,"在赔偿项下交与苏联政府。苏方无须给予任何物品为交换"。②

会议还讨论了分配德国的商船和军舰问题。斯大林提出,苏联有权获得1/3的德国商船和军舰。丘吉尔表示不反对苏联提出的德国军舰应予分掉的建议,但他认为,"大部分潜艇应该凿沉,其余的则可平分"。至于水面舰只,"只要在会议上达成总的协议并且大家和和气气地离开会议,是能够把它们平分的"③。杜鲁门原则上同意分掉德国的船舶,但希望暂缓解决这个问题,以利于对日作战。最后达成了由苏、美、英三国均分德国商船和军舰的协议,但商船的移交要到对日战争结束后进行。

会议按苏联政府的提议,决定将原德国东普鲁士的哥尼斯堡及其附近地区"让与"苏联。

第二,波兰问题。

会议讨论了波兰临时民族统一政府和波兰西部边界的问题。鉴于波兰临时民族统一政府已根据雅尔塔会议精神于1945年6月28日建立,并同英美建立了外交关系,苏联要求英美两国断绝同波兰流亡政府的一切关系,并协助波兰临时民族统一政府接管流亡政府所控制的一切财产。英美两国原则上同意苏联的建议,但同时声称,对波兰尽快举行自由的不受任何束缚的普选以及允许盟国新闻记者自由进入波兰表示关注。会议最后通过了一个折中声明:一方面英美表示撤销"对前伦敦政府的承认";一方面又采纳了英美关于在波兰举行

---

① 《德黑兰、雅尔塔、波茨坦会议文件集》,生活·读书·新知三联书店1978年版,第442页。
② 《国际条约集(1945—1947)》,世界知识出版社1959年版,第84—85页。
③ 《德黑兰雅尔塔波茨坦会议记录摘编》,上海人民出版社1974年版,第276页。

自由选举和自由报道的意见。

波兰西部边界是会议争论最激烈的问题之一。英美两国对于苏联"未经协商"就把奥得河—尼斯河一带土地交给波兰政府管理一事表示不满。杜鲁门认为，这等于把波兰变成了第五个占领国。丘吉尔明确表示，"现在波兰所占据的土地远远超过他们失去的。这对欧洲来说是不利的"。他"不承认这块土地是波兰的"。① 斯大林认为，雅尔塔会议已决定波兰应在德国的北部和西部得到领土"让与"，其范围应在适当的时候和波兰新政府磋商。据此，他建议邀请波兰政府代表团到会申述意见，杜鲁门和丘吉尔表示同意。7月24日，波兰政府代表团抵达波茨坦，他们在会上从历史、经济和安全的观点，阐明波兰的西部应以奥得河—西尼斯河为界。最后，根据上述贝尔纳斯的一揽子解决方案，英美在这个问题上作出让步。会议决定："自史温曼德以西之波罗的海沿奥得河至与尼斯河西段汇流处，再由尼斯河西段至捷克斯洛伐克边境，包括经本会议决定不归苏联管辖之一部分东普鲁士和以前之但泽自由区域，均由波兰政府管辖；为此目的，应不得视为苏联在德国占区内之一部。"②但波兰西部边界之最后划定，应留待和会解决。

第三，对意大利和德国前附庸国的政策问题。

意大利和德国的前附庸国罗马尼亚、保加利亚、匈牙利和芬兰，这时实际上已处于不同大国的控制之下，由此产生了对这些国家政策上的分歧。杜鲁门在会上首先提出，鉴于最近意大利已对日宣战，他希望撤销对它的大部分管制，并接纳它加入联合国。丘吉尔反对在缔结和约之前就解除对意大利的管制，因为这时在意大利的盟国管制委员会的权力是操纵在英国手里。斯大林赞成杜鲁门的提议，同时要求对罗马尼亚、保加利亚、匈牙利和芬兰等国也应"同等看待"。但杜鲁门和丘吉尔都不同意斯大林的建议，宣称上述国家政府只有在民主的基础上改组以后，盟国才能"在外交上予以承认"。斯大林认为，这种在意大利和其他附庸国之间划出一道人为界线的做法是一种偏见，"在这种界线上，苏联代表看到了一种企图不信任苏联的危险"③。

最后，会议达成了"缔结和约与加入联合国"的协议。三国政府认为："准备与意大利缔结之和约，应为未来外长会议之首要工作"，"与一个得到承认和民主的意大利政府缔结此项和约自能使三国政府得以满足彼等支持意大利加

---

① 《德黑兰雅尔塔波茨坦会议记录摘编》，上海人民出版社1974年版，第315—316页。
② 《国际条约集(1945—1947)》，世界知识出版社1959年版，第89页。
③ 《德黑兰雅尔塔波茨坦会议记录摘编》，上海人民出版社1974年版，第359页。

入联合国为会员国之愿望"。三国政府同时认为,"外长会议亦应负担准备与保加利亚、芬兰、匈牙利和罗马尼亚等国缔结和约之工作","一致同意在最近将来根据当时之情况,在可能限度以内,可以分别考虑与芬兰、罗马尼亚、保加利亚及匈牙利建立外交关系"。① 三国政府还承担义务,在与这些国家已被承认的民主政府缔结和约之后,支持它们"加入联合国为会员国"。

第四,设立外长会议问题。

美、英、苏三国首脑一致同意设立外长会议,并决定由苏、美、英、法、中五国外长组成,负责"进行关于缔结和约所必需的准备工作"。"作为当前之重要任务",外长会议"将受命准备对意大利、罗马尼亚、保加利亚、匈牙利及芬兰之和约,以便提交联合国家,并就欧战结束时未决之领土问题,建议解决方案"。五国外长还将"负责准备对德和约,俾于合乎此项目的之德国政府成立时,由德国政府予以接受"。②

在起草和约草案时,外长会议成员将只包括盟方对某一敌国投降书上签字之国家。关于意大利之和约,"法国将被认为在意大利投降书上签字国家之一"。其他成员将于讨论直接与它们有关的问题时被邀参加。

鉴于外长会议的设立,欧洲咨询委员会已无存在的必要,决定予以撤销。但苏、美、英三国外长会议今后仍将定期举行会商。伦敦被选定为新设立的外长会议的永久所在地,第一次会议不迟于1945年9月1日召开。

在波茨坦会议期间,7月26日,发表了由美国起草、英国赞同并邀请中国参加的《中美英三国促令日本投降之波茨坦公告》。公告庄严宣称:"现时业已到来,日本必须决定一途,其将继续受其一意孤行计算错误,使日本帝国已陷入完全毁灭境地之军人之统制,抑或走向理智之路?"公告重申:"开罗宣言之条件必将实施,而日本之主权必将限于本州、北海道、九州、四国及吾人所决定其他小岛之内。"公告最后义正词严地警告日本说:"吾人通告日本政府立即宣布所有武装部队无条件投降,并对此种行为诚意实行予以适当及充分之保证。除此一途,日本即将迅速完全毁灭。"③

《波茨坦公告》签署的同一天,美国送给苏联代表团一个副本"备查"。苏联对公告的起草和发表背着苏联进行表示不满,但仍表示在日本问题上将忠于盟国间的合作,重申了在欧战结束后3个月内参加对日作战的保证。后来,苏

---

① 《国际条约集(1945—1947)》,世界知识出版社1959年版,第89—90页。
② 《现代国际关系史资料选辑》下册,北京大学出版社1987年版,第459页。
③ 《国际条约集(1945—1947)》,世界知识出版社1959年版,第77—78页。

联于 1945 年 8 月 8 日对日宣战时,也正式宣布同意《波茨坦公告》。

波茨坦会议于 8 月 2 日结束,三国首脑签署了《苏美英三国柏林(波茨坦)会议议定书》。议定书内容共 21 项,其中 14 项以会议公报的形式在报上公开发表。这次会议在战后安排的历史上占据着显著的地位。三国通过斗争和妥协,在现实力量对比的基础上,奠定了欧洲国际政治关系的新格局,这对战后欧洲局势的发展有着相当重要的作用。但是,在波茨坦作出的决议,并不构成欧洲事务的长期解决,苏联同英美政策之间的分歧是难以调和的。波茨坦会议后,三国之间的矛盾和斗争进一步激化。

第六节 日本无条件投降,第二次世界大战胜利结束

盟军在太平洋上的最后攻势

1944 年美军在太平洋地区的全面反攻,突破了日军内外围防线,逐步缩小了包围圈,战争已逼近日本本土。1944 年 10 月,美国参谋长联席会议决定,美国太平洋舰队在完成菲律宾方面的支援作战任务后,于 1945 年初北上进攻战略地位极其重要的硫黄岛和冲绳岛,以打开通往日本本土的大门。

硫黄岛位于东京和塞班岛的中间,恰好处在美国空军从马里亚纳群岛飞往日本进行轰炸的航线上。该岛有两个大型机场,对美国远程轰炸机构成重大威胁。盟军如果占有硫黄岛,不仅可以大大缩短空袭距离,而且也为进攻日本本土扫清障碍。1945 年 2 月 19 日,美军对硫黄岛发起攻击,经过一个多月的激战,于 3 月 26 日占领该岛。在这次战役中,除俘虏 200 人外,2.3 万日本守军全部被击毙。

美军攻占硫黄岛后,随即对琉球群岛中的最大岛屿冲绳岛发起攻击。冲绳岛地处日本和中国台湾岛之间,岛上有 4 个机场和那霸军港,是日本至中国台湾岛之间的"岛屿锁链"中的重要一环,也是守护日本本土的最后一道防线。冲绳一旦失守,它便会成为美军发动海空进攻的最大基地,那时,日本本土、中国台湾岛以及中国东部沿海地区的日军据点,都将直接处于美军的攻击范围之内。因此,日本在马里亚纳群岛失守后,重点加强了冲绳的防御力量,在岛上驻兵 2 个师和 1 个混成旅,编成第 32 军,加上海军基地部队和由当地居民组成的"义勇队",总兵力达 10 万人,统属第 32 军司令官牛岛满中将指挥。

1945 年 4 月 1 日,美军以 4 个师的兵力共 6 万人在冲绳西海岸中部登陆,

并迅速向纵深推进,直插东海岸的中城湾,从而将冲绳拦腰横切为南、北两段。尔后,美军兵分两路,分别向南、北发起进攻。美军苦战一个多月,才突破日军防线,于6月22日攻占南端最后一块日军阵地,守岛司令牛岛满剖腹自杀。冲绳之战,日军战死9万人,被俘7000余人。

在冲绳战役中,日军为阻止美军登陆,共出动2393架"神风"特攻飞机,先后10次对美国舰队和运输船队进行大规模集体自杀式攻击,共击沉美舰船36艘,重创368艘,但并未能挽救岛上日军失败的命运。日本海军为配合空军作战,以巨型战列舰1艘、巡洋舰1艘、驱逐舰8艘和700余艘"自杀艇"组成海上特攻队,在没有空中掩护的情况下,企图破釜沉舟,与美国舰队决一死战。对此,美国空军给予迎头痛击,一举炸沉日舰7艘,其中包括号称"世界巨舰"、排水量为6.4万吨的战列舰"大和号",舰上3000名水兵葬身鱼腹。至此,曾经一时耀武扬威于太平洋上的日本海军彻底覆灭。

美军在太平洋反攻期间,还加紧对日本本土实行战略轰炸,以摧毁敌人的抵抗意志,为在日本本土登陆创造条件。1944年6月16日拂晓,从中国基地起飞的美国B29重型轰炸机首次对日本本土进行战略轰炸,空袭了九州钢铁工业城市八幡。同年夏,美军在占领的马里亚纳群岛构筑机场,作为B29轰炸机的主要进攻基地,并从11月起对日本东京、大阪、神户等各大工业城市进行大规模轰炸。1945年3月以后,美军的轰炸进一步升级,开始大量使用燃烧弹。3月10日,美军一次出动334架B29轰炸机对东京进行猛烈空袭,共投燃烧弹1667吨,使该市1/4的地区顷刻间变成一片火海。据日本统计,从1945年1月到战争结束期间,仅美国B29轰炸机就出动15 508架次①,投下炸弹近10万吨。美军飞机还在日本海域投下1.2万颗水雷,封锁了全部海上交通线。

美军的战略轰炸和海上封锁,使日本主要工业遭到严重破坏,交通运输陷于瘫痪,从而加速了日本战时经济的崩溃。冲绳战役后,美军对日本本土形成海、空合围态势,从军事上打败日本法西斯已是指日可待。

苏联出兵对日作战

在反法西斯同盟的主要国家中,唯苏联与日本订有中立条约,并一直同日本保持着正常的外交关系。在1945年2月举行的雅尔塔会议上,苏联有条件地正式承担了在德国投降及欧洲战争结束后两个月或三个月内参加对日作战

---

① 据美方统计,B29轰炸机出动为33 041架次。参见服部卓四郎:《大东亚战争全史》第4册,商务印书馆1984年版,第1537页和注释。

的义务。会后,苏联就着手进行军事准备:一面在极其保密的条件下,从欧洲战场抽调大量军队运送到远东;一面制订具体的作战计划。

1945年4月5日,苏联外交人民委员莫洛托夫接见日本驻苏大使佐藤,代表苏联政府向他宣布,由于缔约以来国际形势发生的根本变化,"日本与苏联的中立条约已失去其意义",该条约期满即行失效,不再延长。①

德国无条件投降后,苏联对日作战已提上议事日程。美国为了同苏联商谈履行《雅尔塔协定》等问题,派霍普金斯以总统特使名义于5月下旬访苏。在5月28日霍普金斯与斯大林的会谈中,重点讨论了苏联参加对日作战的问题。斯大林表示,苏联参加对日作战取决于中国方面愿意接受雅尔塔会议上所作的建议,他希望能在7月1日以前见到宋子文,讨论履行《雅尔塔协定》问题。在谈到苏联的对华政策时,斯大林说:"他将尽一切努力促进中国在蒋介石领导下的统一",他进一步说,这种领导权应继续到战后,因为没有别人是那么强有力。他"希望中国控制整个满洲,把它作为统一的中国的一部分",并明确表示,苏联对中国没有任何领土要求,"将尊重中国的主权"。②

1945年6月9日,杜鲁门总统会见在美访问的国民党政府外交部长宋子文,首次透露了《雅尔塔协定》的内容,要求国民党政府承认协定中有关给予苏联在满洲的特权。国民党政府为了取得苏联对它的支持,表示愿意同苏联谈判。6月30日,宋子文专程抵达莫斯科,开始与苏方举行会谈。在他动身前往莫斯科的前夕,曾对美国的李海海军上将说,中国不能同意让俄国在满洲卡住脖子,而雅尔塔协定却使这成为可能,他暗示那样就必须采取军事行动——恐怕要五百年以后才行——把俄国人赶回去。但是,在谈判中,迫于苏、美两方面的压力,又担心苏联转而支持中国共产党,所以最终还是接受了《雅尔塔协定》。

8月14日,中国国民党政府同苏联政府正式签订了《中苏友好同盟条约》,并互换了两个照会,还签订了《关于中国长春铁路之协定》、《关于中国大连之协定》、《关于中国旅顺口之协定》以及《关于中苏此次共同对日作战苏联军队进入东三省后苏军总司令与中国行政当局关系之协定》等几个附件。

《中苏友好同盟条约》规定:缔约国双方在对日战争中,应"彼此互给一切必要之军事及其他援助与支持";"非经彼此同意,不与现在日本政府或日本成

---

① 《国际条约集(1934—1944)》,世界知识出版社1961年版,第304—305页。
② 哈里·杜鲁门:《杜鲁门回忆录》第1卷,生活·读书·新知三联书店1974年版,第185页。又见舍伍德:《罗斯福与霍普金斯》下册,商务印书馆1980年版,第570—571页。

立而未明白放弃一切侵略企图之任何其他政府或政权缔结停战协定或和约";双方"在对日作战终止以后共同采取其力所能及之一切措施,使日本无再侵略及破坏和平之可能";两国"同意在和平再建以后,依照彼此尊重主权及领土完整与不干涉对方内政之原则下,共同密切友好合作"。条约的有效期限为30年。在照会一中,"苏联政府同意予中国以道义上与军需品及其他物资之援助,此项援助当完全供给中国中央政府即国民政府"。在照会二中,"中国政府声明,于日本战败后,如外蒙古之公民投票证实此项(指"独立"——编者)愿望,中国政府当承认外蒙古之独立,即以其现在之边界为边界"。①

《关于中国长春铁路之协定》规定:"中东铁路及南满铁路由满洲里至绥芬河及由哈尔滨至大连、旅顺之干线,合并成为一铁路,定名为中国长春铁路",由中苏两国"共同所有,并共同经营";"同意组设中苏合办之中国长春铁路公司",公司设理事会和监事会,理事长应在华籍理事中指派,监事长应在苏籍监事中推选,"理事会委派中国长春铁路局局长1人,由苏籍人员中遴选";该铁路纯系商业性质,经营之盈亏,"由双方平均分配之";在协定30年有效期满后,中长铁路应无偿地全部转归中国所有。②

《关于中国大连之协定》规定:大连为自由港,"对各国贸易及航运一律开放";"大连之行政权属于中国";"港口主任由中国长春铁路局局长在苏籍人员中遴选";由苏联领土经中国长春铁路至该港之进出口苏联货物,"均免除关税"。协定期限定为30年。③

《关于中国旅顺口之协定》规定:"两缔约国共同使用旅顺口为海军根据地";"设立中苏军事委员会","委员长由苏方派任";旅顺口之防护,"中国政府委托苏联政府办理之";"该区域内之民事行政属于中国。中国政府对于主要民政人员之委派,将顾及苏联在该区域内之利益";苏联在海军根据地内"有权驻扎陆、海、空军,并决定其驻扎地点"。协定期限定为30年。④

《关于苏军总司令与中国行政当局关系之协定》规定:"苏联军队因军事行动之结果,进入中国东三省后,有关作战一切事务之最高权力与责任,在作战地带","属于苏军总司令";中国政府在业已收复的领土之上,"依照中国法律,设

---

① 《现代国际关系史资料选辑》下册,北京大学出版社1987年版,第481—484页。
② 同上书,第485—487页。
③ 同上书,第488—489页。
④ 同上书,第490—491页。

立行政机构",以保证中国军队"与苏联军队间之合作";"所有在中国领土内属于苏联军队之人员,均归苏军总司令管辖,所有中国籍人民,不论军民,均归中国管辖";中国派军事团驻苏军总司令部,以保持中国行政当局与苏军总司令之间的联络。①

中苏友好条约及一系列补充协定的签订,使苏联在中国东北获得了大量权益,实质上是恢复了帝俄从1898年至1904年期间享受过的同样的法定权利;主要的区别是新协定不给予在满洲的苏联公民以治外法权,不恢复帝俄曾经在铁路区域内一度行使过的行政和警察的权力。然而,从中国国民党政府的"观点"看,"这并不是一笔赔钱的买卖",因为"俄国人明确答应不支持中国共产党"。难怪蒋介石对美国驻华大使说:"总的说来对这个条约是满意的。"②

在中苏会谈期间,即1945年8月8日,苏联外交人民委员莫洛托夫召见日本驻苏大使佐藤,代表苏联政府宣布,自8月9日起,"苏联将认为其本身已与日本进入战争状态"③。与此同时,苏联驻日大使马立克将苏联政府这一宣言通知日本政府。

8月9日零时,苏联百万大军分西、北、东三路越过中苏边界,对日本关东军发动全线总攻击。这时,关东军约75万人,其"精锐部队"早已南调,军队素质下降,武器严重缺乏,根本无法抵御苏军的凌厉攻势。在6天之内,苏军就向前推进了几百公里。8月15日,日皇广播投降诏书。此后,关东军基本上已失去抵抗能力。18日,关东军总司令山田下令部队向苏军投降。8月下旬,苏军在中国人民与军队的支援和配合下,顺利地进占了所有的东北重要城镇。同时,在朝鲜北部,苏军在朝鲜人民和金日成领导下的爱国武装力量的协助下,推进到三八线附近。

苏军在进入中国东北作战的同时,于8月11日至31日又进军南库页岛和千岛群岛,肃清了在岛上的日军,除占领了包括国后岛和择捉岛在内的千岛群岛外,还占领了原属于北海道的色丹岛和齿舞岛。至此,苏军结束了在远东的军事行动。

苏联出兵对日作战,对于缩短战争时间,加速日本投降起了重要的作用。

---

① 《现代国际关系史资料选辑》下册,北京大学出版社1987年版,第492—493页。
② 威廉·哈代·麦克尼尔:《国际事务概览:美国、英国和俄国——它们的合作和冲突》上册,上海译文出版社1978年版,第990页。
③ 《现代国际关系史资料选辑》下册,北京大学出版社1987年版,第478页。

中国和亚洲各国人民对日寇的总反攻

中国战场是世界反法西斯战争中开始最早,结束最晚的一个主要战场。中国各族人民,在中国共产党倡导的抗日民族统一战线的旗帜下,坚持全民抗战,牵制、消耗和歼灭了大量日军,为战略反攻创造了条件。1944年,中国共产党领导的解放区各战场,乘日军部分主力南调之机,举行局部反攻,并取得了重大胜利,从而逐步掌握了战场的主动权。

1945年春,各解放区战场相继开展攻势,给日伪军以沉重打击。到1945年4月中共"七大"召开时,解放区的正规部队已发展到93万人,民兵220万,解放区总面积达95万平方公里,人口为9550万。"七大"以后,解放区军民展开更为猛烈的攻势,取得辉煌战果。据不完全统计,截至8月上旬的半年多时间里,人民抗日武装力量共歼灭日伪军12万余人,攻克城市53座,进一步扩大了解放区,为举行总反攻奠定了基础。

1945年8月9日,毛泽东发表《对日寇的最后一战》的声明,指出:"对日战争已处在最后阶段,最后地战胜日本侵略者及其一切走狗的时间已经到来了",号召"中国人民的一切抗日力量应举行全国规模的反攻,密切而有效力地配合苏联及其他盟国作战"。[①] 8月10日,中国八路军总司令朱德发布了大反攻的命令,命令八路军、新四军和各解放区人民武装力量立即向被我军包围的敌占城镇、交通要道以及东北三省进军,对日寇展开全面反攻。解放区广大军民按照中共中央和总部命令,对敌人展开了强大的攻势。在东北,抗日联军配合苏军作战,解放了东北全境;在晋察冀,收复了察哈尔全省和河北省一部,包围了北平、天津、保定;在晋绥方面,解放了绥远、山西两省部分地区;在晋冀鲁豫,解放了黄河沿岸的广大区域;在山东方面,解放了100个县;在华中方面,进军宁沪杭长江下游三角区,包围南京,逼近上海;在华南方面,沿广九路和潮汕路向日伪军发动进攻。在两个月的大反攻中,毙伤日伪军23万余人,攻克城市190座,收复国土31.5万平方公里,功绩赫赫,战果累累,对反法西斯战争的胜利作出了重大贡献。

在朝鲜,金日成领导的朝鲜人民革命军,利用苏联出兵对日作战的有利形势,迅速转入反攻,配合苏军一举解放朝鲜北部。根据盟国的协议,美军于

---

① 《毛泽东选集》第3卷,人民出版社1991年版,第1119页。

1945年9月8日在仁川登陆,苏美军队以"三八线"为界,分别接受日军投降。9月9日,朝鲜民主主义人民共和国宣告成立。

在越南,胡志明领导的越南人民武装在抗日斗争中不断发展壮大。1945年5月,越南解放军正式成立。8月13日,印度支那共产党召开全国代表大会,决定利用有利的国际形势发动全国性总起义。8月19日,首都群众推翻傀儡保大皇帝,解放了河内。八月革命胜利后,中、英军队以受降名义,分别进驻越南北、南方,以北纬16度线为界,接受日军投降。9月,法军在英国支持下开进越南南部。9月2日,胡志明主席宣布越南民主共和国成立。

在马来亚,爱国抗日武装力量,经过三年多的艰苦抗战,由弱变强,到1944年底,正规军已发展到1万余人,民兵已发展到数万人,并解放了全国半数以上的乡村。1945年8月日本宣布投降后,人民抗日军通过英勇的战斗,强迫不甘心失败的日军缴械投降,并接管了城市和村镇。在整个抗日战争中,人民抗日军对敌作战340余次,歼敌5500余人,牵制了日军大量有生力量,为反法西斯战争作出了自己的贡献。

在缅甸,1945年3月爆发了全民族抗日武装起义,起义的国民军和游击队配合盟军作战,使日军腹背受敌,很快趋于崩溃。5月1日,缅甸人民解放了首都仰光,随后又收复了广大失地,并将日本侵略者全部赶出了国土。

印度尼西亚、菲律宾、泰国等亚洲许多国家的人民也在1945年8月前后纷纷发动大反攻,使日本侵略者陷于处处挨打的被动局面。亚洲各国人民抗日斗争的最后胜利,彻底粉碎了日本帝国主义妄图建立"大东亚共荣圈"的迷梦,为世界反法西斯战争作出了不可磨灭的伟大贡献。

日本无条件投降

1945年初,日本法西斯已日暮途穷。这时,在日本统治集团内部,围绕着战与和的问题,分成了两大派:主战派和主和派。两派的目的都是为了保持日本现有的制度,但策略不同。主和派认为,战争实际上已经打输了,应该以妥协和平为条件结束战争,否则可能会引起一场针对现存制度的革命;主战派则认为,只有进行"本土决战",取得战争胜利,才能维护现行国体。随着战火日益逼近日本本土,两派的明争暗斗更加激烈。

1945年2月14日,前首相近卫文麿上奏天皇时指出:"从维护国体的立场来说,最堪忧虑的,与其说是战败,毋宁说是由于战败而可能引起的共产主义革命","因此确信,……必须研究尽早结束战争的方法与途径"。① 他的这一立场得到许多政界元老、内阁大臣和皇室代表的支持。

3月,日本外相重光葵亲自会见瑞典驻日公使巴格,请求他尽一切可能帮助日本开始和谈,并了解"英国和美国想缔结什么样的和约"。与此同时,首相小矶国昭决定采取步骤与蒋介石政府建立联系,为此,3月中旬,邀请前国民党中央执行委员会委员缪斌访问东京,希望他牵线搭桥和蒋介石进行和谈,并通过蒋介石与英美和解。但谈判遭到陆军大臣、海军大臣以及总参谋长梅津美治郎的反对。结果,小矶内阁企图同国民党缔结和约的尝试失败了。

4月5日,小矶内阁倒台。4月7日,铃木贯太郎继起组阁,他起用主张迅速结束战争的东乡茂德担任外相。铃木上台后,一面叫嚣准备"本土决战",一面加紧乞和活动。他把希望更多寄托在苏联出面调停上。5月14日,日本最高战争指导会议通过了外相东乡起草的《对苏交涉方针》,指出:"如果苏联参战,必将制帝国于死命",因此,"不仅要防止苏联参战,并应进一步取得苏联的友好中立;更进而争取苏联对结束战争、为我方作出有利的斡旋","为达到这些目的,应从速开始日、苏间的协商"。②

5月15日,为缓和同苏联的关系,日本外务省发表声明,宣布废除1937年德、意、日《反共产国际协定》。6月,前首相广田弘毅受东乡的委托,先后三次与苏联驻日大使马立克会晤,提议缔结日苏共同维护东亚和平和建立互不侵犯关系的协定。

6月底,波茨坦三国首脑会议即将召开的消息公布后,天皇裕仁亲自召见铃木,督促加快对苏外交活动,以便赶在会前争取苏联出面调停。7月12日,日本政府决定派近卫为特使赴苏进行谈判。翌日,日本驻苏大使佐藤奉政府之命,拜会了苏联副外交人民委员洛佐夫斯基,要求同意日本派特使访苏,并递交了天皇书翰。7月18日,苏联政府复函日本,以不知近卫"负有何种使命"为由,拒绝作出明确答复。这样,日本企图通过苏联出面调停,以便在对它有利的条件下结束战争的希望已十分渺茫。

7月26日,中、美、英三国发表了敦促日本投降的《波茨坦公告》。7月27日,日本接连召开最高战争指导会议和内阁会议,商讨对策。以外相东乡为首的主和派认为,日苏交涉仍在进行中,因此,主张不要正面拒绝公告,以免为今

---

① 日本外务省编:《日本外交年表和主要文书(1840—1945)》下卷,1955年版,第608—611页。
② 服部卓四郎:《大东亚战争全史》第4册,商务印书馆1984年版,第1574—1575页。

后和苏联谈判设置障碍。而以军部为首的主战派则认为,公告影响军队的士气,强硬地主张采取拒绝公告的立场。铃木首相屈服于军部首脑的压力,于7月28日在记者招待会上发表声明说:"我认为那份公告是开罗宣言的翻版。政府不认为有任何重大价值,只能不予理睬。我们只能为坚持战争到底而向前迈进。"①

由于日本政府拒绝接受《波茨坦公告》,美国决定对日本本土使用原子弹。8月6日,美国在广岛投下第一颗原子弹,当日罹难人数达17.7万人,市区98%的建筑物被毁,整个广岛市化为一片灰烬。第二天清晨,杜鲁门发表广播声明时宣布,如果日本不投降,还要继续投掷原子弹。

8月8日,苏联外交人民委员莫洛托夫召见日本驻苏大使佐藤,代表苏联政府正式通知日本政府:由于日本拒绝接受《波茨坦公告》,因此"日本政府要求苏联调停远东战争的建议,便失去了基础"。苏联政府宣布,自8月9日起,"苏联将认为其本身已与日本进入战争状态"。这对处于穷途末路的日本法西斯又是当头一棒。

8月9日,美国在长崎投下了第二颗原子弹,当日死伤者达6.7万人。据统计,两次原子弹轰炸的结果,使44.7万名和平居民惨死或变成残废。

美国使用当时仅有的两颗原子弹,加速了日本政府的投降,但原子弹绝不是日本投降的决定因素。日本的失败在原子弹投掷以前已成定局。美国使用原子弹的目的,是为了抵消和削弱苏联参加对日作战的意义和影响,取得对日本的独占地位,并利用原子弹作为它推行战后世界霸权政策的工具。正如美国国务卿贝尔纳斯所说:"炸弹扔在日本,正是为了在俄国收到效果。"②

8月9日上午,日本军政要人召开了最高战争指导会议。会议的主题是研究接受《波茨坦公告》的问题。以外相东乡茂德为代表的主和派,主张在维护国家体制,即保存天皇制度的前提下,接受公告。而以陆相阿南惟几和陆军参谋总长梅津美治郎为代表的主战派,则主张接受公告必须坚持四个条件:维护国体;战犯由日本自己处理;自主地解除武装;盟军不得占领日本本土。双方争论激烈,相持不下。在下午举行的内阁会议上,仍然争论不休,无结果而散。晚上,在御前会议上,铃木请求天皇裕仁作出"圣断"。裕仁在听取了双方的意见之后,表示采纳东乡的意见。

---

① 日本历史学研究会编:《太平洋战争史》第5卷,东京青木书店1974年版,第362页。
② 小查尔斯·米:《波茨坦的会晤》,生活·读书·新知三联书店1978年版,第244页。

8月10日，日本政府通过瑞士、瑞典两中立国政府，向中、美、苏发出了接受《波茨坦公告》的照会，但附了一条"谅解"，说公告"不包含变更天皇统治国家大权的要求"①。

8月11日，美国代表盟国对日本照会作出答复，声明："自投降之时刻起，日本天皇及日本政府统治国家之权力，即须听从于盟国最高司令官"，"日本政府之最后形式将依日本人民自由表示之意愿确定之"。② 对盟国的答复，主战派表示不满，主和派则认为可以接受。8月14日，在御前会议上，裕仁决定，接受《波茨坦公告》，并发表《停战诏书》。8月15日中午，天皇裕仁亲自向全国广播了《停战诏书》，宣布日本无条件投降。8月17日，东久迩亲王组成"投降内阁"。是日，天皇下令日军立即停止一切战斗行动。8月28日，美军先头部队在东京厚木机场着陆，开始对日本实行军事占领。

9月2日，在东京湾的美舰"密苏里"号上，举行了日本正式投降的签字仪式。日本外相重光葵代表天皇和日本政府、陆军参谋总长梅津美治郎代表日本大本营在投降书上签了字。接受投降的同盟国美、中、英、苏、澳、加、法、荷、新西兰九国代表也依次签了字。至此，第二次世界大战以反法西斯同盟国的最终胜利而宣告结束。

第二次世界大战胜利的意义

第二次世界大战是世界历史上规模最大的一次战争，是全世界反法西斯力量同德、意、日法西斯力量之间的一场决定人类历史命运的生死大搏斗。这场战争波及61个国家，20亿以上人口，交战双方投入的总兵力达1.1亿人，战火遍及亚洲、欧洲、非洲和大洋洲约2200多万平方公里的广大地区。法西斯发动的这次世界性的侵略战争，给人类社会和世界文明造成了空前严重的浩劫。军队和平民伤亡总数达9000多万人，消耗军费11 000多亿美元，物质损失在4万亿美元以上。尽管这场战争给世界人民带来如此巨大的灾难和牺牲，但值得庆幸的是，人民赢得了战争，赢得了和平，也赢得了进步，它提供了极其宝贵的经验教训，具有伟大的历史意义。

第二次世界大战的光辉胜利，是中国、苏联、美国、英国和其他反法西斯同盟各国团结战斗的共同胜利。历史经验表明，要战胜凶恶残暴、相互勾结的法

---

① 日本外务省编：《日本外交年表和主要文书（1840—1945）》下卷，1955年版，第631—632页。
② 《现代国际关系史资料选辑》下册，北京大学出版社1987年版，第480页。

西斯强盗集团,单靠少数国家的力量是不够的,必须唤起全世界一切爱好和平的国家和人民,联合一切可以联合的力量,结成最广泛的国际反法西斯统一战线,才能克敌制胜。在第二次世界大战爆发前后一段时期内,由于未及时建立起反法西斯统一战线,法西斯国家分进合击,东西呼应,得逞于一时,不仅最早受到侵略的国家深受其害,而且连英、法、苏、美也都吃了大亏。反法西斯统一战线建立后,不同社会制度和意识形态的国家,在打倒法西斯的大目标下联合起来,相互支持,共同奋斗,形成了对轴心国的巨大优势,迅速改变了被动局面,夺回了战争主动权,并最终打败了曾经猖獗不可一世的德、意、日法西斯。事实证明,全世界范围的国际反法西斯统一战线的建立,是取得这次大战胜利的决定性因素,也是最值得珍视的极其宝贵的历史经验。

第二次世界大战的胜利,大大促进了世界上社会主义力量的发展。当时盟国中唯一的社会主义国家苏联,经受住了战争的严峻考验。面对着法西斯德国优势兵力的猖狂进攻,苏联军队和各族人民,在党和政府的领导下,团结战斗,以勇敢的革命精神和英雄气概,粉碎了敌人的"闪电战",第一次戳穿了德军"不可战胜"的神话,为打败世界人民的头号敌人德国法西斯,建立了卓越的战斗功勋,作出了不可磨灭的历史贡献。这充分显示了社会主义制度的巨大优越性和旺盛的生命力。战后,在欧洲和亚洲出现了一系列社会主义国家,形成了新的社会主义世界性体系,对人类的发展和未来产生着深远的影响。特别是中国革命的胜利,冲破了帝国主义的东方战线,极大地改变了国际政治力量的对比,成为保障亚洲和世界和平的重要稳定因素。

第二次世界大战的胜利,开辟了被压迫人民和被压迫民族革命斗争的新阶段。正如毛泽东所说:"如果说,十月革命给全世界工人阶级和被压迫民族的解放事业开辟了广大的可能性和现实的道路,那末,反法西斯的第二次世界大战的胜利,就是给全世界工人阶级和被压迫民族的解放事业开辟了更加广大的可能性和更加现实的道路。"[①]战后,亚洲、非洲、拉丁美洲的民族解放运动风起云涌,连绵不断,敲响了帝国主义殖民体系的丧钟,一大批国家相继摆脱了长期的殖民统治,获得了民族独立,以崭新的姿态出现在世界政治舞台上,成为国际关系中一支强大的新兴力量。

第二次世界大战的胜利,打破了三百年来国际政治、经济、军事以欧洲为中

---

① 《毛泽东选集》第4卷,人民出版社1991年版,第1357—1358页。

心的格局。德意战败,英法削弱,西欧大陆已不存在经济、军事实力雄厚的真正大国。西欧在国际政治中居于支配地位的时代已成为过去。美国则凭借在战争中急剧膨胀起来的经济、军事实力,爬上了资本主义世界霸主的地位。它野心勃勃,狂妄地宣布要控制全世界。但美国的好景也不长,很快就从顶峰上跌落下来。

总之,第二次世界大战的胜利,推动了人类历史发展的进程,改变了世界的面貌,成为继十月革命之后人类历史上又一个伟大的转折点。从此,现代国际关系史又进入了一个新的阶段。

附　录　大事年表

1917 年

11 月 7 日	俄国十月社会主义革命胜利
11 月 8 日	苏维埃政府公布"和平法令"
11 月 9 日	苏俄外交人民委员会发表关于公布秘密外交文件的声明
12 月 3 日	苏维埃政府发表《告俄国和东方全体伊斯兰教劳动人民书》
12 月 31 日	苏维埃政府通过关于承认芬兰独立的决议

1918 年

1 月 8 日	美国总统威尔逊提出"十四点"原则
3 月 3 日	苏德签订布列斯特和约
8 月 29 日	苏维埃政府宣布废除俄普奥三国关于瓜分波兰的条约
11 月 11 日	德国投降,第一次世界大战结束
12 月 7 日	苏维埃政府宣布承认爱沙尼亚独立
12 月 22 日	苏维埃政府宣布承认立陶宛和拉脱维亚独立

1919 年

1 月 18 日	巴黎和会开幕
3 月 1 日	朝鲜人民反对日本帝国主义的"三一"起义
3 月 4 日	共产国际成立
3 月 4—6 日	协约国开始联合进攻苏维埃俄国
4 月 28 日	巴黎和会上通过《国际联盟盟约》
5 月 4 日	中国爆发五四运动
6 月 28 日	《凡尔赛条约》签订

7月25日	苏俄政府发表第一次对华宣言
9月10日	《圣日耳曼条约》签订
10月10日	协约国最高委员会宣布对苏维埃俄国实行经济封锁
11月19日	美国参议院拒绝批准《凡尔赛条约》，并拒绝参加国际联盟
11月27日	《纳依条约》签订

1920年

3月16日	协约国军队占领伊斯坦布尔
6月4日	《特里亚农条约》签订
8月10日	《色佛尔条约》签订
11月29日	国际联盟成立常设委任统治委员会

1921年

2月19日	法波签订军事同盟条约
3月18日	苏波签订《里加和约》
6月7日	罗、捷、南组成的"小协约国"最后形成
8月25日	美德签订和平条约
11月12日	华盛顿会议开幕
12月13日	《四国条约》签订

1922年

1月6—13日	协约国最高委员会戛纳会议
2月6日	《五国海军条约》和《九国公约》签订
2月15日	常设国际仲裁法院在海牙建立
2月28日	英国被迫承认埃及独立
4月10日—5月19日	热那亚会议
4月16日	苏德签订《拉巴洛条约》
10月25日	日本在远东的武装干涉结束
10月28日	墨索里尼上台
12月30日	苏维埃社会主义共和国联盟成立

1923 年

1月11日	法、比军队占领德国鲁尔区
7月24日	协约国与土耳其签订《洛桑条约》
8月31日	意大利侵占希腊的科孚岛
9月17日	意大利占领阜姆
11月8—9日	以希特勒为头子的一小撮法西斯分子在慕尼黑发动"啤酒馆暴动"

1924 年

2月1日	英国宣布承认苏联政府
7月16日—8月16日	协约国举行伦敦会议,会上通过了"道威斯计划"
9月29日	德国向国联提出军备"权利平等"和归还原来殖民地的要求

1925 年

1月20日	苏日建交
8月27日	最后一批法军撤出鲁尔
10月5—16日	洛迦诺会议,会上草签了《洛迦诺公约》

1926 年

4月24日	苏德签订友好中立条约
9月10日	德国加入国联并任常任理事国
11月27日	意大利和阿尔巴尼亚签订友好安全条约
12月12日	战胜国决定撤销对德国军备的军事监督

1927 年

3月27日	共产国际执委会号召全世界劳动人民和被压迫民族起来保卫中国革命
5月31日	日本侵占中国青岛
6月20日—8月4日	美、英、日三国在日内瓦召开裁减海军军备会议
11月30日	苏联代表在国联裁军筹备委员会第四次会议上发表"关于普遍彻底裁军的基本原则"的宣言

1928 年

8月27日	《非战公约》签订

1929 年

10月21日	美国交易所纷纷倒闭。1929—1933年的世界经济危机开始

1930 年

1月20日	海牙会议通过"杨格计划"
1月21日—4月22日	伦敦海军会议

1931 年

6月20日	胡佛延债宣言
9月18日	"九一八"事变
9月22日	中共中央发表宣言,反对日本侵略中国东北

1932 年

1月7日	史汀生发出"不承认主义"照会
1月28日	日本进攻上海,中国军民奋起抗战
2月2日	日内瓦国际裁军会议开幕
3月1日	伪"满洲国"成立
10月1日	国联发表"李顿调查团"报告书
12月11日	英、法、意、美四国发表宣言,承认德国在军备方面享有"平等权利"
12月12日	中苏复交

1933 年

1月30日	希特勒就任德国总理
2月24日	国联通过不承认伪"满洲国"的决议
2月27日	法西斯分子在柏林制造"国会纵火案"
3月27日	日本退出国联

5月31日	塘沽停战协定签订
10月14日	德国退出国际裁军会议
10月19日	德国退出国联
11月16日	苏美建交
12月19日	联共(布)中央政治局批准关于建立欧洲集体安全体系的计划

1934年

1月26日	德波签订互不侵犯条约
4月17日	"天羽声明"发表
5月29日	法国向苏联建议缔结《东方洛迦诺公约》
6月11日	国际裁军会议结束
7月25日	德国在奥地利策划法西斯叛乱,陶尔菲斯总理被暗杀
9月18日	苏联加入国联
10月9日	法国外长巴都和南斯拉夫国王亚历山大遇刺

1935年

1月7日	法意签订罗马协定
3月1日	国联把萨尔区交给德国
3月16日	德国宣布实行普遍义务兵役制
3月24—26日	西蒙和艾登在柏林同希特勒会谈
4月11—14日	斯特莱沙会议
5月2日	苏法签订互助条约
5月16日	苏捷签订互助条约
6月18日	《英德海军协定》签订
7月6日	《何梅协定》签订
8月1日	中共中央发表《为抗日救国告全体同胞书》
8月31日	美国国会通过《中立法》
10月3日	意军入侵阿比西尼亚
10月7日	国联宣布意大利为侵略者
10月19日	国联决定对意大利进行经济制裁
12月9日	《霍尔—赖伐尔协定》签订

12 月 9 日	中国爆发"一二·九"学生抗日救国运动
12 月 25 日	中国共产党决定建立抗日民族统一战线

1936 年

1 月 21 日	日本外相广田弘毅发表对华"三原则"
2 月 26 日	日本法西斯军事政变,广田弘毅上台
3 月 7 日	德军进入莱茵非军事区
5 月 5 日	意军占领亚的斯亚贝巴
5 月 9 日	意大利宣布兼并阿比西尼亚
6 月 22 日—7 月 21 日	蒙特勒会议
7 月 4 日	国联宣布结束对意大利的制裁
7 月 18 日	西班牙法西斯叛乱开始
7 月 25 日	法国政府宣布对西班牙采取"不干涉"政策
7 月 30 日	德意开始武装干涉西班牙
9 月 9 日	英、法等 27 国成立"不干涉西班牙事务委员会"
10 月 15 日	斯大林致电西共总书记支持西班牙人民的反法西斯战争
10 月 25 日	德意签订《柏林—罗马轴心协定》
11 月 25 日	德日签订《反共产国际协定》
12 月 12 日	"西安事变"

1937 年

4 月 29 日	美国国会通过修改《中立法》的决议,规定"中立"法案内容也适用于发生"内战"国家的交战双方
4 月 29 日	毛泽东写信支持西班牙人民的反法西斯战争
5 月 28 日	尼维尔·张伯伦出任英国首相
7 月 7 日	卢沟桥事变
7 月 8 日	中国共产党通电全国,号召抵抗日本侵略
7 月 15 日	中国共产党重申国共合作共同抗日的主张
8 月 13 日	日军进攻上海
8 月 21 日	中苏签订互不侵犯条约
9 月 10—17 日	尼翁会议

10月5日	罗斯福在芝加哥发表"隔离"演说
11月3—24日	布鲁塞尔会议
11月6日	意大利参加《反共产国际协定》,"柏林—罗马—东京轴心"形成
11月29日	意大利承认伪"满洲国"
12月11日	意大利退出国联

1938 年

2月4日	希特勒自任军队最高统帅,里宾特洛甫取代牛赖特任外长
3月13日	德国吞并奥地利
4月28—29日	达拉第和张伯伦在伦敦会谈
5月30日	希特勒签发侵捷的"绿色方案"
7月29日—8月11日	"张鼓峰事件"
9月15日	张伯伦和希特勒在伯希特斯加登会谈
9月22—23日	张伯伦和希特勒在戈德斯堡会谈
9月29—30日	慕尼黑会议
9月30日	"英德宣言"发表
10月1日	德军进驻苏台德区
10月24日	德国要求通过波兰"走廊"修路并索取但泽
11月3日	日本近卫内阁发表"建设东亚新秩序"的声明
11月16日	英国承认意大利兼并阿比西尼亚
11月26日	苏波重订互不侵犯条约
12月6日	"法德宣言"发表
12月9—27日	第八届泛美会议
12月29日	汪精卫在河内通电响应近卫政府"建设东亚新秩序"的声明
12月30日	日汪秘密缔结《日华新关系调整纲要》

1939 年

1月14日	英国表示不同意任何单方面修改《九国公约》的行为
2月24日	匈牙利参加《反共产国际协定》

2月27日	英法承认佛朗哥政权
3月15日	德国侵占捷克斯洛伐克全境
3月21—22日	英法两国外长商定战时相互支援的义务
3月23日	德军占领默麦尔
3月23日	英法宣布对荷、比提供保证
3月27日	西班牙参加《反共产国际协定》
3月29日	英法参谋部会谈开始
4月1日	美国承认佛朗哥政权
4月3日	希特勒下达进攻波兰的"白色方案"
4月7日	意大利入侵阿尔巴尼亚
4月13日	英法宣布对希、罗提供保证
4月15日	英、法、苏三国谈判开始
4月27日	德国单方面废除《德波互不侵犯条约》和《英德海军协定》
5月11日—8月31日	"诺蒙坎事件"
5月12日	英土发表互助声明
5月18日	英国议会通过军训法案
5月22日	德意缔结军事同盟条约
5月26日	英国实行普遍义务兵役制
6月14日	日军封锁天津英租界
6月22—27日	英法在新加坡举行远东防务会议
6月23日	法土发表互助声明
6月23日	比利时宣布严守中立
6月25日	中苏签订通商条约
7月24日	《有田—克莱琪协定》签订
7月26日	美国宣布美日商约期满后予以废除
8月12日	英、法、苏三国军事谈判开始
8月19日	苏德签订贷款协定
8月21日	英、法、苏谈判破裂
8月23日	《苏德互不侵犯条约》签订
8月25日	日本抗议德国同苏联缔结互不侵犯条约
8月25日	英波签订互助协定

9月1日	德国进攻波兰,第二次世界大战全面爆发
9月3日	英法对德宣战
9月5日	美国声明保持中立
9月9—28日	波兰军民进行华沙保卫战
9月17日	苏军越过苏波边界,进军波兰东部的西白俄罗斯和西乌克兰
9月28日	苏德在莫斯科签订《德苏边界友好条约》
10月3日	美洲各国中立宣言
11月4日	罗斯福签署《新中立法》,取消对交战国武器禁运条款,改为"现金购买,运输自理"
11月30日	苏芬战争爆发

1940年

2月11日	苏德贸易协定在莫斯科签字
3月12日	苏芬战争结束,双方在莫斯科签订和约
3月20日	法国总理达拉第辞职,雷诺组织新政府
3月30日	汪精卫在南京成立伪中华民国政府
4月9日	德军入侵丹麦和挪威
5月10日	德军进攻荷、比、卢和法国
5月10日	张伯伦被迫辞职,丘吉尔继任英国首相
5月26日—6月4日	敦刻尔克大撤退
6月10日	意大利对法国宣战
6月14日	巴黎陷落
6月15日	苏军占领立陶宛
6月16日	苏军占领拉脱维亚和爱沙尼亚
6月16日	雷诺辞职,投降派贝当接任法国总理
6月18日	戴高乐在伦敦发表"告法国人民书",号召为法国的自由和独立而战
6月22日	德法在贡比涅签订停战协定
6月30日	苏军占领比萨拉比亚和北布科维那
7月1日	法国贝当政府迁都维希
7月16日	日英达成协议,封锁滇缅路三个月

8月1日	日本近卫内阁提出建立"大东亚共荣圈"
8月7日	丘吉尔—戴高乐协定
8月9日	德国空袭英国,开始执行进攻英伦三岛的"海狮"计划
8月20日—12月5日	八路军在华北发动对日军的"百团大战"
9月2日	美国以50艘逾龄驱逐舰换取英国海外八个海军及空军基地
9月22日	日军侵入法属印度支那北部
9月27日	德、意、日缔结三国军事同盟条约
10月12日	德军占领罗马尼亚全境
12月29日	罗斯福在"炉边谈话"中提出美国"必须成为民主国家的大兵工厂"

1941年

2月28日	德军进驻保加利亚
3月11日	美国国会通过军火租借法案
4月6日	德军入侵希腊和南斯拉夫
4月13日	苏日中立条约签订
5月10日	希特勒的副手赫斯飞往英国
6月22日	苏德战争爆发
6月22日	丘吉尔发表广播演说,支持苏联抗击法西斯德国
6月23日	美国政府发表声明支持苏联对德作战
7月3日	斯大林发表关于对德战争的广播演说
7月12日	苏英在莫斯科签订《为对德作战采取联合行动的协定》
7月24日	日军在印支南部登陆
8月1日	美国宣布对日本实行包括石油在内的物资禁运(粮食和棉花除外)
8月14日	《大西洋宪章》发表
9月29日—10月1日	苏、美、英莫斯科三国会议
12月7日	日本偷袭珍珠港,太平洋战争爆发
12月8日	美英对日宣战

12月8日	日军入侵泰国,空袭菲律宾
12月9日	日军入侵马来亚
12月9日	中国国民党政府对日、德、意宣战
12月11日	德意对美宣战
12月11日	德、意、日三国签订共同进行战争协定

1942 年

1月1日	苏、美、英、中等 26 国代表在华盛顿签署《联合国家宣言》
5月26日	苏英在伦敦签订同盟互助条约
6月4—5日	日美中途岛海战
6月11日	苏美在华盛顿签订《关于在反侵略战争中相互援助所适用原则的协定》
7月17日	斯大林格勒战役开始
11月8日	美英军队在北非登陆

1943 年

1月14—24日	卡萨布兰卡会议
2月2日	斯大林格勒战役胜利结束
5月13日	25万德意联军向盟军投降,北非战役结束
6月10日	共产国际宣告解散
7月10日	美英军队在西西里岛登陆
7月25日	墨索里尼下台,巴多里奥组织新内阁
8月14—24日	第一次魁北克会议
9月8日	意大利巴多里奥政府宣布向盟国投降
10月13日	意大利对德宣战
10月19—30日	苏、美、英三国外长会议在莫斯科举行
11月22—26日	开罗会议
11月28日—12月1日	德黑兰会议

1944 年

| 6月6日 | 美英军队在诺曼底登陆 |

8月21日—10月7日	敦巴顿橡树园会议
8月23日	罗马尼亚人民起义,解放了布加勒斯特
8月25日	巴黎解放
9月9日	保加利亚人民举行武装起义
9月11—16日	第二次魁北克会议
10月20日	南斯拉夫人民解放了贝尔格莱德
11月29日	阿尔巴尼亚获得解放

1945年

1月17日	华沙解放
2月4—11日	雅尔塔会议
4月5日	苏联宣布废除1941年4月13日签订的《苏日中立条约》
4月12日	罗斯福逝世,杜鲁门继任美国总统
4月25日—6月26日	旧金山会议
5月2日	苏军攻克柏林
5月8日	德国无条件投降
7月17日—8月2日	波茨坦会议
8月6日	美军在日本广岛投下第一颗原子弹
8月8日	苏联对日宣战
8月9日	毛泽东发表《对日寇的最后一战》的声明
8月9日	美军在日本长崎投下第二颗原子弹
8月15日	朝鲜北部解放
8月15日	日本天皇通过电台宣读《停战诏书》,宣布日本无条件投降
9月2日	日本在东京湾美舰"密苏里号"上签署无条件投降书,第二次世界大战结束